2021 최신판

매경 TEST 한권으로 끝내기

매일경제신문 주관

- 챕터별 기출분석 기반 중요도, 학습 목표 제시
- 현강 느낌의 명쾌한 개념 해설과 시원한 용어 해설
- 비즈니스 사고력을 키우는 'Hot issue', 기출 유사문제
- 최우수 등급 획득 위한 출제예상문제 엄선, 학습 플랜 제시

파이널 실전모의고사 수록

머리말

언제부터인가 경제학은 우리 사회에서 필수 교양이자 상식으로 자리매김하기 시작했다. 이는 어쩌면 당연한 것일지도 모른다. 어느 누구도 생산, 소비, 투자와 같은 경제적 활동을 수행하지 않고서는 살아갈 수 없기 때문이다. 이처럼 경제가 사회에서 차지하는 비중이 점점 커지는 오늘날, 직접적인 경제활동을 수행하는 직장인, 창업가들뿐만 아니라 일반인들에게도 경제 공부는 더 이상 선택이 아닌 필수 사항이 되었다.

전문적인 경제 지식이 필요한 분야가 아닌 사람들까지 경제에 관심을 갖게 된 것은 경제학 자체의 발달에도 그 이유가 있다. 오늘날 경제학은 전통적인 경제 분야에 대한 분석과 해답을 넘어 우리 사회 다양한 곳에서 발생하는 현상을 설명하고 이에 대한 해답을 제시하는 역할을 수행하고 있다. 즉, 경제학 원리들을 경제 밖의 분야를 설명하는 데까지도 널리 활용되고 있는 것이다.

경제학이 우리 일상에 얼마나 깊숙이 들어왔는지는 전미경제연구소(NBER, The National Bureau of Economic Research) 연례학술회의 발표 주제만 보더라도 쉽게 알 수 있다. NBER은 미국 최대 비영리 민간경제연구소로 미국 출신의 노벨경제학상 수상자 중 16명이 이 연구소에서 활동한 바 있다. 이처럼 경제 분야의 내로라하는 사람들은 전부 모여 있는 곳으로, 논의되고 있는 담론에 따라 경제학이 발전해가는 모습을 엿볼 수 있는 가장 효과적인 연구소다. 최근 NBER 학술 세미나 주제는 주가, 금리, 무역, 환율, 경기변동과 같은 전통적인 경제 분야의 담론 못지않게 경제와 전혀 무관해 보이는 주제들이 상당수 논의되고 있다. '온도 변화가 섹스 주기에 미치는 영향에 대한 연구', '고등학교 시절 인기가 임금 수준을 결정한다', '맞벌이 부부 중 누가 요리를 해야 하는가', '여름철 기온 21도에서 수학 성적이 가장 많이 오른다', '수학, 과학을 전공하는 여학생 수가 적은 이유는 선생님 편견 때문이다'와 같이 경제 원론과 전혀 무관해 보이는 일상의 소소한 부분에서도 경제가 그 원인과 배경으로 숨어 있음을 제시하고 있다.

이러한 사실은 경제 원리가 우리 삶의 곳곳에 다양한 부분을 설명하고 해답을 제시하는 유의미한 도구임을 반증해 준다. 오늘날 많은 사람이 경제학에 지속적인 관심을 갖게 된 배경 또한 여기에 있다.

매경 TEST는 비즈니스 사고력을 어느 정도 갖추었는지를 테스트하기 위한 국가공인시험으로 경제 · 경영의 기초적인 개념과 지식은 물론, 응용력과 전략적인 사고력을 입체적으로 측정하는 시험이다. 복잡화된 현대 사회에서 비즈니스 창의력과 현실 감각을 갖춘 인재의 발굴과 평가에 활용되기 위해 기획되었다.

매경 TEST라는 국가공인시험에 최근 많은 기업이 관심을 보이며 승진시험으로 활용하거나 입사 시 가산점을 부여하는 이유가 바로 여기에 있다. 기업들은 개개인보다 더욱 정밀하게 경제적 의사결정을 수립해야 한다. 기업들이 구매하는 물건의 수량, 기업들이 판단하는 금액의 규모 등은 개개인에 비할 바가 아니다. 이 때문에 많은 기업들은 자사의 직원들이 경제적인 개념과 이론을 체계적으로 숙지할 수 있도록 다양한 교육프로그램을 지원하고 있으며, 이 과정에서 매경 TEST가 크게 활용되고 있다. 나아가 매경 TEST는 단순히 가산점 내지 승진을 위해서만 관심을 가져야 할 시험이 아니라 현대인으로써 경쟁력을 갖추기 위해 자신이 얼마나 준비가 되어 있는지를 가늠해 볼 수 있는 좋은 기회도 제공해 준다.

본서는 이러한 시험의 취지를 반영하여 최신 기출문제들을 면밀히 분석하였고, 가장 효과적으로 매경 TEST 시험을 준비할 수 있도록 구성하였다.

매 챕터마다 어떠한 관점에서 해당 챕터의 내용을 살펴봐야 하는지에 대해 이전 기출문제를 분석한 결과를 바탕으로 한 중요도를 제시하였고, 본문에서도 학술적인 연결보다는 핵심적 개념 중심으로 구성하여 시험에 빈출되는 기초 개념을 숙지하는 시간을 최대한 단축하고자 노력하였다. 또한 각 단원마다 기출문제와 유사한 문제를 다수 출제하여 충실한 반복 학습의 기회를 제공하였다. 이러한 본서의 구성 의도에 따라 충실히 학습한다면 단기간에 경영 · 경제의 기초 지식을 숙지함은 물론 이 책으로 공부하는 여러분 모두 원하는 성적을 손쉽게 거둘 수 있을 것으로 확신한다.

저자 **박 정 호**

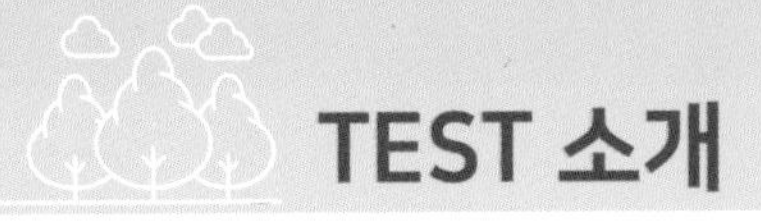

TEST 소개

개요

국가공인 매경TEST(MK Test of Economic & Strategic business Thinking)는 비즈니스 사고력(지수) 테스트(측정 시험)로, 경제 · 경영의 기초적인 개념과 지식은 물론, 응용력과 전략적인 사고력을 입체적으로 측정하는 시험이다. 복잡화한 현대 사회에서 비즈니스 창의력과 현실 감각을 갖춘 인재의 발굴과 평가에 적합하도록 경제 · 경영 분야의 통합적인 이해력을 철저하게 측정한다. 경제 · 경영 두 영역에서 각각 40문항씩 출제되며 연 8회(1월, 2월, 3월, 5월, 7월, 8월, 9월, 11월) 실시한다.

출제 기준

- ☑ 필수 기본 경영 · 경제 원리를 숙지하고 있는가?
- ☑ 경제 · 경영 원리를 실사례에 적용할 수 있는가?
- ☑ 경제 · 경영 자료를 해석하고 분석할 수 있는가?
- ☑ 최신 시사 트렌드와 사회 이슈를 이해하고 있는가?

출제 영역과 영역별 문항 수, 배점

구분	지식	사고력	시사	문항 수 및 배점
경제	15 (150점)	15(250점)	10(100점)	40(150+250+100=500점)
경영	15 (150점)	15(250점)	10(100점)	40(150+250+100=500점)
합계	30문항 (300점)	30문항(500점)	20문항(200점)	80문항 (1000점)

영역별 문항 구성

☑ **경영 · 경제 전반의 공통적인 필수 내용과 이를 응용한 문제들로 구성**

영역	유형	주요 평가 내용
지식	경영 주요 개념 경영 주요 원리	경제 현상을 이해하고 직무를 수행하는 데 필요한 경영 · 경제 개념과 원리
사고력	원리 응용력 상황 판단력 자료 해석력 수리 계산력 종합 사고력	경영 · 경제 원리를 직무 현장에서 응용하고 추론하는 등 사고력과 주어진 정보를 이용해 상황에 맞는 적절한 판단력을 보유했는지 종합적으로 측정
시사	경영 환경 이슈 경제 이슈 금융 이슈	최근 다양한 사회 현상을 이해하는 폭 넓은 관심과 현실 감각을 평가

출제 범위

영역	구분	분야	세부 출제 내용
경제	경제 필수 개념의 이해	미시경제	• 기초 경제 개념(기회비용, 희소성 등) • 합리적인 의사결정 • 시장의 종류와 개념 • 시장과 정부(공공경제, 시장실패) 등
	경제 안목 증진 및 정책의 이해	거시경제	• 기초 거시변수(G에, 물가, 금리) • 고용과 실업 • 화폐와 통화정책 • 경기변동(경기안정화 정책, 경제성장 등)
	글로벌 경제 감각 향상	국제경제	• 국제무역과 국제수지의 이해 • 환율 변화와 효과
경영	기업과 조직의 이해	경영 일반 인사 · 조직	• 기업에 대한 일반 지식과 인사 · 조직의 필수 개념 • 경영자료의 해석
	기업 경쟁 우위의 이해	전략 · 마케팅	• 경영전략 • 국제경영 • 마케팅의 개념과 원리에 대한 사례 응용,
	재무제표와 재무 지식의 이해	회계 · 재무 관리의 기초	• 기본적인 재무제표 해석 • 기초 재무지식 • 금융 · 환율 상식

2021 시험 일정 및 시간

2021 시험 일정(1년에 총 8회 실시)

회차	시험 일자(예정)	접수 기간	성적 발표일
71	2021년 01월 09일(토)	2020년 12월 01일(화)~2020년 12월 30일(수)	2021년 01월 15일(금)
72	2021년 02월 27일(토)	2021년 01월 11일(월)~2021년 02월 17일(수)	2021년 03월 03일(금)
73	2021년 03월 27일(토)	2021년 02월 22일(월)~2021년 03월 17일(수)	2021년 04월 03일(금)
74	2021년 05월 22일(토)	2021년 03월 29일(월)~2021년 05월 12일(수)	2021년 05월 28일(금)
75	2021년 07월 24일(토)	2021년 05월 24일(월)~2021년 07월 14일(수)	2021년 07월 30일(금)
76	2021년 08월 28일(토)	2021년 07월 19일(월)~2021년 08월 18일(수)	2021년 09월 03일(금)
77	2021년 10월 02일(토)	2021년 08월 30일(월)~2021년 09월 22일(수)	2021년 10월 08일(금)
78	2021년 11월 27일(토)	2021년 10월 04일(월)~2021년 11월 17일(수)	2021년 12월 03일(금)

※ 성적은 시험 시행일로부터 약 2주일 후에 온라인으로 발표된다. 시험 성적표는 온라인으로 발급되며 최초 성적표 1매까지 무료로 발급된다(두 번째 성적표부터는 1매당 500원 지급)

시험 시간

입실	(시험 시작 30분 전인) 오전 9시 30분까지 완료	고사장	서울, 인천, 부산, 대구, 대전, 광주, 전주 및 특별 고사장	* 시험 전 홈페이지 '고사장 안내' 필 확인
시험 시간	90분 (오전 10시~11시 30분)			

시험 당일 지참물

수험표, 신분증, 컴퓨터용 사인펜

- 신분증 규정

대상	인정 가능 신분증
만 19세 이상 성인(대학생)	주민등록증, 운전면허증, 공무원증, 여권(기간 만료 전), 장애인복지카드, 주민등록증 발급신청확인서(기한 만료 전) *대학생 이상은 학생증 인정 불가
만 19세 미만 청소년	주민등록증, 학생증(국내 학교 한정), 청소년증, 여권(기간 만료 전), 학교생활기록부 사본(사진, 생년월일 포함되어야 함)
군인, 군무원, 사관생도	일반인 및 대학생 인정 신분증 외 군인신분확인증명서(소정양식), 사관생도증 추가 인정 *나라사랑카드 인정 불가
외국인	외국인등록증, 여권(기간 만료 전), 국내거소신고증

※ 시험 당일 위 규정에 명시된 신분증을 지참하지 않거나 유효기간이 지난 신분증을 지참한 경우 시험에 절대 응시 불가. 또 규정 신분증 미소지자가 시험 응시 도중 적발될 경우 부정행위로 간주되어 당해 시험이 무효 처리

평가 등급 및 유효기간

평가 등급

총점 1000점이 만점이며 200점 단위로 800점 이상(최우수), 600점 이상~800점 미만(우수), 400점~600점 미만(보통), 400점 미만(미흡)으로 구분하여 평가한다. 총점 600점 이상 획득할 경우 국가공인 자격을 취득할 수 있다.

※ 매경 TEST는 토익 등과 유사하게 1000점 만점의 점수와 응시자 간 상위 누적 백분위를 부여하여, 개별 응시자의 구체적인 역량 평가와 응시자 집단 속에서 개별 응시자의 상대적 역량을 평가한다.

공인 구분	등급	점수	역량 평가
국가공인	최우수	900점 이상	비즈니스 지식과 사고력, 현실 감각이 출중해 문제 해결력이 높고 전략적 의사결정이 가능한 수준
		800점 이상~ 900점 미만	폭넓은 지식과 사고력을 바탕으로 직무와 비즈니스 환경을 선도할 수 있는 수준
	우수	700점 이상~ 800점 미만	평균 이상의 지식과 실무 능력을 가지고 비즈니스 업무 수행에 어려움이 없는 수준
		600점 이상~ 700점 미만	필수적인 비즈니스 지식을 함양하고 있고, 기본 지식을 활용해 안정적으로 직무를 수행할 수 있는 수준
민간 자격	보통	400점 이상~ 600점 미만	직무 수행에 필요한 기본적인 비즈니스 지식을 보유했지만, 이를 바탕으로 한 시사 감각과 전략적 사고력의 보완이 필요한 수준
	미흡	400점 미만	기업의 단순한 직무를 따라하고 수행하는 데 필요한 지식을 갖췄지만 전략적 사고력은 미흡한 수준

성적인증서 구성

- 성적인증서에서 총점 이외에도 응시자의 영역별 점수, 상위누적 백분위, 세부평가 영역별 방사형 그래프 및 코멘트 등 입체적인 성적분석 데이터를 제공한다.
- 응시자의 상대적인 위치를 상위누적 백분위(총점, 영역별)를 통해 보여줌으로써 자신의 경제 · 경영 이해력의 수준을 상대 평가해 볼 수 있다.
- 총점 이외에 경제 · 경영 영역의 분야별 점수가 방사형 그래프가 함께 제공되어 본인의 강점과 약점을 한눈에 파악할 수 있다. 더불어 비즈니스 수행에 필요한 사고력과 현장 감각, 업무수행 능력에 대한 종합적인 평가를 제시한다.

성적 유효기간

성적 발표일로부터 2년이다.

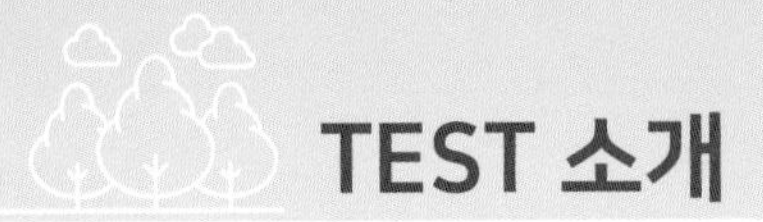

TEST 소개

TEST 성적 활용

반영 기업

대상	회사명
채용 및 승진 시험	고려해운, 교보생명, 남양유업, 대명그룹, 동양메닉스, 매경미디어그룹, 세아그룹, 아세아시멘트, 아세아제지, 에이텍, 우신켐텍, 유니클로코리아, 아프로서비스그룹, 중소기업중앙회, 퍼시스, 한국남동발전, 한국후지제록스, 한일시멘트, 현대엔지니어링, 홈앤쇼핑, BNK저축은행, BNK캐피탈, JB우리캐피탈, KTis, KWE KOREA, MK전자, NH투자증권, SK해운 등
채용 및 승진 가산점	대웅제약, 동부생명, 별전우체국연금관리단, 본아이에프, 블루버드, 생명보험협회, 아프로서비스그룹, 우체국금융개발원, 유안타증권, 이머니, 인천항만공사, 전국경제인연합회, 전기공사공제조합, 폴라리스쉬핑, 키움증권, 한국산업단지공단, 한국상장회사협의회, 한국IR협의회, BNK경남은행, BGF리테일, KTis 등

대학 활용

형태	대학명
졸업논문 (졸업시험) 대체	강원대(경제학), 건국대(경영학), 단국대(경영학), 대구가톨릭대(경영학), 대전대(경제학), 대진대(디지털경제학), 동국대(경제학), 방송대(경영학), 백석대(경상학부), 숭실대(경제통상대학, 금융학부), 창원대(경영학), 한국외국어대(경제학), 한남대(무역학), 홍익대(경제학) 등
정규강좌 개설	가천대, 덕성여대, 서울시립대, 세종대, 전남대, 한국외대(서울, 글로벌) 등 ※ 매경 TEST 기반의 커리큘럼, 중간(기말)고사를 매경 TEST로 평가(2~3학점 정규과목)

학사 학위 취득을 위한 인정 학점으로 활용

- 학사 또는 전문학사를 취득하려는 학점은행제 등록 학생들이 테스트 성적으로 경제 경영 학점 취득, 최우수는 20학점, 우수는 18학점 부여

상경계 대학 진학 시 활용(고교 학생부에 기재)

소관 부처	자격 종목	등급	자격 관리자
기획재정부	국제금융역	–	(사)한국금융연수원
	경제이해력검증시험(TESAT)	S · 1 · 2 · 3급	한국경제신문사
	외환전문역	1 · 2종	(사)한국금융연수원
	경제경영이해력인증시험 매경 TEST	최우수, 우수	매일경제신문사
	원가분석사	–	(사)한국원가관리협회

구성과 특징

출제 기준(출제 영역과 범위)을 정확히 겨냥한 전체 구성

매경 TEST에서 제시한 출제 기준, 즉 출제 영역과 범위를 면밀히 분석하고 그에 최적화된 수험서가 되도록 만들었습니다. 전체를 5개 파트로 구성하였으며, 최우수 등급 획득을 위한 교수님 꿀팁과 7회독 학습 플랜을 제시하였습니다.

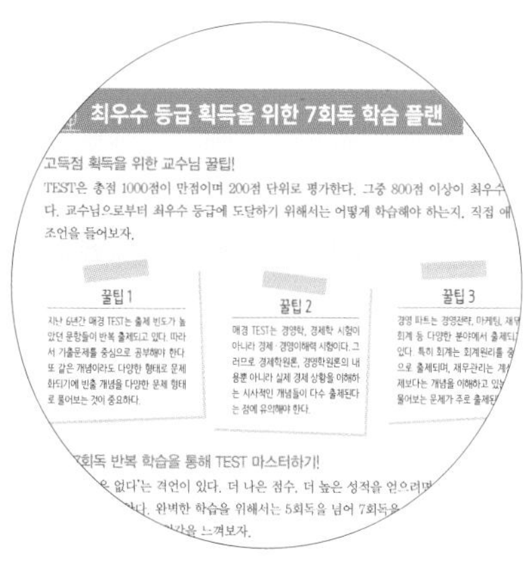

챕터별 핵심 개념 기출분석 기반 중요도(1–5) 표시

각 챕터별 학습에 앞서 해당 챕터의 핵심 개념을 제시하고, 동시에 그 개념의 중요도를 면밀한 기출분석에 기반한 수치(평점 5.0 만점)로 표시하였습니다.

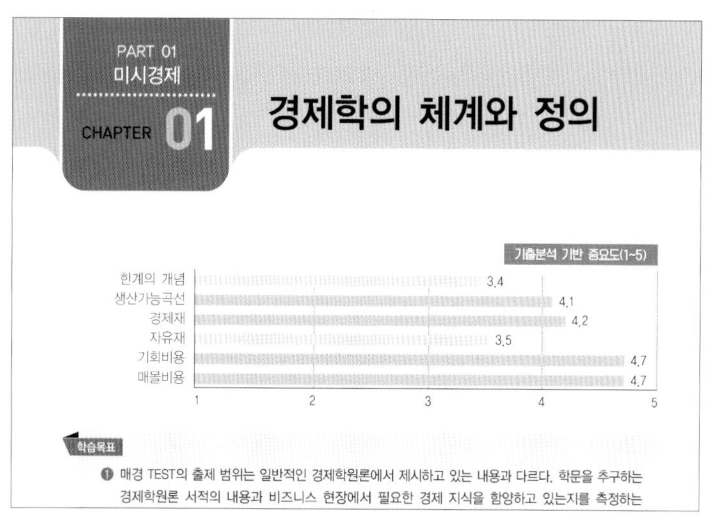

구성과 특징

챕터별 학습 목표와 용어 해설, REVIEW 배치

챕터별로 학습해야 할 내용이 무엇인지를 '학습목표'를 통해 명확하게 제시하였습니다. 또 학습 과정에서 본문을 명확하게 이해할 수 있도록 핵심 용어의 정확한 의미를 곳곳에 풀어놓았고, 챕터 마지막에는 복습 차원에서 REVIEW를 배치하였습니다.

학습목표

❶ 수요곡선의 도출과 수요곡선 자체를 이동시
❷ 공급곡선의 도출과 공급곡선 자체를 이동시
❸ 경제적 의사결정을 내리는 데 있어 가장 중요
한다.
❹ 초과수요와 초과공급 상태에 놓여 있을 때
❺ 시장 상황이 변했을 때, 이로 인해 시장가격
한다.
❻ 각 경제주체는 다른 사람들과 상호 영향을
사실이 수요・공급곡선에 어떻게 투영되며,

용어 해설

- 한계비용 : 산출물의 1단위 추가 혹은 감소에 따
하며, '증가비용' 혹은 '차별비용'이라고도 한다
- 한계수익 : 한계수익(marginal benefit)은 우리
는 편익을 말한다.
- 한계효용 : 무엇을 소비할 때 얻는 만족을 '효용
먹었다면 만족감을 느낄 것이다. 하지만 바로 빵
나 혹은 줄어들 수 있다. 이때 빵 하나를 먹었을
'한계효용'이라고 한다.

REVIEW

1. 우리가 합리적 의사결정을 도출해야 하는
2. 희소성을 갖고 있는 자원으로 합리적인 의사
논의가 필요한 대상을 경제재라 부른다.
3. 산출물의 1단위 추가 혹은 감소에 따라 증가
가비용' 혹은 '차별비용'이라고도 한다.
4. 기회비용은 '포기된 대안 중에서 가장 가치
5. 매몰비용이란 이미 발생하여 회수가 불가능
미치지 못하는 비용을 말한다.

교수님에게서 직접 듣는 현강 느낌의 명쾌한 해설

본서를 읽는 과정에서 교수님의 강의를 직접 대면하며 듣는 느낌이 나도록 본문을 최대한 알기 쉽고 명쾌하게 서술하였습니다. 아울러 도표도 적절한 곳에 충분히 배치하였습니다.

EBS 매경 TEST

1 경제학의 정의

1 경제학이란?

(1) 경제학에 대한 다양한 정의 – 경제학원론의 내용

경제학이 무엇인지에 대해서는 다양한 견해와 정의가 가능
Marshall)은 "경제학은 인간의 일상생활을 연구하는 학문이
버지라고 불리우는 폴 사뮤엘슨(Paul A. Samuelson)은 "경
방법의 연구"라고 정의한 바 있다. 최근 가장 각광받고
(Gregory N. Mankiw)의 경우에는 경제학이란 사회가 자원
문이라고 언급하고 있다. 우리나라의 경우 국립국어원에서는
역을 생산・분배・소비하는 모든 활동으로 정의하고 있다.

(2) 매경 TEST를 준비하는 사람들에게 적합한 경제학의 정의

여러 경제학에 대한 정의 중에서 매경 TEST 시험을 준비하
경제학에 대한 정의는 '경제학은 의사결정을 위한 학문'이
일상생활 중에서 접할 수 있는 여러 사건들에 대해서 어떻게
내릴 수 있는지에 대한 판단의 근거를 제공하는 학문이다. 실
목적 역시 기업 현장에서 활동할 사람들이 갖추어야 할 기초
숙지하고 있는지를 확인하기 위해 기획되었다.

연필 가격

초과공급

400

300

200

초과수요

210

(3) 균형의 이탈과 회복

시장에 외부적 힘이 가해지면 균형의 이탈이 발생한다. 그러나
시장은 다시 새로운 균형을 찾아 이동한다. 새로운 이동도 시장의
는 점에서 결정된다.
음반시장을 가정해 보자. 현재 균형가격(E점)은 2만원이고 균형
일의 다운로드 가격이 하락했다는 소식이 음반시장에 전해졌다면
MP3파일은 대체관계에 있다고 생각할 수 있고, 대체재의 가격이
수요가 감소하고 수요곡선은 좌측($D \rightarrow D'$)으로 이동한다. 사람
비 지출이 감소하고 이것이 음반(정상재) 구입 감소로 이어졌거나

☑ 응용력과 전략적인 사고력을 키우는 'Hot issue'와 기출 유사문제

경제 • 경영의 기초적인 개념과 지식을 넘어 응용력과 전략적인 사고력을 키울 수 있도록 주요 개념과 지식을 더욱 풍부하게 해설한 'Hot issue'를 넣었고, 기출 유사문제를 통해 실제 문제에 대한 적응력과 문제 해결력을 키울 수 있도록 배려하였습니다.

Hot Issue another 파레토법칙

사람들이 2:8 가르마를 하는 이유가 있을까? 2:8 가르
문일까? 파레토법칙(Pareto rule)에 따른다면 그럴 것
체 원인의 20%에서 일어나는 현상'이다. 이탈리아의
가 1906년 이탈리아 토지의 80%를 20%의 사람이 소유
있다. 일설에 따르면 파레토법칙이 개미의 관찰로부터
미 사회를 관찰한 결과, 전체 개미의 20%만 열심히
것은 다시 그 20%를 따로 분리시켜 놓으면 다시 20%
어쨌건 중요한 것은 20:80 혹은 80:20의 비율이 유
이와 같은 현상을 처음 관찰하고 이론화했던 사람은
이름 붙인 것은 아니다. 조셉 주란(Joseph M. Juran
이름을 따서 파레토법칙이라고 부르기 시작했다. 파레
고도 불린다. 파레토법칙이 설득력을 가지는 것은 자연
질소와 산소의 비율이 78:22이고, 지구상의 바다와 육
78:22에 가깝다.
조셉 주란이 파레토법칙을 경영에서 주창했던 탓인지
다. 매출액의 80%는 20%의 고객으로부터 나온다는
점의 매출을 분석한 결과 상위 20%의 VIP 고객이 전

기출 유사문제

다음 자료에 대한 설명으로 옳은 것은?

연재는 현재 창고를 빌려서 의류 보관업을 하고
수 없다는 조건으로 시세인 연 120만원보다 싼
항상 $100m^2$만 사용하고 있다. 그래서 빈 공간을

- 신규 사업 추진 보고서
  - 업종 : 커피 판매
  - 공간 : $100m^2$
  - 예상 판매 수입 : 연간 500만원
  - 커피 판매기 유지비 : 연간 100만원
  - 예상 순수익 = 예상 판매 수입 – (인건비 +

① 커피 판매기 유지비는 매몰비용이다.
② 인건비가 연간 395만원이면 신규 사업은 추
③ 창고 빈 공간 $100m^2$의 임대료는 연간 50만원
사업을 추진하지 않는다.

☑ 최우수 등급 획득 위한 챕터별 출제 예상 문제, 파이널 실전모의고사 수록

실제 시험 현장에서 최고의 점수를 획득하여 TEST에서 설정한 최우수 등급을 받을 수 있도록 챕터별로 출제 예상 문제를 엄선하였고, 실력 점검용 파이널 실전모의고사도 수록하였습니다.

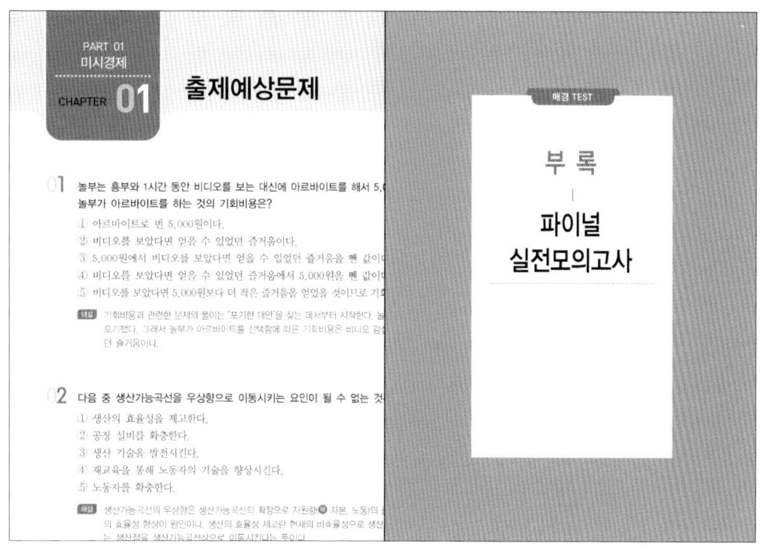
PART 01
미시경제
CHAPTER 01 출제예상문제

01 놀부는 흥부와 1시간 동안 비디오를 보는 대신에 아르바이트를 해서 5,
놀부가 아르바이트를 하는 것의 기회비용은?
① 아르바이트로 번 5,000원이다.
② 비디오를 보았다면 얻을 수 있었던 즐거움이다.
③ 5,000원에서 비디오를 보았다면 얻을 수 있었던 즐거움을 뺀 값이
④ 비디오를 보았다면 얻을 수 있었던 즐거움에서 5,000원을 뺀 값이
⑤ 비디오를 보았다면 5,000원보다 더 작은 즐거움을 얻었을 것이므로 기

02 다음 중 생산가능곡선을 우상향으로 이동시키는 요인이 될 수 없는 것
① 생산의 효율성을 제고한다.
② 공장 설비를 확충한다.
③ 생산 기술을 발전시킨다.
④ 재교육을 통해 노동자의 기술을 향상시킨다.
⑤ 노동자를 확충한다.

매경 TEST
부 록
파이널
실전모의고사

차례

최우수 등급 획득을 위한 7회독 학습 플랜

☑ 고득점 획득을 위한 교수님 꿀팁!

TEST은 총점 1000점이 만점이며 200점 단위로 평가한다. 그중 800점 이상이 최우수 등급이다. 교수님으로부터 최우수 등급에 도달하기 위해서는 어떻게 학습해야 하는지, 직접 애정어린 조언을 들어보자.

꿀팁 1

지난 6년간 매경 TEST는 출제 빈도가 높았던 문항들이 반복 출제되고 있다. 따라서 기출문제를 중심으로 공부해야 한다. 또 같은 개념이라도 다양한 형태로 문제화되기에 빈출 개념을 다양한 문제 형태로 풀어보는 것이 중요하다.

꿀팁 2

매경 TEST는 경영학, 경제학 시험이 아니라 경제·경영이해력 시험이다. 그러므로 경제학원론, 경영학원론의 내용뿐 아니라 실제 경제 상황을 이해하는 시사적인 개념들이 다수 출제된다는 점에 유의해야 한다.

꿀팁 3

경영 파트는 경영전략, 마케팅, 재무, 회계 등 다양한 분야에서 출제되고 있다. 특히 회계는 회계원리를 중심으로 출제되며, 재무관리는 계산문제보다는 개념을 이해하고 있는지를 물어보는 문제가 주로 출제된다.

☑ 완벽 7회독 반복 학습을 통해 TEST 마스터하기!

'공짜 점심은 없다'는 격언이 있다. 더 나은 점수, 더 높은 성적을 얻으려면 그만큼 더 많은 땀과 눈물을 흘려야 한다. 완벽한 학습을 위해서는 5회독을 넘어 7회독을 해야 한다. 회독을 할 때마다 체크하여 스스로 성취감을 느껴보자.

- 1회독 ⇨ 첫 페이지에서부터 마지막 페이지까지 '정독'(출제예상문제 제외)
  한 글자도 놓치지 않겠다는 마음으로 모든 내용을 숙고하면서 천천히 정독할 것(단 출제 예상 문제는 풀지 않도록 한다. 3회독까지 마찬가지이다.)
- 2회독 ➡ '속독'하면서 잘 이해가 되지 않는 부분 표시
  전체 내용을 빠르게 읽어가면서 잘 이해되지 않는 부분을 표시할 것(알듯 말듯 모호한 부분이 많다면 이것들도 별도로 표시해 두는 것이 좋다.)
- 3회독 ➡ 잘 이해가 되지 않는 부분을 중심으로 '정독'
  2회독을 하면서 표시해 두었던 부분을 중심으로 숙고하면서 천천히 정독할 것(인터넷을 통해 관련 자료를 검색하여 스스로 보완하는 것도 좋다.)
- 4회독 ➡ 각 파트별 · 장별 출제예상문제 풀기
  한 회에 푸는 문항 수는 40문항 내외 또는 80문항 내외로 할 것
- 5회독 ➡ 틀린 문제가 많은 장 · 파트 중심으로 '정독'
  틀린 문제와 관련된 부분을 중심으로 본문을 숙독하면서 천천히 정독할 것
- 6회독 ➡ 별도의 모의 평가를 치른 후 틀린 문제와 연관된 부분 '정독'
  모의 평가를 치른 후(최소 3차례 이상) 틀린 문제와 관련된 부분을 정독할 것
- 7회독 ➡ 시험 직전 첫 페이지에서부터 마지막 페이지까지 '정독'(출제예상문제 포함)
  시험을 2~3일 정도 남겨 놓은 시점에서 본 교재 전체를 천천히 정독할 것

최우수 등급 획득을 위한 7회독 학습 플랜 <1>

(회독 완료 시 해당 난에 체크 '✓')

구분		회독 수						
		1	2	3	4	5	6	7
PART 01 미시경제	**CHAPTER 01** 경제학의 체계와 정의							
	CHAPTER 02 수요 · 공급곡선과 탄력성의 개념							
	CHAPTER 03 거래와 가격 규제로 인한 후생 변화와 조세의 기초							
	CHAPTER 04 시장의 종류							
	CHAPTER 05 후생경제학							
	CHAPTER 06 시장실패							
	CHAPTER 07 분배이론							
PART 02 거시경제	**CHAPTER 01** 국민소득통계							
	CHAPTER 02 IS–LM모형과 총수요 · 총공급 이해							
	CHAPTER 03 물가지수							
	CHAPTER 04 경기 관련 경제지표							
	CHAPTER 05 고용통계							
	CHAPTER 06 경제정책							
PART 03 국제경제	**CHAPTER 01** 환율의 이해							
	CHAPTER 02 국제수지표							
	CHAPTER 03 무역이론 및 글로벌 경제							
PART 04 경영	**CHAPTER 01** 경영전략							
	CHAPTER 02 마케팅							
	CHAPTER 03 회계의 기초							
	CHAPTER 04 재무관리							

최우수 등급 획득을 위한 7회독 학습 플랜 <2>

(1회독, 3회독, 5회독, 7회독 완료일 적기)

구분		회독 수			
		1	3	5	7
PART 01 미시경제	**CHAPTER 01** 경제학의 체계와 정의				
	CHAPTER 02 수요 · 공급곡선과 탄력성의 개념				
	CHAPTER 03 거래와 가격 규제로 인한 후생 변화와 조세의 기초				
	CHAPTER 04 시장의 종류				
	CHAPTER 05 후생경제학				
	CHAPTER 06 시장실패				
	CHAPTER 07 분배이론				
PART 02 거시경제	**CHAPTER 01** 국민소득통계				
	CHAPTER 02 IS-LM모형과 총수요 · 총공급 이해				
	CHAPTER 03 물가지수				
	CHAPTER 04 경기 관련 경제지표				
	CHAPTER 05 고용통계				
	CHAPTER 06 경제정책				
PART 03 국제경제	**CHAPTER 01** 환율의 이해				
	CHAPTER 02 국제수지표				
	CHAPTER 03 무역이론 및 글로벌 경제				
PART 04 경영	**CHAPTER 01** 경영전략				
	CHAPTER 02 마케팅				
	CHAPTER 03 회계의 기초				
	CHAPTER 04 재무관리				

매경 TEST

PART 01

미시경제

PART 01
미시경제

CHAPTER 01

경제학의 체계와 정의

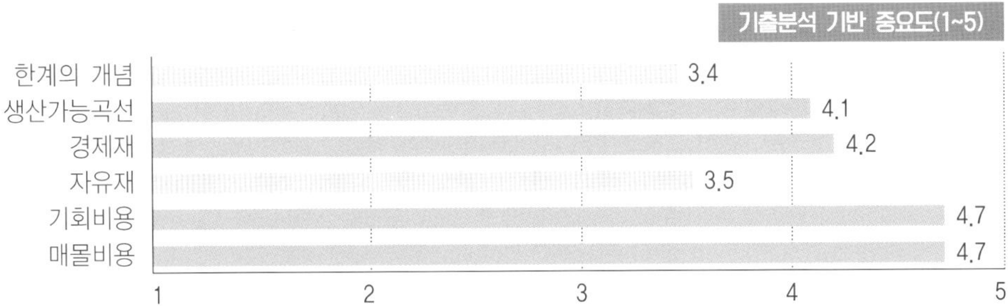

학습목표

❶ 매경 TEST의 출제 범위는 일반적인 경제학원론에서 제시하고 있는 내용과 다르다. 학문을 추구하는 경제학원론 서적의 내용과 비즈니스 현장에서 필요한 경제 지식을 함양하고 있는지를 측정하는 매경 TEST의 내용이 어떻게 다른지 매경 TEST를 공부하기 앞서 반드시 점검해야 한다.

❷ 경제학적 논의가 필요한 근본적인 원인이 무엇인지 이해할 필요가 있다.

❸ 경제학의 3대 문제가 무엇인지 이해하고, 실제 현실 속의 각각의 경제활동이 이러한 3대 문제에 어떠 부분에 해당하는지 구분할 수 있어야 한다.

❹ 경제학적 논의의 대상이 되는 재화와 그렇지 않는 재화를 각각 경제학에서 무엇이라 지칭하는지 알아야 한다.

❺ 의사결정을 내리는 데 필요한 기회비용과 매몰비용에 대한 기초 개념을 이해하고, 이를 바탕으로 합리적인 의사결정을 내리는 현실 속의 사례에 대한 문제 적응력을 높여야 한다.

❻ 한계의 개념, 한계비용과 한계수익의 개념 등을 활용한 이윤극대화의 원리를 익혀야 한다.

❼ 일반적으로 비용으로 고려하는 것과 경제학에서 비용으로 고려하는 것이 어떻게 다른지 확인한다.

❽ 생산가능곡선의 기초 개념을 숙지하고, 실물 경제의 여러 현상에서 생산가능곡선의 개념을 활용할 수 있어야 한다.

❾ 경제학적 논란의 대상이 되는 여러 이슈들은 크게 형평성과 효율성 두 가지 측면에서 해석될 수 있음을 이해해야 한다.

❿ 생산가능곡선에 담겨 있는 경제원리를 이해하고 생산가능곡선이 실제 경제 현실을 설명하는 데 적용시킬 수 있어야 한다.

1 경제학의 정의

1 경제학이란?

(1) 경제학에 대한 다양한 정의 – 경제학원론의 내용

경제학이 무엇인지에 대해서는 다양한 견해와 정의가 가능할 것이다. 알프레드 마샬(Alfred Marshall)은 "경제학은 인간의 일상생활을 연구하는 학문이다."라고 정의했으며, 경제학의 아버지라고 불리우는 폴 사뮤엘슨(Paul A. Samuelson)은 "경제학은 개인이나 사회가 만족하는 방법의 연구"라고 정의한 바 있다. 최근 가장 각광받고 있는 경제학원론을 저술한 맨큐(Gregory N. Mankiw)의 경우에는 경제학이란 사회가 자원을 어떻게 관리하는지 연구하는 학문이라고 언급하고 있다. 우리나라의 경우 국립국어원에서는 인간의 생활에 필요한 재화나 용역을 생산・분배・소비하는 모든 활동으로 정의하고 있다.

(2) 매경 TEST를 준비하는 사람들에게 적합한 경제학의 정의

여러 경제학에 대한 정의 중에서 매경 TEST 시험을 준비하는 사람들에게 있어서 가장 적합한 경제학에 대한 정의는 '경제학은 의사결정을 위한 학문'이라고 생각된다. 즉, 경제학은 우리 일상생활 중에서 접할 수 있는 여러 사건들에 대해서 어떻게 하면 가장 합리적인 의사결정을 내릴 수 있는지에 대한 판단의 근거를 제공하는 학문이다. 실제로 매경 TEST 시험의 기본적인 목적 역시 기업 현장에서 활동할 사람들이 갖추어야 할 기초적인 경제, 경영 지식을 얼마만큼 숙지하고 있는지를 확인하기 위해 기획되었다.

우리 모두는 하루에도 수십 번 경제적 활동을 하면서 생활하고 있다. 편의점에서 껌 한 통을 사는 행위 역시 '소비'라는 경제행위에 해당한다는 점을 떠올리면 쉽게 이해할 수 있을 것이다. 특히 취업 준비생이나, 대학생들의 경우에는 취업 후에 직간접적으로 경제활동에 더욱 적극적으로 참여하게 된다. 따라서 이전보다는 더 세밀하고 정교하게 경제적 의사결정을 수립할 수 있는 능력을 갖출 필요가 있다. 회사의 제품을 어떻게 생산하고 얼마나 생산해야 할지 직접 결정하거나, 어디서 제품을 생산하는 것이 가장 합리적인지 등을 고민해야 할 수도 있기 때문이다. 매경 TEST는 바로 이러한 실무자들이 일선의 업무 중에 접하게 되는 수많은 일들 속에서 합리적인 의사결정을 내릴 수 있는 역량을 갖추고 있는지 확인할 수 있는 시험이다.

(3) 희소성

① 경제학적 논의가 필요한 이유 – 희소성

우리가 합리적 의사결정을 도출해야 하는 가장 주된 이유는 자원의 희소성 때문이다. 희소성이란 드물고 적은 특성, 즉 부족함을 뜻한다. 아무리 돈을 벌어도 우리는 끊임없이 무언가를 부족해 할 것이다. 그것은 인간의 욕구가 무한한 반면, 이러한 무한한 욕구를 충족시켜 줄 자원은 한정되어 있기 때문이다. 결국 가질 수 있는 자원은 한정되어 있으므로 원하는 것을 다 가질 수 없고, 무엇인가 선택하기 위해서 동시에 무엇을 포기해야 할지 결정해야 하는 경제문제가 발생한다. 따라서 **경제문제**란 '희소한 자원 중 무엇을 포기하고, 무엇을 선택할 것인가' 그리고 '희소한 자원을 어디에 분배할 것인가'와 같은 **'선택의 문제'**를 말한다. 바로 이러한 선택들을 보다 합리적으로 결정하기 위해 경제학적 도구들이 유용한 것이다.

② 희소성을 기준으로 한 재화 구분 – 경제재 vs. 자유재

희소성을 갖고 있는 자원으로 합리적인 의사결정에 대한 논의를 필요로 하는 대상 즉, 경제학적 논의가 필요한 대상을 경제재(economic goods)라 부른다. 반면, 무한정 존재하여 희소하지 않아 경제적 논의가 필요하지 않는 대상을 우리는 자유재(free goods)라 한다. 다시 말해 부존량이 너무 많아서 누구나 공짜로 사용할 수 있는 재화가 **자유재**다. 공기는 부존량이 너무 많아서 사람들이 누구나 사용해도 늘 부족함이 없다. 따라서 공기는 시장에서 가격이 형성되고 거래되는 재화가 아니다. 이와 달리 사람들의 욕구에 비해 자원의 존재량이 적어 희소성이 있는 재화를 경제재라 하는데, 경제재는 시장에서 가격이 형성되고 거래된다. 일반적으로 대부분의 재화는 경제재로 볼 수 있다.

자유재와 경제재는 시대에 따라 변화하기도 한다. 예를 들어, 과거 우리나라는 삼천리 금수강산이라 하여 어디서나 쉽게 맑은 물을 구할 수 있었다. 과거에는 맑은 물이 자유재였던 셈이다. 반면 요즘은 환경오염으로 맑은 물을 마시기 위해서 정수기를 사용하거나 돈을 주고 생수를 구매하고 있다. 자유재가 경제재로 변신한 것이다.

용어 해설

- **자유재** : 값을 치르지 않고도 누구나 마음대로 쓸 수 있는 물건을 '자유재'라고 한다. 우리가 늘 들이마시는 공기나 온 세상을 따뜻하게 비춰 주는 햇빛 같은 것이 바로 자유재다.
- **경제재** : 희소성을 갖고 있는 자원으로 합리적인 의사결정에 대한 논의를 필요로 하는 대상, 즉 경제학적 논의가 필요한 대상을 경제재라 부른다.

③ 수요・공급곡선으로 살펴본 자유재

자유재는 시장에서 가격이 형성되지 않는데, 가격이 형성되어 있지 않은 그래프는 다음과 같은 두 가지 형태가 있을 수 있다.

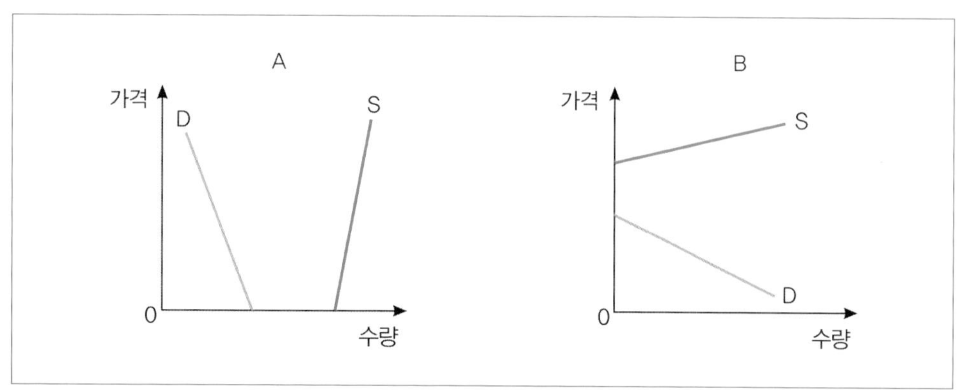

먼저 그래프 A는 공급이 많지만 수요가 공급에 미치지 못하는 상황을 나타내고 있다. 같은 가격이라면 공급은 오른쪽으로 갈수록 증가하는데 공급곡선이 오른쪽에 치우쳐 있기 때문이다. 반면 그래프 B는 공급이 매우 적어 공급곡선이 왼쪽에 치우쳐 그려진 것이다. 따라서 공급이 매우 많아 시장에서 가격이 형성되지 않는 그림은 A이다. 이러한 경우 수요량보다 공급량이 항상 많아 돈이나 노력 등의 대가를 지불하지 않고도 재화를 얻을 수 있다. 따라서 희소한 자원이라고 볼 수도 없고, 시장에서 가격이 형성될 수 없으며, 경제적 논의의 대상이 되지 못한다. 바로 이러한 특성을 갖고 있는 재화를 자유재라고 한다.

B는 공급과 수요가 적어서 시장 가격이 형성되지 않는 경우로서, 우주여행과 같은 재화를 나타낸다. 이처럼 A와 B는 모두 시장 가격이 형성되지 않지만, A는 자유재의 그림을 나타내고 있으며, B는 우주여행과 같은 재화의 그림을 나타내는 것이다.

여기서 다시 기억할 것은, 희소성이란 수요와 공급에 의해 결정되는 상대적인 개념이란 점이다.

2 경제학의 3대 문제

합리적 의사결정을 요하는 대표적인 경제적 문제들은 어떤 것이 있는가? 경제학은 크게 세 가지 문제에 대해서 주목한다.

경제학의 3대 문제는 ① 무엇을 얼마나 생산할 것인가(what & how much to produce), ② 어떻게 생산할 것인가(how to produce), ③ 누구를 위하여 생산할 것인가(for whom to produce)에 해당한다. 첫 번째와 두 번째 문제의 경우에는 생산물의 종류와 수량, 생산 방법에 대한 문제를 다룬 것으로 합리성에 대한 문제라고 할 수 있다. 반면, 세 번째 질문의 경우에는 분배에 대한 문제로 형평성과 관련된 문제라고 할 수 있다.

위의 3대 경제 문제는 경제학자 폴 사뮤엘슨이 생산에 초점을 맞추어 표현한 것으로, 최근에는 이 3대 문제에 이어 언제 생산할 것인가(when to produce)에 대해서도 주목하고 있다. 언제 생산할 것인가를 주목하게 된 배경에는 최근 부각되고 있는 환경문제와도 연관성이 깊다. 경제활동 과정에서 사용하는 대부분의 천연자원 역시 희소성을 가진 한정된 자원이기 때문이다. 과거에 비해서 사용할 수 있는 천연자원의 양이 점점 고갈되어갈 시기가 다가옴에 따라 자원을 언제 이용해야 하는지에 대해서 더욱 관심을 갖게 된 것이다. 지금 세대들이 이러한 천연자원을 전부 사용한다면 다음 세대에 그만큼의 부담을 지우게 될 것이기 때문이다.

2 합리적 의사결정의 도구들

1 경제문제를 바라보는 두 가지 관점 - 효율성과 형평성

(1) 효율성을 측정하는 경제학적 도구들

경제학은 각 경제주체가 효율성을 얼마나 달성했는지 확인할 수 있는 수단과 효율성을 어떻게 추구해야 하는지 판단하기 위한 유용한 수단들을 제공한다. 여기서 효율성이란 크게 두 가지로 구분해서 생각할 수 있는데 주어진 자원을 가지고 최대의 효과를 얻어내는 것과, 동일한 효과를 거두기 위해 가장 적은 비용을 투입하는 것이 그것이다. 사실 이 둘은 불가분의 관계를 가진 것이라 할 수 있으며, 모든 자원을 효율적으로 사용하여 더 이상 사회 구성원의 만족 내지 후생을 늘릴 수 없는 상태를 경제학에서는 파레토 효율성이라 부른다.

① 합리적인 선택 기준

㉠ 동일한 비용으로 더 많은 이득을 : 왕선택 학생의 아버지가 1천만원으로 투자를 할 때, A회사 주식을 사면 200만원을 벌 수 있고 B회사 주식을 사면 300만원을 벌 수 있다면, 당연히 B회사 주식에 투자하는 것이 경제적이다. 이처럼 동일한 비용을 들여 더 많은 이득 또는 효과를 남기는 것이 바로 경제 원칙이다.

㉡ 동일한 이득을 더 적은 비용으로 : 이번에는 왕선택 학생의 아버지가 투자로 200만원을 벌기 위해서는 A회사 주식을 살 때에는 1천만원의 투자 원금이 필요하고 B회사 주식을 살 때에는 900만원의 투자 원금이 필요하다면, 어느 주식에 투자하는 것이 경제적인가? 당연히 B회사 주식이다. 이처럼 동일한 이득 또는 효과를 얻는 데 더 적은 비용을 들이는 것이 경제 원칙이다.

위의 예에서 알 수 있듯이 이 두 가지 경제 원칙은 실제로는 서로 다른 원칙이 아니라, 동일한 내용을 다른 각도에서 접근한 것에 불과하다. 어떤 원칙을 따르던 결국은 같은 결론에 이르게 된다.

② MC(한계비용) = MR(한계수익)

효율성을 달성했는지 여부를 확인하는 방법에는 MC = MR도 이용가능하다. MR은 한계수익을 의미하고, MC는 한계비용을 의미하는데, 이윤 극대화를 달성하기 위해서는 한계수익과 한계비용이 같아지는 수준에서 경제활동이 이루어져야 한다. 한계수익과 한계비용은 특정 경제행위를 한 단위 추가할 때 발생하는 수입과 비용을 의미한다. 즉, 한계수익(marginal revenue)은 우리가 어떤 행위를 하나 더 할 경우에 추가적으로 얻는 편익을 말하고, 한계비용(marginal cost)은 우리가 어떤 행위를 하나 더 할 경우에 추가적으로 드는 비용을 말한다.

㉠ MR > MC : 만약 어떤 활동을 추가로 하나 더 할 때의 한계수익이 한계비용보다 크다면, 그 활동을 더 해야 한다. 박진호 학생의 아버지가 다니시는 자동차 회사가 자동차를 1대 더 생산함으로써 버는 한계수익이 1천만원이고 한계비용이 9백만원이라고 하자. 이러한

경우 자동차를 1대 더 생산한다면 1백만원의 순수익(즉, 이윤)을 늘릴 수 있으므로 이 회사는 자동차를 1대 더 생산해야 한다. 이러한 논리를 적용한다면, 우리는 한계수익이 한계비용보다 단 1원이라도 크다면 이 회사는 자동차 생산을 늘려야 한다는 것을 알 수 있다. 그럼으로써 순수익은 증가하기 때문이다.

㉡ MR < MC : 만약 한계수익이 한계비용보다 작다면, 그 활동을 줄여야 한다. 이 회사가 자동차를 1대 더 생산할 때 버는 한계수익이 1천만원이고 한계비용이 1천1백만원이라고 한다면 이 회사가 자동차를 1대 더 생산한다면 1백만원의 순수익을 상실하게 된다. 반대로 이 회사는 자동차 생산을 1대 줄임으로써 순수익을 늘릴 수 있다. 즉, 한계비용이 한계수익보다 단 1원이라도 크다면 이 회사는 자동차 생산을 줄임으로써 순수익을 증가시킬 수 있다.

이상의 두 가지 경우를 종합하면, 이 회사가 순수익을 최대화할 수 있는 방법을 찾을 수 있게 되는데, 이 회사는 한계수익이 한계비용과 같아질 때까지 생산을 늘리거나 줄임으로써 순수익을 최대화할 수 있다. 이것이 바로 위에서 이야기했던 한계의 원리다.

㉢ **MC = MR의 적용 실사례** : 커피숍의 경우에는 커피 한 잔을 추가로 판매함에 따라 벌어들이는 수입이 한계수익에 해당하며, 커피 한 잔을 만들기 위해 들어간 비용이 한계비용이라 할 수 있다. 만약 커피 한 잔을 만드는 데 들어가는 비용인 한계비용이 커피 한 잔을 팔았을 때 얻게 되는 수익인 한계수익보다 작으면 커피 한 잔을 더 파는 것이 이익이 된다. 반면 커피 한 잔을 만드는 데 드는 비용인 한계비용이 커피 한 잔 가격인 한계수익보다 클 경우에는 커피 한 잔을 더 만들어 팔 때 수입보다 비용이 더 크므로 한계비용과 한계수익의 차액만큼 이익이 줄어들게 된다. 이러한 논의상에서 커피 가게 주인은 커피 한 잔을 판매할 때 드는 비용이 커피 한 잔 가격보다 작을 경우 계속 커피를 만들어 팔다가, 커피 한 잔 비용이 한 잔 가격보다 커지게 되면 바로 판매를 중단하게 될 것이다. 결국 가게 주인은 이윤을 극대화하기 위해서는 한계수익과 한계비용이 같아지는 수준에서 커피 생산을 조절할 것이다.

용어 해설

- **한계비용** : 산출물의 1단위 추가 혹은 감소에 따라 증가 혹은 감소하는 비용을 '한계비용'이라고 하며, '증가비용' 혹은 '차별비용'이라고도 한다.
- **한계수익** : 한계수익(marginal benefit)은 우리가 어떤 행위를 하나 더 할 경우에 추가적으로 얻는 편익을 말한다.
- **한계효용** : 무엇을 소비할 때 얻는 만족을 '효용'이라 한다. 만약 어떤 사람이 맛있는 빵을 하나 먹었다면 만족감을 느낄 것이다. 하지만 바로 빵 하나를 더 먹으면 사람에 따라 만족감이 더 늘거나 혹은 줄어들 수 있다. 이때 빵 하나를 먹었을 때와 두 개를 먹었을 때 느끼는 만족감의 차이를 '한계효용'이라고 한다.

③ 기회비용

㉠ **기회비용의 개념** : 기회비용은 '포기된 대안 중에서 가장 가치가 큰 것'이라고 서술되고 있다. 즉, 여러 개의 선택 대안이 있을 때 그중 어느 하나를 선택함으로써 나머지들은 포기되는데 그 포기된 여러 가지 중에서 가장 가치가 큰 것을 기회비용이라고 한다. 예를 들어, 어느 날 오후 시간을 어떻게 사용할 것인지를 결정함에 있어서 ⓐ 매경 TEST 공부, ⓑ 남자친구와의 데이트, ⓒ 게임 등 세 가지 대안을 놓고 고민하고 있다고 가정하자. 이때 매경 TEST를 공부함으로써 얻게 되는 가치란 A학점의 성적이 될 것이고, 남자친구와의 데이트 가치는 데이트를 함으로써 얻게 되는 즐거움, 그리고 바둑의 가치는 게임을 하는 과정에서 오는 재미일 것이다. 세 대안의 가치를 수치로 표현할 때 그 값들이 각각 100, 90, 80이라면 매경 TEST 공부를 선택하지 않을 경우 기회비용은 각각 100으로 가장 크다. 따라서 매경 TEST를 공부하는 것이 합리적인 선택이 된다.

㉡ **기회비용의 적용 실사례** : 윤지문 학생의 누나는 회사원이다. 그 누나가 직장을 그만두고 조그만 가게를 시작한다고 한다. 1년 동안 예상되는 수입이 1억원, 가게 임대료, 세금, 종업원 임금 등의 비용이 8천만원이라고 가정하자.

수입 1억원에서 비용 8천만원을 빼면 2천만원의 이윤이 남는데, 그렇다고 윤지문 학생의 누나가 회사를 그만두고 자기 사업을 하길 잘한 것은 결코 아니다. 위의 계산에서도 역시 기회비용을 고려하지 않았기 때문이다.

이 예에서의 기회비용은 누나가 가게를 차리지 않았더라면 회사에 계속 다니고 있었을 것이고, 따라서 회사로부터 받을 수 있었던 연봉이 된다. 만약 누나가 이전 직장에서 받았던 연봉이 3천만원이라면, 누나는 자기 사업으로부터 2천만원의 이윤을 번 것이 아니라 오히려 1천만원의 손실을 본 것이며, 자기 사업을 한 것은 잘못된 선택이다.

④ 매몰비용

㉠ **매몰비용의 개념** : 매몰비용이란 이미 발생하여 회수가 불가능한 비용으로 미래의 비용이나 편익에 아무런 영향을 미치지 못하는 비용을 말한다. 즉, 경제적 판단을 요하는 시점에서 그 이전에 투입된 비용은 그 비용이 합리적으로 또는 비합리적으로 지출되었는지 여부와는 상관없이 전혀 고려 대상이 아니라는 사실이다.

㉡ **매몰비용의 실사례** : 우리는 주변에서 공연을 보러 갔는데 공연이 생각과는 달리 전혀 재미가 없고, 지루하기만 한 공연임을 알았을 때도, 입장료가 아깝기 때문에 계속해서 공연을 봐야 한다고 우기는 사람들을 종종 목격할 수 있을 것이다. 그러나 이는 전혀 합리적인 의사결정이 아니다. 즉, 매몰비용을 무시하고 판단한 결정이 아니기 때문이다. 입장료는 공연을 끝까지 보던지 중간에 그만 보고 나오던지 간에 이미 지불된 비용이다. 따라서 남은 공연 시간을 지루한 것을 참아가며, 곤욕스런 시간을 꽉 채우기 보다는 그 시간에 나와서 다른 재미있는 거리를 찾는 것이 훨씬 개인의 만족을 높이는 행위가 될 수 있을 것이다.

기출 유사문제

다음 자료에 대한 설명으로 옳은 것은?

연재는 현재 창고를 빌려서 의류 보관업을 하고 있다. 이를 위해 다른 사람에게 재임대할 수 없다는 조건으로 시세인 연 120만원보다 싼 연 100만원에 200m^2 공간을 임차하였으나 항상 100m^{2}만 사용하고 있다. 그래서 빈 공간을 사용하여 신규 사업을 추진하고자 한다.

• 신규 사업 추진 보고서
- 업종 : 커피 판매
- 공간 : 100m^2
- 예상 판매 수입 : 연간 500만원
- 커피 판매기 유지비 : 연간 100만원
- 예상 순수익 = 예상 판매 수입 − (인건비 + 임대료 + 커피 판매기 유지비)

① 커피 판매기 유지비는 매몰비용이다.
② 인건비가 연간 395만원이면 신규 사업은 추진해야 한다.
③ 창고 빈 공간 100m^{2}의 임대료는 연간 50만원이므로 인건비가 연간 355만원이면 신규 사업을 추진하지 않는다.
④ 창고 빈 공간 100m^{2}의 임대료가 연간 60만원이므로 인건비가 연간 345만원이면 신규 사업을 추진하지 않는다.
⑤ 신규 사업을 위한 창고 사용의 기회비용은 연간 20만원이므로 인건비가 연간 375만원이면 신규 사업을 추진한다.

해설 이 상황에서 임대료가 매몰비용임을 인지하고 신규 사업 추진에서 고려하지 말아야 한다는 것을 이해하고 있는지 묻는 문제다. 커피 판매기 유지비는 신규 사업 추진 시 고려해야 하는 비용이기 때문에 매몰비용이 아니다. 임대료를 0원으로 계산하고 순이익이 0원 이상이면 사업을 추진한다.

정답 Ⅰ ②

⑤ 경제적 비용

㉠ 경제적 비용의 개념 : 앞서 살펴본 기회비용과 매몰비용의 개념을 통해서 우리는 경제학에서 합리적인 의사결정을 위해 사용하는 비용의 개념은 다른 일반적인 비용의 개념과는 달리 기회비용은 고려하고 매몰비용은 고려하지 않는다는 사실을 확인할 수 있었다. 이와 같이 경제학에서 사용하는 비용의 개념은 기회비용의 관점에서 파악한 비용의 개념으로 일반적으로 장부상에 기재되는 비용인 회계적인 비용과는 그 성격이 다르다. 이를 구분하기 위해 경제적 비용이라 부른 것이다.

회계적 비용은 실제로 화폐로 지불해야만 하는 비용을 말한다. 즉, 시각적으로 분명히 드러나 보이는 비용이라는 의미에서 명시적 비용이라고 부른다. 인건비, 임대료, 원자재 구입비 등이 여기에 해당한다. 하지만 경제적 비용은 이러한 회계상의 비용인 명시적 비용(explicit cost)에 암묵적 비용(implicit cost)을 추가한 개념이다. 여기서 암묵적 비용은 자신이 가지고 있었던 생산요소들을 생산에 투입함으로써 발생하는 기회비용과 정상이윤을 말한다.

ⓛ 경제적 비용의 실사례

> 가게를 운영하는 이윤영 씨는 작년 한 해 총수입으로 3천만원을 거두었는데, 비용으로 종업원 임금 1천만원, 원료비 1천만원이 들었다.

이 경우 이윤영 씨는 1천만원의 이익을 거두게 되는데 이는 회계적 이윤에 해당한다. 하지만 이러한 회계적 이익에는 이윤영 씨 자신이 가지는 노동, 자본, 토지, 경영활동 등 생산요소에 대한 기회비용이 포함되어 있지 않은 개념이다.

이제 이윤영 씨가 가게를 운영하지 않았다면 다음과 같은 상황이 발생했을 것이라고 가정해 보자.

> 이윤영 씨 본인이 가게를 운영하지 않고 취업을 했을 경우 1천만원을 벌 수 있었고, 가게 운영에 투자한 자본금을 은행에 예금하였다면 1천만원의 이자 수익을 거둘 수 있었으며, 자신이 소유한 건물에 가게를 개업한 이윤영 씨가 가게를 직접 개업하지 않고 다른 사람에게 임대할 경우 5백만원을 벌 수 있었다고 하자.

이 경우 이윤영 씨가 가게를 운영함으로 인해 발생하게 된 기회비용은 취업했을 경우 벌어들일 수 있었던 1천만원과 가게에 투자했던 금액을 은행에 넣어두었을 경우 거둘 수 있는 이자 수익 1천만원, 그리고 자신이 소유한 건물을 가게 운영에 사용하지 않고 임대할 경우 거둘 수 있는 수익인 5백만원이 기회비용에 해당한다. 가게를 운영하게 되어 포기하게 된 이러한 기회비용 2천5백만원은 암묵적 비용으로 고려되어야 할 대상들이다.

암묵적 비용에는 이러한 생산에 투입된 자신이 갖고 있던 생산요소의 기회비용 말고도 정상이윤이 들어가야 한다. 정상이윤(normal profits)이란 해당 경제활동을 지속적으로 유지하게 하는 유인으로서 충분할 정도의 이윤을 말한다. 이것을 비용으로 고려해야 하는 이유는 정상이윤 이하의 이익을 거둘 경우 해당 경제주체는 더 이상 해당 경제활동을 그만두게 될 것이기 때문이다. 만약 이윤영 씨가 가게 운영을 통해 500만원의 정상이윤을 기대한다면 이 역시 암묵적 비용에 포함해야 한다. 따라서 경제적 비용은 명시적 비용 2천만원과 암묵적 비용 3천만원의 합인 5천만원에 해당한다.

따라서 이윤영 씨의 가게 운영에 대한 경제적 이윤은 총수입 3천만원에서 경제적 비용(명시적 비용 2천만원 + 암묵적 비용 3천만원) 5천만원을 차감할 경우 2천만원의 손해를 보게 된 것이다.

⑥ 생산가능곡선

㉠ **생산가능곡선의 기초 개념** : 생산에서 어느 정도의 효율성을 달성하고 있는지를 확인할 수 있는 유용한 수단으로 생산가능곡선이 있다. 생산가능곡선이란 자원과 기술 등 생산요소가 주어진 상황에서 모든 자원을 효율적으로 사용해서 생산할 수 있는 두 생산물의 여러 가지 조합을 나타내 주는 곡선을 말한다.

특정 경제주체가 자신이 가지고 있는 모든 자원을 가지고 A재화나 B재화를 생산할 수 있다고 하자. 만약 해당 경제주체가 자신이 가지고 있는 자원을 효율적으로 사용하여 A재화나 B재화를 생산한다면, 생산가능곡선상의 점, C점이나 D점이 나타내고 있는 만큼의 A재화와 B재화를 생산할 수 있을 것이다. 반면 A재화와 B재화를 생산하는 과정에서 비효율적인 측면이 있다면 생산가능곡선 안쪽에 위치한 점인 F점이 나타내는 만큼의 재화만을 생산하게 될 것이다. 생산가능곡선 밖의 점인 E점은 현재 보유하고 있는 자원을 아무리 효율적으로 사용한다 하더라도 달성할 수 없는 생산량에 해당한다.

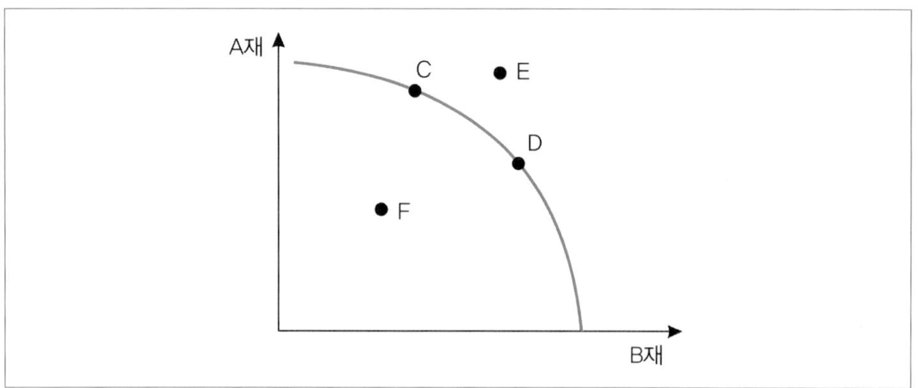

㉡ **생산가능곡선의 이동** : 생산가능곡선은 자원과 기술이 주어져 있는 상황을 전제로 한다. 그러므로 주어진 자원의 양과 기술에 변화가 있으면 곡선 자체가 이동할 수 있다. 기술이 진보하거나, 부존자원이 증가하면 생산가능곡선이 바깥쪽으로 이동한다. 반면 자연재해와 전쟁으로 부존자원이 소실되면 생산가능곡선은 안쪽으로 이동할 것이다.

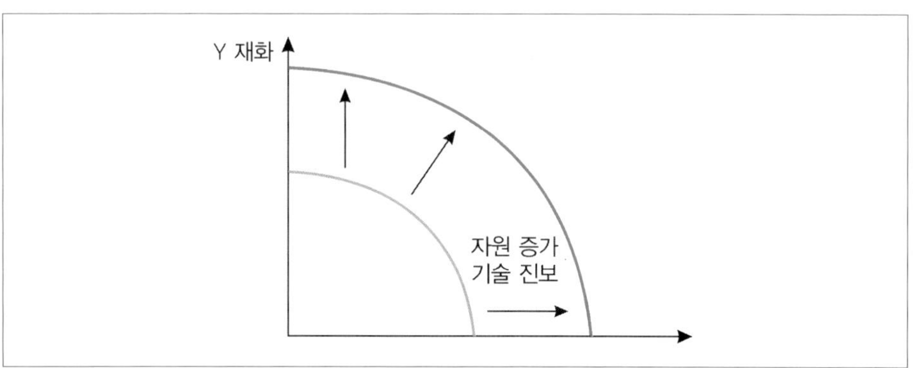

㉢ 생산가능곡선 적용 실사례

ⓐ **경제성장률과 생산가능곡선 :** 실물경제에서 보여지는 다양한 경제적 주장이나 경제정책적 의도들 중에서는 생산가능곡선의 틀 속에서 이해되고 해석될 수 있는 내용들이 많다. 신문 지면에서 가장 자주 목격되는 경제지표 중 하나가 경제성장률인데, 경제성장률을 높이기 위해서는 새로운 기술과 산업을 개발하고, 새로이 이용 가능한 자원을 발굴할 때 달성될 수 있다. 이는 곧 생산가능곡선을 밖으로 확장하기 위한 노력이라고 볼 수 있다. 즉, 위의 그래프에서 기존에는 결코 달성될 수 없었던 생산량인 E점에 도달하기 위한 노력이라 말할 수 있다. 따라서 국가가 새로운 산업을 육성하기 위한 정책을 수립했다든가, 신기술을 개발하기 위한 보조금을 지급하기로 결정하였다는 등의 내용들은 생산가능곡선을 밖으로 확장하기 위한 노력들로 해석해야 한다.

ⓑ **실업률과 생산가능곡선 :** 생산가능곡선을 확장하는 것과 연관된다고 볼 수 있는 대표적인 경제지표가 경제성장률이라고 한다면, 생산가능곡선의 안쪽에서 생산가능곡선상으로의 이동과 관련된 경제지표는 실업률이라고 할 수 있다. 실업률은 주어진 인적자원을 얼마나 효율적으로 사용하고 있는지를 나타내주고 있기 때문이다.

실업이 감소하면 노동이 증가해서 생산가능곡선이 바깥쪽으로 이동할 것 같지만 그렇지 않다. 실업이 발생한 상태는 모든 노동이 효율적으로 활용되지 못해서 생산가능곡선 안쪽에서 생산이 이뤄진 것이다. 생산가능곡선은 모든 부존자원이 효율적으로 이용된 상태를 의미한다. 따라서 생산가능곡선상에서 생산이 이뤄지고 있다면 완전고용 상태를 달성하고 있는 것으로 봐야 하기 때문이다.

다만, 완전고용을 마찰적 실업이 없는 상태로 볼 경우 마찰적 실업이 줄어들면 생산가능곡선이 바깥쪽으로 이동한 것으로 볼 수 있다. 마찰적 실업이 줄어든다는 것은 구직자와 구인자의 정보 비대칭 문제가 줄어들고 서로 원하는 구인·구직이 늘어난 것으로, 노동시장의 효율성이 개선된 것으로 볼 수 있다. 그러나 실업이라고 하면 통상적으로 마찰적 실업이 아닌 경기적 실업 등을 말하는 것으로 볼 수 있다.

㉣ **생산가능곡선과 기회비용 :** 우리가 생산가능곡선에 또 한 가지 주목할 점은 생산가능곡선이 우하향의 형태를 띠고 있다는 점이다. 생산가능곡선이 우하향한 이유는 생산을 위해 주어진 자원이 한정되어 있기 때문이다. 자원이 한정되어 있기 때문에 A재화의 생산량을 늘리기 위해서는 B재화의 생산량을 줄여야 한다. 따라서 곡선은 우하향의 형태를 띠게 되는 것이다.

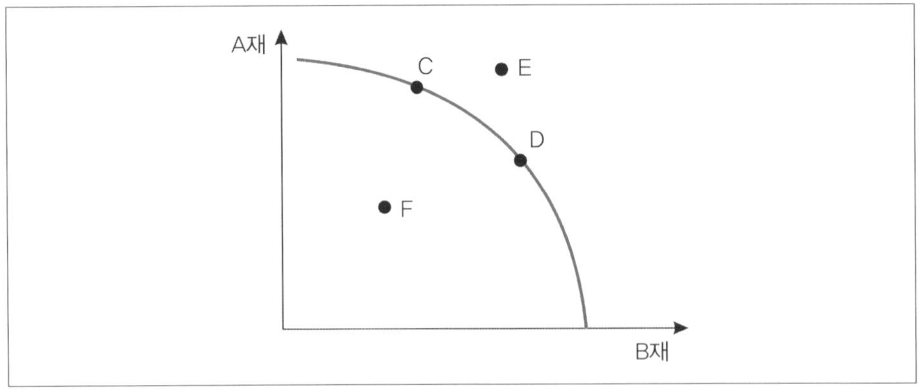

생산가능곡선의 형태는 일반적으로 밖으로 볼록한 형태를 띠고 있다고 제시되어 있다. 생산가능곡선이 이 같은 형태를 갖는 이유를 직관적으로 설명하면 다음과 같다. X축 위에 있는 생산가능곡선상의 점에서 생산량을 결정할 경우 이는 B재만 생산한다는 것을 의미한다. 이 경우 B재의 생산을 줄이고 A재 생산을 늘리기 위해서는 B재 생산에 투입된 자원 중에서 A재 생산에 가장 적합 자원을 빼서 A재 생산에 투입하는 것이 효율적일 것이다. 즉, 이 경우 B재의 생산량은 크게 줄어들지 않지만, A재 생산은 크게 늘어날 것이다. 반면, Y축 위의 생산가능곡선상에서 생산량을 결정했다면 이는 A재만을 생산한다는 의미이다. 이 경우 역시 A재 생산을 줄이고 B재 생산을 늘리기 위한 가장 합리적인 방법은 A재 생산에는 적합하지 않고 B재 생산에 적합한 자원을 B재 생산에 사용하는 것이다. 따라서 A재 생산은 크게 줄어들지 않지만, B재 생산은 크게 늘어날 것이다. 생산가능곡선이 밖으로 볼록한 이유는 이같은 이유 때문이다.

생산가능곡선에서도 기회비용의 개념을 엿볼 수 있다. A재와 B재만을 생산한다고 가정했기 때문에 A재 생산에 대한 기회비용은 A재 생산을 위해 포기한 B재 생산량이라 할 수 있다. 위와 같이 밖으로 볼록한 그래프에서는 B재를 한 단위 더 생산하기 위해 포기해야 하는 A재 생산량이 점점 커진다는 사실을 알 수 있는데, 이는 기회비용체증의 법칙을 표현하고 있는 것이다.

기출 유사문제

다음은 한 국가의 생산가능곡선 그림이다. 다음 설명 중 옳지 않은 것은?

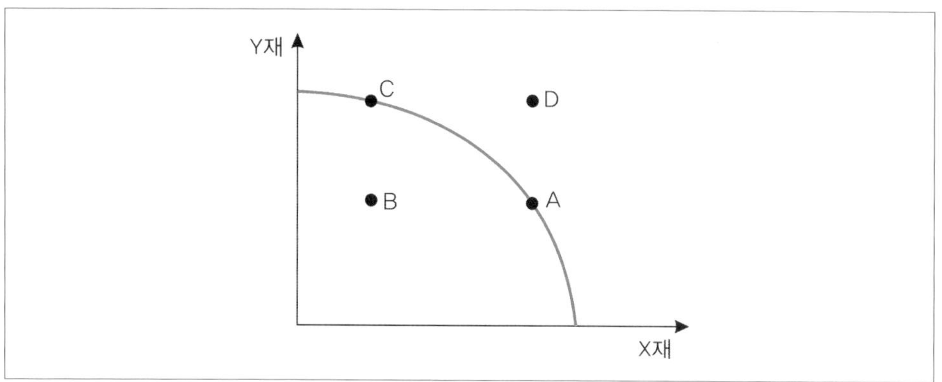

① 점 A에서 생산에서의 효율성이 달성되고 있다.
② 독점기업이 있는 경우 점 B에서 생산이 된다.
③ 기술 개발을 통하여 점 D를 달성할 수 있다.
④ X재를 생산하는 기업이 해외로 이전하게 되면 점 A에서 점 C로 이동하게 된다.
⑤ 점 A에서 생산하는 경우 점 C보다 X재의 기회비용이 상대적으로 크다.

해설 ④ X재를 생산하는 기업이 해외이전하면 국가 내의 자원량(예 자본)이 적어져서 생산가능곡선이 축소되어 종전의 X재와 Y재의 최대생산량이 감소하므로 점 A에서 점 C로 이동하지 않는다.
①·③ 생산가능곡선은 효율적 자원배분선이므로 점 A에서 효율성이 달성되며, 기술 개발로 효율성이 향상되어 최대생산량이 증가하면 생산가능곡선이 확장되어 점 D도 생산할 수 있다.
② 독점기업은 과소생산하여 생산가능곡선 내부에서 생산점이 결정되어 비효율적이다.
⑤ 생산가능곡선상 접선의 기울기는 기회비용으로 점 A에서의 기회비용이 점 C보다 크다.

정답 Ⅰ ④

용어 해설

• **기회비용체증의 법칙** : 모든 자원을 효율적으로 사용하는 상황에서 한 재화의 생산을 계속해서 증가시키기 위해 그 재화 생산의 기회비용이 증가하는 현상을 말한다.

기회비용에 따른 생산가능곡선의 형태

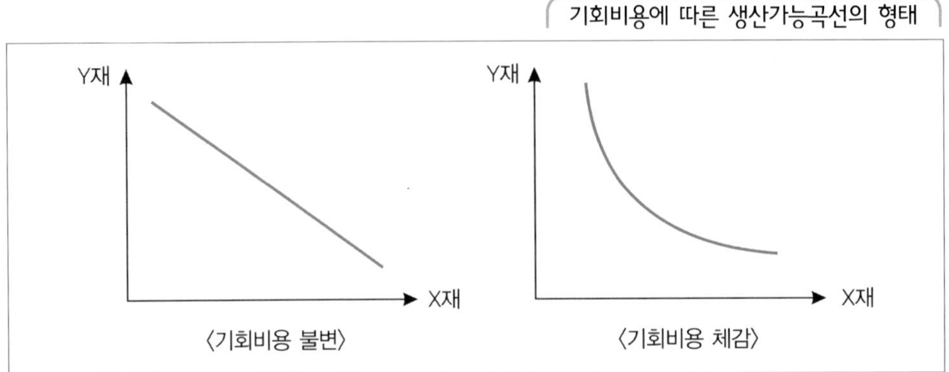

(2) 형평성을 측정하기 위한 도구들

경제학에서 합리적인 의사결정을 추구하기 위해 사용하는 두 번째 기준은 형평성이다. 하지만 경제학에서는 효율성에 비해 형평성에 대해서는 명확한 기준이나 도구를 제시해 주시는 못하고 있는 실정이다. 그것은 무엇을 형평한 상태로 봐야하는지에 대한 논란과 함께 형평성을 달성했는지 여부를 측정하기 어렵다는 점에 근거한다. 사람은 누구나 태어나면서부터 자신에게 처한 상황이 상대적으로 다를 수밖에 없다. 부유한 집안에서 태어난 사람도 있고 가난한 집안에서 태어난 사람도 있다. 하지만 이러한 차이를 모두 무시하는 것이 형평한 것인지, 이러한 차이를 어느 정도까지 인정하는 것이 형평한 것인지에 대한 논란이 있다. 또한 부유한 정도를 어떤 것을 기준으로 측정해야 하는지, 즉 아버지의 재산으로만 부유한 정도를 측정해야 하는지, 할아버지까지 포함해야 하는지 등에 논란의 여지가 있을 수 있다.

경제학에서 효율성에 대해서는 다양한 판단 근거와 분석 도구를 제시하고 있는 데 비해 형평성에 대해서는 그렇지 못하다고 해서 결코 형평성이 효율성에 비해 중요성이 떨어진다고 볼 수는 없다. 효율성만을 추구할 경우에 문제가 발생하는데, 일반적으로 경제에 효율성을 부과하는 주요한 환경으로 경쟁을 들 수 있다. 경제에 효율성을 가져다 주는 경쟁의 결과 승자가 발생했다 하자. 이러한 승자는 일반적으로 경쟁을 싫어하는 특성이 있다. 그들은 경쟁에서 이기기 위해서는 얼마나 치열하고 피나는 노력을 해야 하는지 잘 알기 때문이다. 따라서 경쟁에서 승리한 사람은 구조적으로 경쟁을 회피할 수 있는 다양한 방법을 모색하는 경우가 많은데, 그 대표적인 사례가 과점시장에서 목격되는 담합 같은 것을 들 수 있다. 이러한 경우 경쟁에서 승리하지 못한 대부분의 사람들이 성과를 보이려면 더 큰 노력을 들여야 하거나 성과를 보이는 것 자체가 불가능한 경우도 있다. 시장이 소수의 기업에 의해서 장악되고 있는 상태에서 신생 기업이 아무리 혁신적인 기술이나 제품을 고안해 냈다 하더라도 이를 소비자에게 효율적으로 전달하기는 어려울 수 있다. 이러한 상황이 전개될 경우 더는 새로운 제품을 연구하는 참신한 중소기업이나 벤처기업이 태동하여 경제성장이 달성되기를 기대하기는 어렵게 될 것이다. 이처럼 형평성이 무시된 상황이 초래될 경우, 사람들이 경제적 효율성을 달성하려는 노력을 등한시하게 되어 경제적 효율성을 떨어뜨리는 경우가 발생한다.

물론 지나치게 형평성만을 강조할 경우 사람들에게 경제적인 유인을 제공하지 못하게 되어 경제성장을 가져오지 못하는 사례 역시 종종 목격된다. 본인이 열심히 하지 않아도 주변인들이 노력한 성과를 함께 공유할 수 있을 경우 free rider, 즉 무임승차자가 발생할 수 있다. 사회보장제도가 완벽하게 구축된 북유럽의 경우에는 지나친 사회보장제도로 인해 사람들의 노동에 대한 유인이 부족한 현상이 발생하여 한동안 경제성장에 걸림돌이 된 적이 있었다. 이 같은 이유로 경제학에서는 효율성과 형평성 모두를 중요한 판단의 기준으로 고려하고 있다.

REVIEW

1. 우리가 합리적 의사결정을 도출해야 하는 가장 주된 이유는 자원의 희소성 때문이다.
2. 희소성을 갖고 있는 자원으로 합리적인 의사결정에 대한 논의를 필요로 하는 대상 즉, 경제학적 논의가 필요한 대상을 경제재라 부른다.
3. 산출물의 1단위 추가 혹은 감소에 따라 증가 혹은 감소하는 비용을 '한계비용'이라고 하며, '증가비용' 혹은 '차별비용'이라고도 한다.
4. 기회비용은 '포기된 대안 중에서 가장 가치가 큰 것'으로 서술되고 있다
5. 매몰비용이란 이미 발생하여 회수가 불가능한 비용으로 미래의 비용이나 편익에 아무런 영향을 미치지 못하는 비용을 말한다.
6. 생산가능곡선이란 자원과 기술 등 생산요소가 주어진 상황에서 모든 자원을 효율적으로 사용해서 생산할 수 있는 두 생산물의 여러 가지 조합을 나타내주는 곡선을 말한다.

PART 01
미시경제

CHAPTER 01

출제예상문제

01 놀부는 흥부와 1시간 동안 비디오를 보는 대신에 아르바이트를 해서 5,000원을 벌었다. 놀부가 아르바이트를 하는 것의 기회비용은?

① 아르바이트로 번 5,000원이다.
② 비디오를 보았다면 얻을 수 있었던 즐거움이다.
③ 5,000원에서 비디오를 보았다면 얻을 수 있었던 즐거움을 뺀 값이다.
④ 비디오를 보았다면 얻을 수 있었던 즐거움에서 5,000원을 뺀 값이다.
⑤ 비디오를 보았다면 5,000원보다 더 작은 즐거움을 얻었을 것이므로 기회비용은 0원이다.

해설 기회비용과 관련한 문제의 풀이는 '포기한 대안'을 찾는 데서부터 시작한다. 놀부는 비디오 감상을 포기했다. 그래서 놀부가 아르바이트를 선택함에 따른 기회비용은 비디오 감상에서 얻을 수 있었던 즐거움이다.

02 다음 중 생산가능곡선을 우상향으로 이동시키는 요인이 될 수 없는 것은?

① 생산의 효율성을 제고한다.
② 공장 설비를 확충한다.
③ 생산 기술을 발전시킨다.
④ 재교육을 통해 노동자의 기술을 향상시킨다.
⑤ 노동자를 확충한다.

해설 생산가능곡선의 우상향은 생산가능곡선의 확장으로 자원량(예 자본, 노동)의 증가나 기술 개발 등의 효율성 향상이 원인이다. 생산의 효율성 제고란 현재의 비효율성으로 생산가능곡선 내부에 있는 생산점을 생산가능곡선상으로 이동시킨다는 뜻이다.

03 실업이 발생한 경제에서의 균형에 대한 다음 설명 중 옳은 것은?

① 생산가능곡선 바깥쪽에 있다.
② 생산가능곡선 안쪽에 있다.
③ 생산가능곡선 선상에 있다.
④ 생산가능곡선과 수요함수가 만나는 점에 있다.
⑤ 생산가능곡선과 생산함수가 만나는 점에 있다.

정답 01 ② 02 ① 03 ②

해설 실업은 한 국가의 자원(노동량)이 모두 고용되지 못하여 최대생산량을 달성하지 못하는 상태이다. 그러므로 실업이 존재하면 균형은 생산가능곡선 내에 위치한다.

04 어떤 변호사가 자신의 업무용 컴퓨터 작업을 위해서 시간당 1만원을 지급하는 조건으로 사무원을 채용하였다. 이 변호사는 변호업무로 시간당 10만원을 버는데, 사무원의 컴퓨터 처리 능력이 자신보다 못한 것을 발견하고 사무원을 해고한 후, 그가 하던 컴퓨터 작업도 하고 있다. 이 변호사의 행동을 경제학적으로 가장 옳게 해석한 것은?

① 변호사의 컴퓨터 작업에 대한 기회비용은 자신의 변호 업무의 가치와 같다.
② 변호사의 컴퓨터 작업에 대한 기회비용은 사무원의 컴퓨터 작업에 대한 기회비용보다 작다.
③ 변호사가 사무원이 하던 컴퓨터 작업을 일과 시간 후에 하면 경제적 비용이 발생하지 않는다.
④ 변호사는 시간당 9만원을 절약할 수 있다.
⑤ 변호사의 사무원 해고는 합리적 행동이었다.

해설 1. 지문의 문구 해석

(1) "자신의 업무용 컴퓨터 작업을 위해서 시간당 1만원을 지급하는 조건으로 사무원을 채용" → 변호사의 컴퓨터 업무의 가치는 시간당 1만원

(2) "변호사는 변호 업무로 시간당 10만원을 버는데" → 변호사의 변호 업무의 가치는 시간당 10만원

(3) "사무원을 해고한 후, 그가 하던 컴퓨터 작업도 하고 있다" → 변호사가 포기한 대안은 변호 업무이다.

2. 문제 풀이

기회비용은 포기한 대안 중 최고의 가치이다. 변호사가 포기한 대안은 변호 업무이고 그 가치는 10만원이다. 그래서 변호사가 컴퓨터 작업을 선택함에 따른 기회비용은 변호 업무의 가치인 10만원이다. 반대로 변호 업무를 선택함에 따른 기회비용은 컴퓨터 작업의 가치인 1만원이므로, 컴퓨터 작업의 기회비용이 변호 업무의 기회비용보다 크다. 그리고 일과시간 이후에도 변호 업무가 컴퓨터 작업보다 기회비용이 낮으므로 컴퓨터 작업을 포기하는 선택이 합리적이다. 참고로 기회비용은 순액(9만원)이 아닌 총액(10만원)으로 계산한다.

05 기회비용에 관한 설명 중 옳지 않은 것은?

① 기회비용은 여러 대안 가운데 선택되지 않은 차선의 대안이다.
② 동일 대학, 동일 학과에 진학하는 학생들의 기회비용은 모두 같다.
③ 성적이 좋음에도 불구하고 대학 진학을 포기하는 것은 진학에 따르는 기회비용이 너무 크기 때문이다.
④ 어느 생산자가 보유하고 있는 기계의 매각이 불가능할 경우, 그 기계의 기회비용은 0이다.
⑤ 경제문제에서 기회비용과 편익을 고려하여 의사결정을 하면 합리적인 결과를 얻을 수 있다.

정답 04 ① 05 ②

해설 동일 대학, 동일 학과에 진학하더라도 개인에 따라 포기한 가치가 다르다.

06 다음의 글에서 1년 동안 자동차를 사용한 것에 대한 홍길동의 기회비용은?

홍길동은 연초에 2,000만원을 일시불로 주고 승용차를 구입하여 일 년간 타고 다니다가 연말에 이 차를 1,200만원을 받고 팔았다. 홍길동이 만일 자동차를 사지 않았더라면 이 돈을 은행에 연리 5%로 예금했을 것이다.

※ 자동차의 운행에 따르는 연료비나 각종 세금, 그리고 승용차를 구입하지 않았을 때의 교통비 등은 무시한다.

① 2,100만원
② 2,040만원
③ 900만원
④ 840만원
⑤ 800만원

해설 기회비용은 어떤 선택에 따른 비용과 그 선택으로 인해 포기된 차선의 선택이 가지는 가치를 합한 것이다. 홍길동이 1년 동안 자동차를 구입하는 데 들어간 비용은 800만원이다. 하지만 자동차 구입을 하지 않았다면 2,000만원을 은행에 넣어 100만원의 이자 수입을 얻을 수 있을 것이므로 기회비용은 900만원이 된다.

[7~8] 다음 글을 읽고 물음에 답하시오.

장화와 홍련은 몇 달 전에 인기그룹 '서방신기' 콘서트의 입장권을 한 장에 10만원씩 주고 구입했다. 그런데 장화와 홍련의 친구인 콩쥐가 같은 날 같은 시각에 열리는 또 다른 인기그룹 '수퍼시니어' 콘서트의 공짜표가 있으니 함께 가자고 했다. '수퍼시니어' 콘서트 입장권은 원래 5만원이며, 장화와 홍련이 이 공연으로부터 얻는 편익은 각각 6만원이다. 한편, '서방신기' 콘서트 입장권을 공연 전에 환불하면 8만원을 받을 수 있다.

07 장화는 콩쥐의 제안에도 불구하고 '서방신기' 콘서트를 보러 가기로 했다. 장화의 선택에 따르는 기회비용은?

① 0원
② 10만원
③ 11만원
④ 14만원
⑤ 16만원

정답 06 ③ 07 ④

해설 장화가 '서방신기' 콘서트를 선택함으로써 포기한 것이 무엇인지를 생각하면 된다. 장화는 '수퍼시니어' 콘서트 관람에서 얻을 수 있는 편익 6만원과 '서방신기' 콘서트 입장권을 환불받아 얻을 수 있는 8만원을 포기했다. 따라서 장화의 기회비용은 모두 14만원이다(장화가 '서방신기' 콘서트 입장권을 사기 위해 이미 지출한 10만원은 장화의 선택에서 더는 고려되지 않는 매몰비용이다).

08 홍련은 콩쥐의 제안을 받아들여 '서방신기' 콘서트 대신 '수퍼시니어' 콘서트를 보러 가기로 했다. '서방신기' 콘서트에서 얻는 홍련의 편익을 X라 할 때, 다음 중 X의 범위로 적절한 것은?

① $8 \leq X \leq 10$
② $8 \leq X \leq 14$
③ $10 \leq X \leq 14$
④ $10 \leq X \leq 16$
⑤ $14 \leq X \leq 16$

해설 홍련이 '수퍼시니어' 콘서트를 선택했다는 것은 '서방신기' 콘서트로부터 얻는 편익 X가 '서방신기' 콘서트를 선택할 때의 기회비용 14만원보다 작다는 것을 의미한다. 그런데 홍련이 몇 달 전에 '서방신기' 콘서트 입장권을 10만원에 구입했다는 것은 홍련이 '서방신기' 콘서트로부터 얻는 편익 X가 10만원 이상이라는 것을 의미한다. 따라서 X의 범위는 $10 \leq X \leq 14$로 나타낼 수 있다.

09 다음을 읽고 합리적인 주장을 한 사람을 모두 고르면?

상지네 가족은 여가활동으로 등산을 제일 좋아한다. 그런데 이번 주말에는 큰 비가 온다는 일기예보를 듣고, 영화표를 예매하였다. 단, 이 영화표는 환불되지 않는다.
그러나 일기예보와 달리 주말의 날씨가 매우 화창하였다. 그래서 등산과 영화 관람의 선택을 놓고 가족 간에 다음과 같은 대화가 이루어졌다.
아버지 : 영화표를 구입한 돈이 허비되지 않게 극장에 꼭 가야 해.
어머니 : 우리 가족은 등산을 좋아하니 산에 가자.
상 화 : 영화표를 구입한 돈을 문제 삼지 말고, 둘 가운데 뭐가 더 좋은지 만을 생각해요.
상 지 : 등산을 위해 쓴 돈이 없으니 등산을 포기해도 되잖아요.

① 아버지, 상화
② 어머니, 상화
③ 아버지, 상지
④ 어머니, 상지
⑤ 상화, 상지

해설 매몰비용(sunk cost)이란 이미 지불되어 현재로서는 회수할 수 없는 비용을 말한다. 영화표 구입에 쓴 돈은 매몰비용이므로, 현재의 의사결정에 영향을 미치지 않는다.

정답 08 ③ 09 ②

10 홍길동은 인기 가수의 콘서트 입장권을 50,000원에 구입하였는데, 막상 콘서트 당일이 되자 갑작스러운 일이 생겨서 갈 수 없게 되었다. 인터넷에서 급히 구매자를 물색한 결과 다행히 황진이가 사겠다는 의사를 내보였다. 입장권을 황진이에게 택배로 보내는 비용은 5,000원으로, 홍길동이 부담하기로 한다. 홍길동이 합리적인 사람이라고 가정할 경우, 얼마 이상의 가격부터 거래에 응할 것인가?

① 55,000원
② 50,000원
③ 45,000원
④ 40,000원
⑤ 5,000원

해설 홍길동이 콘서트 입장권 구입에 대해 이미 돈을 지불하였으므로 이 비용은 회수할 수 없다. 인터넷을 통해 홍길동이 가지고 있는 입장권에 대해 황진이가 사겠다는 의사를 보였을 경우, 홍길동은 택배비 5,000원 이상을 받을 수만 있다면 두 사람 사이의 거래는 이루어진다.

정답 10 ⑤

PART 01
미시경제

CHAPTER 02

수요 · 공급곡선과 탄력성의 개념

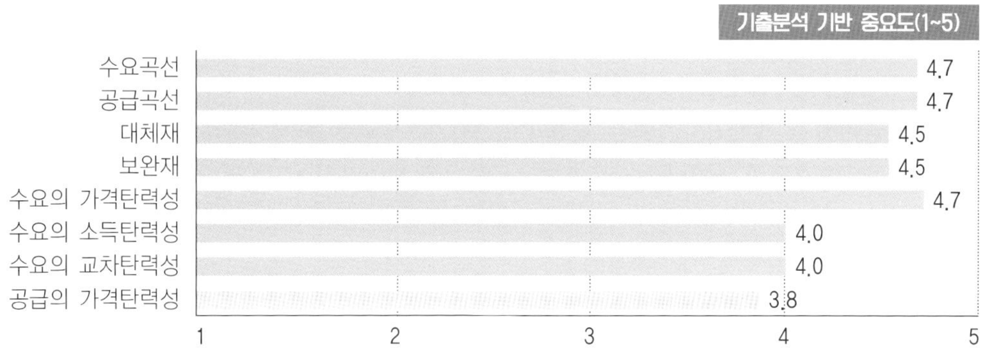

학습목표

❶ 수요곡선의 도출과 수요곡선 자체를 이동시키는 요인이 무엇인지 이해해야 한다.

❷ 공급곡선의 도출과 공급곡선 자체를 이동시키는 요인이 무엇인지 이해해야 한다.

❸ 경제적 의사결정을 내리는 데 있어 가장 중요한 요인 중 하나인 가격 결정의 매커니즘을 이해해야 한다.

❹ 초과수요와 초과공급 상태에 놓여 있을 때, 시장은 어떻게 반응하게 되는지 이해해야 한다.

❺ 시장 상황이 변했을 때, 이로 인해 시장가격과 거래량이 어떻게 변화하는지를 적용시킬 수 있어야 한다.

❻ 각 경제주체는 다른 사람들과 상호 영향을 주고 받으면서 경제적 의사결정을 내리고 있다. 이러한 사실이 수요 · 공급곡선에 어떻게 투영되며, 각각 어떠한 개념으로 기술되는지 확인해야 한다.

❼ 수요곡선의 형태는 여러 요인에 따라 달라지는데 수요곡선의 형태에 영향을 주는 요인은 무엇인지 구분할 수 있어야 하며, 각각의 요인이 수요곡선에 어떠한 영향을 주는지 이해해야 한다.

❽ 재화들 중 상호 연관관계가 높은 재화들을 연관재라 하는데, 이러한 연관재가 상호 어떻게 영향을 주고 받는지, 그리고 그러한 내용을 경제학에서는 어떻게 규명하고 있는지 학습해야 한다.

❾ 재화가 내포하고 있는 특성에 따라 경제학에서 어떻게 분류하는지를 학습해야 한다.

❿ 공급곡선의 형태는 여러 요인에 따라 달라지는데, 공급곡선의 형태에 영향을 주는 요인은 무엇인지 구분할 수 있어야 하며, 각각의 요인이 공급곡선에 어떠한 영향을 주는지 이해해야 한다.

⓫ 수요의 가격탄력성에 영향을 주는 요인과 함께 매출 극대화를 달성하기 위한 방법이 수요의 가격탄력성에 따라 어떻게 달라지는지 이해해야 한다.

⓬ 재화의 특성이 수요의 소득탄력성에 어떻게 영향을 미치는지 이해해야 한다.

⓭ 수요의 교차탄력성이 양(+)일 경우와 음(−)일 경우가 각각 언제인지에 대해 재화 간의 관계 속에서 이해해야 한다.

⓮ 공급의 가격탄력성에 영향을 미치는 요인에는 어떤 것들이 있는지 학습한다.

1 수요 · 공급곡선의 의미

1 가격

(1) 가격의 기능

가격은 각 경제주체들이 어떻게 행동해야 할지에 대한 의사결정을 내리는 데 있어서 고려되는 가장 주요한 고려 요인이다. 가격은 수요와 공급이 만나는 점에서 결정된다. 사려는 힘이 팔려는 힘에 비해 우세하다면 가격은 올라가고, 반대로 팔려는 힘이 우세하면 가격이 하락한다. 이러한 가격 결정의 매커니즘은 수요 · 공급곡선에 고스란히 담겨 있다.

(2) 가격 결정 매커니즘

하나의 자원이 가장 높은 가격을 따라 움직이는 것은, 그 자원의 소유자와 이용자에게 높은 이득을 가져다주는 것은 물론이고 사회 전체적으로도 그 자원을 효율적으로 이용하게 되는 바람직한 결과를 가져온다. 이처럼 경제 내의 모든 사람들이 자신의 이익을 위하여 노력하다보면, 그것이 경제 전체적으로도 바람직한 결과를 가져온다는 것을 애덤 스미스(Adam Smith)는 '보이지 않는 손'(invisible hand)에 의한 조화라고 하였다.

2 수요곡선에 대한 이해

(1) 수요

재화를 사고자하는 의사를 **수요**라고 하는데, 경제주체가 상품을 구입하고자 하는 욕구인 수요는 사람들이 마음속에 가지고 있는 하나의 심리상태다. 그러나 수요는 재화에 지불하고자 하는 가격까지 포함된 아주 구체적인 의사라는 점에서 재화에 대한 단순한 '욕구'나 '필요'와는 구별된다.

(2) 수요법칙

① 개념

일반적으로 백화점이 세일할 때 수요량이 증가하는가, 감소하는가? 평소보다 사람들이 붐비는 것을 보면 수요량이 증가하는 것으로 추측할 수 있다. 이처럼 가격이 더 싸지면 사려는 욕구가 강해지는데 이를 '**수요법칙**'이라고 한다. 물론 가격이 더 비싸지면 사려는 욕구가 줄어들기 때문에 반대의 경우도 수요의 법칙은 성립한다.

② 수요곡선 도출

수요곡선을 우하향하게 그리는 것이 왜 일반적인 것인가라는 질문은, 어떤 재화의 가격이 내렸을 때 그 물건의 수요량은 왜 증가하게 되는가라는 질문과 동일하다. 즉, 우하향하는 일반적인 수요곡선을 증명하려면, 재화의 가격이 싸졌을 때 왜 사람들이 그 재화를 더 많이 사게 되는가를 증명하면 되는 것이다. 이를 증명하기 위해 사용되는 경제학적 개념이 '대체효과'와 '소득효과'이다.

㉠ 대체효과

ⓐ **대체효과 개념 – 싸졌으니까 :** "제품 가격이 싸지면 사람들은 왜 더 사지?"라는 질문에 가장 흔히 들을 수 있는 대답은 "싸졌으니까"일 것이다. 그렇다. 이 흔하디흔한 대답은 정답일 뿐만 아니라 대체효과의 의미를 어느 정도 내포하고 있는 그럴 듯한 대답이라 할 수 있다. 대체효과란 어떤 재화의 가격이 하락함에 따라 다른 재화를 사는 대신 그 재화를 더 사게 되는 효과를 말한다.

ⓑ **사례 :** 〈도표〉에서 학교를 가는데 버스와 지하철을 이용할 수 있으며, 버스를 타나 지하철을 타나 시간은 동일하게 걸린다고 가정해 보자. 이때 지하철과 버스의 요금이 500원으로 동일하다면 둘 중 어느 것을 타도 별다른 차이가 없겠지만, 만약 버스의 요금이 400원으로 더 싸졌다면 버스를 더 많이 이용하는 것이 더욱 이익이 된다. 구체적으로 한 달에 20일을 버스로 통학하는 경우 버스 요금이 500원에서 400원으로 내리면 한 달 동안 4,000원의 이익을 얻을 수 있다. 따라서 버스의 요금이 싸지게 되면, 버스에 대한 수요량은 더욱 증가하게 되는 것이다.

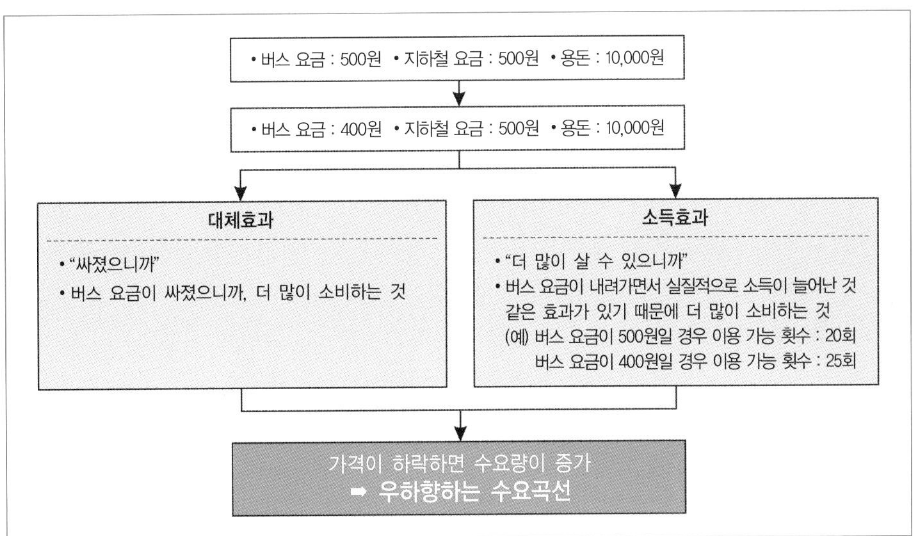

㉡ 소득효과

ⓐ **소득효과 개념 – 더 많이 살 수 있으니까 :** 버스 요금의 인하로 마치 소득이 증가하는 것과 같은 효과가 발생하게 되면, 버스 이용 횟수가 증가하게 된다. 요금이 내리게 되면, 평소에는 가까운 거리라서 걸어 다녔던 곳도 버스를 이용하게 되는 경우를 떠올려 보면 쉽게 이해할 수 있을 것이다. 따라서 만약 "제품 가격이 싸지면 사람들은 그 제품을 왜 더 사지?"라는 질문에 "더 많이 살 수 있잖아."라고 대답한 사람이 있다면, 이 흔하디흔한 대답은 정답일 뿐만 아니라 소득효과에 대한 의미를 어느 정도 내포하고 있다고 볼 수 있다. 즉, 소득효과는 상품의 가격이 변동하여 소비자의 구매력을 변화시키는 효과를 말한다.

ⓑ **사례** : 소득이 일정할 때 특정 재화의 가격이 떨어질 경우 구매할 수 있는 재화의 양이 늘게 된다. 만약 학생의 용돈이 1만원이고, 버스 요금이 500원이라면 버스를 20번 탈 수 있지만, 버스 요금이 400원으로 내리면 25번 버스를 탈 수 있게 된다. 결국 요금이 400원으로 인하되어 버스를 25번 이용할 수 있다는 사실은 버스 요금이 500원일 때는 용돈이 1만2,500원으로 늘었을 때나 가능한 현상이다. 따라서 버스 요금의 인하는 마치 용돈의 인상(소득의 증가)과 같은 효과가 나타나게 된다. 이와 같이 소득이 일정한 상태에서 특정 재화의 가격이 떨어지면 같은 소득으로 구매할 수 있는 재화의 양이 증가하게 되는데, 이는 결국 소득이 증가했을 때와 같은 현상이므로 이를 소득효과라 부르는 것이다.

㉢ **가격효과** : 결국 우하향하는 수요곡선이 형성되는 이유, 즉 재화의 가격이 하락하게 되면 수요량이 증가하는 이유는 보다 싸진 재화를 더 많이 이용하는 것(대체효과)이 자신의 편익을 높이는 데 기여할 뿐만 아니라 재화의 가격 하락이 소득의 증가 효과(소득효과)를 가져와 더 많이 살 수 있게 해주었기 때문이다.

이러한 소득효과와 대체효과를 합쳐 가격효과라 부르는데, 가격효과란 제품의 가격이 변하면 대체효과와 소득효과로 인해서 소비자의 소비량도 변하게 되는 현상이다.

3 수요곡선의 이동

수요곡선은 정해지면 고정된 것이 아니라 외적인 환경이 변화할 경우 수요곡선 자체가 이동하게 된다. 다시 말해 위에서 도출해 본 수요곡선은 가격을 제외하고 수요량에 변화를 줄 수 있는 다른 모든 요인들은 모두 동일하여 변화하지 않는다는 전제 아래 진행된 논의다. 하지만 가격 이외에 다른 요인들이 변화한다면 수요곡선 자체는 이동하게 된다. 이번에는 수요곡선 자체의 이동을 야기시킬 수 있는 요인들에는 어떤 것이 있는지 살펴보자.

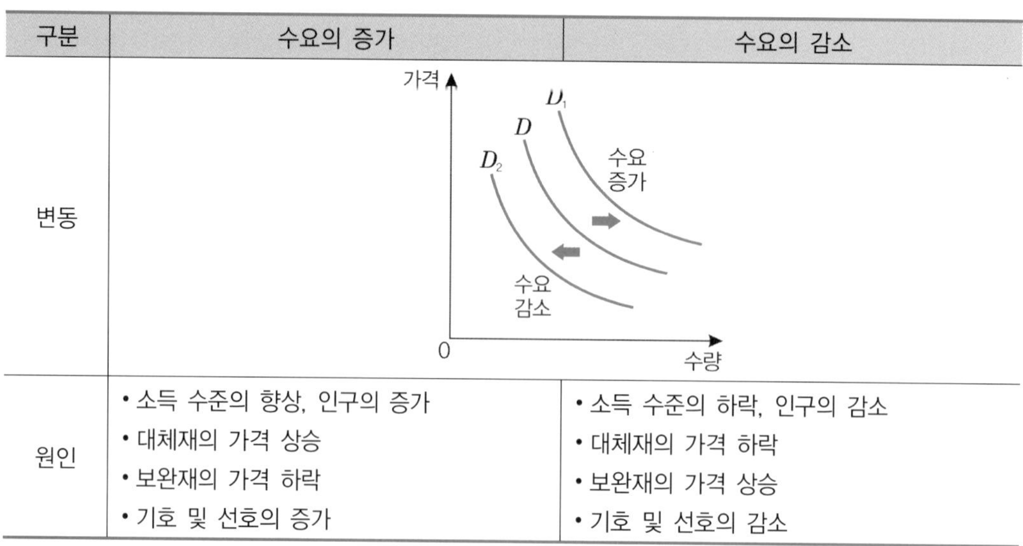

구분	수요의 증가	수요의 감소
변동		
원인	• 소득 수준의 향상, 인구의 증가 • 대체재의 가격 상승 • 보완재의 가격 하락 • 기호 및 선호의 증가	• 소득 수준의 하락, 인구의 감소 • 대체재의 가격 하락 • 보완재의 가격 상승 • 기호 및 선호의 감소

(1) 소득

소득의 변화는 구매력의 변화를 가져온다. 일반적으로 돈이 많은 사람들은 그만큼 물건을 살 수 있는 능력이 많기 때문에 많은 물건을 구매할 수 있지만, 돈이 없는 사람들은 상대적으로 물건을 구매하고 싶어도 구매할 수 없게 된다. 따라서 소득이 증가할 경우 사람들의 수요는 증가하게 되고, 소득이 감소할 경우에는 사람들의 수요가 감소하게 된다. 이처럼 지극히 당연한 결과를 가져다 주는 재화들을 우리는 정상적인 재화라 해서 정상재(normal goods)라 부른다. 그러나 이러한 일반적인 상황과는 달리 오히려 소득이 증가할 경우 수요가 감소하는 재화들이 있는데, 이들을 열등재(inferior goods)라 한다. 대표적인 열등재로는 대중교통 수단을 들 수 있는데, 사람들은 소득이 높아지면 자가용을 구입하여 타고 다니기 때문에 상대적으로 대중교통 수단에 대한 수요가 줄어들게 된다. 즉, 소득의 증가가 대중교통 수단의 수요를 감소시킨 결과를 가져온 것이다.

용어 해설

- **정상재** : 소득이 감소(증가)함에 따라 수요가 감소(증가)하는 재화를 **정상재**(normal goods)라고 한다.
- **열등재** : 소득이 감소(증가)할수록 수요가 증가(감소)하는 재화를 **열등재**(inferior goods)라고 한다.

(2) 연관재의 가격

특정 물건들은 단독으로 구매하여 사용하기 보다는 다른 연관 제품과 함께 구매할 때 더 큰 만족을 가져다 주는 경우가 많다. 따라서 특정 제품의 수요는 이러한 연관재의 가격에 영향을 받게 된다. 대표적인 예로 컴퓨터와 소프트웨어를 들 수 있다. 컴퓨터 본체를 샀다 하더라도 사용할 소프트웨어가 없다면 유용성이 떨어질 것이기 때문이다. 따라서 컴퓨터 본체에 대한 수요는 컴퓨터 본체와 함께 사용하게 될 소프트웨어의 가격이 떨어지면 더욱 수요가 높아질 것이다. 반대로 소프트웨어의 가격이 비싸다면 컴퓨터에 대한 수요 역시 떨어지게 될 것이다. 이처럼 한 재화의 가격이 하락함에 따라 다른 한 재화의 수요가 증가하는 경우 두 재화의 관계는 보완재(complements goods)관계에 놓여 있다고 말할 수 있다. 이와는 반대의 현상을 보이는 경우 대체재(substitutes goods) 관계에 있다. 대체재는 한 재화의 가격이 하락함에 따라 다른 한 재화의 수요가 감소하는 경우를 말하는데, 핫도그와 햄버거가 대표적인 예라 할 수 있다. 핫도그와 햄버거는 맛이나 식사 방법, 파는 곳이 비슷한 재화다. 이런 경우 핫도그 가격을 올리면 햄버거에 대한 수요가 증가한다.

용어 해설

- **대체재** : 대중교통과 자가용의 예와 같이 한 재화의 가격이 하락(상승)함에 따라 다른 한 재화의 수요가 감소(증가)하는 경우 두 재화가 **대체관계**에 있다고 말하며, 두 재화는 서로 **대체재**(substitutes goods)라고 한다.
- **보완재** : 잉크젯 프린터기 사용에 대한 수요와 잉크카트리지의 관계를 생각해보자. 잉크 가격이 올라간다면 사람들은 프린터 사용을 줄일 것이다. 이처럼 한 재화의 가격이 상승(하락)함에 따라 다른 한 재화의 수요가 감소(증가)하는 경우 두 재화가 **보완관계**에 있다고 하며, 두 재화는 서로 **보완재**(complements goods)라고 한다.

(3) 취향

수요를 결정하는 가장 분명한 변수는 소비자의 취향도 있다. 소득도 그대로고 대체재나 보완재와 같은 연관재의 가격도 그대로 임에도 불구하고 해당 물건에 대한 자신의 선호도가 높아져 수요가 증가하는 경우가 있다. 이러한 취향의 문제는 경제적 문제를 벗어나 심리적·사회적 요인에 의해 결정되므로 경제학에서는 주어진 변수로 가정하는 경우가 많다.

(4) 미래에 대한 기대

미래에 대한 기대는 재화나 서비스에 대한 현재 수요에 영향을 미칠 수 있다. 만일 앞으로 자신의 소득이 줄어들 것이라고 예상되면 지금의 소비를 줄일 것이기 때문이다. 또한 해당 물건의 가격이 앞으로 하락할 것으로 예상되면 지금 당장 소비하는 것을 줄이고, 나중에 소비하려 들 것이다.

4 공급곡선에 대한 이해

(1) 공급

공급이란 생산자가 재화나 서비스를 생산하고자 하는 욕구를 말한다. 그러나 그것은 막연한 희망사항이 아니라, 이윤이 남을 수 있는 상황이 되면 실행에 옮기게 될 구체적인 생산 의사이다. 생산 능력을 가진 생산자가 일정기간 생산하고자 하는 최대수량을 **공급량**이라고 한다.

(2) 공급 법칙

① 개념

기업이 공급하고자 하는 재화나 서비스의 양에 대해 가장 큰 영향을 미치는 것은 그 상품의 가격이다. 다른 모든 조건이 동일하다고 할 때, 그 상품의 가격이 올라(내려)가면 기업은 더 많은(적은) 양의 상품을 생산·판매하고자 한다. 이러한 가격과 공급량 사이에 존재하는 양의 관계를 **공급 법칙**(law of supply)이라고 부르며, 이러한 이유로 공급곡선은 일반적으로 우상향하는 형태를 취하고 있다.

② 공급곡선의 예외 사례

공급곡선이 항상 우상향하는 형태를 띠는 것은 아니다. 노동 공급을 예를 들어 살펴보자. 사람은 누구나 동일하게 24시간의 하루 시간을 가지고 있는데, 이 시간의 가치는 시간당 임금이 올라감에 따라 커진다. 예를 들어 시간당 임금이 1만원일 경우 그는 24만원을 가지고 있는 셈이다. 만약 그의 시간당 임금이 2만원으로 오르면 48만원을 가지고 있는 셈이다. 만약 시간당 임금이 1만원일 경우에 1시간의 여가시간을 즐긴다면 그는 1만원의 소득을 포기한 셈이며, 시간당 임금이 2만원일 경우에 1시간의 여가시간을 즐긴다면 그는 2만원의 소득을 포기한 것이다. 이러한 상황에서 시간당 임금이 상승할 경우 한 시간을 놀았을 때 포기해야 하는 소득의 크기가 점점 커지므로 여가시간을 갖기가 점점 부담스러워진다. 반면 위의 사례에서처럼 시간당 임금이 증가할 경우 다른 소비활동을 누릴 수 있는 능력이 커질 뿐만 아니라 이와 함께 여가시간을 즐길 여유 또한 늘어난다. 위의 사례의 경우 시간당 임금이 1만원일 경우 하루 종일 일한다면 24만원의 소득을 거두게 되지만, 시간당 임금이 2만원으로 증가할 경우 하루 종일 일하면 48만원의 소득을 거두게 된다. 따라서 소득이 증가하게 되어 여가시간을 누릴 수 있는 기회 또한 증가한다. 즉, 소득이 증가할 경우 여가시간을 줄일 유인과 함께 여가시간을 늘릴 유인도 함께 생겨나게 된다. 결국 시간당 임금이 계속해서 올라갈 경우 어느 수준에 이르러서는 일하려는 유인보다 여가시간을 즐기려는 유인이 더욱 커지게 된다. 즉, 노동공급이 줄어들게 되어 더 이상 우상향하는 공급곡선의 형태를 취하지 않게 되는 것이다.

5 공급곡선의 이동

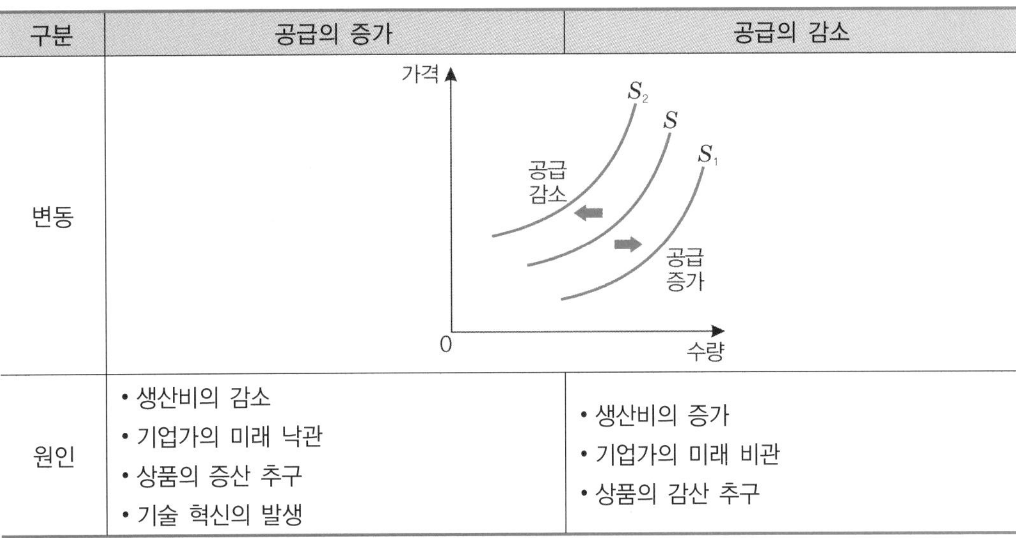

구분	공급의 증가	공급의 감소
변동		
원인	• 생산비의 감소 • 기업가의 미래 낙관 • 상품의 증산 추구 • 기술 혁신의 발생	• 생산비의 증가 • 기업가의 미래 비관 • 상품의 감산 추구

(1) 요소가격

물건을 생산하기 위해서는 다양한 생산요소가 투입되어야 하는데, 이들 생산요소 가격이 상승하면 사업의 채산성이 낮아져 생산량을 줄이려고 할 것이다. 결국 생산요소 가격이 매우 높아지면 생산을 중단할 수도 있다. 따라서 어느 재화의 공급은 그 재화의 생산에 투입되는 생산요소의 가격과 반대 방향으로 움직인다.

(2) 기술

물건을 제조하는 신기술이 등장하여 제품 생산에 투입되는 비용이 줄어들 경우 공급이 증가하게 된다.

(3) 미래에 대한 기대

앞으로 해당 물건에 대한 가격이 증가할 것으로 예상될 경우에 공급자들은 현재 공급하고 있는 양을 줄이고 일부를 재고로 보관하려고 들 것이다. 이는 추후 물건의 가격이 상승한 후에 판매할 경우 더 큰 이익을 취할 수 있기 때문이다. 따라서 미래의 가격 상승이 예상될 경우 공급을 줄이는 효과가 발생한다.

6 시장가격 결정

(1) 시장균형

물건을 사려는 사람의 입장이 반영된 수요곡선과 물건을 팔려는 사람의 입장이 반영된 공급곡선에 대해서 살펴보았으므로 이제 양측이 서로 만나서 어떻게 시장가격이 형성되는지 확인해보자. 우리는 시장에서 수요량과 공급량이 일치하는 상태를 균형을 이루었다고 한다. 이때 수요량과 공급량이 같도록 만든 가격을 균형가격이라고 하며, 그때의 거래량을 균형거래량이라고 한다.

상반된 여러 가지 힘이 서로 상쇄되어 새로운 교란 요인이 없는 한 현재 상태를 유지하려는 경향이 있을 때, 그 상태를 **균형**이라고 부른다. 시장에서는 사려는 힘인 수요와 팔려는 힘인 공급이 같아져 가격과 수량이 일정 수준에서 결정된 상태가 균형이다. 따라서 수요곡선과 공급곡선의 교차점은 균형가격과 균형수량이 결정되는 점이다. 균형가격에서는 '수요자 지불 의사 가격 = 공급자 생산 의사 가격'이 성립하고, 균형수량(거래량)에서는 '수요량 = 공급량'이 성립한다.

(2) 초과공급과 초과수요

만약 어떤 시장에서 가격이 균형가격보다 높은 상태에 놓여 있다면, 공급량이 수요량보다 많은 상태이며, 이와 같은 상태를 초과공급 상태에 있다고 한다. 이러한 경우 시간이 지남에 따라 가격이 하락할 것으로 예상된다. 반대로 수요량이 공급량을 초과하는 상태를 초과수요라 하며, 초과수요의 상태에는 가격이 오를 것이 예상된다.

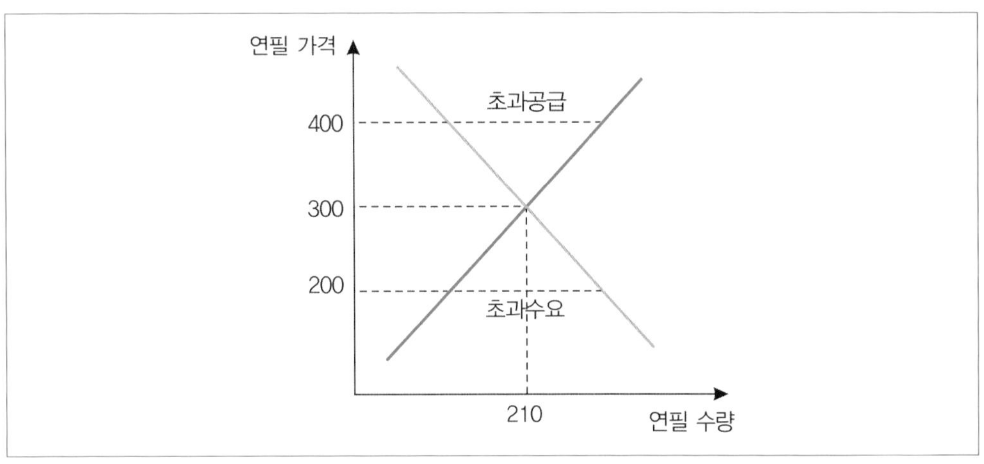

(3) 균형의 이탈과 회복

시장에 외부적 힘이 가해지면 균형의 이탈이 발생한다. 그러나 일시적으로 균형에서 벗어난 시장은 다시 새로운 균형을 찾아 이동한다. 새로운 이동도 시장의 수요곡선과 공급곡선이 만나는 점에서 결정된다.

음반시장을 가정해 보자. 현재 균형가격(E점)은 2만원이고 균형수량은 5개였다. 이때 MP3파일의 다운로드 가격이 하락했다는 소식이 음반시장에 전해졌다면 어떤 일이 나타날까? 음반과 MP3파일은 대체관계에 있다고 생각할 수 있고, 대체재의 가격이 하락했기 때문에 음반시장의 수요가 감소하고 수요곡선은 좌측($D \rightarrow D'$)으로 이동한다. 사람들의 소득이 감소하면서 문화비 지출이 감소하고 이것이 음반(정상재) 구입 감소로 이어졌거나, 사람들이 음반을 구입하려는 선호도가 감소하는 것도 마찬가지 결과를 가져온다. 어떠한 것이 원인이건 가격 이외의 요인이 수요를 감소시키면 수요곡선이 아래 그림과 같이 좌측으로 이동할 것이다.

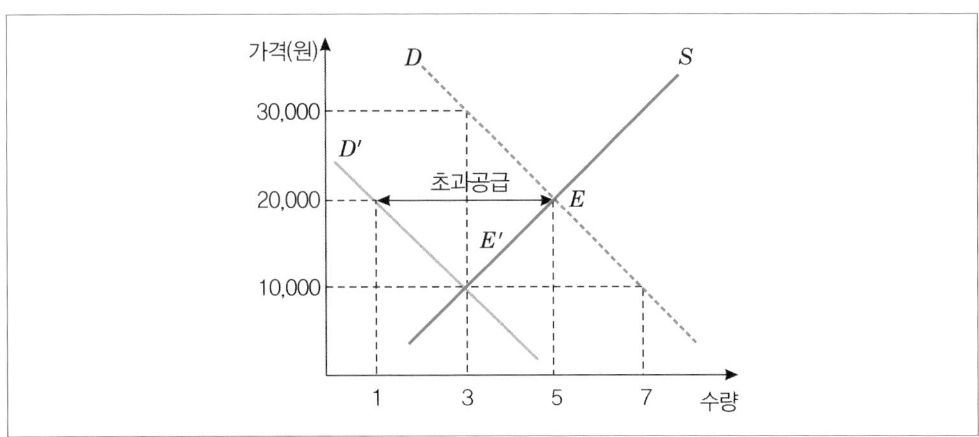

이때 가격이 여전히 2만원이라면 사려는 힘은 최초 균형인 E점의 5개에서 1개로 줄지만, 팔려는 힘은 여전히 5개이다. 즉, 초과공급이 발생하는 것이다. 초과공급에서 가격은 균형보다 너무 비싸다는 신호를 보내고 있는 것이며 가격이 점차 하락할 것이다. 가격이 2만원이라면 1개만 사려고 하겠지만, 가격이 1만원으로 하락하면 3개를 사려고 할 것이다. 판매자는 2만원에서 5개를 팔려고 했지만, 가격이 1만원으로 하락하면 3개만 팔려고 할 것이다. 가격이 1만원이라면 수요자는 3개를 구매하려고 할 것이고, 공급자는 3개를 팔려고 하기 때문에 균형이 성립한다. 결국 균형은 수요곡선과 공급곡선이 만나는 E'에서 결정되며, 균형가격은 1만원, 균형수량은 3개가 된다. 새로운 균형가격에서는 수요량과 공급량이 일치하고 새로운 외부 충격이 없다면 시장은 이 상태를 계속 유지하려 할 것이다.

기출 유사문제

재화 A의 수요곡선을 왼쪽으로 움직이게 하는 것은?

① 재화 A를 소비하는 소비자의 수 증가
② 재화 A가격의 상승
③ 보완재 C의 가격하락
④ 재화 A가 열등재일 때, 소득의 증가
⑤ 대체재 B의 가격상승

해설 수요곡선의 왼쪽 이동은 수요감소를 나타내는데, 열등재는 소득이 증가할 때 수요가 감소한다. 반면에 소비자의 수가 증가하거나 보완재의 가격하락 또는 대체재의 가격상승의 경우 수요가 증가한다. 한편 해당 재화의 가격상승은 수요곡선상에서 수요량의 감소이다.

정답 I ④

7 비기능적 수요

우리는 물건을 구매할 때 가격, 디자인, 성능 등 여러 요인들을 종합적으로 고려해 구매할지 말지를 결정한다. 그런데 우리가 제품을 구매할 때 고려하는 사항들은 이러한 제품 내부 요인 이외에 다른 사람들이 해당 재화를 얼마나 많이 구매하는지에 따라 영향을 받기도 한다.
예를 들어, 특정 브랜드의 청바지가 유행이라 나도 덩달아 샀던 경험이 있다거나 정반대로 다른 사람들이 너도나도 구입해 너무 흔해 보여서 정작 사고 싶었던 옷이지만, 구매하지 않았던 경험을 떠올려 본다면 이러한 사실들을 쉽게 이해할 수 있을 것이다. 즉, 개인의 소비 행위는 다른 사람의 소비 행위로부터 영향을 받는다. 저명한 경제학자 하비 라이벤스타인(Harvey Leibenstein)은 위에서 열거한 소비 행태들을 가리켜 소비자들이 일반적으로 합리적인 선택을 하지 못하는 경우가 많으며, 특히 다른 사람의 소비 형태에 많은 영향을 받는다고 지적하였다. 그는 이러한 소비수요 형태를 비기능적 수요라고 불렀다. 대표적인 비기능적 수요에는 다음과 같은 것들이 해당한다.

용어 해설

- 편승효과(bandwagon effect) : 다른 사람이 어떤 재화를 많이 소비하면 이에 편승하여 소비량을 증가시키는 효과
- 속물효과(snob effect) : 다른 사람이 어떤 재화를 많이 소비하면 자신은 다른 사람과 다르다는 것을 보여주기 위해 오히려 소비량을 줄이는 효과
- 베블렌효과(veblen effect) : 자신이 그 재화를 소비할 능력이 있다는 것을 과시하기 위하여 가격이 높을수록 소비량을 증가시키는 효과

(1) 편승효과(Bandwagon Effect)

① 개념

편승효과는 밴드왜건효과라고도 불리는데, 많은 사람들이 소비하는 재화를 나도 덩달아 소비하는 것을 말한다. 앞에서 제시한 사례처럼 특정 청바지가 유행한다고 해서 나도 하나 구입해 본 경험이 있다면 이것은 밴드왜건효과를 몸소 실천한 것이라 할 수 있다.

원래 밴드왜건이란 서부 개척 시대의 마차를 말하는데, 당시 많은 사람들이 황금을 찾아 서부로 떠날 때 덩달아 서부로 간 사람들이 많다는 사실에 빗대어 이러한 소비 행태를 표현하게 되었다.

② 도출

이제 밴드왜건효과를 수요곡선상에서 확인해 보자. D_1은 사람들의 수요가 적을 때 시장 수요곡선이고, D_2는 사람들 수요가 많을 때의 시장 수요곡선이라고 가정하자. 처음 시장의 소비량이 A지점일 때 가격이 P_2로 하락하면서 밴드왜건효과가 발생하지 않는다고 가정하면, D_1곡선상의 B지점에서 소비량이 결정될 것이다. 그러나 가격이 P_2로 하락하면서 밴드왜건효과가 발생하게 되면, 시장 수요량에 대한 예측이 커지면서 개인들도 수요를 늘릴 것이다. 따라서 이러한 경우 가격 하락으로 인한 수요량은 사람들의 수요가 많을 때의 시장 수요곡선인 D_2상의 C점에서 결정될 것이다. 결국 밴드왜건효과가 발생하는 상황에서의 시장 수요곡선은 A점과 C점을 연결한 곡선이 된다.

(2) 스놉효과(Snob Effect)

① 개념

스놉효과는 밴드왜건효과와는 정반대의 효과로서, 많이 팔리는 제품에 대해 오히려 소비량을 줄이는 현상을 말한다. 앞에서 제시한 사례처럼 다른 사람들이 너도나도 구입해 너무 흔해 보여서 정작 사고 싶었던 옷이지만 구매하지 않았던 경험이 있다면 이것이 바로 스놉효과에 해당한다.

일반 대중이 많이 구매하는 제품을 구매하지 않음으로써 자신을 다른 사람과 구별 지으려는 태도가 마치 속물과 같다고 해서 속물(Snob)이라는 뜻의 스놉효과라 부르게 되었다.

② 도출

처음 시장의 소비량이 사람들 수요가 적을 때 시장 수요곡선 D_1 상의 A점이라고 가정하자. 만약 가격이 하락하면서 스놉효과가 발생하지 않는다고 가정하면, D_1 곡선상의 C지점에서 수요량이 결정될 것이다. 그러나 가격이 P_2로 하락하면서 스놉효과가 발생하게 되면, 소비자는 가격이 하락함에 따라 시장 수요가 증가할 것이라고 예측해 그에 따라 자신의 수요를 줄이게 된다.

따라서 이 경우 가격 하락으로 인한 수요량은 사람들 수요가 많을 때의 시장 수요곡선인 D_2상의 B점에서 결정될 것이다. 결국 스놉효과가 발생하는 상황에서의 시장 수요곡선은 A점과 B점을 연결한 곡선이 된다.

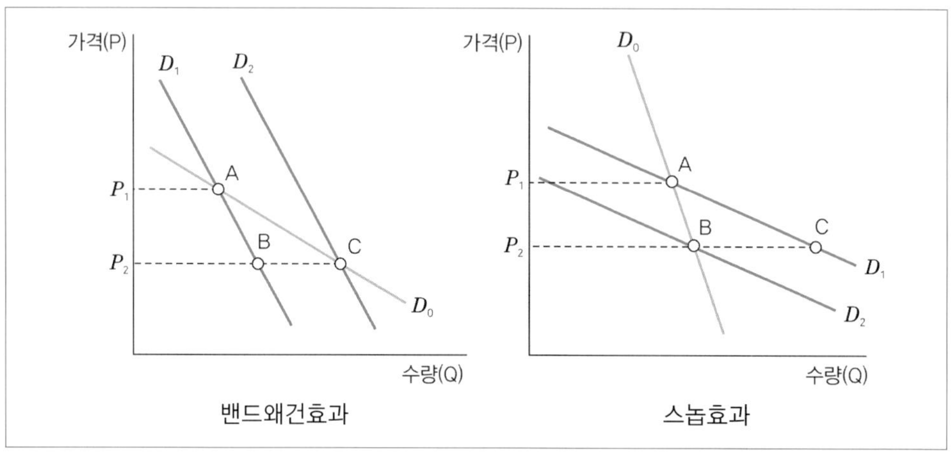

(3) 베블렌효과(Veblen Effect)

① 개념

스놉효과는 자신을 돋보이게 하기 위해 다른 사람의 수요 변화에 따라 개인이 소비 행태를 변화시켰을 때 발생하는 현상인데, 자신을 돋보이게 하기 위해 자신의 소비 행태를 변화시키는 경우는 스놉효과말고도 베블렌효과가 있다.

우리는 주변에서 비싸서 잘 팔리는 물건을 흔히 목격할 수 있는데, 이런 제품들은 비싸기 때문에 잘 팔린다고 한다. 즉, 비싼 물건을 구매해 가지고 다님으로써 자신을 돋보이게 하고자 하는 욕구로 인해 이 같은 소비 행태가 발생하는 것이다.

이처럼 재화 가격이 상승할 때 오히려 해당 재화의 소비가 증가하는 현상을 베블렌효과라 한다. 이러한 소비 행태를 베블렌효과라 명명한 것은 미국의 경제학자 베블렌이 그의 저서 「유한계급론」(The Theory of the Leisure Class)에서 과시형 소비를 묘사한 것에서 유래하였다.

② 도출

베블렌효과란 재화 가격이 상승할 때 오히려 그 재화의 소비량이 증가하는 효과를 의미한다. 이와 같은 베블렌효과는 자신이 값비싼 재화를 소비할 능력이 있음을 남에게 과시하기 위하여 가격이 상승할수록 재화 구입량을 증가시키는 효과다. 한편, 베블렌효과가 존재하면 수요곡선이 우상향의 형태로 도출된다.

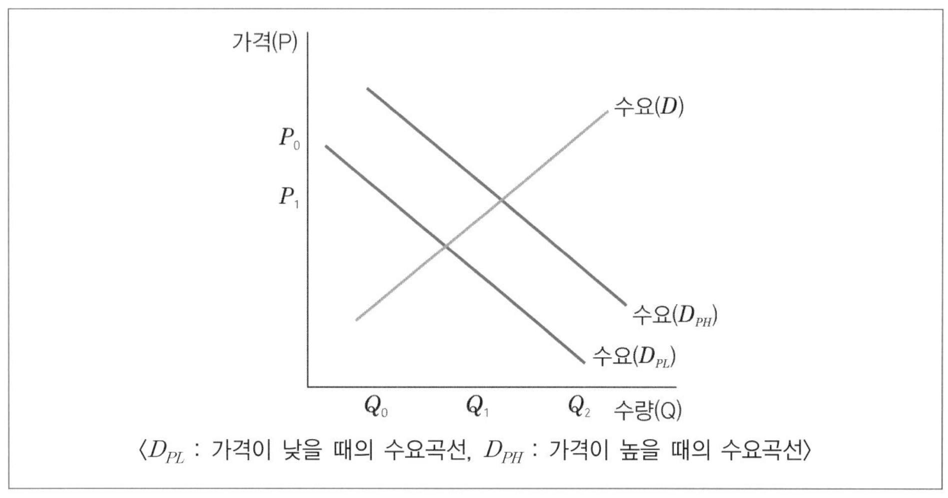

〈D_{PL} : 가격이 낮을 때의 수요곡선, D_{PH} : 가격이 높을 때의 수요곡선〉

2 탄력성에 대한 이해

수요곡선이 우하향하고 공급곡선이 우상향한다고 해서 가격에 따른 공급자와 수요자의 반응에 대한 분석이 끝난 것은 아니다. 경제학에서는 동일한 폭의 가격이 변화하더라도 거래하는 물건의 성격이나 시장의 특성에 따라 소비자들은 각기 다르게 반응한다는 사실에 주목하고, 가격의 변화라는 외부적 환경의 변화에 소비자와 공급자가 각기 어떻게 반응하는지를 살펴보기 위해 탄력성이란 개념을 사용한다.

원래 탄력성이란 물리학에서 사용하는 개념으로 어떤 충격에 대해 어떤 변수가 얼마만큼 잘 움직이는가를 측정하기 위해 고안된 개념이다. 경제학은 외부 충격에 대한 반응의 정도를 비교할 수 있는 탄력성의 개념을 도용하여 가격 변화에 대한 소비자의 반응 정도를 확인하는 개념을 구축하였다. 수요의 법칙은 가격이 상승할 때 수요량은 감소하고, 가격이 하락할 때 수요량은 증가한다는 것을 말해주나, 여기에서 수요량이 얼마만큼 변화할지에 대해서는 알려주지는 않는다. 어떤 재화의 경우 수요량이 가격변화에 민감할 수도 있고 거의 반응하지 않을 수도 있다. 가격이 변화할 때 어떠한 일이 발생하는지 자세히 알고 싶다면 수요량의 민감도를 측정해보면 될 것인데, 이것이 바로 탄력성이다. **탄력성**이란 가격이 변할 때 수요량이 변하는 정도를 수치로 측정한 것이다. 가격 변화에 비해 수요량 변화가 크면 **탄력적**이라고 하고, 가격 변화에 비해 수요량 변화가 크지 않으면 **비탄력적**이라고 한다.

$$\text{탄력성} = \frac{\text{반응(결과) 변화율(\%)}}{\text{자극(원인) 변화율(\%)}} = \frac{\text{종속변수의 변화율(\%)}}{\text{독립변수의 변화율(\%)}}$$

1 수요의 가격탄력성

(1) 개념

어떤 제품의 가격이 변할 때, 그 제품의 수요량이 얼마나 민감하게 변하는지 나타내는 지표가 수요의 가격탄력성이라 한다. 수요의 가격탄력성은 수요량의 변동률을 가격변동률로 나누어 계산한다.

$$\varepsilon = -\frac{\text{수요량의 변화율}}{\text{가격의 변화율}} = -\frac{\Delta Q/Q}{\Delta P/P} = -\frac{\Delta Q}{\Delta P} \cdot \frac{P}{Q}$$

수요의 가격탄력성은 해당 물건의 특성에 따라서 다양하다. 먼저 상품의 가격 변화 정도보다 상품의 수요량이 더욱 크게 변화하여 수요의 가격탄력성이 1보다 큰 경우, 이러한 상태를 수요의 가격탄력성이 탄력적이라고 말하며, 일반적으로 사치품에서 목격된다.
반대로 상품의 가격 변화보다 해당 상품의 수요량이 더 작게 변화하여 수요의 가격탄력성이 1보다 작은 경우, 이러한 상태를 수요의 가격탄력성이 비탄력적이라고 말하며, 이러한 현상은 일반적으로 필수품에서 목격된다.
필수품이 사치재에 비해서 가격 변화에 더 둔감한 이유가 있다. 필수품은 일상 생활에 있어 반드시 구매해야 하는 물건들이라는 성격을 갖고 있기 때문에 가격이 다소 올라간다 하더라도 반드시 구매해야 하는 물건들이다. 따라서 가격이 변한다고 해서 수요량을 줄이기 쉽지 않은 재화들이다.

(2) 탄력성에 영향을 주는 요인

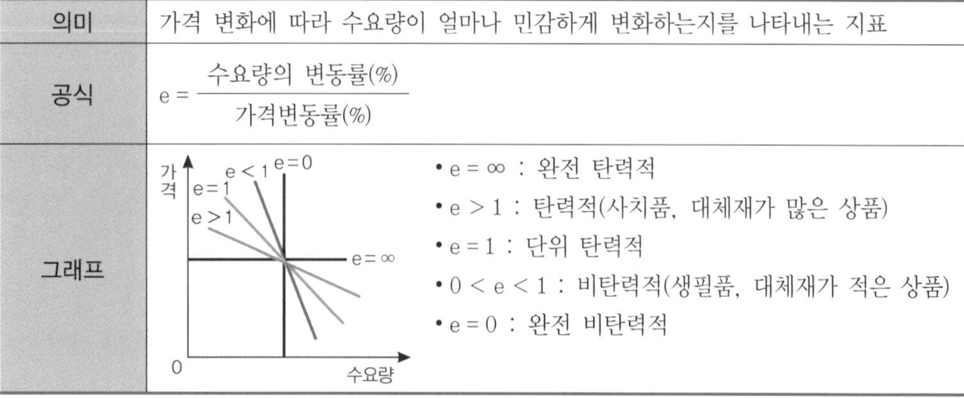

의미	가격 변화에 따라 수요량이 얼마나 민감하게 변화하는지를 나타내는 지표
공식	$e = \frac{\text{수요량의 변동률(\%)}}{\text{가격변동률(\%)}}$
그래프	• e = ∞ : 완전 탄력적 • e > 1 : 탄력적(사치품, 대체재가 많은 상품) • e = 1 : 단위 탄력적 • 0 < e < 1 : 비탄력적(생필품, 대체재가 적은 상품) • e = 0 : 완전 비탄력적

① 대체재

수요의 가격탄력성은 해당 물건의 특성 이외에 다양한 요소에 의해서 변화하게 된다. 먼저 대체재가 많은 물건의 경우를 생각해 보자. 해당 물건의 가격이 상승할 경우, 대체해서 구매할 수 있는 물건들이 많기 때문에 굳이 인상된 가격에 해당 물건을 구매하지 않아도 되므로, 대체재가 많은 재화가 가격이 올라갈 경우 수요량은 크게 감소하게 된다. 따라서 수요의 가격탄력성은 커지게 된다.

② 소득에 차지하는 비중

해당 물건이 소득에서 차지하는 비중이 높을수록 수요의 가격탄력성은 커진다. 소득에서 차지하는 비중이 높은 물건의 가격이 인상될 경우 상대적으로 소득에 차지하는 비중이 작은 제품에 비해 개인의 소비 생활에 있어 결정적인 작용을 한다. 즉, 다른 경제활동 전체에 미치는 영향이 크다고 할 수 있다. 따라서 그만큼 가격 변화에 민감하게 반응하게 되는 것이다.

③ 시장에 대한 정의

시장을 좁게 정의하여 계산할 경우에도 수요의 가격탄력성은 크게 측정된다. 시장을 좁게 측정하여 하나의 상품만 갖고 수요의 가격탄력성을 측정할 경우는 한 상품 전체를 묶어 수요의 가격탄력성을 측정할 경우보다 더 많은 대체재가 있는 것으로 평가된다. 예를 들어, 콜라, 사이다, 환타 세 가지 제품이 있는 탄산음료 시장에서 콜라 하나의 수요의 가격탄력성을 측정할 경우 사이다와 환타는 대체재로 구분되어 수요의 가격탄력성을 크게 만드는 요인으로 작용한다. 하지만 콜라, 사이다, 환타 등을 모두 함께 묶어 탄산음료 시장으로 분류하여 수요의 가격탄력성을 측정할 경우 대체재가 줄어들어 수요의 가격탄력성이 작아진다.

④ 기간의 장단

수요의 가격탄력성은 측정하는 기간이 길어지면 길어질수록 더욱 탄력적이다. 같은 폭의 가격 변화라 하더라도 기간이 길어질수록 수요량의 변화가 더욱 커지게 되는데, 이는 처음에는 가격이 인상되었다 하더라도 타성에 젖어 계속해서 구매할 수 있고, 또 다른 대안이 될 수 있는 제품을 찾지 못하여 해당 물건을 계속 구매할 수도 있지만, 어느 정도 기간이 지나고 나면 소비자들 중에서 적절한 다른 상품을 찾아 가격이 오른 해당 물건을 구매하지 않는 소비자도 생길 것이다. 즉, 기간이 길어지면 가격 변화에 따른 수요량 변화가 더욱 커지게 된다.

(3) 탄력성과 총지출의 관계

가격탄력성이 1이면 '단위 탄력적'이라고 하고, 1보다 크면 탄력적, 1보다 작으면 비탄력적이라고 한다. 수요가 탄력적이라면 가격이 상승하는 경우 총지출이 감소하고 가격이 하락하는 경우 총지출이 증가한다. 수요가 비탄력적이라면 가격이 상승하는 경우 총지출이 증가하고 가격이 하락하는 경우 총지출이 감소한다. 수요가 단위 탄력적이면 가격이 변해도 총지출은 변하지 않는다.

총지출은 수요량과 가격의 곱으로 나타나는데, 수요가 가격에 탄력적인 경우 가격이 올라가면 총수입이 증가하는 효과가 있지만 수요량을 크게 감소시키는 역할도 동시에 하기 때문에 가격과 수량의 곱으로 나타나는 총수입은 감소하는 것이다. 다시 말해 수요가 가격에 탄력적인 경우 가격이 1% 상승하면 수요량은 1%보다 더 크게 감소하기 때문에 이 둘을 곱한 총지출은 감소하는 것이다. 다른 모든 경우도 이와 같은 논리로 이해할 수 있고 이를 정리하면 다음 〈표〉와 같다.

탄력성	가격 변화	수요량 변화	총지출 변화
탄력성 > 1	1% 상승	1% 이상 감소	감소
	1% 하락	1% 이상 증가	증가
탄력성 = 1	1% 상승	1% 감소	불변
	1% 하락	1% 증가	
탄력성 < 1	1% 상승	1% 이하 감소	증가
	1% 하락	1% 이상 증가	감소

소비자 입장에서 총지출은 생산자 입장에서 총수입이 된다. 수요자와 생산자는 모두 시장에서 결정된 동일한 가격에 직면하고 있으며, 소비자의 수요량이 기업에게 곧 판매량이 되기 때문이다.

2 수요의 소득탄력성

수요의 소득탄력성이란 소득변화에 따른 수요량의 변화 정도를 측정하는 척도다. 우리는 이를 통해서 해당 재화가 열등재인지 정상재인지 구별할 수 있다.

$$\text{수요의 소득탄력성} = \frac{\text{수요량의 변화율}}{\text{소득의 변화율}}$$

앞에서 배웠듯이, 정상재는 소득이 증가할 경우 수요량이 함께 증가하는 재화이지만 열등재의 경우에는 소득이 증가하면 오히려 수요량이 감소하는 재화이다. 따라서 소득이 증가하여 소득의 변화율이 양(+)의 값을 가질 때, 수요량도 증가하는 방향으로 양(+)의 변화율을 가져, 수요의 소득탄력성이 양수 값을 가질 경우 우리는 이 재화를 정상재라 한다.
반대로 소득의 증가 내지 감소의 방향과 수요량의 변화의 방향이 반대 방향을 이루어 분자와 분모의 부호가 상반되어 수요의 소득탄력성이 음수 값을 가질 경우 우리는 해당 재화를 열등재라 한다.

개념 Check

수요의 가격탄력성과 달리 수요의 소득탄력성은 부호에 따라 재화의 성격을 구분한다.

$\varepsilon_m > 0$ → 정상재 : 소득이 증가함에 따라 그 수요가 증가하는 재화
$\varepsilon_m < 0$ → 열등재 : 소득이 증가할 때 오히려 수요가 감소하는 재화

3 수요의 교차탄력성

수요의 교차탄력성이란 한 재화의 가격이 변할 때, 다른 재화의 수요량이 어떻게 변화하는지를 측정하는 척도이다.

$$\text{수요의 교차탄력성} = \frac{X\text{재 수요량의 변화율}}{Y\text{재 가격변화율}}$$

우리는 이러한 수요의 교차탄력성을 가지고 두 재화가 어떤 특성을 가진 연관재인지 확인할 수 있다. Y재의 가격이 상승하는 방향으로 변화하였을 때 X재의 수요량도 증가했다면, X재와 Y재는 비슷한 성격을 가진 재화로써 서로 대체관계에 놓여 있어, 가격이 오른 Y재를 피해서 X재 소비량을 늘린 것이다. 즉, Y재의 가격 변화 방향과 X재의 수요량 변화 방향이 동일할 경우에는 대체재 관계에 놓여 있다고 말할 수 있다.

반대로 수요의 교차탄력성이 음수인 경우에는 두 재화는 서로 보완재이다. Y재 가격이 상승하여 Y재 소비가 줄어들 때, Y재와 함께 이용해야 하는 보완관계의 성격을 갖고 있는 X재 수요량도 함께 줄어들기 때문이다.

개념 Check

수요의 교차탄력성은 부호에 따라 두 재화 간의 관계를 알 수 있게 해준다.

$\varepsilon_{XY} > 0$ → 대체재

- 서로 경쟁관계에 있는 재화
- 한 재화의 가격이 상승하면 경쟁관계에 있는 재화의 수요 증가

$\varepsilon_{XY} < 0$ → 보완재

- 재화를 따로 소비하는 것보다 함께 소비할 때 더 큰 만족을 주는 재화
- 보완관계에 있는 두 재화 중 한 재화의 가격이 상승하면 다른 재화의 수요는 감소

(a) 대체재

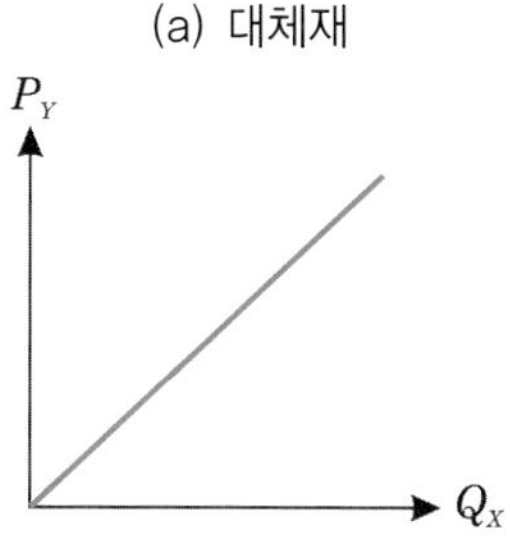

(b) 보완재

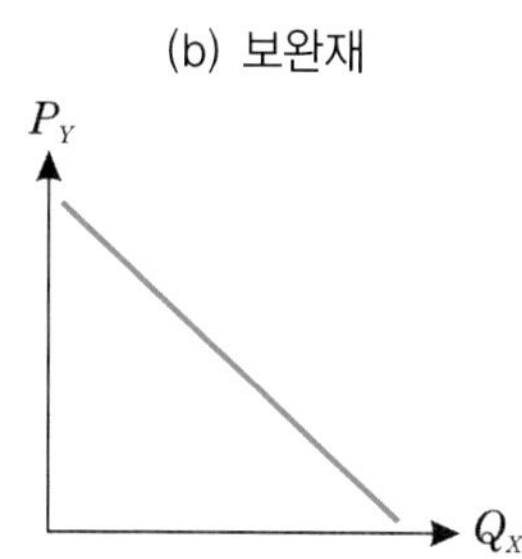

4 공급의 가격탄력성

(1) 개념

공급의 가격탄력성은 재화의 가격이 변할 때, 그 재화의 공급량이 얼마나 변하는지를 나타내는 지표다. 이때 상품의 가격 변화 정도보다 해당 상품의 공급량의 변화가 더 커서 공급의 가격탄력성이 1보다 크게 나타난 상황을 탄력적 공급의 상황이라고 하는데, 일반적으로 공산품의 공급이 탄력적이다. 반대로 재화의 가격 변화보다 그 재화의 공급량의 변화 정도가 더 적어, 공급의 가격탄력성이 1보다 작은 경우를 비탄력적 공급의 상황이라고 한다. 이러한 비탄력적 공급의 상황은 주로 농산물에서 목격된다.

(2) 사례

공산품이 탄력적인 상태를 보이고, 농산물이 비탄력적인 상태를 보이는 이유는 해당 재화의 생산 방식과 관련된다. 공산품의 경우에는 해당 제품의 가격이 상승하였다는 사실을 확인한 즉시, 더 큰 수익을 얻기 위해 기업들이 즉각적으로 공급량을 증가시킬 수 있으나, 농산물의 경우에는 즉각적으로 대응하기 힘들다. 농산물을 생산하기 위해서는 적어도 몇 달에서 1년의 기간이 소요되기 때문이다. 배추 가격이 올랐다고 해서 농부들이 곧바로 배추를 공급할 수 없는 상황을 떠올려 보면 쉽게 이해할 수 있을 것이다.

공급의 가격탄력성이 0으로 나타난 완전 비탄력적인 상황은 고가의 예술품이나 골동품에서 주로 목격된다. 작고한 유명 작가 그림이나 역사적 유물들은 더 이상 공급량을 늘릴 수 있는 방법이 없다. 즉, 공급량이 고정된 제품이라 할 수 있다. 따라서 가격이 아무리 변화한다 하더라도 공급량의 변화가 없는 완전 비탄력적인 상태를 띠게 된다.

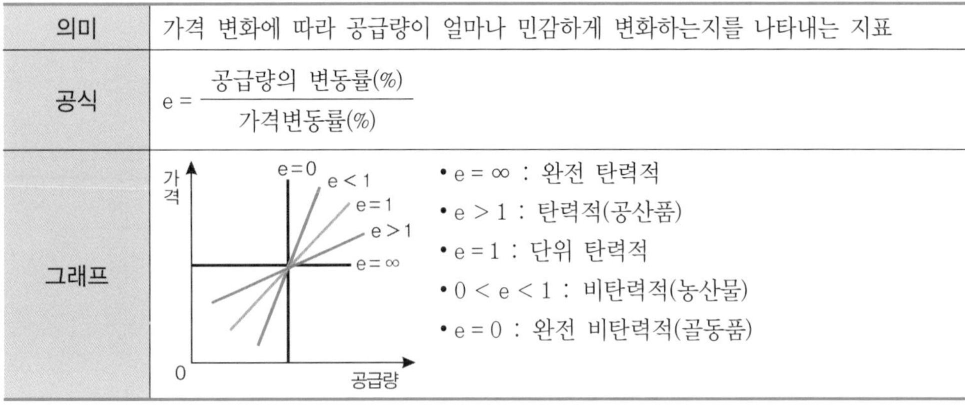

의미	가격 변화에 따라 공급량이 얼마나 민감하게 변화하는지를 나타내는 지표
공식	$e = \dfrac{\text{공급량의 변동률(\%)}}{\text{가격변동률(\%)}}$
그래프	• e = ∞ : 완전 탄력적 • e > 1 : 탄력적(공산품) • e = 1 : 단위 탄력적 • 0 < e < 1 : 비탄력적(농산물) • e = 0 : 완전 비탄력적(골동품)

(3) 공급의 가격탄력성 결정 요인

① 상품의 성격

공급의 가격탄력성은 해당 재화의 저장이 쉽고 저장에 드는 비용이 낮을수록 크게 측정된다. 해당 제품의 가격이 올랐지만, 제품의 생산자들은 즉각적으로 공급량을 늘리는 것을 주저할 수 있다. 공급량을 늘렸는데도 물건이 다 팔리지 않아 손해 볼 것을 걱정하기 때문이다. 하지만 제품이 비록 다 안팔렸다 하더라도 안 팔린 제품을 저장하였다가 추후 판매하기 용이할 경우에는 제품의 공급량을 쉽게 늘릴 수 있게 된다. 이러한 이유로 저장이 쉽고, 저장 비용이 저렴한 상품의 경우에는 공급의 가격탄력성이 크게 나타난다.

② 생산비용

생산비용에 변화가 없을 경우에도 공급의 가격탄력성이 크게 측정된다. 가격이 상승하여 제품을 추가적으로 공급할 유인이 발생했음에도 불구하고, 더 많은 제품을 생산하기 위해서는 각종 장비와 공장 등을 증설해야 하는 제품의 경우에는 쉽게 제품 공급을 증가시키기 어렵다. 추후 가격이 다시 하락할 경우 증설한 공장이나 설비를 사용하지 않을 수도 있기 때문이다. 따라서 추가적인 생산에 많은 비용이 소요되는 상품의 경우에는 공급의 가격탄력성이 작다.

③ 기술 수준

생산비는 기술 수준에 영향을 많이 받게 되는데, 기술이 빠르게 향상되는 분야의 제품들은 상대적으로 공급의 가격탄력성이 크다. 그것은 보다 향상된 기술이 도입되어 생산비용을 더욱 낮출 수 있는 방법들이 도입되는 등의 효과가 크기 때문이다.

④ 기간의 장단

측정 기간이 길면 길수록 생산요소의 이동이 용이하므로 공급의 탄력성은 보다 커진다. 예를 들어 초단기를 예로 들어보면 가격이 변화했다고 하더라도 하루만에 사람을 더 뽑고, 생산 설비를 늘릴 수는 없을 것이다. 그러나 기간이 어느 정도 주어지면 그 사이에 사람도 더 고용하고, 공장도 짓고, 생산 설비를 갖출 수 있기 때문에 가격에 보다 탄력적으로 적응할 수 있기 때문이다.

기출 유사문제

다음 자료에서 밑줄 친 변화로 인해 나타나는 경제현상으로 옳은 것은?

> A 마을 사람들은 커피와 치즈케이크를 꼭 함께 먹는다. 최근 커피 원두 가격이 상승하여 <u>커피의 가격이 상승</u>했다. 단, 위 재화는 모두 수요의 법칙을 따른다.

① 커피의 수요량이 증가한다.
② 커피의 공급곡선이 우측으로 이동한다.
③ 치즈케이크의 가격이 상승한다.
④ 치즈케이크의 수요량이 증가한다.
⑤ 치즈케이크의 수요곡선이 좌측으로 이동한다.

해설 A 마을 사람들에게 커피와 치즈케이크는 보완관계에 있다. 커피 원두 가격의 상승으로 커피의 공급이 감소하여 커피 가격이 상승하고 커피의 수요량이 감소하므로, 보완재인 치즈케이크의 수요가 감소하고 치즈케이크의 가격은 하락하게 된다.

정답 ▎⑤

REVIEW

1. 가격이 더 싸지면 사려는 욕구가 강해지는데 이를 '수요법칙'이라고 한다.
2. 재화의 가격이 하락(상승)함에 따라 다른 한 재화의 수요가 감소(증가)하는 경우 두 재화가 대체관계에 있다고 말하며, 두 재화는 서로 대체재(substitutes)라고 한다
3. 한 재화의 가격이 상승(하락)함에 따라 다른 한 재화의 수요가 감소(증가)하는 경우 두 재화가 보완관계에 있다고 하며, 두 재화는 서로 보완재(complements)라고 한다.
4. 공급이란 생산자가 재화나 서비스를 생산하고자 하는 욕구를 말한다.
5. 어떤 재품의 가격이 변할 때, 그 제품의 수요량이 얼마나 민감하게 변하는지를 나타내는 지표를 수요의 가격 탄력성이라 한다.
6. 수요의 소득탄력성이란 소득변화에 따른 수요량의 변화 정도를 측정하는 척도다. 우리는 이를 통해서 해당 재화가 열등재인지 정상재인지를 구별할 수 있다.
7. 공급의 가격탄력성은 재화의 가격이 변할 때, 그 재화의 공급량이 얼마나 변하는지를 나타내는 지표이다.

PART 01
미시경제

CHAPTER 02

출제예상문제

01 **라면회사들이 주요 라면 제품 가격을 100원씩 올리겠다고 발표하자, 값이 오르기 전에 라면을 확보하려는 사재기 현상이 벌어지고 있다. 이러한 수요변화 현상과 가장 가까운 것은?**

① 자장면 가격이 상승하자 짬뽕에 대한 수요가 증가하였다.
② 휘발유 가격이 상승하자 휘발유에 대한 수요가 크게 감소하였다.
③ 미국 의회에서 금연광고 방송을 의무화함에 따라 담배에 대한 수요가 감소하였다.
④ 주택가격이 상승할 것으로 예상됨에 따라 주택에 대한 수요가 증가하였다.
⑤ 미니스커트의 유행으로 미니스커트에 대한 수요가 크게 증가하였다.

해설 ④ 미래예상가격이 상승하면 수요가 증가하므로, 주택가격의 상승이 예상되면 주택의 수요가 증가한다.
① 대체재의 가격이 상승하면 수요가 증가하므로, 자장면의 가격인상으로 짬뽕의 수요가 증가한다.
③ 선호가 감소하면 수요가 감소하므로, 금연광고로 담배의 수요가 감소한다.
⑤ 반면에 선호가 증가하면 수요가 증가하므로, 미니스커트의 유행으로 미니스커트의 수요가 증가한다.

02 **다음 경제현상 중 휘발유에 대한 수요를 증가시키는 것을 모두 고르면?**

A. 경유에 대한 세금의 인상
B. 휘발유 승용차에 대한 세금 감면
C. 휘발유 생산비용의 급격한 하락
D. 원유 가격의 인하

① A, B
② A, B, C
③ A, B, D
④ B, D
⑤ B, C, D

해설 A. 대체재의 가격이 상승하면 해당 재화의 수요가 증가한다. 경유가 휘발유와 대체재이므로 경유에 대한 세금으로 경유의 가격이 높아지면 휘발유의 수요가 증가한다.
B. 보완재의 가격이 하락하면 해당 재화의 수요가 증가한다. 휘발유 승용차에 대한 세금 감면으로 휘발유 승용차의 가격이 하락하면 휘발유의 수요가 증가한다.
C. 생산요소가격의 하락은 공급을 증가시킨다.
D. 휘발유 생산비용과 원유 가격의 하락은 휘발유의 공급을 증가시킨다.

정답 01 ④ 02 ①

03 **정부가 경기 활성화를 위하여 오피스텔 임대업자에게 부과하는 세금을 감면하기로 결정하였다고 하자. 오피스텔 임대시장의 변화에 대한 설명으로 적절한 것은? (단, 오피스텔 임대시장의 수요곡선은 우하향하고, 공급곡선은 우상향한다고 가정한다)**

① 오피스텔 임대료가 하락한다.
② 오피스텔 임대시장의 공급곡선이 왼쪽으로 이동한다.
③ 오피스텔 임대시장의 수요곡선이 오른쪽으로 이동한다.
④ 조세 감면 혜택은 오피스텔 임대시장의 공급자에게만 귀착된다.
⑤ 조세 감면 혜택은 오피스텔 임대시장의 수요자에게만 귀착된다.

해설 오피스텔 임대업자는 오피스텔의 임대서비스 공급자이다. 공급자에게 세금을 감면하면 공급이 증가하여 임대료가 하락한다. 조세 감면의 혜택은 공급자에게 귀속될 뿐만 아니라 임대료 하락으로 수요자에게도 귀속된다.

04 **이상 기후 현상으로 인해 오징어 어획량이 감소하고, 오징어를 사용한 음식이 건강에 좋다는 인식이 확산되었다. 이 현상이 오징어 거래량과 오징어 가격에 미치는 현상은?**

① 오징어 거래량이 증가하지만 오징어 가격의 변화는 불확정적이다.
② 오징어 거래량의 변화는 불확정적이지만 오징어 가격은 상승한다.
③ 오징어 거래량이 증가하고 오징어 가격은 상승한다.
④ 오징어 거래량이 감소하고 오징어 가격은 상승한다.
⑤ 오징어 거래량이 증가하고 오징어 가격은 하락한다.

해설 이상 기후로 공급이 감소하고, 오징어에 대한 선호 증가로 수요가 증가한다. 그래서 오징어 거래량의 변화는 불확실하지만 반드시 오징어 가격은 상승한다.

05 **다음 중 쇠고기의 소비량에 미치는 영향이 나머지와 다른 것은? (닭고기, 돼지고기 등은 쇠고기와 대체재라고 가정한다)**

① 조류독감의 영향으로 닭고기에 대한 수요가 감소하고 쇠고기에 대한 수요가 증가하였다.
② 해외 돼지고기 가격의 상승으로 돼지고기의 수출이 증가하였다.
③ 소득 상승에 따라 돼지고기에 대한 수요가 증가하였다.
④ 광우병으로 인해 쇠고기 수입이 금지되었으나 쇠고기에 대한 수요는 변함이 없다.
⑤ 농산물의 풍작으로 인해 사료 가격이 하락하였다.

정답 03 ① 04 ② 05 ④

해설 ④ 쇠고기의 수입이 감소하면 쇠고기 공급이 감소하여 쇠고기의 소비량이 감소한다.
① 쇠고기의 수요가 증가하면 쇠고기의 소비량이 증가한다.
② 국내 양돈업자가 돼지고기를 해외에서 비싸게 팔려고 수출만을 하려 하면 국내에서도 돼지고기의 가격이 상승한다. 그래서 돼지고기의 대체재인 쇠고기의 수요가 증가해서 쇠고기의 소비량도 증가한다.
③ 소득 상승으로 돼지고기에 대한 수요가 증가하면, 돼지고기의 가격인상으로 대체재인 쇠고기의 수요도 증가해서 쇠고기의 소비량이 증가할 수 있다.
⑤ 사료 가격이 하락하면 쇠고기의 공급이 증가해서 쇠고기의 소비량이 증가한다.

06 **어떤 시장의 실제 거래량과 가격을 1달에 한 번씩 10달 동안 관찰한 결과(가격, 거래량)의 10개 관측치를 구하였다. 이 관측치들을 가격–거래량 평면에 나타내었더니 다음 그림과 같은 모습을 보였다고 하자. 이 결과에 대한 설명으로서 옳은 것은?**

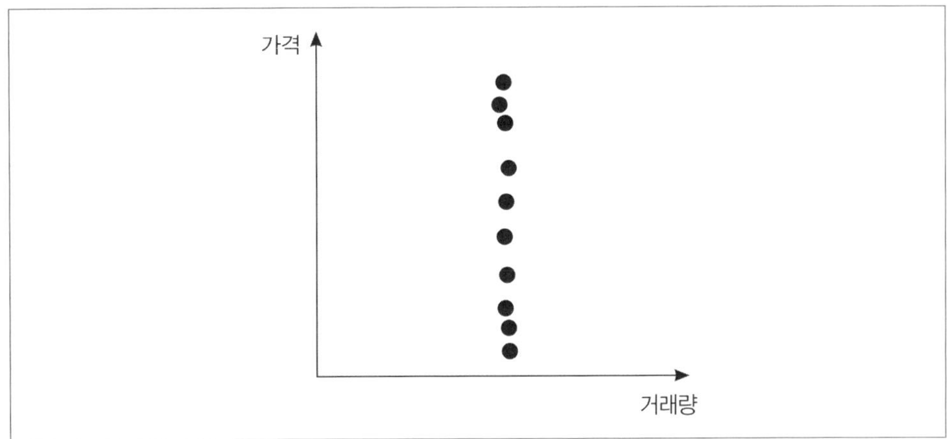

① 그림의 점들을 이은 선은 수요곡선일 수는 있으나 공급곡선일 수는 없다.
② 그림의 점들을 이은 선은 공급곡선일 수는 있으나 수요곡선일 수는 없다.
③ 이 시장의 공급곡선이 가격 비탄력적임을 알 수 있다.
④ 이 시장의 수요곡선과 공급곡선이 모두 가격 탄력적임을 알 수 있다.
⑤ 매 관측 시점에서의 균형 가격과 균형 거래량을 나타내고 있다.

해설 10개의 관측치들은 매달 시장에서 거래된 균형 가격과 균형 거래량을 나타낼 뿐이다. 각각의 점들은 수요곡선과 공급곡선이 일치하는 점일 뿐이지 수요곡선이나 공급곡선이 어떤 모양을 하고 있는지에 대해서는 알려 주지 못한다.

정답 06 ⑤

07 다음 표는 지난 5년간 DVD 대여 시장의 가격과 대여량을 나타낸다. 이러한 변화의 원인이 될 수 있는 것은?

(단위 : 원, 백만 개)

구분 \ 연도	2000	2001	2002	2003	2004
가격	1,800	2,100	2,300	2,500	2,600
대여량	16	22	27	31	33

① DVD 제작 비용이 하락했다.
② DVD 플레이어 가격이 하락했다.
③ 비디오테이프 대여 가격이 하락했다.
④ 비디오테이프 플레이어 가격이 하락했다.
⑤ 케이블 TV의 유료 채널 서비스 가격이 하락했다.

해설 ② DVD 플레이어의 가격하락은 보완재의 가격하락이므로, DVD 대여 수요를 증가시킨다. 이는 가격과 대여량 모두를 증가시킬 것이다.
① DVD 제작 비용의 하락은 공급증가를 가져와 가격은 하락한다.
③, ④, ⑤는 대체재의 가격하락이므로 대여 수요를 감소시켜 가격하락과 대여량 감소를 가져올 것이다.

08 다음은 수요의 가격탄력도에 대한 설명이다. 다음 중 옳은 것은?

① 수요의 가격탄력도가 완전 탄력적이면 수요곡선은 수직선이다.
② 수요의 가격탄력도가 비탄력적이면 가격상승은 총수입의 감소를 가져오게 된다.
③ 수요의 가격탄력도가 1일 때 가격의 변화에 무관하게 총수입은 일정하다.
④ 열등재의 경우 수요의 소득탄력도는 일반적으로 부(+)의 값을 갖는다.
⑤ 두 재화의 교차탄력도가 음(−)의 값을 가질 때 두 재화는 서로 대체재이다.

해설 ① 수요의 가격탄력도가 완전 탄력적이면 수요곡선은 수평선, 완전 비탄력적이면 수직선, 단위 탄력적이면 직각쌍곡선의 형태를 갖는다. 수요의 가격탄력도가 무한대이면 완전 탄력적이므로 수요곡선은 수평선의 형태를 보인다.
②, ③ 수요의 가격탄력도가 탄력적이면 가격과 수입이 반비례하고, 비탄력적이면 가격과 수입이 비례하며, 단위 탄력적이면 가격에 관계없이 수입은 일정하다. 수요의 가격탄력도가 1보다 클 때는 가격상승이 수입을 감소시킨다.
④, ⑤ 열등재의 소득탄력도는 음수고, 대체재의 교차탄력도는 양수다.

정답 07 ② 08 ③

09 **시립동물원은 적자폭이 커지자 수입 증대를 위해서 입장료를 10% 할인하였다. 반면에 지하철공사는 늘어나는 적자폭을 줄이기 위하여 지하철 요금을 10% 인상하였다. 이 두 기관의 서로 반대 방향의 요금 전략으로 적자폭 축소라는 동일한 목표를 달성할 수 있으려면 각 수요가 어떤 경우라야 되겠는가?**

① 시립동물원과 지하철 모두 가격 탄력적
② 시립동물원은 가격 탄력적, 지하철은 가격 비탄력적
③ 시립동물원은 가격 비탄력적, 지하철은 가격 탄력적
④ 시립동물원과 지하철 모두 가격 비탄력적
⑤ 적자폭 축소와 가격탄력성과는 관계가 없다.

해설 가격탄력도가 탄력적이면 가격과 수입은 반비례하고, 비탄력적이면 가격과 수입은 비례한다. 수입 증대를 위한 시립동물원의 가격 할인은 수요의 가격탄력도가 탄력적이기 때문이고, 지하철의 요금 인상은 수요의 가격탄력도가 비탄력적이기 때문이다.

10 **다음 공급곡선들의 각 점에서 측정한 가격탄력성 크기를 옳게 비교한 것은?**

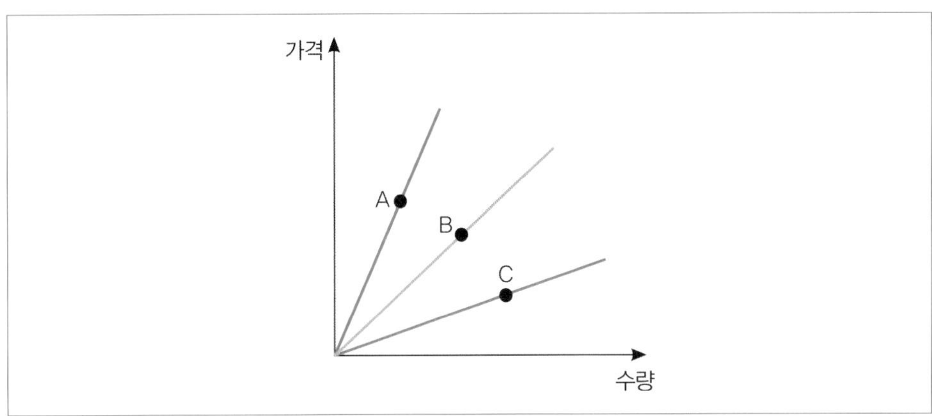

① A > B > C
② C > B > A
③ A > B = C
④ C = B > A
⑤ A = B = C

해설 공급의 가격탄력도는 공급곡선 기울기의 역수에 공급곡선상 임의의 점과 원점을 잇는 직선의 기울기를 곱하여 계산한다. 점 A, B, C는 모두 원점을 지나는 우상향의 직선상에 있으므로 공급곡선의 기울기와 원점과 공급곡선을 잇는 직선의 기울기가 동일하다. 그래서 점 A, B, C의 공급의 가격탄력도는 1이다.

정답 09 ② 10 ⑤

11 다음 글에서 고속도로 서비스에 대한 수요의 가격탄력성을 구하면?

> 건설교통부는 내년 3월부터 고속도로 요금이 전체적으로 4.5% 인상되면, 연간 통행료 수입이 2조 4,244억원으로 기존 2조 3,200억원보다 4.5% 늘어날 것이라고 발표했다.

① 0이다.
② 0보다 크고 1보다 작다.
③ 1이다.
④ 1보다 크고 무한대보다 작다.
⑤ 무한대이다.

해설 가격탄력성이 1이면 수입 불변, 1보다 작으면 수입 증가, 0이면 가격과 수입이 같은 비율로 상승한다.

12 다음 □, □에 들어갈 항목으로 가장 적절한 것은?

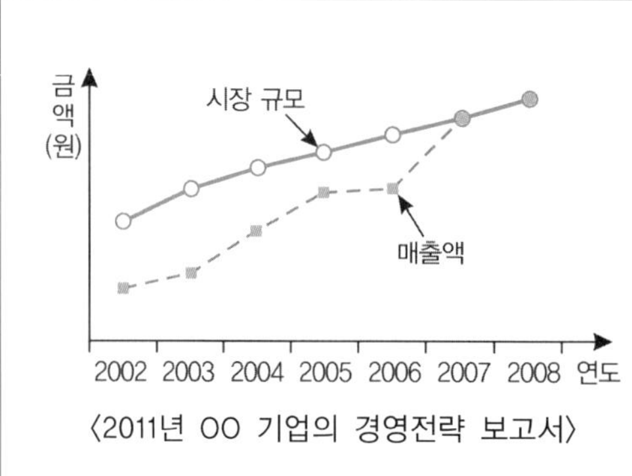

〈2011년 OO 기업의 경영전략 보고서〉

(가) A상품의 시장 규모 및 OO 기업 매출액 현황
(나) 2011년 경영 목표 : A상품 가격 조정을 통한 매출액 극대화
(다) 경영 목표 달성을 위한 대안 모색
(라) 경영 전략 수립을 위한 자료 수집 : □의 변화에 따른 □의 변화 자료
(마) 2011년 경영 전략 : 가격 7% 인하

① □ 가격, □ 수요량　　② □ 가격, □ 생산비
③ □ 생산비, □ 공급량　　④ □ 공급량, □ 생산비
⑤ □ 수요량, □ 가격

해설 (마) 2011년 경영 전략에서 가격을 7% 인하한다는 점에 주목해야 한다. 기업들이 매출 극대화에 따른 이윤 극대화를 달성하기 위해 노력한다는 점을 고려한다면, 이 기업은 가격을 내리는 것이 매출액을 늘린다고 판단했을 것이라고 추론할 수 있다. 이러한 판단은 탄력성의 개념을 담고 있는 것이다. 따라서 Ⓐ 가격, Ⓑ 공급량을 의미하는 것이다.

정답 11 ① 12 ③

13 **가격탄력성에 대한 □와 □의 생각을 나타낸 그래프로 바르게 짝지어진 것은? (단, 다른 조건은 일정하다)**

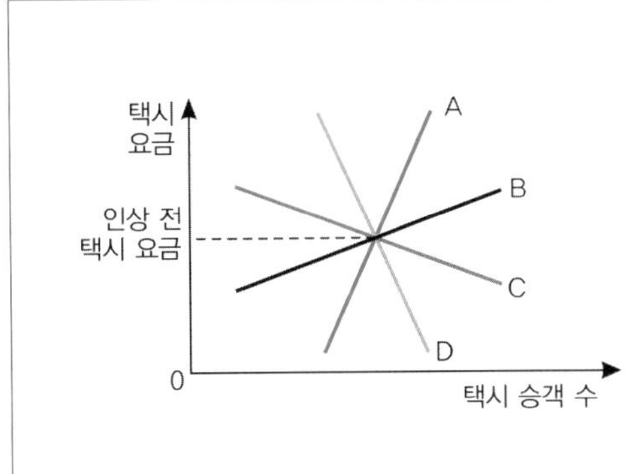

최근 택시 요금 인상을 둘러싸고 정부와 택시 기사들 사이에 의견이 첨예하게 대립되고 있다. Ⓐ 정부 당국은 택시 요금이 인상되면 택시 기사의 수입이 증가한다고 보는 반면, Ⓑ 택시 기사들은 손님이 줄어 오히려 수입이 감소할 것이라는 입장을 취하고 있다.

① □ A, □ B
② □ B, □ C
③ □ C, □ A
④ □ C, □ D
⑤ □ D, □ C

해설 정부 당국의 입장은 비탄력적인 수요곡선(D), 택시 기사들은 탄력적인 수요곡선(C)과 관련이 있다.

14 **다음은 신문 기사의 제목을 보고 두 사람이 보인 반응이다. 윤영이와 대영이의 주장으로 보아 배추의 수요·공급곡선을 바르게 짝지은 것은?**

윤영 : 우리가 늘 먹는 주식인 쌀은 가격이 내려도 그 소비량은 변화가 거의 없다. 그러니 가격이 폭등락하지.

대영 : 쌀은 봄에 어느 정도 생산할지를 결정해서 파종을 하기 때문에 중간에 시장의 가격이 변화했다고 해서 추가적으로 생산량을 늘리기 어렵다. 그러니 가격이 폭등락해도 대처하기 어렵지.

	윤영	대영
①	탄력적인 수요곡선	비탄력적인 수요곡선
②	탄력적인 수요곡선	비탄력적인 공급곡선
③	탄력적인 수요곡선	탄력적인 공급곡선
④	비탄력적인 수요곡선	비탄력적인 공급곡선
⑤	비탄력적인 수요곡선	탄력적인 공급곡선

해설 쌀의 수요의 가격탄력성이 비탄력적이라는 사실을 보여주는 내용을 윤영이가 언급한 것이며, 대영은 쌀은 공급의 가격탄력성이 비탄력적이라는 것을 보여주고 있다.

정답 13 ⑤ 14 ④

PART 01
미시경제

CHAPTER 03

거래와 가격 규제로 인한 후생 변화와 조세의 기초

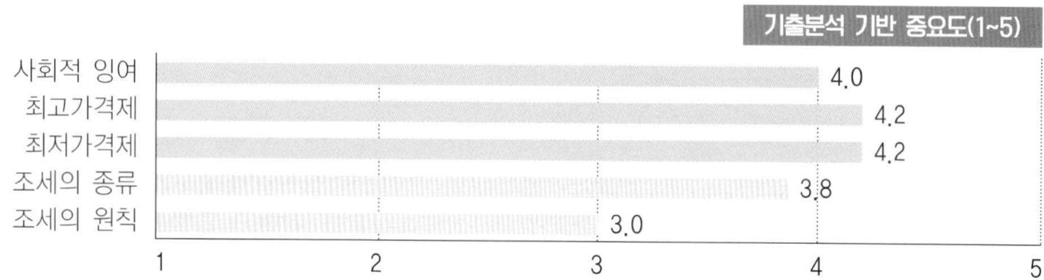

학습목표

1. 거래에 참여한 사람이 거래를 통해서 얼마만큼 자신의 만족이 증가했는지 측정할 수 있는지 학습해야 한다.
2. 소비자와 생산자 각자가 거래를 통해 얻게 된 만족의 크기를 비교할 수 있다.
3. 소비자잉여는 수요가격과 지불가격의 차이다.
4. 생산자잉여는 수취가격과 공급가격의 차이다.
5. 총잉여는 소비자잉여와 생산자잉여의 합이다.

1 사회적 잉여의 이해

1 거래의 필요성

자신이 원하는 물건을 직접 생산하기 힘든 경우에는 어떻게 해야 하는가? 또한 자신이 필요한 물건 모두를 직접 생산할 것인가? 이에 대한 질문에 대한 대답은 당연히 '아니다'일 것이다. 결국 경제주체가 자신의 만족을 높이는 주된 방법은 사실 생산이 아니라 거래를 통해서 자신이 필요한 물건을 획득함으로써 가능하게 된다. 이를 좀 더 경제학적으로 설명하자면 우리가 물건을 구매함으로써 얻게 되는 만족감을 화폐로 환산할 수 있다고 가정할 경우, 우리가 어떤 물건을 산다는 것은 그 물건을 사기 위해 지불한 금액보다 그 물건을 통해서 얻을 수 있는 만족이 더 크기 때문이다. 이것이 우리가 거래를 하는 이유다. 합리적인 소비자라면 자신이 지불한 금액보다도 적은 만족을 가져다 주는 물건을 구매하는 행위는 하지 않을 것이기 때문이다. 반대로 물건을 판매하는 사람 역시 자신의 능력으로 가장 잘 만들어 가장 비싸게 판매할 수 있는 제품을 만들어 판매하거나 혹은 자신이 가진 물건 중에서 크게 필요하지 않은 물건을 다른 사람에게 판매해야 거래를 통해서 가장 큰 만족을 얻을 수 있을 것이다. 이제 거래를 통해서 어떻게 더 큰 만족을 얻을 수 있고, 보다 구체적으로 얼마만큼의 만족이 증가했는지 측정할 수 있는 방법에 대해 구체적으로 살펴보자.

2 소비자잉여

(1) 개념

소비자의 만족이 거래를 통해서 얼마나 증가했는지를 측정하기 위해 경제학은 소비자잉여라는 개념을 만들어냈다. 소비자잉여란 소비자가 어떤 상품을 구입하기 위해 지불하고자 했던 금액과 실제 지불한 금액의 차이를 말한다. 이는 소비자가 느끼는 만족을 금전으로 환산할 수 있다고 가정했을 때, 얼마를 지불해서 얼마만큼의 만족감을 얻었는지 그 차이가 바로 거래를 통해서 증가된 만족으로 평가하는 것이다. 예를 들어, 800원 정도의 만족감을 가져다 줄 수 있는 물건을 500원에 샀다면 그 거래를 통해서 소비자의 증가된 만족감은 300원 정도라고 평가하는 것이다.

(2) 사례

사막을 건너가는 그래서 갈증을 많이 느끼는 개인이 있다고 하자. 그 사람은 물 한 모금만이라도 마시고 싶다는 갈증을 평소보다도 더욱 간절하게 갖고 있을 것이다. 이러한 사람이 물을 마셨을 때의 만족감은 갈증을 전혀 느끼지 않는 개인이 물 한 모금 마셨을 때보다 더욱 클 것이다. 때문에 이 사람은 편의점에서 500원이면 살 수 있는 생수 한 병이지만, 지금은 두 배의 값인 1,000원을 주고라도 구매하고 싶을 것이다. 그런데 이 사람이 오아시스에 있는 가게에 들러서 생수를 600원 주고 사서 마셨다면, 그때 생수 구입이라는 거래를 통해서 이 사람이 얻은 소비자잉여는 400원이 된다. 즉, 소비자잉여란 구입자의 지불용의에서 구입자가 실제로 지불한 금액을 뺀 나머지 금액에 해당한다. 오아시스에 있는 가게에서 생수 한 병을 사서 마신 개인이 아직 갈증이 다 풀리지 않아 추가로 생수를 한 병 더 사서 마신다고 하자. 이때 개인은 처음보다는 갈증이 다소 풀린 상태라서 처음처럼 1,000원만큼은 아니지만 생수 한 병이 800원 정도라도 생수를 구입할 의사를 가지고 있다. 이 경우 두 번째 생수 구입을 통해 획득하는 소비자잉여는 200원이 된다. 이러한 방식으로 자신의 갈증이 충분히 풀릴 때까지 생수를 구입하려 들 것이다. 이제 충분한 물을 마셔 더 이상 갈증을 느끼지 않은 사람은 생수를 더 이상 구입하려 들지 않을 것이다. 즉, 갈증을 많이 느낀 조금 전까지만 하더라도 생수 가격 600원은 그리 비싼 가격으로 느껴지지 않았지만, 이제는 갈증도 느껴지지 않거니와 오히려 생수를 연달아 마셔서 배가 포만감만 가득한 상태이다. 이러한 상태에서 개인이 생수 구입에 지불할 의사가 있는 금액은 생수 가격보다도 적은 수준에 이를 것이다. 이러한 상황에 이르면, 더 이상 생수에 대한 거래는 성립하지 않게 된다.

결국 개인은 세 병째 생수를 구입하기 위해 지불할 의사가 있었던 금액이 600원이고 이는 생수 판매 금액과 같아 세 병까지 사서 마셨다면, 생수 구입으로 인한 총소비자잉여는 400원, 200원, 0원을 합한 600원에 해당한다.

이러한 내용은 그래프를 통해서 살펴보면 더욱 분명해진다. 대각선은 개인이 생수 구입을 위해 지출할 의사가 있는 금액을 표시한 선이다. 하지만 시중에서 생수 한 병은 600원의 고정된 금액에 판매된다. 따라서 생수 구입으로 얻게 되는 소비자잉여는 대각선에 해당하는 금액에서 수평선인 시장가격을 차감한 금액에 해당한다. 이러한 금액을 모두 합한 것은 시장가격을 표시한 선 위의 작은 삼각형의 넓이에 해당하므로 이 작은 삼각형이 생수 3병을 구입한 소비자잉여에 해당한다.

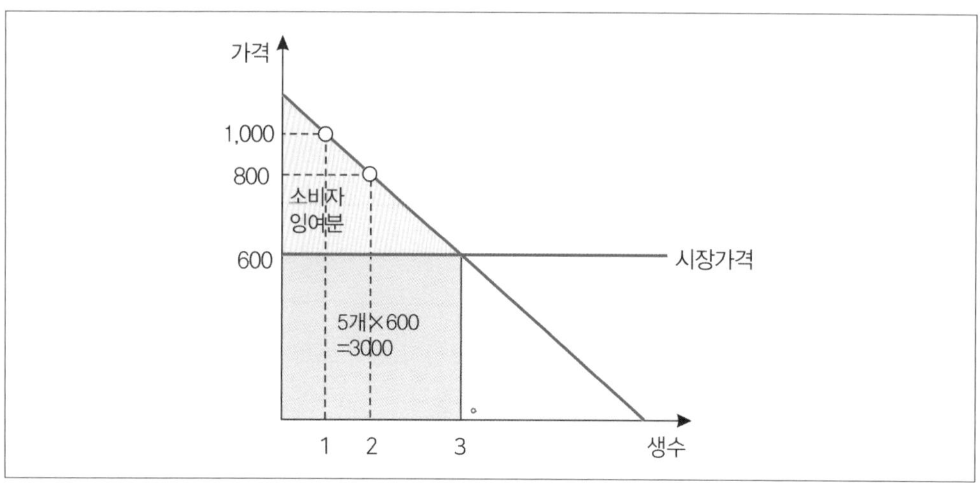

3 생산자잉여

(1) 개념

거래를 통해서 물건을 공급하는 생산자들이 얼마나 자신의 만족을 증가시키는지 파악하기 위해 경제학에서는 생산자잉여라는 개념을 만들어 냈다. 생산자잉여란 공급자가 실제로 받은 금액에서 공급자가 그 물건을 제공하여 최소한 얻고자 했던 금액을 뺀 나머지 금액을 말한다. 즉, 자신이 500원을 들여 만든 물건이거나 자신이 500원 정도의 가치를 부여하고 있는 물건을 800원에 판매했다면 생산자가 거래를 통해서 얻게 되는 증가된 만족의 크기는 300원 수준이라는 것이다.

(2) 사례

경매를 통해서 물건을 판매해 본 경험이 있는 사람들이라면 생산자잉여의 개념을 보다 쉽게 이해할 수 있을 것이다. 본인이 판매하기를 원하는 물건을 경매에 내놓았다. 마음속으로 5만원만 받아도 판매할 생각을 갖고 있었는데 10만원에 판매했다고 하자. 이때 판매자가 얻은 생산자잉여는 5만원에 해당한다. 이처럼 생산자잉여란 공급자가 실제로 받은 금액에서 공급자가 그 물건을 제공하고자 했던 금액을 뺀 나머지 금액을 말한다.

경매로 이득을 취한 개인은 거래를 통해서 자신의 만족을 증가시킬 수 있다는 사실을 깨닫고 다른 세 개의 물건들도 경매에 내놓았다고 가정하자. 나머지 물건들도 전부 5만원만 받아도 판매할 생각을 갖고 있었던 물건들이다. 이번에는 이 물건들을 각각 8만원, 6만원, 4만원에 구매하려는 사람들이 나타났다고 하자. 이때 개인은 자신이 판매하고자 생각했던 금액인 5만원보다 큰 금액에 구입하려는 사람들이 나타난 물건들은 판매하기로 한다. 4만원에 구매하겠다고 한 사람에게는 원래 본인이 판매하기로 마음먹었던 금액인 5만원보다 작은 금액이므로 판매하지 않기로 한다. 결국 경매를 통해서 얻은 생산자잉여는 3만원(8만원-5만원), 1만원(6만원-5만원)에 해당한다.

이를 다시 그래프를 통해서 살펴보자. 우상향의 대각선은 위에서 언급한 바 같이 경매를 통해서 물건이 실제로 판매된 금액으로 판매자가 받게 되는 실질적인 금액이고, 가운데 평행선은 판매자가 받았으면 하던 금액인 5만원을 표시한 선이다. 따라서 생산자잉여는 판매를 통해서 실제로 받은 금액에서 당초 판매하고자 한 금액을 차감한 부분에 해당하는 넓이인 삼각형 부분에 해당하므로, 삼각형 부분을 넓히기 위해서는 물건이 더욱 비싼 가격에 팔려야 한다.

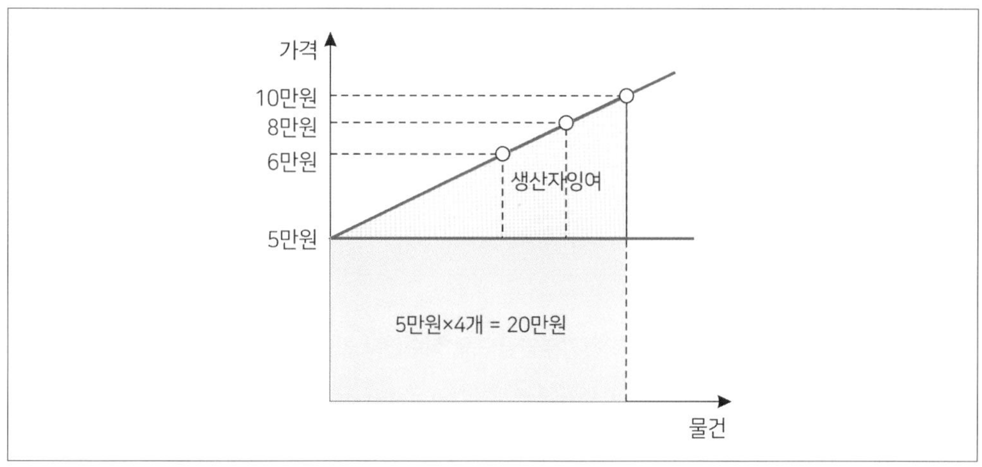

(3) 공급곡선을 통한 생산자잉여 계산

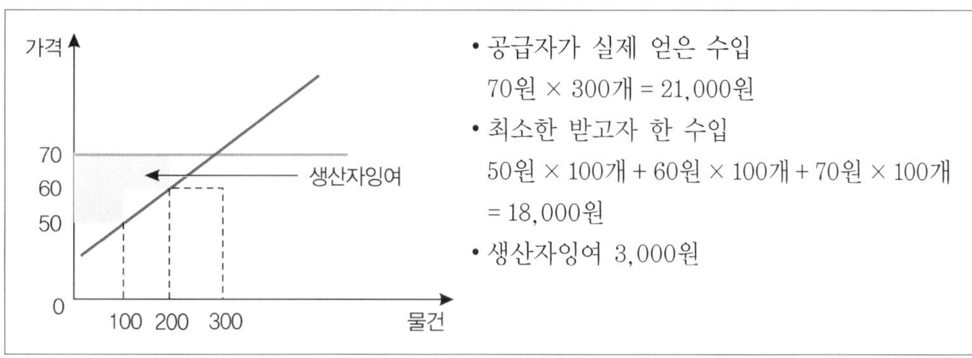

- 공급자가 실제 얻은 수입
  70원 × 300개 = 21,000원
- 최소한 받고자 한 수입
  50원 × 100개 + 60원 × 100개 + 70원 × 100개
  = 18,000원
- 생산자잉여 3,000원

공급자가 처음 100개의 제품을 공급하면서 받고자 하는 금액은 개당 50원이고, 다음 100개의 제품을 공급하여 받고자 하는 수입은 개당 60원, 그 다음 100개의 제품을 공급하여 받고자 하는 수입은 개당 70원이다. 하지만 시장 가격이 70원이기 때문에 공급자들은 제품을 판매할 때마다 70원의 수입을 얻게 된다. 따라서 공급자의 생산자잉여는 3,000원이 된다.

4 사회적 잉여

대표적인 경제활동인 거래가 활성화되면, 사회 전체적인 잉여 역시 증가한다. 많은 나라들이 자국의 경제활동을 활성화시키기 위해 노력하는 것도 이 때문이다. 그렇다면 거래를 통해서 증가하게 된 사회 전체의 만족도는 어떻게 측정하는가? 그것은 거래에 참여한 사회 구성원들인 소비자와 생산자의 증가한 만족도로 측정한다. 즉, 증가한 사회 전체의 만족도는 소비자잉여와 생산자잉여의 합으로 측정하며, 이를 총잉여라고 한다.

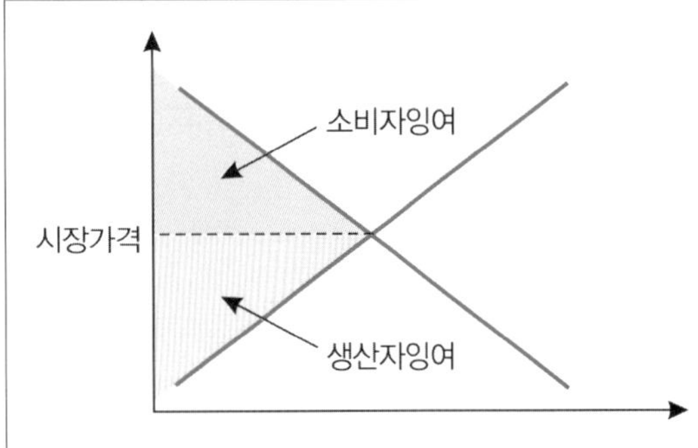

- 소비자와 공급자는 거래에 참여할 경우 각각 거래에 참여하지 않았을 때보다 더 많은 이익을 얻는다.
- 거래에 참여해서 얻게 되는 소비자와 공급자의 이익을 합하여 총잉여라고 한다.
- 총잉여 = 소비자잉여 + 생산자잉여

기출 유사문제

국민건강을 위해 술 판매액의 5%를 건강부담금으로 징수한다고 한다. 영옥의 경우에는 건강부담금 부과 후에도 소비자잉여가 변하지 않았다고 할 때, 그 원인을 가장 잘 설명한 것은?

① 영옥의 술 수요가 가격에 대해 완전탄력적이다.
② 술 공급이 가격에 대해 완전탄력적이다.
③ 영옥의 술 수요곡선이 수직선이다.
④ 영옥의 술 수요가 가격에 대해 단위탄력적이다.
⑤ 영옥의 술이 공급곡선의 탄력성이 더욱 중요한 요인이다.

해설 판매액 또는 가격에 일정한 세율을 매겨 부과하는 조세를 종가세라 한다. 생산자에게 종가세를 부과하면 생산량이 많아질수록 가격이 높아짐에 따라 부담해야 하는 조세가 커진다. 그래서 우상향하는 직선인 공급곡선은 가격절편을 축으로 반시계 방향으로 회전한다. 소비자잉여는 수요가격과 지불가격의 차이다. 소비자의 가격탄력도가 완전탄력적이면 소비자잉여가 없으므로 종가세의 징수와 무관하게 소비자잉여는 불변이다. 한편, 생산자의 공급곡선이 수직선이면 종가세의 부과에도 공급곡선은 고정된 생산량에서 수직이다. 그래서 소비자잉여는 변함이 없다.

정답 Ⅰ ①

5 가격 규제

시장에서 형성된 가격이 항상 바람직한 결과를 가져다 주는 것은 아니다. 앞에서 시장의 형태에서도 언급한 바 있듯이 특정 시장 형태에서는 사회 전체의 후생을 극대화시키는 방식으로 가격이 결정되는 것이 아니라, 특정 경제주체의 이익을 극대화하는 방향으로 가격이 결정되기도 한다. 특히 시장에서 형성된 균형가격이지만, 정부의 입장에서 시장가격이 생산자나 소비자에게 공평하지 못하다고 생각할 수도 있다. 서민들은 전세나 월세 등 부동산 임대료가 너무 비싸거나 임금이 지나치게 낮아서 열심히 일했지만 최저 생계가 보장되지 않을 수도 있고, 필요한 돈을 대출받으려 하지만 대부업체의 이자가 너무 높아서 고민하기도 한다. 농민들은 농산물의 가격이 너무 낮거나 높아서 걱정하는 경우가 있다.

정부는 이런 문제에 대응하기 위해 종종 시장가격을 변화시키기도 한다. 가격에 대한 정부의 규제는 가격이 일정한 수준 이상으로 올라가는 것을 막는 가격상한제(price ceiling) 혹은 최고가격제와 가격이 일정한 수준 이하로 내려가는 것을 막는 가격하한제(price floor) 혹은 최저가격제의 두 가지 형태로 실시되고 있다.

(1) 가격상한제

① 개념

만일 정부가 시장의 균형가격이 너무 높다고 판단하면, 시장가격보다 낮은 수준에서 가격의 상한선을 정해 놓고 시장가격이 그 위로 올라가지 못하도록 규제를 하게 되는데, 이런 정책을 '최고가격제'라고 한다. 예를 들면, 아파트의 시장가격이 너무 비싸다고 판단되면 정부는 아파트 거래가격을 시장균형 분양가격보다 낮은 수준에서 규제하려고 할 것이다. 최고이자율을 정하는 것도 최고가격제의 사례다. 정부가 금융기관의 최고 이자를 정하게 되면 정부가 대부시장에 개입하여 상한선을 설정하는 것이다.

최고가격제도는 시장 균형가격이 너무 높기 때문에 정부가 시장에 개입하는 것이므로, 최고가격은 시장 균형가격보다 낮게 설정된다. 반면 최저가격제도는 시장 균형가격이 너무 낮기 때문에 시장 균형가격보다 높게 설정한다. 만약 최저가격이 시장 균형가격보다 낮게 설정된다면 거래는 시장의 균형가격에서 이뤄지기 때문에 정책 효과가 사라진다. 마찬가지로 최고가격이 시장 균형가격보다 높게 설정된다면 정책 효과가 사라진다. 처음에는 최고가격제도나 최저가격제도가 효과가 있었지만 시간이 지나면서 수요와 공급곡선이 이동하면서 효과가 사라질 수도 있다.

② 가격상한제로 인한 현상

㉠ **초과수요** : 정부가 최고가격제를 실시하면 초과수요가 발생하게 된다. 원하는 만큼 재화가 공급되지 못하니, 재화의 배분은 가격이 아니라 추첨이나 선착순과 같이 가격경쟁 이외의 다른 방식으로 해결되는 것이 보통이다.

아래 그림은 균형가격이 2만원인데 정부가 최고가격을 1만원으로 설정한 경우다. 1만원에서 생산자는 3개만 생산하려고 하지만, 시장에서 필요로 하는 수량은 7개나 된다. 초과수요가 발생하고 있는 것이다. 상품이 3개만 있는 경우 소비자는 최대 3만원까지 지불할 의향이 있다. 초과수요가 발생하는 경우 시장에 맡겨두면 가격이 상승해서 초과수요가 해소되지만, 지금은 최고가격제도를 실시하고 있기 때문에 가격이 1만원 이상 올라갈 수 없다. 시장에서는 정부의 규제로 인해 1만원 이상의 가격에서의 거래는 불가능하기 때문이다.

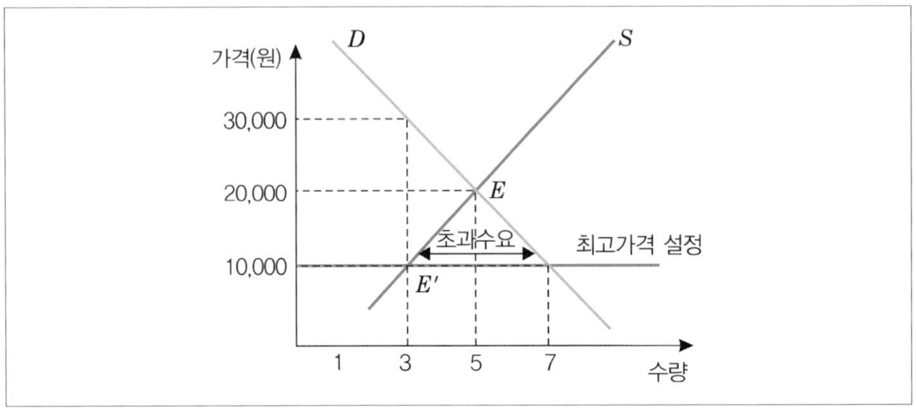

㉡ 암시장 형성 : 암시장이란 넓은 의미로는 불법적인 거래가 이루어지는 시장을 가리키며, 블랙마켓이라고도 한다. 천재지변, 전쟁 기타 여러 원인으로 물자가 크게 부족할 때, 특정물자의 생산 판매가격이 국가의 통제하에 놓이게 되면 금지 품목이 판매되고 통제물자가 공정가격을 넘어선 가격으로 거래되는데, 거래가 행하여지는 비합법적인 시장이 좁은 뜻의 암시장이다.

위의 사례에서 암시장이 형성되는 메커니즘은 다음과 같다. 정부가 가격을 1만원으로 규제한 상태에서 재화가 부족하자, 3만원을 지불하고자 하는 사람이 1만원에 재화를 구매한 사람에게 슬쩍 다가가서 말을 건다. "내게 당신이 가지고 있는 재화를 파시오. 2만원을 지불하겠소." 운 좋게 재화를 1만원에 구입한 사람은 1만원의 추가 이익이 발생하고 재화를 얻지 못했지만 3만원까지 지불할 용의가 있는 사람도 1만원의 추가 이익이 생겼다. 심지어 3만원에 재판매할 경우 구입할 사람도 있을 것이다. 이와 같은 행태로 인해 암시장이 형성되는 것이다.

③ 초과수요 해결 방안

재화의 부족을 가격이 아닌 할당에 의해 해결할 수 있다. 1만원의 가격에서 사려는 수량은 7개이며, 팔려는 수량은 3개이기 때문에 시간을 정해 놓고 먼저 온 3사람(1인 1개로 한정)에게 재화를 분배한다. 이를 위해 긴 줄을 서서 기다려야 하는 사람들은 시간이라는 중요한 자원을 추가로 소비하게 된다.

실제로 1974년 OPEC이 원유 수출량을 크게 감소시키자 제1차 에너지 위기가 전 세계를 강타했고, 미국이 휘발유 가격의 상한제를 실시한 바 있었다. 결과는 미국 각지 주유소에 긴 대기 행렬을 만들었고, 기회비용이 높은 사람을 대신해서 줄을 서주는 직업이 생겨났다.

④ 최고가격제로 인한 사회적 후생 손실 측정

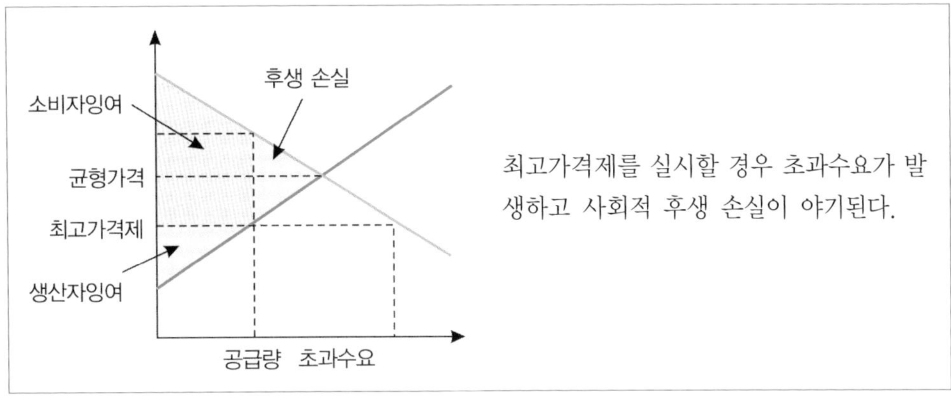

(2) 가격하한제

① 개념

시장에서 형성되는 균형가격이 너무 낮아서 그 가격을 적용하기 어렵다고 판단될 경우에는 정부가 시장가격보다 높은 수준에서 가격의 하한선을 정하게 되는데, 이를 '최저가격제'라 한다. 예를 들면, 노동시장에서 형성되는 임금이 너무 낮아 최저생계비에 못미친다고 판단될 경우, 정부는 현재의 시장 임금보다 높은 수준에서 최저임금을 정하는데, 그것이 바로 최저임금제이다.

② 가격하한제로 인한 현상 – 초과공급

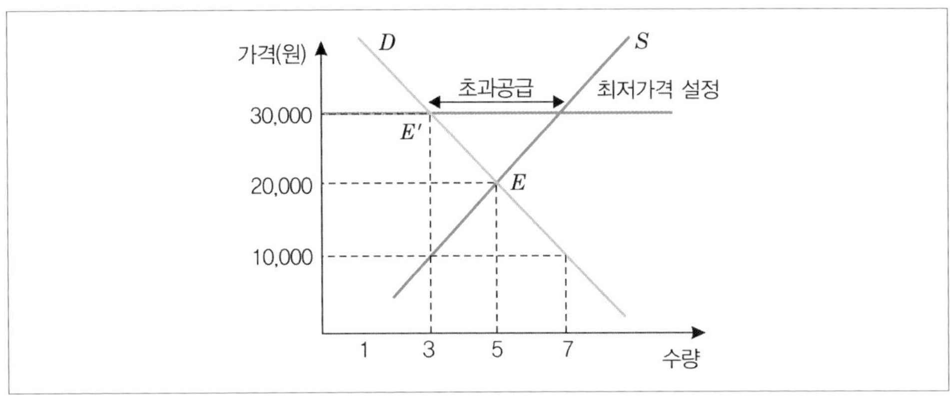

최저가격제가 실시되면, 일반적으로 공급량이 수요량을 초과하여 초과공급이 발생하게 되는데, 앞의 최저임금제에서 초과공급은 실업이 발생하는 것을 의미한다. 최저가격제도에서 발생하는 초과공급 역시 가격 경쟁 이외의 다른 방식을 통해 해결하게 된다. 예를 들어, 최저임금제가 실시되면 노동 공급에 비해 노동 수요가 적으므로, 많은 노동 공급자를 어떻게 선별해야 하는 문제가 발생한다. 이때 모든 노동자의 질이 같다고 하면, 선착순이나 제비뽑기와 같이 운이 좋은 사람이 취업되는 현상이 나타날 수 있고, 순번제를 통해 서로 일정기간 실업하고 다시 취업하는 계약에 합의할 수도 있다.

③ 최저가격제로 인한 사회적 후생 손실 측정

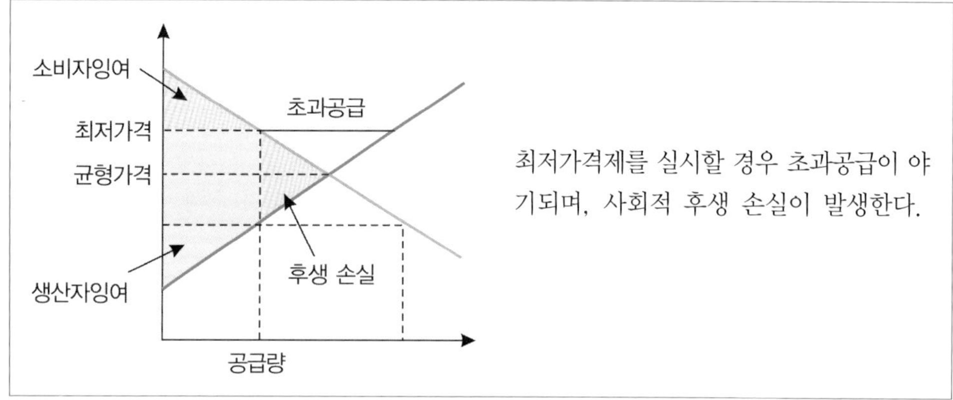

용어 해설

최고가격제 VS. 최저가격제

구분	최고가격제	최저가격제
의미	정부가 시장의 균형가격이 너무 높다고 판단하여 가격의 상한선을 정하고 그 이상으로 거래하지 못하도록 한 제도	정부가 시장의 균형가격이 너무 낮다고 판단하여 가격의 하한선을 정하고 그 이하로 거래하지 못하도록 한 제도
목적	수요자(소비자) 보호	공급자(생산자) 보호
예	최고금리제, 임대료 규제	최저임금제, 농산물 가격 지지 정책
영향	초과수요	초과공급
문제점	암시장 형성 가능성 존재	초과공급의 처리 문제 발생

2 조세의 이해

1 조세의 정의와 특징

조세란 국가나 지방자치단체가 재정 활동에 필요한 재원 마련을 위해 국민들로부터 거두어들이는 수입을 말한다. 정부의 재정 활동을 위한 재원 마련의 기능, 생산 요소의 효율적 배분을 유도한 기능, 소득 재분배 기능 등이 조세 부과를 통해 달성할 수 있다. 조세는 납세에 강제성이 있다는 점, 정부로부터의 수혜 정도와 무관하게 세금이 부과된다는 점, 반드시 서비스 생산 목적으로만 사용되지 않는다는 점 등이 특징이다.

2 조세의 원칙

구분	종류	내용
세금의 기본 원칙	조세법률주의	정부는 국회에서 제정한 법률에 근거하지 않고서는 세금을 부과할 수 없음
	조세평등주의	국민들 사이에 조세 부담이 공평하도록 배분되어야 함
국세 부과의 원칙	실질과세의 원칙	법적인 형식보다는 경제적 실질성에 근거하여 과세해야 한다는 것
	신의성실의 원칙	세무공무원이 법에 근거하여 신의에 좇아 성실하게 세무처리를 할 것을 요구
	근거과세의 원칙	근거 자료를 기준으로 과세해야 한다는 원칙
	조세 감면의 사후관리	정부가 조세를 감면한 경우 그 감면의 취지를 달성하기 위하여, 그 감면에 대해 일정한 사후 관리를 해야한다는 것
세법 적용의 원칙	세법 해석의 기준	세법의 해석을 확대 해석하거나, 유추해석할 수 없다는 원칙
	소급과세의 금지	새로운 법을 기준으로 또는 해석으로 소급 과세할 수 없다는 것
	세무공무원 재량의 한계	'과세의 형평'과 '당해 세법의 목적'에 비추어 인정되는 한계를 준수해야 함
	기업회계의 존중	기업회계기준에 따라 세무처리 해야 한다는 것

3 조세의 구분

(1) 국세와 지방세

정부 재정 수입의 대부분은 가계와 기업으로부터 거두어들이는 **조세**인 세금이다. 세금은 부과하는 주체에 따라 중앙정부의 조세인 국세와 지방정부의 조세인 지방세로 나눈다. **국세**는 정부가 국민 전체의 이익과 관련된 사업의 경비를 마련하기 위해 국민들로부터 거두어들이는 세금이고, **지방세**는 지방자치단체가 지역의 살림을 꾸려가기 위해 지역주민들에게 거두어들이는 세금이다.

(2) 직접세와 간접세

세금은 세금을 납부하는 사람(납세자)과 실제로 부담하는 사람(담세자)이 같은지에 따라 직접세와 간접세로 분류한다. 노동 활동을 통해 소득을 얻은 사람이 내는 **소득세**나 사업 활동을 통해 소득을 번 법인이 내는 **법인세**, 재산을 상속이나 증여받은 사람이 내는 **상속·증여세** 등은 소득을 얻은 사람이 직접 내는 세금이기 때문에 **직접세**이다. 반면, 우리가 사는 물건에 포함되어 있는 **부가가치세**나 **특별소비세** 등과 같은 세금은 물건을 판 기업이 세금을 내지만 세금을 부담하고 있는 사람은 물건을 구입한 사람으로, 납세자와 담세자가 일치하지 않는 **간접세**다.

구분	직접세	간접세
의미	납세자와 담세자가 동일(조세 전가 불가능)	납세자와 담세자가 상이(조세 전가 가능)
과세 대상	소득의 원천, 재산의 규모	소비 지출
특징	• 누진세율 적용으로 소득재분배효과 발생 • 담세 능력에 따른 공평한 과세 • 조세 저항이 강함 • 저축과 근로의식 저해	• 비례세율의 적용으로 조세 부담의 역진성 • 조세 저항이 약함 • 물가 상승의 자극
종류	소득세, 법인세, 재산세, 상속세 등	부가가치세, 특별소비세 등

(3) 누진세와 역진세

소득이나 재산 등의 과세 표준이 증가하면 그에 따라 평균세율이 증가하는 조세를 **누진세**, 평균세율이 일정하면 **비례세**, 평균세율이 감소하면 **역진세**라고 한다. 이때 **평균세율**은 세금액을 과세 표준으로 나눈 값이다.

구분	개념	종류
누진세	과세 대상의 금액이 커질수록 높은 세율 적용	소득세, 재산세 등의 직접세
비례세	과세 대상의 금액에 관계없이 동일 세율 적용	부가가치세 등의 간접세
역진세	과세 대상의 금액이 커질수록 낮은 세율 적용	현행 조세 체계에는 없음

(4) 조세 부과의 방식에 따른 분류

구분	종량세	종가세
부과 방식	단위당 t원의 조세를 부과	가격의 t%만큼의 조세를 부과
가격과 단위당 조세액	가격과 상관없이 단위당 조세액 동일	가격이 높을수록 단위당 조세액 증가
공급곡선의 이동	단위당 조세액만큼 상방으로 평행이동	t%만큼 회전하면서 평행이동

4 조세의 전가 이해

(1) 조세 부담의 전가

세금이라는 것이 여러 공익적 측면을 갖고 있음에도 불구하고 이를 납부하는 사람들은 자신들의 가처분소득이 줄어드는 요인이 되기 때문에 이를 순순히 받아들이는 경우가 많지 않다. 수요자와 공급자 중 조세가 부과되지 않은 측은 시장가격을 그대로 인식하지만, 조세가 부과된 측은 시장가격이 아닌 조세에 의해 조정된 가격을 인식하기 때문이다.

조세 부과로 인한 현상 역시 수요・공급곡선의 변화 요인이기 때문에 수요・공급곡선에서 확인할 수 있다. 조세를 공급자에게 부과한 경우에는 공급이 감소하면서 시장가격이 상승하지만, 조세를 수요자에게 부과한 경우에는 수요가 감소하면서 시장가격이 하락한다. 그러나 어느 경우에나 조세를 고려한 소비자 지불가격은 상승하고, 생산자 수취가격은 하락한다. 즉, 조세 부담은 법에서 조세를 누구에게 부담시키는지와는 무관하게 결정된다.

때문에 각 개별 경제주체들은 어떻게 해서든지 세금 부담금을 줄이기 위해 다양한 방법을 모색하게 된다. 불법적인 방법인 탈세부터 합법적인 방법을 동원한 절세 등과 같은 것이 그러한 예이다. 이러한 방식 이외에도 조세의 전가라는 것이 있다. 조세 부담의 전가란 조세가 부과되었을 때 각 경제주체들이 경제활동을 조정하여 조세 부담을 다른 경제주체에게 이전시키는 현상을 지칭한다.

(2) 조세 부과로 인한 가격 변화와 조세 부담 크기

조세가 부과되면 수요・공급곡선에 변화를 야기시키기 때문에 조세 부과로 인한 변화와 부과된 조세를 누가 부담할 것인가 하는 문제 역시 수요・공급곡선을 살펴보면 쉽게 확인할 수 있다.

일반적으로 조세가 부과될 때 상대적인 조세 부담의 크기는 수요와 공급의 가격탄력성에 의하여 결정된다. 즉, 조세는 수요와 공급 중 상대적으로 비탄력적인 측에서 부과된 조세를 더 많이 부담하는 특성이 있다.

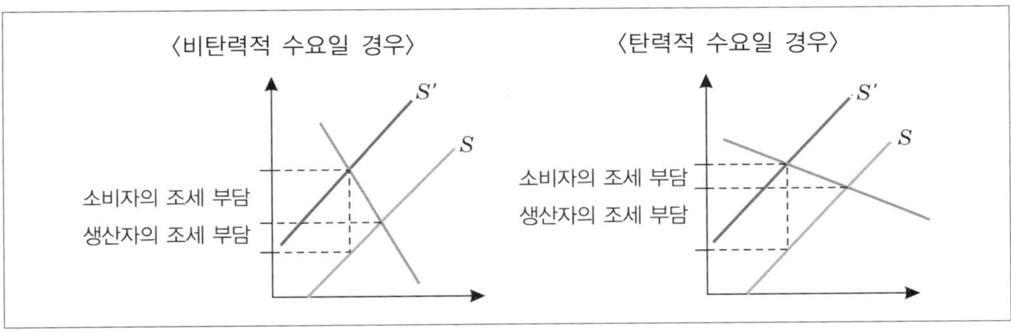

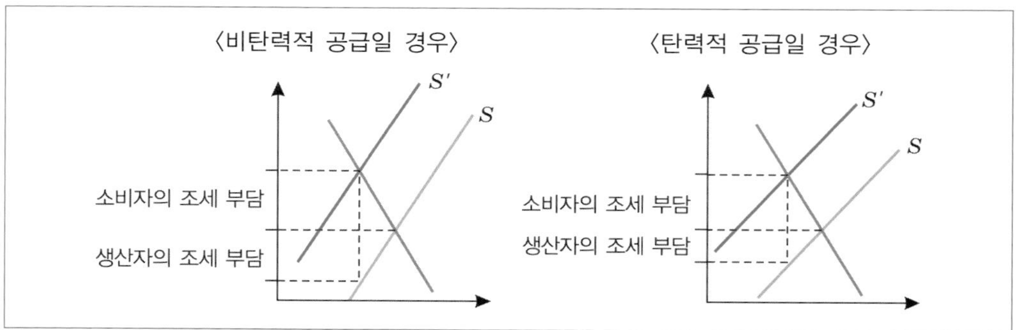

(3) 조세 전가의 유형

① 전전

조세 전가가 재화의 유통 과정과 동일한 방향으로 이루어지는 것을 의미하며, 조세가 부과됨에 따라 생산자가 재화가격을 인상하는 것 등이 전전에 해당된다.

② 후전

조세 전가가 재화의 유통 과정과 반대 방향으로 이루어지는 것을 의미하며, 조세가 부과됨에 따라 노동자의 임금을 낮추는 것 등이 후전에 해당된다.

③ 소전

경영합리화 등을 통해 생산과정에서 조세 부담을 흡수하는 것을 말하며, 생산성을 높여 조세 부담을 흡수하는 것 등이 소전에 해당된다.

④ 자본화

조세의 자본화란 부동산 등과 같이 공급이 고정되어 있는 재화에 조세가 부과될 때 그 재화의 가격이 조세 부담의 현재가치만큼 하락하는 현상을 의미한다.

(4) 조세로 인한 기타 변화 요인

① 사회적 후생 변화

조세 부과에 따른 초과 부담이란 조세 부담액을 넘어서는 납세자의 후생 감소분을 의미한다. 일반적인 초과 부담은 다음 그래프를 통해 도출할 수 있다.

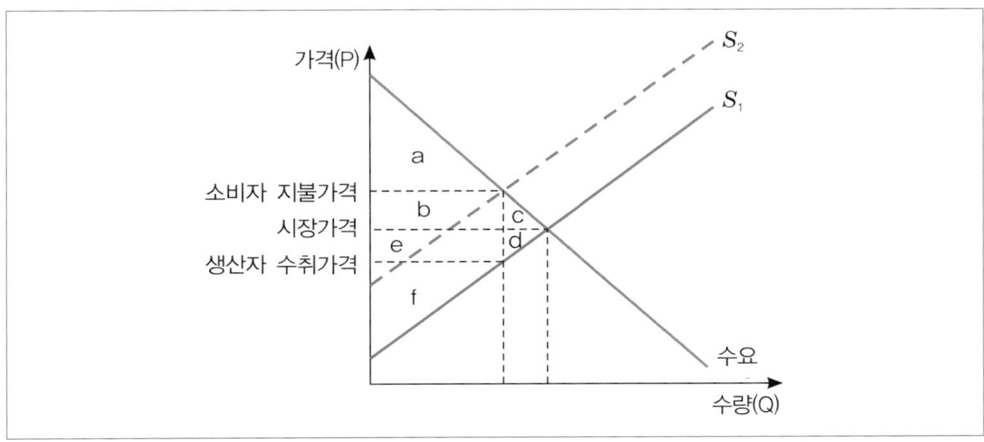

조세 증가에 따라 소비자잉여의 감소분은 (−b−c)이고, 생산자잉여의 감소분은 (−e−d)이며, 조세 증가분은 (+b+e)이다. 따라서 사회적 후생 감소분인 초과 부담은 (−c−d)로 측정된다.

② 단위당 조세액과 조세 수입

조세 수입은 단위당 조세액(또는 세율)이 높아질수록 초기에 증가하다가 나중에 감소하게 된다. 이를 나타낸 곡선을 래퍼곡선이라고 하며, 감세를 통해 조세 수입을 증가시킬 수 있다는 공급측면 경제학의 이론적 배경이 된다.

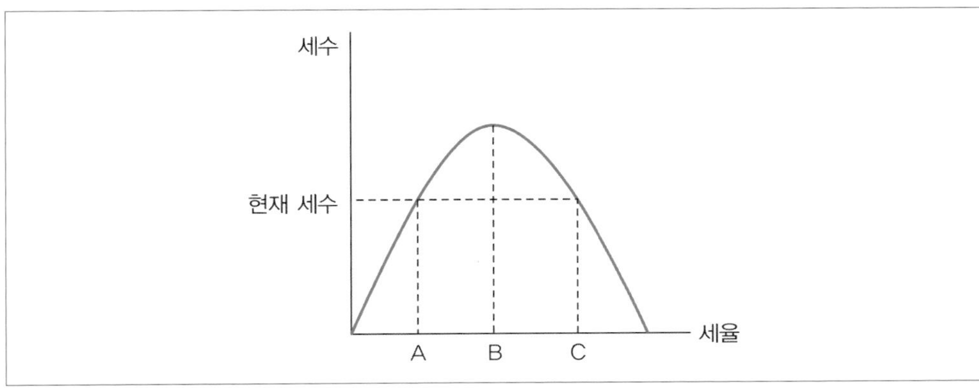

③ 인플레이션과 소득세

인플레이션이 발생하면 명목소득이 증가하게 되는데, 누진세제하에서는 명목소득이 증가하면 더 높은 한계세율이 적용되는 과세구간으로 이동하는 현상이 나타난다. 더 높은 한계세율이 적용되는 과세구간으로 이동하면 실질소득이 증가하지 않음에도 불구하고 조세 부담이 증가한다.

④ 인플레이션과 법인세

인플레이션이 발생하면 세법상 감가상각비로 인정되는 금액이 실제로 자본재가치가 하락하는 것보다 작기 때문에 기업의 이윤이 과대평가되어 법인세 부담이 커지며, 선입선출법을 사용하는 기업의 재고가치가 높게 평가되어 그에 따라 비용이 과소평가되어 세부담이 커지게 된다. 이와 같은 이유로 인해 인플레이션이 발생하면 기업의 실질적인 법인세 부담이 크게 증가하는 것으로 알려져 있다.

REVIEW

1. 소비자잉여란 소비자가 어떤 상품을 구입하기 위해 지불하고자 했던 금액과 실제 지불한 금액의 차이를 말한다.
2. 거래를 통해서 물건을 공급하는 생산자들이 얼마나 자신의 만족을 증가시키는지를 파악하기 위해 경제학에서는 생산자잉여라는 개념을 만들어 냈다.
3. 사회 전체의 만족도는 소비자잉여와 생산자잉여의 합으로 측정하며, 이를 총잉여라고 한다.
4. 시장가격보다 낮은 수준에서 가격의 상한선을 정해 놓고, 시장가격이 그 위로 올라가지 못하도록 규제를 하게 되는데, 이런 정책을 '최고가격제'라고 한다.
5. 시장에서 형성되는 균형가격이 너무 낮아서 그 가격을 적용하기 어렵다고 판단될 경우에는 정부가 시장가격보다 높은 수준에서 가격의 하한선을 정하게 되는데, 이를 '최저가격제'라 한다.

CHAPTER 03

출제예상문제

01 **딸기 값이 현재 1,000원일 때 아래 표에서 총소비자잉여를 계산하면?**

	A	B	C	D
지불하려는 가격	2,000원	3,000원	4,000원	1,000원

① 10,000원
② 9,000원
③ 6,000원
④ 5,000원
⑤ 3,000원

해설 소비자잉여는 지불할 의사가 있는 최대가격인 수요가격과 실제로 지불한 가격인 지불가격의 차이를 모든 소비자에게서 합하여 계산한다. 그러므로 아래 〈표〉에 따라 소비자잉여는 6,000원이다.

	A	B	C	D
지불하려는 가격	2,000원	3,000원	4,000원	1,000원
지불가격	1,000원	1,000원	1,000원	1,000원
소비자잉여	1,000원	2,000원	3,000원	0원

02 **다음 글에 대한 설명으로 타당한 것은?**

> 오성과 한음은 현재 각각 감 10개, 인절미 10개씩을 가지고 있다. 현재 상황에서,
> • 오성은 인절미 한 개를 더 먹는 대신 감 두 개를 덜 먹어도 좋다고 여기며,
> • 한음은 감 한 개를 더 먹는 대신 인절미 두 개를 덜 먹어도 좋다고 여긴다.

① 오성은 한음보다 감을 더 좋아한다.
② 한음은 오성보다 인절미를 더 좋아한다.
③ 오성과 한음의 선호는 동일하다.
④ 오성의 감과 한음의 인절미를 조금씩 교환할 때 둘의 만족이 모두 커질 수 있다.
⑤ 오성과 한음의 현재 배분 상황은 가장 만족스러운 상태에 있다.

해설 교환의 원리에 대한 문제다. 오성이 한음에게 감을 주고, 대신 인절미를 받으면 모두에게 이익이 된다.

정답 01 ③ 02 ④

03 철수의 연간 영화 관람에 대한 수요함수는 Q=30-P/400이고, 비회원의 1회 관람가격은 8,000원이지만, 연회비를 내는 회원의 1회 관람가격은 4,000원으로 할인된다. 철수가 회원이 되려고 할 때 지불할 용의가 있는 최대 연회비는? (단, Q는 연간 영화 관람 횟수, P는 1회 관람가격이다)

① 70,000
② 60,000
③ 50,000
④ 40,000
⑤ 80,000

해설 1. 지문의 문구 해석
"지불할 용의가 있는 최대 연회비" ⇒ 관람료의 차이에 따라 얻는 소비자잉여의 차이만큼 연회비를 지불할 의사가 있다.

2. 문제 풀이

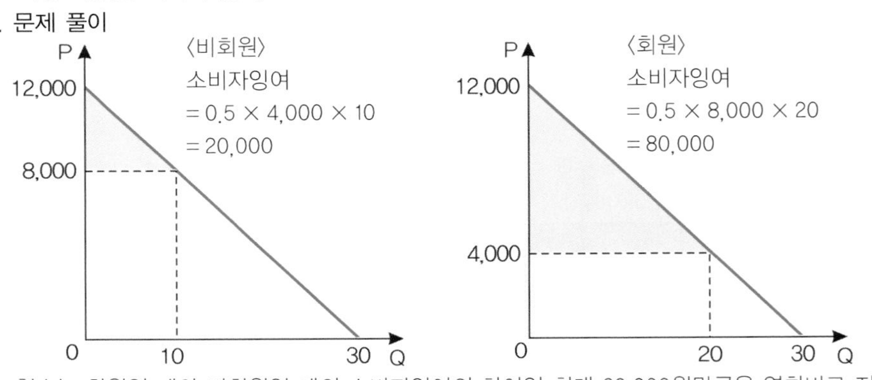

철수는 회원일 때와 비회원일 때의 소비자잉여의 차이인 최대 60,000원만큼을 연회비로 지불할 의사가 있다.

04 다음 그림은 10원의 종량세가 부과되었을 때의 수요의 변화에 대한 그래프이다. 이 그래프에 의하면 소비자에게 전가되는 세금과 공급자에게 전가되는 세금은 각각 얼마인가?

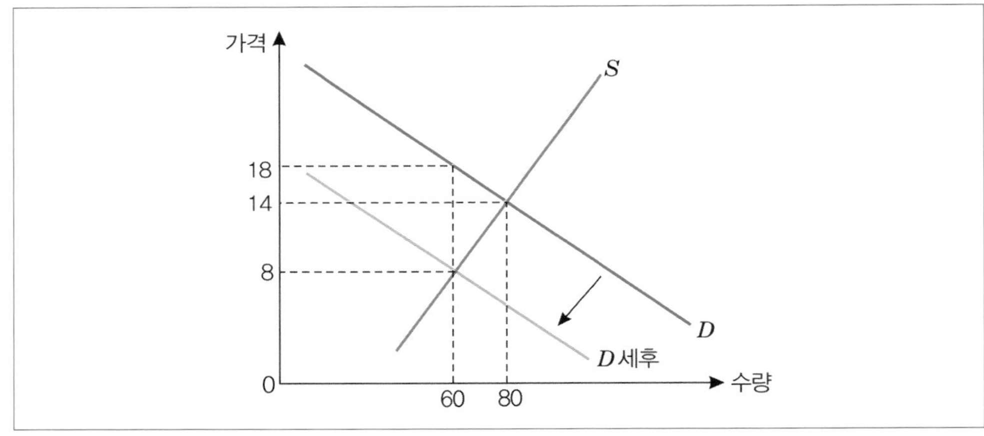

정답 03 ② 04 ②

① 6원, 4원　② 4원, 6원
③ 5원, 5원　④ 0원, 10원
⑤ 0원, 5원

해설 종량세가 부과되기 전에 균형가격은 14원인데, 종량세 10원의 부과로 수요가 감소하여 새로운 균형가격은 8원이 된다. 그러나 소비자의 지불가격은 종량세 10원만큼을 더한 18원이다. 소비자는 종전의 지불가격 14원보다 높아진 18원을 지불하므로 종량세 중 4원만큼을 부담한다. 한편 생산자의 수취가격은 종전의 14원보다 낮아진 8원으로 종량세 중 6원만큼을 부담한다.

05 **A지역 아파트의 공급곡선은 완전 비탄력적이고, 수요곡선은 우하향한다. 정부가 아파트의 매도자에게 양도차익의 50%를 양도소득세로 부과하였다. 다른 조건이 일정할 때 조세 귀착에 대한 설명으로 옳은 것은?**

① 매입자와 매도자가 각각 1/2씩 부담한다.
② 매입자가 전액 부담한다.
③ 매도자가 전액 부담한다.
④ 매입자와 매도자 모두 조세 부담이 없다.
⑤ 매도자가 1/2을 부담하고 매입자는 부담이 없다.

해설 공급의 가격탄력도와 소비자의 조세 부담은 비례하고, 생산자의 조세 부담은 반비례한다. 공급곡선이 완전 비탄력적이면 생산자는 조세 수준에 관계없이 일정량을 공급해야 해서 조세 부담을 회피할 수 없으므로, 공급자가 조세를 전액 부담한다.

06 **어떤 재화에 대한 시장수요곡선은 우하향하고, 시장공급곡선은 우상향한다. 정부는 이 재화에 단위당 t원의 세금을 부과하려 한다. 이 경우에 발생하는 현상을 가장 잘 설명한 것은?**

① t원의 세금을 공급자에게 부과하면 소비자에게 부과하는 경우보다 정부의 조세 수입은 더 증가한다.
② 수요가 탄력적이고 공급이 비탄력적인 경우에 소비자가 부담하는 세금은 생산자가 부담하는 세금보다 적다.
③ t원의 세금을 생산자에게 부과하면 소비자가 지불하는 가격은 세금 부과 전보다 낮고 생산자가 실질적으로 받게 되는 가격은 세금 부과 전보다 높다.
④ t원의 세금을 소비자에게 부과하면 소비자가 지불하는 가격과 생산자가 실질적으로 받게 되는 가격은 세금 부과 전보다 더 높다.
⑤ 세금의 부과로 소비자잉여는 감소하는 반면에 생산자잉여는 증가한다.

정답 05 ③　06 ②

해설 수요의 가격탄력도와 소비자의 조세 부담은 반비례하고, 생산자의 조세 부담은 비례한다. 반면에 공급의 가격탄력도와 생산자의 조세 부담은 반비례하고, 소비자의 조세 부담은 비례한다. 또한 가격 전가로 소비자와 생산자 중 누구에게 조세를 부과하든 정부의 조세 수입은 동일하다. 따라서 수요가 탄력적이고 공급이 비탄력적이면 소비자의 조세 부담은 생산자보다 적다. 그리고 조세 부과로 소비자의 지불가격이 상승하고, 생산자의 수취가격이 하락하여 소비자잉여와 생산자잉여는 모두 감소한다.

07 시장에서 거래되고 있는 어느 재화에 물품세를 부과하였을 때 발생하는 소비자 부담과 생산자 부담에 대한 설명 중 옳지 않은 것은?

① 공급곡선이 우상향하는 경우 수요의 가격탄력도가 클수록 생산자 부담이 커진다.
② 수요곡선이 우하향하는 경우 공급의 가격탄력도가 작을수록 소비자 부담이 작아진다.
③ 소비자 또는 생산자 중 누구에게 조세를 부과하느냐에 따라 소비자 부담과 생산자 부담의 크기는 달라진다.
④ 공급이 가격변화에 대해 완전 비탄력적인 경우 조세는 모두 생산자에게 전가된다.
⑤ 수요가 가격변화에 대해 완전 탄력적인 경우 조세는 모두 생산자에게 전가된다.

해설 조세 부담은 부과 주체가 아니라 그 주체의 가격탄력도에 달려있다. 수요의 가격탄력도와 소비자의 조세 부담은 반비례하고, 생산자의 조세 부담은 비례한다. 반면에 공급의 가격탄력도와 생산자의 조세 부담은 반비례하고, 소비자의 조세 부담은 비례한다. 한편 공급이 완전 비탄력적이거나 수요가 완전 탄력적이면 생산자가 전액 조세를 부담한다.

08 탄산음료와 과일주스는 서로 대체재이며, 각 재화의 한계비용은 일정하다. 탄산음료에 이미 종량세를 부과하고 있는데, 이제 과일주스에도 종량세를 부과하려고 한다. 이때 발생할 것으로 예상되는 현상을 모두 고르면?

가. 이미 거래량 감소가 발생한 탄산음료 시장에 거래량 증가가 추가로 발생한다.
나. 이미 거래량 감소가 발생한 탄산음료 시장에 거래량 감소가 추가로 발생한다.
다. 이미 사회적 손실이 발생한 탄산음료 시장에 사회적 잉여가 추가로 발생한다.
라. 이미 사회적 손실이 발생한 탄산음료 시장에 사회적 손실이 추가로 발생한다.
마. 이미 사회적 손실이 발생한 탄산음료 시장에 생산자잉여가 추가로 발생한다.

① 가, 다　　② 가, 라
③ 가, 다, 마　　④ 나, 다
⑤ 나, 라

정답 07 ③ 08 ①

해설 1. 지문의 문구 해석

"각 재화의 한계비용은 일정하다." ⇒ 한계비용이 일정하므로 공급곡선이 수평선이다.

"탄산음료에 이미 종량세를 부과하고 있는데" ⇒ 종량세로 탄산음료 시장에는 이미 후생 손실이 발생하고 있다.

"이제 과일주스에도 종량세를 부과하려고 한다." ⇒ 종량세의 부과로 과일주스의 가격이 상승한다.

2. 문제 풀이

과일주스와 탄산음료가 대체재이므로 과일주스의 가격상승은 탄산음료의 수요를 증가시킨다. 그래서 탄산음료 시장에서 거래량이 증가하고 소비자잉여가 증가해서 사회적 잉여도 증가한다. 그러나 공급곡선이 수평선이므로 생산자잉여는 여전히 없다.

09 다음의 내용이 의미하는 개념으로 알맞은 것은 무엇인가?

㉠이란 조세의 전가가 생산물의 거래 방향과 일치하는 경우를 의미한다.
㉡이란 생산자가 경영합리화 등을 통해 생산의 효율성을 제고함으로써 조세 부담을 흡수하는 것을 의미한다.
㉢이란 부동산 등과 같이 공급이 고정되어 있는 재화에 조세가 부과될 때 그 재화의 가격이 조세 부담의 현재가치만큼 하락하는 현상을 의미한다.
㉣이란 조세의 전가가 생산물의 거래 방향과 반대로 이루어지는 경우를 의미한다.

① ㉠ : 전전, ㉡ : 소전, ㉢ : 자본화, ㉣ : 후전
② ㉠ : 소전, ㉡ : 자본화, ㉢ : 전전, ㉣ : 후전
③ ㉠ : 전전, ㉡ : 소전, ㉢ : 후전, ㉣ : 자본화
④ ㉠ : 자본화, ㉡ : 소전, ㉢ : 전전, ㉣ : 후전
⑤ ㉠ : 전전, ㉡ : 후전, ㉢ : 소전, ㉣ : 자본화

해설 조세의 대표적인 전가 방향으로는 전전・후전・소전・자본화(조세 환원) 등 네 가지가 있다.

정답 09 ②

PART 01
미시경제

CHAPTER 04

시장의 종류

기출분석 기반 중요도(1~5)

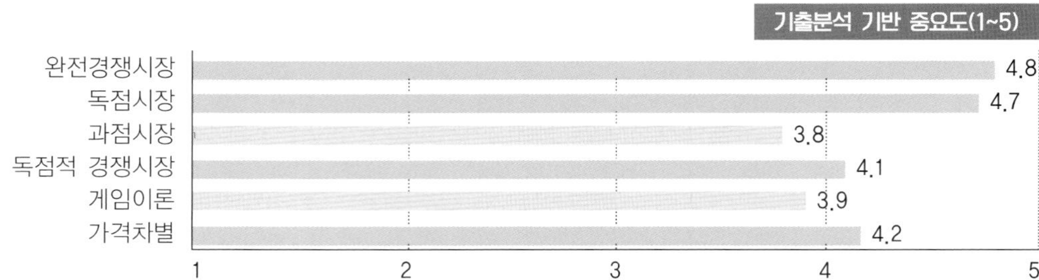

학습목표

❶ 경제학에서 시장을 구분하는 기준이 무엇인지 확인한다.
❷ 완전경쟁시장의 특성에 대해 이해한다.
❸ 독점시장의 특성에 대해 이해한다.
❹ 가격차별정책에는 어떠한 것들이 있으며, 각각 시장에 미치는 방식이 어떻게 다른지 구분할 수 있어야 한다.
❺ 독점적 경쟁시장의 특성에 대해 이해한다.
❻ 과점시장의 특성에 대해 이해한다.
❼ 과점시장을 분석 등 다양한 경제적 의사결정 사항들을 분석하는 도구인 게임이론의 주요 용어를 숙지해야 한다.
❽ 게임이론을 실제 현실의 사례에 적용시켜 합리적인 의사결정을 수립할 수 있어야 한다.
❾ 게임이론이 왜 과점시장을 분석하는 데 적합한 도구인지 이해해야 한다.

1 시장의 종류

1 시장의 의미

시장에서 거래당사자들은 어느 누구의 간섭 없이 자발적인 의사에 따라 서로 원하는 재화와 서비스를 교환하여 사용함으로써 경제사회의 구성원들은 교환이 없는 경우보다 더 풍요로운 삶을 누릴 수 있게 된다. 또한 시장에서 생산자는 제한된 자원으로 최대의 이윤을 얻고자 하며, 소비자는 제한된 소득으로 가능한 한 큰 만족을 얻고자 한다. 이러한 이익추구 행위 덕분에 수많은 재화와 서비스가 생산되어 시장에서 거래될 수 있는 것이다. 자신의 이기심을 충족시키기 위해 자유로운 교환 활동에 참여한 개인들은 시장이라는 구조 속에서 경쟁한다.

어떤 물건을 얼마나 생산해서 얼마의 가격에, 누구에게 팔 것인가를 미리 제시해 주는 사람도 없는 데 아무 불편 없이 거래가 이루어지고 있는 것은 시장이 존재하기 때문에 가능한 일이다. 하지만 우리가 일상생활 속에서 접하게 되는 다양한 시장들인 재래시장・주식시장・인력시장 등에서 작용하는 가격 결정 방식이나 시장이 가지는 특성은 서로 상이하다.

경제학에서는 일상 생활에서 접하게 되는 상이한 시장의 특성을 명확히 하기 위해 다양한 시장의 형태를 구분하여 규명하고 있다.

2 시장을 구분하는 기준

경제학은 거래자의 수, 상품의 동질성, 진입의 자유 정도 등 여러 가지 요인에 의해 시장의 특성이 달라진다는 사실에 기초하여 시장을 크게 네 가지로 구분하여 분석하였다.

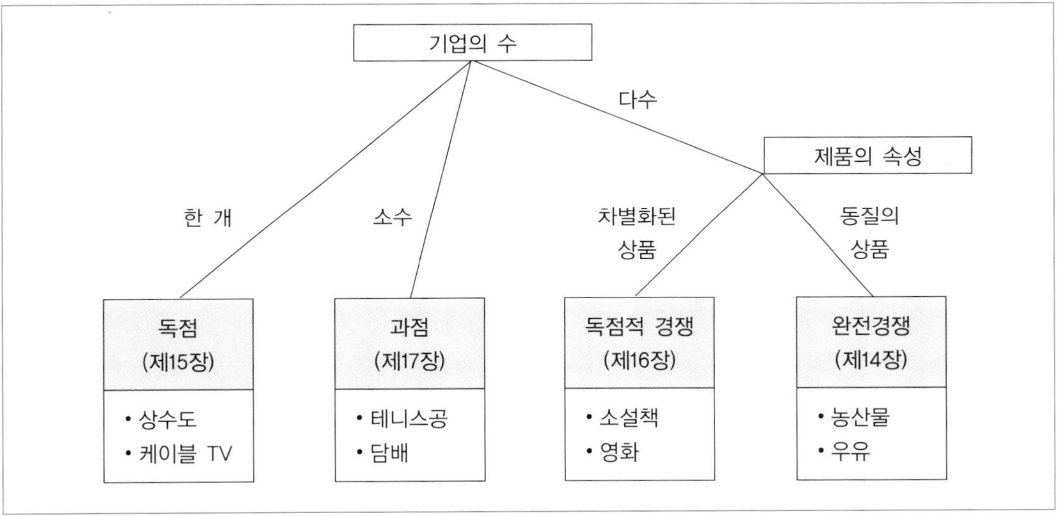

3 시장이론에 대한 세부 특성 이해

구분	완전경쟁	불완전경쟁		
	경쟁시장		독과점 시장	
분류 기준 \ 종류	완전경쟁시장	독점적 경쟁시장	과점시장	독점시장
공급자 수	다수	다수	소수	하나
상품의 질	동질	이질	동질 또는 이질	동질
시장 참여	항상 가능	항상 가능	가능하나 실질적으로 어려움	불가능
특징	기업이 가격 수용	상품 차별화	담합(카르텔)	기업이 가격 결정
예	주식시장, 쌀시장 등	음식점, 미용실, 병원 등	이동통신, 자동차, 항공, 정유 등	전기, 철도, 상수도 등

(1) 완전경쟁시장

① 다수의 공급자와 수요자가 있는 시장

완전경쟁시장은 다수의 공급자와 수요자가 있는 시장으로 물건을 만들어 공급하는 사람도 다수이고 물건을 구매하는 사람도 다수라서 특정 경제주체가 시장에 커다란 영향을 미치기 어려운 시장을 말한다. 따라서 각 경제주체들이 자신의 수요량이나 공급량을 줄이거나 늘려도 시장가격에는 전혀 영향을 미치지 못하는 시장이다. 다시 말해 완전경쟁시장에 참여하는 경제주체들은 가격 순응자다.

② 동질적인 재화

완전경쟁시장에서는 시장에서 거래되는 재화가 모두 동질적이어서 완전대체가능하다는 특징을 갖고 있다. 즉, 공급자나 수요자 모두 제품들이 동일한 물건들이라고 인정하고 있는 경우를 말한다. 이는 가격 순응자가 되기 위해서도 필요한 요소다. 특정 제품마다 소비자나 공급자가 다른 제품이라고 평가하게 될 경우 해당 제품에는 다른 가격을 부여할 수 있게 되지만, 제품이 다른 제품과 동일한 제품이라고 생각될 경우 동일한 가격이 부여될 것이기 때문이다.

③ 가격에 대한 완전한 정보

완전경쟁시장은 공급자나 소비자는 가격에 대해 완전한 정보를 가지고 있어서 물건에 한 가지 가격만이 존재하는 시장이다. 예를 들어 어떤 공급자가 파는 물건이 다른 공급자에 비해 특별히 더 싸다면 모든 수요자들이 그 사람에게서만 물건을 구매하려 들 것이다. 왜냐하면 완전경쟁시장에서는 공급되는 물건이 모두 동일한 물건이라고 고려되기 때문에 같은 물건이라면 가격이 싼 물건을 구매하는 것은 당연하다. 이렇게 될 경우 물건을 더 싸게 만들어 팔았던 공급자는 모든 물건이 다 팔려 더 이상 팔 물건이 없거나 공급량을 늘리기 위한 과정에서 추가적인 비용이 소요되어 물건 가격을 올리게 될 가능성이 많다. 혹은 다른 시장 참가자들이 물건을 더 싸게 팔고 있는 사람이 있다면 그 사람과 동일한 수준에서 물건 가격을 유지하거나 그보다 더 낮은 수준에서 가격을 설정하여 모든 수요자들을 독차지하려고 노력할 것이다. 이 과정에서 서로 경쟁적으로 시장가격을 조정하여 결국 제품의 가격이 한계비용과 동일한 수준에서 형성되는 지점까지 내려오게 될 것이다. 따라서 완전경쟁시장에서는 물건의 가격과 한계비용이 같다는 특징을 갖고 있다. 결국 완전경쟁시장에서는 물건의 가격이 한 가지로 결정된다.

④ 시장의 진입·퇴출의 자유

완전경쟁시장에서는 시장 진입과 퇴출의 자유가 있어서 공급자들이 수시로 들어왔다 나갈 수 있는 시장이다.

기출 유사문제

완전경쟁시장에서 어느 기업의 경영자는 종전보다 고정비용이 2배로 증가한 사실을 발견하였다. 이러한 새로운 가설은 이 기업의 생산량에 어떠한 영향을 줄 것인가?

① 증가시킬 것이다.
② 감소시킬 것이다.
③ 전혀 영향이 없을 것이다.
④ 생산을 중단할 것이다.
⑤ 생산량에 따라 달라진다.

해설 완전경쟁기업의 이윤극대화 생산량은 시장가격과 한계비용의 일치이다. 고정비용의 증가는 한계비용과는 무관하므로 이윤극대화 생산량은 불변이다. 생산량은 고정비용의 증감에 전혀 영향을 주지 않는다.

정답 Ⅰ ③

(2) 독점시장

① 독점시장의 원인

독점시장이란 특정시장에서 제품의 공급자가 하나뿐인 시장을 말한다. 그렇다면 왜 이러한 현상이 발생하게 되는가? 독점시장이 발생하는 근본적인 이유는 진입장벽이 존재하기 때문인데, 이러한 진입장벽은 크게 세 가지 원인에서 발생한다.

㉠ 제품 생산에 필요한 중요한 생산요소를 특정 기업이 소유하고 있는 경우 : 마을에 우물이 여러 개 있을 경우에는 물을 공급하는 사람이 많기 때문에 특정인이 물 가격을 결정하기는 어려울 것이다. 하지만 우물이 한 개이며 이 우물을 한 사람이 소유하고 있다면 그 사람은 물 공급을 독점하게 될 것이다. 바로 이러한 현상으로 인해서 독점시장이 형성된다. 실제로는 다이아몬드 시장이 이와 같은 생산요소 독점으로 인해 형성된 독점시장인데, 남아프리카공화국의 드비어스(De Beers)라는 회사는 전세계 다이아몬드 생산의 80%를 차지하고 있다. 즉, 절대적인 영향력을 갖고 있는 것이다.

㉡ 정부에 의해 설정된 독점 : 정부가 공익적 차원에서 특정 회사에서 해당 시장의 공급량 전체를 전담할 수 있는 권한을 부여하는 경우가 있다. 미국 정부는 네트워크 솔루션즈라는 회사에게 닷컴이나 닷넷의 주소를 가진 모든 인터넷 주소의 데이터베이스를 독점적으로 관리할 수 있는 권한을 주었다. 이것은 미국 정부가 인터넷 주소를 한 회사에서 관리하는 것이 공익에 도움이 된다고 생각했기 때문이다.

㉢ 자연독점에 의한 독점 : 자연독점이란 시장 전체 수요를 여러 생산자보다 하나의 생산자가 더 적은 비용으로 생산공급할 수 있는 시장을 말한다. 이러한 자연독점은 규모의 경제가 생길 때 주로 발생하는데, 대표적인 사례로는 상수도 회사를 들 수 있다. 마을에 상수도를 공급하기 위해서는 배관을 설치해야 하는데 이를 위해서는 막대한 비용이 소

모된다. 이런 경우 하나의 공급자가 상수도를 공급하는 것이 비용측면에서 더욱 저렴하게 된다. 자연독점으로 인해서 독점시장이 형성되었을 경우 해당 시장에서 활동하고 있는 독점기업은 신규 경쟁자의 진입을 걱정할 필요가 없다. 다른 기업들이 보기에 자연독점에 의한 독점시장은 그다지 매력이 많지 않기 때문이다. 신규 경쟁자들이 들어올 경우 기존 기업보다 더 많이 생산하지 않을 경우 제품 생산에 드는 평균비용이 기존 기업보다 높기 때문이다.

② 독점기업의 목적

독점시장에서 활동하는 독점기업 역시 기업의 목적은 이윤극대화이므로 독점기업은 자신의 이윤을 극대화하기 위해 일반적으로 완전경쟁하의 기업보다 생산량을 줄이게 되며, 가격은 더 올리게 된다. 이것은 생산량을 늘리면 결국 가격이 하락하여 이윤이 줄어들 것이기 때문에 자신의 이윤을 극대화시키기 위해 더 비싼 가격에 물건을 판매하기 위한 방편이다. 독점기업의 이러한 생산 방식으로 인해서 사회 전체의 후생은 떨어지게 되고, 이것이 정부가 독점기업을 관리감독하는 이유이다.

③ 독점시장의 기타 특징

㉠ X-비효율성 : 독점기업들은 완전경쟁기업들과 같은 경쟁 압력에 직면하지 않게 되고, 이에 따라 경영자나 노동자 모두 최대한의 능력을 발휘하지 않음으로써 발생하는 비효율을 X-비효율성이라 한다. X-비효율성이 발생하면 단위당 생산비가 높아지므로 평균비용곡선과 한계비용곡선이 모두 상방으로 이동한다.

㉡ 소비자의 선택의 자유 제한 : 독점의 경우에는 재화의 종류가 1가지뿐이므로 소비자는 선택의 여지가 없다는 문제가 발생하며, 소비자의 선택의 여지가 극도로 제한되면 소비자의 후생은 감소한다.

㉢ 경쟁 촉진 정책 : 시장구조가 경쟁체제로 전환되면 독점에 따른 비효율성의 해소가 이루어질 수 있다. 그러나 규모의 경제가 현저한 산업의 경우에는 독점기업을 몇 개의 기업으로 분할할 경우 오히려 생산이 비효율적이 되는 문제가 발생한다.

④ 독점기업의 가격차별

가격차별이란 동일한 재화에 대하여 서로 다른 가격을 설정하는 것을 의미한다. 기업이 가격차별을 실시하는 이유는 독점이윤을 증대시키기 위한 것이다. 가격차별이 가능하기 위해서는 소비자를 특성에 따라 구분할 수 있어야 하고, 상이한 시장 간에 전매가 불가능하며, 시장 분리에 소요되는 비용보다 시장의 분리를 통해 얻을 수 있는 수입이 커야 한다.

㉠ 제1급 가격차별 : 제1급 가격차별이란 상품과 사람을 모두 구분하여 다른 가격을 부과하는 매우 강력한 형태의 독점으로서 완전가격차별이라고 한다. 모든 상품에 대해 그 단위에 대한 최대한의 지불용의만큼의 가격을 부과하는 가격 설정 방식으로서 모든 소비자 잉여가 가격차별적 독점자에게 귀속된다. 한편, 수요곡선이 한계수입(MR)곡선과 일치하므로 생산량은 완전경쟁과 동일하여 자원 배분의 효율성이 제고된다.

ⓛ **제2급 가격차별** : 제2급 가격차별이란 상품을 덩어리로 구분하여 다른 가격을 부과하는 방식으로, 가격차별을 실시하지 않는 경우보다 생산량이 증가한다. 소비자잉여의 상당 부분이 독점기업의 이윤으로 귀속된다. 제1급 가격차별에 비해 현실적이며, 대량구매할인 등과 같이 실제로 제2급 가격차별의 사례를 관찰할 수 있다.

ⓒ **제3급 가격차별** : 소비자들의 특징에 따라 시장을 몇 개로 분할하여 각 시장에서 서로 다른 가격을 설정하는 것을 말하며, 일반적으로 가격차별이라고 하면 제3급 가격차별을 의미한다. 수요가 탄력적인 시장에서는 낮은 가격을, 수요가 비탄력적인 시장에서는 높은 가격을 설정하므로, 가격차별을 실시하면 수요가 탄력적인 집단은 유리해지고, 수요가 비탄력적인 집단은 불리해진다.

ⓔ **제3급 가격차별과 제2급 가격차별과의 구별** : 제3급 가격차별은 사람들의 지불 용의를 알고 있기 때문에 직접적으로 사람들을 구분하여 동일한 상품에 대해 다른 가격을 부과하지만, 제2급 가격차별은 사람들의 지불 용의를 알지 못하기 때문에 상품을 구분하여 사람들이 스스로 선택하게 함으로써 간접적으로 지불 용의가 높은 사람들과 낮은 사람들을 구분한다.

ⓜ 가격차별의 특수한 경우

ⓐ **장애물을 이용한 가격차별** : 가격차별자가 소비자들의 유형을 잘 알 수 없는 경우, 신문과 인터넷의 쿠폰과 같은 장애물을 설치하여 소비자의 유형을 간접적으로 구분해 내는 가격차별의 기술이다.

ⓑ **시점 간 가격차별** : 서로 다른 수요함수를 갖는 소비자 집단을 구분하여 기간에 따라 서로 다른 가격을 책정하는 것이다.

ⓒ **과부하 가격 설정** : 수요가 크게 늘어나는 시간대에 생산 능력의 한계로 한계비용이 크게 높아짐에 따라 더 높은 가격을 책정하는 방식이다. 사기업의 경우에는 이윤극대화를 목적으로 실시하는 경우가 많으며, 공기업의 경우에는 주어진 시설 규모를 효율적으로 사용하기 위하여 활용한다.

⑤ 독점시장의 해결 방법

이러한 독점시장의 문제를 해결하기 위한 방법에는 어떤 것이 있는가? 먼저 정부가 독점시장을 제도를 통해서 규제하는 방법이 있을 것이다. 다음으로는 독점시장에서 활동하고 있는 유일한 기업을 국유화하는 방법으로, 국유화하여 기업의 이익을 위해 활동하는 것이 아니라 공익적 측면을 고려하여 활동하게 만드는 것이다. 마지막으로 자유방임으로 독점기업을 있는 그대로 두자는 것인데, 노벨경제학상을 수상한 조지 스티글러(J. Stigler)가 주장한 것이다. 이는 시장실패의 대표적인 유형인 독점을 바로잡기 위한 노력을 정부가 수행할텐데 정부 역시 당초 달성하려는 목적을 달성하지 못하고 실패할 위험이 있으며, 이러한 위험으로 인한 피해는 오히려 독점 상태가 유지되었을 때 발생하는 피해보다 더 클 수 있다는 점 때문이다.

(3) 독점적 경쟁시장

① 개념

독점적 경쟁시장은 수많은 공급자들이 동일하지는 않지만 유사한 상품을 공급하고 있는 시장 구조다. 대표적인 예로 출판사, 영화사, 음반사 등을 들 수 있다. 독점적 경쟁시장에서 각 기업은 자기 회사에서 만들어 낸 상품에 대해서는 독점적 생산자이지만, 밀접한 대체재를 생산하는 수많은 기업들과 경쟁해야만 한다.

② 특징

㉠ 이질적 상품 : 출판사로 예를 들어보자. 출판사들은 다 같이 책을 출판하는 기업들이지만 책의 저자, 내용, 디자인 등이 똑같지는 않다. 따라서 각 출판사가 공급하는 책은 같은 분야의 책이라도 동질적인 상품이 아니라 이질적인 상품이다. 상품차별화의 결과, 각 출판사는 약간의 시장 지배력을 가지므로 출판사마다 그 출판사 특유의 저자나 내용을 선호하는 고객들이 있어 설사 다른 출판사보다 비싸게 받는다 해도 고객들이 다 떨어져 나가지는 않는 것이다.

㉡ 진입과 퇴거의 자유 : 독점적 경쟁시장에서는 기업의 자유로운 진입과 퇴거가 가능하며, 독점시장에서와 같은 진입장벽이 존재하지 않는다. 따라서 한 독점적 경쟁산업 내의 기업들이 평균적으로 초과이윤을 실현하면 장기적으로 새로운 기업들이 이 산업으로 진입해 온다. 따라서 장기에 걸쳐서는 완전경쟁시장과 같이 자유로운 진입과 퇴거가 보장되는 독점적 경쟁시장에서는 각 기업들이 장기에 초과이윤을 향유하지 못하고 정상이윤만을 얻게 된다.

㉢ 비가격적 경쟁 : 독점적 경쟁시장에서는 비가격적 경쟁이 발생한다. 독점적 경쟁시장에서 활동하는 기업들은 저마다 조금씩 다른 제품을 생산하고 있기 때문에 자기 제품이 다른 제품과 다르고 우수한 점들을 강조하여 다른 기업들보다 더 많은 매출을 올리려는 경쟁이 일어난다. 따라서 제품가격보다는 판매서비스나 품질, 혹은 광고 등의 형태로 경쟁이 일어날 때 이를 비가격경쟁이라 한다.

(4) 과점시장

① 개념

휴대폰, 설탕, 소주, 인터넷통신망, 껌, 주유소 등의 재화들의 공통점이 하나 있다. 그것은 열거한 제품들이 거래되는 시장 환경이 과점시장이라는 점이다. 과점시장은 독점에 가깝지만 경쟁의 성격을 다소 갖고 있는 시장이라 할 수 있다.

과점시장이 이러한 특성을 보이는 가장 근본적인 이유는 소수의 공급자를 통해 재화가 공급된다는 점에 기인한다.

② 특징

㉠ 과점시장에서 활동하는 제품 공급자는 상호 밀접한 관계 : 과점시장의 주된 특징 중 하나는 제품 공급자들이 상호 밀접한 관계를 보인다는 점이다. 이 역시 과점시장이 소수의

공급자에 의해 재화가 공급되는 시장이라는 사실에 기인한다. 과점시장에서는 각 재화의 공급자가 시장에서 차지하는 비중이 크기 때문에 특정 기업이 재화의 가격을 어떻게 책정하는지, 혹은 생산량을 어떻게 결정하는지는 다른 기업의 시장 환경과 수입에 커다란 영향을 미친다. 일례로 동네 미용실 한 군데에서 커트 가격을 인상했다 하더라도 이는 서울시 전체 미용실의 커트 가격에 영향을 미치기는 어렵다. 기껏해야 인근 미용실 몇 군데에만 가격 변동의 요인으로 고려될 수 있을 정도다. 이는 해당 미용실이 전체 미용실 시장에서 차지하는 비중이 매우 적기 때문이다. 이에 반해 자일리톨 껌의 경우 특정 회사에서 껌의 가격을 인하하면 이는 다른 자일리톨 껌 제조회사에 상당한 영향을 미치는 사건이라 할 수 있다. 어차피 소비자가 선택할 수 있는 자일리톨 껌이 시장에서 두어 개뿐인 상황에서 그중 한 제품의 가격이 인하된 것은 중요한 시장 변화 요인이기 때문이다.

이러한 이유로 과점시장에서는 특정 기업의 행동이 다른 기업들에 영향을 미칠 뿐만 아니라 다른 기업의 활동 역시 자신의 경영 환경에 커다란 영향을 미치게 된다. 따라서 과점시장에서의 제품 공급자들은 상호 밀접한 관계를 갖게 된다.

ⓛ **과점시장의 비가격경쟁 추구** : 과점시장에서 활동하는 기업들은 가격경쟁보다는 비가격경쟁에 몰입하는 경우가 많다. 이 역시 과점시장이 소수의 공급자에 의해서 재화가 공급되는 시장이라는 사실에 기인한다. 과점시장에서는 소수의 공급자가 시장 전체에 재화나 서비스를 공급하므로 이 중 한 회사가 가격을 인하할 경우 다른 회사도 고객을 빼앗기지 않기 위해 가격을 인하하게 된다. 이에 다시 다른 회사가 추가적인 가격인하를 통해 고객을 확보하려 시도한다면 다른 회사들 역시 따라서 가격을 인하하려 들 것이므로 가격경쟁이 발생할 경우 모든 회사의 이윤은 줄어들게 된다. 따라서 과점시장에서 활동하는 기업들은 가격경쟁이 아닌 비가격경쟁을 통해서 경쟁하려는 특성을 보인다.

2 게임이론

1 게임이론 개념

과점시장은 소수의 생산자가 상호 영향을 주고 받으면서 활동하는 시장이라는 특성을 갖고 있다. 이러한 특성으로 인해 과점시장을 이해하는 주요한 수단으로 게임이론이 많이 사용된다. 게임이론이란 특정 행위가 본인뿐만 아니라 다른 사람에게도 영향을 끼치는 상황에서 어떻게 전략을 세워야 하는가를 연구하는 학문이다. 즉, 서로 영향을 주고받는 상황에서는 자신의 행동으로 인해 다른 사람이 어떻게 반응할지를 고려해야만 가장 최적의 의사결정을 수립할 수 있기 때문이다.

2 게임이론의 주요 내용

(1) 기초 용어

게임에 참여하는 경제주체를 '경기자'라 칭하고, 경기자들이 자신의 이윤(효용)극대화를 위하여 선택할 수 있는 대안을 '전략'이라고 하며, 게임의 결과로 각 경기자가 얻게 되는 것을 '보수'라 한다.

외부의 충격이 가해지지 않는 한 모든 경기자들의 전략이 계속 유지되는 상태를 균형이라고 하며, 모든 경기자들이 현재의 결과에 만족하여 더 이상 자신의 전략을 바꿀 유인이 없는 상태를 게임의 균형이라고 한다.

(2) 균형

① 우월전략과 우월전략균형

상대방이 어떤 전략을 사용하는지에 관계없이 항상 자신의 보수를 더 크게 만드는 전략을 우월전략이라 하며, 우월전략의 짝을 우월전략균형이라고 한다.

② 내쉬전략과 내쉬균형

각 경기자가 상대방의 전략을 주어진 것으로 보고 자신에게 최적인 전략을 선택할 때 이 전략을 내쉬전략이라고 하고, 최적전략의 짝을 내쉬균형이라고 한다.

(3) 게임이론의 응용

① 성의 대결

㉠ 상황 : 철수와 영희가 데이트를 하려고 하는데 철수는 야구장에 가기를 고집하고, 영희는 영화 감상을 주장한다고 하자. 각자의 선택에 따른 보수가 아래와 같은 보수행렬(pay off matrix)로 주어져 있다고 가정하자.

철수 \ 영희	영화관	야구장
영화관	(5, 8)	(0, 0)
야구장	(0, 0)	(8, 5)

㉡ 내쉬균형 : 영희와 철수 모두 상대방이 야구를 선택하면 자신도 야구를 선택하고, 상대방이 영화를 선택하면 자신도 영화를 선택하는 것이 최선이다. 따라서 내쉬균형은 (영화관, 영화관), (야구장, 야구장) 2개 존재하며, 각각 (5, 8), (8, 5)의 보수를 예측할 수 있다.

㉢ 시사점

ⓐ 각 경기자들 사이에 협상 능력의 차이가 있다면 협상 능력이 우월한 경기자가 유리한 균형에 도달할 가능성이 높다.

ⓑ 자신이 어떤 전략을 선택할 것인지를 상대방에게 일방적으로 통보하는 신뢰할 수 있는 공약을 전략으로 활용한다면 상대방은 이를 따를 수밖에 없다.

② 겁쟁이 게임(chicken game)

㉠ 상황 : 두 젊은이가 절벽을 향해 차를 돌진해 간다고 할 때, 두 젊은이의 선택은 절벽을 향해 '계속 돌진하던가'(고집) 또는 '멈추던가'(양보)하는 두 가지이다. 한 사람이 계속 돌진하고 다른 사람이 멈추면, 멈춘 사람은 겁쟁이가 된다. 둘 다 계속 돌진하면 두 사람 모두에게 치명적인 결과를 초래한다. 반면에 둘이 동시에 멈추면, 멋적기는 하지만 서로의 생명을 보존할 수 있고, 둘 다 같이 멈추었기에 겁쟁이라는 소리는 듣지 않는다. 이를 게임으로 표현하면 다음과 같다.

2 / 1	고집	양보
고집	(−100, −100)	(10, −10)
양보	(−10, 10)	(0, 0)

㉡ 내쉬균형 : 참여자 1, 2 모두 상대방이 고집을 선택하는 경우에 자신은 양보를 선택하는 것이 최선이므로, 내쉬균형은 (고집, 양보), (양보, 고집)의 2개가 존재한다.

㉢ 시사점 : 경기 참여자 중 1이 자신의 자동차 핸들을 용접하여 고정시킨다면 이 광경을 본 2는 1이 직진을 고집할 것을 알게 되어 양보를 선택하게 된다. 여기서 자동차 핸들을 용접하여 고정시키는 것은 무조건 직진을 선택하겠다는 공약이 된다. 이처럼 어떤 행동을 하되 그것이 돌이킬 수 없는 것이 되도록 하는 것은 행동 선택을 공약하는 것이다. 행동 선택의 공약은 자신의 행동 선택의 폭을 축소시킴에도 불구하고 자신의 보수를 증대시키는 결과를 가져온다.

③ 용의자의 딜레마

㉠ 개념 : 협력이 이루어진다면 서로에게 유리한 결과를 얻게 됨에도 불구하고 왜 협력이 이루어지기 어려운지를 두 용의자의 예를 통해 보여주는 게임의 상황이다.

㉡ 상황 : 두 명의 사건 용의자가 체포되어 서로 다른 취조실에 격리되어 심문을 받고 있으며, 서로 간의 의사소통은 불가능하다. 이때, 두 사람의 형량은 자백 여부에 따라서 결정되는데, 자백 여부에 따른 형량이 아래와 같은 보수행렬로 주어져 있다고 가정한다.

용의자 B / 용의자 A	자백	부인
자백	(징역 7년, 징역 7년)	(석방, 징역 15년)
부인	(징역 15년, 석방)	(징역 1년, 징역 1년)

㉢ 균형 : 두 용의자의 우월전략은 상대방이 자백하건 부인하건 자신은 자백하는 것이다. 그 결과 (자백, 자백)에서 우월전략균형이 성립한다.

㉣ **평가** : 개인들이 합리적으로 하더라도 '분권화된 개인의 이기적인 의사결정이 반드시 사회적으로 바람직한 결과를 가져오는 것은 아니다.'는 것을 보여주고 있다. 이러한 결과는 개인의 이기심이 사회적으로 바람직한 결과를 이끌어 낼 수 있다는 전통적 경제학에서의 '보이지 않는 손'의 한계를 보여주고 있다.

㉤ **해결책** : 용의자의 딜레마의 해결책으로는 구속력 있는 협정을 체결하는 것, 정부 등 제3자의 개입, 안정된 환경하에서의 게임의 반복 등이 있다.

④ 시장선점전략

㉠ **상황** : 할인마트 회사인 A와 B사는 중소도시에 신규점포 개설 여부를 검토하고 있으며, 상대 회사의 전략(진입, 포기)에 따라 다음과 같은 보수행렬을 갖는다.

회사 B / 회사 A	진입	포기
진입	(−20, −20)	(40, 0)
포기	(0, 40)	(0, 0)

㉡ **균형** : 두 기업 모두 상대방이 진입하면 포기하고, 상대방이 포기하면 진입하는 것이 최선의 전략이다. 따라서 이 게임에는 (진입, 포기), (포기, 진입)의 2개의 내쉬균형이 존재한다.

㉢ **시사점 – 앞선 자의 이득** : 위의 두 균형 중에서 실제로 어떤 균형이 실현될 것인가는 어떤 기업이 먼저 진입하느냐에 달려 있다. 이와 같이 상대방보다 먼저 전략을 선택함에 따라 얻게 되는 이득을 '앞선 자의 이득'이라고 하며, 실제 미국에서 소규모 시장을 선점하는 전략으로 성공한 대표적인 기업으로 미국 최대의 할인체인점 월마트(Wal-mart)를 들 수 있다.

기출 유사문제

다음 표의 숫자는 독점의 두 기업 A와 B가 동일한 상품을 시장에 공급하면서, 각 기업의 광고 여부에 따라 발생하는 이윤을 나타낸다. 이는 각 기업이 광고를 할 경우 추가적으로 발생하는 10억원의 비용을 포함한 것이다. 다음 설명 중 옳은 것은?

	기업 B		
	전략	광고함	광고하지 않음
기업 A	광고함	90, 90	140, 50
	광고하지 않음	50, 140	100, 100

① 두 기업 중 한 기업만 광고를 하고, 이 결과는 파레토 효율적이다.
② 두 기업 모두 광고를 하고, 이 결과는 파레토 효율적이다.
③ 두 기업 모두 광고를 하고, 이 결과는 파레토 효율적이 아니다.
④ 두 기업 모두 광고를 하지 않고, 이 결과는 파레토 효율적이다.
⑤ 두 기업 모두 광고를 하지 않고, 이 결과는 파레토 효율적이 아니다.

해설 기업 B가 광고하는 경우 기업 A는 광고하는 것이 유리하고, 기업 B가 광고하지 않는 경우 기업 A는 광고하는 것이 유리하다. 기업 B의 전략과 무관하게 기업 A는 광고하는 것이 유리하므로 기업 A에게 광고는 우월전략이다. 기업 B도 기업 A와 대칭적인 구조를 가지고 있어 기업 B에게 광고는 우월전략이다. 파레토 효율적인 조합은 모든 기업이 광고를 하지 않는 것이나 우월전략균형은 모든 기업이 광고를 하는 것이므로 파레토 효율적이지 않다.

정답 Ⅰ ③

Hot Issue 카르텔의 기원과 변천 – 국제카르텔(international cartel)

1. 도입

공정거래위원회의 조사 결과에 따르면 그간 우리 기업들이 국제카르텔 행위로 외국에 납부한 벌금액이 2조원에 달하는 것으로 나타났다. 공정거래위원회는 2010년을 '국제카르텔 예방을 위한 원년의 해'로 선언한 바도 있으며, '국제카르텔 차단'은 미국 오바마 행정부의 공약이기도 하다.

2. 카르텔이란?

카르텔(cartel)은 우리말로 '기업연합'이라고 해석되며, 동일 산업 내에 있는 독립된 기업들이 상호 간의 경쟁으로 인해 발생하는 불이익을 제거하여 초과이윤을 획득할 목적으로 가격이나 생산량 설정 등에 있어 협력하는 것을 말한다. 카르텔을 형성하는 기업들은 가격담합을 하거나 생산량을 기업 간에 할당하는 방법 등을 통해 시장에 지배력을 행사하려 한다. 카르텔이란 용어를 가장 먼저 사용한 곳은 독일이다. 1880년대 프리드리히 클라인베히터(Friedrich Kleinwächter)라는 학자가 자신의 저서에 카르텔이란 용어를 처음으로 사용하였고, 그 이후 미국 등지로 퍼져나가기 시작했다고 알려져 있다.

국제카르텔은 기업들이 2개국 이상의 나라에 걸친 국제시장에서 카르텔을 형성하는 것을 뜻한다. 최근 글로벌화가 급속히 진행되면서 카르텔 행위는 국내에서만 국한된 형태로 나타나는 것이 아니라 국제카르텔 형태로 나타나는 경우가 많다. 대표적인 국제카르텔로는 1960년에 처음으로 결성된 OPEC(석유수출국기구)이 있다. OPEC은 여타 카르텔과 마찬가지로 생산량을 회원국 간에 할당하는 담합을 통해 유가를 조정하고 있다.

3. 실태 – 국내 기업들을 중심으로

기업들의 카르텔 조성은 시장의 자유로운 경쟁을 막고 시장가격을 상승시켜 소비자들에게 피해를 주기 때문에 대다수의 국가들은 법률을 통해 카르텔 행위를 규제하고 있다. 공정거래위원회가 집계한 '전 세계 국제카르텔 벌금 순위 현황'에 따르면, 국제카르텔 행위로 과징금을 낸 상위 10대 기업 가운데 우리나라 기업이 4곳이나 포함됐다고 한다. 지난 1999년 이후 국제카르텔 행위로 과징금을 가장 많이 낸 10대 글로벌 기업 순위에서 LG디스플레이가 4억 달러로 2위, 대한항공이 3억 달러로 4위를 차지했다. 삼성전자와 하이닉스반도체도 각각 6위와 8위에 올랐다. LG디스플레이는 2006년 일본 샤프 및 대만 CPT사와 TFT-LCD 패널 가격담합을 한 혐의로 지난해 4억 달러의 과징금을 물었다. 대한항공은 브리티시에어웨이 등 해외 항공사와의 화물·여객 운송료 담합이 공정법 위반으로 적발됐다. 삼성전자는 지난 2006년 D램 가격담합으로 3억 달러의 과징금을 물었고, 하이닉스 역시 같은 혐의로 과징금을 부과받았다. 미국에서 가장 많은 벌금을 낸 다국적 회사는 1999년 비타민 가격담합이 적발됐던 스위스의 제약회사 '호프만 라로슈'로, 5억 달러의 과징금을 납부하였다.

미국, EU, 일본, 캐나다 등 우리의 주요 수출대상국 경쟁 당국은 과징금 규모를 늘리는 등 국제카르텔 규제를 더욱 강화하고 있는 실정이다. 경쟁 당국은 상호협정을 통해 감시망을 넓혀가고 있으며 카르텔 행위가 어디서 발생하든 자국 시장에 영향을 미칠 경우 처벌할 수 있는 역외 적용도 확대해가고 있다. 이웃 국가인 일본과 중국은 그동안 미국과 EU에 비해 국제카르텔 규제에 소극적이었지만 최근 규제 강화에 나서고 있어 우리 기업들의 적발 사례가 늘어날 것으로 우려된다. 일본은 그동안 역외 적용에 적극적이지 않은 나라로 꼽혀 왔지만 2008년 마린호스(해양석유 운반 호스) 가격담합 사건에서 최초로 경쟁법을 역외 적용하였고, 작년 10월에는 한국 기업이 포함된 TV용 브라운관 건에서 총 201억원의 과징금을 부과했다. 중국도 2008년 8월 반독점법을 시행하면서 경쟁 당국이 적극적으로 제재조치에 나서고 있다. 국제카르텔 행위가 적발될 경우 한 나라에서만 과징금을 부과하는 것으로 끝나지 않고, 관련 조사가 다른 국가로 이어져 과징금 규모가 눈덩이처럼 커질 수 있어 기업의 입장에서 치명적 타격이 될 수 있다. 국제카르텔 규제에 힘을 쏟고 있는 건 우리나라도 마찬가지다. 공정거래위원회는 과학수사 기법을 도입하여 카르텔 조사를 강화하고자 '전자증거 포렌식(Forensics ; 과학수사) 조사팀' 신설까지 준비하고 있다고 한다. 최근 공정거래위원회의 국제카르텔팀은 전세계 16개국 21개 항공사 간 이루어진 국제카르텔 행위를 철저하게 조사하여 위법성을 입증하기도 하였다.

REVIEW

1. 완전경쟁시장은 다수의 공급자와 수요자가 있는 시장으로 물건을 만들어 공급하는 사람도 다수이고 물건을 구매하는 사람도 다수라서 특정 경제주체가 시장에 커다란 영향을 미치기 어려운 시장을 말한다.
2. 독점시장이란 특정 시장에서 제품의 공급자가 하나뿐인 시장을 말한다.
3. 가격차별이란 동일한 재화에 대하여 서로 다른 가격을 설정하는 것을 의미한다. 기업이 가격차별을 실시하는 이유는 독점이윤을 증대시키기 위한 것이다.
4. 가격차별이 가능하기 위해서는 소비자를 특성에 따라 구분할 수 있어야 하고, 상이한 시장 간에 전매가 불가능하며, 시장 분리에 소요되는 비용보다 시장의 분리를 통해 얻을 수 있는 수입이 커야 한다.
5. 독점적 경쟁시장은 수많은 공급자들이 동일하지는 않지만 유사한 상품을 공급하고 있는 시장 구조다.
6. 과점시장은 소수의 생산자가 상호 영향을 주고 받으면서 활동하는 시장이라는 특성을 갖고 있다.

PART 01
미시경제

CHAPTER 04

출제예상문제

01 완전경쟁시장에서 물건을 살 때에 합리적인 행위는?

① 다른 사람이 무엇을 사는지 알아본다.
② 다른 사람이 무엇을 어디에서 사는지 알아본다.
③ 여러 상점에 가서 품질을 비교해 본다.
④ 여러 상점을 돌아다니며 물건값을 흥정한다.
⑤ 한 상점에 가서 물건을 그냥 산다.

해설 완전경쟁시장은 재화의 품질이 같고 가격이 동일하며 이에 대한 정보도 시장 참여자 모두가 알고 있다. 따라서 어떤 상점에 가든지 재화를 그냥 구입하면 되고 품질을 비교해 본다든가 다른 사람이 어떻게 할 것인지에 대해서는 알 필요가 없다.

02 독점기업에 대한 다음의 설명 중 타당하지 않은 것은?

① 독점기업의 한계수입은 가격에 미치지 못한다.
② 독점가격은 수요의 가격탄력성이 높을수록 높아진다.
③ 독점기업은 시장을 분할하여 가격차별을 행할 수 있다.
④ 독점기업이 공급하는 생산량은 완전경쟁시장에서의 공급량에 비해 적다.
⑤ 독점기업에 대한 법인세 부과는 그 기업의 공급량에 영향을 주지 못한다.

해설 ② 시장의 수요곡선이 탄력적일수록 한계비용과 가격과의 격차는 더 줄어든다.
① 독점시장은 공급자가 하나만 존재하는 시장이며, 독점기업은 우하향의 시장수요곡선에 대응하여 가격과 생산량을 결정한다. 그러나 우하향의 시장수요곡선의 경우, 그 한계수입곡선이 가격을 나타내는 수요곡선보다 아래에 있으므로 한계비용과 한계수입이 교차하는 독점 균형 생산량에서는 결과적으로 가격이 한계수입보다 크다. 이는 가격을 나타내는 수요곡선과 시장 공급을 나타내는 독점기업의 한계생산비용곡선이 교차해 균형가격과 균형공급량을 결정하는 완전경쟁시장에 비해 생산량은 적고 가격은 높다는 것을 의미한다.
③ 가격차별의 경우, 영화감상에 대해 볼 때, 학생과 일반인의 경우 수요곡선은 상이하다. 이와 같이 시장의 분할이 가능한 경우 독점기업은 가격차별을 한다.
⑤ 법인세는 일반적으로 기업이 획득한 이윤에 대해 세금을 매기는 것이므로 기업은 세후 이윤을 극대화하기 위해 한계수입과 한계비용이 일치하도록 할 것이며, 이때에 독점기업의 수요곡선과 한계비용곡선에는 변함이 없다. 그러므로 독점기업은 법인세를 부과한다고 해도 생산량에 대한 의사결정에는 변함이 없다.

정답 01 ⑤ 02 ②

03 완전경쟁산업 내의 한 기업에 대한 설명 중 옳지 않은 것은?

① 한계수입은 시장가격과 같다.
② 시장가격보다 높은 가격을 책정하면 시장점유율은 0이 된다.
③ 이윤극대화 생산량에서는 시장가격과 한계비용이 같다.
④ 장기에 손실이 발생하면 퇴출한다.
⑤ 이 기업이 직면하는 수요곡선은 우하향한다.

해설 ⑤ 완전경쟁기업은 시장에서 결정된 시장가격에 수용적이다. 그래서 완전경쟁기업이 직면한 수요곡선은 시장가격에서 수평선이다.
① '수입 = 생산량 × 가격'에서 가격이 일정하면 추가적으로 1단위의 생산으로 인한 총수입의 증가분은 가격과 같다. 그래서 완전경쟁기업의 한계수입은 시장가격과 동일하다.
② 시장가격은 소비자가 지불할 용의가 있는 최고가격인 수요가격이다. 그래서 어떤 완전경쟁기업이 판매가격을 시장가격보다 더 높게 책정하면 판매가 전혀 되지 않아 시장점유율이 없다.
③ 이윤극대화 조건인 '한계수입 = 한계비용'을 적용하면 완전경쟁기업의 한계수입이 시장가격과 같으므로 시장가격과 한계비용이 일치할 때 이윤극대화 생산량이 결정된다.
④ 어떤 기업이든 장기에 손실이 발생하면 퇴출한다.

04 건전지의 시장수요량과 공급량은 가격에 대해 다음과 같은 관계를 갖는다고 하자.

가격	0	1	2	3	4	5
수요량	20	18	16	14	12	10
공급량	2	4	6	9	12	15

건전지 시장이 완전경쟁시장이라면, 개별 기업의 한계수입은 얼마인가?

① 1　② 2
③ 3　④ 4
⑤ 5

해설 완전경쟁시장에서 시장가격은 시장수요곡선과 시장공급곡선이 교차하는 균형가격이다. 시장가격이 4일 때 시장수요량과 시장공급량이 일치하므로 완전경쟁시장의 시장가격은 4이고, 완전경쟁기업의 한계수입은 시장가격과 일치하므로 한계수입도 4이다.

정답 03 ⑤ 04 ④

05 **자동차 부품을 생산하는 A기업은 부품 100만 개를 B기업으로부터 1개당 1,500원에 납품해 달라는 제안을 받았다. 비용 분석을 한 결과, A기업은 이 부품을 100만 개 생산하는데 평균비용 1,700원과 평균가변비용 1,300원이 소요된다는 사실을 알고 있다. 당분간 A기업이 다른 제안을 받을 기회는 없다고 가정하자. 단기적으로 A기업은 B기업의 제안을 수락하여야 하는가?**

① 생산을 함으로써 경제적 이윤을 얻게 되므로 수락하여야 한다.
② 손실을 보게 되므로 B기업의 제안을 거절해야 한다.
③ B기업의 제안에 응하는 것과 거절하는 것은 A기업에게 무차별하다.
④ 손실을 보더라도 B기업의 제안을 수락하는 것이 바람직하다.
⑤ 주어진 조건만으로는 한계비용을 구할 수 없으므로 B기업의 제안을 수락하는 것이 옳은지 판단할 수 없다.

해설 고정비용이 존재하는 단기에 조업 여부를 판단하는 기회비용은 평균가변비용이다. 합리적인 의사결정은 기회비용만을 고려하므로 가격이 평균가변비용보다 커서 제안의 수락이 타당하다.

06 **다음 중 독점의 원인으로 보기 어려운 것은?**

① 규모의 경제
② 특허기술의 보유
③ 밀접한 대체재의 존재
④ 특정 생산요소의 독점적 소유
⑤ 정부에 의한 신규사업자 진입 제한

해설 규모의 경제로 평균비용이 낮으면 가격경쟁력이 있어 자연독점이 되기 쉽다. 그리고 특허기술, 생산요소의 독점, 정부의 진입 제한은 높은 진입 장벽을 형성한다. 그러나 밀접한 대체재가 존재하면 소비자는 독점기업이 생산하는 재화와 유사한 효용을 주면서도 저렴한 재화를 구매할 것이므로 독점력이 약해진다.

07 **독점의 제1차 완전가격차별에 의하면 독점기업의 특징으로 맞지 않는 것은?**

① 소비자잉여가 최대화된다.
② 전체 잉여가 극대화된다.
③ 생산자잉여가 최대화된다.
④ 독점 생산량과 완전경쟁의 생산량이 일치한다.
⑤ 사회적 잉여가 극대화된다.

해설 1급 가격차별(완전가격차별)에서는 독점기업이 각 소비자의 수요가격으로 가격을 차별화하여 소비자잉여가 전부 생산자잉여로 전환되어 사회적 총잉여는 생산자잉여와 같으며 소비자잉여는 없다. 그리고 가격은 한계비용에서 결정되어 자중손실이 발생하지 않고 생산량은 완전경쟁시장에서의 생산량과 동일하다.

정답 05 ④ 06 ③ 07 ①

08 다음 상황의 결과를 예측해보시오.

우리나라 사교육시장을 양분하고 있는 A학원과 B학원은 불필요한 경쟁을 자제하고 공동의 이익을 추구하기로 담합하고 있다. 만약 두 학원이 모두 합의 사항을 충실히 이행하면 각각 150억원의 이윤을 얻을 수 있다. 그런데 어느 한 학원이 이를 몰래 위반할 경우 200억원의 이윤을 얻게 되고, 다른 학원은 50억원의 이익밖에 얻지 못한다. 만약 두 기업이 모두 위반하면 80억원의 이윤을 얻는다고 한다. 한편, 다음 해부터 사교육이 금지된 가운데, 향후 두 학원의 경영자가 다시 만날 일이 없다면, 이윤극대화가 목표인 두 학원은 어떻게 행동하겠는가?

① A학원, B학원 모두 담합에 협조한다.
② A학원은 담합 약속을 성실히 이행하지만, B학원은 담합을 몰래 위반한다.
③ B학원은 담합 약속을 성실히 이행하지만, A학원은 담합을 몰래 위반한다.
④ 두 학원 모두 담합 약속을 위반한다.
⑤ 정보가 부족하므로 어떤 결과가 나올지 알 수 없다.

해설 두 학원의 경영자가 다시 만날 일이 없으므로 1회성의 게임이다. 담합의 이행 여부에 따른 두 학원의 보수행렬을 나타내면 다음과 같다.

		B학원	
	구분	이행	위반
A학원	이행	(150, 150)	(50, 200)
	위반	(200, 50)	(80, 80)

괄호 안에서 앞의 숫자는 A학원의 이윤, 뒤의 숫자는 B학원의 이윤

B학원의 담합 이행을 예상하면 A학원은 위반이 유리하고, B학원의 담합 위반을 예상하면 A학원은 위반이 유리하다. B학원의 전략에 관계없이 A학원은 담합 위반이 우월전략이고, B학원도 A학원도 대칭적이므로 B학원도 담합 위반이 우월전략이다. 그래서 내쉬균형인 우월전략균형은 모든 학원의 담합 위반이다.

정답 08 ④

09 다음 자료에서 밑줄 친 부분의 근거로 적절한 것은?

어느 나라에서 A음료 시장 점유율이 1위인 회사가 B음료 시장 점유율 1위인 회사를 인수·합병하겠다는 계획을 발표하였다. 소비자단체는 이러한 인수·합병이 독과점을 형성할 것이라고 주장하고 있다.

① A음료는 여름에, B음료는 겨울에 잘 팔린다.
② A음료의 맛과 향은 B음료와 큰 차이가 있다.
③ A음료의 가격이 오른 시기에는 B음료가 잘 팔렸다.
④ A음료는 청년층이, B음료는 장년층이 선호한다.
⑤ A음료와 B음료를 반반씩 섞어 먹는 사람들이 늘어나고 있다.

해설 A음료와 B음료가 대체재라면 두 음료는 사실상 동일한 시장에 속한 재화이므로 인수·합병이 시장에서 독과점을 형성할 수 있을 것이다. ③에서 A음료 가격이 오르자 B음료에 대한 수요가 증가했다는 것은 두 재화가 서로 대체재의 관계에 있음을 의미하므로, 소비자단체의 주장을 뒷받침하는 근거가 될 수 있다. 한편 ①, ②, ④는 A음료와 B음료가 수요 시기, 제품 성질 및 수요 계층에 있어 차이가 난다는 것이므로 두 음료(시장)의 동일성보다는 차별성을 강조하며, ⑤는 A음료와 B음료가 대체재가 아닌 보완재로 소비되는 경우가 늘어나고 있다는 것을 의미하는데, 보완재를 생산하는 기업들은 경쟁관계에 있지 않으므로 합병하더라도 독과점을 형성했다고 볼 수 없다.

정답 09 ③

PART 01
미시경제

CHAPTER 05

후생경제학

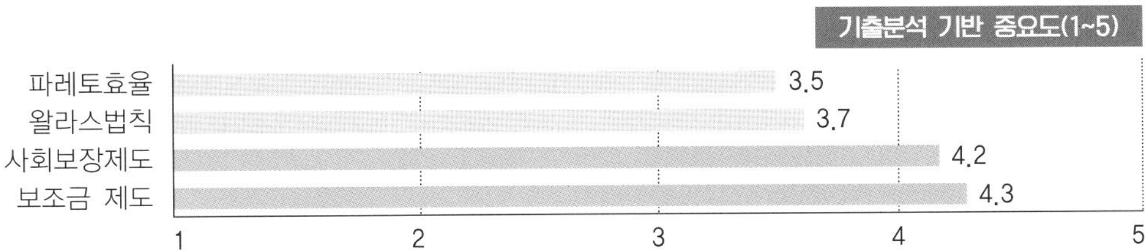

학습목표

❶ 개별 경제주체가 아닌 사회 전체의 만족도를 측정하는 방법과 개념은 무엇인지 확인한다.
❷ 거래, 생산, 생산물구성의 파레토효율의 조건이 각각 무엇인지 이해하고 세 조건이 모두 만족했을 때 사회 전체의 만족도가 가장 높아진다는 사실을 이해해야 한다.
❸ 각각의 시장에서 수요・공급 상황이 일치하지 않음에도 불구하고 경제 전체의 관점에서 총공급과 총수요가 일치하는 원리를 이해한다.
❹ 후생경제학 제1정리와 제2정리의 내용이 각각 무엇이며, 서로 어떻게 다른지 확인해야 한다.
❺ 현재 시행하고 있는 사회보장제도에는 어떤 것들이 있는지 확인하고, 각각이 가지는 경제적 의미를 확인한다.
❻ 국가에서 시행하는 보조금 제도에는 어떠한 것들이 있는지 확인한다.
❼ 각각의 보조금 제도가 보조금 수혜자들에게 어떻게 차별화된 혜택을 부여하게 되는지 세부 내용을 이해한다.

1 후생경제학의 기초 개념

1 파레토효율

(1) 개념

사회 전체의 만족도는 그 사회 구성원의 만족의 합을 통해서 도출하게 된다. 즉, 구성원들이 느끼는 만족도가 증가할 때 사회 전체의 만족도 역시 증가하게 된다. 이러한 방식으로 사회 전체의 만족도를 측정하기 위해 도입된 개념이 파레토효율(Pareto Efficiency)이다.

경제학에서의 파레토효율이란 적어도 어느 한 사람의 만족을 떨어뜨리지 않고서는 다른 사람의 만족을 늘릴 수 없는 상태를 말한다. 이를 다른 말로 표현하면 모든 사람이 느끼는 만족의 크기를 지금보다 더 늘릴 수 없는 상태를 가리킨다.

(2) 사례

더는 파레토 개선이 불가능한 상태를 파레토 효율적인 배분 상태라고 하며, 이는 자원배분이 가장 효율적으로 이루어지고 있는 상태를 의미한다. 즉, 파레토 효율성이 달성되었다는 것은 특정 경제주체의 효용을 감소시키지 않고서는 다른 사람의 효용을 증가시킬 수 없는 상황을 말한다.

예시

재화 총 5개를 A와 B에게 배분한다고 가정할 때, 파레토 개선과 효율성의 상태를 비교하면 다음과 같다.

	분배 대상		설명
	A	B	
사례 1	3	1	재화 1개를 A나 B 둘 중 아무에게나 더 제공할 경우 보다 나은 상태를 달성할 수 있다.
사례 2	3	2	모든 재화가 다 배분되어, 특정 사람의 효용을 높이기 위해서는 다른 사람의 재화를 빼앗지 않고서는 불가능한 상태이므로 파레토 효율성이 달성된 상태이다.
사례 3	1	4	사례 2와 마찬가지로 특정 사람의 효용을 높이기 위해서는 다른 사람의 효용을 감소시키지 않고서는 불가능하므로 파레토 효율성이 달성된 상태이다.

(3) 한계

일반적으로 파레토 효율성 조건을 충족하는 점이 다수 존재하며, 파레토 기준만으로는 소득분배의 공평성에 대한 기준을 제시하지 못한다는 한계를 지니고 있다. 위의 사례에서 보듯이 〈사례 2〉와 〈사례 3〉은 형평성에서는 분명한 차이가 있는 상태이지만, 파레토 효율성의 기준에서는 두 경우 모두 동일하게 파레토 효율성이 달성된 상태라는 정보만을 준다. 경제 상태를 평가하는 두 가지 기준인 효율성과 공평성 중에서 효율성을 달성했는지 여부를 평가하는 기준으로 파레토 효율성 개념이 주로 사용된다.

(4) 경제 전체적으로 파레토 효율성을 달성하기 위한 조건

경제 전체적으로 파레토 효율성을 달성하기 위해서는 ① 거래, ② 생산, ③ 생산물 구성 세 측면에서의 파레토 효율성이 달성되어야만 한다.

2 거래의 파레토효율 조건

파레토효율의 상태를 달성하기 위해서 거래가 필요한데, 거래를 통한 파레토효율을 달성하기 위해서는 가장 먼저 각 개인들이 상품을 소비할 때 마지막 한 단위에 부여하는 만족의 크기가 같아질 때까지 거래가 이루어져야 한다. 성훈이랑 훈민이라는 사람이 있다고 하자. 두 사람 모두 맥주를 좋아해 캔 맥주를 가지고 있는데, 성훈이는 자신이 가지고 있는 맥주 캔 중 마지막 맥주 한 캔에

2만원의 가치를 부여하고 있다. 반면, 훈민이는 4만원의 가치를 부여하고 있다. 이 상태는 현재 파레토효율을 달성한 상태라 보기 어렵다. 거래를 통해서 충분히 개선될 여지가 있기 때문이다. 만약 두 사람 사이에서 맥주 한 캔에 대해서 3만원의 가격에 거래가 이루어질 수 있다고 가정하자. 이 경우 성훈이는 자신이 가지고 있는 맥주에 대해 스스로 2만원의 가치가 있다고 평가했는데 그보다 더 큰 댓가를 지불할 사람이 나타났으므로 3만원을 받고 맥주 캔을 판매할 경우 1만원의 이득을 얻을 수 있다. 반대로 훈민이는 마지막 맥주 한 캔에 대해서 4만원의 가치를 부여하고 있었는데, 이를 3만원에 구매할 수 있었으므로 1만원의 이득을 얻었다고 할 수 있다. 즉, 두 사람 모두 거래를 통해서 더 큰 만족을 얻게 되므로 처음 상태는 파레토효율이 달성된 상태라고 할 수 없다. 따라서 파레토효율이 달성된 상태가 되기 위해서는 두 사람이 마지막 한 단위의 맥주 캔에 부여하는 주관적 가치가 같아질 때까지 거래가 이루어져야 한다. 이는 다른 말로 표현하면 어떤 상품은 그 상품에 가장 큰 가치를 부여하는 사람에게 소비될 때만 파레토효율이 달성될 수 있다는 의미와 같다.

정리

성훈이랑 훈민이라는 사람이 있다고 하자. 두 사람 모두 맥주를 좋아해 캔 맥주를 가지고 있는데, 성훈이는 자신이 가지고 있는 맥주 캔 중 마지막 맥주 한 캔에 2만원의 가치를 부여하고 있고, 훈민이는 4만원의 가치를 부여하고 있다고 가정하자.

상태	성훈	훈민	설명
거래 전	2만원	4만원	파레토 개선의 여지가 있다.
거래 후	2만원의 맥주 한 캔 포기, 3만원의 화폐 취득	3만원의 화폐 지급, 4만원의 가치를 부여한 맥주 한 캔 취득	거래를 통해서 각 경제주체가 느끼는 만족의 크기를 개선하였다.
파레토 효율성 달성	위의 두 사람 모두 거래를 통해서 더 큰 만족을 얻게 되므로 처음 상태는 파레토효율이 달성된 상태라고 할 수 없다. 따라서 파레토효율이 달성된 상태가 되기 위해서는 두 사람이 마지막 한 단위의 맥주 캔에 부여하는 주관적 가치가 같아질 때까지 거래가 이루어져야 더 이상 교환을 통해서 나아질 수 없는 상태가 된다. 이는 다른 말로 표현하면 어떤 상품은 그 상품에 가장 큰 가치를 부여하는 사람에게 소비될 때만 파레토효율이 달성될 수 있다는 의미와 같다.		

3 생산의 파레토효율 조건

사실 경제학의 3대 문제에서 주로 고민했던 생산에 있어서도 파레토효율의 개념이 적용될 수 있다. 커피전문점과 치킨집이 있다고 하자. 커피전문점과 치킨집 모두 노동력을 투입함으로써 그로 인한 생산량이 늘어날 것이다. 각각 마지막에 투입된 노동력을 통해서 각각 2만원과 4만원의 생산성 향상을 거두고 있다고 가정하자. 이 상태 역시 파레토효율의 상태라고 볼 수 없다. 커피전문점에서 마지막으로 투입한 종업원은 4만원의 생산성 향상을 가져오고 있으나, 치킨집에서는 2만원

밖에 생산성 향상을 가져오지 못하고 있는 현재의 상태에서 치킨집의 마지막 투입된 아르바이트생을 커피전문점에 3만원에 양도했다고 하자. 이때 커피전문점은 이 아르바이트생을 투입해서 4만원의 성과를 보일 수 있으므로 1만원의 이득을 더 얻을 수 있으며, 반대로 치킨집 역시 2만원의 생산성 향상의 성과를 가져오던 직원을 3만원을 받고 넘긴 것이므로 1만원의 이득을 챙긴 셈이다. 이러한 점을 고려할 때, 생산 행위에 있어서도 파레토효율을 달성하기 위해서는 각 생산투입요소의 생산성이 같아질 때까지 생산요소를 이동시켜야 한다. 위의 사례에서는 커피전문점에 생산요소인 인력을 투입하면 할수록 생산성이 높아지므로 마지막 투입 인력으로 인해 얻게 되는 생산성이 치킨집의 생산성과 같아지는 수준까지 인력을 상호 교환해야 한다.

정리

커피전문점과 치킨집이 있다고 하자. 커피전문점과 치킨집 모두 노동력을 투입함으로써 그로 인한 생산량이 늘어날 것이다. 마지막에 투입된 노동력을 통해서 각각 4만원과 2만원의 생산성 향상을 거둘 수 있다고 가정하자. 이 경우 두 가게에서 노동력을 3만원에 거래한다면 파레토 효율성은 어떻게 되는가?

상태	커피전문점	치킨집	설명
수정 전	마지막 노동력 투입으로 인해 생산성 증가액 4만원	마지막 노동력 투입으로 인해 생산성 증가액 2만원	마지막 노동력을 조정하여 파레토 개선의 여지가 있다.
수정 후	4만원의 생산성 향상을 가져다 줄 노동력을 제공하고 3만원의 화폐 지급	3만원의 화폐 수취, 2만원의 생산성 향상을 가져다 줄 노동력 포기	거래를 통해서 각 경제주체가 느끼는 만족의 크기를 더 높여 파레토 개선
파레토 효율성 달성	생산 행위에 있어서도 파레토효율을 달성하기 위해서는 각 생산투입요소의 생산성이 같아질 때까지 생산요소를 이동시켜야 한다. 위의 사례에서는 커피전문점에 생산요소인 인력을 투입하면 할수록 생산성이 높아지므로 커피전문점에 인력을 투입하여 마지막 투입 인력으로 인해 얻게 되는 생산성이 치킨집의 생산성과 같아지는 수준까지 인력을 상호 교환해야 파레토효율을 달성하게 된다.		

4 생산물 구성의 파레토효율 조건

첫 번째 파레토효율의 문제인 거래의 파레토효율이 주어진 상품을 어떻게 분배할 것인가에 대한 문제였다면 두 번째 파레토효율의 문제는 어떤 방식으로 생산하는 것이 효율적인가와 관련된 내용이다. 이제 마지막으로 각 생산물들을 얼마나 생산해야 하는가에 대한 문제가 생산물 구성의 파레토효율의 문제다. 자동차 생산을 예로 들어보자. 어느 자동차의 가격이 800만원이고 이에 소비자가 부여하고 있는 가치가 1,000만원이라면, 이는 파레토효율의 상태를 달성한 것이 아니다. 이 자동차를 900만원에 소비자에게 판다면, 소비자는 1천만원의 가치를 느끼고 있는 것을 900만원에 100만원 싸게 구입하게 되므로 만족이 증가하게 된다. 자동차 판매자 역시 800만원의 가치를 부여했던 자동차를 900만원에 판매했으므로 100만원의 이득을 보게 된다. 이러한 과정에서 특정 자동차가 소비자가 만족하는 정도와 자동차의 가격이 동일해지는 단계까지 생산을 지속해야지만 더 이상 만족을 높일 수 없는 파레토효율의 상태에 이르게 된다.

정리

어느 자동차 회사에서 자동차를 생산하는 데 800만원 들었다고 하자. 이 자동차에 대해서 소비자가 부여하고 있는 가치가 1,000만원이고, 자동차를 900만원에 소비자에게 판매하려고 한다고 가정하자.

상태	자동차 회사	소비자	설명
수정 전	자동차 회사는 800만원으로 자동차를 생산	소비자는 자동차 회사에서 생산한 차량에 1천만원의 가치를 부여	자동차를 소비자에게 900만원에 판매할 경우 자동차 회사와 소비자 모두 100만원의 추가적인 만족을 달성하게 되므로 파레토 개선이 이루어질 수 있다.
수정 후	자동차 회사가 소비자에게 800만원짜리 자동차를 900만원에 팔 경우 100만원의 이득을 보게 된다.	소비자는 1천만원의 가치를 부여하고 있는 자동차를 900만원에 구매할 경우 100만원의 이득을 볼 수 있다.	거래를 통해서 각 경제주체가 느끼는 만족의 크기를 더 높여 파레토 개선이 이루어졌다.
파레토 효율성 달성	자동차를 추가적으로 생산하는 과정에서 1대를 더 생산하기 위해 투여해야 하는 비용이 더욱 커지며, 반대로 소비자는 자동차의 대수가 많아지므로 자동차에 부여하는 가치가 점점 줄어든다. 이러한 과정에서 소비자가 자동차에 부여하는 가치와 자동차의 생산가격이 동일해지는 단계까지 생산을 지속해야지만 더 이상 만족을 높일 수 없는 파레토효율의 상태에 이르게 된다.		

이상에서 말한 거래, 생산, 그리고 생산물 구성의 파레토가 모두 달성되면 경제 전체적으로 파레토가 달성되었다고 말한다.

용어 해설

- **거래의 파레토효율** : 거래를 통한 파레토효율을 달성하기 위해서는 가장 먼저 각 개인들이 상품을 소비할 때 마지막 한 단위에 부여하는 만족의 크기가 같아질 때까지 거래가 이루어져야 한다.
- **생산의 파레토효율** : 특정 재화의 생산을 감소시키지 않고서는 다른 재화의 생산을 증가시킬 수 없는 상태를 의미한다.
- **생산물 구성의 파레토효율** : 생산과 거래가 모두 파레토 효율성을 달성한 상황에서 생산점을 바꾸더라도 더 이상 소비자의 효용을 증가시키는 것이 불가능한 상태를 의미한다.

5 왈라스법칙

(1) 개념

물건을 거래할 때는 해당 상품의 교환과 함께 동일한 가치를 가진 화폐도 함께 교환이 이루어진다. 이때 화폐도 상품으로 간주할 경우 거래에 참여한 모든 사람은 상품의 공급자이자 수요자가 된다. 따라서 개별 경제주체들은 상품의 수요자이자 동시에 공급자이므로 특정 시장에서는 수요・공급이 일치하지 않더라도, 경제 전체의 관점에서는 총공급과 총수요가 일치하게 되는데, 이를 왈라스법칙이라고 한다.

(2) 특징

① 시장에서 형성된 가격이 어떠한 상태라 하더라도 경제 전체적인 관점에서는 초과수요의 가치는 항상 0이 된다.
② 개별 시장에서는 수요와 공급이 일치하지 않을 수 있지만, 경제 전체적으로는 수요와 공급이 항상 일치한다.
③ n개의 시장이 존재할 때 (n-1)개의 시장이 균형 상태에 있다면 나머지 한 시장도 자동적으로 균형 상태에 있게 된다.
④ 왈라스의 법칙은 일반균형분석의 이론적 근거를 제공하고 있다.

기출 유사문제

왈라스의 법칙에 관한 다음 설명 중 옳지 않은 것은?

① 특정 시장에서 수요공급이 균형 상태에 이르면 다른 시장은 초과수요의 가치가 0이다.
② 모든 시장에서 초과수요의 가치의 합은 0이다.
③ 왈라스법칙은 시장 균형과 관련된 이론이다.
④ 개개인들의 예산 제약 조건과는 무관하다.
⑤ 왈라스법칙과 개개인의 수요공급은 무관하다.

해설 일반균형은 모든 시장이 동시에 균형을 이루는 상태이므로 일반균형에서는 왈라스의 법칙이 성립한다. 한편 가계가 요소시장에서 노동을 공급하고 받은 소득(예산) 범위 내에서 가계는 재화시장에서 재화를 구매할 수 있으므로 왈라스의 법칙에서도 예산 제약을 받는다. 왈라스의 법칙은 모든 시장에서 총초과수요가치가 '0'이라는 것이다. 그래서 일부 시장에서 초과수요가 있을 수 있으나 다른 시장에서 초과공급이 반드시 있게 되어 총초과수요가치는 '0'이 된다.

정답 I ④

6 후생경제학

파레토효율이라는 개념을 통해서 이전 상태에 비해서 사회 전체의 만족이 증가했는지 여부를 측정하는 방법과 사회 전체의 만족이 달성되는 방법을 배웠는데, 이제는 파레토효율 자체에 대한 이해가 필요한 단계다. 파레토효율이 가지고 있는 특성을 이해한다는 것은 결국 사회 전체의 만족을 극대화시킬 수 있는 방법과 관련된 것이라는 점에서 그 의미가 크다.

(1) 후생경제학 제1정리

① 의의

시장 구조가 완전경쟁적이고 시장 실패 요인이 존재하지 않는다면 개별 경제주체들이 자신들의 이익을 추구하는 과정 속에서 파레토 효율성을 달성할 수 있다는 의미다. 이는 완전경쟁시장에서 소비자들의 효용극대화 행동과 생산자들의 이윤극대화 행동이 파레토 효율성을 달성하게 해준다는 것이다.

② 한계

후생경제학 제1정리는 공평성의 문제에 대해서는 아무런 답을 주지 못하는 한계를 지니고 있다.

(2) 후생경제학 제2정리

① 의의

초기 부존자원만 적절히 분배해 준다면 파레토효율적인 자원배분은 일반경쟁균형이 된다. 즉, 어떤 파레토효율적인 자원배분이라 하더라도 초기 자원을 적절히 분배해주면 경쟁시장을 통해 도달될 수 있음을 보여주는 것이 후생경제학 제2정리이다.

② 해석

정부가 재분배를 목적으로 시장에 개입하더라도 시장의 가격체제에 인위적인 조작을 해서는 안 된다는 것이다. 즉, 정부가 재분배를 하더라도 현금을 이전하는 방법 등을 적용해야 하며, 시장에서 상대가격을 교란시키는 방법을 적용해서는 안 된다.

용어 해설

부분균형분석 vs. 일반균형분석

- **부분균형분석** : 부분균형분석에서는 분석의 대상을 제외하고는 다른 모든 경제상태는 동일하다는 가정하에서 분석하는 방법을 말한다.
- **일반균형분석** : 경제 전체의 모든 시장이나 경제주체들을 동시에 분석하는 방법을 말한다. 일반적으로 각 경제주체들은 상호 긴밀하게 연관되어 있기 때문에 모든 시장과 각 경제주체들을 동시에 분석할 필요가 있는데, 이에 대한 방법으로 일반균형분석이 제기되었다.

2 사회보장제도의 이해

1 사회보장제도

(1) 개념

정부는 사회 전체적인 효율을 달성하는 데 기여해야 하는 책임을 갖고 있는 동시에, 사회 구성원들이 모두 최소한의 인간다운 삶을 영위할 수 있도록 보호해야 하는 책임 또한 갖고 있다. 정부는 모든 사회 구성원이 최소한의 인간다운 삶을 영위할 수 있도록 각종 사회적, 경제적 위험으로부터 사회 구성원을 보호하기 위해 사회보장제도를 실시하고 있다.

(2) 사회보장제도의 내용

① 사회보험

사회보험이란 국민을 대상으로 노령화, 질병, 실업 등으로 인하여 활동 능력의 상실과 소득 감소가 발생하였을 때 이를 보장하는 제도를 의미한다. 사회보험의 재원은 보험가입자 및 사용자가 부담하고, 자격요건을 구비한 모든 사람에게 급부를 지급한다.

② 공공부조

㉠ 공공부조란 생계 유지가 곤란한 극빈계층의 최저 생활 보장 및 자립 기반 조성을 위한 제도로 생활보호, 의료보호 등이 포함된다. 공공부조는 일반 조세를 재원으로 하며, 자산 심사 등을 통하여 필요성을 입증한 사람들에 한하여 급부를 지급한다.

㉡ 공공부조는 극빈계층에 대하여 정부에서 직접적으로 보조금을 지급하거나 각종 혜택을 주는 제도이기 때문에 재분배효과가 아주 큰 것으로 평가된다.

③ 사회복지서비스

사회복지서비스란 사회가 특별히 보호할 필요가 있다고 판단되는 계층에 대하여 필요한 서비스를 제공하는 제도로 공공부문과 민간부문이 공동으로 부담한다.

(3) 사회복지제도의 구체적인 형태 분석

① 현금보조

일정 보조금을 현금으로 지급하는 방식으로, 현금보조가 이루어지면 보조받는 사람의 소득이 증가한 것과 동일하므로 소득보조라고도 한다. 현금보조가 이루어지면 예산선이 바깥쪽으로 평행이동한다.

② 현물보조

일정 보조금을 현물로 지급하는 방식으로, 소득효과가 나타나지만 일정 영역에서는 소비가 제한된다. 국가에서 바람직하다고 판단되는 재화를 구입하여 지급하는 방식을 말한다.

③ 가격보조

소비자들이 특정 재화를 소비할 때 가격을 할인해 주는 방식으로, 소득효과와 대체효과가 동시에 나타난다. 가격보조가 이루어지면 보조대상 재화가격이 하락하는 효과가 발생하므로 예산선이 회전이동한다.

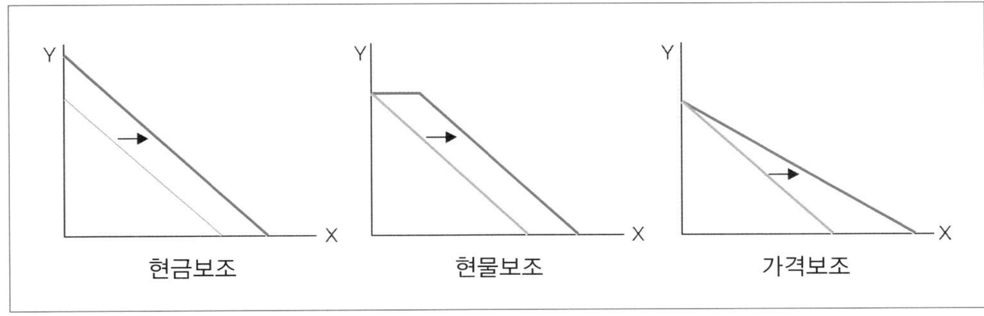

(4) 보조금 제도의 비교

① 수혜 대상자의 효용 증가 기준

현금보조 ≥ 현물보조 ≥ 가격보조

② 바람직한 재화의 소비량을 기준으로 평가한 기준

가격보조 ≥ 현물보조 ≥ 현금보조

동일한 보조금을 지급하였을 때, 수혜 대상의 효용을 기준으로 평가하면 '현금보조 ≥ 현물보조 ≥ 가격보조'의 관계가 성립되며, 바람직한 재화의 소비량을 기준으로 평가하면 '가격보조 ≥ 현물보조 ≥ 현금보조'의 관계가 성립한다.

Hot Issue another 파레토법칙

사람들이 2:8 가르마를 하는 이유가 있을까? 2:8 가르마가 자연스러운 머리스타일의 비율이기 때문일까? 파레토법칙(Pareto rule)에 따른다면 그럴 것 같다. 파레토법칙은 '전체 결과의 80%가 전체 원인의 20%에서 일어나는 현상'이다. 이탈리아의 경제학자 빌프레도 파레토(Vilfredo Pareto)가 1906년 이탈리아 토지의 80%를 20%의 사람이 소유하는 현상을 관찰한데서 유래했다고 알려져 있다. 일설에 따르면 파레토법칙이 개미의 관찰로부터 유래했다고 하는 사람도 있다. 파레토가 개미 사회를 관찰한 결과, 전체 개미의 20%만 열심히 일하고 나머지 80%는 놀더라고 한다. 재미난 것은 다시 그 20%를 따로 분리시켜 놓으면 다시 20%만 일하고 나머지는 논다는 것이었다. 유래가 어쨌건 중요한 것은 20:80 혹은 80:20의 비율이 유지된다는 것이다.

이와 같은 현상을 처음 관찰하고 이론화했던 사람은 파레토지만 파레토가 이를 파레토법칙이라고 이름 붙인 것은 아니다. 조셉 주란(Joseph M. Juran)이 경영학에서 이와 같은 현상을 파레토의 이름을 따서 파레토법칙이라고 부르기 시작했다. 파레토법칙은 그 현상 때문에 80:20의 법칙이라고도 불린다. 파레토법칙이 설득력을 가지는 것은 자연의 법칙과도 닮아 있기 때문이다. 공기 중의 질소와 산소의 비율이 78:22이고, 지구상의 바다와 육지의 비율, 육지 중에서 산과 평지의 비율도 78:22에 가깝다.

조셉 주란이 파레토법칙을 경영에서 주창했던 탓인지 유독 경영과 경제에 이 법칙이 자주 등장한다. 매출액의 80%는 20%의 고객으로부터 나온다는 뉴스를 들어봤을 것이다. 2009년 신세계 백화점의 매출을 분석한 결과 상위 20%의 VIP 고객이 전체 매출의 80%를 차지하는 파레토 현상이 나타났다고 한다. 2002년의 편의점 매출을 분석해봐도 20%의 품목이 전체 매출의 80%를 차지하는 것으로 나타났다. 당시 상위 매출을 기록한 품목에 맥주와 소주가 자리 잡고 있었고, 이와 궁합이 맞는 보완재인 안주류와 숙취해소 음료도 상위 품목에 해당했다고 한다.

경영이나 경제가 아닌 사회의 다양한 분야에도 파레토법칙이 쓰인다. 특히 사람, 조직관리에 있어서도 파레토법칙이 적용되고 있다. 즉, 조직원의 100% 중에서 80%는 보통직원이며, 20%는 창의적이고 혁신적인 직원으로 이들이 조직의 성과를 만들어낸다는 것이다. 따라서 회사는 이들을 잘 관리해야 성장할 수 있다.

서점에 가면 베스트셀러 코너를 찾아가기 쉬울 것이다. 그러다보면 베스트셀러 몇 권의 판매가 서점 전체 매출의 80%를 차지하는 것도 파레토법칙에 해당할 것이다.

이렇듯 파레토법칙은 세계화나 개방화의 시장 환경에서 시작된 무한절대경쟁 속에서 극소수의 승리하는 기업과 다수의 도태하는 기업으로 나누어짐을 의미하는 것이며, 소수의 사람이나 부가 사회의 대부분의 부를 차지하는 승자독식 사회로 변해갈 수 있음을 보여주는 것이라고 주장하는 사람도 있다.

그러나 2004년에 파레토법칙이 깨지고 있다는 주장이 제기됐다. 미국의 정보기술잡지 '와이어드'의 편집장 크리스 앤더슨이 바로 그 사람이다. 앤더슨에 따르면 적게 팔리는 80%에 해당하는 품목이 많이 팔리는 20% 품목의 매출액을 앞설 수 있다는 주장이다. 즉, 전체 수익의 큰 부분이 종래의 잘나가던 20%가 아니라 그렇지 않은 80%에서 창출되는 현상을 말한다. 이것을 그래프로 나타내면 긴 꼬리 모양처럼 L자 곡선으로 나타난다고 하여 롱테일(the Long Tail)법칙이라고 한다.

앤더슨은 롱테일법칙의 사례로 아마존을 들었다. 앞에서 대형서점의 몇몇 베스트셀러가 전체 매출액을 주도하는 것과 어떤 차이가 있는가? 아마존은 인터넷을 기반으로 한 서점이라는 것이다. 아마존을 분석한 결과 아마존 수익의 57%는 20%의 베스트셀러가 아닌 비주류 단행본이나 희귀본인 80%의 서적에서 나오고 있었다. 사소하게 지나치는 다수가 모여서 핵심의 소수를 압도하는 것이다. 이것은 다양한 소수의 수요를 만족시키는 틈새시장이 중요한 시대가 올 수도 있음을 암시하는 것이다. 그렇다면 왜 수요가 작지만 다양한 다수가 중요한 것일까? 왜 이런 현상이 나타나는 것일까? 크리스 앤더슨은 3가지 이유를 들었다. 우선 디카, 음악 편집 소프트웨어, 블로그, 위키피디아 같은 생산도구의 대중화가 더 많고 다양한 제품의 생산을 촉진한다는 것이다. 즉, 누구나 쉽게 생산이 가능해짐에 따라서 다양한 소수의 소리에도 귀 기울일 수 있게 된 것이다.
둘째로 유통구조의 대중화를 들었다. 인터넷 세상에서는 유통, 광고, 재고비용이 현격히 낮아져 모든 물건을 전시하고 판매하는 것이 가능해졌다. 옥션, 이베이, 구글 등이 이러한 혁명을 이끌었다. 대형서점을 운영하려면 경비가 많이 든다. 모든 책을 전시해놓을 공간도 부족하며, 이를 관리할 직원을 고용하는 것은 비효율적인 것일 수 있다. 따라서 잘 팔리는 책 위주로 전시해놓게 되는 것이다. 그러나 온라인 서점의 경우 모든 책을 손쉽게 올려놓고 편리한 검색을 통해 접근이 용이하도록 했다. 물론 이것을 관리하는 비용도 현저히 줄어들었다. 여기에 들어가는 비용은 오프라인 서점에 비해 매우 작을 것이라는 점은 쉽게 이해할 수 있다. 심지어 인터넷 판매업자들은 자신의 집, 방 하나에 조그만 컴퓨터를 놓고 이를 창고 겸 사무실로 사용하면서 사업을 하는 사람도 있다. 인터넷 판매를 기반으로 한 미국 아마존 수익의 57%는 베스트셀러가 아닌 책에서 발생한 반면, 세계 최대 오프라인 서점인 반스&노블은 전체 매출의 80%는 20%의 단골손님들에 의한 베스트셀러 위주로 구성되어 있다고 한다.
마지막으로 수요와 공급을 연결해주는 다양한 도구의 등장이다. 검색 인기도 순위, 추천, 블로그, 고객평가 등을 통해 소비자가 원하는 것을 가장 효율적인 가격과 가장 편안하게 만나게 해줌으로써 다양한 소비자의 수요를 충족시킬 수 있게 되었다는 것이다. 이 모든 설명은 소수자가 자기 목소리를 낼 수 있는 여건을 마련한 것으로 볼 수 있다.
이처럼 롱테일법칙은 파레토법칙이 성립하지 않을 수 있음을 지적한 것으로 역파레토법칙이라고 부르는 사람도 있다. 만약 파레토법칙을 따르는 사람이라면 주식은 우량 업종에, 부동산은 강남에, 채권은 국채 등에 투자할 것이고, 롱테일법칙을 따르는 사람이라면 잘 알려지지 않은 나머지 80%에 관심을 보이고 투자할 것이다.
법칙의 변화! 세상이 변하고 있는 것이다.

REVIEW

1. 파레토효율이란 적어도 어느 한 사람의 만족을 떨어뜨리지 않고서는 다른 사람의 만족을 늘릴 수 없는 상태를 말한다. 이를 다른 말로 표현하면 모든 사람이 느끼는 만족의 크기를 지금보다 더 늘릴 수 없는 상태를 뜻한다.
2. 공공부조란 생계 유지가 곤란한 극빈계층의 최저생활 보장 및 자립기반 조성을 위한 제도로 생활보호, 의료보호 등이 포함된다.
3. 사회보험이란 국민을 대상으로 노령화, 질병, 실업 등으로 인하여 활동 능력의 상실과 소득 감소가 발생하였을 때 이를 보장하는 제도를 의미한다.
4. 현금보조는 일정 보조금을 현금으로 지급하는 방식으로, 현금보조가 이루어지면 보조받는 사람의 소득이 증가한 것과 동일하므로 소득보조라고도 한다.
5. 현물보조는 일정 보조금을 현물로 지급하는 방식으로, 소득효과가 나타나지만 일정 영역에서는 소비가 제한된다.

PART 01
미시경제

CHAPTER 05

출제예상문제

01 각 기업이 다음과 같은 복지 혜택을 제공할 경우, 직원들의 효용이 가장 높은 것은?

① A기업이 명절 선물로 구두교환 상품권 80만원을 지급할 경우
② B기업이 직원들에게 80만원 상당의 아이폰을 무상 지급할 경우
③ C기업이 영업이익 상승을 축하해 직원들에게 비정기 보너스 80만원을 지급할 경우
④ D기업이 고등학생 자녀 수업료 청구서를 제출한 직원들을 대신해 80만원을 납부할 경우
⑤ E기업이 여름휴가비 명목으로 직원들에게 80만원 상당의 콘도이용권을 무상 대여할 경우

해설 기업의 지출이 동일하다면 현금 보상이 현물 보상보다 소비자들의 선택의 영역을 더 넓히기 때문에 현물보조보다 현금보조가 더 큰 만족을 준다.

02 왈라스의 법칙에 관한 다음 설명 중 옳지 않은 것은?

① 한 개의 시장에서 수요와 공급이 일치하면 나머지 시장에서 초과수요의 가치의 합은 0이다.
② 모든 시장에서 초과수요의 가치의 합은 0이다.
③ 일반균형에 관한 법칙이다.
④ 개개인들의 예산 제약 조건과는 무관하다.
⑤ 왈라스법칙이 성립하여도 개별적인 시장에서 수요와 공급이 일치한다는 보장은 없다.

해설 왈라스의 법칙은 모든 시장에서 총초과수요가치가 '0'이라는 것이다. 그래서 일부 시장에서 초과수요가 있을 수 있으나 다른 시장에서 초과공급이 반드시 있게 되어 총초과수요가치는 '0'이 된다. 그리고 일반균형은 모든 시장이 동시에 균형을 이루는 상태이므로 일반균형에서는 왈라스의 법칙이 성립한다. 한편 가계는 요소시장에서 노동력을 공급하고 받은 소득(예산) 범위 내에서 재화를 구매할 수 있으므로 왈라스의 법칙에서도 예산 제약을 받는다.

정답 01 ③ 02 ④

03 갑과 을은 빵과 와인만을 소비한다. 그들은 각자가 가지고 있는 빵과 와인을 서로 교환하고 생산은 하지 않는다. 그들은 모두 원점에 대해 강하게 볼록한 무차별곡선을 가지고 있으며, 교환이 이루어지기 전에 동일한 양의 빵과 와인을 가지고 있다고 하자. 다음 중 옳은 것은?

① 교환이 이루어지기 전에 두 사람은 빵과 와인에 대해 동일한 한계대체율을 갖는다.
② 경쟁균형에서 빵과 와인의 가격비율은 1이다.
③ 경쟁균형에서 그들은 동일한 양의 빵과 와인을 소비한다.
④ 두 사람의 효용함수가 동일하다면, 교환 이전 두 사람에게 주어진 빵과 와인의 배분상태가 파레토 최적이다.
⑤ 계약곡선은 항상 직선 형태가 된다.

해설 갑과 을의 효용함수를 구체적으로 파악할 수 없어 갑과 을의 한계대체율을 도출할 수 없다. 하지만 갑과 을의 효용함수가 동일하다면 한계대체율도 동일하고 파레토 최적에서는 한계대체율이 상대가격과 동일하다. 그런데 교환 이전에 갑과 을은 동일한 양의 빵과 와인을 가지고 있으므로 서로 교환할 의사가 없어 현재 배분점은 파레토 효율적이다.

04 다음의 (가)와 (나)에 들어갈 알맞은 단어는?

> 후생경제학 제1정리에 따르면, 모든 경제주체가 합리적이고 시장실패 요인이 없으면 (가)에서의 자원배분은 (나)을 달성한다.

① (가) 파레토 최적 (나) 완전경쟁시장
② (가) 형평성 (나) 효율성
③ (가) 완전경쟁시장 (나) 파레토 최적
④ (가) 효율성 (나) 독점적 경쟁시장
⑤ (가) 완전경쟁시장 (나) 형평성

해설 후생경제학 제1정리는 애덤 스미스의 '보이지 않는 손'이 효율성을 보장해 준다는 것을 의미하며, 정부의 시장 개입의 불필요성을 강조하는 입장이다. 반면, 모든 경제주체가 합리적일 때 초기 부존자원의 적절한 재분배 후의 파레토 최적은 완전경쟁균형이라는 후생경제학 제2정리는 정부의 시장개입 가능성을 시사한다.

정답 03 ④ 04 ③

05 다음의 ㉠~㉢에 대한 내용으로 적절한 것은?

현금보조의 경우는 예산선이 바깥쪽으로 평행하게 이동하므로 ㉠는 발생하지 않고, ㉡만 발생한다. 이에 비해 가격보조의 경우에는 예산선이 회전이동하므로 ㉠와 ㉡가 모두 발생한다. 보조금액이 동일할 경우 소비자의 후생수준은 현금보조의 경우 더 ㉢, 재화소비량은 가격보조의 경우가 더 많다.

① ㉠ : 대체효과, ㉡ : 소득효과, ㉢ : 높고
② ㉠ : 소득효과, ㉡ : 대체효과, ㉢ : 높고
③ ㉠ : 소득효과, ㉡ : 가격효과, ㉢ : 적고
④ ㉠ : 대체효과, ㉡ : 가격효과, ㉢ : 높고
⑤ ㉠ : 대체효과, ㉡ : 소득효과, ㉢ : 적고

해설 대체효과와 소득효과의 합을 가격효과라 한다. 대체효과는 상대가격의 변동이 있을 때 발생하는 효과이다.

06 다음은 사회보험과 공공부조(공적부조)에 관한 학생들의 발표 내용이다. 발표 내용에 문제가 있는 학생은 누구인가?

태희 : 사회보험은 가입이 의무화되어 있기 때문에 역선택의 문제가 발생하지 않는다.
소희 : 공공부조는 필요성을 입증한 자에 한하여 급부를 제공한다.
선아 : 공공부조는 사회의 도움에 의존하려는 성향을 부추길 수 있는 문제점을 갖고 있다.
유리 : 사회보험에서는 자격 요건을 구비한 모든 사람에게 급부를 지급한다.
태연 : 공공부조는 재분배정책 중 재분배효과가 가장 미약하다.

① 태희
② 유리
③ 소희
④ 태연
⑤ 선아

해설 공공부조는 저소득층에 대해 직접적으로 보조금을 지급하는 제도로 여러 가지 정책 수단 중 재분배 지향성이 가장 크다. 사회보험의 경우에는 대부분 가입이 의무화되어 있기 때문에 보험금을 지급받을 가능성이 높은 사람들만 가입하는 현상인 역선택은 발생하지 않으나, 여전히 도덕적 해이는 발생한다.

정답 05 ① 06 ④

07 우리나라의 사회보장제도에 대한 다음 설명 중 옳지 않은 것은?

① 우리나라의 국민연금은 소득재분배 기능을 가지고 있다.
② 「사립학교교직원 연금법」의 적용을 받는 사립학교 교직원은 국민연금 가입 대상에서 제외된다.
③ 「국가공무원법」의 적용을 받는 공무원은 고용보험의 적용 대상이 된다.
④ 국민건강보험의 가입자는 직장가입자와 지역가입자로 구분된다.
⑤ 「국민기초생활 보장법」에 의한 급여에는 의료급여가 포함된다.

해설 공무원 및 사립학교 교직원은 실업의 위험이 상대적으로 적으며 능력 개발을 위한 연수 과정이 별도로 마련되어 있으므로 고용보험 적용 대상에서 제외되고 있다.

08 고용보험제도가 사회보험의 형태가 아닌 민간보험의 형태로 성립하기 어려운 이유에 대해 적절하게 대답을 한 학생은?

태희 : 고용보험이 시행되면 유보 임금의 상승으로 실업률이 증가하기 때문이다.
소희 : 고용보험이 시행되면 일시적 해고가 증가할 가능성이 높기 때문이다.
선아 : 고용보험을 시행하는 데 필요한 고용 효과에 대한 분석 자료가 부족하기 때문이다.
유리 : 고용보험 가입자 간 노동시장 참여율이 상호의존적이기 때문이다.
태연 : 고용보험 가입자 간 실업에 처할 확률이 상호의존적이기 때문이다.

① 태희
② 유리
③ 소희
④ 태연
⑤ 선아

해설 민간부문에서 보험이 제공될 수 있기 위해서는 위험에 대한 확률적 계산이 가능해야 한다. 그러나 어떤 사람이 실업자가 될 지의 여부는 개인의 태도에 의해 크게 달라지기 때문에 실업 발생 확률을 객관적으로 계산하기가 어려울 뿐만 아니라 전반적인 경기 악화에 따라 대량의 실업이 발생할 경우 민간기업이 이를 부담하는 것이 어렵다. 그러므로 민간부문에 의해서 고용보험이 제공되는 것은 거의 불가능하다.

정답 07 ③ 08 ⑤

PART 01
미시경제

CHAPTER 06

시장실패

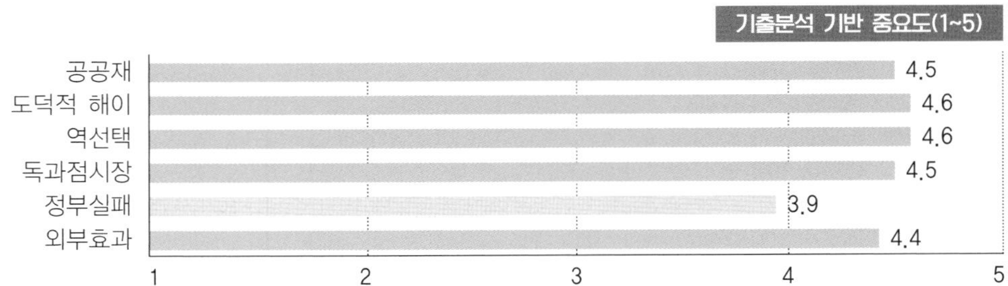

학습목표

1. 시장기능이 작동하지 않는 대표적인 원인에는 무엇이 있는지 확인해야 한다.
2. 독과점 상황에서 시장 기능이 작동하지 않는 원인이 무엇인지 확인하고, 이를 해결하기 위한 방법으로는 무엇이 있는지 확인한다.
3. 재화의 특성에 따라 시장 기능이 작동되지 않는 재화들이 있는데, 시장 기능이 작동하지 않는 재화는 어떠한 특성을 갖고 있는 재화인지 구분할 수 있어야 한다.
4. 경합성과 배제성이라는 기준으로 실제 재화들이 어떻게 분류될 수 있는지 구분할 수 있어야 한다.
5. 특정 경제주체의 행동이 제3자에게 의도하지 않게 영향을 미칠 경우에도 시장 기능이 작동하지 않을 수 있다는 사실을 이해해야 한다.
6. 경제주체 사이에 정보가 비대칭 상황에 놓여 있을 경우에도 시장 기능이 작동하지 않는다는 사실과 이러한 문제를 해결하기 위한 방법으로는 무엇이 있는지 학습해야 한다.
7. 외부성을 해결하는 방법으로 제시된 코즈의 정리의 내용이 무엇이며, 기존의 외부성 해결의 방법으로 제시된 방법들과 어떻게 다른지 구분할 수 있어야 한다.
8. 시장 기능을 보완하기 위한 정부의 역할은 무엇인지 확인해야 한다.
9. 정부실패의 주요 내용과 원인 등에 대해 학습해야 한다.

1 시장실패

1 시장실패의 발생

독과점, 공공재, 외부성이 존재하는 경우 시장가격은 그 재화의 가격을 제대로 반영하지 못하게 되는데, 이를 시장실패라 한다. 자세히 설명하자면 자유시장경제체제에서 상품이나 서비스의 가격은 수요와 공급에 의해서 결정된다. 소비자는 가격의 정보에 따라 행동하면 효용이 증대되고, 생산자는 가격의 정보에 따라 생산하면 이윤이 증대된다. 즉, 자유시장경제에서는 수요와 공급의 법칙이 작동하는 시장기구가 생산과 소비에 대한 자원배분의 효율성을 높여 경제성장과 국민복지를 향상시키는 데 기여한다. 그러나 현실에서는 시장의 여러 가지 제약으로 자원배분 및 소득분배를 시장기구에 맡길 경우 최적의 자원배분 및 균등한 소득분배를 실현하지 못하는 상태가 발생하는데 이를 '시장실패'라고 한다. 따라서 시장실패가 발생할 경우 효율적인 자원배분을 달성하지 못하므로 정부가 개입할 필요가 있다.

2 대표적인 원인

(1) 독과점

기업이 서로 담합하여 가격이나 생산량을 조절하는 시장으로 독과점 기업들은 가격을 올리려는 의도로 생산량을 줄여 자원의 과소배분을 초래하고, 품질 개선 노력이 이루어지지 않아 자원의 비효율적 배분이 초래된다.

(2) 공공재

비용을 지불하지 않고 이용하는 무임승차를 유발한다. 이러한 공공재는 비경합성과 비배제성을 동시에 가지고 있는 특성이 있다.

(3) 외부효과

어떤 경제주체의 소비나 생산행위가 시장을 거치지 않고(가격 지불없이) 제3자에게 의도하지 않은 혜택(긍정적 외부효과)이나 손해(부정적 외부효과)를 발생시키는 것이다.

(4) 정보의 부족

경제주체 사이에 정보가 비대칭적으로 분포함에 따라 나타나는 현상으로 역선택이나 도덕적 해이 등의 문제가 발생하게 된다.

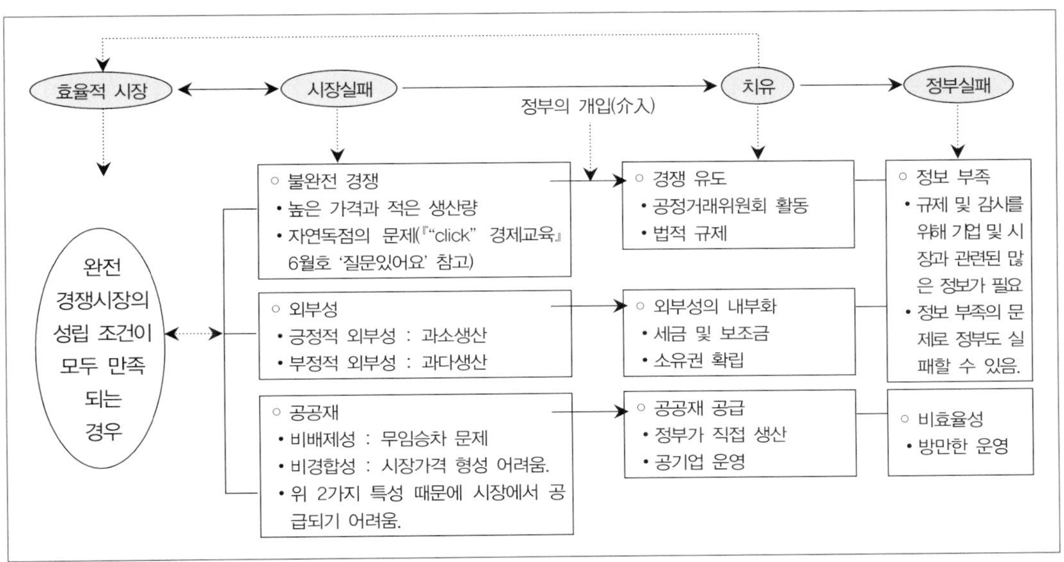

3 시장실패의 세부 내용

(1) 독과점에 의한 시장실패

① 개념

시장이 독점시장, 독점적 경쟁시장, 과점시장 등과 같이 불완전한 구조를 갖고 있어 자원이 효율적으로 배분되기 어려운 경우 시장실패가 발생하기도 한다. 예를 들어, 독점기업이 존재하는 산업에서 높은 이윤이 발생할 경우 새로운 기업들이 시장에 진입하여 생산량을 늘린다면 사회적으로 이익이 증가할 수 있을 것이다. 그러나 독점기업 자신만이 보다 많은 이윤을 획득하기 위해 다른 기업들이 해당 산업에 진입하지 못하도록 높은 진입 장벽을 설치하면 시장 기능이 제대로 작동하지 못해 시장실패를 초래할 수도 있다. 이를 해결하기 위해서는 독과점 기업에 조세를 중과하거나, 신규기업의 참여 유도, 독과점 기업이 생산하는 생산물 가격의 정부 결정, 수입을 자유화하는 등의 방안이 있다.

> 완전경쟁시장의 성립 조건이 하나라도 만족되지 않는 경우 '시장실패'가 발생한다.

② 독과점으로 인한 시장실패 해결책

㉠ **독과점 규제** : 정부가 시장에 있는 공급자 수 자체를 조정하기는 현실적으로 어렵기 때문에 이러한 경우에는 주로 불공정하게 경쟁하는 행위를 제한하도록 법적으로 규제하는 것이 가능하다. 대표적인 방법으로 특정 가격 이상으로 가격을 인상하지 못하도록 규제하는 것이다.

참고

공정거래위원회는 「독점규제 및 공정거래에 관한 법률」에 위반되는 사항을 심의·의결하기 위해 설치된 합의제 기관으로 1981년 5월에 발족하였으며, 위원장 1인 및 부위원장 1인을 포함한 9인의 위원으로 구성되어 있다. 여기서 「독점규제 및 공정거래에 관한 법률」은 경제활동에서 공정하고 자유로운 경쟁을 촉진시킴으로써 창의적 기업 활동을 조장하고 소비자를 보호하는 동시에 국민 경제의 균형 있는 발전을 도모하는 것을 목적으로 한다. 공정거래위원회가 맡고 있는 일은 다음과 같다.

① 독과점 사업자의 시장지배행위의 남용 규제
② 기업 결합의 제한 및 경제력 집중의 억제
③ 부당한 공동행위 및 사업자단체의 경쟁 제한 행위의 규제
④ 불공정 거래 행위 및 재판매 가격 유지 행위의 규제
⑤ 부당한 국제 계약의 체결 제한
⑥ 경쟁 제한적인 법령 및 행정처분의 협의·조정 등 경쟁 촉진 정책에 관한 사항

㉡ **독점기업의 국유화** : 독점시장에서 활동하고 있는 유일한 기업을 국유화하여 기업의 이익을 위해 활동하는 것이 아니라 공익적 측면을 고려하여 활동하게 만드는 방법이 있다.

생산량이 증가함에 따라 제품을 한 단위 생산하는 데 드는 비용은 계속 낮아지는 경향이 있는데, 철도, 전기 등이 대표적인 사례이다. 철도의 경우 처음에 선로를 깔아 놓는 데 들어가는 비용은 막대하지만, 일단 깔아 놓으면 승객이 늘어날수록 승객 1명당 들어가는 비용은 점점 작아진다. 이러한 산업은 저절로 독점이 될 수밖에 없다. 새로운 기업이 진입하기 위해서는 막대한 비용이 들기 때문에 가격을 어느 정도로 유지해야 한다. 그러나 기존 기업이 평균비용이 하락하였다는 점을 활용하여 가격인하로 대응하면 새로운 기업이 진입하기는 힘들다. 이러한 메커니즘으로 인해 자연적으로 독점이 되는 사업을 자연독점이라고 한다. 이러한 자연독점이 유발될 수밖에 없는 산업 분야에서는 정부가 직접 해당 재화나 서비스를 제공하기도 한다.

ⓒ **자유방임** : 자유방임은 독점기업을 있는 그대로 두자는 것인데, 노벨경제학상을 수상한 스티글러가 주장한 것이다. 이는 시장실패의 대표적인 유형인 독점을 바로잡기 위한 노력을 정부가 수행할텐데, 정부 역시 당초 달성하려는 목적을 달성하지 못하고 실패할 위험이 있으며 이러한 위험으로 인한 피해는 오히려 독점상태가 유지되었을 때 발생하는 피해보다도 클 수 있기 때문이다.

(2) 공공재

① 개념

공공재란 비용을 부담한 사람 이외에 모든 사람이 공동으로 사용하는 재화나 서비스를 말한다. 대표적인 예로 도로, 치안, 가로등, 공원 등이 여기에 해당한다.

㉠ 공공재의 특성

ⓐ **비배제성** : 타인을 소비로부터 배제시킬 수 없는 특성을 말한다. 가로등이나 국방서비스 등은 누구 한 사람에게 그 혜택을 누리지 못하게 배제할 수 없다. 비배제성은 공공재를 생산하는 데 있어서 발생하는 비용을 부담하지 않으려는 행동을 보이게 된다. 개인들은 생산비를 부담하지 않으면서도 이용할 수 있기 때문에 이는 무임승차자의 문제를 유발시킨다. 때문에 비배제성을 띠는 재화의 경우에는 자신의 선호 정도를 축소해서 표출하려는 경향도 보인다.

ⓑ **비경합성** : 한 사람이 더 많이 소비한다고 해서 다른 사람이 덜 소비해야 하는 것은 아니다. 즉, 새로운 소비자가 추가로 진입한다 하더라도 기존의 소비자에게 영향을 미치지 않는 것을 말한다.

구분		경합성	
		있음	없음
배제성	있음	사용재 예 아이스크림, 유료도로	요금재 예 영화, 유선방송
	없음	공유자산 예 공유지, 바닷속의 물고기	공공재 예 공원, 가로등

용어 해설

- 가치재 : 사회적인 가치가 개인적인 가치보다 높아 일정 수준까지 소비하는 것이 바람직하지만, 개인들의 자발적인 선택에 의해서는 과소하게 소비되는 재화 및 서비스를 말한다.
- 사유재 : 공급량이 주어졌을 때 한 사람의 소비량이 증가하면 다른 사람의 소비량은 감소한다는 경합성과 대가를 지불한 사람만이 소비할 수 있다는 배제성을 지닌 재화를 의미한다.
- 비경합성 : 한 사람이 추가로 소비에 참여해도 다른 사람의 소비를 감소시키지 않는 특성을 말한다.
- 비배제성 : 일단 공급되면 대가를 치르지 않더라도 소비를 배제시킬 수 없는 특성을 말한다.

㉡ 공공재에 대한 오해

ⓐ 공공재는 정부나 공공기관이 공급하는 물건을 말하는 것이 아니다.

일반적으로 공공재에 대해 가장 흔히 범하는 오해가 공공재는 정부가 생산·공급하는 재화나 서비스라고 생각하는 것이다. 그러나 공공재는 공급하는 주체가 누구인가와는 상관없이 단지 여러 사람이 공동으로 소비하는지 여부에 따라 구분한다. 정부가 생산·공급하는 재화나 서비스 중에 공공재의 성격을 갖는 것이 많은 것이 사실이다. 모 대기업에서 공원을 만들어 일반인들에게 오픈했다면 그 역시 공공재이다.

ⓑ 정부나 공공기관이 제공하는 재화가 모두 공공재는 아니다.

반대로 정부에서 공급하는 재화 중에 사용재의 성격을 갖는 것들도 많은데, 정부가 생산·공급하는 수돗물, 가스, 의료서비스 같은 것들이 그 좋은 예라고 할 수 있다. 이들의 경우에는 내가 소비한 만큼 다른 사람이 소비할 수 있는 양이 적어진다.

② 공공재가 시장실패를 야기하는 원인

공공재는 일단 공급되면 소비를 배제시키기 어렵기 때문에 비용은 부담하지 않고 공짜로 소비하려는 무임승차 문제가 발생하여 실제로 시장에서 공급되지 않거나 '과소공급'되는 경우가 많다. 이와 같은 이유로 공공재의 경우 정부가 시장의 공급을 담당하는 예를 흔히 볼 수 있다.

(3) 정보의 비대칭성

① 기초 개념

㉠ 정보 비대칭성의 의의 : 경제적인 이해관계가 있는 당사자들 사이에 정보 수준의 차이가 존재하는 상황을 정보 비대칭성이라고 하며, 이는 감추어진 특성과 행동의 상황으로 구분된다.

㉡ 감추어진 특성의 상황 : 거래당사자 중에서 일방이 상대방의 특성에 대하여 잘 모르고 있는 상황, 즉 거래당사자들 사이에 정보 수준에 차이가 있는 경우를 의미하며, 이러한 상황에서 발생하는 문제로 역선택이 있다.

㉢ 감추어진 행동의 상황 : 거래당사자 모두에게 영향을 미치는 어느 일방의 행동을 상대방이 관찰할 수 없거나 통제불가능한 상황을 의미하며, 이러한 상황에서 발생하는 문제로

도덕적 해이와 주인-대리인 문제가 있다.

② 역선택

㉠ **개념** : 역선택이란 감추어진 특성의 상황에서 정보 수준이 낮은 측이 사전적으로 바람직하지 못한 상대방과 거래할 가능성이 높아지는 현상을 의미하며, 그 예로 중고차시장에서 거래되는 자동차의 품질에 대한 정보 격차가 존재하는 경우 나쁜 품질의 중고차만 거래되는 현상을 들 수 있다.

〈사례 1〉

• 판매자가 구매자에 비해 정보가 부족할 때 발생하는 역선택

뷔페 음식점을 운영하는 주인이 있다고 하자. 뷔페식당은 일정 금액만 내면 자신이 원하는 만큼 얼마든지 먹을 수 있다. 따라서 뷔페식당 주인은 적게 먹는 손님을 더욱 선호할 것이다. 어차피 모든 손님에게 동일한 금액을 받게 되는데 당연히 적게 먹는 손님이 방문해야 이익이 더 많이 남기 때문이다. 그러나 주인의 의도와는 달리 실제 뷔페 음식점을 주로 이용하는 손님들은 식성이 좋은 손님일 가능성이 높다. 그들은 자신의 식성이 좋다는 사실을 알고 일반 음식점에 갈 경우 배부르게 먹으려면 추가 요금을 내야 하지만 뷔페 음식점을 이용할 경우 일정 금액만 내면 마음껏 음식을 먹을 수 있기 때문에 뷔페 음식점을 더 선호할 것이기 때문이다. 만약 뷔페 주인이 손님들에 대한 정보를 충분히 갖고 있다면 식성이 좋은 손님들에게는 식당 이용료를 추가로 받을 수 있겠지만, 손님들에 대한 충분한 정보를 갖고 있지 못한 식당 주인은 별 수 없이 역선택의 상황에 직면하게 될 가능성이 높다.

〈사례 2〉

• 구매자가 판매자에 비해 정보가 부족할 때 발생하는 역선택

1950년대만 하더라도 혈액은 시장에서 거래되었다. 하지만 오늘날 대부분의 국가는 혈액을 돈 주고 사는 매매를 법으로 엄격히 금하고 있으며, 혈액의 공급은 오직 헌혈을 통해서만 조달하도록 법규화했다. 이 역시 역선택을 막기 위한 조치였다. 혈액 거래에 있어 병원은 혈액을 공급받는 입장이므로 구매자라고 할 수 있는데, 구매자인 병원은 혈액을 공급하려는 사람들에 대한 정보를 충분히 갖고 있지 못하다. 혈액 공급자들의 건강에 대한 상황은 그 누구보다 자신이 가장 정확히 알고 있기 때문이다. 따라서 혈액 시장에서는 구매자가 공급자보다 더 적은 정보를 갖게 되는 상황에 놓이게 된다. 이러한 상황 속에서 혈액시장을 통해서 공급된 혈액들은 나쁜 혈액일 가능성이 높다. 당시 조사에 의하면 자신의 혈액을 판매해서 돈을 마련하려는 사람들의 경우 정상인에 비해서 건강하지 못한 사람들이 많았다고 한다. 건강하지 못해 직장을 잡기도 힘들고 해서 혈액을 팔아 돈을 마련하려는 사람이 많았던 것이다. 실제로 미국의 경우 혈액이 거래되던 당시 심장 수술을 받은 환자의 30%가 수혈받은 혈액으로부터 간염에 감염됐다는 보고도 있었다. 이 역시 병원이 혈액 공급자에 대한 충분한 정보를 갖지 못하였기 때문에 역선택에 직면한 것이다.

㉡ 해결 방안

ⓐ **신호** : 정보를 가지고 있는 측이 상대방에게 적극적으로 정보를 알리는 행동을 통해서 역선택을 방지하는 방법이다. 신호를 사용하여 역선택을 방지하는 방법의 예시로는 취업할 때 여러 자격증을 제출하여 자신이 우수한 인재라는 사실을 알려주는 행위 등이 있다.

ⓑ **선별** : 선별은 정보를 갖지 못한 측에서 역선택에서 벗어나기 위해 적극적으로 상대방의 숨겨진 특성을 알아내려는 방법이다. 보험회사가 가입자들에게 건강진단서를 제출할 것을 요청하는 행위 등이 여기에 해당한다.

ⓒ **정부의 역할** : 정부는 모든 당사자들이 강제적으로 거래에 참가하도록 하는 거래 강제 및 정보 흐름을 촉진할 수 있는 정보정책(예 성능표시 의무화, 허위・과장광고 규제) 등을 통해 역선택의 문제를 해결하고자 한다.

ⓓ **신용할당** : 금융기관이 이자율을 인상할 경우 신용 상태가 좋지 않은 기업만 차입하려고 할 것이므로 신용할당을 통해 신용 상태가 좋지 않은 기업에 대출하는 현상이 벌어지게 된다. 이러한 역선택이 발생할 때, 신용할당을 통해서 신용 상태가 건전한 기업들에게 자금을 분배하여 역선택을 해결하는 방식이다.

③ 도덕적 해이

㉠ 개념 : 감추어진 행동의 상황에서 어떤 계약이 이루어진 이후에 정보를 가진 측이 바람직하지 못한 행동을 하는 현상을 의미한다.

〈사례 1〉
국민과 국회의원의 관계도 도덕적 해이가 발생할 수 있다. 민주주의 국가에서 국가의 주인은 국민이지만 국민이 직접 국가 운영에 개입하기는 어렵기 때문에 국회의원을 뽑아 국가 운영을 맡긴다. 이런 구조 속에서 본인은 국민이고, 대리인은 국회의원이다. 국민은 대리인인 국회의원의 행위를 일일이 감시할 수 없으므로, 국회의원은 자신의 이해관계에 따라 움직일 수 있다. 국회의원들이 각종 비리에 연류되는 것은 도덕적 해이가 발생한 전형적인 사례라 할 수 있다.

〈사례 2〉
보험에 드는 사람은 가입 당시 사고 예방을 위해 최선의 노력을 하겠다는 암묵적 약속을 한다. 그러나 일단 가입한 다음에는 그 약속을 지킬 유인이 없어진다. 사고 예방을 위한 노력에는 비용이 드는데, 사고가 나도 어차피 보상을 해주기 때문에 그 노력에서 얻을 수 있는 이득이 없기 때문이다. 이러한 과정으로 보험가입자가 사고 예방을 위해 최대한의 노력을 기울이지 않는 것은 도덕적 해이의 한 사례이다.

㉡ 해결 방안

ⓐ **기초공제제도** : 각종 상해보험에서 사고 발생 시 손실의 일부분을 가입자에게 부담시킴으로써 본인이 사고를 내지 않도록 경각심을 갖게 하는 방식이다.

ⓑ **규제제도** : 사외이사제도, 감사제도 등을 통한 감시제도를 활용하여 대리문제를 해결하는 방법이다.

ⓒ **유인 구조** : 주인 – 대리인문제와 같은 도덕적 해이 문제가 유발하는 것을 방지하기 위해 경영자에게 주주를 위해 일하도록 스톡옵션 같은 유인을 제시하여 도덕적 해이를 방지한다.

구분	역선택	도덕적 해이
비대칭정보의 발생시점	계약 이전	계약 이후
비대칭정보의 유형	숨겨진 특성	숨겨진 행동
해결 방안	정보의 구입, 신호, 선별, 강제보험 등	유인설계(공동보험, 성과급 지급 등)

(4) 외부효과

① 개념

외부효과란 생산자나 소비자가 어떤 경제행위를 수행할 때 해당 경제행위에 참여하지 않는 제3자에게 의도하지 않게 이익이나 손해를 가져다 줌에도 불구하고 그에 대한 대가나 벌칙을 받지 않는 경우를 말한다. 외부효과가 존재하면 사회적 비용과 사적 비용이 서로 다르기 때문에 시장기구에 의한 자율적인 자원배분은 이루어지지 않는다.

② 외부효과의 구분

㉠ **외부경제** : 외부경제란 쉽게 말해 이로운 외부효과로 어떤 경제행위가 제3자에게 이익을 가져다 주지만 시장에서 정당하게 대가를 받지 못한 경우를 말한다. 이러한 외부경제가 발생하면 사적 비용이 사회적 비용보다 커서 사적 생산량은 사회적 산출량보다 작다.

〈사례 1〉
자신의 앞마당에 이쁜 공원을 조성했을 때, 주변 지역 거주자들의 주거 환경을 개선하는 긍정적인 기여를 하지만 이에 대해 아무런 대가를 받지 못한다. 따라서 이 경우는 앞마당 조성이라는 경제행위에 참여하지 않는 제3자들에게 의도하지 않게 기여한 행위가 되므로 외부경제에 해당한다.

〈사례 2〉
독감 예방접종을 맞는 것은 자신이 독감에 걸리지 않기 위한 행동이지만, 이로 인해서 다른 사람들이 독감에 걸릴 확률도 줄어들게 된다. 자신의 독감 예방을 위한 행위가 다른 사람의 독감 감염 확률을 낮추는 긍정적 외부효과를 갖고 있다.

〈사례 3〉
교육 역시 자신의 생산량을 높이기 위한 행위이거나 자신의 지적 만족을 위한 행위이지만, 교육을 통해서 얻은 지식을 사용함으로써 다른 사람들의 후생 증대에 의도하지 않게 기여하는 경우가 많다. 즉, 외부경제의 경우에는 수요자 개인이 얻는 편익보다 사회 전체가 얻는 편익이 더 크다.

㉡ **외부불경제** : 외부불경제는 어떤 경제행위가 타인에게 경제적 손실을 주었으나 시장에서 정당한 대가를 지불하지 않는 경우를 말한다.

> 〈사례 1〉
> 대표적인 사례로 기업들이 제품을 생산하는 과정에서 유발시킨 환경오염 등을 들 수 있다. 환경오염 물질을 배출하면서 물건을 생산하는 기업들은 사회에 해를 끼치는 비용을 감안하지 않으므로, 즉 사회적 비용이 아니라 이보다 적은 사적 비용을 기준으로 생산하기 때문에 필요 이상으로 많은 제품을 생산하게 되어 있다.
>
> 〈사례 2〉
> 개를 키우는 사람의 경우도 마찬가지다. 개가 시끄럽게 짖는 소리 때문에 원치 않는 피해를 입은 이웃 사람들은 그가 개를 키우지 않았으면 좋겠다는 생각을 한다. 그러나 개를 키우는 사람은 다른 사람의 피해를 고려하지 않기 때문에 개를 계속 키운다.

③ 외부효과의 유형 예시

구분	소비 측면	생산 측면
부정적 외부효과	사회적 편익 < 사적 편익 예 흡연, 소음	사적 비용 < 사회적 비용 예 오염 배출
긍정적 외부효과	사회적 편익 > 사적 편익 예 예방접종, 교육	사적 비용 > 사회적 비용 예 신기술 개발

④ 외부효과의 해결책

㉠ **보조금과 조세 부과** : 외부불경제의 경우에 조세를 부과하거나 보조금을 지급하는 방법을 통해서 외부효과를 해결하는 방법이 가능하다. 이를 처음 제안한 사람이 경제학자 아서 피구(Arthur C. Pigou)이기 때문에 이러한 조세와 보조금을 피구세와 피구적 보조금이라고 부른다.

㉡ **정책적 규제** : 정부가 정책적으로 특정 경제행위를 규제하는 방법이 있다. 예를 들어, 환경오염의 경우 오염허가권을 발행하여 이를 보유하는 경제주체만이 오염물질을 배출할 수 있도록 하는 제도이다.

㉢ **M&A** : 외부효과를 일으키는 기업들이 합병을 하게 되면 외부효과가 내부화되어 해결되는 경우가 있다.

⑤ 외부효과를 해결하기 어려운 이유

㉠ 일상의 경제행위들 중에서 어떤 경제행위가 외부불경제와 외부경제에 해당하는 경제행위인지를 규명하기 어렵다.

㉡ 외부효과로 인해 유발되는 이익이나 손해의 규모가 정확히 어느 정도인지를 측정하기 어렵다.

㉢ 어떤 요인이 외부효과를 유발하는 요인인지를 정확히 규명하기 어려운 경우가 있다.

기출 유사문제

다음 중 도덕적 해이의 예로 보기 어려운 것은?

① 중고차 구매자가 판매되는 차량의 사고 유무를 정확히 알 수 없는 것
② 건강보험 가입자가 건강관리를 게을리하는 것
③ 선출된 공무원이 공익을 돌보지 않고 사익을 추구하는 것
④ 근로자의 근무태만
⑤ 공장 신축을 목적으로 대출을 받아 주식에 투자하는 것

해설 중고차 구매자가 중고차에 대한 정보가 부족한 비대칭적 상황은 역선택을 초래한다. 나머지는 거래가 발생한 후에 대리인의 감추어진 행위에 따른 도덕적 해이의 사례이다.

정답 Ⅰ ①

2 코즈의 정리와 정부실패

1 도입 배경

경제학자 로널드 코즈(Ronald Coase) 박사는 지난 1960년 「사회적 비용의 문제」(The Problem of Social Cost)라는 유명한 논문을 통해 "외부성이나 공공재의 요인이 존재하더라도 재산권이 확립되어 있다면 정부의 개입 없이도 효율적인 자원배분이 이루어질 수 있다."는 이른바 '코즈이론'을 제기하였다. 이로써 '외부불경제' 효과에 대한 전통적인 사고가 전환되었다.

여기서 말하는 외부성이란 어떠한 거래가 제3자에게 미치는 경제적 영향을 의미하는 것으로 예컨대 잔디 깎는 기계의 가격에는 기계를 사용할 때 발생하는 소음으로 인한 이웃의 희생(비용)이 반영되어 있지 않기 때문에 이러한 외부성의 존재는 사회적 비용 및 편익과 사적 비용 및 편익 간에 괴리를 발생시킨다는 개념이다.

이러한 외부성의 존재는 효율적인 자원배분을 저해하는 시장실패를 야기하기 때문에 정부가 세금 부과, 보조금 지급 등을 통해 개입해야 한다는 것이 종래의 관념이었으나 코즈는 정부의 개입 없이도 외부성과 공공재의 문제를 해결할 수 있다는 반론을 제시, 기존의 관념을 뒤엎었다. '코즈이론'에 따르면 공공재나 외부성이 존재하더라도 이미 재산권이 확립되어 있고 그것을 자유롭게 매매할 수 있다면 그 재산권이 누구에게 귀속되어 있는지에 관계없이 정부의 개입 없이도 당사자 간의 자발적인 협상을 통해 효율적인 자원배분이 가능해진다는 것이다.

2 코즈의 정리 내용

(1) 개념

재산권이 명확하게 규정되어 있는 상태에서 협상하는 데 비용이 발생하지 않는다면, 당사자들 사이의 자유로운 협상을 통해 자원이 효율적으로 배분될 수 있다는 의미이다. 이는 또한 재산권을 누가 가지고 있는가에 관계없이 성립한다는 주장이다.

(2) 사례

예시

조랑말을 키우는 목장과 자연산 버섯을 키우는 농부가 동일한 목초지를 이용하고 있다고 가정하자.

상태	목장	버섯 농장	설명
목초지에 대한 재산권이 설정되어 있지 않은 경우	목초지는 자신의 소유가 아니며, 조랑말만이 자신의 소유이므로 조랑말을 위한 경제행위를 추구함.	목초지는 자신의 소유가 아니며, 버섯만이 자신의 소유이므로 버섯에만 신경 쓰는 경제행위를 추구함.	두 경제주체 모두 자신이 재산권을 갖고 있는 대상을 위한 경제행위를 추구하게 되고, 그 과정에서 목초지가 황폐화될 수 있음.
목초지에 대한 재산권을 목장주가 갖고 있는 경우	목장주는 자신이 재산권을 갖고 있는 조랑말과 목초지의 가치를 함께 유지 내지 보존하기 위한 행위를 추구할 것임.	버섯 농장 주인은 버섯만이 자신의 것이므로 목초지는 신경 쓰지 않고 버섯의 가치만을 고려한 행위를 추구하여, 목초지를 황폐하게 만들 소지가 있음.	목초지의 주인인 목장주는 목초지를 좋은 상태로 유지하는 것이 목적이 아니라, 경제적 이윤을 추구하는 것이 목적이므로 버섯 농장 주인에게 돈을 받고 목초지를 이용하도록 함.
목초지에 대한 재산권을 버섯 농장 주인이 갖고 있는 경우	목장주는 목초지의 재산권을 갖고 있는 것이 아니기 때문에 목초지보다는 자신의 소유인 조랑말의 가치에 주안점을 두는 경제행위를 추구할 것임.	버섯 농장 주인의 경우, 버섯과 목초지 모두 자신의 소유이므로 버섯과 목초지 모두를 고려한 경제행위를 추구할 것임.	버섯 농장 주인의 목표는 목초지를 보존하는 것이 아니라 자신의 이익을 실현하는 것이 목적이므로 목장주에게 목초지를 사용하도록 허락하고 이 과정에서 이윤을 추구함.

의미	목초지에 재산권이 설정될 경우, 목초지에 대한 재산권을 갖고 있는 경제주체가 목초지의 가치가 크게 훼손되지 않도록 유지할 뿐만 아니라 다른 경제주체와의 협상을 통해 목초지라는 자원이 효율적으로 배분될 수 있는 길이 열린다. 이때 협상은 함께 이득을 볼 수 있는 여지가 더 이상 존재하지 않은 상태에서 타결되며, 협상의 결과 각 경제주체가 얻게 되는 이익의 크기는 달라질 수 있다.

3 정부실패

(1) 개념

정부는 시장실패를 해결하기 위해서 시장에 개입한다. 다시 말해 시장에서의 불완전한 자원배분이 효율적으로 배분될 수 있도록 보완 역할을 하는 것이다. 따라서 정부는 가격통제, 조세 및 금융, 그리고 불공정거래 규제 등의 정책을 마련하여 계층 간 소득격차 완화, 쾌적한 환경조성 및 국민복지 향상 등을 달성하고자 한다.

정부의 시장 개입이 항상 성공하는 것은 아니다. 때로는 정부 개입이 시장실패를 보완하기보다는 오히려 시장의 효율성을 떨어뜨리는 결과를 초래하기도 하는데, 이러한 현상을 '정부실패'라 한다. 즉, 정부실패란 정부의 각종 규제나 정책이 목표를 달성하지 못하는 것을 말한다. 정부실패는 정부의 개입이 시장실패를 적절히 치유하지 못함으로써 야기되는 것이지 정부의 시장 개입 자체가 부정되는 것은 아니다. 따라서 중요한 것은 정부가 개입할 때 그로 인해 초래되는 사회적 편익이 사회적 비용을 초과해야 한다는 점이다. 이처럼 시장실패를 치료해야 할 필요성을 지닌 정부의 시장 개입이 실패하는 원인은 무엇인지 살펴보자.

(2) 정부실패의 원인

① 불완전한 지식과 정보

정보의 한계성 때문에 어떤 정책을 실행에 옮기려 할 때 그것의 결과를 완벽하게 예측할 수 없는 경우가 있다. 예를 들어, 화폐 발행을 증가시킨다거나 정부 예산을 확대 편성할 때 정책 결정과 실행, 효과 사이에 시차가 발생하게 된다. 따라서 시장의 불완전성을 보완하겠다는 정부의 노력이 오히려 경제를 더욱 해치는 경우가 종종 있는 것이다.

② 반응에 대한 통제 불가능

가계, 기업 등 민간부문의 반응에 대한 통제 불가능이다. 정부는 민간부문이 특정한 반응을 보일 것이라는 기대하에 정책을 수행하게 되지만, 정책이 실천에 옮겨진 다음에 나타나는 민간부문의 반응은 기대에 비해 많이 다를 수 있다. 예를 들어, 저축이나 근로 의욕을 촉진시키려는 목적으로 소득세율을 낮추는 정책을 추진했으나 기대했던 효과는 나타나지 않을 수 있다.

③ 공익을 도외시한 관료 개인의 이익 추구

정책 입안자가 공익보다 자신의 정치적·경제적 이해관계를 추구하는 경우다. 대부분의 경제이론은 모든 정책이 실제로는 정책 입안자들에 의해서 집행되고 있다는 사실을 고려하지 않고 있다. 정책 집행 과정에서 어떤 굴절이 있으면 정책의 효과는 엉뚱한 방향으로 나타날 수 있음에도 불구하고, 이러한 가능성은 거의 무시되어 온 것이 사실이다. 정책이 실행으로 옮겨지는 과정에서 굴절이 생길 수 있는 것은 정책 입안자들이 나름대로 독특한 유인 구조를 가지고 있기 때문이다. 정책 입안자들이 자신의 이익을 고려하여 행한 선택은 사회적인 관점에서 볼 때 비효율적일 가능성이 높다.

④ 정책적 효과가 발생하는 시차 문제

정부가 집행한 정책이 실제로 효과를 발생시키기 위해서는 어느 정도 시간이 필요한데, 시차가 가변적인 경우에는 오히려 바람직하지 않은 결과가 발생할 수 있다.

⑤ 기타

정경유착, 근시안적인 규제, 특정 재화와 서비스의 정부 독점, 관료제도 등도 정부실패를 야기하는 원인이 될 수 있다.

(3) 정부실패의 대책

① 제도의 개혁

불합리한 규제를 철폐하거나 완화, 정책의 투명성 제고, 행정 정보의 공개, 정부 조직의 적정화 등

② 공기업의 민영화

서비스 개선, 경쟁력 강화, 재화와 서비스의 가격 인하, 경제 민주화 등

③ 관료 사회의 개혁

공무원의 의식 개혁, 관료 조직의 상호 견제, 공무원 사회의 경쟁 원리 도입 등

④ 시민운동

시민단체의 감시와 비판, 국민의 다양한 의견 제시 등

REVIEW

1. 독과점, 공공재, 외부성이 존재하는 경우 시장가격은 그 재화의 가격을 제대로 반영하지 못하게 되는데, 이를 시장실패라 한다.
2. 공공재란 비용을 부담한 사람 이외에 모든 사람이 공동으로 사용하는 재화나 서비스를 말한다.
3. 비배제성은 타인을 소비로부터 배제시킬 수 없는 특성을 말한다
4. 비경합성은 한 사람이 더 많이 소비한다고 해서 다른 사람이 덜 소비해야 하는 것은 아니다. 즉, 새로운 소비자가 추가로 진입한다 하더라도 기존의 소비자에게 영향을 미치지 않는 것을 말한다.
5. 역선택이란 감추어진 특성의 상황에서 정보 수준이 낮은 측이 사전적으로 바람직하지 못한 상대방과 거래할 가능성이 높아지는 현상을 의미한다.
6. 도덕적 해이란 감추어진 행동의 상황에서 어떤 계약이 이루어진 이후에 정보를 가진 측이 바람직하지 못한 행동을 하는 현상을 의미한다.
7. 외부효과란 생산자나 소비자가 어떤 경제행위를 수행할 때 해당 경제행위에 참여하지 않는 제3자에게 의도하지 않게 이익이나 손해를 가져다 줌에도 불구하고 그에 대한 대가나 벌칙을 받지 않는 경우를 말한다.

PART 01
미시경제

CHAPTER 06

출제예상문제

01 다음은 정보의 비대칭성과 관련된 경제적 현상을 설명한 것이다. 가장 부적절한 설명은 어느 것인가?

① 화재보험사에서 화재가 발생했을 때, 손실의 일부만을 보장해주는 제도를 도입한 것은 도덕적 해이 문제를 완화시키기 위해서이다.
② 유인설계를 잘 할 경우, 도덕적 해이문제를 어느 정도 완화시킬 수 있다.
③ 정보를 많이 가진 측의 감추어진 특성으로 인해 발생하는 문제를 역선택이라 한다.
④ 신호발송이란 정보를 가진 쪽에서 자발적으로 자신의 특성을 알리려는 노력이고, 선별이란 불완전한 정보를 가진 쪽이 그에게 주어진 자료와 정보를 이용하여 상대방의 특성을 파악하려는 것이다.
⑤ 정부가 자동차 보험의 책임보험을 의무적으로 가입하도록 하면 역선택의 문제를 방지할 수 있지만, 이는 사고 위험성이 높은 사람에게는 불리한 제도이다.

해설 자동차 책임보험의 의무 가입은 사고 위험성이 낮은 사람에게 비싼 보험에 가입하도록 강제하는 것으로 사고 위험성이 낮은 사람에게 불리한 제도이다.

02 다음 중 역선택의 설명으로 틀린 것은?

① 악화가 양화를 구축하는 현상의 현대적 해석으로 볼 수 있다.
② 품질보증은 역선택을 줄이는 효과가 있다.
③ 자격증의 취득은 역선택에 대비한 행동이다.
④ 이자율 대신 신용할당을 이용하는 경우 역선택을 완화할 수 있다.
⑤ 화재보험에서 손실의 일부만을 보전해주는 것은 역선택을 피하기 위함이다.

해설 ④ 이자율이 높으면 대출금을 상환하지 못할 위험이 높은 차입자가 더 대출을 받으려 하는 역선택이 나타난다. 하지만 신용할당을 하면 담보가치가 확실하여 상환 위험이 없는 차입자에게만 대출을 하려 해서 역선택이 방지된다.
① 주조 화폐의 명목가치가 고정되어 주조화폐의 금함유량을 줄임으로써 악화가 만연하여 적정 금함유량을 유지하는 양화는 사라지는 역선택이 발생한다.
②・③ 자격증의 취득이나 품질보증은 정보우월자가 정보열등자에게 품질 우수성에 대한 정보를 전달하는 신호발송의 사례다.
⑤ 화재보험에서 손실의 일부만을 보장해주면 건물주는 화재보험에 가입한 이후에도 화재가 발생하지 않도록 노력할 것이므로 공동부담률제도는 도덕적 해이를 방지하는 장치이다.

정답 01 ⑤ 02 ④

03 **기업들이 소비자들에게 제공하는 보증(warranty)에 대한 다음 설명 중 가장 옳은 것은?**

① 보증은 소비자들이 기업들보다 제품의 질에 대해 많은 정보를 갖고 있을 때 신호 수단으로서 가장 효과적이다.
② 보증은 소비자들이 기업들보다 소비자들의 선호에 대해 많은 정보를 갖고 있을 때 신호 수단으로서 가장 효과적이다.
③ 보증은 기업들이 소비자들보다 소비자들의 선호에 대해 많은 정보를 갖고 있을 때 신호 수단으로서 가장 효과적이다.
④ 비대칭정보의 문제가 존재하는 시장에서는 기업들이 보증을 제공하지 않으려 한다.
⑤ 생산자들은 품질이 더 좋은 상품일수록 예상 수리 비용이 적기 때문에 보증을 해 줄 가능성이 더 높다.

해설 생산자는 재화에 대해 소비자보다 더 많은 정보를 가지고 있다. 이런 비대칭적인 정보 상황에서 생산자가 소비자에게 정보를 주는 방법으로 보증을 사용한다. 재화의 품질이 좋을수록 보증사건이 발생할 확률이 낮아 예상 수리 비용이 낮으므로 보증을 하는 기업일수록 품질이 좋다는 신호발송을 하는 것이다.

04 **다음은 정보가 갖는 경제적 의미를 설명한 것이다. 옳지 않은 것은?**

① 역선택은 정보의 비대칭성으로 인하여 발생한다.
② 주인-대리인 문제에서 도덕적 해이 현상이 자주 발생한다.
③ 일반적으로 역선택은 거래가 발생하기 이전, 도덕적 해이는 거래발생 이후에 생기는 현상이다.
④ 품질보증이나 광고는 신호발송 수단으로 이용된다.
⑤ 중고차 시장에서 종종 품질이 나쁜 차가 거래되는 이유는 도덕적 해이 때문이다.

해설 중고차 시장에서 품질이 나쁜 차가 거래되는 이유는 중고차의 구매자에게 중고차에 대한 정보가 부족해서 발생하는 역선택 때문이다. 이처럼 역선택은 거래가 발생하기 전에 감추어진 특성에 기인하므로, 정보우월자가 보증이나 광고로 정보열등자에게 신뢰할 만한 정보를 제공하는 신호발송으로 정보의 비대칭성을 해결하려 한다. 한편 거래가 발생한 이후에 주인과 대리인 간에 대리인의 감추어진 행위로 인한 정보의 비대칭성에서 도덕적 해이가 나타난다.

05 **양의 외부성에 의한 ______ 생산문제는 ______ 을 통해 ______ 시킴으로써 해결할 수 있다. 빈 칸에 들어갈 용어를 바르게 연결한 것은?**

① 과소 - 보조금 - 내부화
② 과소 - 세금 - 내부화
③ 과소 - 보조금 - 외부화
④ 과잉 - 세금 - 내부화
⑤ 과잉 - 보조금 - 내부화

정답 03 ⑤ 04 ⑤ 05 ①

해설 양의 외부성은 언제나 과소생산의 문제를 일으키며 보조금의 지원으로 공급을 늘려 외부성을 내부화하여 과소생산문제를 해결할 수 있다.

06 다음의 글을 바탕으로 하여 설명한 것 중 적절하지 않은 것은?

> 옆집 미야가 치는 피아노 소리는 도도를 불편하게 한다. 미야가 피아노를 쳐서 얻는 효용을 화폐가치로 환산하면 10,000원이고, 도도가 그 소리 때문에 잃는 효용은 5,000원이다. 법원은 도도에게 조용히 휴식을 취할 권리가 있다고 인정하였다.

① 미야가 피아노를 치는 것은 도도에게 외부효과를 미치고 있다.
② 미야가 피아노를 치기 위해 도도에게 지불해야 하는 최소 금액은 5,000원이다.
③ 도도가 미야에게 피아노를 칠 수 있는 조건으로 받을 수 있는 최대 보상금액은 10,000원이다.
④ 미야가 도도에게 10,000원을 지불하고 피아노를 치는 것과, 5,000원을 지불하고 피아노를 치는 것이 두 사람의 효용의 합에 미치는 영향은 동일하다.
⑤ 미야가 도도에게 7,500원을 지불하고 그 대가로 미야가 피아노를 치는 것은 두 사람 모두에게 동일한 액수만큼 이득이 되는 거래이므로 이 금액이 가장 적절한 지불 액수이다.

해설 외부효과에 대한 거래가 시장에서 이루어질 경우 자원배분을 효율적으로 이룰 수 있다는 코즈정리(Coase theorem)에 대한 문제다. 미야가 피아노를 치는 것은 도도를 불편하게 하므로 외부효과를 갖고 있다. 피아노를 치는 것은 미야에게 10,000원의 정(+)의 가치에 해당되고, 도도에게는 5,000원의 부(−)의 가치에 해당된다. 따라서 미야가 얼마간의 보상금을 도도에게 지불하고 피아노를 치고자 한다면 최소 5,000원은 지불해야 한다. 왜냐하면 도도의 외부효과는 −5,000원이므로 5,000원 미만의 보상금은 받으려 하지 않을 것이기 때문이다. 반대로 도도의 경우, 미야가 피아노를 치도록 허락하고 미야에게서 받을 수 있는 금액은 최대 10,000원이다. 미야가 피아노를 치는 것에서 얻는 효용은 10,000원이므로 그 이상을 받을 수는 없기 때문이다. 두 사람의 합의 효용의 크기는 어떠할까? 만일 미야가 5,000원을 보상한다면 도도는 −5,000원의 효과를 상쇄하게 되지만 미야는 10,000원의 효용이 5,000원으로 줄어든다. 사회적으로, 즉 두 사람의 효용의 합은 +5,000원이다. 미야가 10,000원을 도도에게 보상한다면 미야는 10,000원 지불로 10,000원에 해당하는 피아노를 치는 즐거움을 상쇄시킬 것이지만 도도는 +5,000원의 이득을 얻게 된다. 두 경우 모두 두 사람의 효용을 합한 양인 사회적 후생은 +5,000원으로 동일하다. 두 사람 간의 거래는 5,000원에서 10,000원 사이의 경우 동일한 +5,000원의 이득을 나누는 것일 뿐이지 그 중 어느 가격이 사회적으로 효율적이라고 말할 수는 없다.

정답 06 ⑤

07 다음의 글에서 밑줄 친 재화의 특징으로 옳은 것을 〈보기〉에서 모두 고른 것은?

일반적으로 재화는 그에 대한 대가를 지불한 사람만이 그 재화를 쓸 수 있고(배제성), 누군가 그 재화를 써버리면 다른 사람은 동일한 재화를 쓸 수 없다(경합성). 배제성과 경합성을 동시에 지니지 못한 재화, 이를테면 치안이나 국방서비스 등의 재화를 가리켜 공공재라고 한다. 한편, 재화 중에는 경합성은 지니고 있으나 배제성은 지니고 있지 못한 것들도 있다. 누구나 대가 없이 소비에 참여할 수는 있으나 누군가 모두 소비해 버리면 다른 사람은 소비할 수 없는 재화이다.

보기

㉠ 과잉 이용으로 고갈되어 간다.
㉡ 사적 이익을 목적으로 하여 생산된다.
㉢ 소유자가 없으며 경제적 가치를 지니고 있다.
㉣ 소유자가 있으나 경제적 가치를 지니고 있지 않다.

① ㉠, ㉡
② ㉠, ㉢
③ ㉠, ㉣
④ ㉡, ㉢
⑤ ㉡, ㉣

해설 수자원과 같은 공유자원은 누군가 사용하면 다른 사람들은 사용할 수 없게 되어 경합성은 지니고 있으나 대가를 지불하지 않은 다른 사람들의 사용을 배제할 수는 없다.

08 다음 자료에서 밑줄 친 조치의 근거로 들 수 있는 경제 개념을 〈보기〉에서 고른 것은?

1927년 이전 미국 정부는 주파수를 이용하여 방송 사업을 하려는 사람들에게 무조건 면허를 부여해야만 했다. 그 결과, 주파수 자원은 한정된 반면 이를 이용하여 자신의 방송 신호를 송신하려는 방송국들은 너무 많아서 방송 신호 간에 간섭이 생겼고, 결국 청취자들이 방송 신호를 제대로 수신하지 못하는 상황이 발생했다. 이에 따라 1927년 미국 의회는 '라디오 법'을 제정하여 라디오 방송 간에 전파 간섭이 발생하지 않도록 했다.

보기

㉠ 공공재
㉡ 외부효과
㉢ 공유자원
㉣ 시장지배력

① ㉠, ㉡
② ㉠, ㉢
③ ㉡, ㉢
④ ㉡, ㉣
⑤ ㉢, ㉣

해설 자료에서 방송 사업을 운영하기 위한 주파수 이용은 배제가 불가능한 반면 경합적이라는 점에서 주파수는 공유자원에 해당한다. 또한 방송 신호 간에 간섭이 발생하여 방송 신호가 제대로 수신되지 못했다는 사실은 방송국 간에 부정적인 외부효과가 발생하였음을 의미한다.

정답 07 ② 08 ③

PART 01
미시경제

CHAPTER 07

분배이론

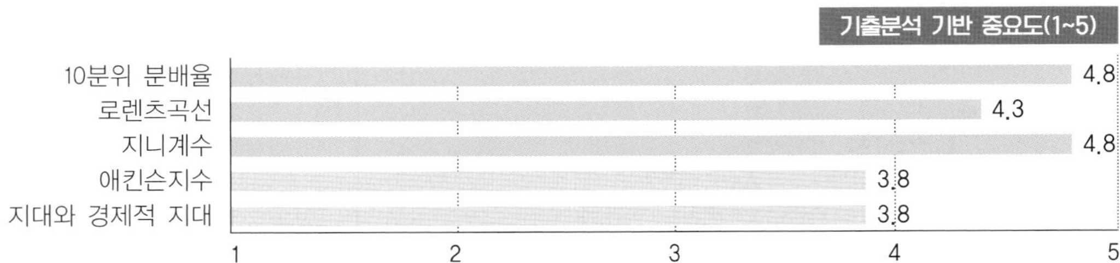

학습목표

❶ 경제학에서 형평성과 효율성에 대한 논의가 각각 어떠한 형태로 발전하고 있는지에 대해 이해하면서 경제학에 대한 학문적 체계를 접할 수 있어야 한다.
❷ 10분위 분배율의 수치가 크게 나와야 소득 분배가 균등하게 이루어지고 있다는 의미라는 것을 명확히 이해해야 한다.
❸ 5분위 배율을 산출하는 방식이 10분위 분배율을 산출하는 방법과 어떻게 다른지 구분할 수 있어야 한다.
❹ 10분위 분배율과 10분위 배율의 차이점을 인식하고 각각 산출하는 방법이 어떻게 다른지 이해해야 한다.
❺ 로렌츠곡선의 형태가 어떠한 의미를 부여하고 있는지 해석할 수 있어야 하며, 로렌츠곡선의 형태가 어떻게 변화될 때, 소득 분배가 개선되었다는 의미를 가지는지 확인할 수 있어야 한다.
❻ 로렌츠곡선을 바탕으로 지니계수를 도출하는 산식을 이해해야 한다.
❼ 애킨슨지수의 결과를 바탕으로 소득 분배 정도의 개선 여부를 확인할 수 있어야 한다.
❽ 각종 형평성 지표가 가지는 한계점이 무엇인지 명확히 인식해야 한다.
❾ 지대와 경제적 지대가 어떻게 다른지 명확히 구분할 수 있어야 하며, 지대가 형성되는 경제적 논의를 명확히 알아야 한다.

1 분배이론

1 분배에 대한 경제학적 논의

현재 주류 경제학에서 논의하는 대부분의 내용들은 전부 효율성 측면에 대한 내용들만으로 구성되어 있다. 즉, 형평성을 어떻게 달성할 것인지, 심지어 무엇이 달성되었을 때 형평성을 달성했다고 말할 수 있는지에 대해서도 명확한 해답을 제시해 주지는 못하고 있는 실정이다. 하지만 경제학에서 형평성에 대한 고민 자체를 하지 않는 것은 아니며, 그만큼 형평성이란 것은 효율성보다 판단하고 측정하기에 어려움이 있다는 정도로 이해하는 것이 좋을 것이다.

형평성에 대한 논의가 진행되지 않는 첫 번째 이유는 가장 먼저 어떤 상태가 공정한 상태인지 형평성이 달성된 상태인지 합의된 의견이 도출되지 않았다. 당연히 결과에 대한 평등이 형평성을 말하는 것은 아니며, 단순히 기회의 균등으로 형평성을 논하기도 무리가 있다. 기회의 균등이라는 시각만으로는 모든 복지정책에 대한 필요성을 제시하기에는 부족함이 많기 때문이다.

또한 형평성의 문제를 야기시키는 원인이 여러 가지이기 때문이다. 개인의 능력과 노력의 차이, 증여와 상속의 차이, 교육 및 훈련 기회의 차이, 국가의 성장 또는 분배정책의 영향 등 다양한 원인으로 인해서 형평성에 문제가 발생할 수도 있다.

더 큰 문제는 형평성과 효율성은 상호 충돌하는 경우가 많다는 사실이다. 효율을 증진시키려면 그에 상응하는 만큼 공평을 훼손시켜야 하며, 공평을 증진시키려면 그에 상응하는 만큼 효율을 희생시킬 수밖에 없다. 대표적인 일례로 고소득자들에게 조세를 부과하면, 그들의 근로 유인이 줄어들어 비효율이 발생하고, 그렇다고 고소득자에 대한 조세 부과를 줄이면 형평성을 깨게 된다. 또한 대부분의 소득재분배정책은 저소득자들의 일하려는 유인을 줄이는 요인이 되기도 하며 이 과정에서 비효율이 발생한다.

위에서 열거한 바와 같은 이유로 형평성을 측정하고 형평성을 고려한 정책과 의사결정을 수립하는 데는 여러 어려움이 있지만, 지속적으로 이에 대한 연구와 고민들이 전개되고 있다. 또한 이러한 고민들의 시작점은 당연히 현재의 경제상태가 어느 정도의 형평성을 달성하고 있는 상태인지를 먼저 파악하는 것도 중요한 문제인데 경제학에서는 이에 대한 다양한 방법을 제시하고 있다.

2 형평성의 측정 기준

현재 경제학에서 제시하고 있는 내용들 중에는 현재 어느 정도로 소득이 분배되어 있는지를 파악하여 형평성의 정도를 파악하기 위한 각종 지표들을 제시하고 있다.

(1) 10분위 분배율(decile distribution ratio)

10분위 분배율은 최상위 20% 소득계층의 소득점유율에 대한 최하위 40% 소득계층의 소득점유율의 비율을 말한다.

$$10\text{분위 분배율} = \frac{\text{최하위 40\% 소득계층의 소득점유율}}{\text{최상위 20\% 소득계층의 소득점유율}}$$

10분위 소득분배율은 세계적으로 가장 널리 사용되는 소득분배 측정 방법이다. 그것은 10분위 분배율은 측정하기가 간단하면서도 소득분배 정책의 주대상이 되는 하위 40% 계층의 분배 상태를 직접 나타낼 수 있고, 또 이를 상위계층의 소득분배 상태와 비교할 수 있게 한다는 점에서 커다란 장점을 갖고 있기 때문이다.

10분위 분배율은 값이 클수록 소득분배가 균등해진다는 것을 나타낸다. 이론적으로는 0과 2

사이의 값을 가질 수 있지만, 실제로는 1를 넘는 경우가 거의 없다. 흔히 10분위 분배율이 0.55 이상이면 소득분배가 아주 양호하고, 0.35 이하이면 소득분배가 불균등한 것으로 평가한다.

$$(\text{불균등})\ 0 \le 10\text{분위 분배율} \le 2\ (\text{균등})$$

(2) 5분위 배율

5분위 배율은 전체 가구를 소득의 크기에 따라 정렬한 후 가구들을 5등분하고 소득 수준이 가장 높은 5등급(상위 20%)의 평균소득을 가장 낮은 1등급(하위 20%)의 평균소득으로 나눈 비율을 말한다. 모든 사람의 소득이 같다면 최상위 20%의 소득점유율과 최하위 20%의 소득점유율이 같을 것이고 이때 5분위 배율은 1이 된다. 5분위 배율이 점차 커지면 최하위 20% 계층의 소득 대비 최상위 20% 계층의 소득이 높다는 것으로, 소득의 양극화가 확대되는 것으로 볼 수 있다.

$$5\text{분위 배율} = \frac{\text{최상위 20\% 소득계층의 소득}}{\text{최하위 20\% 소득계층의 소득}}$$

(3) 10분위 분배율과 10분위 배율의 차이

10분위 배율과 10분위 분배율은 모두 소득 분포를 나타내는 지표로 명칭이 매우 유사하지만 해석에 조금은 유의해야 한다. 10분위 배율은 앞에서 설명한 5분위 배율로부터 아래와 같이 유추해 볼 수 있다.

$$10\text{분위 배율} = \frac{\text{최상위 10\% 소득계층의 소득}}{\text{최하위 10\% 소득계층의 소득}}$$

따라서 이에 대한 해석도 유사하다. 10분위 배율이 크다면 상하위 소득 격차가 더욱 벌어진 것으로 양극화를 설명하는 지표로 사용된다. 2005년 10분위 배율이 약 16배였다는 발표에서 보듯이 10분위 배율은 1보다 크고, 무한대까지의 값을 가질 수 있다.

이와 달리 10분위 분배율은 최하위 40%의 소득을 최상위 20%의 소득으로 나눈 것으로 아래와 같이 나타내며 그 값이 클수록 소득이 균등하게 분포되었다고 해석한다. 10분위 분배율은 0~2까지의 값을 가질 수 있다.

$$10\text{분위 분배율} = \frac{\text{최하위 40\% 소득계층의 소득점유율}}{\text{최상위 20\% 소득계층의 소득점유율}}$$

혼동을 막기 위해 지표를 발표하는 경우 해당 통계의 개념을 주석에 설명하는 것이 일반적이기 때문에 큰 혼동을 유발하지는 않겠지만, 그럼에도 주의해서 살펴봐야 혼동을 피할 수 있다.

(4) 로렌츠곡선

① 로렌츠곡선의 정의

10분위 분배율과 5분위 배율 이외에도 소득 불균등 정도를 나타내는 대표적인 지표로 로렌츠곡선과 지니계수를 들 수 있다. 로렌츠곡선이란 횡축은 원점을 기준으로 전 인구를 하위 소득자부터 소득액 순으로 배열한 후 누적인구 백분율을 나타내고, 종축에는 그들이 차지하고 있는 소득금액의 누적 백분비를 표시한 것이다. 로렌츠곡선 위의 점 A, B 및 C는 소득액 순으로 누적 인구의 몇 %가 전체 소득의 몇 %를 차지하고 있는가를 나타낸다. 점 A는 소득액 하위 25% 인구가 전체 소득의 12%를, 점 B는 소득액 하위 50% 인구가 전체 소득의 25%를, 점 C는 소득액 하위 75%의 인구가 전체 소득의 50%를, 그리고 점 D는 소득액 하위 90%의 인구가 전체 소득의 75%를 차지한다는 것을 의미한다.

누적 소득

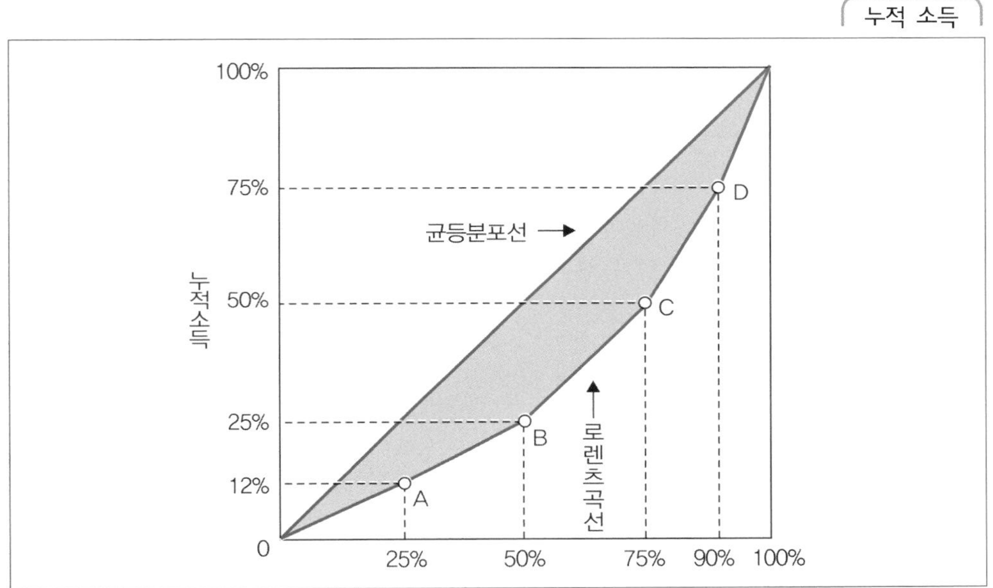

② 로렌츠곡선의 의미

로렌츠곡선은 대각선에 가까울수록 소득분배가 평등하며, 로렌츠곡선이 아래로 처질수록 소득분배는 불균등하다. 모든 사람의 소득이 동일하다면 로렌츠곡선은 대각선의 형태로 나타난다. 로렌츠곡선을 실제로 그려보기 위해 인구가 10명이고 총소득이 1,000만원인 A, B 두 나라를 가정하자. 두 나라에서 소득 분포가 아래와 같다면 A국은 '가'씨에서 '차'씨까지 모든 국민의 소득이 동일해 소득분배 상태가 가장 균등하고, 반면 B국은 국민들의 소득분배는 균등하지 않아 소득격차가 나타나고 있다. 여기서 중요한 것은 아래 〈표〉는 '누적이 아닌' 단순한 소득상태를 나타낸 것이라는 점이다. 로렌츠곡선을 그리려면 아래 〈표〉를 누적 소득으로 바꿔줘야 한다.

A국과 B국의 소득 분포

이름(소득 순)	A국 소득(만원)	B국 소득(만원)
0	0	0
가	100	10
나	100	20
다	100	40
라	100	50
마	100	60
바	100	100
사	100	120
아	100	150
자	100	200
차	100	250
총소득	1000	1000

위의 소득분배를 누적개념으로 바꿔주면 아래 〈표〉와 같다. 아래 〈표〉에서 총소득을 따로 표시하지 않은 이유는 자료가 누적된 수치로 나타났기 때문에 마지막 행에 총인구와 총소득이 자동으로 계산되어 있기 때문이다.

A국과 B국의 누적 인구 및 소득

이름	누적 인구	A국 누적 소득	B국 누적 소득
0	0	0	0
가	1	100	10
가+나	2	200	30
가+나+다	3	300	70
가+...+라	4	400	120
가+...+마	5	500	180
가+...+바	6	600	280
가+...+사	7	700	400
가+...+아	8	800	550
가+...+자	9	900	750
가+...+**차**	**10**	**1000**	**1000**

이제 〈A국과 B국의 누적 인구 및 소득〉을 가로축에 누적 인구, 세로축에 누적 인구에 해당하는 누적 소득을 점을 찍어 나타내고 연결하면 우리가 익히 알고 있는 로렌츠곡선이 된다.

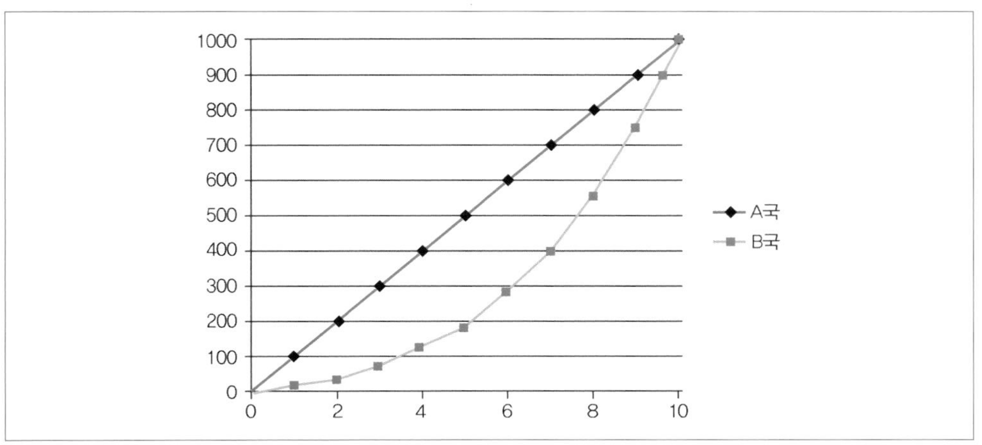

③ 한계

로렌츠곡선은 누적백분율로 표현된 것이기 때문에 항상 증가하는 증가함수라는 특징을 갖고 있으며, 한 나라의 로렌츠곡선을 다른 시점에서 측정하거나 동일 시점에서 다른 나라들의 로렌츠곡선을 비교하는 경우 서로 교차할 수 있다. 이런 경우에는 불평등의 정도를 비교할 수 없으며, 교차하지 않을 경우에 한해 소득분배의 불평등 정도를 비교할 수 있다. 또한 로렌츠곡선은 소득분배에 관해 단지 서수적 평가 기준을 제공할 뿐이다.

(5) 지니계수

로렌츠곡선이 소득분배 상태를 그림으로 한눈에 볼 수 있어 어느 한 국가나 사회의 소득분배 상태가 얼마나 균등한지 알 수 있지만, 하나의 숫자로 표시할 수 없기 때문에 여러 나라의 소득분배 상태를 비교할 수 없다는 단점이 있다. 또한 로렌츠곡선이 교차하면 두 국가의 소득분배 상태를 비교할 수 없다. 이러한 단점을 감안하여 이탈리아 통계학자인 지니(C. Gini)는 소득분배 상태를 객관적으로 비교할 수 있도록 지니계수(Gini's coefficient)를 고안했다. 지니계수는 로렌츠곡선과 균등분포선 사이의 면적을 균등분포선이 그래프상에서 만드는 삼각의 면적으로 나눈 것이다.

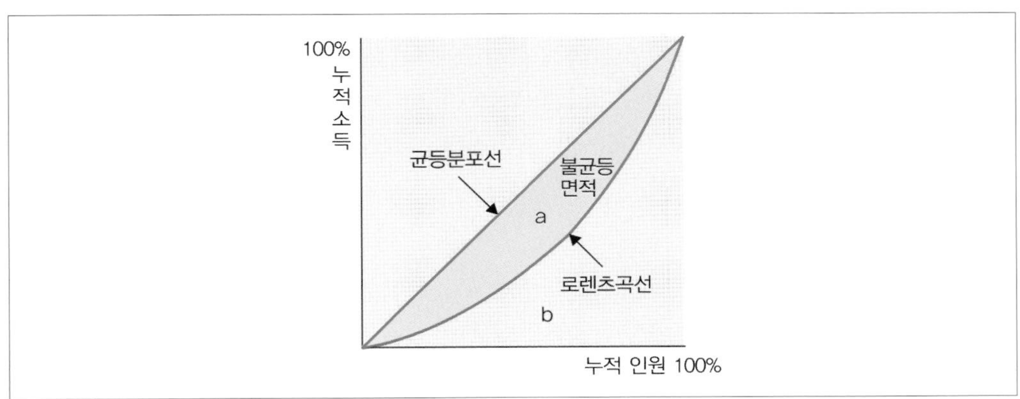

로렌츠곡선이 45도 대각선에 가까울수록 해당 사회는 더 평등한 상태에 놓여 있다고 말할 수 있다. 따라서 45도 대각선과 실제의 로렌츠곡선 사이의 면적이 얼마나 큰가에 따라 불평등한 정도를 측정할 수 있는데, 이를 이용한 것이 지니계수다.

$$\text{지니계수} = \frac{\text{빗금친 렌즈 모양의 면적}}{\text{45도선이 이루는 직각삼각형의 면적}} = \frac{a}{a+b}$$

지니계수는 0과 1 사이의 값으로 표현되며, 그 값이 1에 가까워질수록 불평등해진다는 사실을 알 수 있다. 지니계수가 어느 정도여야 한 사회의 소득분배가 균등한지에 대한 엄밀한 기준은 없으나 일반적으로 0.4 이상이면 불균등한 것으로 본다. 체너리(H. B. Chenery) 등은 지니계수가 0.5 이상이면 고(高)불균등, 0.5~0.4이면 중(中)불균등, 그리고 0.4 미만이면 저(低)불균등으로 분류하였다.

$$(\text{균등})\ 0 \leq \text{지니계수} \leq 1\ (\text{불균등})$$

(6) 애킨슨지수

① 개념

애킨슨지수는 현재의 평균소득과 균등분배대등소득을 이용하여 다음과 같이 소득분배상태를 측정한다.

$$A = 1 - \frac{Y_e}{\overline{Y}} \quad (Y_e\ :\ \text{균등분배대등소득},\ \overline{Y}\ :\ \text{현재의 평균소득})$$

② 평가

애킨슨지수의 값은 0과 1 사이이며, 그 값이 작을수록 소득분배가 평등하다. 애킨슨지수는 균등분배대등소득이라는 개념을 통해 불평등에 대한 암묵적인 가치 판단을 명시적으로 고려하여, 객관적으로 비교할 수 있도록 만든 지수다. 균등분배대등소득은 사회 구성원들이 소득분배의 공평성을 중요시 할수록 작아지며, 그 결과 애킨슨지수의 값은 커지게 된다.

3 형평성 지표들의 문제점

앞서 살펴본 형평성 관련 지수들을 통해서 동일한 수치가 나왔다 하더라도, 실제 해당 지역 내지 국가의 사람들이 느끼는 형평성 수준은 다르게 인식될 수 있다는 것이 소득분배지표가 가지는 가장 큰 약점이다.

대표적인 형평성 관련 지수인 지니계수를 가지고 살펴보면, 지니계수는 0에서 1 사이의 수치로 평등 정도를 나타내는 지표다. 우리나라의 경우 1998년 지니계수값이 0.32로 나타났다. 이는 1980년대의 지니계수값이 0.39였으니 그때에 비하면 분배상태가 많이 개선된 셈이다. 다른 나라에 대해 구한 지니계수를 살펴보면 우리나라보다 더 낮은 지니계수를 갖고 있는 경우가 그리 많지 않다. 분배가 워낙 불평등한 것으로 알려져 있는 라틴아메리카는 물론, 미국이나 영국 같은 선진국에서 구한 지니계수도 우리나라보다 더 큰 것을 볼 수 있다. 따라서 지니계수로만 평가해 볼 때, 우리 사회의 소득분배는 그 동안 상당히 개선되어 왔으며, 다른 나라에 비해서도 더욱 평등한 상태에 있다.

그럼에도 불구하고 막상 우리나라 사람들은 현실의 분배상태에 대해 그다지 만족스러워하지 않는다. 여론조사 결과를 보면, 평등한 분배의 실현이 언제나 가장 중요한 현안 과제 중 하나로 지적되고 있다. 일부에서 지적하듯 우리나라 사람들이 유달리 강한 평등의식을 갖고 있기 때문에 그 정도로는 만족하지 못하기 때문일까? 나는 결코 그렇지 않다고 생각한다. 사람들이 우리 사회의 소득분배가 불평등하다고 느끼는 데는 분명히 나름의 이유가 있다. 다만 그러한 사실을 지니계수로는 전혀 반영할 수 없었기 때문에 우리 사회의 분배 현실을 제대로 설명해 주지 못할 뿐이다.

한 사회에 존재하는 불평등성은 여러 가지의 다양한 측면을 갖고 복합적인 현상이다. 지니계수는 그중에서 오직 한 가지 측면에만 초점을 맞추어 불평등의 정도를 측정한 것이다. 즉, 다른 측면에는 전혀 개의치 않고 단지 부유한 사람과 가난한 사람의 소득에 얼마만큼의 격차가 있느냐에 의해서 불평등의 정도를 평가하는 것이다. 그러므로 지니계수에만 의존하여 불평등의 성격을 파악한다면 현실과 동떨어진 결론에 도달할 가능성이 크다. 이는 마치 눈먼 사람이 코끼리의 귀를 만져보고 코끼리의 모양을 전부 알았다고 말하는 격이다.

사실 이와 같은 성격은 지니계수에만 나타나는 것은 아니며, 현존하는 불평등 관련 지수들이 모두 갖고 있는 문제다. 따라서 지니계수로 재든 다른 불평등지수로 재든 간에 구해진 지수 하나만 가지고 그 사회에 존재하는 불평등성을 포괄적으로 파악하기 힘들다.

분배 상태의 정당성은 결국 누가, 어떤 과정을 거쳐, 얼마나 큰 돈을 벌 수 있었느냐에 의해 평가된다. 예를 들어 기발한 아이디어로 사업에 성공해 큰 돈을 번 사람이라면 그가 축적한 부의 정당성을 인정해 준다. 운동을 잘하거나 노래를 잘 불러 큰 돈을 번 사람 역시 정당성을 인정해 준다. 이와 같은 사람들이 소득 계층의 최상층을 차지하고 있으면 정당성을 의심하는 사람들은 거의 없을 것이다. 그러나 정부의 특혜나 부정부패 등의 방식으로 큰 부를 축적한 사람이나, 상속을 통해서 큰 돈을 번 사람들이 많다면 해당 사회의 공정성이 달성되었다고 보기 어려울 것이다. 즉, 형평성의 정도를 평가하는 방법에는 정당성에 대한 고려도 중요할 것이다.

2 지대와 전용수입에 대한 이해

1 지대와 전용수입의 개념

원래 지대(rent)란 전통적으로 토지를 소유한 지주들에게 귀속되는 소득을 말하는 용어였다. 토지와 같은 생산요소를 공급하게 되면 공급한 대가를 받게 된다. 이때 토지라는 생산요소에 지불되는 가격은 어떻게 측정되는가? 즉, 토지의 가치 내지 가격은 어떻게 측정되는가?

여타 다른 생산요소인 노동이나 자본을 공급하는 사람들은 기회비용을 부담해야 한다. 노동의 경우에는 여가를 포기해야 하고, 자본의 경우에는 현재의 소비를 포기해야 한다. 따라서 기회비용은 무언가의 가격을 결정하는 데 고려해야 할 중요한 요인이다. 구체적으로 말하자면 기회비용이란 특정 재화나 서비스를 두 가지 이상의 용도에 사용할 수 있을 때 발생하며, 포기한 것 중 가장 가치 있는 것이 기회비용에 해당하기 때문에 그러한 기회비용은 가격 측정에 있어서 중요한 고려 요인이다.

이 부분에서 우리는 전용수입이라는 용어를 이해할 수 있는 배경지식을 얻게 된다. 전용수입이란 기업의 입장에서는 생산요소를 현재 용도로 사용하기 위하여 지급해야 하는 최소의 비용을 의미하지만, 요소공급자의 입장에서는 생산요소를 현재의 고용 상태에 제공하는 것과 관련한 기회비용을 의미한다.

용어 해설

지대 : 지대란 공급이 완전히 고정된 생산요소가 얻게 되는 보수를 의미한다. 즉, 단기든 장기든 막론하고 공급이 일정하게 고정된 생산요소가 생산과정에 참여하여 얻는 보수를 지대라고 한다.

2 토지의 지대와 전용수입의 특수성

이제 토지를 통해서 지대와 전용수입을 살펴보자. 과거에 토지의 경우에는 곡물을 재배하는 것 말고는 다른 용도로 사용되는 법이 없었다. 따라서 지주 스스로 토지를 경작하지 않는 한 토지에 대한 기회비용은 발생하지 않는다고 보아야 할 것이다. 그럼에도 불구하고 지대가 발생한 것을 어떻게 바라봐야 하는가?

리카도(D. Ricardo)는 토지의 생산성에 주목하였다. 토지에 대한 수요가 늘어나면 생산성이 높은 토지뿐만 아니라 생산성이 낮은 토지도 사용하려는 수요가 발생하게 되고, 토지에 대한 수요가 늘어날수록 이런 추세는 계속된다고 보아야 할 것이다. 이런 과정에서 지주는 생산성의 차이에 해당하는 만큼을 지대로 요구할 수 있다고 리카도는 설명하였다.

보다 구체적으로 설명하자면, 생산성에 따라 각 토지에 등급을 매겼다고 가정하자. 그 과정에서 2등급 토지에 대한 수요가 발생하면, 1등급 토지의 소유자들은 소작농들로부터 지대를 받을 수 있다. 이때 지대는 1등급 토지와 2등급 토지의 생산력의 차이에 의해 결정된다는 것이다. 보다 생산성이 높은 토지를 사용하기 위해서는 추가적인 비용을 부담하라고 요구할 수 있기 때문이다. 같은 방식으로 3등급의 토지에 대한 수요가 발생할 경우 2등급 토지의 소유자들은 2등급 토지와 3등급 토지의 생산력의 차이만큼 지대를 받을 수 있다는 것이다.

위에서 설명한 내용에서 우리는 지대라는 것이 공급이 비교적 제한된 요소에 대해 대가로서의 성격을 갖는다는 사실을 알 수 있다. 공급이 제한되어 있기 때문에 생산성이 떨어지는 토지까지 사용하게 되는 상황이 발생하는 것이다. 만약 생산성이 높은 토지가 무한히 많다면 지대가 형성되기 어려울 것이다.

토지에 대한 지대는 오늘날에도 빈번히 목격할 수 있는 내용이다. 중심지라는 위치는 고정되어 있기 때문에 그곳에 상점에 대한 보수가 그렇게 높지 않더라도 여전히 그곳에 상점으로 있을 것이다. 이러한 측면에서 그 상점이 벌어들이는 수입의 대부분은 그 상점이 그곳에 있도록 유도하는 데 필요한 금액을 초과하고 있다고 볼 수 있다. 즉, 지대라고 할 수 있다. 이러한 중심가의 토지에 막대한 경제적 지대를 지불하게 되는 이유로 리카도의 원리가 그대로 적용된 사례라고 할 수 있다. 토지를 통해서 얻게 되는 수확물의 차이를 가게의 경우에는 판매량의 차이로 이해할 수 있을 것이다. 즉, 변두리의 가게는 판매량이 적을 것이지만, 중심가의 가게에는 판매량이 많을 것이기 때문에 마치 생산성이 높은 토지에 대해서는 높은 임대료를 지불해야 하는 것과 마찬가지로 중심가의 가게의 임대료가 높은 것이다.

3 경제적 지대에 대한 이해

경제적 지대(economic rent)는 전통적인 지대의 개념을 여러 가지 상황으로 확대시킨 개념으로 생산요소에 지급되는 비용 중에서 그 생산요소가 공급되도록 유도하는 데 필요한 금액을 초과하는 부분을 말한다. 어떤 생산요소를 현재의 용도에 사용하기 위해 지불해야 하는 최소한의 비용을 전용수입이라고 하는데, 경제적 지대란 바로 전용수입을 초과하여 지급한 비용을 말한다. 일반적으로 전용수입은 기회비용으로 생각할 수 있다.

이제 보수 중에서 어디까지를 전용수입, 어디까지를 경제적 지대로 봐야 하는가를 예를 들어 살펴보자. 이윤영 씨가 A라는 회사에서 일하고 얻은 근로소득이 월 2백만원이라고 할 때, 그것이 1백 2십만원의 전용수입과 8십만원의 경제적 지대로 구성되어 있다는 식으로 생각할 수 있다. 전용수입이 1백 2십만원이라는 것은 이윤영 씨를 A라는 회사에 붙잡아 두려면 최소한 그 금액에 해당하는 보수를 지급해야 한다는 것을 의미한다. 1백 2십만원이 전용수입으로 책정되려면 이윤영 씨가 A회사가 아니라 다른 회사에 일하게 되더라도 1백 2십만원은 벌 수 있기 때문이다. 따라서 어떤 변호사가 현재 3억원의 연봉을 받고 로펌에서 일하고 있는데 그가 이 로펌을 그만두고 평범한 직장인으로 생활할 경우 5천만원을 받는다면 결국 전용수입은 5천만원에 해당한다.

용어 해설

경제적 지대 : 공급이 완전히 고정되어 있지 않은 요소가 획득하는 보수에 대해 설명하는 개념으로, 생산요소가 얻는 실제 보수 중에서 기회비용을 초과하는 부분을 의미한다.

4 전용수입과 경제적 지대의 결정 요인

보수 중에서 경제적 지대와 전용수입의 비율은 무엇에 의해 결정되는지 알아보자. 즉, 어떤 경우에 경제적 지대에 비해 전용수입의 비율이 더 높아지는지 혹은 경제적 지대가 더욱 커지는지 알아보자. 대답은 해당 공급의 탄력성에서 찾을 수 있다. 예를 들어 어떤 생산요소의 공급이 완전히 고정되어 있는 경우를 생각해 보자. 이 경우 그 생산요소에 지급되는 보수 중 전용수입의 성격을 갖고 있는 부분은 전혀 없게 된다. 즉, 전용수입이 0이 되는 것이다.

그것은 어떤 생산요소의 공급이 완전히 고정되어 있다는 것은 지급되는 보수가 줄어도 공급량이 줄어들지 않는다는 것을 뜻하므로, 이 경우에는 그 생산요소에 지급되는 보수가 0으로 떨어진다 해도 공급량이 전혀 줄어들지 않는다. 이는 그 생산요소를 고용하고 있는 기업이 그것을 붙잡아 두기 위해 최소한으로 지급해야 하는 보수, 즉 전용수입이 0이라는 뜻이다.

반대로 어떤 생산요소의 공급이 극단적으로 신축적인 형태를 띠고 있다면 보수가 단돈 1원이라도 적게 주면 생산요소의 공급이 0으로 줄어들게 된다. 이 경우에는 그 생산요소에 지급된 보수 전체가 전용수입의 성격을 갖게 된다. 현재 지급하는 보수보다 조금이라도 더 적게 주면 곧장 다른 곳으로 옮겨가 공급이 0으로 떨어질 것이기 때문이다. 즉, 이처럼 공급이 완전히 신축적인 생산요소의 경우에는 지급된 보수 전체가 전용수입의 성격을 갖고 경제적 지대의 성격을 갖는 부분은 전혀 없게 된다.

이러한 사실을 고려할 때 토지에 대한 보수의 경우에는 경제적 지대가 차지하는 비중이 상당히 높을 것이다. 반면에 미숙련 노동자처럼 그 공급이 매우 신축적인 생산요소의 경우에는 보수 중 경제적 지대가 차지하는 비중이 매우 작아진다.

5 지대의 사례

이러한 현상이 목격되는 대상이라면 토지나 건물만이 아니라 다른 시장에서도 지대라 볼 수 있다. 대표적으로 유명 연예인이나 스포츠 선수와 같이 노동의 공급이 상당히 고정되어 있다면 이들이 얻는 소득은 경제적 지대의 특성을 갖고 있다고 볼 수 있다. 유명 연예인이나 스포츠 선수들은 그들이 지니고 있는 자질은 어느 정도 한정되어 있는 데 반해 그에 대한 수요는 대단히 많다는 특성을 갖고 있다. 인기 연예인의 경우 남들이 흉내내기 어려운 자질을 갖고 있고, 그러한 자질을 보고 즐기는 수많은 대중들이 있기 때문에 인기 연예인의 출연료는 천정부지로 높은 것이다. 만약에 그가 가진 재능과 비슷한 재능을 가진 사람이 많다면, 즉 공급이 많다면 그는 그렇게 높은 출연료를 받기 어려울 것이다.

수요 측면에서 고려해보자. 엄청난 돈을 받고 있는 메이저리그 투수가 있다고 하자. 만약 그가 아프리카 오지에서 야구를 한다면 그래도 많은 연봉을 받을 수 있을까? 그가 공을 던지는 능력은 메이저리그에서나 아프리카에서나 동일할 텐데도 말이다. 그는 아마 아프리카에서는 형편없는 연봉을 받게 될 것이다. 즉, 메이저리그 선수의 연봉은 그의 야구하는 능력뿐만 아니라 그의 플레이를 보려는 사람들이 많은지 여부에도 달려 있다.

6 지대 추구와 비효율

특성이나 자질이 한정되어 있기 때문에 그 보수가 높다고 하였다. 이러한 특성이나 자질은 자연적으로 제한되어 있기 때문에 보수가 높아지는 경우도 있지만, 인위적으로 진입을 제한한 경우에도 같은 현상이 발생한다. 예를 들어 정부가 특허권이나 면허 발급을 통해 제한을 가할 경우 그에 대한 보수가 높아진다.

그런데 인위적으로 제한하여 일단 높은 보수가 형성되면 이것을 없애기는 대단히 어렵다. 높은 보수를 없애려고 하면 이미 이것을 누리고 있는 사람들이 심하게 반발할 것이기 때문이다. 나아가서 기득권자들은 인위적 제한 조치가 철폐되지 않도록 여러 경로로 로비 활동을 펼칠 것이다. 예컨대 의대를 신설하여 의료 인력의 공급을 늘리려는 정책은 의료인들의 심한 반발에 부딪히게 된다. 이처럼 생산요소가 고정되도록 만들거나 그것을 지키려는 노력을 지대 추구(rent seeking)라 한다. 이처럼 높은 지대를 추구하는 행위는 생산을 증가시키지도 못하면서 자원을 쓸데없이 낭비하고 있다는 데에 문제가 있다. 사회적으로 볼 때 이러한 행위는 그 가격만 변화시킬 뿐 생산은 전혀 증가시키지 못한 결과 비효율을 유발한다.

REVIEW

1. 10분위 분배율은 최상위 20% 소득계층의 소득점유율에 대한 최하위 40% 소득계층의 소득점유율의 비율을 말한다.
2. 로렌츠곡선이란 횡축은 원점을 기준으로 전 인구를 하위 소득자부터 소득액 순으로 배열한 후 누적인구 백분율을 나타내고, 종축에는 그들이 차지하고 있는 소득금액의 누적 백분비를 표시한 것이다
3. 지니계수는 로렌츠곡선과 균등분포선 사이의 면적을 균등분포선이 그래프 상에서 만드는 삼각의 면적으로 나눈 것이다
4. 지대란 공급이 완전히 고정된 생산요소가 얻게 되는 보수를 의미한다.
5. 경제적 지대는 공급이 완전히 고정되어 있지 않은 요소가 획득하는 보수에 대해서 설명하는 개념으로서, 생산요소가 얻는 실제 보수 중에서 기회비용을 초과하는 부분을 의미한다.

PART 01
미시경제

CHAPTER 07

출제예상문제

01 다음 그림은 어떤 나라의 소득 분포를 말해주는 로렌츠곡선(Lorenz curve)을 나타내고 있다. 수직축은 소득의 누적백분율을 나타내고, 수평축은 가구의 누적백분율을 나타낸다. 다음 그림에서 전체 가구 가운데 소득 수준 최하위 20%인 가구들은 경제 전체소득 가운데 (　　)%를 차지하고, 소득 수준이 그 다음 하위 40%인 가구들은 경제 전체소득 가운데 (　　)%를 차지하며, 소득 수준 최상위 20%인 가구들은 경제 전체소득 가운데 (　　)%를 차지하였다. 다음 중 빈 칸에 들어갈 말을 순서대로 나열한 것은?

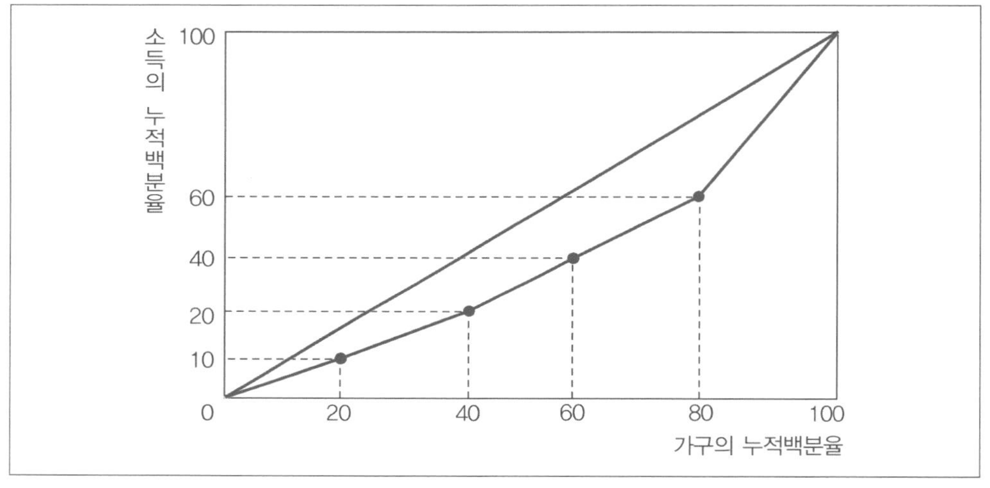

① 20, 20, 20
② 20, 40, 100
③ 10, 20, 40
④ 10, 10, 40
⑤ 10, 20, 60

해설 로렌츠곡선에서 가로축인 가구의 누적백분율은 저소득 가구에서부터 고소득 가구의 누적비율을 나타낸 것이므로 누적비율의 차이가 전체 가구에서 해당 가구의 점유비율이다. 그리고 세로축인 소득의 누적백분율은 저소득에서부터 고소득의 누적비율을 나타낸 것으로 누적비율의 차이가 전체소득에서 해당 소득의 점유비율이다. 그래서 최하위 20%에 해당하는 가구의 소득점유율은 10%이고, 차상위 20%에 해당하는 가구의 소득점유율은 10%이다. 왜냐하면 가구의 누적백분율 40%에 해당하는 소득의 누적백분율 20%에서 최하위 가구의 누적백분율 20%에 해당하는 소득의 누적백분율 10%를 차이로 계산되기 때문이다. 한편 최상위 20%에 해당하는 가구의 소득점유율은 40%이다.

정답 01 ④

02 다음은 소득분배에 대한 설명이다. 옳은 것을 모두 고른 것은?

가. 생산물시장 및 생산요소시장이 완전경쟁일 때 기업이 고용하는 노동의 한계생산물가치는 임금과 일치한다.
나. 생산요소가 노동과 자본뿐이라고 할 때 요소의 대체탄력도가 1보다 작다면, 노동의 상대가격 상승은 자본의 분배비율을 크게 만든다.
다. 십분위 분배율의 크기가 크면 클수록 또는 지니계수의 크기가 작을수록 소득은 더욱 균등하게 분배되었다고 본다.

① 가　　② 나
③ 다　　④ 가, 다
⑤ 나, 다

해설 가. 재화시장이 완전경쟁적이면 시장가격은 한계수입과 같고(P = MR), 생산요소시장이 완전경쟁적이면 임금은 한계요소비용과 같다(W = MFC). 최적요소고용조건은 한계수입생산과 한계요소비용의 일치인데 재화시장이 완전경쟁적이면 한계수입생산은 한계생산가치와 일치한다. 그래서 재화시장과 요소시장이 완전경쟁적이면 노동의 한계생산가치는 임금과 같다.
나. 생산요소 간 대체탄력도가 비탄력적이면 상대요소가격의 인상률에 비해 요소집약도의 증가율이 작다. 그래서 노동의 상대가격이 상승하면 노동의 감소율과 자본의 증가율이 작아 노동소득이 커지고 자본소득이 작아져서 자본의 분배비율을 작게 만든다.
다. 십분위 분배율과 소득분배균등도는 비례하고, 지니계수와 소득분배균등도는 반비례한다.

03 다음은 각 나라의 지니계수를 보여 주고 있다. 옳은 설명을 모두 고른 것은?

A국가 : 0.75,　B국가 : 0.28,　C국가 : 0.45,　D국가 : 0.92,　E국가 : 0.15

가. D국가의 소득이 가장 균등하게 분배되어 있다.
나. E국가의 로렌츠곡선은 A국가에 비해서 완전균등분배선에 근접해 있다.
다. B국가와 C국가의 로렌츠곡선은 서로 교차할 수 있다.

① 가, 나　　② 가, 다
③ 가, 나, 다　　④ 다
⑤ 나, 다

해설 지니계수는 로렌츠곡선이 교차하는 경우 국가 간의 소득분배균등도를 비교할 수 없는 한계를 해결하고자 도입한 측정지표이므로 로렌츠곡선이 교차하여도 소득분배의 균등도를 측정하는 데 문제가 없다. 한편 지니계수는 로렌츠곡선이 완전균등분배선과 같을 경우 0으로서 소득분배가 완전균등하다. 따라서 지니계수가 작을수록 소득분배균등도가 크므로 E국가의 소득분배가 가장 균등하다. 그러므로 E국가는 다른 국가들에 비해 로렌츠곡선이 완전균등분배선에 가장 근접하다.

정답 02 ④　03 ⑤

04 다음 표는 A국의 소득십분위별 소득 분포이다. 십분위 분배율을 소수점 둘째 자리까지 구하라.

소득계층	점유 비율(%)	소득계층	점유 비율(%)
제1분위	3	제6분위	9
제2분위	5	제7분위	11
제3분위	6	제8분위	12
제4분위	7	제9분위	15
제5분위	8	제10분위	24

① 0.54
② 0.33
③ 8.0
④ 4.88
⑤ 1.86

해설 십분위 분배율 = 최하위 소득계층 40%(제1분위~제4분위)의 소득점유율/최상위 소득계층 20%(제9분위~제10분위)의 소득점유율 = (3% + 5% + 6% + 7%)/(15% + 24%) = 0.54

05 국민의 50%는 소득 100을 균등하게 가지고 있고 나머지 50%는 소득이 없다면, 지니계수는?

① 0
② 0.25
③ 0.33
④ 0.5
⑤ 1

해설

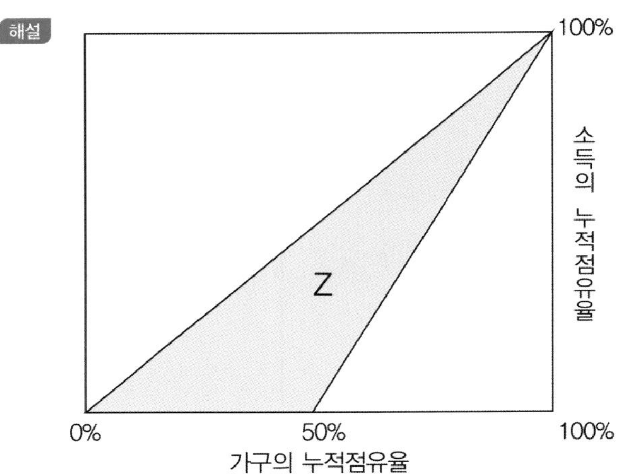

국민의 50%가 소득이 없으므로 가구의 누적점유율 50%까지 로렌츠곡선은 밑변과 같고, 나머지 50%는 모두 소득을 균등하게 가지고 있으므로, 가구에 대한 소득의 누적점유율이 일정하여 로렌츠곡선은 직선형이다. 지니계수 = Z/직각삼각형 = 0.5이다.

정답 04 ① 05 ④

06 소득분배에 관한 다음 설명 중 옳은 것을 모두 묶어 놓은 것은?

A. 로렌츠곡선이 대각선에 가까울수록 소득분배가 평등하다.
B. 지니계수가 0에 가까울수록 소득분배가 평등하다.
C. 지니계수와 로렌츠곡선은 서로 독립된 별개의 소득분배지수이다.

① A
② B
③ A, B
④ B, C
⑤ A, B, C

해설 지니계수는 로렌츠곡선의 형태에서 도출되므로 지니계수와 로렌츠곡선은 밀접하다. 로렌츠곡선이 완전균등분배선(대각선)에 가까워질수록 소득분배가 균등하며, Z값이 작아져서 지니계수도 0에 가까워져 소득분배가 균등하다.

07 다음 중 소득분배에 관한 설명으로 가장 적절하지 않은 것은?

① 소득분배가 균등할수록 로렌츠곡선은 대각선에 가까워진다.
② 쿠즈네츠의 U자 가설은 경제발전 단계와 소득분배의 균등도의 관계를 설명하고 있다.
③ 지니계수가 높을수록 소득분배는 균등함을 나타낸다.
④ 10분위 분배율은 최하위 40% 소득계층의 소득점유율을 최상위 20% 소득계층의 소득점유율로 나눈 비율이다.
⑤ 10분위 분배율은 이론적으로 0과 2 사이의 값을 갖는다.

해설 소득분배가 균등할수록 로렌츠곡선은 대각선에 가까워진다. 대각선과 로렌츠곡선의 차이에 해당하는 면적인 Z값이 작아질수록 지니계수도 작아지므로 지니계수가 낮을수록 소득분배는 균등하다. 소득분배가 완전히 균등하면 모든 소득계층의 소득점유율이 동일하다. 그래서 십분위 분배율의 최대값은 2가 되고, 소득분배가 완전히 불균등하면 최하위 계층의 소득이 없으므로 십분위 분배율의 최소값은 0이 된다. 한편 U자 가설은 경제발전 초기에는 소득분배균등도가 높다가 경제가 발전하면서 소득분배균등도가 낮아지고 경제발전의 후기에는 소득분배균등도가 다시 높아지는 경험적인 관계를 나타낸다.

08 지니계수에 대한 설명으로 옳지 않은 것은?

① 소득분배의 불평등 정도를 나타낸다.
② 로렌츠곡선으로부터 계산할 수 있다.
③ 0에서 1 사이의 값을 가진다.
④ 0에 가까울수록 소득분배가 균등하다.
⑤ 경제성장률과 항상 반비례의 관계를 갖는다.

정답 06 ③ 07 ③ 08 ⑤

해설 지니계수는 로렌츠곡선과 완전균등분배선의 차이에 해당하는 면적인 Z를 직각삼각형의 면적으로 나눈 비율이다. 로렌츠곡선이 완전균등분배선과 같으면 면적 Z가 0이 되어 지니계수의 최소값은 0이며, 로렌츠곡선이 직각삼각형과 같으면 면적 Z가 1이 되어 지니계수의 최대값은 1이다. Z값이 작을수록 로렌츠곡선이 완전균등분배선에 가까워지므로 지니계수가 작을수록 소득분배가 균등하다. 한편 경제성장률과 지니계수의 관계는 명확하지 않다.

09 소득분배에 대한 서술로서 옳은 것은?

① 지니계수의 크기는 0과 0.5 사이에 있다.
② 지니계수의 크기는 로렌츠곡선으로부터 도출할 수 있다.
③ 간접세 비중이 상승하면 지니계수가 낮아진다.
④ 소득세에 종합소득세제를 도입하면 로렌츠곡선이 대각선에서 멀어진다.
⑤ 누진세제를 강화하면 십분위 분배율이 낮아진다.

해설 지니계수는 로렌츠곡선에서 도출하며 최대값은 1이고 최소값은 0이다. 간접세의 역진적 성격에 따라 간접세 비중이 높아지면 소득분배가 불균등해져 지니계수가 높아지고, 종합소득세와 누진세가 강화되면 소득분배가 균등해져 로렌츠곡선은 대각선에 가까워지고 십분위 분배율은 높아진다.

10 소득분배의 불평등도를 측정하는 지표들에 대한 설명 중 옳은 것을 모두 고르면?

가. 로렌츠곡선은 한 국가의 모든 가계를 가장 저소득층부터 배열했을 경우의 누적적 인구비율과 누적소득의 점유비율을 그래프로 그린 것이다.
나. 지니계수는 0에 가까울수록 불평등의 정도가 심한 것으로 평가된다.
다. 두 국가의 로렌츠곡선이 서로 다르더라도 지니계수가 동일해질 수도 있기 때문에 추가적으로 십분위 분배율을 사용한다.

① 가
② 가, 나
③ 나, 다
④ 가, 다
⑤ 가, 나, 다

해설 지니계수는 0에 가까울수록 소득분배균등도가 커지고, 로렌츠곡선이 달라도 Z값이 같으면 지니계수는 같아질 수 있어 보충적으로 다른 분배지표들을 이용한다.

정답 09 ② 10 ④

11 소득분배에 관한 다음 설명 중 옳지 않은 것은?

① 소득의 계층적 분배문제는 시장기구에 의해 해결하기 힘들다.
② 생산성의 변화는 소득의 기능적 분배에 영향을 준다.
③ 임금이 상승하면 노동의 분배몫은 항상 증가한다.
④ 지니계수의 값이 증가했다는 것은 소득의 계층별 분배가 악화되었음을 나타낸다.
⑤ 애킨슨지수에는 상대적 불평등 기피도가 명시적으로 도입되었다.

해설 ③ 생산요소 간 완전대체관계에서는 임금이 상승하면 노동고용량이 0이 되어 노동소득이 없을 수도 있다.
① 소득의 계층적 분배는 시장가격에 의해 해결되지 못한다.
② 소득의 기능적 분배는 시장에서 각 생산요소의 한계생산에 따른 소득분배이다.
④ 지니계수가 클수록 소득분배불균등은 커진다.
⑤ 애킨슨지수는 사회의 후생에 관한 가치판단을 반영하는 균등분배대등소득을 이용하므로 상대적 불평등 기피도를 보여준다. 불평등 기피도가 클수록 균등분배대등소득은 작아진다.

12 지대, 경제적 지대 및 준지대의 설명 중 옳지 않은 것은?

① 리카르도에 따르면 쌀값이 비싸지면 그 쌀을 생산하는 토지의 지대도 높아진다.
② 경제적 지대는 토지뿐만 아니라 공급량이 제한된 노동, 기계설비 등 모든 종류의 시장에서 나타날 수 있다.
③ 생산요소가 받는 보수 중에서 경제적 지대가 차지하는 비중은 수요가 일정할 때 공급곡선이 탄력적일수록 작아진다.
④ 마샬의 준지대는 장기에 소멸되어 존재하지 않는다.
⑤ 준지대는 산출량의 크기와는 관계없이 총고정비용보다 크다.

해설 ⑤ 단기에는 고정요소가 존재하여 이윤과 고정비용의 합을 준지대라 하는데 손실이 발생하면 준지대는 고정비용보다 감소한다.
① 쌀은 토지에서 나오는 산출물인데, 재화(쌀)의 가격이 비싸지면 생산요소(토지)의 수요증가로 생산요소(토지)의 가격도 비싸지므로 토지의 지대도 상승한다.
② 지대는 생산요소공급에 따른 수취가격과 공급가격의 차이인 경제적 지대와 공급가격만큼인 이전수입으로 나뉜다.
③ 토지처럼 공급량이 제한된 어떠한 생산요소에서든 공급의 가격탄력도가 작을수록 수취가격이 높게 형성되어 경제적 지대는 점점 커진다.
④ 장기에는 고정요소가 없어 준지대도 없다.

정답 11 ③ 12 ⑤

13 **다음은 어느 신문기사의 일부이다. 기사 내용 중 괄호 안에 들어갈 용어로 적절한 것은?**

> 소득에 비해 식료품 가격이 빠르게 오르면서 (   )가 8년만에 최고 수준으로 올라섰다. 소비지출 중 식료품비 비중을 말하는 (   )는 소득수준이 낮을수록 높게 나타난다. 22일 한국은행 국민소득 통계에 따르면 올해 들어 9월까지 전체 소비지출액에서 식료품 및 비주류 음료품이 차지하는 비중은 13%로 작년 같은 기간의 12.3%보다 0.7%포인트 상승했다. 올해 이 비중은 2000년(13.4%) 이후 가장 높은 수준이다.

① 지니계수　　② 엥겔지수
③ 10분위 분배율　　④ 애킨슨지수
⑤ 5분위 분배율

해설 ② 엥겔지수는 19세기 독일의 통계학자 엥겔(Ernst Engel)이 발견한 법칙으로 가계의 소비지출에서 차지하는 식료품비의 비중을 말한다. 통상적으로 소득 수준이 높아지면 하락하고 생활형편이 나빠지면 올라간다.
⑤ 5분위 분배율은 하위 20%의 점유소득을 상위 20%의 점유소득으로 나눈 비율을 가리킨다.

정답 13 ②

PART 02 거시경제

PART 02
거시경제

CHAPTER 01

국민소득통계

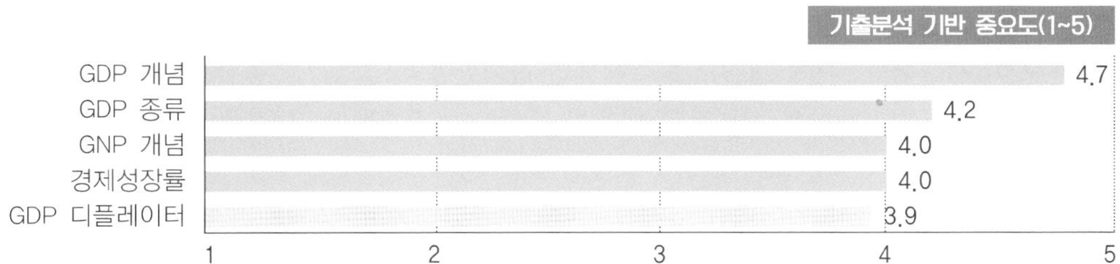

학습목표

① 거시경제 상황을 파악하는 데 있어서 경제지표가 유용한 이유를 인식한다.
② 경제변수들은 크게 유량과 저량 변수로 구분할 수 있는데, 각각의 경제변수가 유량에 해당하는지 저량에 해당하는지에 대해 명확히 구분할 수 있어야 한다.
③ GDP에 대한 명확한 정의를 이해하고, 이를 바탕으로 GDP를 산출할 수 있어야 한다.
④ GDP를 통해서 국민소득을 구하는 방법에는 어떠한 것들이 있으며, 소득과 지출 생산의 한 측면만으로 국가경제의 전반적인 상황을 확인 가능한 이유를 이해한다.
⑤ GDP라고 해서 다 같은 것은 아니며 각각의 GDP가 어떻게 상이한 의미를 갖고 있는지 구분할 수 있어야 한다.
⑥ GDP 디플레이터를 구하는 방식을 이해하고, 이를 바탕으로 명목과 실질 변수의 의미가 무엇인지 확인한다.
⑦ GDP를 통해서 다양한 경제지표들을 만들 수 있다는 사실을 확인한다.
⑧ GDP와 GNP의 차이점을 인식하고, 실제 경제 현상의 내용을 바탕으로 이를 구분할 수 있어야 한다.
⑨ 기타 국민소득통계에는 어떠한 것들이 있으며, 각각이 가지는 의미가 무엇인지 구분할 수 있어야 한다.

1 거시경제는 지표

1 거시경제지표의 필요성

거시경제학을 공부하기 위해서는 반드시 숙지해야 할 내용 중 하나가 각종 거시경제지표들에 대한 이해일 것이다. 우리는 흔히 '경기가 안좋아', '청년 실업이 심각해', '물가가 너무 높아진 거 같아'라는 등의 표현을 통해서 국가 경제 전반적인 상황을 표현하곤 한다. 일반인들이 다소 주관적이면서 추상적인 이러한 표현을 통해 국가경제가 직면하고 있는 상황을 표현하는 것은 전혀 문제가 될 것이 없다. 하지만 국가 정책 입안자의 경우는 다르다. 그들은 국가경제가 직면하고 있는 상황을 보다 구체적이고, 객관적인 시각을 갖고 확인할 수 있어야 하며, 더 나아가 이러한 내용을 판단 근거로 하여 국민경제가 바람직한 상태를 유지할 수 있도록 노력해야 한다. 직장인들 역시 마찬가지인데, 국민경제의 전반적인 상황이라는 것은 자신이 재직하고 있는 회사를 둘러싸고 있는 환경이기도 하므로 거시경제적 상황을 인식하고 판단할 수 있는 능력을 갖추는 것은 회사의 경영 환경을 판단할 수 있는 능력을 갖추고 있는 것과 같다. 오늘날과 같이 경제가 일상생활에서 차지하는 비중이 커지고 있는 시점에서는 일반인들 역시 경제의 전반적인 상황을 판단할 수 있는 능력이 필요한 것이 사실이다. 이에 개별 경제주체들의 경제활동의 결과들을 종합하여 총체적인 분석을 수행해야 하는 거시경제학은 개별적인 내용을 종합하여 집계해 놓은 각종 경제지표를 사용하게 되었다.

2 경제지표 사용의 이점

(1) 객관적 비교 가능

국민경제의 전반적인 상황을 파악하기 위해서는 다른 시점 내지 다른 집단과 비교가 가능할 경우 상황을 판단하기가 용이해진다. 거시경제지표들은 바로 이러한 객관적 비교가 가능하게 해준다는 장점을 갖고 있다. 과거의 국가경제의 상황과의 비교 내지 인근 국가와의 비교를 통해서 현재 국가경제가 어떠한 상황에 직면해 있는지를 파악할 수 있기 때문이다.

(2) 개선되거나 악화된 정도 파악

거시경제의 경우에는 특정 경제상황을 있는 그대로 받아들이기 보다는 특정 상황을 보다 바람직한 상황으로 변화시키기 위한 각종 정책적 노력을 취하는 경우가 많다. 이때 거시경제지표들은 특정 정책을 통해서 국가경제가 얼마나 개선되었는지 혹은 더 악화되었는지를 확인할 수 있는 판단 근거를 제공해 준다. 이러한 거시경제지표들을 통해서 해당 정책의 실효성을 평가하고 이를 바탕으로 추가적인 수정이나 보완점을 만들 수도 있게 되는 것이다.

(3) 필요한 부분이나 사항만을 별도로 구분하여 파악 가능

거시경제지표들 중에는 전반적인 국가경제의 상황을 파악하기 위한 지표들도 있지만, 어떤 지표들의 경우에는 특정 경제주체나 경제상황만을 파악하기 위한 지표들도 있다. 따라서 거시경제지표들을 통해서는 국가경제의 전반적인 상황을 파악할 수 있을 뿐만 아니라 국가경제의 주요한 경제 분야 내지 특정 산업 분야의 상황만을 별도로 파악할 수 있는 근거를 제공해 준다.

(4) 경제지표를 활용할 경우 추가적인 정보 획득

특정 경제상황을 파악할 수 있는 거시경제지표들을 활용할 경우 거시경제에 대한 추가적인 정보를 얻을 수도 있다. 국민소득에 대한 정보를 얻기 위해 만든 국민소득통계자료를 활용할 경우 물가상승률에 대한 정보를 얻을 수 있는 것이 그 예에 해당한다.

용어 해설

- **저량** : 저량은 시간개념 없이 일정시점에서 측정되는 변수이다. 예컨대, 자본량, 통화량 등은 작년 말 현재 혹은 오늘 지금 이 시각 현재 얼마나 되는지를 측정하는 저량에 해당한다.
- **유량** : 일정시간에 걸쳐 측정되는 변수로서, 소득, 생산, 소비, 투자, 저축 등과 같이 시간차원을 가지는 변수가 유량이다.

2 국민소득통계

1 GDP

(1) 의미

① 개념

국내총생산은 주어진 기간 내에 한 나라 안에서 생산된 모든 최종재화와 서비스의 시장가치를 나타내며, 한 국가의 경제적 후생 수준을 가장 잘 보여주는 지표로 받아들여지고 있다.

② 개념 요소

㉠ **주어진 기간** : 국내총생산은 유량 개념으로서, 주어진 특정 기간 내에 이루어진 생산의 가치를 측정한다. 보통 주어진 기간은 1년을 의미한다.

㉡ **한 나라 안에서** : 국내총생산은 한 국가의 영토 내에서 일어난 생산활동의 가치를 측정하는 것이다. 따라서 외국인이 국내에서 생산한 것은 포함되지만, 내국인이 외국에서 생산한 것은 제외된다.

㉢ **생산된** : 당해 기간 동안 생산된 재화와 서비스만이 포함되며, 그 기간 동안의 생산과 관계없는 것은 포함되지 않는다.

㉣ **최종생산물** : 중간생산물을 국내총생산 측정 시 포함시키면 이중계산 문제가 발생하므로 중간생산물은 국내총생산 측정에 포함시키지 않는다.

㉤ **시장가치** : 국내총생산은 시장에서 거래되는 가격으로 평가하므로 원칙적으로는 시장에서 거래된 것만 포함되며, 시장거래를 통하지 않는 것은 제외된다.

용어 해설

GDP : 일정기간(보통 1년) 동안 한 나라 안에서 생산된 모든 재화와 서비스의 시장가치를 화폐 단위로 환산하여 더한 값이다(국내총생산).

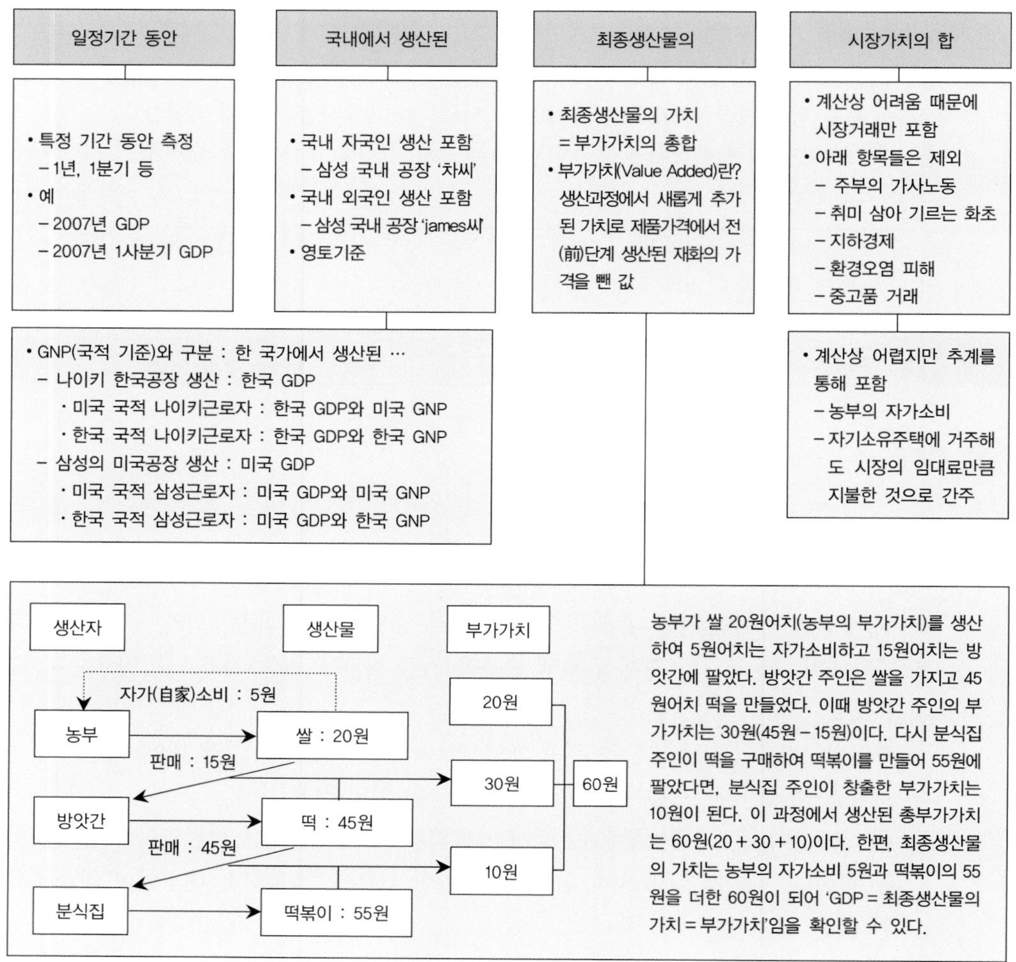

(2) GDP 계산방법

① 최종생산물의 계산

GDP는 일정기간 동안 새롭게 생산된 것만을 측정하므로, 중고품이나 재고품은 GDP에 포함되지 않는다. 또한 생산물의 가치가 중복 계산되는 것을 피하기 위해 최종적인 재화와 서비스(최종생산물)의 가치만 계산한다. 예컨대, 제분업자가 농부에게서 4만원 주고 밀을 사다가 10만원 가치의 밀가루를 만들어 팔고, 제빵업자는 밀가루를 사다가 20만원 가치의 빵을 만들어 가정주부에게 팔았다고 하자. 이때 최종생산물은 빵이 되고 GDP는 20만원이다. 이때 밀・밀가루도 농부와 제분업자 입장에서 본다면 최종생산물이 되겠지만, 밀과 밀가루는 빵의 투입물로 다시 생산에 투입되었다. 즉, 빵의 가격 20만원 속에는 중간투입물인 밀이나 밀가루의 가치가 포함되어 있기 때문에 GDP를 계산할 경우 중간투입물을 포함하면 생산물의 가치가 중복계산된다. 따라서 최종생산물인 빵의 가격만 GDP에 포함시킨다.

여기서 한 가지 주의할 점은 같은 밀가루라도 제빵업자가 밀가루를 구입한 것은 중간투입물로 GDP의 계산에서 제외해야 하지만, 가정주부가 밀가루를 구입해서 칼국수를 만들었다면 밀가루는 최종생산물로 GDP에 포함된다.

② 부가가치를 이용한 계산

부가가치란 '생산과정에서 새롭게 부가된 가치'를 말하는데, 각 생산 단계의 생산된 가치에서 중간투입비용을 제외함으로써 구할 수 있다. 앞에서 농부가 만들어낸 부가가치는 4만원이다(농부의 중간투입비용은 나타나 있지 않다). 농부가 생산한 4만원의 밀은 제분업자에게 중간재로 쓰여 10만원의 밀이 생산되었다. 이처럼 최종적으로 소비되는 재화나 서비스가 아닌 다른 재화나 서비스 생산에 사용된 것을 **중간재**라고 한다. 제분업자가 만든 부가가치는 자신이 만든 재화의 가치에서 중간재의 가치를 뺀 6만원이 된다. 같은 방법으로 제빵업자가 창출한 부가가치가 10만원이라는 것도 알 수 있다. 여기서 중요한 사실은 각 생산 단계의 부가가치를 모두 더하면 20만원(= 4만원 + 6만원 + 10만원)으로 최종생산물의 가치로 계산한 GDP와 일치한다는 점이다.

다른 방법으로도 GDP를 계산할 수 있다. 각 생산 단계의 생산물을 모두 더한 뒤에 중간투입물의 가치를 한 번에 빼주는 것이다. 위에서 농부・제빵업자・제분업자가 만들어낸 재화의 총가치를 모두 더하면 34만원(= 4만원 + 10만원 + 20만원)이고 중간투입비용은 밀 4만원, 밀가루 10만원이기 때문에 GDP는 20만원(= 34만원 − 4만원 − 10만원)으로 구해진다.

부가가치를 다른 측면에서 해석해본다면 분배된 국민소득이라고 볼 수 있다. 농부가 만든 4만원은 농부의 노력에 대한 대가로 농부의 소득이 되고, 제분업자가 만든 6만원도 투입된 노동과 자본, 그리고 경영의 가치인 이윤이 만들어낸 합작품으로서 그 몫은 각 투입된 요소의 몫으로 돌아갈 것이다. 따라서 부가가치를 모두 더하면 **분배국민소득**이 된다.

(3) GDP가 가지는 한계점

① 통계 처리로 인한 왜곡

GDP가 분명 유용한 개념이지만 문제가 없는 것은 아니다. 먼저 GDP는 모든 생산, 분배, 지출 과정을 다루어야 정확한 결과를 도출할 수 있지만, 너무나 방대하여 인원이나 비용이 크게 소모되기 때문에 대부분 표본 통계를 통해서 추정하는 방식으로 집계되는 문제점이 있다. 그런데 이런 추계과정이 일관성이 없다는 데 더 큰 문제점을 갖고 있다.

② 누락되는 요소가 많음

집계에서 누락되는 요소들이 많다. 대표적인 예로 가정주부가 가족을 위해 제공하는 식사, 빨래, 육아, 청소 등의 가치는 시장에서 거래되지 않는다는 이유로 GDP에 포함되지 않는다. 똑같은 종류의 일이 음식점, 세탁소, 가정부 또는 청소부 등에 의해 이루어지면 시장에서 평가 거래되기 때문에 GDP에 포함되는 데도 말이다.

전업주부의 가사노동이 이처럼 비중이 있음에도 불구하고 GDP에서는 이를 고려하지 않는 이유 또한 상당하다. 먼저 가사서비스의 경우 생산이 타 경제부문에 거의 영향을 주지 않는 독립적인 활동이며, 시장판매를 위한 생산이 아니므로 가치를 평가하는 데 논란이 존재할 수 있다. 또한, 가사서비스는 보수를 받고 다른 가계를 위해 생산한 경우와는 경제적 가치가 동일하지 않고, 생산에 포함할 경우 거의 모든 성인인구가 경제활동인구 및 취업자로 되어 고용통계에 왜곡을 야기하기 때문이다. 이상과 같은 여러 가지 이유로 현재 가사노동을 GDP 계산 시 반영하는 나라는 없다.

③ 여가 등의 삶의 질 미반영

여가는 국가경제의 후생을 높이는 중요한 요인이나, GDP에서는 반영하지 못한다. GDP는 여가도 없이 주말에도 계속해서 일을 한다면 올라가는데 그 경우 전체적인 사회의 후생은 오히려 떨어질 수 있다. 때문에 GDP를 가지고 해당 국가의 후생 정도를 모두 파악했다고 보기는 힘들며, 질적인 판단이 이루어지지 못한다. 또한, 생산과정에서 유발되는 대기 및 수질오염, 소음 등 공해는 모두 GDP 계산에서 도외시된다. 이러한 부분들은 물질적 풍요 못지 않게 중요한 부분인데도 말이다.

④ 소득분배나 빈부격차 미반영

GDP가 같은 나라들 사이에서도 소득분배 상태는 나라별로 크게 차이가 날 수 있다. 예를 들어, 어떤 나라는 소득이 높은 계층과 낮은 계층 사이에 수만 배의 차이가 있고, 다른 나라는 수십 배 정도의 차에 그칠 수도 있다. 이처럼 GDP는 총량 개념으로서 각 나라의 경제적 규모를 알 수 있을 따름이지 그 나라 국민들의 빈부격차나, 소득분배 상태를 알려주지는 못한다.

(4) GDP 보완 지표 다양

① 인간개발지수(HDI ; Human Development Index)는 유엔개발계획(UNDP)이 각 국가의 실질국민소득, 교육 수준, 문맹률, 평균수명 등 여러 가지 인간의 삶과 관련된 지표를 조사해 각국의 인간발전 정도와 선진화 정도를 평가한 지수이다. 일반적으로 HDI가 0.900점 이상이면 선진국으로 본다. UN의 'Human Development Report'(2005)에 의하면 우리나라의 인간개발지수는 0.901로 28위를 차지했다.

② 환경지속성지수(ESI ; Environmental Sustainability Index)는 현재의 환경・사회・경제 조건을 바탕으로 지속가능한 성장을 할 수 있는 국가 역량을 개량화해 비교하는 국제 평가 지수로, 국가가 환경파괴를 유발하지 않고 경제성장을 이룩할 수 있는 능력을 지표화한 것이다. 환경오염 정도뿐만 아니라 과학기술 능력, 민주화 수준, 국민소득, 보건상태, 국제적 공헌도 등 '삶의 질'을 종합적으로 평가한다. 우리나라는 2003년 기준으로 146개국 중 122위를 차지했다.

③ 세계가치관조사(World Value Survey)는 후생 수준을 객관적 지표로 측정하지 않고 주관적 평가를 지수화해 알아보는 방식이다. 이 조사는 1981년에 처음 실시되었고, 전세계의 사회학자들에 의해 실시되고 있다. 2006~2007년 한국, 미국, 일본 등 39개 국가에서 실시한 조사 결과를 보면, 한국인의 행복지수는 100점 만점에 65.93점으로 세계 평균(69점)에도 못 미쳤고, 순위는 37개 조사 대상국 중 28위였다.

2 3면 등가의 법칙

(1) 의미

한 나라의 경제는 각 경제주체들이 물건이나 서비스를 생산하고 그 대가로 소득을 얻으며 다시 소득을 물건이나 서비스를 구입하기 위해 지출하는 과정이 반복된다고 볼 수 있다. 즉, 국가경제는 이 과정에서 발생하는 생산, 분배, 지출의 세 가지 측면이 있다.

그렇다면 대표적인 경제활동 중에 하나가 생산활동임은 분명하지만, 이에 못지 않게 중요한 경제활동이 분배나 지출활동이다. 이 밖에도 국가경제 전반적인 상황을 파악하기 위해서 살펴봐야 하는 경제활동들은 많은데 왜 GDP(국내총생산)만으로 이러한 전반적인 상황을 파악할 수 있다고 말하는 것인가?

예를 통해 그 이유를 살펴보자. 기업이 근로자를 고용하고 투자에 필요한 돈을 빌리고, 토지도 빌려 생산활동을 함으로써 부가가치를 만들어 내는데, 이러한 부가가치의 합계가 국내총생산에 해당한다. 여기서 기업이 물건을 만드는 데 참여한 근로자는 임금을, 기업에게 돈을 빌려준 사람은 이자를, 토지를 빌려준 사람은 임대료를 각각 받게 되고, 그 나머지는 생산활동에 따른 이윤으로 기업에 돌아간다. 이처럼 생산활동에 참여한 대가로 얻게 되는 임금, 이자, 임대료, 이윤 등을 모두 합해 분배국민소득이라고 하는데, 결국 국내총생산은 국내총소득인 분배국민소득과 같아지는 것이다.

이제 다시 개별 경제주체들은 생산활동에 참여한 대가로 얻게 된 소득을 최종생산물을 사서 개인이 소비하거나 기업이 투자하는 데 사용하게 됨으로써 이는 다시 지출국민소득과 같아지게 된다.

국내총생산 = 국내총소득 = 국내총생산에 대한 지출

위의 식을 우리는 GDP 3면 등가의 원칙이라고 부른다. 즉, 3면 등가의 원칙에 따라 생산활동을 기준으로 측정한 국내총생산은 분배활동을 기준으로 측정한 국내총소득 및 지출활동을 기준으로 측정한 국내총생산에 대한 지출과 일치하게 된다.

(2) 사례

실제로 GDP가 어떤 방식으로 계산되는지를 가상의 경제를 통해 이해해보자. 처음에 농부가 쌀을 25원어치 생산하여 소비자에게 5원어치, 방앗간 주인에게 20원어치를 팔았다고 하자. 방앗간 주인은 구입한 쌀을 가지고 떡을 만들어 분식집에 55원을 받고 팔았다. 분식집은 떡을 가지고 떡볶이를 만들어 가계에게 100원에 팔았다. 이때 총 시장가치와 부가가치의 관계는 아래와 같다. 일정기간 동안 발생한 경제활동은 생산, 지출, 분배의 세 가지 방법에 의해 측정할 수 있고 이 세 측면의 값이 모두 같다는 것은 이 사례를 통해 확인할 수 있다.

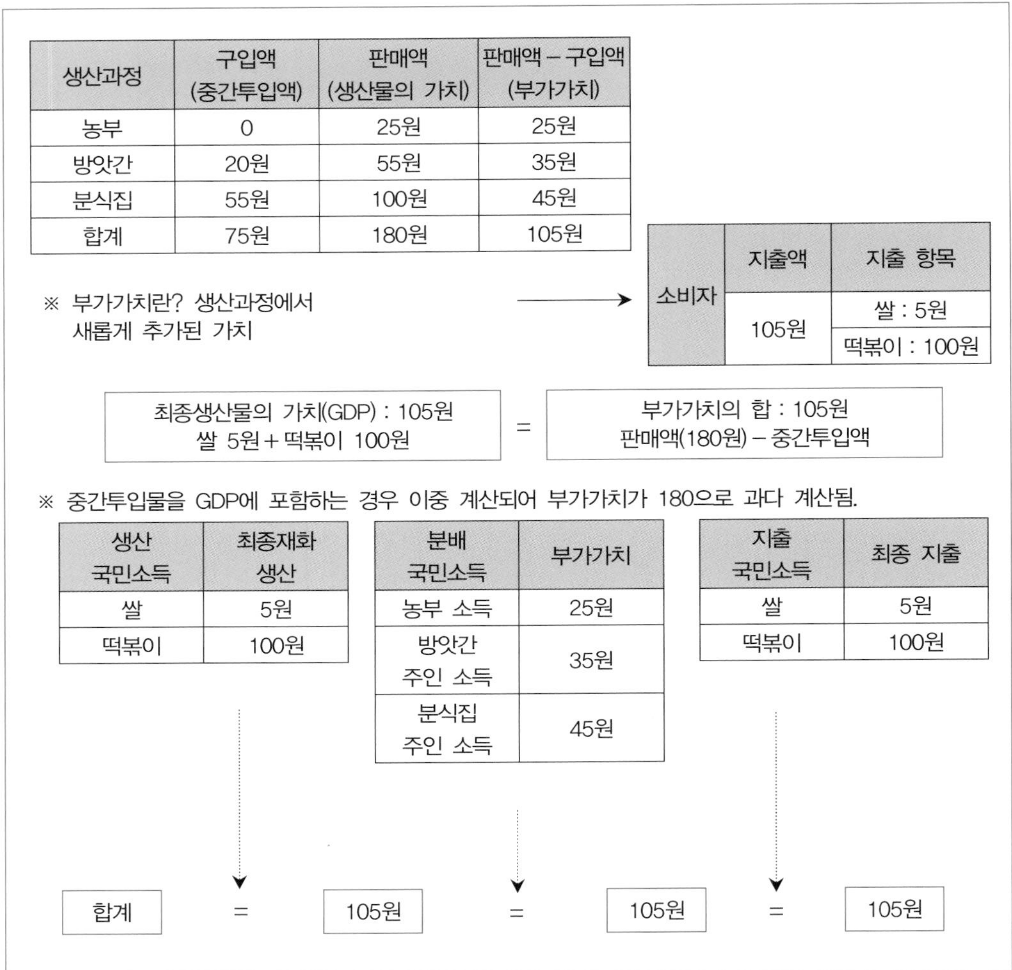

생산과정	구입액 (중간투입액)	판매액 (생산물의 가치)	판매액 – 구입액 (부가가치)
농부	0	25원	25원
방앗간	20원	55원	35원
분식집	55원	100원	45원
합계	75원	180원	105원

※ 부가가치란? 생산과정에서 새롭게 추가된 가치

	지출액	지출 항목
소비자	105원	쌀 : 5원
		떡볶이 : 100원

최종생산물의 가치(GDP) : 105원 쌀 5원 + 떡볶이 100원 = 부가가치의 합 : 105원 판매액(180원) – 중간투입액

※ 중간투입물을 GDP에 포함하는 경우 이중 계산되어 부가가치가 180으로 과다 계산됨.

생산 국민소득	최종재화 생산
쌀	5원
떡볶이	100원

분배 국민소득	부가가치
농부 소득	25원
방앗간 주인 소득	35원
분식집 주인 소득	45원

지출 국민소득	최종 지출
쌀	5원
떡볶이	100원

합계 = 105원 = 105원 = 105원

3 GDP의 종류

(1) 명목GDP vs. 실질GDP

① 개념

GDP는 크게 두 가지로 구분할 수 있는데 명목GDP와 실질GDP가 그것이다. 명목GDP는 해당 연도의 시장가격으로 계산한 국내총생산으로서, 해당 연도의 경제활동 규모와 실적, 산업구조 등을 파악하는 데 유용하다. 그러나 다른 연도와 비교하여 경제가 실질적으로 얼마나 변동했는지를 알고자 할 때는 명목GDP보다는 실질GDP가 더 적절한 지표다. 실질GDP는 재화와 서비스의 생산가치를 불변가격으로 계산한 국내총생산을 말하는데, 여기서 불변가격이란 실질GDP를 계산하기 위한 기준연도의 시장가격을 말한다.

② 차이점

어느 해의 GDP가 그 전 해에 비해 증가했다면 이는 두 가지 요인에 의해 일어날 수 있다. 해당 국가에서 생산한 재화와 서비스 생산량이 증가했거나 아니면 재화나 서비스 가격이 상승한 것이다. 이 두 가지 요인을 분리하여 가격 변동의 영향을 배제하고 생산량만의 증가 폭을 알아보고 싶을 때 바로 실질GDP를 사용할 수 있다.

실제 계산 사례를 살펴보자. 아래의 도표들은 2008년을 기준연도로 설정해서 계산한 명목 GDP와 실질GDP이다.

가격과 생산량				
연도	떡볶이 가격	떡볶이 생산량	햄버거 가격	햄버거 생산량
2008	1	10	2	5
2009	2	15	3	10
2010	3	20	4	15

연도	명목GDP
2008	떡볶이 1원 × 떡볶이 10개 + 햄버거 2원 × 햄버거 5개 = 20원
2009	떡볶이 2원 × 떡볶이 15개 + 햄버거 3원 × 햄버거 10개 = 60원
2010	떡볶이 3원 × 떡볶이 20개 + 햄버거 4원 × 햄버거 15개 = 120원

연도	실질GDP
2008	떡볶이 1원 × 떡볶이 10개 + 햄버거 2원 × 햄버거 5개 = 20원
2009	떡볶이 1원 × 떡볶이 15개 + 햄버거 2원 × 햄버거 10개 = 35원
2010	떡볶이 1원 × 떡볶이 20개 + 햄버거 2원 × 햄버거 15개 = 50원

위의 계산 과정에서도 확인할 수 있듯이 명목GDP는 재화와 서비스의 가치를 그 해의 가격으로 계산한 것이며, 실질GDP는 기준연도 가격으로 계산한 값이다. 따라서 실질GDP는 가격 변화의 영향을 받지 않으므로 실질GDP의 변동은 생산량의 변동만을 표현한다. 따라서 실질GDP는 한 경제의 재화와 서비스 생산의 지표로 볼 수 있으며, 재화와 서비스를 생산하여 얼마만큼 국민들의 욕구를 충족시키는 능력을 갖추고 있는지를 보여주고 있다.

기출 유사문제

다음 자료를 통해 도출할 수 있는 추론으로 적절하지 않은 것은?

그림은 2009년~2011년 기간 중 A국의 명목GDP, 실질GDP, 1인당 실질GDP의 추이를 나타낸다.

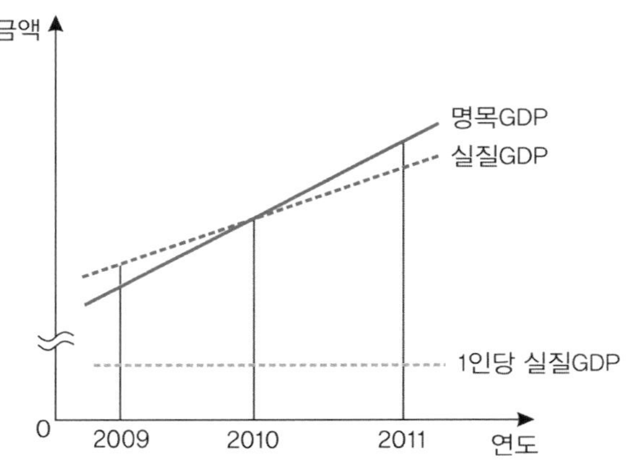

① 2010년의 GDP 디플레이터는 100이다.
② 주어진 기간에 화폐의 구매력이 감소하였다.
③ 주어진 기간에 1인당 명목GDP는 감소하였다.
④ 주어진 기간에 명목금리는 실질금리보다 높게 형성되었다.
⑤ 주어진 기간에 실질GDP 증가율과 인구증가율은 동일하였다.

해설 2010년에 명목GDP와 실질GDP가 동일하므로 2010년 GDP 디플레이터는 100이다. 주어진 기간에 명목GDP 증가율이 실질GDP 증가율보다 높게 나타나므로 GDP 디플레이터로 표현한 물가 상승률이 양(+)의 값을 기록하였다. 이러한 인플레이션은 화폐의 구매력 감소를 의미하며, 명목금리가 실질금리보다 높게 형성되는 이유가 된다. 한편 주어진 기간에 1인당 실질GDP는 변화가 없으므로 실질GDP 증가율과 인구증가율은 같고, 주어진 기간에 물가가 상승하는 가운데 1인당 실질GDP의 증가율이 0이므로 1인당 명목GDP는 증가한다.

정답 I ③

(2) 실제GDP vs. 잠재GDP

① 개념

지금까지 우리가 다룬 GDP의 개념들은 한 나라의 경제가 실제로 생산한 모든 최종생산물을 평가한 것으로 실제GDP라 한다. 반면 잠재GDP는 자연실업률 상태에서 노동과 자본 등의 생산요소를 완전히 사용할 경우 달성할 수 있는 최대GDP를 의미한다. 이용가능한 모든 생산요소가 정상적으로 고용되는 상태를 완전고용이라고 하기에 잠재GDP를 완전고용GDP라고 부르기도 한다.

② 차이점

경기가 지나치게 좋은 경우 실제GDP가 잠재GDP를 초과하는 경우가 발생하는데, 일견 이 말이 무슨 말인지 이해가 안 되는 경우가 있다. 이용가능한 모든 생산요소를 사용한 것이 잠재GDP인데 어떻게 실제GDP가 잠재GDP보다 높다는 것인가? 예를 들어 설명해 보자. 노동자를 정상적으로 고용하여 잠재GDP를 달성했다는 말은 노동자를 평일에 하루 8시간 정상근무시키고, 공휴일에는 쉬는 형태로 근무하였다는 의미인데, 평일 하루에 8시간을 초과하여 일을 하고 공휴일에도 일을 했다면 이는 정상 수준 이상으로 고용된 것이기 때문에 이러한 현상이 벌어질 경우 실제GDP가 잠재GDP보다 더 오르게 된다. 기타 다른 생산요소 역시 마찬가지로 기계 등을 정상 수준 이상으로 가동할 경우 이는 실제GDP를 잠재GDP보다 높게 만드는 요인이 된다.

③ GDP갭

GDP갭이란 실제GDP와 잠재GDP의 차이로 다음과 같이 정의되며, 측정된 값에 따라 경기 상황을 다음과 같이 분석할 수 있다.

GDP갭 = 잠재GDP − 실제GDP

GDP갭 > 0 실업 존재 → 총수요 증대 필요성	GDP갭 < 0 경기 과열 → 총수요 억제 필요성

용어 해설

자연실업률 : 자연성장률에 대응되는 개념으로 수요적 변화에 관계없이 마찰적 구조적 요인에 따라 결정되는 실업률을 말한다. 즉, 장기적으로 물가 상승을 유발하지 않는 수준의 실업률이자, 실제 실업률의 상승과 하락을 평가하는 기준이 되는 실업률이 자연실업률이다.

3 GDP를 활용한 거시경제지표

1 GDP 디플레이터

GDP 디플레이터(*deflator*)는 기준연도의 물가수준 대비 현재 물가수준을 측정한다.

$$\text{GDP 디플레이터} = \frac{\text{명목GDP}}{\text{실질GDP}} \times 100$$

GDP를 통해서 어떻게 이러한 물가 변화를 측정할 수 있는지 살펴보자. GDP의 변화는 크게 두 가지 측면으로 나누어 생각해 볼 수 있다. 먼저 시간이 흐름에 따라 경제의 생산량은 증가하는 반면 가격은 변함이 없는 경우인데, 이 경우 명목GDP와 실질GDP 모두 증가하는 요인이므로 GDP 디플레이터는 변화하지 않는다. 반면 시간이 흐름에 따라 가격은 상승하고 생산량이 변화가 없는 경우 명목GDP는 증가하지만 실질GDP는 변하지 않으므로, GDP 디플레이터는 상승하게 된다. 이러한 내용을 종합할 때 GDP 디플레이터가 변화하는 요인은 생산량의 변화가 아니라 가격이라는 점을 알 수 있고, 여기에 GDP 디플레이터가 물가지표로 사용할 수 있는 이유를 찾을 수 있다. 아래의 경우에는 기준연도가 2010년도이다. 따라서 2010년도의 명목GDP와 실질GDP의 값이 동일하고, 이를 바탕으로 계산된 GDP 디플레이터도 값이 100이 된다. 반면 2012년의 경우에는 명목GDP가 120이고, 실질GDP가 50이므로, GDP 디플레이터는 240이다.

연도	명목GDP
2010	떡볶이 1원 × 떡볶이 10개 + 햄버거 2원 × 햄버거 5개 = 20원
2011	떡볶이 2원 × 떡볶이 15개 + 햄버거 3원 × 햄버거 10개 = 60원
2012	떡볶이 3원 × 떡볶이 20개 + 햄버거 4원 × 햄버거 15개 = 120원

연도	실질GDP
2010	떡볶이 1원 × 떡볶이 10개 + 햄버거 2원 × 햄버거 5개 = 20원
2011	떡볶이 1원 × 떡볶이 15개 + 햄버거 2원 × 햄버거 10개 = 35원
2012	떡볶이 1원 × 떡볶이 20개 + 햄버거 2원 × 햄버거 15개 = 50원

2 경제성장률

경제성장률은 각 경제활동 부분이 만들어낸 부가가치가 얼마나 증가했는지를 통해서 측정할 수 있으며, 물가, 실업률, 국제수지 등과 함께 경제정책 수립에 있어서 중요한 참고 자료로 활용되고 있다. 왜냐하면 경제성장률이 높다는 것은 그만큼 해당 국민경제가 많은 일자리를 창출하고, 소득이 증대되고 있으며, 이를 바탕으로 국민의 후생들도 높아질 가능성이 있다는 사실을 제시해 주고 있기 때문이다. 이러한 경제성장률은 물가 변화를 제거한 실질GDP의 성장률을 통해서 측정할 수 있다.

$$\text{GDP 성장률} = \frac{\text{금년도 실질GDP} - \text{전년도 실질GDP}}{\text{전년도 실질GDP}} \times 100$$

3 1인당 GDP

국가 간에 경제력을 비교해 보기 위해서는 그 나라 국민 전체가 벌어들인 GDP를 비교해 보는 것이 좋지만 국민생활 수준을 알아보기 위해서는 국민 한 사람 소득의 크기를 나타내는 1인당 GDP를 비교해 보는 것이 좋다. 왜냐하면 전체 국민소득이 크더라도 인구가 많으면 한 사람에게 돌아가는 몫은 작아지기 때문이다.

4 다양한 국민소득통계

1 국내총생산(GDP)와 국민총생산(GNP)

국내총생산(GDP)가 경제활동을 하는 사람들의 국적에 상관없이 그 나라 안에서 생산된 재화와 서비스의 시장가치를 합산한 것이라면, 국민총생산(GNP)은 '어느 나라에서 생산했느냐에 관계없이' 일정기간(보통 1년) 동안 '한 나라 국민들'이 국내와 국외에서 생산한 모든 재화와 서비스의 시장가치를 합산한 것이다.

국제 교류가 그리 활발하지 않았던 과거에는 국민 소득 규모를 알려주는 GNP와 GDP 값의 차가 그리 크지 않았다. 그러나 세계경제의 국제화가 급격히 진전되고 노동이나 자본의 국가 간 이동이 확대됨에 따라 GNP보다는 GDP가 그 나라의 국내 경기 및 고용 사정을 더 잘 알려주게 되었다. GNP는 국적 개념의 지표로써 한 나라 국민이 생산을 통해 벌어들인 소득을 나타내는 지표다. 중동 건설 현장에 파견된 우리나라 노동자들의 생산활동은 국내총생산에는 포함되지 않지만 국민총생산에는 포함된다. 따라서 한 나라 국민이 벌어들인 소득을 나타낼 경우 GDP보다 GNP가 더 적합한 개념이라고 할 수 있다. 현재 국민총생산(GNP)은 지표에서 사라지고 없으며 국민총소득

(GNI)이 그 자리를 대신하고 있다.

GDP와 GNP 비교

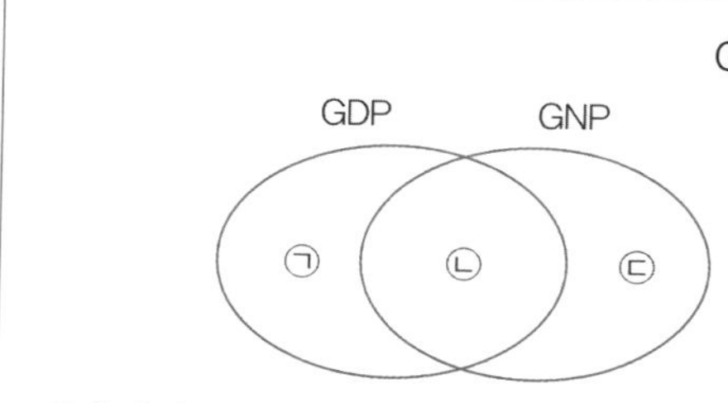

㉠ 외국인이 국내에서 벌어들인 소득
㉡ 우리 국민이 국내에서 벌어들인 소득
㉢ 우리 국민이 해외에서 벌어들인 소득

개방적인 사회일수록 ㉠, ㉢의 면적이 커지고 폐쇄적인 사회일수록 ㉡의 면적이 커진다.

2 GDP와 GNI

한 나라 국민 전체가 버는 소득은 얼마나 될까? 이 질문에 대답하기 위해 GDP 측정값으로 대답해도 어느 정도는 부합하는 정답이 될 것이나 정확한 대답이라고 할 수는 없다. 국내외 교류가 빈번한 요즘 같은 시대에는 한 나라 국민 전체의 소득을 측정하기 위해서는 GDP보다는 GNI로 측정한 값이 더 정확하다. 국민총소득(GNI)은 한 나라 국민이 일정기간 동안에 만들어 낸 모든 최종 시장가치를 말한다. 즉, 국민총소득은 국내에서 생산된 것이든 해외에서 생산된 것이든 간에 그 나라 국민 소유의 생산요소에 의해 생산된 모든 최종생산물의 시장가치가 포함된다. 따라서 국내총생산을 바탕으로 국민총소득을 계산하기 위해서는 두 가지를 조정해야 한다. 먼저 우리나라 국민이 소유하는 생산요소에 의해 해외에서 생산된 최종생산물의 시장가치를 더해 주어야 한다. 이 몫은 자기 나라 밖에서 받은 요소소득이라고 해서 국외수취요소소득이라고 한다. 다음으로 국내에서 외국인이 소유하는 생산요소에 의해 생산된 최종생산물의 시장가치는 국내총생산에는 포함되지만 우리나라 국민의 소득이 아니기 때문에 이 몫만큼을 빼주어야 한다. 이 몫은 외국에 지불해야 할 요소소득이라 해서 국외지급요소소득이라고 한다. 따라서 국내총생산과 국민총소득은 다음과 같은 관계로 표현할 수 있다.

국민총소득(GNI) = 국내총생산 + (국외수취요소소득 − 국외지급요소소득)

3 GNP와 GNI

앞에서 우리는 국내총생산에서 국외수취요소소득을 더하고 국외지급요소소득을 차감하여 GNI를 구할 수 있다는 사실을 확인하였다. 이러한 GNI는 보다 정확히 말해 명목GNI이며, 명목GNP와 동일한 개념이다.

그러나 실질GNI는 실질GNP와 같은 개념은 아니다. 실질GNI는 해당 국가의 소득의 실질구매력을 나타내는 지표이므로, 실질GNI를 계산하기 위해서는 교역조건 변화에 따른 실질무역손익을 조정해야 한다. 교역조건이 불리해지면 똑같은 양의 상품을 수출하고도 수입할 수 있는 상품의 양이 감소하므로 그 나라 국민이 소비하거나 투자할 수 있는 재원이 줄어들어 실질구매력이 감소한다. 명목GNP는 이러한 조정 과정이 없었기 때문에 한 나라 국민의 실질소득 변화를 제대로 포착하지 못하는 단점이 있다. 실질GNI는 이러한 변화를 누락시키지 않고 포착하기 위해 '교역조건 변화에 따른 실질무역손익'을 반영하였고 그로 인해 실질GNP와는 다른 값을 갖게 된다.
실제로 2005년에 실질GNP는 4.2% 성장한 것으로 집계되었으나, 실질GNI는 고작 0.7% 성장한 것으로 집계되었다. 이러한 사실은 우리 국민들이 번 소득의 실질구매력은 거의 제자리였다는 사실을 말해준다. 당시 이 같은 차이가 발생한 이유는 원유를 비롯한 국제 원자재가격이 오르고 반도체가격 하락 등으로 수출물가가 떨어져 교역조건이 악화됨으로써 실질무역 손실이 많이 생겼기 때문이다.

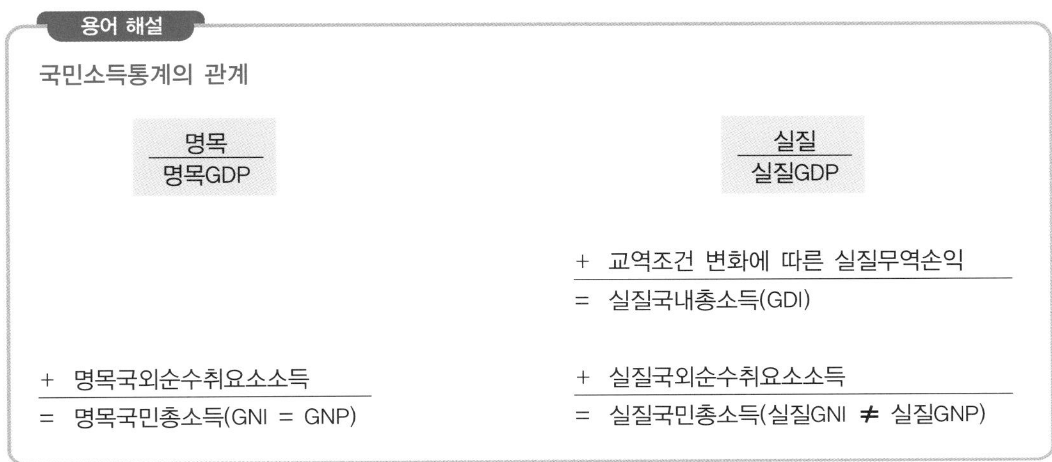

4 NNI

국민순소득이라고 부르며, 국민총소득(GNI)에서 고정자본소모를 제외한 것을 말한다. 생산활동을 전개하다 보면, 생산에 필요한 기계설비 등의 시설 부분도 점차적으로 마모, 손상 등이 발생해 가치가 감소하게 된다. 따라서 일정기간 동안의 생산물의 순수한 가치를 평가하기 위해서는 저하된 생산 능력을 고려할 필요가 있는데, 이를 위해 고정자본소모 만큼을 차감하는 것이다. 고정자본소모는 현 상태의 생산활동을 지속하기 위하여 언젠가는 지출될 부분이므로, 국민총소득에서 생산활동에 필요한 금액인 고정자본소모 금액을 차감한 것은 현재의 생산 수준을 그대로 유지하면서 새로이 생산해 낸 부가가치의 금액을 측정한 것이라고 할 수 있다.

국민순소득(NNI) = 국민총소득(GNI) − 고정자본소모

5 NI

요소비용 국민소득은 NNI와는 평가 방식이 다르다. NNI는 시장가격에 의한 평가로서, 시장가격이란 상품이 시장에서 실제로 거래되고 있는 가격을 말하는데, 여기에는 소비세나 부가가치세가 포함되어 있으며, 어떤 경우에는 국가가 해당 재화의 생산을 장려하기 위해 부여한 보조금도 가격에 포함되어 있다. 요소비용이란 시장가격에서 이와 같은 순생산 및 수입세를 공제한 것으로서 결국 그 상품을 만드는 데 들어간 생산요소에 대한 대가인 피용자 보수와 영업 잉여의 합계와 같아지는 것이다.

6 국민소득통계의 유용성 차이

(1) GNI와 NNI의 유용성의 차이

현재 우리는 NNI보다 GNI를 더 자주 사용하고 있다. 그것은 고정자본소모를 정확히 집계하여 계산하는 것이 현실적으로 어려울 뿐만 아니라 단기적으로 총부가가치에서 고정자본소모가 차지하는 비중이 대체로 안정적이어서 단기간의 시계열을 비교하는 데는 별로 문제가 되지 않기 때문이다.

하지만 장기적으로는 기술혁신 등으로 생산구조가 바뀔 뿐만 아니라 기존의 생산설비 역시 많은 변화가 있을 것이므로, 고정자본소모가 크게 변동할 가능성이 높기 때문에 장기간의 시계열 분석에는 NNI가 더 적합한 의미를 담고 있다고 할 수 있다.

(2) NNI와 NI의 유용성의 차이

흔히 시장가격으로 평가한 국민소득 관련 지표를 사용하는 것은 시장가격이 각 생산물의 한계효용과 한계비용을 잘 반영하고 있기 때문에 국민들의 복지 수준을 평가하는 데 용이할 뿐만 아니라, 국민소득 관련 지표를 만들기 위해 사용되는 각종 기초 자료들이 시장가격으로 집계되어 있는 것도 한 가지 이유다. 하지만 요소비용 국민소득은 주로 투입된 생산요소의 내용이나 각 산업의 생산성을 알아보는 데 유용하다.

Hot Issue GDP의 역사적 의의

실제로 미국 상무부에서는 GDP 통계편제를 상무부에서 수행한 20세기 최대의 업적으로 평가하였다. GDP는 1930년대 초반 쿠즈네츠(Simon Kuzunets) 교수가 개발하여 그 공로로 노벨경제학상을 수상한 바 있다. 이처럼 역사적으로도 GDP를 크게 평가하는 이유는 GDP를 통해서 경제 전반에 대한 큰 그림을 그릴 수 있게 되었기 때문이다. 전반적인 상황을 파악할 수 없다면 정책 담당자들이 경제현상을 이해하기 어려울 뿐만 아니라 이로 인해 적절한 정책을 취하기도 힘들 것이기 때문이다.
미국 대공황 당시에는 철도 운송량이 줄어들고 철강 생산량이 크게 감소하여 수백만의 사람들이 직업을 잃었다는 사실을 알았으나 경제 상황에 대한 큰 그림이 없어 전체 경제에 대한 정보 부족으로 어떠한 정책을 시행해야 할지 판단하지 못하였다고 한다. 미국 경제의 흐름을 보면 GDP 통계가 완전하게 개발되어 널리 이용된 이후 경제의 호황과 불황의 폭이 훨씬 작아졌다고 한다. 즉, GDP가 개발되어 금융공황이나 깊고 장기적인 경기침체, 장기실업 등의 문제가 발생하지 않는 데 기여하였다.

REVIEW

1. 국내총생산은 주어진 기간 내에 한 나라 안에서 생산된 모든 최종재화와 서비스의 시장가치를 나타내며, 한 국가의 경제적 후생 수준을 가장 잘 보여주는 지표로 받아들여지고 있다.
2. 부가가치란 '생산과정에서 새롭게 부가된 가치'를 말하는데, 각 생산단계의 생산된 가치에서 중간투입비용을 제외함으로써 구할 수 있다.
3. 한 나라의 경제가 실제로 생산한 모든 최종생산물을 평가한 것으로 실제GDP라 한다
4. 잠재GDP는 자연실업률 상태에서 노동과 자본 등의 생산요소를 완전히 사용할 경우 달성할 수 있는 최대GDP를 의미한다.
5. 국민총생산(GNP)은 '어느 나라에서 생산했느냐에 관계없이 일정기간(보통 1년) 동안 '한 나라 국민들'이 국내와 국외에서 생산한 모든 재화와 서비스의 시장가치를 합산한 것이다.
6. 명목GDP는 해당 연도의 시장가격으로 계산한 국내총생산으로서, 해당 연도의 경제활동 규모와 실적, 산업구조 등을 파악하는 데 유용하다.
7. 다른 연도와 비교하여 경제가 실질적으로 얼마나 변동했는지를 알고자 할 때는 명목GDP보다는 실질GDP가 더 적절한 지표다.

PART 02
거시경제

CHAPTER 01

출제예상문제

01 다음 〈보기〉 중 국내총생산(GDP) 계산에 포함되는 것은?

보기

㉠ 국내에 신설된 반도체 공장
㉡ 학생이 구입한 교과서
㉢ 국내기업이 해외에 건설한 주택
㉣ 해외기업이 국내에서 생산한 제품
㉤ 암시장에서 거래된 밀수입품
㉥ 로또복권의 당첨금
㉦ 그해 생산되었으나 판매되지 않은 자동차

① ㉠, ㉡, ㉣, ㉦
② ㉠, ㉢, ㉣
③ ㉡, ㉢, ㉤
④ ㉡, ㉢, ㉥, ㉦
⑤ ㉢, ㉣, ㉥, ㉦

해설 ㉠은 투자, ㉡은 소비, ㉣은 외국인의 직접 투자, ㉦은 재고투자이므로 GDP에 포함된다(㉢은 GNP에 포함되고, ㉤은 시장에서 거래되지 않은 경우이며, ㉥은 이전거래임).

02 국민소득계정에서 투자로 간주될 수 없는 항목은?

① 자동차회사의 공장 증설
② 제철소의 원자재 재고 증가
③ 컴퓨터회사의 직원 주택 건설
④ 통신회사 직원들의 주식 매입
⑤ 중국음식점의 중국산 식기 수입

해설 국민소득계정에서 투자는 크게 설비 투자, 건설 투자, 재고 변화 등으로 나뉜다. 공장 증설이나 주택 건설은 건설 투자에 해당된다. 우리 경제의 전체 투자 수요를 측정하는 것이 목적이므로 투자에 사용된 재화가 해외에서 생산된 경우도 포함되기 때문에 식당의 식기 수입도 설비 투자로 간주된다. 반면 주식 매입은 '주식 투자'로 불리기도 하지만, 실질적인 재화나 서비스와 상관없는 금융자산 거래이므로 부가가치를 측정하는 국민소득계정의 투자에는 포함되지 않는다.

정답 01 ① 02 ④

03 다음 중 GDP와 관련하여 발생할 수 없는 현상은?

① 수입품을 가공하여 수출한 규모가 큰 A국은 GDP가 수출보다 작았다.
② 순해외자산을 보유하고 있는 B국은 GNP가 GDP보다 컸다.
③ C국은 D국에 비해 GDP가 컸지만 1인당 GDP는 작았다.
④ 외국과의 교역이 전혀 없는 E국의 투자가 GDP보다 컸다.
⑤ F국의 실질GDP가 증가했으나 명목GDP는 감소했다.

해설 ④ 외국과의 교역이 전혀 없는 국가에서는 그 해에 생산한 모든 재화를 하나도 소비하지 않고 투자에 사용하는 경우에도 투자가 GDP와 같아질 수 있을 뿐이며, GDP보다 클 수는 없다.
①, ②, ⑤는 현실적으로 가능하며, 각각 싱가포르, 쿠웨이트, 일본에서 발생한 적이 있다.

04 만일 미국에서 한국으로 대규모 이민과 같이 어떤 경제의 전체 노동자 수가 갑자기 증가하는 일이 발생하면 단기적으로 이 경제의 GDP에 발생할 변화로서 가장 타당한 것은?

① 경제 전체의 실질GDP와 1인당 실질GDP가 모두 증가할 것이다.
② 경제 전체의 실질GDP는 증가하고, 1인당 실질GDP는 감소할 것이다.
③ 경제 전체의 실질GDP는 감소하고, 1인당 실질GDP는 증가할 것이다.
④ 경제 전체의 실질GDP는 증가하고, 명목GDP는 감소할 것이다.
⑤ 경제 전체의 명목GDP는 증가하고, 실질GDP는 감소할 것이다.

해설 노동자의 수는 실질변수로서 노동자의 수가 증가하면 생산과 소비가 모두 증가하여 실질 국내총생산도 증가한다. 그러나 인구 증가에 따라 노동의 한계생산이 체감하면 인구의 증가 속도보다 실질 국내총생산의 증가 속도가 느려서 1인당 실질 국내총생산은 감소할 것으로 예측할 수 있다.

05 다음 중 GDP 개념과 관련하여 옳지 않은 설명을 모두 고른 것은?

㉠ GDP는 일정기간 동안 측정되므로 유량변수이다.
㉡ 가계의 새로 건축된 주택의 구입은 가계소비에 해당된다.
㉢ 자가주택으로부터의 주거서비스는 GDP에 산정되지 않는다.
㉣ 빈곤층을 위한 정부보조금 지출은 GDP 산정에 포함되나, 연말까지 팔리지 않은 중간재 생산량은 포함되지 않는다.
㉤ 국내의 외국인 기업의 생산도 GDP에 산정된다.
㉥ 가사서비스 생산은 시장에서 생산된 것이 아니므로 GDP에 산정되지 않는다.

① ㉠, ㉡, ㉢
② ㉣, ㉤, ㉥
③ ㉠, ㉢, ㉤
④ ㉢, ㉣, ㉤
⑤ ㉡, ㉢, ㉣

정답 03 ④ 04 ② 05 ⑤

해설 GDP는 일정기간 동안에 한 국가의 영토 안에서 새로 생산된 모든 최종생산물의 시장가치다. 즉, GDP의 측정이 기간단위이므로 GDP는 유량변수이다. 그래서 임의로 기간을 나누다보니 해당 연도에 생산되었으나 팔리지 않은 중간재를 포함한 재고는 그 해당 연도의 국내총생산에 포함시킨다. 그리고 생산지역주의에 따라 국내에서 외국기업의 생산은 국내총생산에 반영된다. 그러나 정부보조금은 화폐의 이전일 뿐 재화와 서비스의 직접적인 생산을 수반하지 않아 국내총생산에 포함되지 않으며, 시장에서 거래되지 않는 가사서비스는 시장가치가 없어 국내총생산에 반영되지 않는다.

06 GDP에 대한 다음 설명 중 옳은 것을 모두 고르면?

가. 2009년에 생산되어 재고로 보유되다가 2010년에 판매된 재화의 가치는 2010년 GDP에 포함된다.
나. 부동산 중개업자가 2001년에 지어진 아파트의 2010년 매매 중개로 받은 수수료는 2010년 GDP에 포함된다.
다. 2010년 들어 학교 교육에 실망한 부모들이 직장을 그만두고 집에서 자식을 가르치면 2010년 GDP는 감소한다.
라. 홍수 피해를 복구하는 데 들어간 비용은 GDP에 포함된다.
마. 한국의 자동차 회사가 2010년에 미국에서 생산하여 한국에서 판매한 자동차의 가치는 한국의 2010년 GDP에 포함된다.

① 가, 나
② 가, 라
③ 나, 다
④ 가, 다, 라
⑤ 나, 다, 라

해설 나. 서비스는 공급 연도에 소비되는 특성이 있다. 그래서 2001년에 건축된 아파트라 할지라도 중개서비스는 2010년에 발생하였으므로 중개수수료는 2010년에 포함된다.
다. 직장을 그만두면 그만큼 생산이 줄어들기 때문에 2010년에 퇴사하면 2010년의 생산이 감소하므로 2010년의 국내총생산은 감소한다.
라. 홍수 피해의 복구를 위한 재화와 서비스가 생산되고 소비되므로 복구 비용은 국내총생산을 증가시킨다. 그래서 국내총생산은 삶의 질을 정확히 반영하지 못하는 한계를 지닌다.
가. 2009년에 생산된 재고는 2009년에 국내총생산에 포함되었으므로 2010년에 판매가 되었다고 해서 2010년에도 국내총생산에 포함시키면 국내총생산이 이중계산되는 문제가 있다. 그래서 재고는 생산연도의 국내총생산에만 포함시킨다.
마. 국내총생산은 생산지역주의를 바탕으로 하므로, 미국에서 생산한 자동차는 미국의 국내총생산에 포함된다.

정답 06 ⑤

07 다음 중 올바른 설명은?

① 잠재GNP는 한 경제가 보유하고 있는 자본, 노동 등 생산요소를 하나도 빠짐없이 이용하였을 때 생산할 수 있는 최대의 생산량이다.
② 잠재GNP와 실제GNP를 비교하여 경기의 과열 또는 침체 여부를 판단할 수 있다.
③ 총수요 진작 정책을 통해서 단기적으로 잠재GNP를 확충시킬 수 있다.
④ 경기변동에 따라 잠재GNP도 민감하게 변동한다.
⑤ 위 모두 사실이 아니다.

해설 ② 잠재GDP보다 실제GDP가 더 크면 생산요소가 정상적인 수준보다 더 많이 고용된 상태로서 경기과열이고, 잠재GDP보다 실제GDP가 더 작으면 정상적인 수준만큼도 고용되지 못한 상태로서 경기침체이다.
① 잠재 국내총생산(또는 국민총생산)은 한 국가의 생산요소가 정상적으로 고용된 상태에서의 국내총생산으로 완전고용국민소득이라 부르며, 생산가능곡선에서 의미하는 최대생산량과는 다르다.
④ 잠재GDP는 생산요소의 투입량이나 기술발달과 같은 공급 변동 요인에 관련되며 수요 변동 요인과는 무관하므로 경기변동에 민감하지 않다.

08 다음 자료는 어느 나라의 국민소득통계이다. 이 나라의 국내총생산(GDP)은?

- 민간 소비 지출 : 270
- 민간 설비 투자 : 50, 민간 건설 투자 : 80, 재고 변화 : −10
- 정부지출 : 40
- 수출 : 250, 수입 : 150

① 500
② 530
③ 540
④ 550
⑤ 830

해설 GDP는 민간 소비 지출, 민간 투자(= 설비 투자 + 건설 투자 + 재고 변화), 정부지출, 순수출(= 수출 − 수입)의 합과 같다.

정답 07 ② 08 ②

09 다음 그림에 대한 설명으로 적절한 것을 〈보기〉에서 모두 고르면?

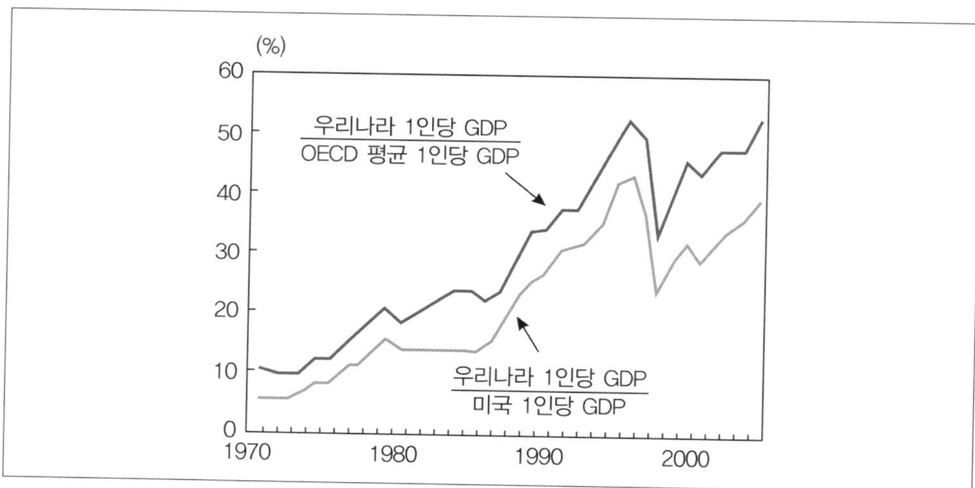

보기

㉠ 우리나라의 1인당 GDP는 1970년에 미국의 1인당 GDP의 10%에도 못 미쳤지만, 2005년에는 약 40% 수준으로 높아졌다.
㉡ 1970년대 이후 우리나라의 1인당 GDP 증가율은 미국보다 항상 높았다.
㉢ 1970년대 이후 미국의 1인당 GDP가 OECD 평균보다 항상 높았다.
㉣ 2005년 우리나라의 1인당 GDP는 1970년에 비해 약 5배 정도 증가했다.

① ㉠, ㉡
② ㉠, ㉢
③ ㉡, ㉢
④ ㉡, ㉣
⑤ ㉢, ㉣

해설 1998년을 비롯한 일부 연도에는 우리나라의 상대소득이 하락했는데, 이는 우리나라 1인당 GDP 증가율이 미국보다 낮았음을 의미한다. 한편 선진국과 비교한 우리나라 1인당 GDP의 '상대적인 수준'은 1970년에 비해 2005년에 약 5배 정도 증가하였으나, 그림으로부터 우리나라 1인당 GDP가 얼마나 증가했는지는 알 수 없다.

정답 09 ②

10 다음 그림은 세계 30개국의 1960년 1인당 국민소득 수준과 1960~1995년의 기간 동안 연평균 1인당 국민소득 증가율을 나타낸 것이다. 이와 같은 현상이 나타날 수 있게 하는 일반적 요인으로 적절한 것을 〈보기〉에서 모두 고르면?

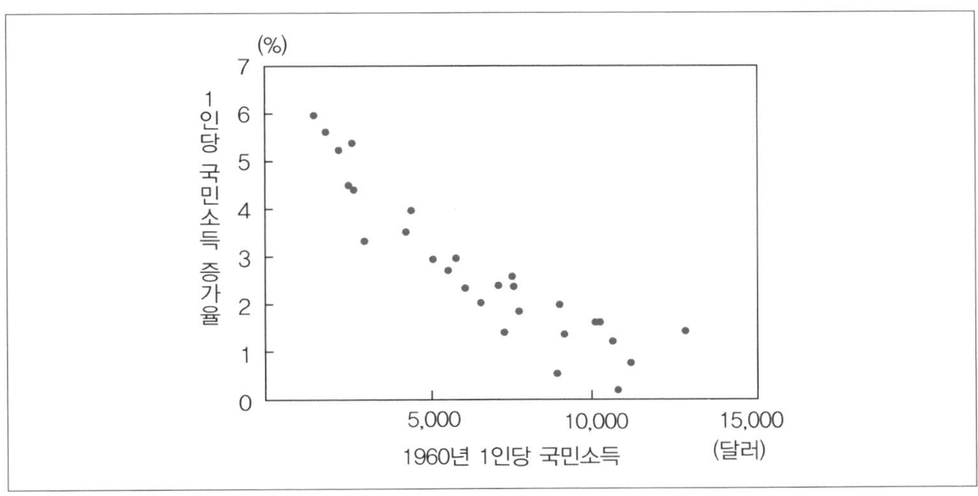

보기

㉠ 이 기간 동안 1960년 소득 수준이 높은 나라에서 낮은 나라로 기술이 이전되었다.
㉡ 이 기간 동안 1960년 소득 수준이 낮은 나라가 높은 나라보다 인구증가율이 높았다.
㉢ 이 기간 동안 1960년 소득 수준이 낮은 나라가 높은 나라보다 1인당 투자증가율이 높았다.
㉣ 이 기간 동안 1960년 소득 수준이 낮은 나라에서 소득 수준이 높은 나라로 고급 인력이 이동했다.

① ㉠, ㉡
② ㉠, ㉢
③ ㉡, ㉢
④ ㉡, ㉣
⑤ ㉢, ㉣

해설 그림에서 소득 수준이 낮은 나라가 상대적으로 높은 소득증가율을 기록하고 있는데, 기술 이전과 투자 증가 등은 이를 가능하게 한 요인으로 알려져 있다. 반면 다른 조건이 일정한 경우 높은 인구 증가율과 고급 인력의 해외 유출은 1인당 소득을 낮추는 요인이다.

정답 10 ②

PART 02
거시경제

CHAPTER 02

IS-LM모형과 총수요 · 총공급 이해

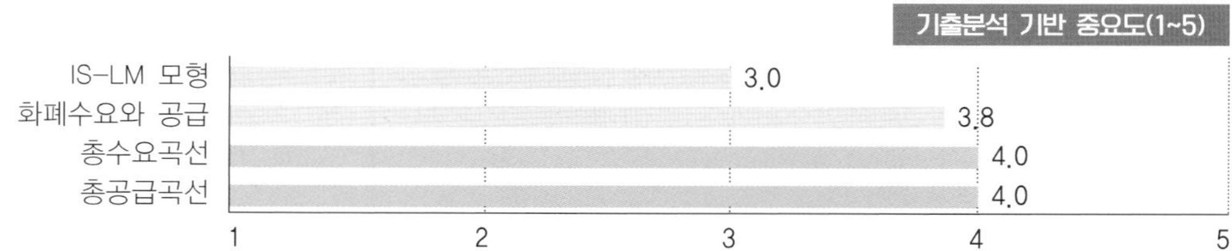

학습목표

❶ 거시경제를 파악하는 데 있어서 경제 모델이 가져다 주는 효용이 무엇인지 명확히 이해한다.
❷ 거시경제의 각종 변수들은 상호 긴밀한 연관관계를 맺고 있기 때문에 특정 변수가 변화했을 때 다른 변수에 어떠한 영향을 미치는지 상호 연관관계를 파악할 수 있어야 한다.
❸ 재화시장의 균형을 IS곡선을 통해서 도출할 수 있어야 한다.
❹ 정부지출, 세금 등이 변화했을 때 IS곡선이 어떻게 이동하는지 분석할 수 있어야 한다.
❺ 화폐시장의 균형을 LM곡선을 통해서 도출할 수 있어야 한다.
❻ 화폐 발행, 물가 변화 등에 따라서 LM곡선이 어떠한 방향으로 이동하게 되는지 확인할 수 있어야 한다.
❼ 화폐시장의 균형과 재화시장의 균형을 의미하는 IS-LM곡선을 통해서 국민경제의 전체의 이자율과 국민소득이 어떻게 결정되는지 확인할 수 있어야 한다.
❽ IS-LM곡선을 통해서 총수요곡선을 유도하는 방법을 익혀야 한다.
❾ 총수요곡선과 총공급곡선을 통해서 국민경제의 균형점을 파악하고 경제상황이 변화했을 때 이러한 내용이 총수요곡선과 총공급곡선에 어떻게 반영되는지 확인할 수 있어야 한다.
❿ 장단기 총공급곡선의 형태가 상이한 이유가 무엇인지 인식하고 장기와 단기에 시장 상황의 변화가 어떻게 다를 수 있는지 구분할 수 있어야 한다.

1 IS-LM 도출

1 거시경제 모델

거시경제 변수들의 상호 연관관계를 확인하는 주요한 방법 중 하나는 경제 모델을 사용하는 것이다. 경제 모델이란 실제 현실 경제의 상황을 도표나 수식 등을 통해서 설명할 수 있도록 구성한 것으로서, 이러한 경제 모델을 사용할 경우, 다양한 변수 간의 상관관계를 놓치지 않고 파악할 수 있다는 장점이 있다. 하지만 특정 거시경제 모델이 실제 전개되는 모든 경제 현상을 설명해 주지는 못한다. 그러나 특정 경제 모델로 설명하지 못하는 예외적인 현상이라 하더라도, 그 원인과 변화

방향이 기존 경제 모델에서 제시하는 방향과 어떻게 다른지 확인하는 과정에서 현상을 분명히 규명할 수도 있을 것이다. 따라서 일반적으로 거시경제 변수들이 상호 어떠한 영향을 미치는지를 확인할 수 있는 거시경제 모델을 익히는 것은 유용한 일일 것이다.

2 IS-LM곡선 도출

(1) 총지출과 총소득

한 나라의 국민소득은 단기적으로는 개별 경제주체들의 지출의 내역에 의해 결정된다고 할 수 있다. 개별 경제주체들이 각종 소비, 투자활동을 활발히 전개할 경우, 기업들의 생산활동이 보다 활발히 전개될 것이고, 이는 다시 고용의 확대로 이어질 것이기 때문이다. 따라서 총체적인 거시경제 상황을 파악하기 위한 거시경제 모델들은 개별 경제주체들의 지출 내역에 관심을 갖게 된다.

특정 경제주체가 경제활동을 수행하는 과정에서 지출을 했다는 것은 거래의 상대방에게는 소득이 될 것이다. 즉, 거래는 구매자와 판매자가 있을 때 성립되며, 구매자가 지불한 금액은 판매자의 소득이 되고, 특정 거래행위에서 소득의 크기는 지출의 크기와 일치하게 되어 있다. 이러한 특성은 생산과 분배와 지출의 규모가 일치한다는 GDP 3면 등가의 법칙을 통해서 이미 배운 바 있다. 따라서 해외 거래가 없을 경우 국민경제에서 발생한 총지출액은 총소득액과 일치한다.

여기서 국가경제에서 발생하는 지출의 형태를 가계의 소비행위(C)와 기업과 가계에서의 투자행위(I) 그리고 정부의 소비행태인 정부지출(G)로 나누어 생각할 수 있다.

$$Y = Y_D = C + I + G$$

총공급 = 총수요

① 가계소비(C)

가계소비(C)의 경우에는 소득이 많아질수록 소비활동이 늘어나게 된다. 이때 소득은 자신이 더 많은 돈을 벌어옴으로써 증가하기도 하지만, 실질적인 소비활동은 자신의 수입에서 세금을 공제하고 난 뒤의 소득의 범위 내에서 가능하다. 경제학에서는 수입에서 세금을 공제한 금액을 자신이 마음대로 처분이 가능한 소득이라 하여, 가처분소득이라고 한다. 즉, 가계소비는 가처분소득이 증가할 경우 더욱 커지는 경향이 있다. 따라서 정부가 세금을 줄여줄 경우 가처분소득이 증가하게 되어 더 많은 가계소비활동이 벌어지게 되는 경향이 있다.

또한 가계소비는 이자율에도 영향을 받는다. 이자율이 오를 경우 소비활동으로 인한 기회비용이 증가하게 되므로, 상대적으로 소비활동을 위축시키는 요인이 된다. 반대로 이자율이 낮을 경우 대출 등을 통해서 소득 수준 이상의 소비활동을 전개할 유인도 높아지게 되어 소비활동이 활발해지는 경향이 있다.

② 정부지출(G)

정부지출(G)의 경우에는 정부의 재정정책에 의한 각종 공공사업을 확장할 것인지를 통해서 자신들의 지출 규모를 결정하게 되고, 이 과정에서 국민소득의 증가 여부에 영향을 미치게 된다.

③ 투자(I)

투자(I)의 경우 이자율에 영향을 받게 된다. 이자율이 낮으면 사업활동을 수행하는 과정에서 필요한 자금을 빌리기 쉬워지므로 투자활동이 왕성하게 일어나게 된다. 반대로 이자율이 높을 경우 높은 이자비용을 지불하고서도 이윤을 남길 수 있는 상당히 높은 수익률을 기대할 수 있는 사업만이 투자활동을 전개할 수 있게 된다.

(2) 총지출 내역과 기타 경제 변수의 관계

위에서 살펴본 내용을 종합할 경우, 가계소비(C)의 경우에는 소득이 커질 경우 소비활동이 활발해지지만, 이자율이나 세금이 오를 경우 소비활동이 위축된다. 따라서 가계소비(C)는 소득과는 정의 관계를 보이고, 이자율과 세금에는 부의 관계를 보이는 특성이 있다.

투자(I)의 경우에는 소득과는 정의 관계를, 이자율과는 부의 관계를 보인다. 이는 소득이 많거나 이자율이 낮아지면 그만큼 투자를 더 많이 할 유인이 커지기 때문이다.

정부지출(G)의 경우에는 특정 거시경제변수에 영향을 받아 지출 규모가 결정되기 보다는 정부에서 현재 국민경제 상황을 어떻게 바라보는지에 따라 지출의 크기가 결정된다. 따라서 이자율이나 소득의 크기와는 무관하게 정부지출의 규모가 결정된다고 볼 수 있다.

$$Y_D = C(\overset{+}{Y}, \overset{-}{r}, \overset{-}{T}) + I(\overset{+}{Y}, \overset{-}{r}) + G$$

(3) 생산물시장과 화폐시장

거래를 통해서 국민경제 상황을 파악하기 위해서는 생산물시장과 화폐시장을 모두 함께 확인해야 한다. 왜냐하면 거래의 과정에서는 필연적으로 재화와 화폐의 이동을 수반하기 때문이다.

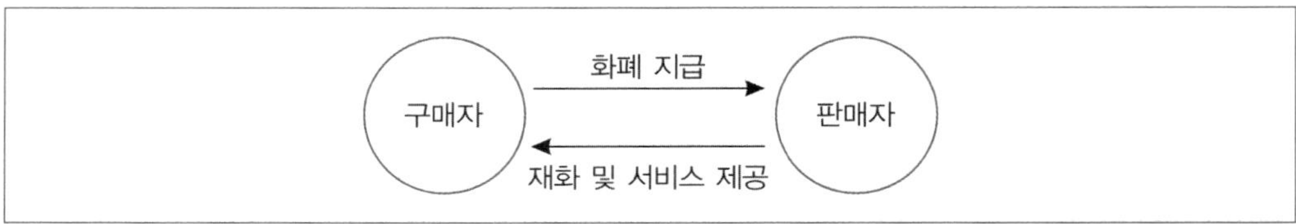

따라서 거래에서 유발되는 총지출을 통해서 거시경제 상황을 확인하기 위해서는 생산물시장과 화폐시장을 모두 확인할 필요가 있는데, 생산물시장의 균형을 확인하는 곡선이 IS곡선이고, 화폐시장의 균형을 확인하는 곡선이 LM곡선이다.

(4) IS곡선

① 도출

앞의 내용을 종합할 때 세금과 정부지출이 고정되어 있는 경우, 이자율이 높아지면 투자와 가계소비가 줄어들어, 총지출규모의 감소를 유발한다. 이러한 지출 감소는 결국 국민소득의 감소를 의미한다. 따라서 이자율이 높아지면 국민소득의 감소를 가져오며, 이자율이 낮아지면 총지출규모가 늘어나게 된다.

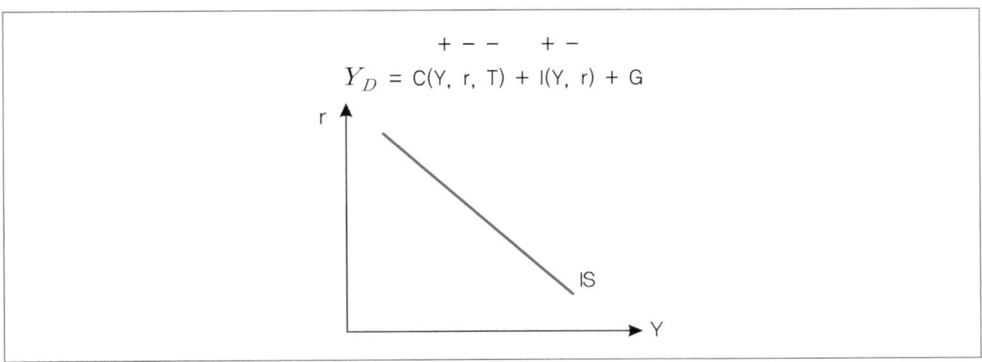

② IS곡선의 이동

정부가 세금을 줄이면 가계와 기업의 가처분소득이 증가하여 소비수요와 투자수요가 증가하므로 국민소득이 증가하게 된다. 정부가 정부지출을 증가시키는 경우에도 국민소득이 증가한다.

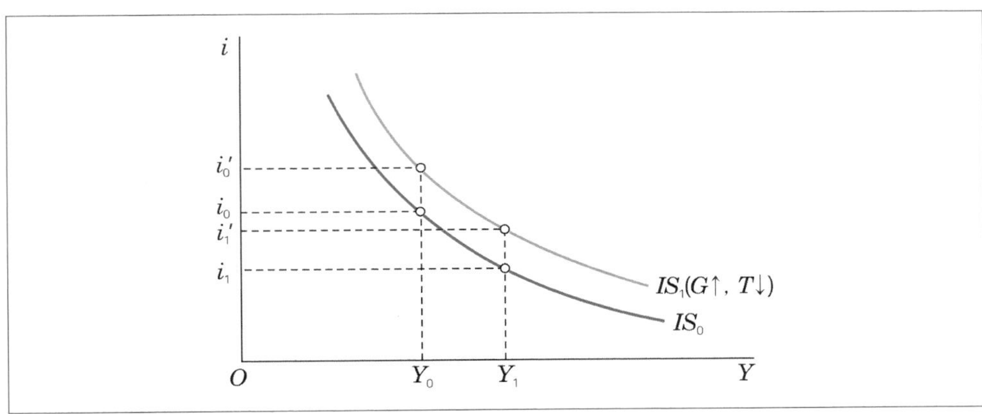

(5) LM곡선

① LM곡선의 의미

IS곡선은 이자율과 소득의 관계를 그래프상에서 표현하기는 하지만 현재 국민경제가 어떤 이자율과 소득을 갖게 되는지는 IS곡선만으로는 알 수 없다. 이를 정하기 위해서는 거래의 대칭점에 놓여 있는 화폐시장을 나타내주는 LM곡선이 필요하다.

LM곡선은 화폐시장에서 소득과 이자율의 관계를 표현해 주는 곡선이다. 화폐시장에서 이 두 거시경제변수 간의 관계를 규명하기 위해서는 먼저 이자율과 화폐의 관계를 이해할 필요가 있다.

② 화폐 수요와 화폐 공급

㉠ **화폐 공급** : 화폐의 공급은 중앙은행에서 공급량을 결정하는 것이므로 외부적인 요인이라고 볼 수 있다. 따라서 특정 시점에서 시중에 유통되는 통화량은 결정되어 고정된 것으로 봐야 하며, 화폐의 공급량은 수직의 형태를 취한다.

㉡ **화폐 수요** : 화폐의 수요량의 경우 이자율과 소득에 영향을 받게 되는데, 먼저 소득의 경우에는 소득이 높아지게 되면 그만큼 자신의 소비활동을 늘릴 수 있는 여유가 발생하므로 화폐 수요가 증대하게 된다. 반면, 소득이 줄어들 경우 소비활동을 전개하기 어렵기 때문에 화폐 수요는 줄어들게 된다. 따라서 소득과 화폐의 관계는 정(正)의 관계를 갖는다고 볼 수 있다.

이제 이자율과 화폐의 관계를 보자. 이자율은 화폐 보유의 기회비용이라고 할 수 있다. 즉, 이자율이 높은 경우에 화폐를 보유하고 있다는 것은 그만큼 화폐 보유로 많은 이자소득을 포기해야 한다는 사실을 말해주고 있다. 따라서 이자율이 높을 경우 그만큼 화폐에 대한 수요가 적은 반면 이자율이 낮을 경우에는 화폐 보유에 따른 기회비용이 적어지므로 그만큼 화폐 수요가 늘어난다.

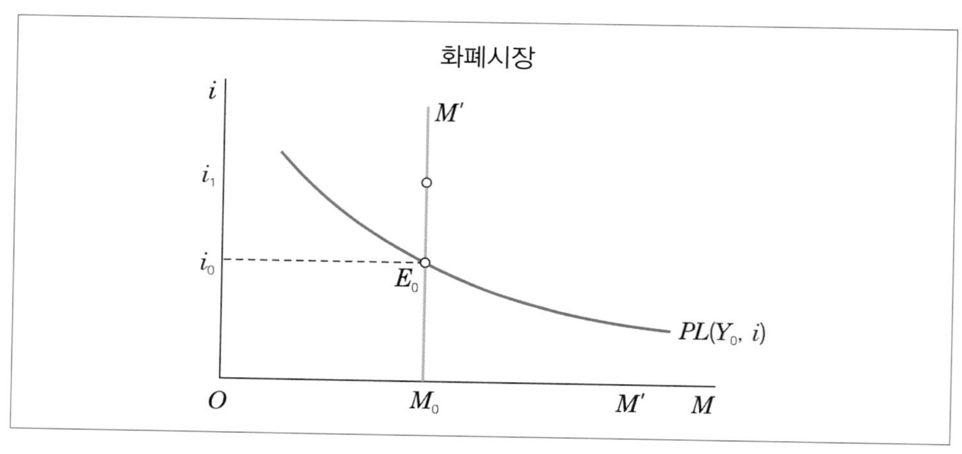

③ LM곡선 도출

위의 화폐의 수요・공급곡선에서 소득이 증가하였다고 하자. 그 경우 화폐 수요가 증가하게 되고 이는 화폐 수요곡선을 오른쪽으로 이동시켜 결국 이자율을 상승시키는 요인이 된다. 즉, 소득의 증가가 이자율의 증가를 가져오는 것이다. 반대로 소득이 줄었을 경우에는 화폐에 대한 수요가 줄어들어, 이는 화폐 수요곡선을 왼쪽으로 이동시켜 이자율을 하락시키는 요인이 된다. 이 역시 소득의 감소가 이자율의 하락을 가져오는 요인이 되어, 화폐시장에서는 이자율과 소득의 정의 관계를 갖게 만든다.

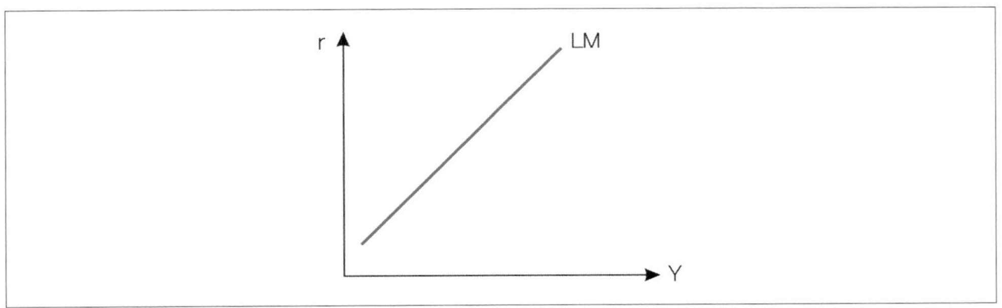

④ LM곡선 이동

LM곡선 자체가 이동하는 경우를 생각해 보자. 대표적인 LM곡선 자체의 이동은 통화공급량이 변화될 때 발생한다. 만약 통화량의 공급이 증가하게 되면, 화폐시장에서 화폐공급곡선이 오른쪽으로 이동하게 되고, 이자율의 하락을 가져오며, LM곡선은 아래쪽으로 이동하게 된다.

물가가 변화할 때도 LM곡선 자체가 이동하게 된다. 통화공급량이 그대로 있음에도 불구하고 물가가 하락할 때에는 화폐시장에 초과공급이 생긴다. 물가라는 것이 전반적인 재화나 용역의 가격 수준을 의미하는 것이므로 물가가 싸졌다는 것은 제품을 구매할 때 돈이 덜 필요하다는 말이 된다. 즉, 수중에 같은 돈을 갖고 있고, 이를 통해 같은 물건을 구매하려고 할 때, 물가가 낮아질 경우에는 물건을 구매하고도 수중에 더 많은 돈이 남는 현상이 발생하게 되기 때문이다. 따라서 물가의 하락은 통화공급 증가와 같은 방향인 LM곡선을 아래 방향으로 이동시키는 요인이 된다.

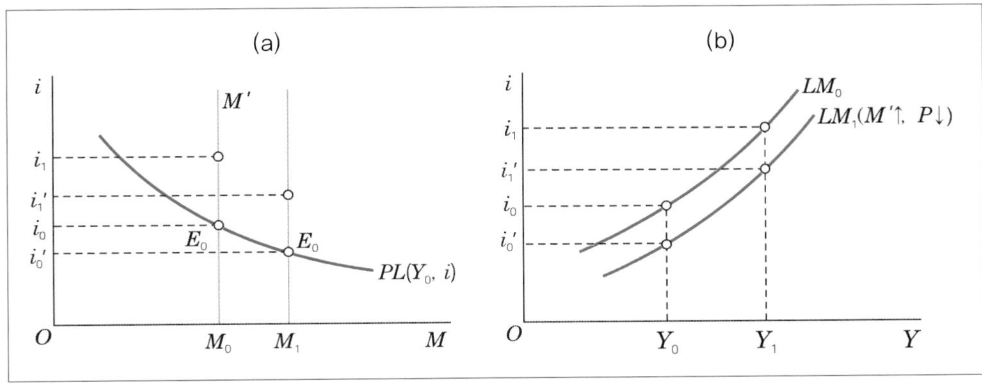

(6) IS-LM의 균형과 이동

① 국민소득과 이자율 수준 결정

LM곡선은 화폐시장에서의 소득과 이자율 간의 관계를 나타내주는 곡선이긴 하지만 LM곡선만으로는 이자율과 소득의 규모가 결정되지 못한다는 특징이 있다. 마찬가지로 IS곡선은 생산물시장에서의 소득과 이자율 간의 관계를 나타내주는 곡선이긴 하지만 IS곡선만 가지고는 현재 국민경제가 어떠한 수준의 국민소득과 이자율을 보이고 있는지 확인할 수가 없다. 따라서 해당 국민경제의 소득과 이자율 수준을 결정하기 위해서는 IS곡선과 LM곡선이 함께 사용되어야 한다.

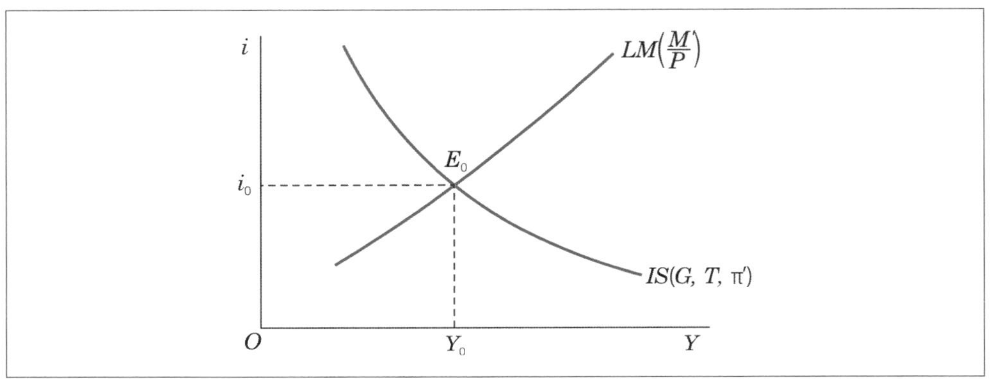

② IS-LM곡선의 이동

㉠ **정부 구매의 변화** : 정부 구매가 증가했다고 생각해 보자. 앞에서 살펴보았듯이 정부 구매가 증가할 경우 IS곡선이 오른쪽으로 이동하게 되어, 소득과 이자율 모두 상승하게 된다. 이를 보다 구체적으로 설명하면 정부가 재화 및 용역의 구매를 증대시킬 경우 해당 경제의 계획된 지출이 증대한다. 계획된 지출이 증가하면 재화 및 용역의 생산을 촉진하고 이는 총소득을 증가시키게 된다. 화폐시장의 경우 정부지출 증가로 인해 소득이 증가하게 된 국민들의 화폐에 대한 수요가 증가하게 된다. 이때 화폐 공급이 일정할 때 화폐 수요가 증가하게 되면 이자율도 상승하게 된다. 결국 정부 구매가 소득과 이자율의 증가를 가져오는 것은 이러한 메커니즘이 담겨 있는 결과라 할 수 있다.

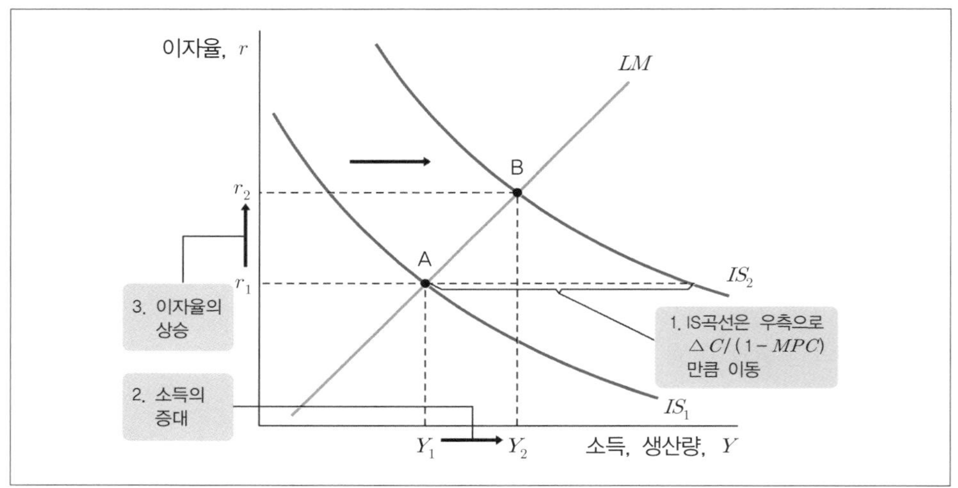

ⓛ **조세의 변화** : 조세가 삭감되면 소비자는 가처분소득이 증가하게 되고 이 과정에서 지출이 늘어나게 된다. 따라서 IS곡선이 오른쪽으로 이동하게 되고 그로 인해 소득이 증가하고 이자율이 상승하게 된다.

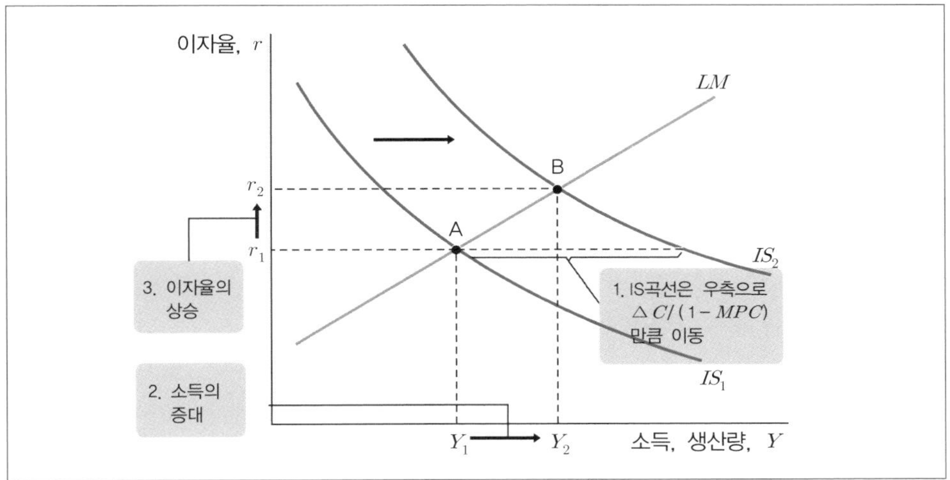

ⓒ **통화량의 변화** : 통화량이 증가한 경우를 가정해 보자. 이자율을 낮추는 요인이 되므로 LM곡선이 아래로 내려가게 된다. 따라서 소득은 증가하게 된다. 이를 보다 자세히 설명하면, 통화량 공급이 증대되면 기존의 이자율 수준에서 일반인들은 자신들이 보유하고자 하는 화폐보다 더 많은 양을 보유하게 된다. 따라서 이 여분의 화폐를 국민들은 은행에 예금하거나 채권을 매입하는 데 사용할 수 있으므로 이자율이 하락하게 된다. 이러한 이자율의 하락은 재화 및 용역시장에도 영향을 미쳐 계획된 투자를 촉진하고 이는 다시 소득을 증대시킨다.

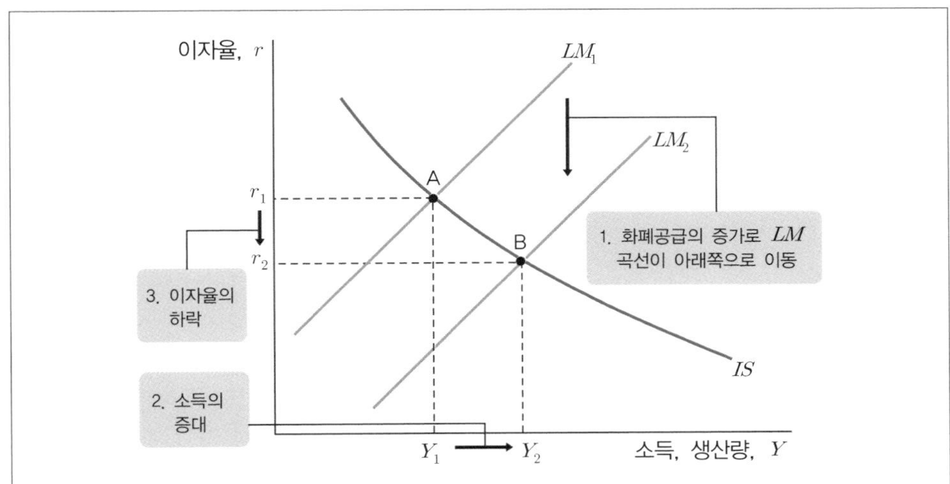

2 총수요 - 총공급곡선

1 총수요-총공급곡선의 의미

각 물가 수준에서 물가라는 것은 국민경제에서 거래되는 재화와 서비스의 전반적인 가격 수준을 의미하는 것으로 특정 재화나 서비스의 가격과는 다른 차원의 접근이 필요한데, 이를 위해 사용되는 개념이 총수요-총공급곡선이다.
예를 들어, 운동화 가격이 상승하면 소비자들이 주어진 소득으로 운동화 이외에 다른 재화를 소비하기 때문에 운동화의 수요량이 줄어들게 된다. 운동화 생산업체 역시 운동화 가격이 상승하였기 때문에 더 많은 운동화를 만들어 공급하기 위해 다른 부분에서 생산활동에 종사하고 있던 노동자들을 고용해 운동화 공급량을 늘리려 할 것이다.
그러나 경제 전체를 하나로 보아 분석할 때는 한 시장에서 다른 시장으로 대체되는 것을 고려해서는 안 된다. 국민경제 전체를 조망할 때는 모든 시장을 함께 고려해야 하기 때문이다. 따라서 단일 재화의 수요와 공급을 이해하기 위한 수요・공급곡선과는 달리 각 물가 수준에서 개별 경제주체들이 구입하려는 재화와 서비스의 양을 나타내는 곡선인 총수요곡선과 판매하려는 곡선을 나타내는 총공급곡선을 사용해서 물가와 국민소득의 관계를 확인할 수 있다.

(1) 총수요곡선

① 총수요곡선의 개념

한 재화시장에서 소비자들이 사려고 하는 양을 시장의 수요라고 한다. 그리고 이것을 가격과 수량에 대해 우하향하는 형태로 그리면 수요곡선이 된다. 총수요는 '총'이란 표현에서 보듯이 한 나라 안에서 생산된 재화나 서비스를 사려고 하는 수요를 모두 더한 것이다.
총수요는 가계가 쓰고자 하는 소비지출, 기업이 쓰려고 하는 투자지출, 정부가 쓰려고 하는 정부지출, 외국에서 쓰려고 하는 수출을 모두 더한 것이다. 개방화 시대에 우리는 국내제품만 쓰고 살 수는 없으며, 수입재화도 사용하게 된다. 수입재화에 대해 지출하게 되면 국내 총수요가 그만큼 줄어드는 것이므로 총수요에서 수입은 (–)요인이 된다. 따라서 총수요는 다음과 같이 나타낸다.

총수요 = 가계소비 + 기업투자 + 정부지출 + 수출 – 수입

물가가 올라가면 사람들이 똑같은 지출을 한다고 해도 더 많은 화폐를 가지고 다녀야 한다. 독일의 초인플레이션 상황에서 물가가 크게 오르자 식사를 하기 위해 수레 가득 화폐를 싣고 다니는 상황이 이를 잘 설명해준다. 사람들이 화폐를 더 많이 가지려고 한다면 시중에 돈을 구하기 어려워지고 이자율이 상승한다. 이자율이 상승하면 기업의 투자가 감소하고 총수요가 줄어든다. 주택이나 자동차와 같은 내구재는 주로 할부로 구입하기 때문에, 이자

율 상승은 가계의 내구재 소비를 감소시켜서 총수요를 감소시킨다. 또한 물가가 올라가면 해외 재화에 비해 국내 재화의 가격이 비싸져 수출이 줄고 수입은 늘어나 총수요가 감소한다. 결론적으로 물가가 올라가면 가계소비, 기업투자, 수출이 줄고 수입이 늘어 총수요가 감소한다. 따라서 총수요곡선은 우하향한다.

② 총수요곡선의 도출

재화와 용역시장에서의 국민소득과 이자율의 관계를 설명해주는 것이 IS곡선이고, 화폐시장에서 국민소득과 이자율의 관계를 설명해주는 것이 LM곡선이다. IS곡선과 LM곡선을 통해서 실물시장과 화폐시장에서 이자율과 국민소득이 어떠한 균형을 보이고 있는지 확인할 수 있으며, 이 과정에서 총수요곡선도 도출할 수 있다.

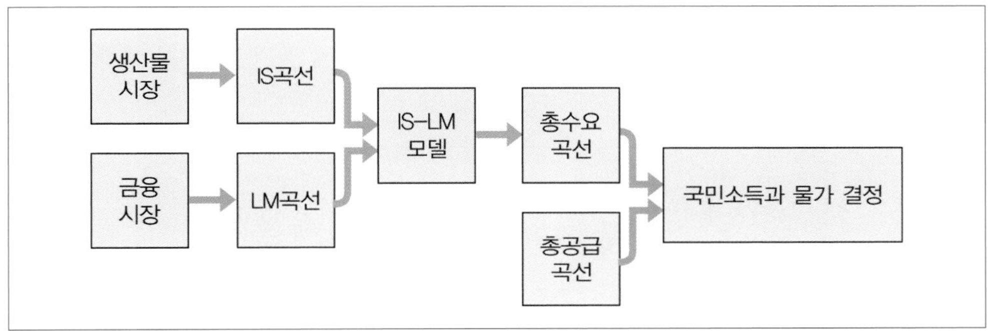

총수요곡선을 IS-LM곡선을 통해서 도출해 보자. 총수요곡선은 물가수준과 국민소득의 관계를 나타내는데, 앞에서 우리는 물가가 상승할 경우 LM곡선을 위쪽으로 이동시키는 요인임을 확인한 바 있다. 따라서 물가상승은 이자율 상승과 국민소득의 감소를 가져온다. 즉, 물가와 국민소득은 반비례 관계를 갖게 된다.

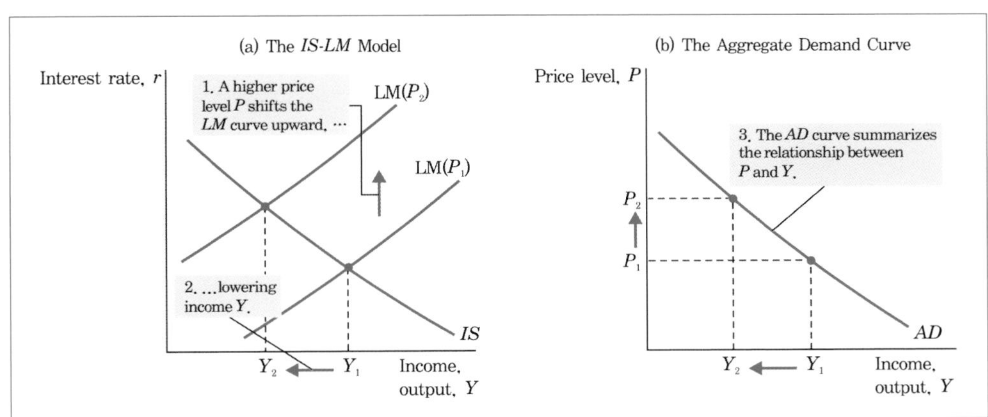

(2) 총수요곡선의 이동

① 소비지출의 변동

소비를 줄이고 저축을 늘릴 경우, 각 물가수준에서 재화와 서비스의 수요량이 적어지므로 총수요곡선은 왼쪽으로 이동한다. 반대로 저축을 덜하고 소비지출을 늘릴 경우 주어진 물가수준에서 재화와 서비스의 수요량이 증가하여 총수요곡선은 오른쪽으로 이동한다.

우리는 앞에서 조세를 줄일 경우 IS곡선을 오른쪽으로 이동시켜 국민소득의 규모를 증가시킨다는 사실을 확인하였다. 즉, 물가가 고정된 상태에서 조세를 줄일 경우 총수요곡선상 역시 전체적인 국민소득이 증가하는 방향인 오른쪽으로 이동하게 된다.

② 정부 구입의 변동

정부지출을 줄일 경우 각 물가수준에서 재화와 서비스의 수요량이 감소하므로 총수요곡선이 왼쪽으로 이동한다. 반면 정부지출이 증가할 경우 각 물가수준에서 재화와 서비스의 수요량이 증가하여 총수요곡선은 오른쪽으로 이동한다.

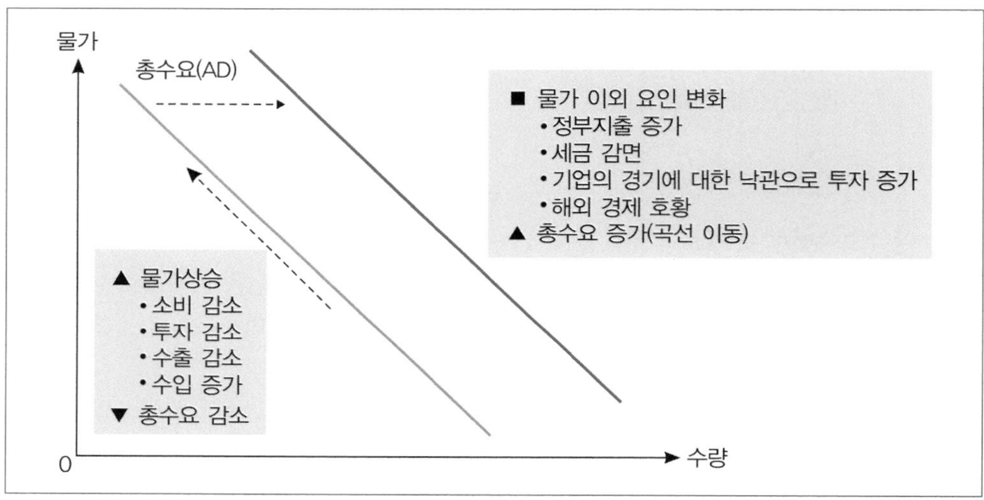

기출 유사문제

주식가격 하락과 미래 불확실성의 증가가 거시경제에 미치는 영향에 대한 다음 설명 중 옳은 것은?

① 예비적 저축가설에 의하면 현재 소비가 감소한다.
② 토빈(J. Tobin)의 q가 증가하여 투자가 감소한다.
③ 불확실성의 증가에 따라 환율의 변동성이 감소한다.
④ 딕싯(A. Dixit)의 투자옵션모형에 의하면 미래의 불확실성에 관계없이 주식가격 하락이 투자의 감소를 가져온다.
⑤ 우하향하는 총수요곡선과 우상향하는 총공급곡선하에서 단기적으로 물가수준이 상승한다.

해설 주식가격이 하락하면 토빈의 q가 작아지고, 미래 불확실성이 커지면 딕싯에 따라 투자옵션의 보유로 투자가 감소한다. 그리고 경기의 불안정으로 환율의 변동성도 커지므로 투자수요의 감소에 따라 총수요가 감소하여 단기적으로 물가수준이 높아진다. 게다가 사람들은 앞으로의 일어날 어려움에 대비하여 소비보다는 저축을 늘린다.

정답 I ⑤

③ 수요곡선과 총수요곡선의 차이

일반적으로 총수요곡선에 대해 많이 저지르는 오해가 개별 제품의 수요곡선을 결국 합해 놓은 것이 총수요곡선이 아니냐 하는 것이다. 하지만 최종생산물이 하나뿐이라면 그 최종생산물의 시장수요곡선이 바로 총수요곡선이 될 것이기 때문에 가능할 수 있지만, 최종생산물이 둘 이상일 경우에는 개별 제품의 수요곡선의 합이 총수요곡선이라고 말할 수 없다. 개별 상품에 대한 시장수요곡선은 그 상품 각각의 가격 수준에서 수요되는 수량을 보여주는 곡선이다. 그 상품의 가격이 오르면 그 상품에 대한 시장수요량이 감소하는데 이때 다른 상품들의 가격은 일정하다고 가정한다. 총수요곡선에서 물가가 오른다는 것은 어느 한 상품의 가격만 오르는 것이 아니라 모든 상품의 가격이 평균적으로 오른다는 것을 뜻한다. 따라서 개별 상품에 대한 시장수요곡선을 그릴 때는 해당 상품의 가격만 변하는 것을 전제로 하지만 총수요곡선을 그릴 때는 모든 상품의 가격이 변하는 것을 전제로 해야 하는 것이다.

(3) 총공급곡선

① 총공급곡선의 개념

한 시장에서 생산자가 생산하려고 하는 양을 시장의 공급이라고 한다면, 한 나라의 모든 생산자들이 생산하려고 하는 재화와 서비스의 총량을 총공급이라고 한다. (단기) 총공급곡선도 한 시장의 공급곡선과 같이 우상향한다.

총공급곡선은 기업의 생산비용을 반영한다. 따라서 기업들의 생산조건에 변화가 오면 총공급곡선이 움직인다. 예를 들어, 유가가 상승하면 기업의 생산비용이 올라가 총공급곡선이 좌측 또는 위로 이동한다. 반면, 신기술이 개발되면 같은 노동과 자본으로 더 많은 생산이 가능해지므로 총공급곡선의 우측이동으로 나타난다.

② 총공급곡선의 도출

한 나라의 공급을 형성하는 생산수준을 결정하는 것은 무엇인가? 노동력, 자본 및 자원 보유량, 기술수준, 사람들의 일하려는 의욕 등이 경제 내의 총공급을 결정하는 데 중요한 역할을 할 것이다.

㉠ **생산요소** : 새로운 생산기술이 개발되고, 노동의 생산성이 높아지거나 또는 자본수준이 증가할 때 총공급 수준은 증가할 수 있다. 그리고 사람들의 일하려는 의욕이 증가하거나 교육이나 훈련을 통하여 일과 관련된 기술을 높이게 될 때에도 총공급 수준은 크게 증가될 수 있을 것이다.

㉡ **임금** : 임금 역시 생산수준을 결정하는 데 중요한 고려 요소이다. 예를 들어 임금이 증가하고 상품가격이 그대로 있으면, 생산비용의 증가로 이윤이 줄어들게 되어 기업이 생산수준을 낮출 수도 있고, 반대로 임금이 하락하면 기업의 생산수준이 높아질 수도 있다.

㉢ **원자재 가격** : 원자재 등의 생산요소의 경우에 있어서도 마찬가지다. 원자재 가격의 상승은 비슷한 이유로 기업의 생산수준을 줄이게 될 것이다.

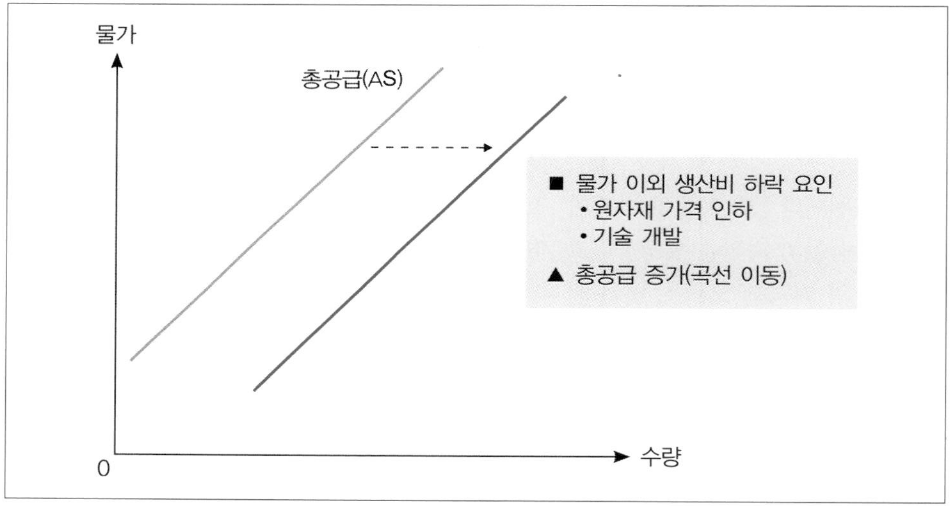

③ 장단기 총공급곡선

㉠ **단기 총공급곡선** : 총공급은 물가의 변화에 영향을 받으므로 물가가 하락하면 총공급은 감소하고 물가가 상승하면 증가한다. 예를 들어 상품가격이 임금 등의 생산요소 가격보다 더 빨리 상승하면 기업은 자신의 이윤을 증대시킬 수 있을 것으로 생각할 것이기 때문에 생산을 증대시킬 것이다. 또한 일반적인 물가상승을 기업 관계자들이 자신들의 상

품 가격 상승으로 이해하기도 한다. 이 역시 기업의 생산을 부추기게 될 것이다. 이러한 과정으로 인해서 우리는 우상향하는 총공급곡선을 얻을 수 있다.

㉡ **장기 총공급곡선** : 우상향의 총공급곡선은 단기에는 가능한 형태이지만 장기의 경우에는 이러한 형태를 띠기 어렵다. 그것은 한 경제의 산출 능력은 한계가 있기 때문이다. 모든 기업이 자신의 생산 역량을 모두 발휘하게 되면, 기업들은 가격수준이 상승한다 하여도 더 이상 생산량을 늘릴 수는 없을 것이다. 물론 가격이 올라가면 기업은 초과시간 노동을 실시하기도 하고 더욱 많은 인력을 고용하기 위해 노력할 것이다. 그렇지만 이러한 노력 역시 한계가 있다. 결국 기업이 자신의 장비나 고용수준을 넘어서서 생산할 수는 없다. 이 경우 총공급곡선은 가격수준의 상승과 상관없이 수직의 형태를 갖게 된다. 결국 이러한 논의를 모두 종합할 때 우리는 어느 정도까지는 우상향하나, 그 이상에서는 수직인 총공급곡선의 모양을 생각할 수 있다.

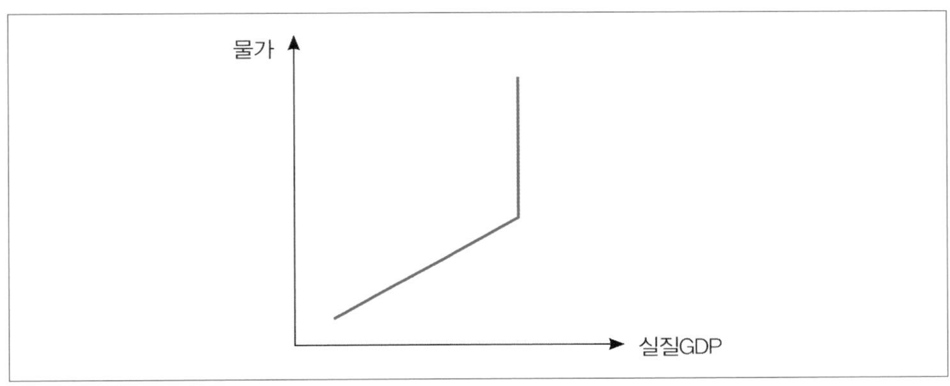

2 균형 GDP의 결정

(1) 총수요 · 총공급 균형의 의미

일정기간 공급된 재화와 용역은 결국 소비와 투자의 목적으로 쓰인 것이기 때문에 총수요와 총공급은 같아지며, 총수요와 총공급이 일치할 때 국민경제는 균형상태에 있음을 의미한다. 시장에서 수요와 공급이 만나서 생산량이 결정되듯이 한 나라의 총수요와 총공급이 만나면 균형생산량이 결정된다. 한 나라의 균형생산량은 GDP라고 할 수 있다. 만약 기업들이 미래에 대한 비관적 견해로 투자를 줄이면 총수요곡선이 좌측으로 이동하면서 물가가 하락하고 균형생산량인 GDP가 줄어드는 불황이 올 수 있다. 정부가 지출을 확대해 총수요가 증가하면 물가가 올라가고 균형생산량인 GDP가 증가하는 경기 호황이 발생할 수도 있고, 유가가 상승하면 총공급이 줄어 물가가 올라가고 생산이 감소한다.

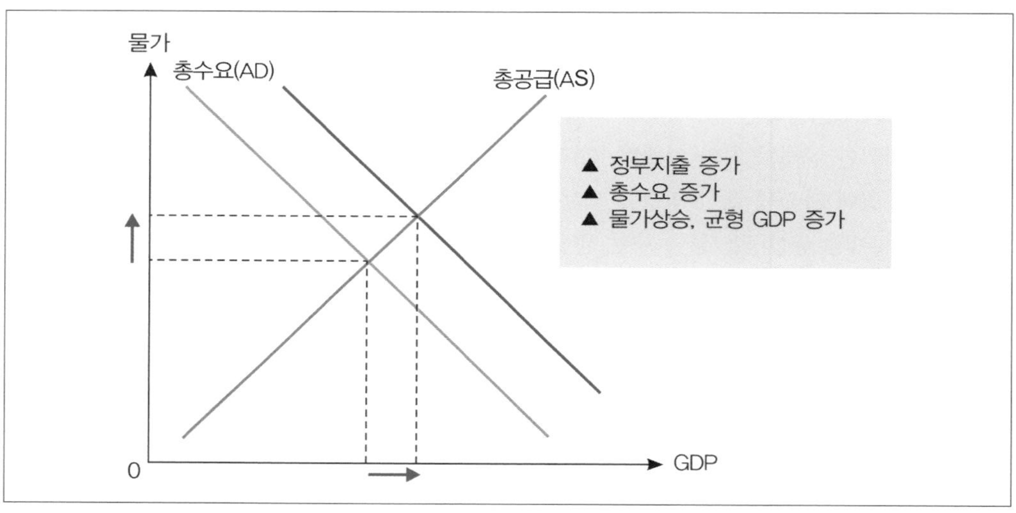

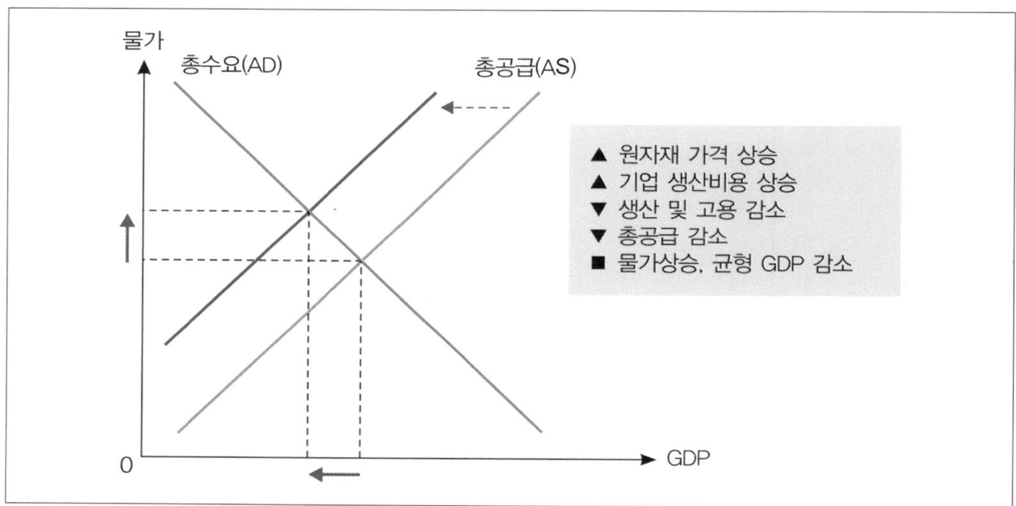

용어 해설

세이의 법칙(Say's Law) : 공급이 수요를 창출하여 국민총수요가 항상 총공급과 일치하게 된다는 법칙이다. 즉, 어느 한 시장의 초과수요나 초과공급은 다른 시장의 초과공급이나 초과수요에 의해 상쇄되기 때문에 경제 전체적으로는 과부족의 상태가 발생하지 않는다는 것이다.

(2) 총수요 · 총공급의 불균형

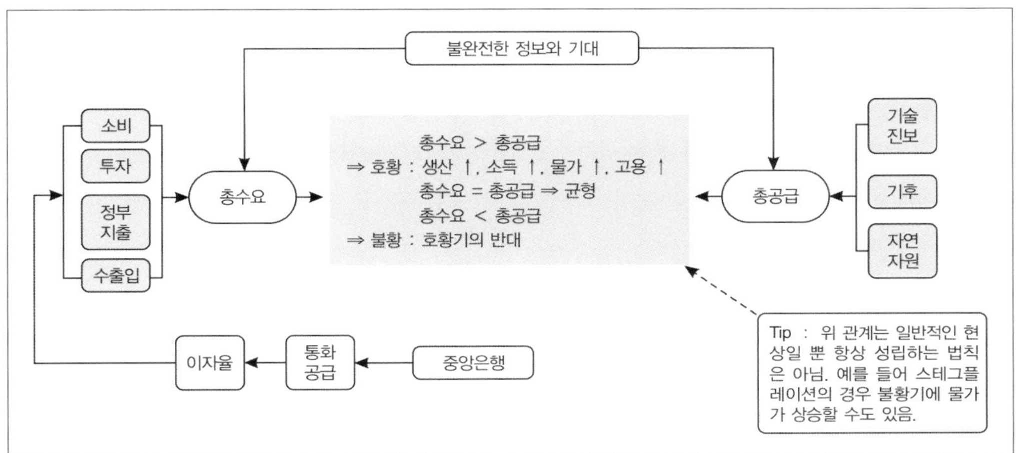

① 총수요 > 총공급 – 총수요 억제정책

경제의 적정성장을 실현하기 위하여 민간설비투자, 재고투자, 정부지출, 개인소비지출 등 수요 전체의 신장을 적당히 통제하는 정책을 총수요 정책이라고 부른다. 특히 국제수지의 균형과 물가상승의 억제를 목적으로 총수요를 억압하는 재정 · 금융정책을 총수요억제책이라고 한다. 이들의 수단으로서는 세율 인상, 정부지출 축소, 통화량 감소, 이자율 인상 등이 있다.

② 총수요 < 총공급 – 총수요 확대정책

총수요 확장정책은 공급보다 수요가 감소하여 경기가 위축될 때 세율 인하, 정부지출 증대, 통화량 증가, 이자율 인하 등과 같은 확장재정 · 금융정책을 통하여 총수요 증대를 도모하는 정책이다.

Hot Issue 『그들이 말하지 않는 23가지』와 신자유주의(Neoliberalism)

• 최근 서점가에서 뜨거운 화제가 되고 있는 책이 있다! 그 주인공은 바로 케임브리지 대학 장하준 교수가 지은『그들이 말하지 않는 23가지』이다. 지난 9월 영국에서 처음 출간된 이 책은 파이낸셜타임스, 가디언 등 세계 유수의 언론들로부터 큰 관심을 받았으며, 많은 논란의 대상이 되고 있다. 장하준 교수는 이 책을 통해 신자유주의를 신랄하게 비판했으며, 더 나은 대안을 모색해야 한다고 주장했다.

결국 자유 시장주의자들, 혹은 신자유주의 경제학자라 불리는 사람들이 우리에게 해 온 이야기는 잘해야 부분적으로만 맞고, 최악의 경우에는 완전히 틀렸다는 말이 된다.

– 『그들이 말하지 않는 23가지』 13p –

신자유주의 정책 패키지로도 알려진 자유 시장 정책 패키지의 일련의 정책들은 낮은 인플레이션, 자유로운 자본 이동, 그리고 (노동 시장 유연성이라는 미사여구로 표현되는) 높은 고용 불안전성 등을 중시한다.

– 『그들이 말하지 않는 23가지』 13p –

요약해보자. 자유무역, 자유 시장 정책은 제대로 작동한 적이 거의 없다. ...(중략)... 자유 무역, 자유 시장 정책을 사용해서 부자가 된 나라는 과거에도 거의 없었고, 앞으로도 거의 없을 것이다.

– 『그들이 말하지 않는 23가지』 107p –

신자유주의에 대한 비판은 비단 장하준 교수만이 제기하고 있는 것이 아니다. 글로벌 금융 위기가 터진 이후 신자유주의적 정책이 위기의 원흉으로 지적되면서 세계 곳곳에서 신자유주의에 대한 비판이 거세게 일어났다.
신자유주의란 말은 언론 등에서 수시로 등장하고 있는 용어이지만 막연한 의미만 알고 있을 뿐이고, 정확한 의미와 등장 배경에 대해서는 모르고 있는 사람들이 많다. 그럼 이제부터 신자유주의에 대해 구체적으로 알아보도록 하자.

[신자유주의의 정의와 이전의 사상들]

• **신자유주의의 정의** : 신자유주의(neoliberalism)는 경제문제에 있어서 **정부 개입의 최소화와 민간 역할 확대**를 통한 효율성 극대화를 중시하는 사상으로, 시장 기능에 대한 신뢰에 그 기반을 두고 있다. 정책적으로는 사유화와 규제 완화, 감세 등을 옹호해왔으며, 국제무역에 대해서는 시장개방과 자유무역을 추구한다.

• **자유방임주의의 몰락과 수정자본주의** : 신자유주의를 말 그대로 풀면 자유주의의 복원으로 해석할 수 있다. 그렇다면 자유주의란 과연 무엇을 의미하는 것일까? 자유주의는 과거 전제권력으로부터 인간 해방을 주창하는 사상으로 출발했다고 할 수 있는데, 미국의 독립과 프랑스혁명은 자유주의가 발전하는 결정적 계기가 되었다. 경제 영역에 있어서의 자유주의는 인위적인 보호, 간섭, 또는 통제를 배척하는 **자유방임주의**(laissez-faire)를 표방한다. 근대 경제학의 아버지인 애덤 스미스(Adam Smith)는『국부론』을 통해 부국강병을 위해 국가가 경제를 강력히 통제하는 중

상주의를 강하게 비판하고, 개인의 이기심에 기초한 '보이지 않는 손'의 역할을 강조함으로써 자유방임주의를 이론적으로 뒷받침했다. 스미스가 『국부론』을 쓴 시기는 영국에서 산업혁명이 막 시작되는 시점이었기 때문에 중상주의하에서의 보호무역은 새로 성장하는 산업자본가와 시민들에게는 족쇄나 다름없었던 것이다. 애덤 스미스의 이론은 데이비드 리카도(David Ricardo), 토마스 맬서스(Thomas R. Malthus), 존 스튜어트 밀(John Stuart Mill) 등의 학자들에게 계승되었으며, 자유방임을 강조한 이들 학자들의 이론을 **고전학파** 경제학이라 부른다.

고전학파 경제학은 19세기 말 다른 학파들의 이론을 흡수하여 **신고전학파 경제학**으로 발전하였다. 고전학파 경제학은 경제학의 주류가 되어 1920년대 말 대공황이 발생할 때까지 미국과 영국 등지에서 경제 운용의 기본 원리로 받아들여졌다.

그러나 1929년 시작된 대공황은 경제학에 대변혁을 가져오는 계기가 되었다. 고전학파 경제학에서는 어느 정도의 경기변동은 자연스러운 현상으로 보지만, 기업이 은행이 연쇄 파산하고 실업률이 25%에 달하는 빈부격차 확대와 공황을 자연스러운 현상으로 치부하기는 힘들었던 것이다. 때문에 정부의 역할을 국방과 치안에 국한시키는 것이 옳으며 '최소정부가 최상의 정부'라는 고전학파의 견해는 큰 위기를 맞이하게 되었다. 이 시기에 영국의 경제학자 **케인즈**(John Maynard Keynes)는 경기침체를 극복하기 위해 정부가 재정지출을 증대시키는 등 적극적으로 개입해야 한다고 주장했고, 많은 사람들이 그의 이론에 공감했다. 미국의 루즈벨트 대통령은 뉴딜정책을 통해 각종 정부 사업을 펼치고, 사회 안전망을 확충함으로써 대공황을 극복하고자 하였다. 뉴딜정책이 실제로 대공황 탈출에 도움을 주었는지는 많은 논란이 있으나 뉴딜정책 시행을 기점으로 미국은 대공황의 늪에서 탈출하기 시작했다.

대공황 이후 세계 각국에서는 정부의 역할이 크게 증가했으며, 유럽의 많은 나라들은 복지국가를 추구하게 되었다. 정부의 역할을 강조한 케인즈의 이론은 보통 **수정자본주의**라 불린다.

[신자유주의의 등장과 전개]

- **신자유주의의 등장** : 신자유주의는 대공황 이후 확대된 정부의 역할을 다시 축소하고 자유방임주의를 복원하려는 목적에서 등장하게 되었다. 오스트리아 출신의 경제학자 하이에크(Friedrich Hayek)는 정부 개입이 개인의 자유를 위협하고 궁극적으로는 '노예의 길(The Road to Serfdom)'로 치닫게 할 것이라고 경고하기도 했다. 제2차 세계대전 이후 수정자본주의는 서구 국가들의 빠른 복구와 경제성장을 이끌었지만 1970년대에 이르러서는 그 한계를 드러내게 된다. 1970년대 오일쇼크로 인해 경기침체와 인플레이션이 동시에 나타나는 스태그플레이션 현상이 만연하게 되었고, 복지국가의 번영은 더 이상 지속될 수가 없었다. 한편 서구 선진국과 사회주의 국가에서 비대해진 정부의 부정부패와 비효율성이 문제되면서 복지병과 정부실패라는 말까지 등장하였다. 밀턴 프리드만(Milton Friedman)을 비롯한 미국 시카고대학의 경제학자들이 뉴딜정책 이후의 케인즈적 간섭주의를 청산해야 한다고 강하게 주장하면서 자유주의 사조는 80년대에 다시 급속도로 전 세계에 퍼지게 된다.
- **신자유주의의 전개** : 영국의 대처 행정부는 전후 영국경제가 지속적으로 침체되어 패권을 미국에 내어주게 된 원인이 지나치게 경직된 사회 구조에 있다고 판단하여 정부 기능을 축소하고 시장경쟁을 지향하는 신자유주의 정책으로 전환했다. 영국은 과거 국유화되었던 산업 분야에서 공기업을 매각하여 경영 효율을 제고하고 감세에 따른 세수 감소를 보전했다. 미국의 레이건 행정부도 레이건노믹스(Reaganomics)로 불리는 공급위주 경제정책을 실시하여 정부 간섭을 줄이고, 경쟁을 촉진하는 등 신자유주의적 경제정책을 수행했다. 게다가 경제문제로 구소련과 동구권 국가들

이 붕괴되면서 신자유주의적 정책은 더 힘을 얻게 되었다. 자유무역체제를 수용한 홍콩과 싱가포르 등이 새롭게 부상하면서 자유무역과 시장 중시의 신자유주의 이념은 세계의 새로운 패러다임으로 자리매김했다.

[신자유주의의 쇠퇴와 그 미래]

- **워싱턴 컨센서스** : 1980년대에 신자유주의가 전성기를 구가하면서 신자유주의적 정책 노선은 개발도상국과 체제전환국으로까지 전파되었다. 이에 따라 재정수지 및 경상수지를 맞춰 거시경제를 안정시키고 공기업 매각을 통해 민간 참여를 유도하며 규제 완화를 통해 시장경쟁을 활성화하면 경제성장을 이룰 수 있다는 정책 권고가 줄을 잇게 되었다. 1990년 미국 국제연구소(IIE; Institute for International Economics)의 경제학자 존 윌리엄슨(John Williamson)은 '안정화, 사유화, 자유화(stabilization, privatization, liberalization)'를 추구하는 정책노선이 우월하다는 데 대해 경제학자들과 워싱턴에 위치한 IMF, 세계은행 등의 국제기구 간에 합의가 이루어졌다고 선언하면서 이를 '**워싱턴 컨센서스(Washington Consensus)**'라 이름 지었다. 워싱턴 컨센서스는 경제개발 과정에서의 정부 역할을 과소평가하는 반면, 시장자유화의 편익은 과대평가하는 측면이 있다. 워싱턴 컨센서스를 수용한 개발도상국과 체제전환국의 경제적 성과는 신통치 않았고, 신자유주의는 비판에 직면하게 되었다.
- **글로벌 금융 위기와 신자유주의의 미래** : 1990년대 이후 빈부격차가 확대되고 금융 위기가 증폭되면서 신자유주의의 영향력은 쇠퇴하기 시작했다. 특히 2008년에 발생한 글로벌 금융 위기는 신자유주의에 커다란 타격을 주었다. 글로벌 금융 위기로 인해 금융감독의 중요성이 부각되었고, 경제에 있어서 정부의 역할은 다시 강조되었다.
  신자유주의는 최근 많은 공격을 받고 있긴 하지만 신자유주의를 완전히 부정하는 것은 위험하다. 신자유주의가 개발도상국들에서는 큰 빛을 보지 못한 경우가 많았지만 경제가 성숙된 선진국들은 과거 신자유주의를 채택함으로써 비효율성 문제에서 벗어날 수 있었다. 그리고 우리나라 또한 지난 반세기 동안 자유무역의 혜택을 가장 많이 누린 나라 중 하나라고 할 수 있을 것이다.
  세계화의 진전에 따른 정부의 역할 감소와 국가들 간의 규제 완화 경쟁은 피할 수 없는 시대의 흐름이기 때문에 앞으로도 신자유주의는 그 영향력을 완전히 잃어버리지는 않을 것이다. 결국 경제 운영에 있어서 자유방임과 정부개입 어느 한쪽으로 너무 치우치는 것은 위험한 일이라고 할 수 있으며, 자유로운 시장경제의 기반 위에서 정부가 적절히 개입하여 균형을 유지하는 것이 바람직한 방향이 될 것이다.

〈KDI 경제정보센터 김훈민 연구원〉

REVIEW

1. 한 나라의 국민소득은 단기적으로는 개별 경제주체들의 지출의 내역에 의해 결정된다고 할 수 있다.
2. 국가경제에서 발생하는 지출의 형태를 가계의 소비행위(C)와 기업과 가계에서의 투자행위(I) 그리고 정부의 소비행태인 정부지출(G)로 나누어 생각할 수 있다.
3. 정부지출(G)의 경우에는 정부의 재정정책에 의한 각종 공공사업을 확장할 것인지를 통해서 자신들의 지출 규모를 결정하게 되고, 이 과정에서 국민소득의 증가 여부에 영향을 미치게 된다.
4. 총수요는 '총'이란 표현에서 보듯이 한 나라 안에서 생산된 재화나 서비스를 사려고 하는 수요를 모두 더한 것이다.
5. 한 나라의 모든 생산자들이 생산하려고 하는 재화와 서비스의 총량을 총공급이라고 한다.
6. 일정기간 공급된 재화와 용역은 결국 소비와 투자의 목적으로 쓰인 것이기 때문에 총수요와 총공급은 같아지며, 총수요와 총공급이 일치할 때 국민경제는 균형 상태에 있음을 의미한다.

PART 02
거시경제

CHAPTER 02

출제예상문제

01 **IS-LM모형에서 통화당국이 공개시장에서 채권을 (　　)하면, 이자율이 (　　)하며, 투자와 소득은 (　　)한다. 다음 보기 중 일관성 있게 연결된 것은?**

① 매입 - 하락 - 감소
② 매입 - 상승 - 감소
③ 매각 - 상승 - 증가
④ 매각 - 상승 - 감소
⑤ 매각 - 하락 - 감소

해설 공개시장에서 채권을 매입하면 통화량이 증가해서 이자율이 하락하며 투자수요와 소비가 증가한다. 반대로 공개시장에서 채권을 매각하면 통화량이 감소해서 이자율이 상승하며 투자수요와 소비가 감소한다.

02 **IS-LM모형에서 정부가 정부지출과 조세를 동일한 금액만큼 증가시킬 때의 효과에 대한 설명이다. 다음 중 옳은 것은?**

① 소득은 증가하고, 이자율은 상승한다.
② 소득은 증가하고, 이자율은 불변이다.
③ 소득과 이자율은 모두 불변이다.
④ 소득은 불변이고 이자율은 상승한다.
⑤ 소득은 감소하고, 이자율은 상승한다.

해설 정부지출과 조세가 동일한 크기로 증가하면 균형재정승수가 1이므로 국민소득이 정부지출의 크기만큼 증가한다. 국민소득의 증가로 화폐수요가 증가해서 이자율이 상승한다.

03 **우리 정부가 뉴딜정책을 실시하기로 하고 공공투자지출을 늘렸다고 하자. IS-LM모형에 의하면 다음 중 이러한 정책이 초래할 결과라고 보기 어려운 것은?**

① 이자율이 상승할 것이다.
② 화폐공급이 줄어들 것이다.
③ 경기가 활성화될 것이다.
④ 민간투자가 위축될 것이다.
⑤ 실업률이 하락할 것이다.

해설 정부지출이 증가하면 국민소득이 증가해서 화폐수요의 증가로 이자율이 상승하므로, 민간투자가 일부 위축된다. 하지만 정부지출의 승수효과가 구축효과보다 커서 총수요의 증가로 국민소득은 증가하여 실업률은 하락하고 물가는 상승한다. 한편 화폐공급은 정부가 아니라 중앙은행이 결정하는 정책변수다.

정답 01 ④ 02 ① 03 ②

04 **자국의 실물시장 균형을 나타내는 IS곡선에 대한 다음 설명 중 옳지 않은 것은? (단, IS곡선의 기울기는 세로축을 이자율, 가로축을 소득으로 하는 그래프상의 기울기를 말한다)**

① 자국의 한계소비성향이 커지면 IS곡선의 기울기가 완만해진다.
② 자국의 소득증가로 인한 한계유발투자율이 증가하면 IS곡선의 기울기가 완만해진다.
③ 자국의 정부지출이 증가하면 IS곡선은 오른쪽으로 이동한다.
④ 자국의 한계수입성향이 커질수록 IS곡선의 기울기는 가팔라진다.
⑤ 해외교역국의 한계수입성향이 커질수록 IS곡선의 기울기는 완만해진다.

해설 한계소비성향, 한계유발투자율이 클수록 이자율의 하락으로 증가한 투자수요가 총수요를 증가시키는 투자승수효과가 크므로, IS곡선의 기울기는 더욱 완만해진다. 반면에 자국의 한계수입성향이 클수록 투자승수효과가 작아서 IS곡선의 기울기는 더욱 가팔라지고 정부지출이 증가하면 동일한 이자율수준에서 국민소득이 증가하여 IS곡선이 오른쪽으로 이동한다. 또한 외국의 한계수입성향이 클수록 자국의 수출이 증가하므로 IS곡선이 오른쪽으로 이동한다.

05 **정부가 재정지출을 G만큼 늘리고, 조세를 G의 두 배 늘리고, 화폐 공급량을 G만큼 줄인 경우 IS곡선과 LM곡선의 이동을 바르게 설명한 것은? (단, 한계소비성향은 0.5다)**

① IS곡선과 LM곡선이 우측으로 이동
② IS곡선과 LM곡선이 좌측으로 이동
③ IS곡선은 우측으로 이동, LM곡선은 좌측으로 이동
④ IS곡선은 좌측으로 이동, LM곡선은 우측으로 이동
⑤ IS곡선은 이동하지 않고, LM곡선은 좌측으로 이동

해설 정부지출승수는 1/(1−MPC)이고, 조세승수는 −MPC/(1 − MPC)이다. MPC = 0.5이므로 정부지출승수 = 2이고, 조세승수 = −1이다. 그런데 조세 증가액이 정부지출 증가액보다 2배 크므로 정부지출의 승수효과와 조세 증가의 승수효과가 일치하여 IS곡선은 이동하지 않는다. 한편 통화량이 감소하면 LM곡선은 좌측 이동한다.

정답 04 ⑤ 05 ⑤

06 **그림과 같이 IS곡선과 LM곡선이 그려져 있다. 점 A의 상태를 바르게 나타낸 것은?**

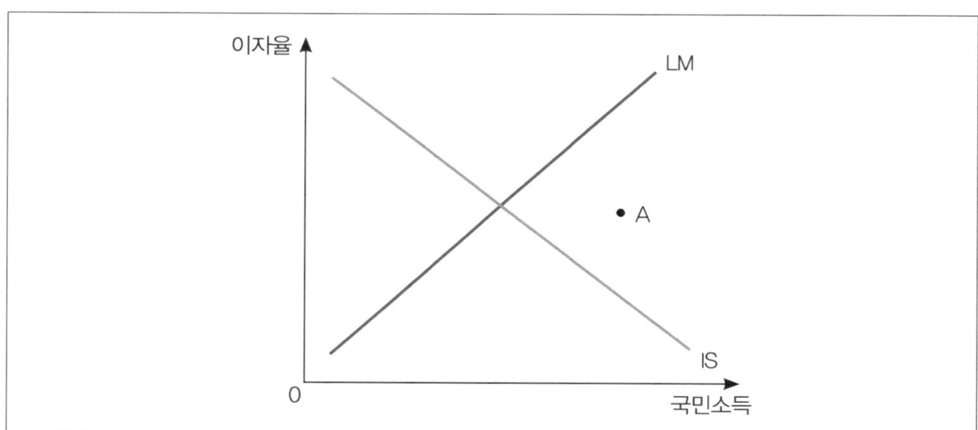

① 저축 > 투자, 화폐수요 > 화폐공급
② 저축 < 투자, 화폐수요 > 화폐공급
③ 저축 > 투자, 화폐수요 < 화폐공급
④ 저축 < 투자, 화폐수요 < 화폐공급
⑤ 저축 = 투자, 화폐수요 > 화폐공급

해설 점 A가 IS곡선 상방에 있으므로 재화시장에서는 초과공급이 나타나고, LM곡선 하방에 있으므로 화폐시장에서 초과수요가 나타난다.

07 **IS곡선과 LM곡선이 만나는 지점에 어떤 경제가 위치해 있다고 가정하자. 경제가 이 위치에서 벗어날 때 재화와 서비스시장과 화폐시장에서 불균형이 발생한다. 다음 설명 중 옳지 않은 것은?**

① 소득은 변하지 않고 이자율만 상승한다면 재화와 서비스에 대한 수요가 공급을 초과하게 된다.
② 소득은 변하지 않고 이자율만 상승한다면 화폐에 대한 공급이 수요를 초과하게 된다.
③ 이자율이 변하지 않고 소득만 상승한다면 재화와 서비스에 대한 공급이 수요를 초과하게 된다.
④ 이자율이 변하지 않고 소득만 상승한다면 화폐에 대한 수요가 공급을 초과하게 된다.
⑤ 이자율이 변하지 않고 소득만 하락한다면 재화와 서비스에 대한 수요가 공급을 초과하게 된다.

정답 06 ① 07 ①

해설 ①·② 소득은 변하지 않고 이자율만 상승하면 실물시장에서 투자수요의 감소로 재화의 초과공급이 나타나고, 화폐시장에서 화폐수요의 감소로 화폐의 초과공급이 나타난다.
③·④ 이자율은 변하지 않고 소득만 상승하면 실물시장에서 총생산의 증가로 재화의 초과공급이 나타나고, 화폐시장에서 화폐수요의 증가로 화폐의 초과수요가 나타난다.
⑤ 이자율이 변하지 않고 소득만 감소하면 재화시장에서 총생산이 감소하여 재화의 초과수요가 나타나고, 화폐수요의 감소로 화폐시장에서 화폐의 초과공급이 나타난다.

08 IS-LM모형에서 사람들이 갑자기 저축을 증가시키려 할 때 나타나는 현상으로 옳은 것은?

① 소득과 이자율이 모두 상승한다.
② 소득과 이자율이 모두 하락한다.
③ 소득은 증가하고, 이자율은 하락한다.
④ 소득은 감소하고, 이자율은 상승한다.
⑤ 소득은 불변이며, 이자율은 하락한다.

해설 사람들이 소비를 감소시키고 저축을 증가시키면 IS곡선이 좌측으로 이동하며 소득 감소와 이자율 하락이 나타난다. 극단적으로 투자가 이자율에 의존하지 않는 경우라면 소득 감소폭이 매우 커서 실제 저축을 증가시키지 못하는 일이 나타나는데 이를 절약의 역설이라고 한다.

09 다음 중 IS곡선에 대한 설명으로 옳지 않은 것은?

① 재화시장의 균형을 유지하기 위해 소득과 이자율이 반대 방향으로 움직여야 함을 보여준다.
② 대부시장의 균형조건으로부터 도출된다.
③ 투자의 이자율 탄력성과 승수가 클수록 그 기울기가 완만해진다.
④ 독립투자, 정부지출, 민간저축의 증가 등은 이 곡선을 우측으로 이동시킨다.
⑤ 승수가 클수록 IS곡선의 이동폭이 커진다.

해설 저축이 독립적으로 증가할 때 IS곡선은 좌측으로 이동한다. 옳은 지문이 되기 위해서는 민간저축을 민간소비로 바꾸어야 한다.
• 투자 증가 → IS곡선 우측 이동
• 저축 증가 → IS곡선 좌측 이동

정답 08 ② 09 ④

10 다음 중 LM곡선에 대한 설명으로 옳지 않은 것은?

① 화폐시장의 균형을 유지하기 위해 소득과 이자율이 같은 방향으로 움직여야 함을 보여준다.
② 유동성 선호 모형 또는 수량방정식으로부터 도출된다.
③ 화폐수요의 이자율 탄력성이 클수록 그 기울기가 완만해진다.
④ 신용카드의 보급 등으로 화폐수요가 독립적으로 감소하면 LM곡선이 좌측으로 이동한다.
⑤ 고전학파의 화폐수량설이 성립할 경우 이 곡선은 수직이 된다.

해설 신용카드의 도입과 같이 화폐수요를 독립적으로 감소시키는 요인들은 LM곡선을 우측으로 이동시키며 금리 하락과 경기 확장을 유발한다.
• 화폐공급 증가 → LM곡선 우측 이동
• 화폐수요 증가 → LM곡선 좌측 이동

11 총수요 감소를 초래할 수 있는 요인은?

① 소비 증가
② 환율 상승
③ 이자율 상승
④ 투자 증가
⑤ 정부지출 증가

해설 이자율 상승은 투자를 감소시켜 총수요가 감소한다(나머지는 증가요인). 환율이 상승하면 순수출을 증대시키고 총수요를 증가시킨다.

12 총수요에 영향을 미치는 요인이 아닌 것은?

① 정부지출 증가
② 통화량 증가
③ 이자율 하락
④ 조세 증가
⑤ 노동공급 증가

해설 총수요란 가계, 기업, 정부 등 모든 경제주체가 원하는 재화와 서비스에 대한 수요의 총액을 말한다. 정부지출과 조세의 증가는 직접적으로 총수요에 영향을 미치지만, 통화량은 이자율에 영향을 미치고 다시 이것이 투자수요에, 결국 총수요에까지 영향을 준다. 노동공급의 증가나 자본의 증가는 생산 능력, 즉 총공급에 영향을 준다.

정답 10 ④ 11 ③ 12 ⑤

13 다음 중 우리 경제의 총수요를 증가시키는 요인으로 가장 적절한 것은?

① 소득세율 인상
② 미국의 경기 침체
③ 국제원유가격 인상
④ 파업으로 인한 조업 단축
⑤ 지방 정부의 재정지출 확대

해설 국제원유가격 인상, 파업으로 인한 조업 단축은 경제의 총공급을 감소시키는 요인으로 작용한다. 한편 소득세율 인상, 미국의 경기 침체는 총수요를 감소시키는 요인으로 작용하는 반면, 지방 정부의 재정지출 확대는 총수요를 증가시키는 요인으로 작용한다.

14 기술 진보와 세금 인하가 동시에 발생했을 때 실질GDP와 물가수준에 미치는 영향은?

① 실질GDP는 증가할 것이나, 물가수준은 상승할지 하락할지 알 수 없다.
② 실질GDP는 감소할 것이나, 물가수준은 상승할지 하락할지 알 수 없다.
③ 실질GDP가 증가할지 감소할지 알 수 없으나, 물가수준은 상승한다.
④ 실질GDP가 증가할지 감소할지 알 수 없으나, 물가수준은 하락한다.
⑤ 실질GDP는 증가하고 물가수준은 상승한다.

해설 기술 진보는 총공급을 증가시키는 반면 세금 인하는 총수요를 증가시킨다. 즉, 기술 진보는 실질GDP를 증가시키고 물가를 하락시키는 요인인 반면 세금 인하는 실질GDP를 증가시키고 물가도 상승시키는 요인으로 작용한다.

정답 13 ⑤ 14 ①

PART 02
거시경제

CHAPTER 03

물가지수

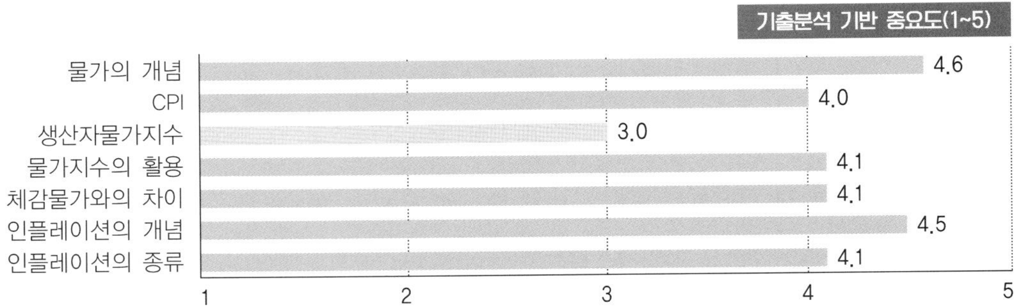

학습목표

❶ 물가와 물가지수의 의미를 구분한다.
❷ 소비자물가지수의 측정 방식과 소비자물가지수가 가지는 문제점에 대해 학습한다.
❸ GDP 디플레이터와 소비자물가지수의 차이점을 구분한다.
❹ 생산자물가지수의 의미를 확인한다.
❺ 물가를 측정하는 지수들에는 어떠한 것들이 있으며, 그러한 지수들이 가지는 특징이 무엇인지 확인한다.
❻ 물가지수가 실제 물가 상황을 정확히 반영하지 못하는 원인은 무엇인지 확인한다.
❼ 물가와 인플레이션의 의미가 각각 어떻게 다른지 명확히 구분한다.
❽ 인플레이션을 야기시키는 원인에는 어떠한 것들이 있는지 확인하고 이들이 각각 어떻게 상이하게 시장에 영향을 미치는지 구분할 수 있어야 한다.
❾ 예상된 인플레이션과 예상하지 못한 인플레이션이 각각 어떻게 다르게 경제에 영향을 미치는지 구분할 수 있어야 한다.
❿ 최근 전 세계적으로 물가상승으로 인한 다양한 경제적 문제점에 직면하고 있는데, 인플레이션과 관련된 시사용어에는 어떠한 것들이 있으며, 각각 어떠한 의미를 담고 있는지 구분한다.

1 물가와 물가지수

1 물가와 물가지수

시장에는 우리가 상상할 수 없을 만큼 다양하고 많은 상품과 서비스가 거래된다. 따라서 그에 상응하는 가격 역시 수 없이 많고 다양하다. 물가라 함은 시장 전체의 상품 가격들이 어떤 정도인지를 알기 위해서 개별 상품들의 가격을 일정한 방법으로 결합하여 하나의 수치로 산출한 것을 말하는

데, 일반적으로 물가수준이라는 용어로 더 많이 쓰이는 것은 이와 같이 작성된 물가가 전에 비해 더 높아졌는지 아니면 안정적인지 등을 파악하기 위해 지수화하여 사용하기 때문이다.
왜 물가수준을 파악하는가? 물론 무엇이든지 알고 싶어하는 인간의 지적 욕구에 기인하는 것이지만, 물가수준이 경제생활에 큰 영향을 미치므로 시장경제를 전반적으로 파악하기 위해서는 물가수준이 어느 정도인지 아는 것이 매우 중요하기 때문이다. 예컨대 지난 봄에 비해 여름의 물가수준이 크게 올랐다면 우리는 물가수준 작성 과정에서 어느 상품들의 가격이 특별히 많이 올라서 물가수준을 높이게 되었는지를 알 수 있을 것이다. 이 경우 해당 상품의 산업 현황을 살펴보고 그것이 적정한 생산과 수요의 수준을 넘어서서 과열된 상태인지를 알게 된다면, 그 산업이 과열되지 않도록 정부는 적절한 경제정책의 대응으로 물가수준을 안정화시킬 수 있을 것이다. 반대로 물가수준이 크게 떨어지는 경우도 있을 것이다. 개별 상품들의 시장에는 수요와 공급에 이렇다 할 변동이 감지되지 않았음에도 물가가 크게 올랐다면 상품 생산이 아닌 다른 측면 이를테면, 통화량의 증가나 다른 해외변수들의 동향을 의심할 수 있고 이들 부문을 조사해 봄으로써 원인을 규명하고 그 대응책을 마련할 수 있다.

용어 해설

- 물가 : 시장에서 거래되는 개별 상품의 가격을 경제생활에서 차지하는 중요도 등을 고려하여 평균한 종합적인 가격 수준을 말한다.
- 물가지수 : 물가의 움직임을 알기 쉽게 지수화한 경제지표를 일컫는다.

2 다양한 물가지수

(1) 소비자물가지수(CPI)

① 개념

소비자물가지수란 일상 소비생활에서 구입하는 상품과 서비스의 가격 변동을 조사함으로써 도시 가계의 평균적인 생계비나 화폐의 구매력 변동을 측정하는 물가지수다. 소비자물가지수는 소비자가 피부로 느끼는 장바구니 물가를 측정한다는 목적을 갖고 있기 때문에 물가지수 산정에 고려되는 품목이 소비자들이 자주 구입하는 기본 생필품을 대상으로 계산한다. 소비자물가지수는 소비지출목적별 분류를 기본 분류로 채택하고 있으며 그밖에 상품성질별 지수, 신선식품 및 신선식품제외지수, 생활물가지수, 농산물 및 석유류제외지수 등이 작성된다. 이러한 지수들은 각각 물가 변동의 부분적인 원인을 규명하거나 물가 변화요인이 장기적인 것인지 일시적인 것인지를 구별하기 위해 사용된다.

② 문제점

소비자물가지수는 몇 가지 한계를 갖고 있는데, 먼저 대체효과에 대한 왜곡을 고려하지 못한다는 문제점이 있다. 물가가 오른다고 해서 모든 물건의 가격이 동일하게 상승하는 것은 아니다. 따라서 소비자들은 물가가 상승할 경우 상대적으로 물건의 가격이 덜 오른 물건을 더 많이 사고, 더 많이 오른 물건의 구매는 줄이는 행태를 보이게 된다. 그러나 소비자물가지수는 고정된 재화묶음을 가정하고 작성되므로 소비자의 대체가능성을 배제함으로써 생계비 변동을 과대평가하게 된다.

두 번째로 새로운 상품의 등장을 고려하지 못한다. 새로운 상품이 등장하게 되면 소비자들의 선택의 폭이 넓어지게 되고 그 과정에서 더 싼 물건을 구매할 수 있는 길이 열린다. 즉, 물건의 선택의 폭이 많아지는 것은 곧 화폐의 가치를 상승시키는 요인이 된다. 하지만 소비자물가지수는 신제품이 고려되지 않기 때문에 이러한 변화를 감지할 수 없다.

세 번째는 제품의 품질 변화를 반영하지 않는다는 단점이 있다. 즉, 재화의 가격은 그대로지만 품질이 나빠졌다면 소비자의 구매력은 감소하고, 반대로 제품의 품질이 개선되면 소비자의 구매력은 증가한다. 이러한 품질 변화로 인한 물가지수 왜곡을 방지하기 위해 품질이 일정한 재화와 서비스의 묶음의 가격을 측정하려고 노력하고 있으나 현실적으로 쉽지 않다.

기출 유사문제

물가의 통계 및 측정에 대한 설명 중 가장 옳지 않은 것은?

① GDP 디플레이터는 명목GDP를 실질GDP로 나눈 값에 100을 곱한 값이다.
② 생산자물가지수(PPI)는 최종재에 대한 가격변화의 산술평균값이다.
③ 소비자물가지수(CPI)는 라스파이레스 방식으로 측정한 값이다.
④ 생산자물가지수는 주택임대료를 반영하지 않는다.
⑤ 소비자물가지수는 수입품의 가격을 반영한다.

해설 소비자물가지수와 생산자물가지수는 라스파이레스 방식에 따른다. 라스파이레스 물가지수는 기준연도의 재화묶음을 가중치로 사용하여 기준연도와 비교연도 간 각 재화의 가격변화를 가중평균하여 계산한다. 주택이 생산하는 주거서비스는 최종생산물을 만들기 위한 중간투입물에 해당하지 않으므로 주택임대료가 생산자물가지수에는 반영되지 않으나 소비자물가지수에는 반영된다. 그리고 수입품도 국내생산이 아니므로 생산자물가지수에는 포함되지 않으나 가계의 소비 품목에 해당하여 소비자물가지수에는 포함된다.

정답 Ⅰ ②

③ GDP 디플레이터 vs. 소비자물가지수

앞서 배운 GDP 디플레이터와 소비자물가지수는 몇 가지 차이점을 갖고 있다. 먼저 GDP 디플레이터는 국내에서 생산되는 모든 재화와 서비스의 가격을 반영하는 데 반해, 소비자물가지수는 소비자가 구입하는 재화와 서비스의 가격만 포함한다는 사실이다. 반도체생산장비나 중장비 가격이 상승할 경우 이는 GDP 디플레이터에는 반영되지만, 소비자물가지수에서는 반영되지 않는다. 또한 많은 사람들이 구입하는 수입 자동차의 경우에는 소비자물가지수에는 반영되지만 국내에서 생산한 재화가 아니므로 GDP 디플레이터에는 반영되지 않는다.

두 번째로 소비자물가지수는 고정된 재화묶음을 바탕으로 물가지수를 측정하며, 재화묶음을 변경하는 것은 몇 년에 한번 정도로 이루어진다. 하지만 GDP 디플레이터는 올해 생산된 재화와 서비스의 가치를 기준연도에 구입했을 때의 비용과 비교한 것으로 재화묶음이 매년 바뀐다고 볼 수 있다. 따라서 재화의 가격들이 일률적으로 변화될 때에는 이 두 지수 간의 차이가 발생하지 않지만, 재화의 가격이 서로 다르게 움직일 경우에는 두 지수 간의 측정값이 달라진다.

(2) 생산자물가지수

① 개념

생산자물가지수는 국내생산자가 국내시장에 출하하는 상품의 평균적인 가격 변동을 측정하기 위해 작성되는 물가지수로 1910년부터 편제하고 있는 우리나라에서 가장 오래된 통계 중 하나다. 소비자물가지수 조사대상품목에 포함되지 않는 원재료·중간재·최종자본재 등도 조사 대상에 포함되므로 생산자물가지수는 소비자물가지수보다 포괄 범위가 좀 더 넓은 물가지수라 할 수 있다. 2009년 현재 생산자물가지수의 기준연도는 2005년이며 조사대상품목은 884개(재화 801개, 서비스 83개)이다.

② 측정 방법

생산자물가지수는 생산자출하가격, 즉 부가가치세를 제외한 생산자도매가격을 원칙으로 계산되며, 각 상품군에서 양적인 적정성과 질적인 대표성이 있는 제품을 선정하여 생산자물가지수를 평가한다. 각 상품의 대표성 있는 제품을 선정하는 방식은 아래와 같이 큰 범위에서 점차적으로 세분화하여 범위를 좁게 만들어 품목별로 대표성이 있는 품목을 선정하는 방식으로 이루어지고 있다.

③ 생산자물가지수 vs. 소비자물가지수의 차이

구분	생산자물가지수	소비자물가지수
작성 기관	한국은행	통계청
작성 목적	기업 간 대량 거래되는 상품의 가격 변동 측정	일반 가계가 소비하는 상품의 가격 변동 측정
포괄 범위	• 국내에서 거래되는 모든 상품 • 서비스 제외(1995년부터 포함) • 원자재, 자본재, 소비재 포함	• 가계의 소비지출대상인 모든 재화와 서비스 • 원자재, 자본재 등은 제외
대상 품목 및 가중치 결정기준	품목별 생산액(수출 제외)과 수입액 중 국내판매액	비목별 가계소비 지출액
조사 가격	생산자 및 수입업자 판매가격	소비자 구입가격
이용 범위	시장동향 분석, 구매 및 판매 계약, 예산 편성 및 심의, 자산재평가 등	소비자의 생계비 변동 파악, 노사 간 임금조정 기초 자료 등

(3) 기타 물가지수

① 가공단계별 물가지수

국내시장에 공급되는 모든 재화를 원재료, 중간재, 최종재 등의 가공단계별로 구분하여 가격동향을 조사함으로써 물가의 파급 과정을 단계별로 파악할 수 있도록 만들어진 물가지수이다. 가공단계별 물가지수는 생산자물가지수가 국산품만을 조사 대상으로 하는 것에 비해 수입품도 조사 대상에 포함시킨다는 차이점이 있다.

② 수출입물가지수

수출입물가지수는 수출입상품의 가격 변동을 조사함으로써 국내물가에 미치는 영향을 측정하기 위하여 작성되는 물가지수다. 이 지표는 관련업체들의 수출체산성 변동이나 수입원가 부담 등을 파악하는 한편, 수출입물가지수의 상호 비교를 통하여 가격 측면에서의 대외교역조건 등을 측정하는 데에도 이용된다.

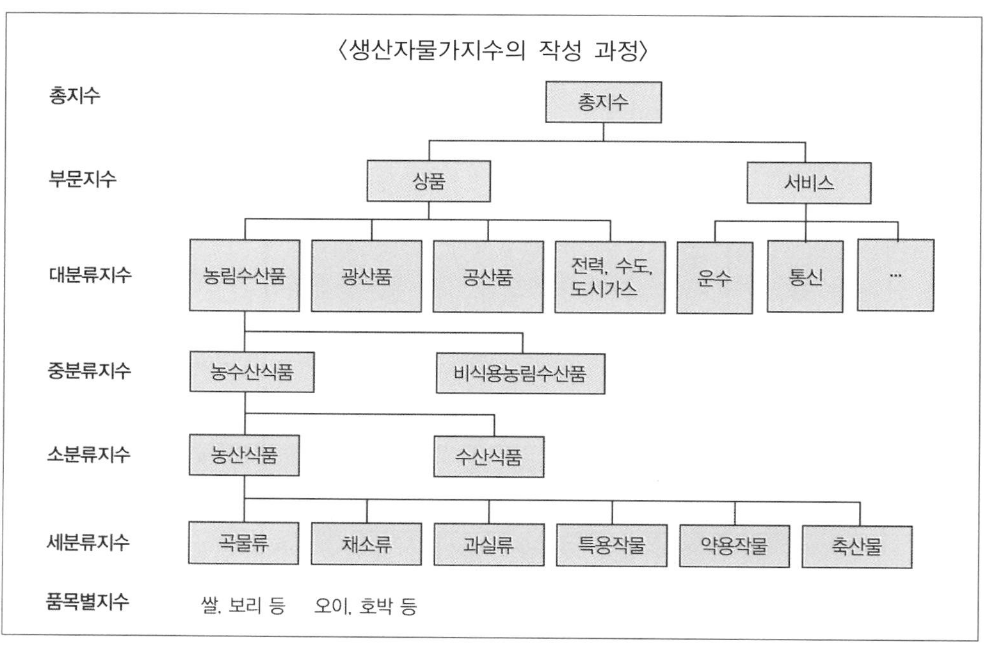

3 물가지수 활용법

(1) 구매력을 측정하는 수단

물가지수는 화폐의 구매력을 측정하는 수단으로 사용된다. 물가가 상승한다는 것은 소득이 일정한 경우 구입할 수 있는 상품의 양이 줄어든다는 것으로, 화폐의 구매력이 떨어진다는 의미이다. 반대로 물가의 하락이 계속되면 화폐의 구매력은 증가한다. 즉, 물가지수는 화폐의 실질적인 구매력 변화를 측정할 수 있다.

(2) 경기판단의 지표 역할

일반적으로 물가는 경기가 상승국면에 있는 경우에는 수요 증가에 의하여 상승하고, 하강국면에 있는 경우에는 수요 감소에 의해 하락하게 된다. 따라서 물가지수는 이러한 경기 동향을 민감하게 반영하여 움직이기 때문에 때로는 경기판단지표로서도 활용될 수 있다.

(3) 디플레이터의 기능

경제 현상을 분석하다보면 서로 다른 시점 간의 금액을 비교해야 할 때가 있다. 예를 들어, 2000년의 200만원의 가치와 지금의 250만원의 가치가 얼마만큼의 차이가 있는지 등을 비교해야 할 경우가 있다. 이때 현재의 금액을 과거 시점의 금액으로 환산해야 하는데, 이때 사용되는 것이 물가지수다. 보다 구체적으로 설명하자면 현재의 금액을 두 기간 사이의 물가지수 비율로 나누어 과거 시점의 금액으로 환산하게 된다.

$$A \text{ 연도의 화폐가치} = B \text{ 연도의 화폐가치} \times \frac{A \text{ 연도의 물가수준}}{B \text{ 연도의 물가수준}}$$

(4) 상품의 전반적인 수급 동향과 상품의 종류별 수급 동향도 판단할 수 있는 자료

물가지수 발표 자료를 보면 모든 상품의 가격 동향이 종합된 총지수 외에 유사한 품목끼리 묶은 유별지수도 있어 이를 통해서 부문별 상품 수급 동향도 분석할 수 있다. 예를 들어, 공산품지수와 농림수산품지수를 비교하여 공산품지수는 안정적이었으나 농림수산품지수는 계속 올랐다고 하자. 이는 공산품에 비해 농림수산품의 공급에 어려움이 있었다는 것을 의미하므로 물가 안정을 위하여 농림수산품의 증산을 독려하거나 수입물량 확대, 유통구조 개선 등의 시책을 강구하게 된다.

4 물가지수와 체감 물가가 다른 이유

(1) 도입

우리는 일상생활에서 피부로 느끼는 물가의 체감 정도와 각종 메스컴을 통해서 접한 물가지수 내지 물가 관련 보도 내용이 사뭇 다르다는 느낌을 받을 때가 많을 것이다. 왜 이러한 일이 벌어지는가?

(2) 물가지수와 체감 물가의 차이가 발생하는 원인

① 소비 품목의 차이

개인마다 소비하는 재화와 서비스들이 다르기 때문이다. 지수물가가 여러 가지 상품가격을 일정한 기준에 따라 종합한 평균적인 물가수준인 데 비해, 피부물가는 개인이 상품을 구입하는 과정에서 주관적으로 느끼는 물가이므로 자주 구입하는 몇몇 품목의 가격 변동에 민감하게 움직이는 특징을 보인다. 예를 들어 어떤 시점에서 대학등록금이 많이 올랐지만 기술

발전으로 냉장고, TV 등 전자제품 가격이 하락하여 품목들의 평균 가격, 즉 지수물가는 변동하지 않았다고 하자. 그러나 이때에도 체감 물가를 기준으로 보면 대학생 자녀를 둔 가정은 교육비 부담의 증가로 인해 물가가 상당히 올랐다고 느낄 수 있으며, 전자제품을 구입하는 가정에서는 물가가 낮아졌다고 생각할 수 있을 것이다. 즉, 물가지수는 전체적인 상황을 조망한 것이기 때문에 특정 부문에서 경제활동을 수행하는 개인이 느끼는 물가 변화와는 차이가 있을 수 있다.

② 개인의 상황 차이

생활 수준의 향상이나 가족 구성원의 변동에 따른 소비지출 증가를 물가상승으로 착각하기도 한다. 소득이 늘어나서 TV나 냉장고를 대형으로 바꾸고 에어컨과 자동차도 새로 구입하였는데, 이때 전자제품 구입비, 전기료, 자동차 보험료, 기름값 등의 지출이 늘어난 것을 물가가 올랐다고 생각하거나, 자녀수의 증가 또는 자녀의 성장에 따라 식비, 의류비 등 생활비가 늘어난 것을 물가가 오른 것으로 혼동할 수 있다.

③ 자기중심적 심리

소비자의 자기중심적 심리도 주요한 요인이 된다. 소비자는 가격이 떨어지거나 적게 오른 상품보다는 가격이 많이 오른 상품을 중심으로 물가를 생각하는 경향이 있으며, 가격의 비교시점도 기준연도의 개념이 없이 개인의 과거 기억에 의존하여 가장 낮았던 시점의 가격을 기준으로 물가를 비교하기 때문에 지수물가와 차이가 날 수 있다. 그리고 물가가 안정되어 있는 경우라도 증권이나 아파트, 토지 등 자산가격이 급격히 상승하는 시기에는 심리적으로 상당한 물가상승을 느끼는 경우가 많다.

④ 통계적 한계

마지막으로 물가지수 작성 방법의 한계도 지수물가와 피부로 느끼는 물가의 차이를 발생시키는 요인이 될 수 있다. 현행 물가지수는 5년마다 기준년을 개편하고 조사 대상 품목과 이들 품목의 가중치를 조정하고 있다. 이에 따라 기준년에서 멀어질수록 소비지출 구조가 바뀔 가능성이 높기 때문에 지수물가와 피부물가 사이에 차이가 확대될 수 있다.

2 인플레이션

1 인플레이션

물가 수준이 지속적으로 오르는 현상을 인플레이션(inflation)이라고 하지만, '물가가 몇 % 이상 상승할 때 인플레이션이다.'라는 등의 명확한 기준은 없다. 반대로 물가가 지속적으로 하락하는 현상을 디플레이션(deflation)이라고 한다. 호황일 때는 인플레이션, 불황일 때는 디플레이션 현상이 나타난다고 하지만, 항상 그런 것은 아니다. 경기 불황 속에서 인플레이션이 발생할 수 있고, 호황 속에서 디플레이션이 발생할 수도 있다.

2 인플레이션의 원인

(1) 수요견인 인플레이션

① 개념

총수요가 증가하여 인플레이션이 발생하는 것을 말한다. 총수요가 증가할 경우 총수요곡선이 오른쪽으로 이동하며, 원래 물가수준에서는 초과수요가 발생하므로 물가가 상승하는 것이 수요견인 인플레이션이다.

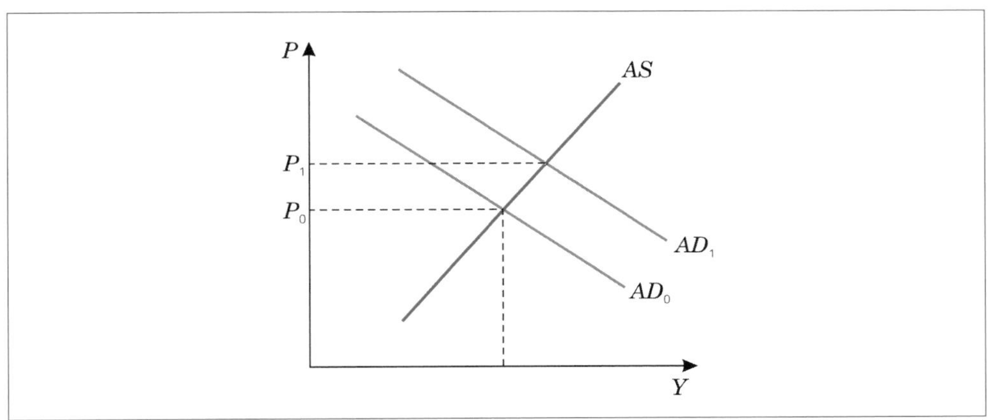

② 특징

㉠ 수요견인 인플레이션은 통화량 증가, 확대금융정책, 정부지출의 증가, 독립적인 민간투자 등을 들 수 있다.

㉡ 고전학파의 견해

ⓐ 고전학파는 통화량의 증가가 인플레이션을 유발하는 원인이라고 보았다.

ⓑ 화폐수량설(MV=PT)에 의하면 화폐의 유통속도(V)와 거래량(T)이 비교적 일정할 경우 통화량(M)의 증가는 물가(P)인상을 유발한다.

ⓒ 인플레이션은 언제나 화폐적인 현상이기 때문에 화폐 이외의 다른 요인에 의해서는 지속적인 물가인상은 불가능하다고 본다.

ⓓ 정부지출은 예산 제약으로 인해 한계가 있지만, 통화량의 증가는 이에 비해 상대적으로 자유로우므로 통화량이 지속적으로 증가할 경우 경제는 지속적인 인플레이션을 경험하게 된다.

㉢ 케인즈학파의 견해

ⓐ 정부지출의 증가나 감세정책 등 확장적 재정정책이 인플레이션의 원인이라고 주장하였다.

ⓑ 이것은 화폐 부분이 아니라 실물 부분에 의해서 수요견인 인플레이션이 유발된다는 것을 의미한다.

ⓒ 지속적인 물가상승이 유발되기 위해서는 지속적인 정부지출이 이루어져야 하는데, 예산 제약을 가지고 있는 정부가 지속적인 지출을 보인다는 것은 불가능하다. 따라서 재정정책으로 인해 일시적으로 인플레이션이 발생할 수는 있으나 인플레이션율의 지속적인 상승은 재정정책 단독으로는 유지될 수가 없다.

ⓓ 불완전 고용이 심한 상태에서는 확장적 재정정책은 물가상승보다는 국민소득 증가에 기여하지만, 완전고용 수준에 근접한 상태에서 확장적 재정정책은 국민소득의 증가보다는 물가상승 압력으로 작용한다는 것이다.

③ 해결책

수요견인 인플레이션의 경우 과도한 정부지출이나 통화량의 증가 때문이므로 인플레이션을 억제하려면 긴축적인 재정정책이나 통화량의 조절이 필요하다.

(2) 비용인상 인플레이션

① 개념

비용인상에 의해 인플레이션이 발생하는 것을 말한다. 대표적인 요인으로는 노동자의 과도한 임금 인상, 기업의 이윤 인상, 석유파동 등이 해당한다.

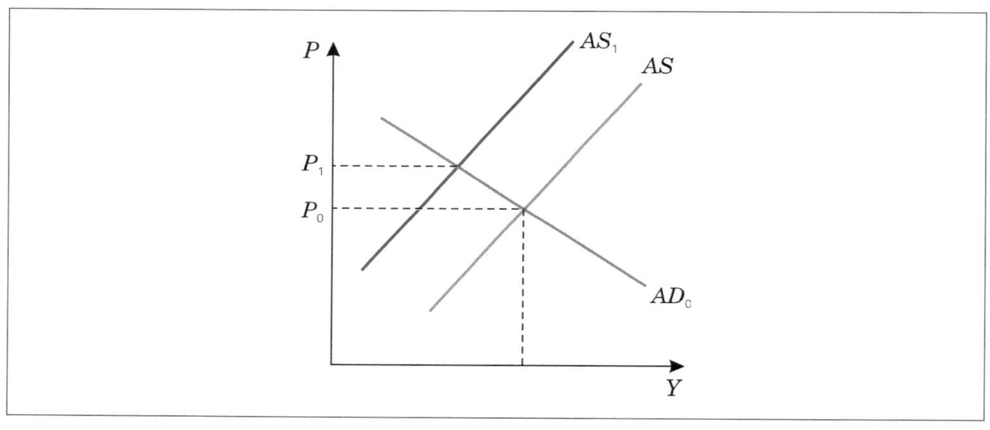

② 특징

㉠ 비용인상 인플레이션의 경우 물가상승과 함께 생산량이 줄어들므로, 경기침체가 함께 나타나는 스태그플레이션(stagflation)이 발생한다.

㉡ 석유파동과 같은 공급충격은 지속적으로 발생하는 것이 아니기 때문에 지속적인 비용인상 인플레이션은 불가능하다.

㉢ 비용인상 인플레이션의 경우 생산요소 가격이 상승함에 따라 유발되지만, 다른 생산요소 비용과는 달리 임금인상은 예외일 수 있다. 즉, 임금이 상승하더라도 노동생산성증가율이 임금상승률과 같거나 크다면 비용인상 인플레이션은 발생하지 않을 수 있다.

③ 해결책

㉠ 비용인상 인플레이션의 경우에는 총공급곡선이 AS_0에서 AS_1으로 이동하면 물가상승

과 함께 실업률도 높아진다.

㉡ **인플레이션 문제를 해결하는 방법(AD_1)** : 인플레이션 문제를 해결하기 위해 총수요를 감소시키는 긴축정책을 실시하면 산출량이 줄어들고, 그로 인해 실업률이 높아진다.

㉢ **실업 문제를 해결하는 방법(AD_2)** : 비용인상 인플레이션이 유발하는 실업률을 해결하기 위해 경기부양정책을 실시할 경우 총수요를 AD_2로 증가시키면 산출량 증가로 실업문제는 해소되나 물가가 더욱 상승하게 된다.

㉣ 이와 같이 정책 당국이 총수요관리정책을 통하여 인플레이션과 실업 문제를 해소하고자 한다면 정책 당국은 딜레마에 직면하게 된다.

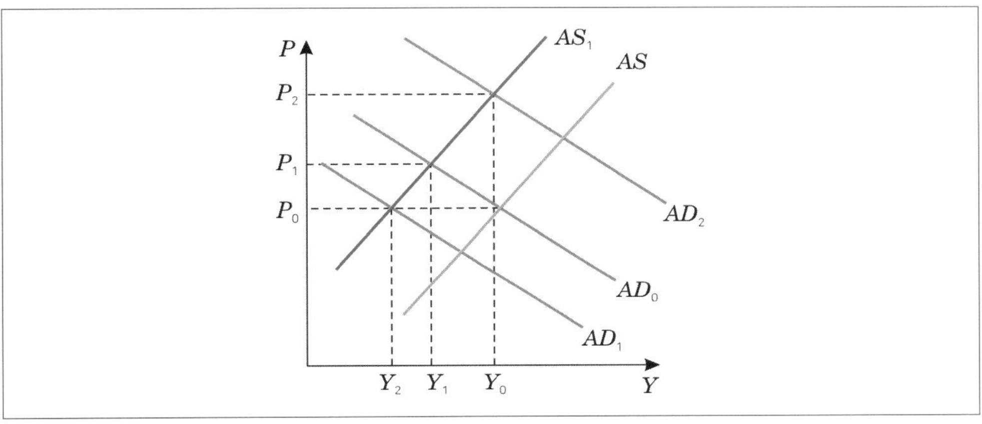

(3) 혼합형 인플레이션

혼합형 인플레이션은 수요와 공급 측 요인 모두에 의해서 물가상승의 원인이 작용하는 경우를 말한다.

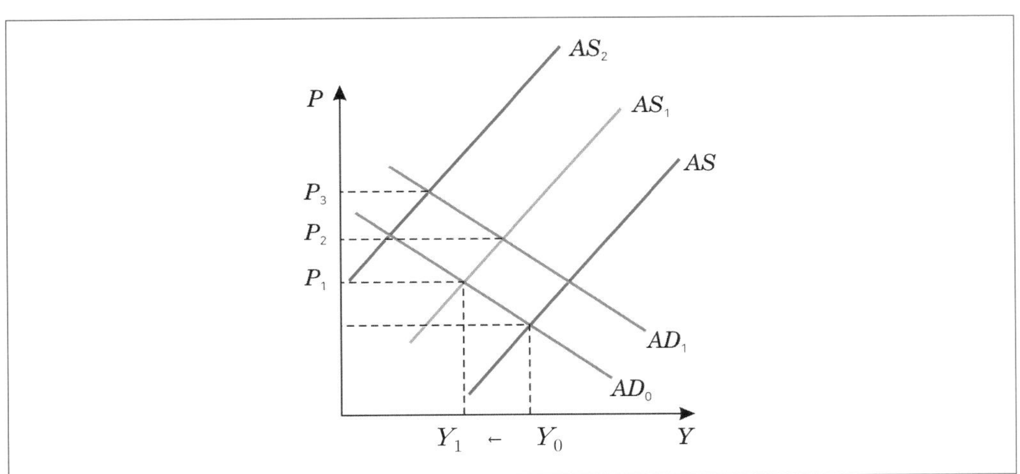

초기의 경제 상황이 AS와 AD_0의 균형점에서 설정되어 있다고 하자. 이때 비용인상 인플레이션이 유발될 경우 총공급곡선이 AS_1처럼 좌측으로 이동하게 된다. 이 경우 물가 수준은 P_1으로 상승하고 국민소득도 감소하게 된다. → 정부는 줄어든 국민소득을 보충하기 위해 총수요 확대정책을 실시할 경우 총수요곡선이 AD_1으로 이동하게 되고 이로 인해 AD_1과 AS_1으로 균형점이 결정되며, 새로운 물가 수준은 P_2로 다시 상승한다. → 지속되는 물가 인상으로 인해 노동자들이 이에 상응하는 임금 인상을 요구하게 되고 이로 인해 다시 총공급곡선은 AS_2로 이동하고 물가는 또다시 P_3 수준으로 상승하며 국민소득은 감소한다.

이처럼 수요 측 인플레이션과 공급 측 인플레이션 요인이 함께 작용하는 경우 지속적으로 물가상승이 유발된다.

(4) 인플레이션의 장기적 원인

인플레이션의 장기적인 원인은 통화량이라고 알려져 있다. 장기에 물가가 지속적으로 상승하려면 총수요가 지속적으로 증가하거나 총공급이 지속적으로 감소해야 한다. 그런데 총수요의 구성 요소인 정부지출이나 가계소비, 기업투자는 장기에도 지속적으로 늘어나기 어렵다. 또한 비용인상 요인이 장기간 지속되기도 어렵기 때문에 총공급의 감소가 장기적 인플레이션을 설명하기는 어렵다. 그러나 통화는 중앙은행이 장기간 지속적으로 공급하는 것이 가능하기 때문에 장기적으로 인플레이션의 원인은 통화라고 알려져 있다. 이런 이유로 밀턴 프리드먼은 "인플레이션은 언제·어디서나 화폐적 현상이다."는 말을 남겼다.

3 인플레이션의 영향과 대책

(1) 예상하지 못한 인플레이션의 영향

① 빈부격차 심화

인플레이션은 빈부격차를 심화시킬 수 있다. 인플레이션이 발생하면 땅이나 건물, 재고 상품과 같은 실물의 가치는 물가와 함께 상승하는 경향이 있지만, 화폐가치는 하락한다. 주택이나 건물을 가지고 있지 않은 서민들이나 봉급 생활자들은 화폐가치 하락으로 실질소득이 감소하게 된다.

② 투기 분위기 형성

인플레이션이 발생하면 사람들은 열심히 일하고 아껴 저축하기보다는 토지나 기존에 만들어진 건물 구입 등의 비생산적인 투기에 관심을 갖게 된다. 이는 사회 전반적인 근로의욕 저하나 생산을 위한 투자활동의 위축을 초래하여 결국 국민경제의 건전한 성장을 저해하게 된다.

③ 국제수지 악화

국제수지의 악화를 가져온다. 인플레이션이 발생하면 외국 상품에 비해 상대적으로 자국 상품의 가격이 비싸지기 때문에 사람들은 상대적으로 싼 수입품을 더 많이 찾게 되어 수입이 증가하게 된다. 반면, 국내 물가의 상승은 수출품의 가격의 상승으로 이어져 외국 소비자의 수요가 감소하여 수출이 줄어들 것이다. 결국 수출은 감소하고 수입은 증가함으로써 국제수지가 악화된다.

④ 인플레이션 조세

정부가 통화량을 증발할 경우, 물가상승이 유발되어 정부부채의 부담을 감소시키게 된다. 하지만 국민의 경우에는 화폐가치가 이전보다 하락하여 마치 모든 사람에게 조세를 부과한 것과 같은 결과를 보이게 된다.

(2) 예상된 인플레이션의 영향

예상된 인플레이션의 경우 각 개별 경제주체들이 이미 인플레이션 유발에 대비할 수 있기 때문에 명목변수에만 영향을 미칠 뿐이지, 실질임금이나 실질이자율 등의 실질변수에는 거의 영향을 주지 못한다.

① 실질소득의 감소

명목이자율은 실질이자율에 예상인플레이션율을 가산하여 결정되는데, 명목이자율이 예상인플레이션율만큼 상승한다 하더라도 실질이자소득은 감소한다.

② 메뉴비용 발생

인플레이션이 발생하면 기업은 상품의 가격이 바뀌었다는 사실을 알리기 위해 메뉴판을 바꾼다던지, 가격이 표기된 포장지를 교체하기 위해 추가적인 비용을 지불해야 하는데, 이를 메뉴비용이라고 한다.

③ 구두창비용의 발생

금융자산을 가진 사람들은 손실을 피하기 위해 분주하게 움직여야 하는데, 이때 발생하는 기회비용을 구두창비용이라고 한다.

(3) 인플레이션의 대책

첫째, 정부는 재정 지출을 줄여 총수요를 직접적으로 줄이거나 공공요금 인상을 억제하여 물가 상승폭을 줄일 수 있다. 또 중앙은행인 한국은행은 통화량을 줄이는 정책을 통해 인플레이션을 억제할 수 있다. 중앙은행이 통화량을 줄이는 정책은 공개시장에서 채권을 매각하거나, 재할인율과 필요지급준비율을 상승시키는 것이 있다.

둘째, 기업은 효율적인 기업 경영과 기술 개발을 통해 생산성을 향상시키려는 노력을 해야 한다. 생산성 향상은 노동자들의 임금이나 원자재 가격 상승에 따른 상품가격 인상 요인을 흡수할 수 있다.

셋째, 노동자들의 경우 노동생산성을 초과하지 않는 범위 내에서 임금 인상을 요구하고, 기술력 향상을 위해 노력해야 한다.

넷째, 소비자들이 물가가 더 오를 것을 예상하고 자신만의 이익을 위해 사재기를 하게 되면 이는 물가상승을 부채질하는 행동이 된다. 따라서 소비자들은 사재기를 자제하고 건전하고 합리적인 소비생활을 해야 한다.

인플레이션의 대책
- 정부 : 총수요 억제(통화량 및 정부지출 축소), 공공요금의 인상 억제
- 기업 : 경영혁신과 기술 개발
- 노동자 : 생산성을 초과하지 않는 범위 내의 임금 인상 요구
- 소비자 : 건전하고 합리적인 소비 지향

(4) 물가상승률의 계산

물가가 오르고 있는지, 혹은 얼마나 오르고 있는지 알기 위해서는 구체적인 지표가 필요하며 이를 나타내주는 것이 물가지수다. 물가상승률(인플레이션율)은 물가지수의 증가율을 말하는 것으로 다른 증가율(예 경제성장률)을 구하는 방식과 동일하다.

$$\text{물가상승률}(\%) = \frac{\text{2010년 물가지수} - \text{2009년 물가지수}}{\text{2009년 물가지수}} \times 100$$

4 다양한 인플레이션의 종류

(1) 초인플레이션(hyperinflation)

연간 물가상승률이 수백~수천 %에 달하는 인플레이션으로 매우 급속한 속도로 일어나는 인플레이션을 말한다. 이러한 초인플레이션은 대부분 급속한 통화량 증가로 인해 발생하는데 이는 정부가 부족한 재원을 보충하기 위해 화폐 발행으로 부족한 재원을 보충하는 과정에서 유발된다. 일단 초인플레이션이 발생할 경우 정부는 실질적인 조세 수입이 줄어들기 때문에 재정적자가 더욱 심각해지고, 이로 인해 정부는 더욱더 화폐 발행에 치중하게 된다. 이러한 과정으로 초인플레이션은 한번 발생하게 되면 연달아 인플레이션이 유발되는 특징이 있다.

(2) 근원 인플레이션(Core inflation)

근원 인플레이션이란 석유파동・이상 기후・제도 변화 등 일반적으로 예상치 못한 일시적 외부충격에 의한 물가변동분을 제거한 후 산출되는 물가상승률로서 핵심물가지수상승률이라고도 한다. 학문적으로 정형화된 개념이라기보다는 거시경제정책 수립과 집행을 위한 기초자료로 활용하기 위해 만든 것이라고 할 수 있다.

경기위축 상황에서 외부 충격요인에 의해 물가가 상승할 경우 통화신용정책을 긴축적으로 운용하는 것은 오히려 경제에 악영향을 줄 우려가 있기 때문에 물가안정목표제도(inflation targeting) 운영 국가 등 각국에서는 일반적인 소비자물가상승률 외에도 근원 인플레이션을 활용하고 있다. 근원 인플레이션은 대체로 소비자물가보다 낮은 패턴을 보이지만 장기적으로 두 지수가 비슷한 수준으로 수렴하기도 한다.

근원 인플레이션을 작성하는 방법에는, 첫째 전체 물가변동 중에서 식료품・에너지 가격의 급등 등 일시적인 충격을 제거하는 방법, 둘째 생산요소 비용의 장기추세로 보는 방법, 셋째 통화수급과 실물경제의 잠재적 공급능력 등 생산물의 수급관계를 감안한 잠재 인플레이션으로 측정하는 방법 등이 있다.

(3) 디플레이션(deflation)

통화량이 줄어들어 물가가 떨어지고 경제활동이 활발하지 못하게 되는 현상을 디플레이션이라고 한다. 디플레이션은 세금이 과하게 징수되거나 시중에 유통되는 돈의 양이 부족해져서 일어나는 경우가 많다. 이러한 디플레이션이 유발될 경우 돈의 가치가 오르고 물건의 가격이 떨어지는데, 이는 소비와 투자의 욕구를 줄이는 원인이 되며, 소비와 투자가 위축되기 때문에 실업자가 유발되는 원인이 되기도 한다.

(4) 디스인플레이션(disinflation)

인플레이션을 통제하기 위해 통화증발을 억제하고 재정・금융긴축을 주축으로 하는 경제조정정책을 실시할 경우, 점차적으로 통화를 수축시킴으로써 물가상승률이 낮아지게 된다. 가격이 하락하는 디플레이션과는 달리 디스인플레이션은 상승한 물가를 일정 수준으로 유지하는 것을 목표로 한다. 물가를 인하하면 생산 수준이 저하되어 실업이 늘어나기 때문이다.

(5) 스태그플레이션(stagflation)

경기가 침체돼 수요가 감소함에도 오히려 물가가 오르는 현상으로 스태그네이션(stagnation : 경기침체)과 인플레이션(inflation)의 합성어이다. 1970년대 주요 선진국에서 경기침체에도 불구하고 이전소득의 증대, 임금의 하방경직화 등으로 물가는 오히려 올라가는 새로운 현상이 나타났다. 1973년 말 아랍 산유국에 의한 원유공급제한조치를 계기로 심화된 에너지 위기 때 이같은 경향이 두드러졌다.

(6) 에코플레이션(ecoflation)

'환경(ecology)'과 '인플레이션(inflation)'의 합성어로 환경적 요인에 따른 인플레이션을 의미한다. 즉, 인플레이션의 원인이 기후 변화로 인한 가뭄, 산불, 허리케인의 잦은 발생으로 기업의 제조원가가 상승하여 결국 소비자 가격인상을 유발하는 것을 말한다.

(7) 아이언플레이션(ironflation)

철(iron)과 인플레이션(inflation)의 합성어로 철강가격이 상승하여 전반적인 가격상승을 가져오는 현상을 말한다. 철강재는 '산업의 쌀'이라 불릴 정도로 거의 모든 산업에 사용되기 때문에 철강가격의 인상은 전 산업의 가격인상을 야기시켜 인플레이션 유발이 가능하다.

(8) 애그플레이션(agflation)

농업을 뜻하는 영어 '(agriculture)'와 '인플레이션(inflation)'을 합성한 신조어로서, 곡물가격이 상승하는 영향으로 일반 물가가 상승하는 현상을 가리킨다. 곡물가격 상승이 사회 전반의 물가상승으로 확산되어 경제위기를 초래할 우려가 커지고 있으며, 특히 곡물자급률이 낮은 나라는 그 위험성이 더욱 커진다.

(9) 붐플레이션(boomflation)

호황을 의미하는 붐(boom)과 인플레이션(inflation)의 합성어로서 호황하의 인플레이션을 의미한다. 이것은 경기침체 상황에서 인플레이션이 발생하는 현상을 설명하는 스태그플레이션이나 불황 속에서 인플레이션이 유발되는 현상을 설명하는 슬럼플레이션 등과 상반되는 현상을 설명한다.

(10) 슬럼플레이션(slumplation)

불황하의 인플레이션을 의미한다. 불황을 의미하는 슬럼프(slump)와 인플레이션(inflation)의 합성어로서 문자 그대로 불황하에서도 인플레이션이 유발되는 현상을 나타내는 용어다. 슬럼플레이션은 스태그플레이션에 비해서 경기의 침체가 더욱 심한 상태를 말한다.

(11) 피시플레이션(fishflation)

피시플레이션은 수산자원의 부족으로 인한 수산물의 지속적인 가격상승을 뜻하는 말이다. 남획과 지구온난화로 바다 어족자원이 점점 고갈되면서 수산자원의 심각한 부족이 초래할 피시인플레이션에 대한 우려가 제기되었다.

(12) 차이나플레이션(Chinaflation)

차이나플레이션은 중국(China)과 인플레이션(Inflation)의 합성어로 중국발 인플레이션을 말한다. 중국 내 임금 및 원자재값 상승 등으로 중국 제품의 수출단가가 오르면서 중국산 수입의존도가 높은 국가의 물가를 자극하는 현상을 말한다.

(13) 리플레이션(reflation)

통화재팽창을 말한다. 디플레이션에서 벗어나 아직은 심한 인플레이션까지는 이르지 않은 상태를 말한다. 불황의 결과, 생산이나 이윤이 대폭 저하하여 실업이 증대하는 경우 정상이라 생각되는 수준에 미달되는 물가수준을 어느 정도 인상시켜 인플레이션에 이르지 않을 정도까지 경기의 회복을 일으키기 위해 통화를 팽창시키는 금융정책을 리플레이션 정책이라 말한다.

기출 유사문제

다음 중 스태그플레이션을 초래하는 요인으로 볼 수 없는 것은?

① 한국은행의 통화공급 감소
② 노동조합의 임금 인상
③ OPEC의 유가 인상
④ 전쟁으로 인한 공장시설 파괴
⑤ 이상 한파로 인한 농작물 피해

해설 스태그플레이션은 총공급의 감소에 따른 물가상승과 국민소득의 감소가 함께 나타나는 현상이다. 한국은행의 통화량 감소는 이자율의 상승으로 투자수요의 위축에 따른 총수요의 감소요인이다.

정답 Ⅰ ①

REVIEW

1. 물가란 시장에서 거래되는 개별 상품의 가격을 경제생활에서 차지하는 중요도 등을 고려하여 평균한 종합적인 가격 수준을 말한다.
2. 물가지수란 물가의 움직임을 알기 쉽게 지수화한 경제지표를 일컫는다.
3. 소비자물가지수란 일상 소비생활에서 구입하는 상품과 서비스의 가격변동을 조사함으로써 도시 가계의 평균적인 생계비나 화폐의 구매력 변동을 측정하는 물가지수이다.
4. GDP디플레이터는 국내에서 생산되는 모든 재화와 서비스의 가격을 반영하는 데 반해, 소비자물가지수는 소비자가 구입하는 재화와 서비스의 가격만 포함한다.
5. 물가 수준이 지속적으로 오르는 현상을 인플레이션(inflation)이라고 하지만, '물가가 몇 % 이상 상승할 때 인플레이션이다.
6. 초인플레이션(hyperinflation)은 연간 물가상승률이 수백~수천 %에 달하는 인플레이션으로 매우 급속한 속도로 일어나는 인플레이션을 말한다
7. 근원 인플레이션이란 석유파동·이상기후·제도변화 등 일반적으로 예상치 못한 일시적 외부 충격에 의한 물가변동분을 제거한 후 산출되는 물가상승률로서 핵심물가지수상승률이라고도 한다.
8. 통화량이 줄어들어 물가가 떨어지고 경제활동이 활발하지 못하게 되는 현상을 디플레이션이라고 한다.
9. 스태그플레이션이란 경기가 침체돼 수요가 감소함에도 오히려 물가가 오르는 현상으로 스태그네이션(stagnation, 경기침체)과 인플레이션(inflation)의 합성어이다.
10. 애그플레이션이란 농업을 뜻하는 영어 '(agriculture)'와 '인플레이션(inflation)'을 합성한 신조어로서, 곡물가격이 상승하는 영향으로 일반 물가가 상승하는 현상을 가리킨다.

CHAPTER 03

출제예상문제

01 **소비자물가지수와 GDP 디플레이터에 관한 설명으로 옳지 않은 것은?**

① 소비자물가지수는 소비자들이 상대적으로 가격이 높아진 재화 대신 가격이 낮아진 재화를 구입할 수 있다는 사실을 감안하지 않는다.
② 수입품은 GDP 디플레이터에는 영향을 미치지만 소비자물가지수에는 영향을 미치지 않는다.
③ 소비자물가지수는 새로운 상품의 도입으로 인한 화폐의 구매력 변화를 고려하지 않는다.
④ 소비자물가지수는 재화와 서비스의 질적 변화로 인해 왜곡될 수 있다.
⑤ 소비자물가지수는 기준연도 구입량을 가중치로 사용하므로 물가 변화를 과대평가하는 반면, GDP 디플레이터는 비교연도 거래량을 가중치로 사용하므로 물가 변화를 과소평가하는 경향이 있다.

해설 소비자물가지수는 수입품을 포함하므로 수입품의 가격 변화를 반영하지만 GDP 디플레이터는 GDP에 속한 재화와 서비스의 가격만을 반영하여 수입품의 가격 변화를 반영하지 못한다. 한편 소비자물가지수는 기준연도의 재화묶음을 가중치로 사용하여 물가를 측정한다. 그래서 기준연도 이후에 재화별로 가격 차이에 따른 대체효과로 발생한 재화묶음의 변동을 반영하지 않으므로, 싼 재화가 비싸지면 재화 구매량이 적어져 가중치가 낮아져야 하나 기준연도에 설정한 높은 가중치를 그대로 적용하여 물가를 과대평가한다. 그리고 기준연도의 재화묶음이 고정되어 비교연도의 신상품이 재화묶음에 포함되지 못하여 재화와 서비스의 질적 변화가 반영되지 않는다. 반면에 GDP 디플레이터는 비교연도의 재화묶음을 가중치로 사용하여 물가를 측정한다. 그래서 소비자물가지수와 반대로 물가를 과소평가한다.

02 **빵과 책만 소비하는 어느 경제에서 가격과 소비량은 다음과 같다. 2006년도를 기준연도로 할 때 2010년의 실질GDP와 GDP 디플레이터의 값은?**

구분	빵 가격	빵 소비량	책 가격	책 소비량
2006년	10	6	10	4
2010년	12	4	9	6

① 실질GDP : 98, GDP 디플레이터 : 100
② 실질GDP : 98, GDP 디플레이터 : 102
③ 실질GDP : 100, GDP 디플레이터 : 100
④ 실질GDP : 100, GDP 디플레이터 : 102
⑤ 실질GDP : 102, GDP 디플레이터 : 98

정답 01 ② 02 ④

해설 • 실질GDP = 각 재화의 기준연도의 가격 × 해당 연도의 재화묶음 = 10 × 4 + 10 × 6 = 100
• GDP 디플레이터 = 비교연도의 명목GDP/실질GDP × 100 = (12 × 4 + 9 × 6)/100 × 100 = 102

03 경기가 불황임에도 불구하고 물가가 상승하는 현상을 무엇이라고 하는가?

① 애그플레이션
② 하이퍼인플레이션
③ 하이퍼디플레이션
④ 스태그플레이션
⑤ 아이언플레이션

해설 ④ 스태그플레이션은 비용인상 인플레이션의 일종으로 국민소득의 감소와 물가상승이 동시에 나타나는 인플레이션이다.
① 애그플레이션은 농산물 가격의 급등으로 초래된 인플레이션이다.
② 하이퍼인플레이션은 월간 인플레이션이 50% 이상인 인플레이션이다.

04 다음의 인플레이션 요인들 중 그 성격이 다른 것은?

① 경기침체를 해소하기 위한 경기부양책으로 통화공급량을 대폭 증대시켰다.
② 사회간접자본 확충을 위한 통신망 구축사업이 시행되었다.
③ 기업이 대규모 해외자본을 유치하여 투자를 확대하였다.
④ 중국과 인도 등의 경제성장으로 우리나라의 수출이 크게 증가하였다.
⑤ 세계경제의 성장으로 세계원자재에 대한 수요가 크게 증가하고 있다.

해설 통화공급량의 증가, 사회간접자본에 대한 정부지출의 증가, 민간투자의 확대, 수출의 증가는 총수요가 증가해서 물가가 상승하는 수요견인 인플레이션이다. 그러나 원자재의 수요증가는 원자재의 가격인상에 따른 생산비용의 상승으로 총생산을 감소시켜 물가를 상승시키는 비용인상 인플레이션이다.

05 초인플레이션을 멈추게 하고자 하는 경우 다음 중 가장 효과적인 정책은 어느 것인가?

① 정부지출을 삭감하고 인플레이션 세금을 다른 형태의 세금으로 바꾸는 것
② 민간으로부터 차입을 멈추는 것
③ 외채를 이자율로 조정하는 것을 멈추는 것
④ 인플레이션 세금을 증가시키는 것
⑤ 주요 생필품에 대한 배급제의 실시

해설 초인플레이션은 역사적으로 정부가 정부지출의 재원을 과도한 화폐 발행으로 조달하여 화폐 소지자에게 인플레이션 조세를 거둘 때에 발생한다. 그래서 초인플레이션을 억제하려면 정부지출의 재원을 통화량에 의존해서는 안 된다. 참고로 인플레이션 조세는 정부가 통화량을 증가시켜 물가상승으로 화폐소지자의 구매력을 감소시켜 거둬들인 조세다.

정답 03 ④ 04 ⑤ 05 ①

06 인플레이션과 관련된 설명으로 옳지 않은 것은?

① 폐쇄경제에서 완전고용상태일 때 총수요가 총공급을 초과하면 인플레이션이 발생한다.
② 인플레이션이 예상될 때 개인들이 재화를 미리 사두려고 하면 인플레이션은 더욱 심화된다.
③ 수입원자재 가격의 상승은 비용인상 인플레이션을 유발할 수 있다.
④ 인플레이션으로 사회구성원 사이에 소득이나 부가 재분배되기도 한다.
⑤ 중앙은행은 인플레이션을 진정시키기 위해 국공채를 매입한다.

해설 ⑤ 중앙은행이 인플레이션을 안정시키려면 국공채를 발행하여 통화량을 흡수해야 한다.
① 총수요가 총공급을 초과하면 물가가 상승하므로 인플레이션이 발생한다.
② 인플레이션이 예상되면 사재기 현상으로 인플레이션은 더욱 심화된다.
③ 수입원자재의 가격이 상승하면 총생산이 감소하여 비용인상 인플레이션이 발생한다.
④ 예상치 못한 인플레이션은 채권자에게 불리하고 채무자에게 유리하도록 부를 재분배한다.

07 인플레이션의 효과에 관한 설명으로 옳은 것은?

① 인플레이션은 실질조세에 영향을 미치지 않는다.
② 인플레이션은 명목이자율을 낮춘다.
③ 인플레이션이 발생하면 명목소득이 불변일 때 실질소득은 증가한다.
④ 인플레이션이 발생하면 실질임금이 불변일 때 명목임금은 감소한다.
⑤ 인플레이션은 잦은 가격 조정에 수반되는 비용을 초래한다.

해설 ⑤ 인플레이션은 메뉴비용이나 구두창비용과 같은 실질적인 비용을 발생시킨다.
① 인플레이션이 발생하면 조세 체계가 명목소득을 기준으로 조세를 부담시키므로 실질적인 조세부담이 커진다.
② 피셔방정식에 따라 실질이자율은 인플레이션율과 무관하여 인플레이션율은 명목이자율에 비례한다.
③ 명목소득이 불변이면 인플레이션은 구매력을 감소시켜 실질소득이 감소한다.
④ 실질임금이 불변이면 인플레이션은 명목임금을 증가시킨다.

08 인플레이션에 대한 다음 설명 중 옳지 않은 것은?

① 인플레이션이 예상될 때, 채권자로부터 채무자에게로 부와 소득이 재분배된다.
② 인플레이션이 예상될 때, 메뉴비용이 발생한다.
③ 인플레이션이 예상될 때, 명목이자율이 상승한다.
④ 인플레이션이 예상될 때, 실질화폐잔고를 줄임으로써 은행에 자주 가야하는 불편을 초래한다.
⑤ 적절한 수준의 인플레이션은 명목임금의 하방경직성으로 인하여 발생하는 노동시장의 불균형을 개선하는 데 도움이 된다.

정답 06 ⑤ 07 ⑤ 08 ①

해설 ①·③ 피셔방정식에 따라 예상된 인플레이션율이 높아진 만큼 명목이자율이 상승한다. 그래서 실질이자율이 불변이므로 채권자와 채무자 간에 부의 재분배가 발생하지 않는다.
②·④ 예상된 인플레이션에서도 기업의 재화가격표의 변경에 따른 메뉴비용과 실질화폐잔고를 줄이려는 구두창비용이 발생한다.
⑤ 명목임금의 하방경직성으로 노동시장에 초과공급(실업)이 있는 경우 인플레이션이 발생하면 실질임금이 하락하여 노동의 수요가 증가해서 노동시장의 불균형을 해소한다.

09 다음은 우리나라 명목 임금상승률의 추이를 그림으로 나타낸 것이다. 이에 대한 적절한 설명을 〈보기〉에서 모두 고르면?

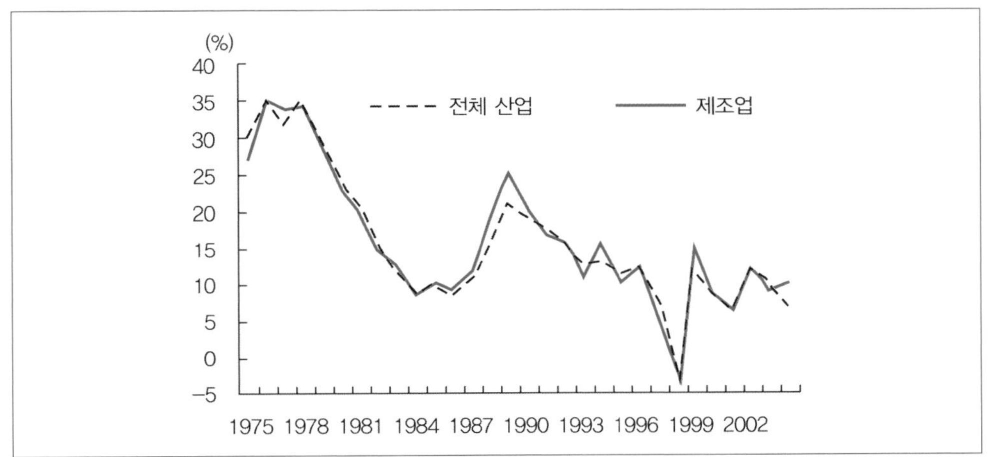

보기
㉠ 70년대 후반부터 80년대 중반까지 명목임금은 감소했다.
㉡ 80년대 후반 실질 임금상승률은 제조업이 전체 산업보다 대체로 높았다.
㉢ 80년대 초반 물가상승률과 노동생산성 상승률이 증가 추세였다면 기업 수익성이 악화되었을 것이다.
㉣ 70년대 후반과 2000년 이후 실질 임금상승률이 비슷하였다면 물가상승률은 70년대 후반에 더 높았을 것이다.

① ㉠, ㉡　　② ㉠, ㉢
③ ㉠, ㉣　　④ ㉡, ㉢
⑤ ㉡, ㉣

해설 ㉠ 70년대 후반부터 80년대 중반까지 명목 임금상승률이 0보다 높았으므로, 명목임금은 증가했다.
㉢ 80년대 초반 명목 임금상승률이 하락하였으므로 물가상승률이 증가 추세였다면 실질 임금상승률은 하락하였을 것이다. 실질 임금상승률이 낮아지는 가운데 노동생산성 증가율이 높아졌다면 기업들의 수익성은 개선되었을 것이다.

정답 09 ⑤

10 다음은 1997~1999년 우리나라의 주요 경제지표를 요약한 표이다. 이 표로부터 추론할 수 있는 내용과 거리가 먼 것은?

(명목 기준)

구분	'97	'98	'99
GDP(억 달러)	4,766	3,177	4,058
실업률(%)	2.6	6.8	6.3
소비자물가(%)	6.6	4.0	1.4
임금상승률(%)	7.0	−2.5	12.1
경상수지(억 달러)	−81.7	403.6	244.8
연평균환율(원/달러)	951	1,399	1,190

① 1998년에는 달러화로 표시된 경제성장률이 마이너스(−)를 기록했다.
② 실업률과 임금상승률 간에는 역(−)의 관계가 성립한다.
③ GDP가 증가하면 실업률은 감소한다.
④ 환율이 상승하면 경상수지가 개선된다.
⑤ 1999년에는 실질임금이 하락했다.

해설 외환 위기 직후 우리나라 경제의 이해를 묻고 있다. 물가상승률을 상회하는 임금상승률은 실질임금 상승을 의미한다.

11 다음 중 인플레이션과 관련한 설명으로 옳지 않은 것은?

① 인플레이션이 예상되면 개인들은 필요한 내구재를 미리 사두는 경향이 있다.
② 인플레이션이 예상되거나 발생되었을 때에 개인들이 미리 사두면 인플레이션은 더욱 심화된다.
③ 인플레이션은 사회 구성원 사이에 소득이나 부(富)를 재분배하기도 한다.
④ 폐쇄경제에서 완전고용상태일 때에 총수요가 총공급을 초과하면 초과수요는 전부 인플레이션으로 나타난다.
⑤ 중앙은행은 인플레이션을 진정시키기 위해 국공채를 사들이기도 한다.

해설 인플레이션이란 물가의 지속적인 상승을 말한다. 물가가 오르면 실물자산을 갖고 있는 사람이 이득을 보게 되며, 이로 인해 월급자나 이자 수입 생활자 등은 소득의 감소를 겪게 된다. 완전고용상태에서 생산하기를 원하는 총수요가 총생산능력을 초과하면 초과수요는 전부 물가상승으로 전가된다. 인플레이션이 발생하면 중앙은행은 통화량을 줄여 물가를 낮추고자 하는데 국공채를 매각하는 공개시장조작 정책은 시중의 통화량을 줄여 물가를 낮출 수 있다.

정답 10 ⑤ 11 ⑤

12 다음 자료에서 밑줄 친 (가)에 가장 적합한 것은?

In 1990, the Soviet Union collapsed, leaving in its place 15 independent countries. These new countries had several characteristics in common. One of them was their horrible (가) experience. Because the governments of these countries were the successors to the Soviet Union, virtually everyone worked for and was paid by the government. But while these states were committed to extremely high levels of expenditure, they had virtually no sources of revenue. There was no way to collect taxes and no way to borrow. So, the governments relied on seigniorage through printing money.

① inflation
② corruption
③ appreciation
④ trade deficit
⑤ unemployment

해설 구소련 국가들은 돈을 찍어냄으로써 정부지출을 충당하였고, 이로 인한 통화량 증가로 인플레이션을 경험하였다.

영문 해설

1990년 소비에트 연방이 붕괴되면서 15개의 신생독립국이 생겨났다. 이들 국가들은 몇 가지 공통점을 가졌다. 그중 하나는 끔찍한 인플레이션을 경험했다는 것이다. 각국의 정부는 소비에트 연방의 계승자였기 때문에 모든 국민들이 정부를 위해 일하고, 정부로부터 임금을 받았다. 그러나 이들 국가들은 지출 수준이 매우 높았던 반면, 재원을 확보할 방법은 거의 없었다. 세금을 징수할 방법도 돈을 빌릴 방법도 없었다. 그래서 각국 정부는 화폐 발행을 통한 화폐주조세에 의지했다.

정답 12 ①

13 다음 그림은 우리나라의 소비자물가지수와 GDP 디플레이터*의 상승률을 연도별로 나타낸 것이다. 소비자물가지수는 소비자들이 사용하는 재화 및 서비스의 가격으로 측정한 물가 수준이고, GDP 디플레이터는 국내에서 생산되는 전체 재화 및 서비스의 가격으로 측정한 물가 수준이다. 〈보기〉에서 타당하게 추론한 사람을 모두 고르면?

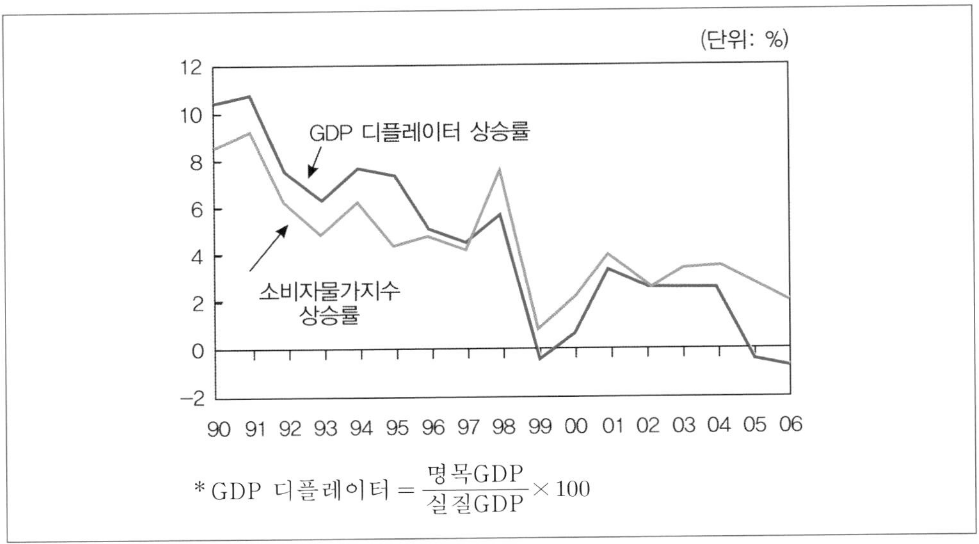

$$* \text{GDP 디플레이터} = \frac{\text{명목GDP}}{\text{실질GDP}} \times 100$$

보기

혜선 : 1998년 이후 소비자물가가 많이 안정되었어.
병규 : 2006년에는 명목GDP 증가율이 실질GDP 증가율보다 높았을 거야.
은영 : 다른 조건이 같았다면 1990년대 초반에는 2006년보다 명목이자율이 낮았을 거야.
창호 : 다른 조건이 같았다면 1990년대 초반에는 2006년보다 명목임금 상승률이 높았을 거야.
규민 : 1998년 이후에는 수입소비재 가격이 수출자본재 가격보다 더 크게 상승했을 거야.

① 혜선, 병규, 은영
② 병규, 은영, 창호
③ 병규, 창호, 규민
④ 혜선, 은영, 규민
⑤ 혜선, 창호, 규민

해설 2006년에는 GDP 디플레이터 상승률이 0보다 낮았으므로 명목성장률이 실질성장률보다 낮았다. 한편 이자율과 임금상승률은 대체로 경제성장률 및 물가상승률과 비례관계에 있으므로 1990년대 초반의 명목이자율과 명목임금 상승률이 2006년보다 높았을 것으로 추론할 수 있다. 1990년대 중반 이후 소비자물가가 GDP 디플레이터보다 높은 상승률을 기록하고 있는데, 소비재물가가 GDP디플레이터에 비해 소비재 비중이 높은 반면 수출재화의 비중이 낮음을 감안하면, 1990년대 중반 이후 수입소비재 가격의 상승률이 수출자본재 가격의 상승률보다 높았을 것으로 추론할 수 있다.

정답 13 ⑤

PART 02
거시경제

CHAPTER 04

경기 관련 경제지표

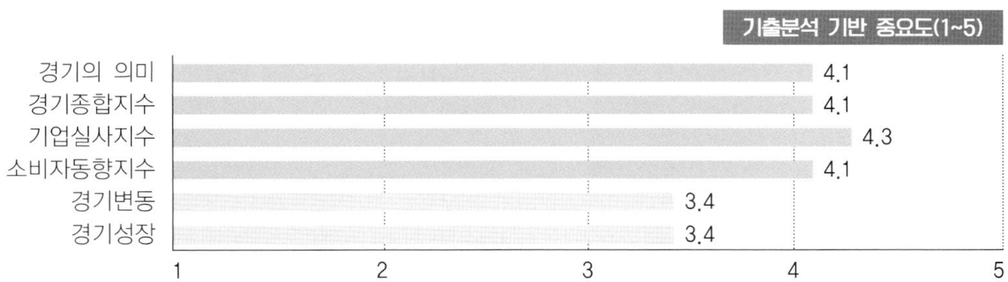

학습목표

❶ 경기가 정확히 무엇을 의미하는지 정확한 정의를 기억해야 한다.
❷ 경기 상황을 파악하기 위한 각종 경제지표들은 어떤 것들이 있는지 확인한다.
❸ 경기 상황을 파악하는 경제지표들이 각각 어떠한 특성을 갖고 있는지 구분할 수 있어야 한다.
❹ 개별 경제지표와 달리 경기종합지수는 어떠한 차이점이 있는지 구분하여 기억해야 한다.
❺ 경기 상황을 경제주체의 심리에 의거하여 파악하는 지수들은 어떤 것들인지 확인한다.
❻ 경제고통지수가 어떠한 방식으로 산출되는지 이해하고 수치를 통해 현재 경제 상황을 확인할 수 있어야 한다.
❼ 경기변동과 경제성장이 각각 의미하는 바가 무엇인지 구분할 수 있어야 한다.
❽ 경기변동에 영향을 미치는 경제적 요인은 무엇인지 구분하고, 실제 경제 상황 속에서 파악할 수 있어야 한다.
❾ 경제성장을 가져다 주는 요인은 무엇이며, 각각 경제에 어떠한 영향을 미치는지 확인하여야 한다.

1 경기 관련 경제지표

1 경기의 의미

우리는 흔히 국민경제의 활동 수준을 '경기'라는 말로 표현한다. 소비, 투자, 생산 등 일련의 경제활동들이 활발히 전개될 때 우리는 흔히 '경기가 좋다'라고 말하며, 실업률이 높아지거나, 재고자산이 증가하면 '빨리 경기를 회복시키기 위한 정책을 내놓아야 한다.'고 말하곤 한다. 이러한 발언에서도 짐작할 수 있듯이, 경기가 좋다는 것은 일반적으로 생산, 투자, 소비 등의 경제활동이 평균 이상으로 활발히 전개되고 있다는 의미이며, 경기가 좋지 않다는 것은 그 반대의 의미를 담고 있다. 경기 상황을 파악하거나 장래의 경기를 예측하기 위해 각종 경기 관련 경제지표들이 이용되고 있다.

2 각종 경제지표

(1) GDP

GDP는 각 부분의 경제활동은 물론 소비, 투자, 수출 등의 수요동향까지도 살펴볼 수 있는 종합적인 지표라고 할 수 있다. 따라서 국민총생산이 증가하면 고용이 증가하고 실업이 감소하게 되어 있다. 하지만 GDP 통계는 당해 연도 또는 분기가 끝난 후 보통 2개월 이상 경과한 후에야 추계가 가능하기 때문에 이를 통해 현재의 경기 상황을 신속하게 판단하거나 장래의 경기흐름을 예측하기가 어렵다.

(2) 월별 경제지표들

① 월별 경제지표의 장점

GDP가 신속한 경제상황에 대한 정보를 주지 못한다는 단점을 보완하는 데는 월별로 발표되는 경제지표들이 가장 유용한 대안이 될 것이다.

② 종류

㉠ **소비활동 관련 지표** : 도소매판매액지수, 소비재출하지수, 소비재 수입액 등

㉡ **투자활동 관련 지표** : 건설 활동을 나타내는 건축허가면적, 시멘트출하량 등, 설비투자동향을 나타내는 국내기계 수주액, 기계류 수입액, 기계류 수입허가액 등

㉢ **생산활동 관련 지표** : 산업생산지수를 중심으로 생산자출하지수, 생산자제품재고지수, 제조업 생산능력지수 및 가동률지수 등

③ 산업생산지수

광업, 제조업, 전기 가스업을 대상으로 일정기간 중에 이루어진 산업 생산활동의 수준을 나타내는 지표로서 전체 경기의 흐름과 거의 유사하게 움직이는 대표적인 동행지표다. 동 지수는 경기동향을 파악할 때 GDP와 함께 핵심적인 지표로 사용되고 있으나, 최근에는 서비스 부분이 전체 경제에서 차지하는 비중이나 역할이 증대되면서 서비스 부분이 제외되어 있는 산업생산지수만으로는 경기동향을 파악하기가 점차 어려워지고 있다.

④ 생산자제품재고지수

일정 시점의 재고 수준을 나타내는 스톡지표다. 경기의 좋고 나쁨에 따라 재고과부족 현상이 필연적으로 나타나는데, 기업이 이에 효율적으로 대처하고자 재고를 비축하거나 처분하는 과정에서 생산 조정이 동시에 이루어지므로 재고 수준의 변동은 단기적인 경기순환을 야기시키는 중요한 요인으로 작용한다.

이는 일반적인 기업 현장의 습성이 반영된 결과라 할 수 있다. 경기가 하강할 경우 제품의 판매는 줄어들게 되지만, 기업은 제품 생산을 즉각적으로 줄이지 않는다. 그 이유는 가장 먼저 경기에 대한 정확한 전망이 이루어지지 않은 상태에서 갑작스런 제품 요청에 대비하기 위한 것이며, 다른 이유는 기존에 제품 생산을 위해 고용한 노동자들을 해고하기가 쉽지 않기 때문이다. 즉, 일정 계약기간 이상 종사하기로 약속이 되어 있는 노동자들을 경기가

좋지 않다고 해서 무작정 놀게 만드는 것을 손해라고 생각하기 때문이다. 이러한 이유로 경기가 하강하더라도 생산을 급격히 줄이지는 않게 되어 재고가 늘게 되는 것이고, 반대로 경기가 회복되면 판매가 증가하여 재고가 감소되고 뒤따라 생산이 증가하게 된다.

⑤ 경기종합지수(CI)

㉠ 의미 : 위에서 언급한 각종 경제지표들은 경제활동의 한 측면만을 나타내고 있기 때문에 전체 경기동향을 파악하기 위해서는 종합적인 지표가 필요하다. 이에 따라 세계 각국에서는 경기동향을 민감하게 반영하는 주요 개별 경제지표들을 선정한 후 이들 지표를 가공, 합성한 종합경기지표를 개발해 쓰고 있다. 우리나라에서도 CI는 국민경제의 각 부문을 대표하고 경기 대응성이 높은 각종 경제지표들을 선정한 후 이를 가공, 종합하여 작성하고 있다.

㉡ 계산 방법 : 경기종합지수는 기준순환일에 대한 시차 정도에 따라 비교적 가까운 장래의 경기동향을 예측하는 선행지수, 현재의 경기 상태를 나타내는 동행지수, 경기의 변동을 사후에 확인하는 후행지수의 3개군으로 구분하여 계산된다.

경기종합지수(CI) 구성 지표

선행종합지수	동행종합지수	후행종합지수
1. 구인구직비율	1. 비농가취업자수	1. 이직자수(제조업)
2. 재고순환지표(제조업)	2. 산업생산지수	2. 상용근로자수
3. 소비자기대지수	3. 제조업가동률지수	3. 생산자제품재고지수
4. 국내기계수주액(선박 제외, 실질)	4. 건설기성액(실질)	4. 도시가계소비지출(전가구)
5. 자본재수입액(실질)	5. 서비스업활동지수(도소매업 제외)	5. 소비재수입액(실질)
6. 건설수주액(실질)	6. 도・소매업판매액지수	6. 회사채유통수익률
7. 종합주가지수(월평균)	7. 내수출하지수	
8. 총유동성(Lf, 실질, 말잔)	8. 수입액(실질)	
9. 장단기금리차		
10. 순상품교역조건		

〈자료: 통계청〉

㉢ 장점 : CI는 전월에 대한 증감률을 보여주어 경기가 상승하고 있는지, 하강하고 있는지 그 증감률의 크기에 의해 경기변동의 진폭까지도 알 수 있으므로 동 지수를 통하여 경기변동의 방향, 국면 및 전환점은 물론 변동 속도까지도 동시에 분석할 수 있는 장점이 있다.

(3) 경기 관련 심리지표

① 기업실사지수(BSI)

㉠ **의미** : 경기종합지수 등이 기존의 경제 관련 지표들을 가공하여 간접적으로 산출하는 데 반해 기업실사지수는 기업활동의 실적, 계획 및 경기동향에 관한 기업가의 의견을 직접 조사하여 이를 지수화한 것이다. 우리나라에서는 한국은행, 산업은행, 전경련 등 7개 기관에서 기업실사조사를 하고 있다.

㉡ **계산 방법** : 설문조사 결과에 의거해서 지수를 작성하는 방법인데, 전월 대비 또는 전분기 대비 증가, 감소 또는 불변 등의 변동 방향을 파악해서 증가를 예상한 업체 수에서 감소를 예상한 업체 수를 차감한 후 이를 전체 응답업체 수로 나누어 계산한다. 현재 우리나라에서는 한국은행을 비롯한 전경련, 대한상공회의소, 무역협회 등 여러 기관에서 월 또는 분기별로 기업경기실사지수를 작성하고 있다.

$$\text{BSI} = \frac{\text{긍정적 응답업체 수} - \text{부정적 응답업체 수}}{\text{전체 응답업체 수}} \times 100 + 100$$

㉢ **해석** : 기업실사지수가 100 이상인 경우 경기를 긍정적으로 보는 업체가 부정적으로 보는 업체 수에 비해 많다는 것을 의미하며, 100 이하의 경우에는 그 반대를 나타낸다. 기업실사지수는 다른 경기지표와는 달리 재고나 설비투자판단, 고용수준판단 등과 같은 주관적, 심리적 요소까지도 조사가 가능하다는 장점이 있다. 반면에 기업가의 예상이나 계획은 항상 유동적이고, 사후적으로 볼 때 계획집행의 차질 등에 따라 어느 정도 오차가 생기는 것은 불가피하므로 기업실사지수를 이용해서 경기를 분석한 경우 이러한 점을 감안해야만 한다.

② 소비자동향지수(CSI)

㉠ **의미** : 소비자동향지수는 소비자의 소비지출 계획 및 경기에 대한 인식을 조사하는 것으로 1946년 미국 미시간대학교에서 최초로 작성하였으며, 그 이후 세계 각국에서 소비자동향지수를 편제하여 공표하고 있다.

㉡ **계산 방법** : 조사 항목은 소비자의 현재 경제상황에 대한 판단, 향후 경제상황에 대한 전망, 향후 소비지출에 대한 계획 등과 관련된 17개 항목으로 구성되어 있으며, 성별, 연령별, 주거지역별, 업종별, 직업별, 학력별, 소득계층별로 구분하여 조사하고 있다. 기업경기실사지수가 경기에 대한 응답이 좋음, 보통, 나쁨 세 가지로 이루어는 데 반해 소비자동향지수는 매우 좋아짐, 약간 좋아짐, 변동없음, 약간 나빠짐, 매우 나빠짐 등 다섯 가지로 구성되어 있어 정도에 따라 상이한 가중치를 부여한다.

$$\text{CSI} = \frac{(\text{매우 좋음} \times 1.0 + \text{약간 좋음} \times 0.5 - \text{약간 나쁨} \times 0.5 - \text{매우 나쁨} \times 1.0)}{\text{전체 응답 소비자 수}} \times 100 + 100$$

ⓒ 해석 : 소비자동향지수는 위와 같은 산식으로 계산되며 0에서 200까지의 값을 갖는데, 동 지수가 100을 초과한 경우 긍정적인 답변을 한 소비자가 부정적인 답변을 한 소비자보다 많다는 것을 의미하며 100 미만인 경우는 그 반대를 의미한다.

③ 경제심리지표의 특징

경제심리지표는 기업가, 소비자 등 경제주체들의 경기에 대한 판단, 전망 등이 생산, 매출, 투자, 소비지출 형태 등에 중대한 영향을 미치는 점을 감안, 설문조사에 의해 수집된 정보를 바탕으로 작성되는 지수이다. 기업실사지수(BSI)와 소비자태도지수(CSI)가 여기에 해당한다. 심리지표는 실물지표와 전반적으로 높은 상관관계를 보이나 일부 시점에서는 심리지표와 실물지표 간에 다소 괴리가 발생하기도 하는데, 이는 양지표 간의 미래정보 및 기대수준의 반영 여부, 질적 통계와 양적 통계 간의 조사 척도 차이, 조사 결과의 가중치 반영방법 차이, 경제의 불확실성 증대 및 언론의 보도 태도 등 여러 가지 요인에 기인하고 있다. 경기의 정점과 저점 부근에는 신규 수주 등 계수 통계에는 잡히지 않는 미래에 대한 정보가 심리지표에 반영되어 대체로 경기에 비해 선행하여 움직이는 특성을 보이지만, 실물지표가 개선되더라도 기대 수준에 미치지 못하는 경우 심리지표는 곧바로 회복되지 않고 다소 후행하는 경향을 보이기도 한다.

용어 해설

경제고통지수 : 특정 시점의 물가상승률과 실업률을 합한 수치로 국민들이 느끼는 경제적 고통 정도를 손쉽게 가늠할 수 있도록 한 지표다. 아서 오쿤(Arthur Okun)이 최초로 고안한 이 지수는 물가와 실업률이 상승할수록 높아져 국민들이 피부로 느끼는 경제적 고통도 그만큼 커짐을 나타낸다.

기출 유사문제

아래에 열거된 A국의 통계치를 활용하여 A국의 고통지수를 구하고, A국 정부가 인플레이션율을 4%에서 2%로 떨어뜨리는 정책이 성공한다면 연간 GDP는 얼마나 감소하겠는가? (단, 다른 조건들은 일정하다고 가정)

가. 실업률 8.5%
나. 인플레이션율 4%
다. 희생비율 = 3
라. GDP 1,000조원
마. 청년실업률 10.5%
바. 예상인플레이션율 3%

① 14.5, 60조
② 12.5, 60조
③ 14.5, 30조
④ 12.5, 30조
⑤ 13.5, 40조

해설 "고통지수 = 실업률 + 인플레이션율"이므로 고통지수 = 8.5% + 4% = 12.5%이다. 그리고 실질GDP 감소율 = 희생비율 × 인플레이션율의 감소율 = 3 × (4% − 2%) = 6%이므로 연간 GDP는 60조원이 감소한다.

정답 Ⅰ ②

2 경기변동과 경제성장

1 경기변동

(1) 개념

경기변동이란 총체적인 경제활동 수준이 주기적으로 상승과 하강을 반복하는 현상을 의미한다. 특히 경기하강은 경제에 많은 어려움을 유발하기 때문에 경기변동은 경제학자들의 주요 관심사가 되고 있다.

(2) 특징

① 총체적 현상

경기변동은 경제 전반의 총체적인 변화로, GDP 등과 같은 특정한 경제변수만의 변동을 의미하는 것이 아니다.

② 공행성

경기변동은 몇몇 산업부문 혹은 몇 개의 변수들에만 국한되는 것이 아니라 확장국면, 수축국면이 거의 모든 부문 및 변수에서 동시적으로 발생한다.

③ 지속성

확장국면 혹은 수축국면이 한번 시작되면 상당기간 동안 지속적으로 나타난다.

④ 반복성

경기변동이 반드시 일정 간격으로 나타나는 현상은 아니지만 반복적으로 일어나며 수축국면과 확장국면이 반복되는 전형적인 패턴을 가지고 있다.

(3) 경기변동의 국면 및 주기

경기변동은 일반적으로 호황–후퇴–불황–회복의 4국면으로 구분되며, 경기변동이 어느 정도 크게 일어나고 있는지는 주기와 진폭을 보면 알 수 있다.

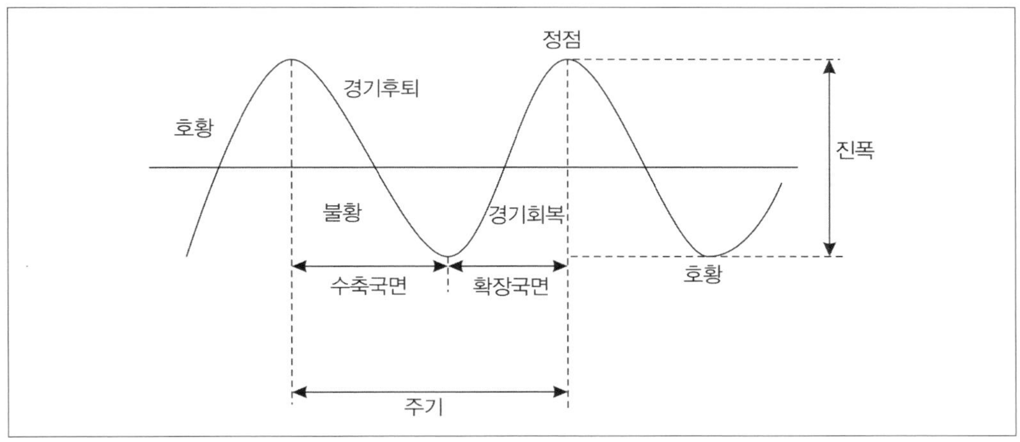

(4) 경기변동의 주기와 발생 원인

종류	주기	발생 원인
키친파동	40개월	재고투자
주글러파동	9~10년	설비투자
콘트라티에프파동	40~60년	기술혁신, 전쟁
건축순환	17~18년	건축투자
쿠즈네츠파동	20~25년	경제성장률 변화

(5) 경기변동의 정형화된 사실

① 경기순행·비순행·역행변수의 의미

경기변동과정에서 실질GDP와 같은 방향으로 움직이는 변수를 경기순행변수, 실질GDP와 뚜렷한 관계가 나타나지 않는 변수를 경기비순행변수, 실질GDP와 반대 방향으로 움직이는 변수를 경기역행변수라고 한다.

② 경기선행·동행·후행변수의 의미

경기변동과정에서 실질GDP의 변화에 앞서서 움직이는 변수를 경기선행변수라 하고, 실질GDP와 거의 동시에 움직이는 변수를 경기동행변수라 하며, 실질GDP의 변화보다 늦게 움직이는 변수들을 경기후행변수라 한다.

③ 주요 실증연구의 정리

㉠ 주가, 통화량 등은 경기순행적이며 선행한다.

㉡ 소비, 투자, 수출입 등은 경기순행하며 동행한다.

㉢ 고용은 경기순행하며 후행한다.

㉣ 실질임금은 경기순행하며 동행한다.

㉤ 물가는 대체로 경기 역행한다.

(6) 경기변동이론

① 새고전학파의 경기변동에 대한 견해

㉠ 새고전학파는 경기변동을 불확실성하에서 외부 충격이 가해졌을 때 이에 대한 경제주체들의 최적화 결과로 나타나는 GDP 등의 변화로 인식하였으며, 경기변동을 균형 자체의 변화로 보기 때문에 새고전학파의 경기변동이론을 균형경기변동이론이라고 한다.

㉡ **충격의 종류** : 경기변동을 유발하는 충격은 실물적 충격과 화폐적인 충격으로 구분되며, 화폐적인 충격을 강조하는 이론을 화폐적 균형경기변동이론, 실물적인 충격을 강조하는 이론을 실물적 균형경기변동이론이라고 한다.

ⓐ **화폐적 균형경기변동이론** : 불완전정보하에서 예상치 못한 화폐적 충격이 경제주체들의 물가변동에 대한 기대에 오류를 발생시킴으로써 경기변동이 일어난다는 이론이다.

ⓑ **실물적 균형경기변동이론** : 경기변동을 유발시키는 확률적 충격으로서 생산성 혹은 기술과 같은 실물적 요인의 역할을 강조하는 경기변동이론이다.

② 새케인즈학파의 경기변동이론

㉠ 새케인즈학파는 총수요 측면에서의 충격이 경기변동을 가져오는 주요인으로 본다. 즉, 총수요 측면의 충격이 발생하면 IS곡선 또는 LM곡선이 이동하고 이에 따라 산출량이 변동하여 경기변동이 발생한다는 것이다.

㉡ 새케인즈학파에 의하면 가격 조정이 즉각적으로 이루어지지 않기 때문에 완전고용산출량 수준으로 복귀하는 데는 시간이 소요되고, 경제는 상당기간 동안 침체 상태에 있게 된다. 따라서 경기진폭을 완화하기 위한 정부개입이 필요하다.

2 경제성장론

(1) 경제성장의 의미

경제가 성장한다는 것은 실질GDP 혹은 1인당 실질GDP가 증가하는 것을 말한다. 한 나라 안에서 생산된 재화와 서비스의 가치를 기준연도 가격으로 집계한 실질GDP가 늘어나려면 요소투입이 늘어나야 한다.

(2) 경제성장의 원인

① 요소투입의 증가

(생산)요소란 생산과정에서 투입되는 것으로, 노동과 자본이 대표적이다. 노동투입이 늘어나면 생산이 늘어난다. 우리나라도 풍부한 노동력을 바탕으로 1960년대부터 고도성장을 이룩했으나 최근 저출산 현상과 함께 투입 가능한 노동력이 줄어들고 있는 상황이다. 더불어 기대수명이 늘어나면서 고령화에 접어든 우리나라는 여기저기서 성장이 둔화될 것이라는 걱정의 목소리가 들린다.

자본투입의 증가도 성장을 유도한다. 같은 노동자라고 하더라도 더 최신의, 더 많은 자본을 가지고 있다면 같은 시간에 생산할 수 있는 양이 더 많아질 것이기 때문이다. 자본은 투자를 통해 형성되는데, 투자의 재원은 저축을 통해 조달된다. 만약 국내저축만으로 재원을 조달하기 어려운 경우 해외에서 차입을 하여 투자가 이뤄지기도 한다. 70년대 우리나라에서 외치던 구호는 '저축'이었으며, 당시 부족한 저축은 차관을 통해 조달했었다. 우리나라의 1960년 이후 투자율이 25% 이상이며 당시의 경제성장률은 7%에 이른다.

저축은 성장에 도움이 되지만 지나친 저축은 경기를 둔화시킬 수 있다. 저축은 소득 중에서 소비하고 남은 것이기 때문에 저축이 늘어난다는 것은 소비가 줄어든다는 것이며, 지나치게 저축이 늘어나고 소비가 줄어드는 경우 총수요가 감소해 경제가 활력을 잃어버리기 때문이다. 따라서 자본이 많이 형성된 선진국에서는 소비가 강조되고, 성장의 기초가 되는 자본을 형성하기 시작한 후진국에서는 저축이 강조되는 것이다.

② 기업경영과 기술혁신

같은 양의 요소가 투입되어도 기술이 진보하면 생산이 늘어날 수 있다. 기술혁신을 위한 연구개발(R&D) 투자에서 핵심적인 역할을 담당하는 것은 기업이다. 우리나라도 기업을 중심으로 한 민간부문이 연구개발 투자의 대부분을 담당하고 있다.

③ 경제 외적 요인들

자연자원・노동・자본・기술 등의 경제적 요인 이외도 경제성장에 영향을 미치는 요인은 많다. 경제학자 조지프 슘페터(Joseph Alois Schumpeter)는 기업가들이 기업활동을 할 때 낡은 방법을 버리고 새로운 방법을 추구하는 것이 이윤창출과 경제성장의 주요한 요인이라고 주장했다. 미래를 예측할 수 있는 통찰력을 가지고 위험부담을 감수하면서 새로운 것에 과감히 도전하는 기업가의 혁신적이고 창의적인 정신은 경제성장의 중요한 요인이다. 기업가 정신은 위험을 무릅쓰고 포착한 기회를 사업화하려는 모험과 도전정신이라 할 수 있다. 한편, 노동자와 사용주의 관계가 안정적이지 못하고 분규가 잦게 되면 기업의 생산활동이 어려워지므로 안정적인 노사관계도 경제성장에 기여한다. 또한, 바람직한 사회적 제도・관행도 경제성장에 영향을 미칠 수 있다. 투명한 기업경영을 위한 제도・관행, 건전한 상행위를 보장하는 제도적 장치, 열심히 일한 사람이 돈을 벌 수 있는 풍토 등은 경제성장의 긍정적 요인으로 작용한다.

(3) 솔로우의 신고전파 성장이론

① 개요

신고전파 성장이론은 생산요소 간 대체가 기술적으로 가능하며 생산요소가격이 신축적으로 조정될 수 있다는 가정을 도입함으로써 경제가 안정적으로 성장하는 사실을 해명하고 있다.

② 내용

㉠ 자본과 노동이 완전고용되면서 경제성장이 이루어지기 위해서는 경제성장률과 자본 및 인구증가율이 일치하여야 한다. 이를 솔로우 모형에서는 1인당 필요투자액과 1인당 실

제투자액(저축액)이 같아야 한다고 표현한다. 이러한 조건을 충족하는 상태를 균제 상태 또는 정상 상태라고 한다.

㉡ 정상 상태에서는 1인당 생산량은 일정하나 매년 인구가 일정비율로 증가하므로 경제성장률은 인구증가율과 일치한다.

㉢ 저축률이 높을수록 소득 수준이 높아진다.

③ 한계

㉠ 이론적 한계 : 경제성장의 요인을 내성적으로 규명하지 못한다.

→ 경제성장의 동인이 되는 기술 진보와 기타 요인을 모형 내에서 설명할 수 있는 모형의 필요성 대두

㉡ 실증적 한계 : 국가 간 성장률의 격차가 존재하는 이유를 충분히 설명하지 못한다.

→ 국가 간 경제성장률의 격차를 설명할 수 있는 모형의 필요성 대두

㉢ 정책적 한계 : 성장률을 높이기 위한 정부의 역할이 제시되지 못하였다.

→ 경제성장에 있어서 정부의 역할을 설명할 수 있는 모형의 필요성 대두

(4) 내생적 성장이론

① 등장 배경

솔로우 모형이 여러 가지 측면에서 실제의 경제성장과 관련된 내용을 제대로 설명하지 못하는 한계가 노출되어, 이러한 한계를 극복하기 위해 로머, 루카스 등의 학자들에 의해 본격적으로 연구가 시작되었다.

② 내용

㉠ 내생적 성장이론에서는 경제성장의 요인을 모형 내에서 설명하기 위해 경제성장의 요인을 내생화하려는 시도를 하고 있다.

㉡ 내생적 성장이론에서는 다양한 요인을 도입하여 규모에 대한 수익체증과 그에 따른 지속적인 성장 요인을 규명한다.

㉢ 내생적 성장이론에서는 실물자본 이외에 인적자본, 지식자본을 포함시켜 분석하기도 하고, 축적된 실물자본이 외부성을 갖는 것으로 가정하기도 한다.

③ 평가

㉠ 경제성장의 동인을 내생화함으로써 장기균형에서 1인당 소득이 지속적으로 성장하는 현상에 대한 설명이 가능하다.

㉡ 경제성장에 있어 인적자본의 축적이나 연구개발부문의 중요성이 부각된다.

㉢ 기술개발에 대한 지원, 교육투자, 사회간접자본 확충 등을 통해 정부가 경제성장에 큰 영향을 미칠 수 있음을 보여준다.

㉣ 실제 자료를 이용한 내생적 성장모형에 대한 실증적인 연구가 부족하여 내생적 성장모형의 현실 적합성에 대한 규명이 완전히 이루어지지는 못하고 있다.

REVIEW

1. 산업생산지수는 광업, 제조업, 전기 가스업을 대상으로 일정기간 중에 이루어진 산업 생산활동의 수준을 나타내는 지표로서 전체 경기의 흐름과 거의 유사하게 움직이는 대표적인 동행지표이다.
2. 경기종합지수(CI)는 국민경제의 각 부문을 대표하고 경기 대응성이 높은 각종 경제지표들을 선정한 후 이를 가공, 종합하여 작성하고 있다.
3. 경제심리지표는 기업가, 소비자 등 경제주체들의 경기에 대한 판단, 전망 등이 생산, 매출, 투자, 소비지출 형태 등에 중대한 영향을 미치는 점을 감안, 설문조사에 의해 수집된 정보를 바탕으로 작성되는 지수이다. 기업실사지수(BSI)와 소비자태도지수(CSI)가 여기에 해당한다.
4. 기업실사지수는 기업활동의 실적, 계획 및 경기동향에 관한 기업가의 의견을 직접 조사하여 이를 지수화한 것이다.
5. 기업실사지수가 100 이상인 경우 경기를 긍정적으로 보는 업체가 부정적으로 보는 업체수에 비해 많다는 것을 의미하며, 100 이하의 경우에는 그 반대를 나타낸다.
6. 경기변동이란 총체적인 경제활동 수준이 주기적으로 상승과 하강을 반복하는 현상을 의미한다.
7. 경제가 성장한다는 것은 실질GDP 혹은 1인당 실질GDP가 증가하는 것을 말한다. 한 나라 안에서 생산된 재화와 서비스의 가치를 기준연도 가격으로 집계한 실질GDP가 늘어나려면 요소수입이 늘어나야 한다.

출제예상문제

01 다음 중 경기변동을 유발하는 총수요부문의 요인이 아닌 것은?

① 노동인구의 감소
② 소비감소
③ 통화량 감소에 따른 이자율 상승
④ 정부의 재화 및 서비스 구입 증가
⑤ 수출 증가

해설 ① 노동인구의 감소는 실질임금을 상승시켜 총공급을 감소시키는 공급측 경기변동 원인이다.
②·③·④·⑤ 소비의 변화, 이자율 변화에 따른 투자수요의 변화, 정부지출의 변화 그리고 순수출의 변화는 모두 총수요의 구성요소로서 경기변동의 수요측 원인에 해당한다.

02 경기변동에 대한 설명으로 적절하지 않은 것은?

① 경기변동을 판단하는 지표로 경기종합지수가 있다.
② 정책실패는 경기변동에 영향을 주지 않는다.
③ 세계화로 인하여 국가 간 경기변동의 패턴이 유사해지고 있다.
④ 미래의 경제상황에 대한 소비자나 기업의 예상은 경기변동에 영향을 줄 수 있다.
⑤ 과소소비나 과잉투자도 경기변동의 원인이 될 수 있다.

해설 정책은 경기변동에 영향을 끼치므로, 정책실패 역시 경기변동의 요인이 될 수 있다.

03 경제성장에 관한 서술 중 옳지 않은 것은?

① 교육을 통한 인적자본 축적은 경제성장의 요인이 된다.
② 경제성장을 위해서는 내수와 수출 둘 다 중요하다.
③ 인구가 국민총소득보다 빨리 증가하면 경제가 성장해도 1인당 소득은 감소한다.
④ 경제성장은 환경오염이나 자원고갈을 초래할 수 있다.
⑤ 외국인의 국내 직접투자는 경제성장을 제약한다.

해설 외국인의 국내 직접투자는 고용증가, 설비투자 증대 등의 긍정적 효과를 가져오므로 경제성장을 제약하는 것이 아니라 촉진시킨다.

정답 01 ① 02 ② 03 ⑤

04 장기적으로 경제성장에 도움이 되는 것을 〈보기〉에서 모두 고르면?

보기

㉠ 경제 개방 확대
㉡ 부정부패 심화
㉢ 재산권 보호 강화
㉣ 수입관세율 인상
㉤ 연구개발 투자 증가

① ㉠, ㉢, ㉣
② ㉠, ㉢, ㉤
③ ㉡, ㉣, ㉤
④ ㉢, ㉣, ㉤
⑤ ㉡, ㉢, ㉣, ㉤

해설 한 나라의 경제성장은 노동 및 자본과 같은 양적 투입요소, 기술 수준, 경제체제의 효율성 등에 의해 결정되는 것으로 알려지고 있다. 경제 개방 확대 또는 수입관세율 인하는 해외로부터 경쟁 압력을 받아 경제체제의 효율성을 높이며, 부정부패가 줄어드는 것도 경제체제의 효율성을 높이게 된다. 재산권 보호가 강화되면 경제주체가 노력에 따른 과실을 얻는 데 대한 불확실성이 줄어들게 되므로, 보다 적극적인 경제행위가 가능해지고, 연구개발 투자는 기술 수준을 높이는 데 도움이 된다. 이러한 요인들이 즉각적으로 경제성장을 높이지 않을 수도 있으나, 장기적으로는 경제성장에 도움을 주게 된다.

05 표는 외환 위기 이전(1991~1997년)과 이후(2001~2006년)에 우리나라의 경제성장률과 요인별 성장 기여도를 비교한 것이다. 이에 대한 옳은 추론을 〈보기〉에서 고른 것은?

(단위: %)

	1991~1997년	2001~2006년
GDP 증가율 (A) = (B) + (C) = (D) + (G)	6.90	4.50
1인당 GDP 증가율(B)	5.90	4.03
인구증가율(C)	1.00	0.47
노동자 1인당 GDP 증가율(D) = (E) + (F)	4.69	3.03
기술 진보율(E)	1.67	1.72
노동자 1인당 자본스톡 증가율(F)	3.02	1.31
노동자 증가율(G)	2.21	1.47

보기

㉠ 외환 위기 이후 인구 대비 노동자 비중은 감소하였다.
㉡ 외환 위기 이후 투자율 하락이 성장률 둔화의 주요 원인이었을 것이다.
㉢ 인구증가율의 둔화로 국내총생산 증가율이 1인당 국내총생산 증가율보다 하락폭이 작았다.
㉣ 국내총생산 증가율 하락에 가장 큰 영향을 미친 것은 노동자 1인당 자본스톡 증가율 하락이다.

정답 04 ② 05 ④

① ㉠, ㉡
② ㉠, ㉢
③ ㉡, ㉢
④ ㉡, ㉣
⑤ ㉢, ㉣

해설 ㉡·㉣ 외환 위기 이후 국내총생산 증가율 하락에 가장 큰 영향을 미친 것은 노동자 1인당 자본스톡 증가율 하락이며, 이는 투자율 하락에 기인한다.
㉠ 외환 위기 이후 인구증가율이 노동자 증가율보다 낮으므로 인구 대비 노동자 비중은 증가하였다.
㉢ GDP 증가율은 1인당 GDP 증가율과 인구증가율을 더한 것이므로 인구증가율의 하락은 GDP 증가율을 낮추는 요인이 된다.

06 경기변동에 대한 다음 서술 중 적절하지 않은 것은?

① 경기변동의 주기와 진폭은 일정하지 않다.
② 역사적으로 경기변동이 없는 시장경제는 없었다.
③ 경기확장 국면에서는 생산의 증가세가 확대되고 고용이 증가한다.
④ 예상되지 못한 정책 변화나 유가 변동 등에 의해서 경기변동이 야기될 수 있다.
⑤ 경기변동에 따라 쌀에 대한 소비지출이 자동차에 대한 소비지출보다 민감하게 변화한다.

해설 경기변동은 예상치 못한 정책 변화나 유가 변동 등 대내외적 충격에 대해 경제주체들이 반응함에 따라 발생하게 되며, 경기변동의 주기와 폭은 대내외적 충격의 크기나 성질, 경제구조 등에 따라 다르게 나타난다. 쌀과 같은 비내구재에 대한 지출이 자동차 등 내구재보다 경기변동에 덜 민감하게 변화한다.

07 거시경제에 관한 다음 견해 중 가장 타당한 것은?

① 경기변동은 작을수록 좋다.
② 국내저축률은 높을수록 좋다.
③ 물가상승률은 낮을수록 좋다.
④ 외환보유고는 많을수록 좋다.
⑤ 경상수지 흑자는 클수록 좋다.

해설 ① 경기변동은 이로 인한 불확실성과 조정 비용을 초래하므로 작을수록 바람직하다.
② 저축은 미래소비를 위해 현재소비를 포기하는 것이므로 반드시 저축률이 높은 것이 바람직하다고 할 수 없다.
③ 물가상승률이 너무 낮아 0에 가까워지면 디플레이션의 위험이 발생한다.
④ 국내금리가 해외금리보다 높은 경우 외환보유고에 대해 국내외금리 차이만큼의 비용을 지불하게 된다.
⑤ 경상수지 흑자는 국내 재화 및 서비스 생산에 비해 국내에서의 수요(소비, 투자 등)가 부족함을 의미하므로 클수록 좋다고 할 수 없다.

정답 06 ⑤ 07 ①

08 다음 중 우리나라 경제 상황에 대해 바르게 설명하고 있는 학생들은?

철수 : 우리나라는 2006년에 수출 3,000억 달러 고지를 넘어섰대.
철희 : 아니야. 3,000억 달러가 아니라 2,000억 달러를 약간 넘어섰어.
영수 : 정부는 2007년 경제성장률이 6.5% 정도 될 것이라고 하더라.
영희 : 이상하다. 나는 4.5% 정도라고 들었는데.
민수 : 2006년 우리나라 1인당 GDP는 1만 2,000달러 정도로 미국보다 많이 낮은 수준이지.
민희 : 글쎄, 1만 달러보다는 2만 달러에 더 가깝지 않니?
현수 : 2006년 주식시장은 종합주가지수 1,400대로 마감되었지.
현희 : 나는 1,200대로 기억하는데.

① 철수, 영수, 민수, 현수
② 철수, 영수, 민희, 현희
③ 철수, 영희, 민희, 현수
④ 철희, 영수, 민수, 현희
⑤ 철희, 영희, 민희, 현희

해설 우리나라의 수출은 2006년 3,259.9억 달러였으며, 2007년 경제성장률은 4%대 초반 또는 중반 수준으로 전망되고 있다. 한편 2006년 1인당 GDP는 18,000달러를 상회할 것으로 추정되고 있으며, 종합주가지수는 2006년에 1,434.46으로 마감했다.

09 경기종합지수에서 경기동행지수를 구성하는 변수가 아닌 것은?

① 시멘트 소비량
② 기계수주액
③ 비농가 취업자 수
④ 수입액
⑤ 근로자 수

해설 기계수주액이 많아질수록 앞으로 경기가 좋아질 것이 예상되므로 기계수주액은 경기선행지수이다.

10 경기종합지수에서 다음 중 경기선행지수에 속하지 않는 것은?

① 건설수주액
② 제조업가동률지수
③ 종합주가지수
④ 소비자기대지수
⑤ 장단기금리차

해설 제조업가동률지수는 경기가 좋아지면 공장의 가동률이 높아지므로 경기동행지수이다.

정답 08 ③ 09 ② 10 ②

11 다음 중 경제침체에 선행하여 나타나리라고 예상되는 현상은 어느 것인가?

① 실업보험 신청자가 감소한다.
② 장단기 금리 차이가 증가한다.
③ 재고가 감소한다.
④ 은행이 신규대출을 줄인다.
⑤ 주식가격이 상승한다.

해설 ④를 제외한 나머지는 모두 호황에 선행하여 나타날 수 있는 현상들이다. 예를 들어 불황이 시작될 때 기업은 판매가 감소하며, 의도하지 않은 재고가 발생하는 것을 관찰하게 되고, 이에 따라 생산을 급격하게 줄여 대응함으로써 본격적인 불황이 시작된다.

12 다음은 우리나라가 경기종합지수를 산출할 때 사용하는 경제지표들이다. 이 중 선행종합지수에 속하지 않는 것은?

① 건설수주액
② 비농가 취업자 수
③ 종합주가지수
④ 소비자기대지수
⑤ 재고순환지수

해설 실업 및 고용은 경기에 동행 또는 후행하는 지수며, 비농가 취업자 수는 경기동행지수에 해당한다.

13 다음 기사를 읽고 바른 예측을 한 것은?

> 한국은행은 전국 2394개 업체를 대상으로 2011년 기업경기전망을 조사한 결과 제조업의 업황 전망 기업경기실사지수(BSI)가 107로 나타났고, 비제조업의 내년 업황 전망 BSI는 올해 실적치와 같은 96으로 나타났다고 지난 2010년 12월 29일 발표했다.

① 제조업체들이 내년 경기를 비교적 밝게 보고 있는 것으로 파악된다.
② 제조업체들이 내년 경기를 비교적 비관적으로 보고 있는 것으로 파악된다.
③ 비제조업체들은 내년 경기를 비교적 밝게 보고 있는 것으로 파악된다.
④ 제조업체들의 예측이 맞다면 제조업의 실업이 증가할 것이다.
⑤ 비제조업체들의 예측이 맞다면 비제조업의 실업이 감소할 것이다.

해설 기업경기실사지수(BSI)란 경기동향에 대한 기업인들의 판단·예측·계획의 변화 추이를 관찰하여 지수화한 지표다.

정답 11 ④ 12 ② 13 ①

14 다음 보기에 제시되어 있는 내용에 부합하는 경기지수는?

보기

지난해 12월의 소비심리가 전월에 비해 조금 더 살아난 것으로 조사되었다. 통계청이 28일 발표한 12월 소비자 전망 조사 결과에 따르면 앞으로 6개월 후의 소비동향을 나타내는 소비자기대지수는 106.6으로 전월의 106.0에 비해 0.5포인트 높아졌다.
소비자기대지수는 지난해 4월 100.1로 100을 넘어선 후 103.9, 7월 105.0, 9월 106.0 등으로 완만한 상승세를 보이다가 10월 들어 전월보다 2.0포인트 떨어졌으나 11월에 다시 상승세로 돌아섰다. 기대지수를 분야별로 보면 경기에 대한 기대가 121.5로 전월의 120.9보다 높아져 경기를 낙관하는 소비자가 소폭 늘었으며, 내구소비재지출은 1.4포인트 오른 93.5, 외식, 오락, 문화생활 관련 지출은 1포인트 오른 94.5를 각각 기록했다.

① BSI
② CI
③ CSI
④ GDP
⑤ DI

해설 소비자동향지수는 소비자의 소비지출 계획 및 경기에 대한 인식을 조사하는 것으로 1946년 미국 미시간대학교에서 최초로 작성하였으며, 그 이후 세계 각국에서 소비자동향지수를 편제하여 공표하고 있다.

15 아래 표의 내용을 바탕으로 ㅁ에 들어갈 경제지표를 고르면?

	2005	2006	2007	2008	2009	2010
물가상승률	2.3	4.1	2.7	3.6	3.6	2.8
실업률	4.4	4.0	3.3	3.6	3.7	3.8
Ⓐ	6.7	8.1	6.0	7.2	7.3	6.6

① 경기종합지수
② 비농가 취업자 수
③ 종합주가지수
④ 소비자기대지수
⑤ 경제고통지수

해설 경제고통지수는 특정 시점의 물가상승률과 실업률을 합한 수치로 국민들이 느끼는 경제적 고통 정도를 손쉽게 가늠할 수 있도록 한 지표다.

정답 14 ③ 15 ⑤

PART 02
거시경제

CHAPTER 05

고용통계

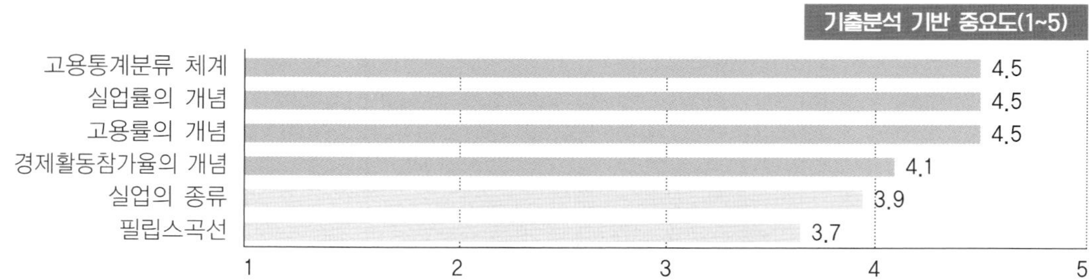

학습목표

❶ 고용통계를 생성하기 위해서 인구를 각각 경제적 측면에서 어떻게 구분하고 있는지 확인한다.
❷ 경제활동인구와 비경제활동인구의 의미가 어떻게 다른지 실생활 사례를 통해서 명확히 구분할 수 있어야 한다.
❸ 경제적 측면에서 구분된 인구들을 바탕으로 각종 고용통계를 어떻게 산출해 내는지 정확한 산식을 익혀야 한다.
❹ 각 개별 경제주체의 상황이 변화되었을 때, 이러한 요인이 고용통계상의 수치를 변경시키는지 알아야 한다.
❺ 실업률 통계가 놓치고 있는 부분이 무엇인지 구분하여, 실제 고용 상황과 통계상의 고용 상황이 어떻게 다를 수 있는지 구분할 수 있어야 한다.
❻ 실업이 유발되는 요인에는 어떠한 것들이 있는지 확인한다.
❼ 경기에 따라 유발되는 실업의 의미와 완전고용의 의미가 각각 무엇인지 학습해야 한다.
❽ 필립스곡선이 가지는 경제적 의미가 무엇인지 확인한다.
❾ 필립스곡선을 통해서 실업률과 물가상승률 간의 부의 관계가 있음을 확인하고 이를 바탕으로 실제 경제현상에서 함께 나타날 수 없는 현상이 무엇인지 이해할 수 있어야 한다.

1 고용통계

고용통계는 한 나라의 노동력 규모와 취업자 및 실업상황을 파악하기 위해 이용된다. 이를 위해서는 국가 전체의 인구규모보다는 생산활동에 참여가 가능한 인구의 규모를 측정하고 이 중에서 다시 경제활동에 참여할 의사가 있는 사람과 없는 사람을 구분하는 것이 중요하다. 현재 고용통계에서는 노동가능인구, 경제활동인구, 취업자, 실업자 등을 기준으로 고용현황을 집계하고 있다.

(1) 고용통계 분류 기준

① 노동가능인구

노동가능인구란 노동 투입이 가능한 '15세 이상 인구'로 정의하는데, 이는 단순히 노동가능성 여부를 나타내는 기준이다. 노동가능인구는 고용통계에서 가장 광의의 분류 기준으로 우리나라 전체 인구를 크게 노동가능인구와 노동가능제외인구로 구분한다. 단, 15세 이상 인구이지만 경제활동에 참여하여 노동력을 제공할 수 없는 군인과 수감자는 노동가능인구에서 제외되므로, 노동가능제외인구는 15세 미만의 인구에 군인 및 수감자가 추가된 수로 집계된다.

인구 = 노동가능인구 + 노동가능제외인구

② 경제활동인구

노동가능인구는 경제활동 참가의사를 기준으로 다시 두 그룹으로 분류하는데, 이들 중 적극적으로 경제활동 참가의사를 표현한 사람을 경제활동인구, 그렇지 않은 사람을 비경제활동인구로 분류한다.

노동가능인구 = 경제활동인구 + 비경제활동인구

㉠ 경제활동인구 : 노동가능인구 중에서 일에 종사하고 있거나 취업을 하기 위하여 구직활동 중에 있는 사람을 경제활동인구라고 한다.

㉡ 비경제활동인구

ⓐ 전업주부, 학교에 다니고 있는 학생, 일을 할 수 없는 고령자 및 심신장애자, 자발적으로 자선사업이나 종교단체에 관여하는 사람 등은 비경제활동인구로 분류된다.

ⓑ 구직단념자는 비경제활동인구로 분류되는데, 원래 취업의사와 일할 능력은 있으나, ① 적당한 일거리가 없을 것 같아서(전공, 경력, 임금수준, 근로조건) ② 지난 4주간 이전에 구직하여 보았지만 일거리를 찾을 수 없어서 ③ 자격이 부족하여(교육, 기술 경험 부족, 나이가 너무 어리거나 많다고 고용주가 생각할 것 같아서) 등의 노동시장적 사유로 인해 지난 4주간에 구직활동을 하지 않은 자 중에서 지난 1년 내 구직 경험이 있었던 인구인데, 향후 노동시장에 유입될 가능성이 있는 잠재 인력이라는 점에서 중요한 의미를 가진다.

③ 취업자 vs. 실업자

경제활동인구는 경제활동에 참가의사를 밝히고 취업이 된 취업자와 그렇지 못한 실업자로 구분된다.

경제활동인구 = 취업자 + 실업자

15세
전체 인구
제외
군인 · 수감자
노동가능인구
비경제활동인구
경제활동인구
실업자
취업자

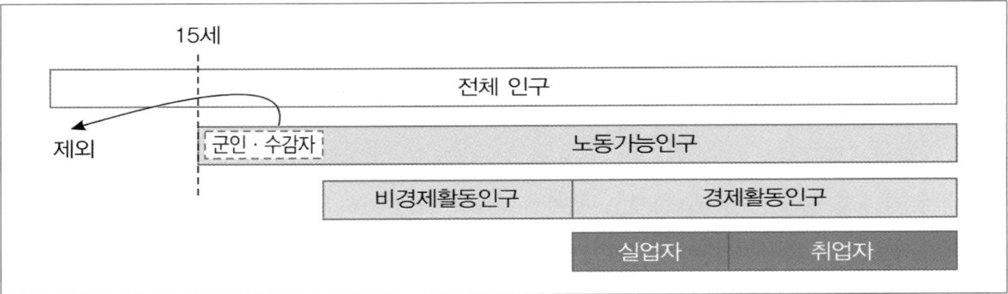

④ 실업자와 취업자 구분 도표

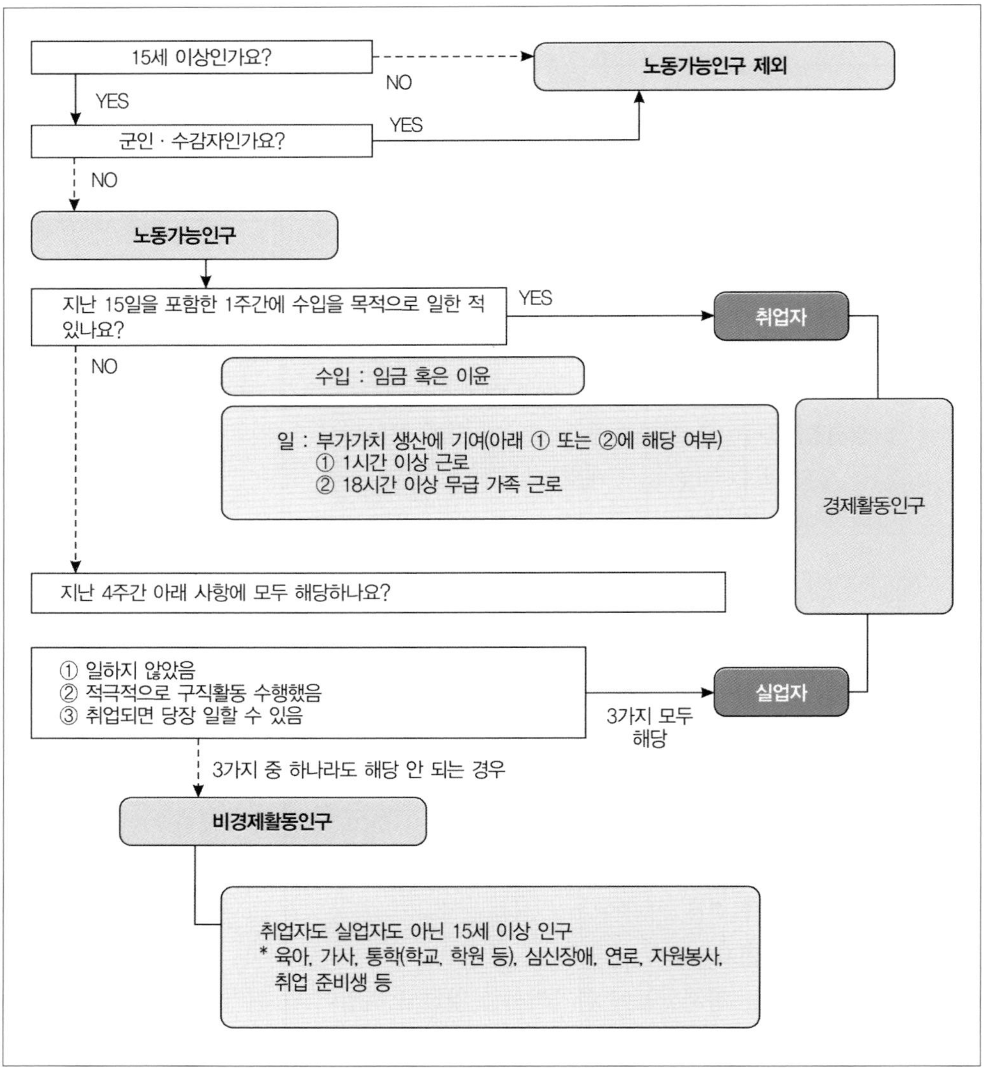

15세 이상인가요?
NO
노동가능인구 제외
YES
YES
군인 · 수감자인가요?
NO
노동가능인구
지난 15일을 포함한 1주간에 수입을 목적으로 일한 적 있나요?
YES
취업자
NO
수입 : 임금 혹은 이윤
일 : 부가가치 생산에 기여(아래 ① 또는 ②에 해당 여부)
① 1시간 이상 근로
② 18시간 이상 무급 가족 근로
경제활동인구
지난 4주간 아래 사항에 모두 해당하나요?
① 일하지 않았음
② 적극적으로 구직활동 수행했음
③ 취업되면 당장 일할 수 있음
실업자
3가지 모두 해당
3가지 중 하나라도 해당 안 되는 경우
비경제활동인구
취업자도 실업자도 아닌 15세 이상 인구
* 육아, 가사, 통학(학교, 학원 등), 심신장애, 연로, 자원봉사, 취업 준비생 등

(2) 고용통계 지표

① 실업률

실업률은 경제활동인구 중에서 실업자가 차지하는 비율을 나타내는 것인데, 경제활동인구 조사 결과 중에 가장 관심이 높은 지표이다.

$$\text{실업률} = \frac{\text{실업자 수}}{\text{경제활동인구(= 취업자 + 실업자)}} \times 100$$

② 고용률

고용률은 만 15세 이상 인구 중에서 취업자가 차지하는 비율을 나타낸다.

$$\text{고용률} = \frac{\text{취업자}}{\text{15세 이상 인구}} \times 100$$

③ 경제활동참가율

15세 이상 인구 중에서 경제활동인구가 차지하는 비율을 나타낸다.

$$\text{경제활동참가율} = \frac{\text{경제활동인구}}{\text{15세 이상 인구}} \times 100$$

④ 청년실업률

청년실업률이란 15세부터 29세에 해당하는 청년층의 실업률을 의미한다.

$$\text{청년실업률} = \frac{\text{15~29세 실업자 수}}{\text{15~29세 경제활동인구}} \times 100$$

(3) 실업률 통계의 함정

우리나라의 실업률 통계에서 실업자는 '매월 15일이 포함된 1주일 동안 적극적인 구직활동을 하였으나 1시간 이상 일하지 못한 사람으로서, 즉시 취업이 가능한 사람'으로 규정하고 있다. 실업률을 측정하기 위한 표본조사에서는 구체적으로 다음과 같은 두 가지 질문을 한다. '당신은 조사 대상 기간 동안 1주일에 최소한 1시간 넘게 수입을 얻기 위해 일한 적이 있습니까?' 만약 이 질문에 대해 어떤 이가 '있었다'라고 대답했다면 이 사람은 취업자로 분류된다. 그리고 '없었다'라고 대답한 사람에게는 일할 의사의 유무를 가르기 위해 '지난 1주일 동안 직장을 구해 본 적이 있습니까?'라는 질문을 다시 던진다. 이에 대해 '구해 보았다'라고 답한 사람은 실업자로 분류되는 반면에 '구해보지 않았다'라고 답한 이는 비경제활동인구로 분류된다. 즉, 1주일 동안 1시간도 일하지 않은 사람이라도 일할 의사가 없어서 그런 경우에는 실업자로 분류되지 않는 것이다.

반면에 일자리를 열심히 찾다가 조사 대상 기간 중에 일자리 찾기를 그만 둔 사람은 구직활동을 포기했다는 이유만으로 실업자 통계에서 제외된다. 이러한 사람을 실망실업자라고 하는데, 이들은 사실상 실업자와 다름없기에 비경제활동인구로 분류하는 것이 옳다고 보기 어렵다. 즉, 경기침체가 심해질수록 실망실업자의 수는 늘어나는데, 오히려 실업률은 낮아진다. 실망실업자는 통계상 비경제활동인구로 분류되기 때문이다. 이처럼 실업률 통계는 실제로 체감하는 것과 차이가 날 수도 있다.

(4) 실업의 종류

① 자발적 실업

자발적 실업이란 현재 임금 수준에서 일할 수 있지만 더 나은 임금이나 근로여건을 찾거나, 적성에 더 잘 맞는 직장을 찾기 위해 다른 직장을 알아보는 과정에서 발생하는 실업으로 마찰적 실업 또는 탐색적 실업을 말한다. 예를 들어 현재 다니고 있는 직장이 마음에 안 들어 이를 포기하고 자신에게 맞는 회사를 찾으려는 사람들이 여기에 해당한다.

② 비자발적 실업

비자발적 실업은 일할 의사가 있음에도 불구하고 본인의 의사와는 달리 일자리를 얻지 못하는 상태를 말한다. 구조적 실업과 경기적 실업이 대표적이다.

㉠ 구조적 실업 : 구조적 실업은 산업의 구조 변화에 따라 발생하는 실업으로 성장하고 발전하는 현대 자본주의에서는 반드시 발생할 수밖에 없는 실업의 형태다. 사양사업과 신흥사업이 급변하는 요즘과 같은 상황에서 사양산업에 종사하였던 노동자들은 신흥사업으로 이동하기가 쉽지 않기 때문에 구조적 실업은 장기화되는 경향이 있다.

㉡ 경기적 실업 : 경기적 실업은 경기가 좋고 나쁨에 따라 유발되는 실업을 의미한다. 앞에서 말한 마찰적 실업과 구조적 실업은 경제 전체에서 일부분인 미시적 원인에 의해 발생하지만 경기적 실업은 경제 전체의 상황에서 발생하기 때문에 거시 경제적인 정책으로 풀어야 할 문제로 간주한다.

기출 유사문제

최근 IT산업(정보통신산업)이 발전하고 노동집약적인 산업이 사양화되면서 노동집약적인 산업에 종사하던 근로자들이 직장을 잃어가고 있다. 이 경우에 발생하는 실업은 어떤 유형인가?

① 마찰적 실업
② 구조적 실업
③ 계절적 실업
④ 경기적 실업
⑤ 기술적 실업

해설 구조적 실업은 기술혁신 등으로 인한 비자발적 실업이다. IT기술의 발전으로 노동집약적 산업의 사양화에 따른 실업은 산업구조의 변화에 따른 비자발적 실업으로 구조적 실업에 해당한다.

정답 Ⅰ ②

(5) 경기적 실업과 완전고용

일반적으로 경기적 실업이 0으로 감소하면 실업률이 0보다 커도 완전고용이라고 한다. 즉, 경제 내에 마찰적 실업과 구조적 실업만 있고 경기적 실업이 없는 상태를 완전고용이라고 하며, 이때 실업률을 자연실업률이라고 부른다.

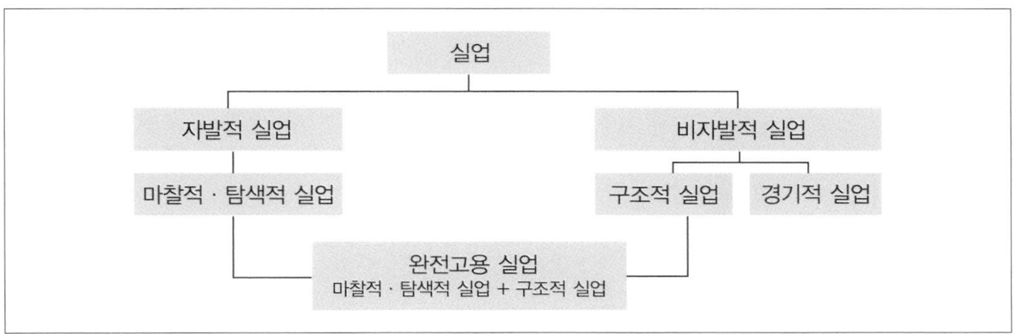

2 필립스곡선

1 필립스곡선의 개념

영국의 경제학자 필립스(W. Phillips)는 실업률과 임금상승률 간의 상관관계를 분석한 결과, 실업률이 낮으면 임금상승률이 높고 실업률이 높으면 임금상승률이 낮다는 반비례 관계를 도출해냈다. 이때 얻어지는 곡선을 '필립스곡선'(Phillips Curve)이라 한다.

2 필립스곡선의 의미

(1) 인플레이션율(π)과 실업률(u) 사이에는 역의 상관관계(trade-off)가 존재한다. 따라서 두 가지를 동시에 해결하는 것은 불가능하다는 사실을 제시해 주고 있다.

(2) 인플레이션율과 실업률 사이의 역의 상관관계를 반영한 곡선으로 우하향하는 형태를 띤다.

(3) 완전고용과 물가안정이라는 두 가지 정책 목표를 동시에 달성하기 어렵다. 즉, 실업과 인플레이션 중 어느 하나를 개선하기 위해서는 반드시 다른 하나의 희생이 따른다.

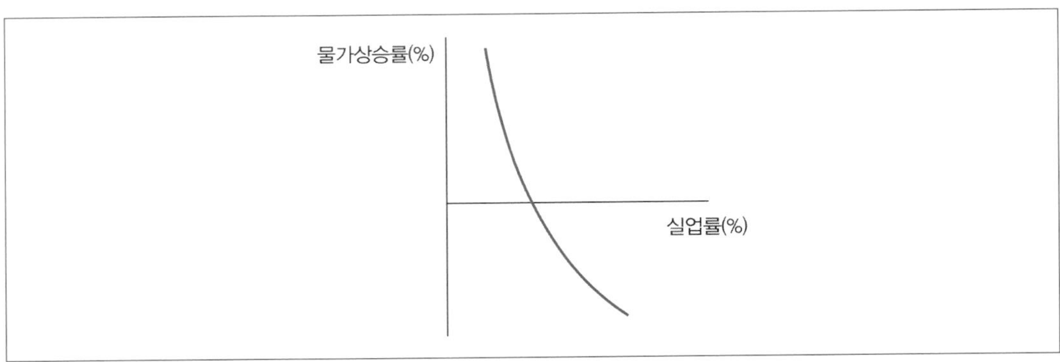

Hot Issue 자연실업률에서 계산된 실업자는 비경제활동인구에 포함되나요?

경제 내에 마찰적 실업과 구조적 실업만 있고 경기적 실업이 없는 상태를 완전고용이라고 하며, 이때의 실업률을 자연실업률이라고 합니다. 물론 학자나 교과서에 따라 마찰적 실업만 있는 경우를 자연실업률이라고 설명하는 경우도 있지만, 전자의 설명이 더 일반적입니다. 마찰적 실업은 직업을 바꾸는 과정에서 일시적으로 발생하는 실업으로, 현재는 일자리가 없지만 더 나은 일자리를 탐색하고 있는 것이므로 경제활동에 참여할 의사가 있는 경제활동인구로 보는 것이 더 타당합니다. 비경제활동인구는 잠재적으로 경제활동인구가 될 가능성은 있지만, 통계 작성 대상 기간에 적극적으로 경제활동 참가의사를 표현하지 않은 사람들입니다. 다만, 마찰적 실업자 중에서 몇 달째 정보만 수집하고 적극적인 구직활동을 하지 않는다면 통계상 비경제활동인구에 포함되겠지만, 이러한 경우가 많다고 보기는 어렵습니다.

구조적 실업은 해당 산업이 사양길에 접어들면서 노동 수요가 줄어들어, 일할 의사가 있지만 취업이 여의치 않아 발생한 실업입니다. 따라서 산업의 구조적 요인으로 실업자가 된 사람을 경제활동에 참여할 의사가 없다고 보기는 어렵습니다. 다만 구조적 실업자가 새로운 산업으로의 취업을 위해 구직활동을 당분간 중단하고 재교육을 받는다면 취업준비자로 비경제활동인구에 포함되겠지만, 이것이 일반적인 사례라고 할 수는 없습니다. 이런 이유로 자연실업률에서의 실업자는 비경제활동인구에 포함될 가능성은 있지만, 경제활동인구의 실업자로 보는 것이 더 타당할 것 같습니다.

자연실업률, 마찰적 실업, 구조적 실업은 경제의 이론적인 실업개념입니다. 반면 경제활동인구와 비경제활동인구 그리고 이를 바탕으로 조사된 실업률과 고용률 등의 지표는 통계적 목적을 위해 일정기준을 설정하고 만든 개념입니다. 따라서 이론과 지표의 개념 정의에 약간의 차이가 발생할 수 있다는 것을 이해하면 의문이 해결됩니다.

〈『경제, 이것이 궁금해요』(KDI 경제정보센터편, 교보문고)〉

REVIEW

1. 노동가능인구란 노동 투입이 가능한 '15세 이상 인구'로 정의하는데, 이는 단순히 노동가능성 여부를 나타내는 기준이다.
2. 노동가능인구 중에서 일에 종사하고 있거나 취업을 하기 위하여 구직활동 중에 있는 사람을 경제활동인구라고 한다.
3. 전업주부, 학교에 다니고 있는 학생, 일을 할 수 없는 고령자 및 심신장애자, 자발적으로 자선사업이나 종교단체에 관여하는 사람 등은 비경제활동인구로 분류된다.
4. 경제활동인구는 경제활동에 참가 의사를 밝히고 취업이 된 취업자와 그렇지 못한 실업자로 구분된다.
5. 실업률은 경제활동인구 중에서 실업자가 차지하는 비율을 나타내는 것인데, 경제활동인구조사 결과 중에 가장 관심이 높은 지표다.
6. 자발적 실업이란 현재 임금 수준에서 일할 수 있지만 더 나은 임금이나 근로 여건을 찾거나, 적성에 더 잘 맞는 직장을 찾기 위해 다른 직장을 알아보는 과정에서 발생하는 실업으로 마찰적 실업 또는 탐색적 실업을 말한다.
7. 비자발적 실업은 일할 의사가 있음에도 불구하고 본인의 의사와는 달리 일자리를 얻지 못하는 상태를 말한다. 구조적 실업과 경기적 실업이 대표적이다.
8. 경기적 실업은 경기가 좋고 나쁨에 따라 유발되는 실업을 의미한다.

PART 02
거시경제

CHAPTER 05

출제예상문제

01 다음 그림의 (　　) 안에 해당하는 사람으로 옳은 것을 〈보기〉에서 모두 고른 것은?

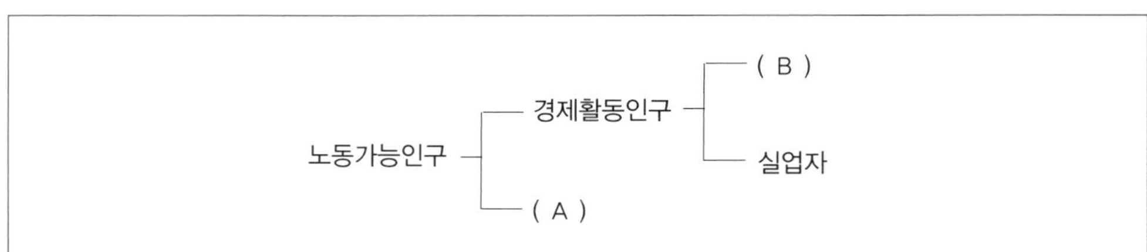

보기

㉠ 실직 뒤에 구직 노력을 포기한 삼촌
㉡ 교통사고를 당해 휴직을 하고 있는 고모부
㉢ 아빠 가게에서 무보수로 경리를 보고 있는 누나
㉣ 일거리가 적어 일주일에 하루만 일하는 이웃집 아저씨

	A	B		A	B
①	㉠	㉡, ㉢, ㉣	②	㉠, ㉢	㉡, ㉣
③	㉡, ㉢	㉠, ㉣	④	㉡, ㉣	㉠, ㉢
⑤	㉠, ㉡, ㉢	㉣			

해설 실직 뒤에 구직 노력을 포기하면 비경제활동인구에 속한다. 아빠 가게에서 무보수로 일하는 사람도 취업자에 속한다.

02 우리나라의 실업률은 대체로 유럽 국가의 실업률에 비해서 낮다. 예를 들어, 1990년대 독일의 평균 실업률은 9.4%였으나 우리나라는 3.2%였다. 독일에 비해 우리나라의 실업률이 낮은 이유를 추론한 것 중 타당하지 않은 것은?

① 우리나라는 스스로 고용을 만들어 내는 자영업자가 상대적으로 많다.
② 우리나라는 실업 가능성이 낮은 농업부문의 취업자가 상대적으로 많다.
③ 우리나라의 근로자는 한 직장에서 상대적으로 장기간 근무한다.
④ 우리나라의 근로자는 실직했을 때 구직활동을 더 오래 한다.
⑤ 우리나라의 사회보장제도가 독일에 비해서 뒤떨어져 있다.

해설 구직활동 기간이 길수록 실업률은 상승한다.

정답 01 ① 02 ④

03 〈보기〉의 정부 정책 중에서 장기적으로 실업률을 낮추는 데 도움이 되는 것은?

보기
㉠ 실업보험 혜택을 늘린다.
㉡ 최저임금 수준을 높인다.
㉢ 정부가 직업훈련 프로그램을 운영한다.
㉣ 장래 유망직종에 대한 정보를 제공한다.

① ㉠, ㉡
② ㉠, ㉢
③ ㉡, ㉢
④ ㉡, ㉣
⑤ ㉢, ㉣

해설 ㉠은 구직활동 감소, ㉡은 기업의 비용부담 증가(노동수요 감소)로 실업증가 요인이 된다.

04 그림은 서영국의 연령대별 경제활동참가율, 고용률 및 실업률을 나타낸 것이다. 이에 대한 옳은 설명을 〈보기〉에서 고른 것은?

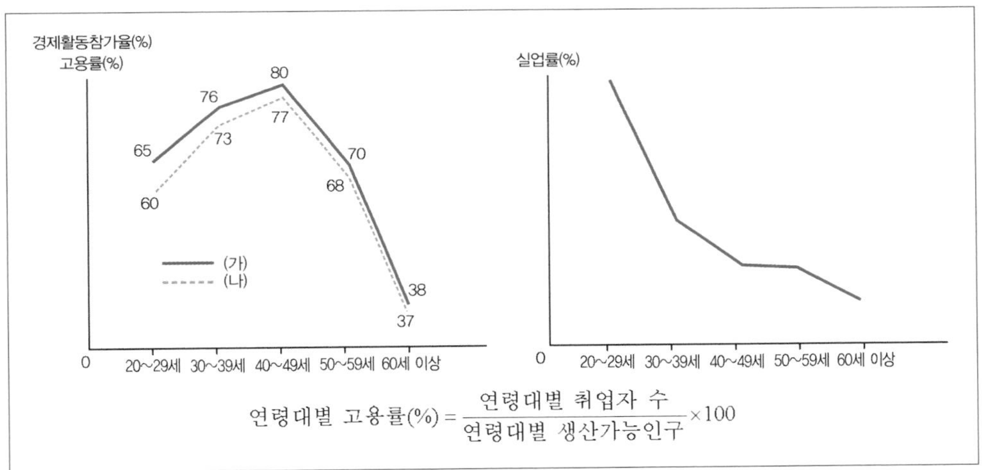

$$\text{연령대별 고용률(\%)} = \frac{\text{연령대별 취업자 수}}{\text{연령대별 생산가능인구}} \times 100$$

보기
갑 : (가)는 고용률을, (나)는 경제활동참가율을 보여 줘.
을 : 20대의 생산가능인구가 100만 명이라면 실업자 수는 5만 명일 거야.
병 : 그렇다면 20대의 실업률은 5%겠네.
정 : 40대 이후 실업률이 하락하는 이유는 경제활동참가율이 고용률보다 더 급격히 하락하기 때문이야.

정답 03 ⑤ 04 ④

① 갑, 을
② 갑, 병
③ 을, 병
④ 을, 정
⑤ 병, 정

해설 경제활동참가율은 고용률보다 높으며, 경제활동참가율과 고용률의 차이는 생산가능인구 중 실업자의 비중이다. 이는 경제활동인구 중 실업자의 비중인 실업률과는 다르다. 40대 이후 고용률이 감소(취업자가 감소)하고 있음에도 불구하고 실업률 역시 감소하는 것은 경제활동참가율이 더욱 급격히 감소(경제활동인구가 감소)하고 있기 때문이다. 참고로 '실업률 = 1 − 고용률/경제활동참가율'의 관계를 가지며, 고용률보다 경제활동참가율이 더욱 빨리 감소하면 실업률이 감소함을 알 수 있다.

05

다음 그림은 1980~2006년 기간 중 어느 나라의 경제성장률과 실업률 변화분을 나타낸 것이며, 직선은 두 변수 간의 근사적 관계를 보여 주고 있다. 이에 대한 설명으로 〈보기〉에서 적절한 것을 모두 고르면?

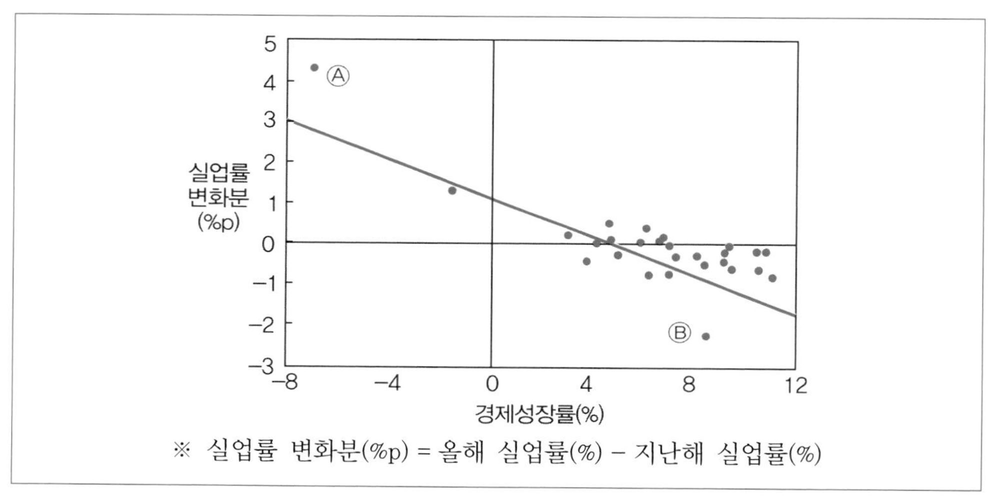

※ 실업률 변화분(%p) = 올해 실업률(%) − 지난해 실업률(%)

보기

㉠ 실업률 변화분이 증가할 때 경제성장률은 하락하는 경향이 관찰되었다.
㉡ 올해 실업률이 지난해와 동일하다면 국내총생산의 규모도 지난해와 동일할 것이다.
㉢ ㅁ에서는 전년에 비해 실업률이 증가하고 국내총생산 규모는 감소하였다.
㉣ ㅁ에서는 전년에 비해 경제활동인구 가운데 취업자의 비율이 낮아졌다.

① ㉠, ㉡
② ㉠, ㉢
③ ㉠, ㉣
④ ㉡, ㉢
⑤ ㉢, ㉣

정답 05 ②

해설 ㉠ 주어진 그림은 우리나라의 실업률 변화분과 경제성장률 자료를 이용하여 두 변수 사이에 음(−)의 관계가 있었음을 나타낸 것이므로, ㉠은 올바른 설명이다.
㉢ 그림의 Ⓐ점에서는 실업률 변화분은 양(+)의 값을 가지므로 실업률이 전년에 비해 증가하였으며, 경제성장률은 음(−)이므로 GDP 규모가 감소하였음을 알 수 있다. 따라서 ㉢은 올바른 설명이다.
㉡ 올해 실업률이 전년과 동일하다면, 즉 실업률 변화분이 0이라면 경제성장률은 평균적으로 x축 절편값을 가져야 하므로 틀린 설명이다.
㉣ 경제활동인구 중 취업자의 비율이 낮아지는 것은 실업률이 올라가는 것을 의미하므로 틀린 설명이다.

06 대학 졸업 후 일자리를 찾고 있던 20대 후반의 철수는 당분간 구직활동을 포기하고 집에서 쉬기로 하였다. 철수와 같은 사람이 많아지면 실업률과 고용률에 어떠한 변화가 생기는가?

$$고용률 = \frac{취업자\ 수}{생산활동가능인구(15\sim64세\ 인구)} \times 100$$

① 실업률 상승, 고용률 불변
② 실업률 상승, 고용률 하락
③ 실업률 하락, 고용률 불변
④ 실업률 하락, 고용률 하락
⑤ 실업률 불변, 고용률 불변

해설 실업자이던 철수가 비경제활동인구로 바뀌었다. 실업률의 정의를 생각해 보면, 분자인 실업자보다 분모인 경제활동인구가 큰 상황에서 실업자와 경제활동인구가 같은 숫자만큼 줄어든 것이므로 실업률은 하락한다. 고용률의 경우 취업자와 생산활동가능인구에 아무런 변화가 없었으므로 변화하지 않는다.

07 영민은 학교를 졸업하고 직장을 찾기 시작했으나 아직 고용되지 못했다. 이러한 경우 국내의 실업률과 경제활동참가율은 어떻게 되는가?

① 실업률은 증가하고, 경제활동참가율은 변함이 없다.
② 실업률은 증가하고, 경제활동참가율도 증가한다.
③ 실업률은 변함이 없고, 경제활동참가율은 증가한다.
④ 실업률은 증가하고, 경제활동참가율은 감소한다.
⑤ 실업률과 경제활동참가율 모두 변화없다.

해설 재학 중이어서 비경제활동인구에 속한 사람이 졸업 후 직장을 구하기 시작하면 일할 능력과 일할 의사가 있어 경제활동인구에 포함되어 경제활동참가율이 높아진다. 그러나 아직 취업하지 않아 실직 상태에 있다면 경제활동인구 중 실업인구가 증가해서 실업률이 높아진다.

정답 06 ③ 07 ②

08 **한 경제의 취업자 수는 90만 명이고, 실업률은 10%이며, 노동가능인구는 200만 명이라고 한다. 이 경제의 경제활동참가율은?**

① 33.3%
② 50%
③ 66.7%
④ 85%
⑤ 90%

해설 '경제활동인구 = 취업인구 + 실업인구'이고, '실업률 = 실업인구/경제활동인구'이다. 그래서 '실업률 10% = 실업인구/(90 + 실업인구)'에서 실업인구 = 10이고, 경제활동인구 = 10 + 90 = 100이다. 그러므로 경제활동참가율 = 경제활동인구/노동가능인구 = 100/200 = 50%이다.

09 **다음 중 경제활동인구에 포함되지 않는 것은?**

① 실망노동자
② 파트타임 일자리를 구하고 있는 주부
③ 중소기업에 취업한 장애인
④ 건강상 이유로 1년간 휴직한 취업자
⑤ 부모가 운영하는 식당에서 주당 2시간 유급으로 일한 대학생

해설 경제활동인구는 일할 능력과 일할 의사가 있는 인구로서, 실망노동자는 일할 의사가 없으므로 경제활동인구에 포함되지 않는다. 그러나 일자리를 구하는 주부는 일할 의사가 있어 경제활동인구 중 실업자에 해당하고, 취업한 장애인, 휴직한 근로자 그리고 주당 1시간 이상 보수를 위해 일하는 대학생은 경제활동인구 중 취업자에 해당한다.

10 **다음의 글에 나타난 실업에 대한 설명으로 타당하지 않은 것은?**

> 근로자들이 마음에 드는 일자리를 얻기 위해 옮겨 다니는 과정에서 발생하는 실업

① 마찰적 실업이라고 불린다.
② 완전고용상태에서도 나타난다.
③ 일반적으로 실업보험 급여는 이러한 실업을 늘린다.
④ 정부의 실직자 재훈련 및 직장 알선 노력 등으로 낮아질 수 있다.
⑤ 경기가 나쁠수록 증가한다.

해설 경기가 나빠져서 나타나는 실업을 '경기적 실업'이라고 한다.

정답 08 ② 09 ① 10 ⑤

11 우리나라는 1997년 말 시작된 외환 위기로 대량실업을 경험하였다. 이와 가장 유사한 성격의 실업은?

① 내가 근무하던 중소기업에서는 계속 근무해 주기를 원했지만 월급을 더 많이 주는 대기업을 찾기 위해서 사표를 냈다.
② 내가 가진 기능은 타이핑인데 타자수를 원하는 직장이 거의 없어서 직장을 구할 수 없다.
③ 나를 비롯한 많은 사람들이 일자리를 찾고 있지만, 현재 직장이 있는 사람들조차 해고당하는 실정이니 당분간은 취업이 어려울 것 같다. 경기가 좋아져야 취업이 가능할 것 같다.
④ 해수욕장에서 장사를 하는 나는 여름 한 철에만 영업을 하고 겨울에는 쉬고 있다.
⑤ 나는 대학을 졸업하고 직장 없이 유학을 준비하고 있다.

해설 1997년 말 외환 위기로 인한 대량실업은 '경기적 실업'이다(①·⑤는 자발적 실업, ②는 구조적 실업, ④는 계절적 실업).

12 다음 자료에 나타난 실업과 동일한 유형에 해당하는 것은?

대구에서 돼지고기 전문점을 운영하던 명수는 서울로 이사한 뒤에 닭고기 전문점을 차리기 위해 장소를 알아보고 있다.

① 스키 강사인 재석은 여름이 되자 동네 편의점에서 아르바이트 자리를 알아보고 있다.
② 대학을 졸업하고 일자리를 알아보던 전진은 좀처럼 취업이 여의치 않자 유학할 대학원을 알아보고 있다.
③ 글로벌 금융 위기에 따른 회사의 감원으로 실직한 준하는 하하와 함께 커피 전문점을 동업할 계획을 세우고 있다.
④ 음대를 갓 졸업한 후 일자리를 알아보고 있는 형돈은 강마에처럼 카리스마가 넘치는 지휘자가 있는 오케스트라를 찾고 있다.
⑤ B종 운전면허로 택시영업을 하던 홍철은 모든 택시 운전사들이 A종 운전면허를 취득해야 한다는 새로운 법률이 시행되면서 현재 실직상태이다.

해설 자료에 제시된 실업은 직업 탐색 과정에서 정보 부족 등에 의해 발생하는 마찰적 실업에 해당하며 ④의 경우와 유사하다. ①은 계절적 실업, ③은 경기적 실업, ⑤는 구조적 실업을 의미한다. 한편 ②는 비경제활동인구로 분류되어 실업자에 포함되지 않는다.

정답 11 ③ 12 ④

13 **다음 중 마찰적 실업에 대한 설명으로 옳지 않은 것은?**

① 경기가 호황일 때는 사라진다.
② 구조적 실업에 비해 실업기간이 짧다.
③ 직업을 자주 바꾸는 사람들이 많을수록 증가한다.
④ 마찰적 실업만 존재하는 상태를 완전고용이라고 한다.
⑤ 구인자와 구직자 사이의 정보 유통이 원활하지 않아서 발생한다.

해설 마찰적 실업은 구인자와 구직자 사이의 정보 유통이 원활하지 않아 발생하는 것이므로 경기가 호황이라도 완전히 사라질 수 없다.

정답 13 ①

PART 02
거시경제

CHAPTER 06

경제정책

기출분석 기반 중요도(1~5)

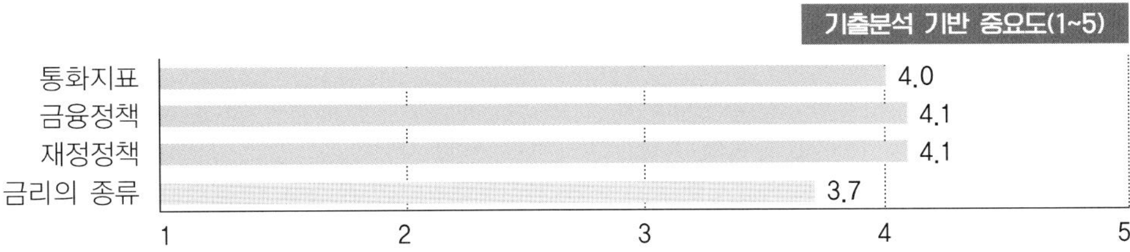

학습목표

❶ 경제정책을 언제 활용해야 하는지에 대한 기준이 무엇인지 이해해야 한다.
❷ 경제정책을 실시하는 과정에서 주된 수단으로 사용되는 변수는 금리와 통화량이다. 금리와 통화량을 각각 어떻게 측정하는지 이에 대해 구분할 수 있어야 한다.
❸ 통화량을 측정하는 각 통화지표의 의미를 구분해야 한다.
❹ 시중에서 금리로 제시되어 활용되고 있는 금리의 종류에는 어떠한 것들이 있는지 명확히 구분해야 한다.
❺ 대표적인 경제정책인 통화정책은 어떠한 의미를 내포하고 있는 것인지, 이에 대한 명확한 이해가 필요하다.
❻ 대표적인 경제정책인 재정정책은 어떠한 의미를 내포하고 있는 것인지, 이에 대한 명확한 이해가 필요하다.
❼ 재정정책과 통화정책을 실시하는 과정에서 시차가 발생하는데, 시차 발생의 원인과 과정이 무엇인지 구분할 수 있어야 한다.
❽ 통화정책과 달리 재정정책은 구축효과를 유발하는 데 구축효과 발생의 원인과 그로 인한 현상이 무엇인지 이해해야 한다.
❾ 경제정책을 활용하는 과정에서 발생할 수 있는 문제점에 대한 논란은 무엇이 있는지 구분해서 이해해야 한다.

1 경제정책의 필요성

국민경제에서 전개되고 있는 경제현상을 수동적으로 있는 그대로 받아들이기만 하는 것은 아니다. 실질 국내총생산은 장기의 평균적인 수준(장기 성장 추세)보다 높아지거나(호경기) 낮아지는(불경기) 현상을 반복적으로 보이는데, 이를 경기순환(business cycle) 또는 경기변동이라고 한다. 경기변동은 늘 있는 일이지만, 빈번하게 찾아오는 경기변동은 경제가 안정적으로 성장하는 데 방해가 된다.

따라서 지나치게 호황으로 치닫거나 불황으로 향하는 것을 미연에 방지하고 경제의 생산 능력에 맞추어 지출을 조절하는 정책을 경제안정화정책이라고 한다. 안정화정책은 크게 정부지출을 변화시키는 재정정책과 중앙은행이 통화량을 조절하는 통화정책으로 구분된다. 정부지출이나 통화량 조절은 모두 총수요에 영향을 주는 요인이기 때문에 경제안정화정책을 총수요관리정책이라고 부르기도 한다.

2 통화량과 금리의 종류

경제정책을 공부하기에 앞서 통화량과 금리에 대한 명확한 개념을 설정할 필요가 있다. 통화량과 금리의 조절은 대표적인 경제정책의 수단이 되기 때문이다.

(1) 통화지표

누군가 "통화량이 무엇이냐"고 물었는데 "통화 공급량이요."라고 대답했다면 이는 마치 '경제학'이 무엇이냐고 물어봤는데 '경제를 공부하는 학문'이라고 대답한 것과 같다. 통화량 또는 통화 공급량이 무엇인지 알기 위해서는 통화가 무엇인가를 대답해야 한다. 통화(通貨, currency)란 거래에서 지급수단·유통수단으로서의 기능을 지닌 화폐를 말하고, 지급수단과 유통수단으로서 기능과 편의성에 따라 한 경제에 유통되는 화폐의 양을 나타낸 것이 통화지표이다.

(2) 통화지표의 종류

현재 통용되는 대표적인 통화지표에는 현금통화, M1, M2가 있다. 통화량과 유사하게 사용되는 것으로 '유동성(liquidity)'이 있는데, 유동성이란 한 자산을 다른 자산으로 쉽게 바꿀 수 있는 정도를 나타낸다. 일반적으로 화폐를 유동성이 가장 높은 자산이라고 생각할 수 있다. 통화와 유동성은 혼용되어 사용되다가 IMF가 새로 작성한 '통화금융통계 매뉴얼(2000)'의 권고에 따라 한국은행은 우리나라 통화지표 개편 작업에 착수했고, 2006년 6월 '광의의 유동성지표'를 발표하면서 현 통화지표는 아래와 같이 통화지표와 유동성지표로 나눠지게 되었다.

통화 지표*	M1	= 현금통화 + 요구불예금 + 수시입출식 저축성예금
	M2	= M1 + 정기예적금 및 부금* + 시장형 상품 + 실적배당형 상품* + 금융채* + 기타(투신증권저축, 종금사 발행어음) * 만기 2년 이상 제외
유동성 지표	Lf (종전 M3)	= M2 + M2 포함 금융상품 중 만기 2년 이상 정기예적금 및 금융채 등 + 한국증권금융(주)의 예수금 + 생명보험회사(우체국보험 포함)의 보험계약준비금 + 농협 국민생명공제의 예수금 등
	L	= Lf + 정부 및 기업 등이 발행한 유동성 시장금융상품(증권회사 RP, 여신전문기관의 채권, 예금보험공사채, 자산관리공사채, 자산유동화전문회사의 자산유동화증권, 국채, 지방채, 기업어음, 회사채 등)

* 예금취급기관 대상 : 중앙은행, 예금은행, 종합금융회사, 투자신탁, 신탁회사, 상호저축은행, 신용협동기구, 우체국예금 등

이 중 현금통화는 우리가 흔히 쓰고 있는 종이돈과 동전의 합계를 말하는데, 말 그대로 민간이

보유하고 있는 현금을 말하는 것이다. 이보다 조금 더 넓은 범위의 M1은 '현금통화 + 은행의 요구불예금'이다. 요구불예금은 보통예금이나 저축예금 등으로 은행에 요구하면 아무런 손해 없이 즉각 현금화할 수 있는 예금으로, 민간이 보유한 현금과 거의 같이 취급될 수 있다. 다시 말해, M1이란 현금통화에 언제나 은행에서 찾아서 쓸 수 있는 돈을 합한 것이다. M2는 M1에 저축성 예금 등을 더한 것이다. 저축성 예금이란 정기적금이나 정기예금처럼 쉽게 찾기 어렵지만, 마음만 먹으면 약간의 이자를 포기하고 바로 현금화할 수 있는 예금이다. 해약이라는 번거로운 절차를 거치긴 하지만, 현금화가 비교적 쉬워서 이 저축성 예금까지 통화량에 포함시킬 수가 있다. 일반적으로 통화공급이라고 하면 M2를 의미한다.
유동성지표는 통화지표보다 더 포괄적이다. 금융기관 유동성이라고 불리는 Lf는 M1과 M2를 포함하며, 가장 포괄적인 지표인 광의의 유동성인 L은 Lf도 포함한다. 광의의 유동성은 정부 및 기업 등이 발행한 유동성 금융상품을 포함한다.

(3) 금리의 종류

① 기준금리

금융기관에서 신용도가 가장 높은 기업에 대해 대출할 때 적용하는 우대금리로 금융기관 대출금리의 기준이 된다.

② 콜금리

콜이란 일시적으로 자금이 필요한 금융기관이 자금 여유가 있는 다른 금융기관에 자금을 빌려달라고 요청(call)하는 것을 의미한다. 따라서 콜금리란 시중 금융기관 사이에서 단기로 자금을 주고 받을 때 사용하는 금리를 말한다.

③ 리보금리

런던금융시장에서의 은행 간 대출금리로서 주요 은행들이 런던시간 오전 11시경에 고시한 금리를 평균한 값이며, 세계적으로 국제금융시장에서의 기준금리로 통용된다.

④ 역금리

통화불안 시 평가변경이나 고금리를 노리고 외자가 유입되는 것을 방지하기 위해 비거주자의 예금에 대해서 마이너스 금리를 부과하는 것이다. 1960~1970년대 초에 걸쳐 서독, 프랑스, 스위스 등이 외자유입 규제책으로 실시한 바 있다. 또한 역금리는 과잉 흑자국에 대한 제재 조치로서 그 외화준비금을 IMF에 예탁시켜 마이너스 금리를 부과하기도 하는데 프랑스가 제안하여 1973년 IMF 통화대강에 삽입된 바 있다.

⑤ 예대금리차

은행의 대출과 예금 간의 금리차로서 은행의 수익성이나 수익력을 나타내는 핵심 지표의 하나이며, '예대마진'으로도 칭한다.

⑥ 티저금리

선진국 중앙은행이 통화정책을 평가하는 지표로 활용하는 이론으로 사전적으로(preemptive) 금리 수준을 인플레이션율에 맞춰 조정하는 것이 경제를 안정화시키는 데 가장 중요하다.

미국은 물론 세계 대다수 국가에 통화정책의 기본모델을 제공하고 있다.

⑦ CD금리

CD는 은행에서 정기예금에 양도성을 부여하여 무기명 할인식(=선이자 지급식)으로 발행하는 저축상품이다. 무기명식으로 발행하여 점유 이전(移轉)에 의한 양도가 자유롭게 허용된 반면 발행은행 앞으로의 중도해지는 불허한 특징이 있다. 채권시장을 통해 자유로운 매매가 가능하여 3~6개월 이내의 단기시장금리를 대표하며, 은행에서 단기자금 조달을 위해 채권시장의 실세금리를 반영하여 고객에게 제공하는 단기 시장연동성 상품이다. CD는 매매할 때 은행의 승인을 받지 않아도 되며 특별한 매매 절차도 없으므로 단기간에 정기예금 수준의 이자를 받으면서도 필요 시 매매를 통해 현금화할 수 있다. 다만 CD는 예금자보호법의 적용을 받지 않는다는 단점이 있다. CD는 만기까지의 이자를 할인해서 발행하기 때문에 투자자는 할인액을 차감한 금액으로 CD를 사고, 만기에는 액면금액을 받게 된다. CD의 가격이 하락한다는 것은 만기에 동일한 액면금액을 받기 위해 이전보다 더 낮은 가격으로 살 수 있다는 것을 의미하며, 이는 CD금리 또는 수익률이 상승한다는 것과 마찬가지다.

3 경제정책의 세부 개념

(1) 통화정책

① 통화정책의 의미

중앙은행은 국민경제의 안정적 성장을 실현하기 위해 경기가 지나치게 과열되거나 침체되는 경우 통화량이나 이자율을 조절하는 정책을 사용하는데, 이를 통화정책이라고 한다. 중앙은행이 통화공급을 늘리면 시중에서 돈을 구하기 쉬워지기 때문에 이자율이 내려가고, 이자율이 하락하면 기업 투자가 늘어날 것이다. 또한 빚을 지고 있는 가계의 이자 부담이 줄어들고, 내구재에 대한 할부구매 등 소비를 증가시키는 효과가 있다.

국내 이자율이 낮아지면 높은 이자 수익을 얻기 위해 국내 자본이 해외로 이동하고, 해외투자를 위해 원화를 달러로 환전하려는 수요가 늘어나면서 원·달러 환율이 올라간다. 환율의 상승은 수출을 늘리고 수입을 줄인다. 이 모든 상황은 총수요를 자극하는 것으로 해석할 수 있으며, 결론적으로 중앙은행이 통화량을 늘리면 이자율이 낮아지고 기업투자, 민간소비, 순수출이 늘어나 총수요가 확대된다. 이런 이유로 통화정책을 총수요관리정책이라고 부르는 것이다.

② 통화정책의 수단 1 – 일반적 정책수단

통화정책은 크게 일반적 정책수단과 선별적 정책수단으로 구분된다. 일반적 정책수단이란 정책효과가 국민 전반에 미칠 수 있도록 고안된 정책수단을 의미하며, 일반적 정책수단에 속하는 대표적인 수단으로는 공개시장조작정책·지급준비율정책·재할인율정책이 있다.

㉠ **공개시장조작정책** : 공개시장조작이란 중앙은행이 금융기관을 상대로 하여 국채를 사고 파는 것을 통해 이자율이나 통화량을 조절하는 것을 의미한다. 중앙은행이 국채를 파는 경우 시중 통화량이 줄어들어 경제가 위축되지만, 매입하는 경우 시중 통화량이 증가하

여 경제가 활성화된다.

㉡ 재할인율정책 : 재할인율이란 일반은행이 중앙은행으로부터 현금을 차입할 때 지불하는 이자율이다. 재할인은 원래 고객에게 대출하면서 받은 상업어음을 중앙은행에 담보로 제시하고 돈을 차입 받는다는 의미에서 비롯되었다. 그러나 은행이 자신의 차용증서를 쓰고 이를 담보로 중앙은행으로부터 융자를 받는 경우도 재할인율이라는 용어를 사용하고 있다. 재할인율이 내려(올라)가면 일반은행은 중앙은행으로부터 차입을 늘릴(줄일) 것이다. 이는 통화가 공급(환수)되는 것으로 통화량이 증가(감소)하는 것을 의미한다.

㉢ 지급준비율정책 : 중앙은행이 필요지급준비율을 조절하는 정책이다. 은행은 예금을 받고 그 돈으로 대출을 함으로써 수익을 창출한다. 예금 중 대출비율을 늘리면 은행의 수익이 증가하지만, 고객이 필요로 하는 때에 돈을 지급하기 어려울 수도 있다. 따라서 중앙은행은 예금의 일정 부분을 지급준비금으로 중앙은행이나 은행 내부에 반드시 남겨 두고 대출하도록 법으로 정해 놓았다. 예금 중 몇 %를 지급준비금으로 남겨야 하는지 법으로 정해 놓은 것을 필요지급준비율이라고 한다. 필요지급준비율을 높이면 은행의 대출은 줄어들게 되고, 대출이 줄어들면 통화량이 줄어들게 된다.

② 통화정책의 수단 2 – 선별적 정책수단

선별적 정책수단이란 정책효과가 국민경제의 어떤 특정 부문에만 선별적으로 미치는 정책수단으로서, 은행의 대출에 대해 통화당국이 직접 개입하여 통화량이나 이자율을 조절하는 정책을 말한다. 이는 개발도상국가에서 주로 사용되며 대출한도를 정하거나 금리를 강제로 규제하는 방식으로 나타난다. 가끔 한국은행이 발표하는 기준금리를 선별적 규제수단인 금리규제정책으로 오해하는 사람들도 있는데, 현재 한국은행이 발표하는 기준금리는 중앙은행이 시장의 수급을 통해 달성하고자 하는 목표 금리로서 강제로 금리를 정해놓은 선별적 정책수단이 아니다.

(2) 재정정책

① 재정정책의 의미

정부는 경기가 과열되거나 침체된 경우 정부지출이나 조세를 변화시켜서 총수요에 영향을 주고 이를 통해 경기를 조절하는데, 이를 재정정책이라고 한다. 경기가 침체된 경우 정부는 정부구매지출을 늘려 총수요를 증대시킨다. 1930년대 전 세계를 휩쓴 대공황을 극복하기 위해 실시된 미국의 뉴딜정책은 재정정책의 좋은 예다. 뉴딜정책은 미국 정부가 테네시강 유역의 대규모 댐 건설 등을 통해 재정지출을 확대하여 총수요를 증대시킴으로써 경기침체를 극복하고자 한 것이다.

② 재정정책의 수단

정부는 가계에게 아무 대가를 요구하지 않고 무상으로 지원해 주는 이전지출을 통해서도 총수요를 확대시킬 수 있다. 가계소득이 낮거나 가장이 실직한 가정에 보조금을 주는 것과 같은 정책이 대표적이다. 이들에 대해 보조금이 지급된다면 가계소득이 증가해 소비가 증가하고 총수요가 증대된다. 2009년 대만에서 국민들에게 상품권(소비권)을 지급해 GDP를 1% 이상 끌어올렸다는 기사도 볼 수 있다.

또한 정부는 세금을 낮춰서 총수요를 증대시키기도 한다. 세금이 낮아지면 가계의 소득이 증가하고 소비할 여력이 커진다. 우리나라도 2009년 오래된 자동차를 신차로 바꾸는 경우 취득세와 등록세를 감면해주는 정책이 시행된 적이 있었고, 이로 인해 자동차 소비가 증대되었다는 뉴스가 전해졌다. 반면 경제가 지나치게 호황으로 치닫고 있다면 정부는 위에서 언급한 정책을 반대로 취할 수 있다. 호황기에는 일반적으로 물가가 크게 상승하고 주식·부동산 등 자산가격이 상승하는 경향이 있다. 경기가 호황기를 넘어서 어느 순간에 급격히 하락하는 경우 경제의 불안정성이 커지기 때문에 정부는 호황기에도 경기를 진정시키기 위한 안정화정책을 시행하는 것이다.

기출 유사문제

다음 자료의 밑줄 친 변화가 중국의 경제 상황에 미치는 영향에 대한 설명으로 옳은 것은?

> 글로벌 금융 위기 전후 환율을 달러당 6.83위안으로 고정해 왔던 중국은 2010년 6월 환율을 둘러싼 미국과의 무역 분쟁을 해결하기 위해 고정 환율 제도에서 관리 변동 환율 제도로 복귀하였다. 이와 함께 인플레이션 압력을 해소하기 위한 방안으로 기준금리를 0.25%p 인상하였다.

① 중국의 총수요가 감소한다.
② 중국의 소비지출이 증가한다.
③ 중국의 물가상승 압력이 커진다.
④ 중국 기업의 국내투자가 증가한다.
⑤ 중국으로부터 자본유출이 증가한다.

해설 중국 정책 당국이 기준금리를 인상하면 시중금리 상승으로 민간소비 지출과 민간투자 지출이 감소함에 따라 총수요가 감소하고 물가가 하락한다. 한편, 중국의 시중금리가 상승하면 해외로부터 자본이 유입된다.

정답 Ⅰ ①

4 재정정책과 통화정책의 차이

(1) 재정정책과 금융정책의 시차

① 시차의 구분

㉠ **내부시차** : 내부시차란 정책당국 내부에서 발생한 시차를 말하는데, 인식시차와 실행시차로 구분된다.

ⓐ **인식시차** : 정책당국이 경제상태를 인식하는 데 소요되는 시차를 말한다.

ⓑ 실행시차 : 정책당국이 경제정책을 수립·시행하는 데 소요되는 시차를 말한다.
㉡ 외부시차 : 외부시차란 경제정책이 실제로 효과를 나타낼 때까지의 시차를 말한다.

② 시차별 특징

일반적으로 내부시차는 금융정책이 더 짧고, 외부시차는 재정정책이 더 짧기 때문에 내부시차와 외부시차를 합한 전체적인 시차는 어떤 것이 더 짧은지 말하기 어렵다.

구분		재정정책	금융정책
내부시차	인식시차	별 차이 없음	별 차이 없음
	실행시차	정부지출을 변화시키기 위해서는 예산편성이, 조세 변화는 국회의 동의가 필요하여 실행시차가 길다.	중앙은행이 독립적으로 통화량을 변화시킬 수 있기 때문에 실행시차가 짧다.
외부시차		외부시차가 짧다.	여러 단계의 전달 경로를 거쳐야 하기 때문에 시차가 길다.

(2) 재정정책과 구축효과

정부가 지출을 늘리는 확장적 재정정책을 실시하면 총수요가 증대되고 경제의 움직임은 활발해진다. 경제활동이 활발해지고 소득이 증가하면 사람들은 더 많은 화폐를 필요로 하고, 돈을 필요로 하는 사람이 늘어나면 돈을 구하기 어려워지고 이자율이 올라간다.

한편, 정부가 지출을 늘리려면 예산보다 돈이 더 필요해지는데, 정부는 부족한 돈을 자금시장에서 빌리게 되며, 이것은 자금의 수요가 증가하는 효과를 가져 오기 때문에 이자율이 올라간다. 이 과정을 더 구체적으로 설명하면 다음과 같다. 정부는 지출하는 데 필요한 돈을 국채를 발행해서 조달하게 되고, 채권의 공급이 늘어나면서 채권가격이 떨어지고, 이자율은 올라가는 것이다.

이자율이 올라가면 기업의 투자가 감소할 것이다. 기업이 투자를 하기 위해서는 돈을 필요로 하는데, 이자율이 올라갔기 때문에 돈을 빌리는 비용이 커져 투자를 줄인다. 기업이 돈을 빌리지 않고 자기 돈으로 투자해도 마찬가지다. 돈의 투자에 지출하는 기회비용이 커졌기 때문이다. 이처럼 정부지출이 늘어나면 총수요가 늘어나지만 이자율이 올라가기 때문에 기업투자가 위축되어 총수요는 다시 감소하는 것을 구축효과(crowding-out effect)라고 한다.

(3) 확장적 재정정책의 문제점

확장적 재정정책이 경제의 만병통치약은 아니다. 우선 정책을 집행하기 위해서는 예산이 필요한데 이는 국회의 동의를 필요로 한다. 국회의 동의 과정에서 여당과 야당이 오랜 시간 대치하게 되면, 재정정책이 실제로 집행될 때는 이미 그 집행시기를 놓쳐버릴 수도 있다. 이것은 정부정책이 가지는 시차(time lag)의 문제라고 할 수 있다.

재원이 조달된다고 해도 문제는 여전하다. 정부의 지출 재원은 세금·국채 발행·화폐 발행으로 충당된다. 불황에서 세금을 올릴 수는 없기 때문에, 국채를 발행하거나 중앙은행으로부터 돈을 빌려야 한다. 중앙은행으로부터 차입은 통화 증가를 의미하고 심각한 물가상승을 가져올 수 있기 때문에 잘 사용되지 않는다. 결국 남은 수단은 국공채를 발행하는 것인데 정부가 돈을 빌리고 차용증서인 국공채를 시장에 공급하면 채권의 이자를 지급해야 하는데, 이것은 미래세대의 부담이 된다. 또한, 정부가 대부자금시장에서 채권을 발행하고 자금을 수요하면 이자율이 올라간다. 즉, 국공채의 공급으로 채권가격은 떨어지고 이자율이 올라가는 것이다. 이자율의 상승은 민간투자를 감소시키는 부작용을 낳을 수 있으며, 이는 민간투자의 감소를 대가로 정부가 지출을 늘린 것이라고 볼 수 있다.

5 거시 경제정책 논쟁

(1) 정책의 적극적인 운용 또는 소극적인 운용

적극적 정책 옹호론자들은 경제는 근본적으로 불안정적이므로 정부는 불균형 현상인 경기변동의 폭을 감소시켜줄 필요가 있다고 주장하지만, 소극적 정책 옹호론자들은 경제는 근본적으로 안정적이므로 정부정책은 새로운 경기변동을 유발시키지 않도록 조심해야 한다고 주장한다.

(2) 정책의 재량적 운용 또는 준칙에 의한 운용

① 개념

준칙이란 경제안정화정책을 사전에 정해진 규칙에 의해 집행하는 것을 의미하지만, 재량은 경제안정화정책을 그때그때의 상황에 맞게 담당자의 합리적인 판단에 맡기는 것을 의미한다.

② 재량정책 옹호론

경제정책의 환경은 불확실하고 가변적이며 우리는 미래를 정확히 예측할 수 없기 때문에 경제정책은 환경 변화에 맞게 신축적으로 이루어져야 한다. 또한 가격 변수의 비신축성으로 인한 불균형 현상으로 시장의 불균형이 상당기간 지속될 수 있으므로 상황에 맞는 경기대응적 정책 개입이 필요하다고 주장한다.

③ 준칙 옹호론

정책이 미리 예측된 경우에는 효과가 나타나지 않지만 민간이 이를 예측하지 못한 경우에는 정책의 효과가 나타난다. 이러한 효과는 민간의 착각에 의해 발생한 것으로 이러한 정책을 반복할 경우 정책의 효과는 감소하고 정부의 신뢰성만 손상되기 때문에 준칙에 입각한 정책 집행이 필요하다.

REVIEW

1. 통화(通貨, currency)란 거래에서 지급수단・유통수단으로서의 기능을 지닌 화폐를 말하고, 지급수단과 유통수단으로서 기능과 편의성에 따라 한 경제에 유통되는 화폐의 양을 나타낸 것이 통화지표이다.
2. M1은 '현금통화+은행의 요구불예금'이다
3. M2는 M1에 저축성 예금 등을 위한 것이다. 저축성 예금이란 정기적금이나 정기예금처럼 쉽게 찾기 어렵지만, 마음만 먹으면 약간의 이자를 포기하고 바로 현금화할 수 있는 예금이다.
4. 콜금리란 시중 금융기관 사이에서 단기로 자금을 주고 받을 때 사용하는 금리를 말한다.
5. 중앙은행은 국민경제의 안정적 성장을 실현하기 위해 경기가 지나치게 과열되거나 침체되는 경우 통화량이나 이자율을 조절하는 정책을 사용하는데, 이를 통화정책이라고 한다.
6. 공개시장조작이란 중앙은행이 금융기관을 상대로 하여 국채를 사고파는 것을 통해 이자율이나 통화량을 조절하는 것을 의미한다.
7. 재할인율이란 일반 은행이 중앙은행으로부터 현금을 차입할 때 지불하는 이자율이다.
8. 정부는 경기가 과열되거나 침체된 경우 정부지출이나 조세를 변화시켜서 총수요에 영향을 주고 이를 통해 경기를 조절하는데, 이를 재정정책이라고 한다.

PART 02
거시경제

CHAPTER 06

출제예상문제

01 다음 그림은 한국과 미국 중앙은행의 목표금리 추이를 나타낸 것이다. 이 그림을 바탕으로 하여 바르게 추론한 것을 〈보기〉에서 모두 고르면?

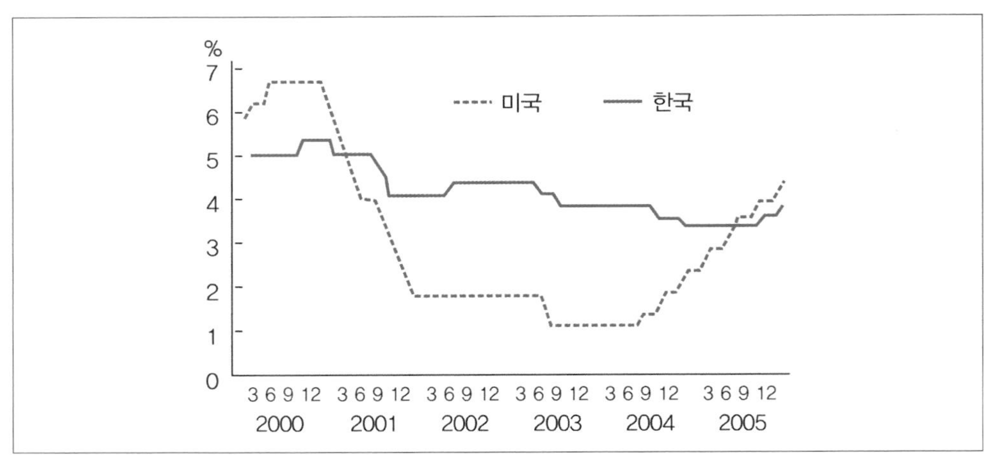

보기

㉠ 한국 경제는 2005년 하반기를 지나면서 경기가 회복되고 있을 것이다.
㉡ 2004년 중반 이후 미국의 통화정책이 긴축적인 방향으로 전환되고 있다.
㉢ 2000~2005년 기간 중 한국의 목표금리는 미국의 목표금리보다 변동 폭이 작다.
㉣ 2001~2003년 기간에는 미국의 중앙은행은 물가상승에 대한 우려를 하고 있었을 것이다.

① ㉠, ㉡, ㉢
② ㉡, ㉢, ㉣
③ ㉠, ㉢, ㉣
④ ㉠, ㉡, ㉣
⑤ ㉠, ㉡, ㉢, ㉣

해설 중앙은행은 물가상승이 우려되는 경우에 목표금리를 인상할 것이다. 2001~2003년 기간 중 미국의 중앙은행이 물가상승을 우려했다면 금리를 인상하였을 것이다.

정답 01 ①

02 중앙은행이 기준금리 인하를 통해 기대할 수 있는 정책 효과로 적절하지 않은 것은?

① 시장금리가 하락하여 기업투자가 증가한다.
② 주식시장으로 자금이 유입되어 주가가 상승한다.
③ 경기가 호전될 것으로 전망되어 소비 및 투자가 증가한다.
④ 자본이 해외에서 유입되면서 환율이 낮아져 물가가 하락한다.
⑤ 부동산 가격이 상승하여 기업의 담보능력이 높아지면서 대출이 증가하여 투자가 늘어난다.

해설 기준금리 인하는 시장금리 하락을 유도하여 기업투자를 증가시키고, 예금보다는 주식과 부동산에 대한 투자 매력을 높여 주식시장에 자금을 유입시키고 기업의 담보 능력을 높임으로써 대출 증가를 가져올 수 있다. 그러나 국내금리가 낮아지면 자본이 해외로 유출되어 환율이 상승하고 수입물가도 상승한다.

03 한국은행이 물가상승을 우려하여 콜금리 목표치를 인상하는 경우 환율 및 수입에 미칠 영향은?

① 환율하락과 수입 증가
② 환율상승과 수입 증가
③ 환율하락과 수입 감소
④ 환율상승과 수입 감소
⑤ 환율과 수입에 변화 없음

해설 금리 인상은 곧 수익률의 인상을 의미한다. 이 경우, 더 높은 수익을 좇아 외국자본이 국내에 유입되므로, 외환시장에서 달러와 같은 외국 돈의 공급이 늘고 한국 돈의 상대적 가치가 증가하므로 환율은 하락한다. 환율하락은 수입의 증가를 초래한다.

04 〈보기〉에서 경기 불황을 극복하기 위하여 정부가 고려할 수 있는 정책을 바르게 짝지은 것은?

보기

㉠ 법인세율의 인상　　㉡ 국책사업의 확장
㉢ 지급준비율의 인하　　㉣ 통화안정증권의 매각

① ㉠, ㉡　　② ㉠
③ ㉡, ㉢　　④ ㉡, ㉣
⑤ ㉢, ㉣

해설 ㉠은 기업의 투자 감소 유발, ㉣은 통화량 감소로 경기가 위축된다. ㉡, ㉢은 정부가 경기 불황을 극복하기 위해 경기조절정책으로 사용하는 예이다.

정답 02 ④　03 ①　04 ③

05 다음 기사와 관련한 설명으로 적절하지 않은 것은?

Slow or Not to Slow? China's economy steamed ahead last year, at about 9%. As bank lending surged, the government applied the brakes in the second quarter, curbing credit and land sales. In October, Beijing raised interest rates for the first time in nine years.

〈The Wall Street Journal, 2005. 1. 3.〉

① 중국 경제는 그동안 호황기에 있었다.
② 중국 정부는 대출 및 토지 거래를 제한하였다.
③ 중국 정부는 경제의 연착륙을 시도하고 있다.
④ 위안화의 평가절하 가능성이 높아지고 있다.
⑤ 중국 경제에는 인플레이션 압력이 존재하고 있다.

해설 영문 해설

(경기과열을) 둔화시켜야 하나 말아야 하나? 지난해 중국 경제는 약 9%라는 높은 성장을 이룩했다. 은행 대출이 급증하면서 중국 정부는 2분기에 대출 및 토지 거래를 억제하기 위한 조치를 취했다. 중국 정부는 10월에 9년 만에 처음으로 금리 인상을 단행했다.

06 다음 자료가 통화정책의 수행과 관련하여 의미하는 바로 가장 적절한 것은?

처음 샤워꼭지를 틀면 찬물이 나오게 마련이다. 조금 기다리면 뜨거운 물이 나올 텐데도 바보는 가장 뜨거운 물이 나오도록 샤워꼭지를 돌린다. 그러다 너무 뜨거운 물이 나오면 다시 샤워꼭지를 가장 찬물이 나오도록 돌린다. 이런 식으로 바보는 끊임없이 샤워꼭지를 돌리게 된다. 이와 같은 현상은 '샤워실의 바보(fool in shower)'로 알려져 있다.

① 경제안정을 위해서는 재정정책이 통화정책보다 효과적일 수 있다.
② 통화정책은 정책의 수립과 집행과정이 투명하게 시장에 공개되어야 한다.
③ 단기적 정보에 의존하여 급격히 통화정책을 바꾸는 것은 바람직하지 않다.
④ 통화정책의 변화는 사전에 예상할 수 있을 때 경제안정에 더 기여할 수 있다.
⑤ 통화정책을 바꾸더라도 초기에는 바람직하지 않은 결과가 나타나는 경우가 많다.

해설 당장 느끼는 수온에 의존하여 반대 방향으로 급격히 샤워꼭지를 돌리는 것을 통화정책에 비유하자면 단기적 정보에 의존하여 급격히 통화정책을 바꾸는 것이 될 것이다.

정답 05 ④ 06 ③

07 다음 글의 내용과 부합하지 않는 것은?

New consensus on monetary policy is that low, stable inflation is important for market-driven growth, and that monetary policy is the most direct determinant of inflation. Further, monetary policy has proven to be the most flexible instrument for achieving medium-term stabilization objectives. Unlike fiscal policy, which has multiple goals and is hostage to the slow and uncertain legislative process, monetary policy can be adjusted quickly in response to macroeconomic developments. Indeed, financial markets often anticipate changes in monetary policy before they are announced.

– Bernanke, et al., Inflation Targeting –

① 통화증가율이 높을수록 물가상승률이 높게 나타나는 경향이 있다.
② 다음 달에 중앙은행이 정책 금리를 인하할 것이라는 기대가 커짐에 따라 주가가 상승했다.
③ 경기가 침체되었을 때에는 재정정책이, 경기가 과열되었을 때에는 통화정책이 더 효과적이었다.
④ 도로건설을 통한 경기활성화 정책은 국회 동의를 얻는 데 시간이 소요되어 경기변동에 적시에 대처하지 못했다.
⑤ 3개월 연속으로 금리를 인상했던 중앙은행은 이번 달에 물가상승 압력이 완화되자 신축적으로 대응하여 금리를 인하했다.

해설 제시된 지문은 통화정책과 재정정책의 '신축적 대응력'에 대해서는 언급하고 있으나, 어느 정책이 어떤 경우에 더 효과적인지에 대해서는 언급하지 않고 있다.

영문 해설

통화정책에 대한 새로운 공감대는, 낮고 안정적인 인플레이션이 시장주도적 성장에 중요하며, 통화정책이 인플레이션의 가장 직접적인 결정요인이라는 것이다. 게다가 통화정책은 중기 안정화 목표를 달성하기 위한 가장 융통성 있는 수단임이 입증되었다. 정책 목표가 다양한데다 느리고 불확실한 입법 절차를 거쳐야 하는 재정정책과는 달리, 통화정책은 거시경제적 상황 변화에 따라 빠르게 조정될 수 있다. 실제로 통화정책 기조 변경에 대한 발표가 있기 전에 시장에서 미리 그러한 정책 전환을 예상하는 경우가 많다.

정답 07 ③

08 **통화정책의 전달 경로를 아래와 같이 표현할 때, 통화량 증대를 통해 국민소득을 증가시키고자 하는 정책이 더 효과적으로 되기 위한 조건으로 맞는 것을 〈보기〉에서 고르면?**

통화량 변화 → 이자율 변화 → 투자 변화 → 유효수요 변화 → 국민소득 변화

보기

㉠ 한계소비성향이 클수록 정책 효과가 크다.
㉡ 유동성함정에 놓여 있을 때 정책 효과가 크다.
㉢ 투자함수의 기울기가 완만할수록 정책 효과가 크다.
㉣ 경제가 완전고용에 가까울수록 정책 효과가 크다.

① ㉠, ㉡
② ㉠, ㉢
③ ㉠, ㉣
④ ㉡, ㉢
⑤ ㉢, ㉣

해설 ㉠ 투자가 늘어나면 국민소득이 증대하고, 소비 증대도 국민소득의 증대 효과를 가져온다. 이때에도 한계소비성향이 클수록 국민소득의 증대에 따른 소비 증대의 효과가 크다. 한계소비성향은 추가소득 중에서 저축되지 않고 소비되는 금액의 비율을 의미한다.

㉢ 중앙은행이 시중 통화량을 증가시키면 이자율이 감소하고 기업 혹은 개인에게 대출에 대한 부담을 줄여줌으로써 기업 혹은 개인의 투자가 늘어난다. 이때 투자함수의 기울기가 완만할수록 그 효과는 더 크다. 투자함수의 기울기가 완만하다는 말은 가파르다는 말에 비해 이자율의 변화에 따른 투자수요량의 변화가 더 크다는 의미를 지닌다.

㉡ 유동성함정에 놓여 있을 때에는 추가 통화량의 투입이 모두 화폐수요에 흡수되기 때문에 통화정책의 효과는 극히 미미하다.

㉣ 경제가 완전고용에 가까울 때에도 통화량 증대는 더 이상의 수요를 창출하지 못하고 물가상승만을 초래하기 때문에 국민소득 증가의 효과는 미미하다.

정답 08 ②

[9~10] 다음 글을 읽고 물음에 답하시오.

A국 정부는 그림에 나타난 2009년까지의 경기지표의 변화에 대응하여 경제정책을 수립하고자 한다.

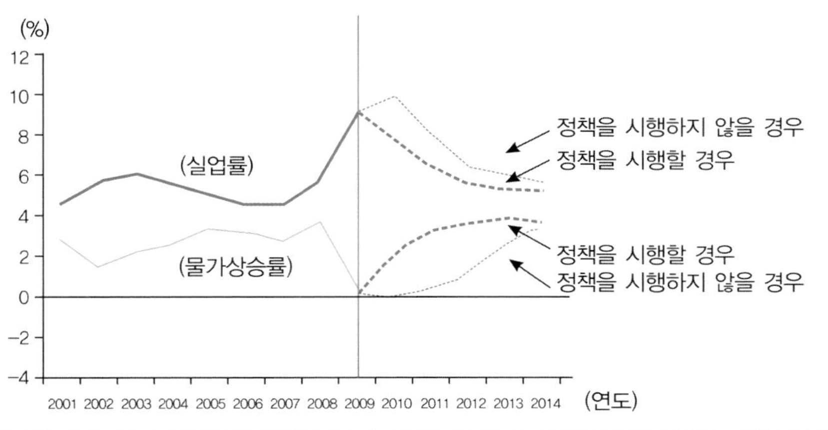

09 위 자료에 대한 옳은 설명을 〈보기〉에서 고른 것은?

보기

㉠ 2009년까지 물가는 지속적으로 상승했다.
㉡ 2009년까지 실업률은 지속적으로 상승했다.
㉢ 정책의 단기적 효과가 장기적 효과보다 크다.
㉣ 정책의 시행 여부와 상관없이 2014년의 물가는 동일하다.

① ㉠, ㉡　　② ㉠, ㉢
③ ㉡, ㉢　　④ ㉡, ㉣
⑤ ㉢, ㉣

해설 ㉠·㉡ 2009년까지 실업률과 물가상승률은 등락이 있었으나 모두 양(+)의 값을 갖는다. 따라서 물가는 지속적으로 상승했다.
㉢ 정책을 시행할 경우의 효과는 처음에는 정책을 시행하지 않을 경우에 비해 크게 나타나지만 점차 그 차이가 줄어든다. 따라서 정책의 단기적 효과가 장기적 효과보다 크다고 할 수 있다.
㉣ 2014년 물가상승률은 정책 시행 여부에 관계없이 같아지지만 그동안의 물가상승률 차이로 인해 물가 수준은 정책을 시행할 경우에 더 높게 나타난다.

정답 09 ②

10 위 자료에서 밑줄 친 정책에 부합하는 수단을 〈보기〉에서 고른 것은?

보기

㉠ 기업의 투자에 대해 세금을 감면한다.
㉡ 공개시장에서 국채를 매입한다.
㉢ 한시적으로 소득세를 인상한다.
㉣ 산업용 전력요금을 인하한다.

① ㉠, ㉡
② ㉠, ㉢
③ ㉡, ㉢
④ ㉡, ㉣
⑤ ㉢, ㉣

해설 자료에 나타난 정책은 실업률을 낮추고 물가상승률을 높인다는 점에서 총수요를 늘리는 정책으로 볼 수 있다. 이에 부합하는 정책으로는 기업의 투자에 대한 세금 감면, 공개시장에서 국채 매입을 통한 통화량 증가 또는 금리 인하, 소득세 인하 등을 들 수 있다. 반면, 산업용 전력요금 인하는 기업의 생산비용을 낮춘다는 점에서 총수요보다는 총공급을 늘리는 정책으로 볼 수 있다.

[11~12] 다음 글을 읽고 물음에 답하시오.

2005년 12월 8일 한국은행 금융통화위원회는 다음 통화정책 방향을 결정할 때까지 콜금리 목표를 연 3.5%에서 3.75%로 상향 조정하기로 의결하였다.

11 위와 같은 통화정책이 시행될 때 예상되는 변화를 〈보기〉에서 모두 고르면?

보기

㉠ 원화 가치의 상승
㉡ 물가상승률의 증가
㉢ 경제성장률의 둔화
㉣ 통화증가율의 하락
㉤ 부동산 가격의 상승

① ㉠, ㉢, ㉣
② ㉠, ㉢, ㉤
③ ㉡, ㉢, ㉤
④ ㉡, ㉣, ㉤
⑤ ㉢, ㉣, ㉤

해설 중앙은행이 콜금리를 인상하면 시장이자율도 상승하게 된다. 시장이자율이 상승하면 단기적으로 경제성장률이 둔화되고 물가상승률이 하락한다. 또한 화폐 보유 비용의 증가와 경제성장 둔화로 인해 통화증가율도 하락한다. 한편 원화표시 자산의 수익률이 높아지므로 외환시장에서 원화에 대한 수요가 증가하게 된다.

정답 10 ① 11 ①

12 위와 같은 통화정책이 시행될 때 채권 및 주식시장에서 발생할 가능성이 가장 높은 것은?

① 채권가격은 상승하고 주식가격은 하락할 것이다.
② 채권가격은 하락하고 주식가격은 상승할 것이다.
③ 기존에 보유하고 있던 채권의 자산가치가 감소할 것이다.
④ 시장금리가 계속 상승할 것으로 생각될 경우 채권 수요가 증가할 것이다.
⑤ 시장금리가 계속 상승할 것으로 생각될 경우 기업들은 계획되었던 채권 발행을 연기할 것이다.

해설 채권가격은 이자율과 반대 방향으로 움직인다. 따라서 콜금리의 인상은 채권가격 또는 채권의 자산가치를 하락시킨다. 주식이나 부동산 등 자산가격도 대체로 이자율과 반대 방향으로 움직이는 것으로 알려지고 있다. 한편 시장금리가 계속 상승할 것으로 예상되면, 즉 채권의 가격이 계속 낮아질 것으로 예상되면 채권 수요자는 구입을 미루고 기업들은 채권 발행을 서두를 것이다.

정답 12 ③

매경 TEST

PART 03

국제경제

PART 03
국제경제

CHAPTER 01

환율의 이해

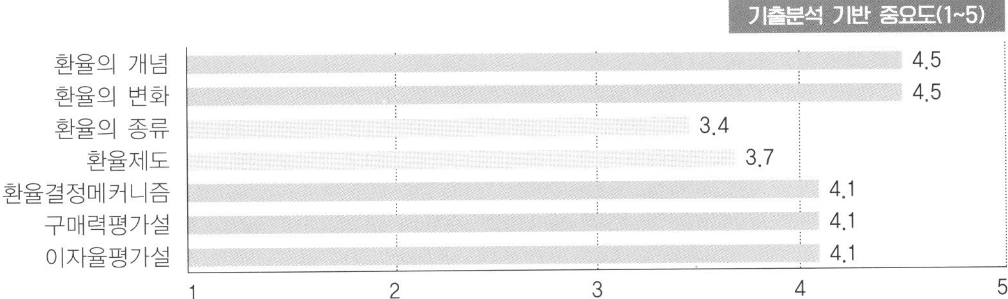

학습목표

❶ 환율이 가지는 경제학적 의미와 환율을 표기하는 방법과 주의사항 등에 대해 숙지해야 한다.
❷ 흔히 환율이라고 부르지만, 사실상 환율에도 다양한 종류가 있음을 기억해야 한다.
❸ 역사적으로 환율을 결정하는 방식이 어떠한 과정을 거쳐 변천해 왔는지에 대해서 숙지해야 한다.
❹ 대표적인 두 가지 환율제도인 고정환율제도와 변동환율제도를 구별하여 각각 어떠한 특성을 갖고 있는지 비교할 수 있어야 한다.
❺ 변동환율제도의 경우에는 어떠한 요인이 환율 변화에 영향을 미치는지 해당 요인을 파악하고 각 요인이 어떻게 변하면 환율이 어떻게 바뀌는지에 대한 이해가 필요하다.
❻ 기타 환율이 결정되는 과정을 설명하는 다양한 이론들이 있는데, 이러한 이론들에는 어떠한 것들이 있으며, 해당 이론이 어떠한 가정 아래 환율 결정을 설명하는지 구분할 수 있어야 한다.
❼ 각각의 환율결정 이론이 갖고 있는 특성과 한계점을 구분하여 기억하고 이를 바탕으로 환율 이론을 상황에 따라 적용시킬 수 있어야 한다.
❽ 환율의 변화속도와 실물 부분의 변화속도가 상이한 과정에서 목격되는 현상은 무엇이 있으며, 그러한 현상을 뭐라 지칭하는지 이해해야 한다.
❾ 빅맥지수 등 환율을 표시해 주는 경제지표에는 무엇이 있는지 암기해야 한다.

1 환율제도의 변화 과정

1 환율

환율이란 자국화폐와 외국화폐의 교환비율이다. 즉, 일국이 세계시장에서 자국의 상품 또는 화폐를 교환할 수 있는 비율을 의미한다. 때문에 환율은 국가 간의 교류가 어떠한 규모와 방식으로 전개될지 결정하는 가장 주요한 변수이다. 따라서 환율을 이해하는 것은 국가 간의 거래인 무역을 이해하기 위해 반드시 선행하여 이해해야 할 거시경제변수라 할 수 있다.

2 환율의 표시 방법

(1) 자국통화표시환율

외국 돈을 기준으로 하여 환율을 나타내는 방법이 있는데, 이는 우리나라 원화와 미국 달러화의 환율을 달러 1 = 원화 1,000원 또는 ₩/$ = 1,000으로 표시하는 방법이다. 즉, 외국 돈 1단위를 받기 위해서 우리 돈을 얼마나 지급하여야 하는가를 나타내는 방법으로 이러한 표시환율을 자국통화표시환율이라 한다.

(2) 외국통화표시환율

우리 돈을 기준으로 하여 우리 돈 1단위로 외국 돈을 얼마나 받을 수 있는가를 표시하는 방법을 외국통화표시환율이라고 한다. 우리나라의 경우 원화의 대미달러화 환율을 ₩1=$0.001 또는 $/₩=0.001로 표시하였다면 이는 외국통화표시환율이 된다.

(3) American terms vs. European terms

외환시장에서는 여러 나라의 돈이 거래되므로 우리 돈과 외국 돈의 비교뿐만 아니라 외국 돈 상호간의 교환비율도 나타낼 수 있는데, 일반적으로 외국 통화 1단위에 대한 미달러화의 교환비율을 나타내는 방법, 즉 [1]1=$1.1197 또는 $/[1]=1.1197으로 표시하는 방법을 American terms라 하며, 미 달러 1단위에 대한 외국 통화의 교환비율인 $1=£110.52, £/$=110.52로 표시하는 방법을 European terms라고 한다.

3 환율 표시 방법으로 인해 주의할 점

환율은 수시로 오르기도 하고 내리기도 하는데 이는 한 나라 통화의 대외가치가 변동되는 것을 의미한다. 환율이 올랐다든가 내렸다고 말할 때에는 위에서 설명한 환율 표시 방법에 주의하여야 한다. 외국통화표시환율의 경우에는 환율이 올랐다는 것은 그 나라 통화의 대외가치가 올라갔다는 것을 뜻하나, 자국통화표시환율의 경우에는 그 의미가 반대 방향으로 나타나게 된다.

즉, 우리나라 원화의 대미달러화 환율이 1달러당 1,000원에서 800원으로 변동하였다면 우리는 흔히 환율이 내렸다고 말하는데 이것은 미달러화에 대한 우리나라 돈의 가치가 상승, 즉 원화가 절상된 것을 의미한다. 이때 원화의 절상률은 원화 1원의 가치가 1/1,000달러에서 1/800달러로 변동하였으므로 25%가 된다.

4 다양한 환율의 개념

환율은 가격의 인식 시점이나 거래 성격 등에 따라 현물환율과 선물환율, 매입환율과 매도환율, 은행간환율과 대고객환율 등 다양한 개념으로 구분해 볼 수 있다.

(1) 명목환율

일국의 통화가 외국의 통화와 교환되는 비율을 의미하며, 명목환율이 상승한다는 것은 자국화폐의 가치가 외국화폐에 비해 상대적으로 하락한다는 것을 의미한다.

$$e = \frac{\text{동가의 자국화폐(₩)}}{\text{외국화폐 1단위(\$)}} = \text{외국화폐의 상대적 가치}$$

(2) 실질환율

일국의 상품이 외국의 상품과 교환되는 비율을 의미하며, 실질환율이 상승한다는 것은 자국상품의 가격이 외국상품에 비해 상대적으로 하락하여 수출경쟁력이 상승한다는 것을 의미한다.

$$e = \frac{\text{외국상품의 가격}}{\text{자국상품의 가격}} = \frac{eP^f}{P} = \text{자국화폐로 측정한 외국상품의 상대적 가치}$$

(3) 현물환율

외환거래 당사자 간 매매계약 후 통상 2영업일 이내에 외환의 결제가 이루어지는 환율이다.

(4) 선물환율

외환의 매매계약 체결일로부터 2영업일 경과 후 장래의 특정일에 결제가 이루어지는 환율이다.

(5) 매입환율과 매도환율

은행이 외환을 매입할 의사가 있는 가격을 말하며, 매도환율은 외환매도가격으로 제시한 환율이다.

(6) 은행간환율

통상 외환시장에서 결정되는 환율은 은행간환율을 의미한다. 은행간환율은 대고객환율보다 매입률과 매도율 간의 차이가 적은데, 이는 은행 간에는 거래가 대규모로 이루어짐으로써 단위당 거래비용이 더 적게 들기 때문이다.

(7) 대고객환율

대고객환율은 은행간환율을 감안하여 각 은행이 자율적으로 결정, 고시하고 있으나 당일의 은행 간 환율변동이 심한 경우에는 실시간의 환율변동을 반영하여 당일 중에 몇 차례에 걸쳐 대고객환율을 수정 고시하기도 한다.

5 환율제도

(1) 환율제도 변화 과정

환율제도는 크게 고정환율제도와 변동환율제도로 구분된다. 고정환율제도란 중앙은행이나 정부가 환율을 일정 수준에 고정시키는 제도다. 19세기 말부터 확립된 금본위제도와 1944년 44개 연합국 대표들이 미국의 브레턴우즈에 모여 합의한 브레턴우즈 체제가 고정환율제도의 대표적인 예이다. 그러나 1971년 미국 닉슨 대통령의 금태환 중단 선언과 함께 브레턴우즈체제는 서서히 붕괴되어 갔다. 결국 1976년 자메이카의 수도 킹스턴(Kingston)에서 개최된 회의(킹스턴체제)에서 환율제도는 변동환율제도로 변경되었다. 변동환율제도는 현재 대부분의 국가에서 채택하고 있다. 변동환율제도는 외화의 수요・공급에 따라 환율이 변동되는 제도다. 예를 들어 달러 공급이 많아지면 달러 가치가 내려갈 것이고 환율은 내려간다. 물론 달러 수요가 많아지면 달러 가치가 올라가고 환율은 올라간다.

국제 통화제도 역사

1816년 영국, 금본위제 법제화
⇩
1871년 독일, 금본위제 채택
⇩
1873년 네덜란드 등으로 금본위제 본격 확산
⇩
1914년 금본위제 소멸・각국별 자체 태환제도 수립
⇩
1929년 각국 평가절하 경쟁, 국제금융시장 혼란
⇩
1944년 미국, 달러화 기준 브레턴우즈체제 설립
⇩
1971년 미국, 달러화 금태환 정지 선언, 브레턴우즈체제 해제
⇩
1976년 변동환율제도 인정한 킹스턴체제 출범

(2) 환율제도의 세부 사항

① 고정환율제도

고정환율제도에서는 정부나 중앙은행이 환율을 인위적으로 올리거나 내려 일정수준에 고정시킨다. 이때 환율(자국통화/해외통화의 비율)을 올리면 자국 화폐가치가 하락하는 것이고 환율을 내리면 자국 화폐가치가 올라가는 것이다. 전자는 평가절하(devaluation), 후자는 평가절상(revaluation)이라고 한다.

② 변동환율제도

변동환율제도하에서는 외환의 가치인 환율도 재화시장과 마찬가지로 시장의 수급에 의해 결정된다. 이때 달러가치가 올라가면(원화가치 하락) 원·달러 환율이 상승하는데 이를 원화가치가 '절하'(depreciation)되었다고 말한다. 이때 '평가'란 단어를 붙이지 않는 것은 고정환율제도가 아닌 변동환율제도하에서의 변동이기 때문이다. 반대의 경우는 원화가치가 '절상'(appreciation)되었다고 말한다.

외환의 수요는 우리나라 주민이 외국의 상품이나 자산을 구매하려고 할 때 일어난다. 재화를 수입하거나 해외자산을 구매하려면 보유한 원화를 외환으로 환전해야 하기 때문이다. 이때 외환 수요곡선의 형태도 재화의 수요곡선과 같이 우하향한다. 환율이 하락하면 수입재화의 가격이 저렴해지는 효과가 있기 때문에, 사람들의 수입재화 구매가 늘어나고, 수입을 늘리려면 대금 지급을 달러로 해야 하기 때문에 원화를 달러로 환전할 필요가 있다. 이 과정에서 더 많은 달러가 필요하기 때문에 달러 수요량이 증가하는 것이다. 이는 부동산 등 다른 실물자산도 마찬가지며 해외여행, 해외송금 등 국제 거래가 필요한 다른 여러 경제 행위도 동일하다. 결론적으로 환율이 떨어지면 달러의 수요량이 증가하기 때문에 달러 수요곡선은 재화의 수요곡선과 마찬가지로 우하향하는 형태로 그려진다.

반대로 외환의 공급은 해외 주민이 우리나라 상품이나 자산을 구매하려고 할 때 일어나는데, 이때 외환 공급곡선의 형태도 재화의 공급곡선과 같이 우상향한다. 환율이 상승한다면 국내 재화의 해외 판매가격이 하락하는 효과가 있기 때문에 수출이 증가할 것이다. 그렇게 되면 수출대금으로 받는 달러의 양이 함께 늘어난다. 즉, 외환시장에 달러공급량이 증가한 셈이다. 또한 환율상승으로 국내 자산의 상대 가격이 하락하면 외국인의 국내 실물자산(부동산 등) 수요가 증가하고 실물자산 투자를 위해 달러를 원화로 환전하는 과정에서 달러 공급량이 증가한다. 이처럼 환율이 올라가면 달러공급량이 증가할 것이므로 달러 공급곡선은 우상향한다. 결론적으로 환율은 우하향하는 달러 수요곡선과 우상향하는 달러 공급곡선이 만나서 결정된다.

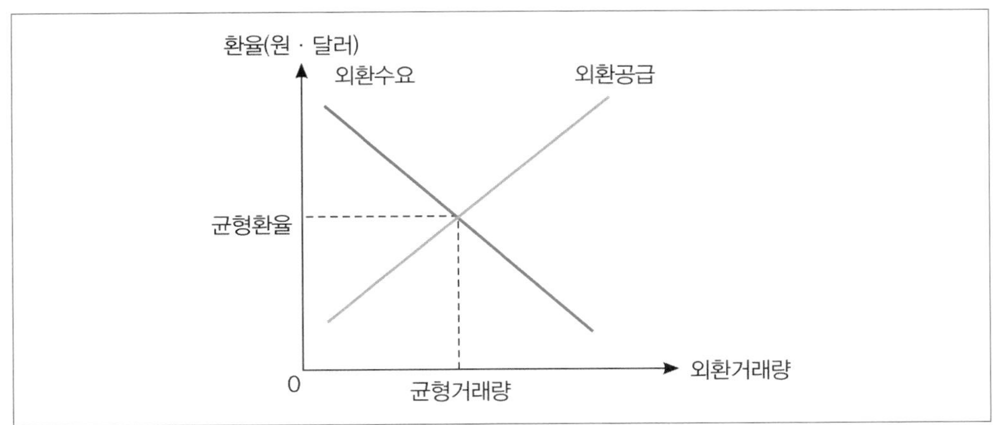

용어 해설

- 외화수요 : 외국으로부터 상품과 서비스를 수입하거나 외국 금융자산을 취득하고자 하는 경우 발생한다.
- 외화공급 : 상품 및 서비스의 수출이나 이전거래 등에 의해 외환 수입이 있거나 우리의 금융자산을 사기 위해 외국 돈이 들어오는 경우 발생한다.

2 환율 결정 메커니즘

1 환율 결정 메커니즘의 이해

(1) 변동환율제도하에서의 환율의 변화

재화시장과 마찬가지로 환율이 변하면 외환의 수요량과 공급량이 변하기 때문에 곡선상에서의 움직임이 된다. 반면, 환율 이외의 요인에 의한 대외적 거래의 변화는 외환의 수요와 공급곡선 자체를 이동시킨다.

(2) 환율 결정의 요인

① 통화량

우리 경제의 통화량 증가율이 다른 나라 경제보다 높을 경우 물가상승으로 우리 돈의 가치가 외국 돈보다 떨어져 환율이 높아질 것으로 예상되며, 우리나라의 경제성장률이 다른 나라보다 높을 경우에는 생산 물량이 확대되고 우리 경제의 신뢰도가 높아질 것이므로 우리 돈의 가치가 높아져 환율이 떨어질 것으로 예상된다.

② 중앙은행의 외환시장 개입

중앙은행이 외환시장에서 그 나라 통화를 대가로 하여 다른 나라의 통화를 매입하게 되면 외환시장에서 그 나라의 통화는 공급이 늘어나고 상대국의 통화는 수요가 증대되어 단기적으로 그 나라 통화의 약세를 유도할 수 있다.

③ 물가

우리나라의 물가가 외국보다 많이 오르게 되면 우리나라의 물건 가격이 상승하여 수출경쟁력이 약화되는 반면 수입수요는 증대된다. 따라서 외환의 수요가 많아져 우리나라 돈의 가치도 떨어지게 된다. 예를 들어 우리 돈 1,000만원으로 살 수 있는 자동차를 일본 돈 100만엔으로 살 수 있다면 우리 돈의 단위당 구매력은 일본 돈의 1/10에 해당되고 이 구매력으로 평가한 환율은 100엔당 1,000원이 된다. 그런데 우리나라에서만 물가가 상승함으로써 자동차 가격이 1,200만원으로 오른다면 우리 돈의 구매력은 일본 돈의 1/12로 떨어지고 환율은 100엔당 1,200원으로 올라가게 된다. 역사적으로 보아도 인플레이션이 지속되는 국가의 통화가치는 하락하는 반면, 물가가 안정된 국가의 통화가치는 상승하고 있다.

④ 이자율 변동

우리나라 이자율이 상승할 경우 우리 돈으로 표시된 은행예금, 채권 등 금융자산의 예상수익률도 높아지게 된다. 우리나라에서 금융자산에 대한 예상수익률은 높아진 데 반해, 외국에서의 금융자산에 대한 예상수익률은 변함이 없다고 하면 우리 돈으로 표시된 금융자산을 더 선호하게 된다. 이에 따라 우리 금융자산을 사기 위해 외국 돈이 들어오게 되고 그 결과 많아진 외국 돈에 의해 우리 돈의 가치가 상대적으로 올라가게 되어 환율은 떨어진다.

2 기타 환율 결정 이론들

(1) 구매력평가설

① 의미

구매력평가설(PPP ; Purchasing Power Parity)은 환율이 양국 간 통화의 실질구매력에 의해서 결정된다는 이론이다. 이러한 구매력평가설의 근본은 하나의 상품에 하나의 가격만 존재한다는 '일물일가의 법칙'이다. 즉, 무역에 의해 동일한 상품은 양국 간에 하나의 가격만 존재해야 하며, 만약 동일한 상품이 서로 다른 가격에 거래된다면 낮은 가격에 매입하고 높은 가격에 매도하여 양의 차익을 획득하는 차익거래가 발생하므로, 이러한 차익거래를 통해 일물일가의 법칙이 성립된다. 이에 대해서 구체적으로 살펴보면 다음과 같다.

절대적 구매력평가설에 따르면 외국물가에 환율을 곱하여 국내물가를 도출할 수 있다. 예를 들어, 현재 동일한 빵 1개의 가격이 한국에서는 1,000원이고 미국에서는 1달러라면 환율은 1,000원/1$로 결정되어야 한다.

국내물가 = 외국물가 × 환율

② 특징

㉠ 절대적 구매력평가설에 의하면, 환율의 변화는 국내물가 변화와 외국물가 변화의 차이와 같다.

ⓐ 국내물가상승률이 외국물가상승률보다 높다면 → 환율상승

ⓑ 국내물가상승률이 외국물가상승률보다 낮다면 → 환율하락

㉡ 구매력평가설에 의한 환율은 단기적으로 실제 환율과 잘 일치하지는 않지만, 장기적으로는 국가 간의 물가 수준의 차이가 중요하므로 환율의 변화를 잘 설명해준다.

용어 해설

실질환율 : 실질환율은 원화로 표시한 외국물가의 국내물가에 대한 비율이므로 절대적 구매력평가설이 성립한다면 양국에서 생산된 상품의 가격이 동일해야 하기 때문에 실질환율은 1이 되어야 한다. 따라서 실질환율이 1보다 크면, 자국 상품의 상대적인 가격이 낮기 때문에 자국 상품이 가격 경쟁력이 있다는 것을 의미하며, 실질환율이 1보다 작으면 자국 상품의 상대적인 가격이 높기 때문에 자국 상품에 가격 경쟁력이 없다는 의미다.

㉢ **평가** : 구매력평가설에 의해 결정된 환율은 실제 환율과 차이를 보일 때가 많은데, 그 주된 이유는 다음과 같다.

ⓐ 구매력평가설은 자유로운 교역을 전제로 한 것인데, 수송비나 관세 및 수입할당제와 같은 무역장벽이 존재하면 차익거래가 어려워지므로 구매력평가설이 성립하지 않는다.

ⓑ 각 국가마다 교역을 하지 않은 비교역재가 존재하기 때문인데, 비교역재의 경우에는 양 국가 사이에 가격의 차이가 존재한다 하더라도 차익거래가 가능하지 않으므로 구매력평가설이 성립하지 않는다.

ⓒ 외환의 수요와 공급에 영향을 미치는 요인들이 많이 존재하기 때문에 각국의 물가 수준의 차이만으로 환율을 설명하는 데에는 한계가 있다. 예를 들어, 외국의 자본이 유입되면 외환공급이 증가하여 환율이 하락하는데, 이는 구매력평가설과는 관계가 없기 때문이다.

(2) 이자율평가설

① 의미

이자율평가설은 국가 간의 자본이 자유롭게 이동할 수 있다는 사실을 전제로 하여 환율이 양 국가 간의 명목이자율의 차이에 의해 결정된다는 이론이다. 구매력평가설이 국가 간의 무역거래를 중요시하는 관점이라면, 이자율평가설은 국가 간의 자본거래를 중요시하는 관점이다. 이러한 이자율평가설은 유위험이자율평가설과 무위험이자율평가설로 구분된다.

$$i = i^f + \frac{e^{e_{+1}} - e}{e}$$ (i : 자국이자율, i^f : 외국이자율, $e^{e_{+1}}$: 다음기 예상환율)

자국이자율 = 외국이자율 + 환율의 기대변동률

환율상승 요인	환율하락 요인
국내이자율 하락	국내이자율 상승
해외이자율 상승	해외이자율 하락
환율상승의 기대	환율하락의 기대
통화공급의 증대	통화공급의 감소
통화수요의 감소	통화수요의 증대
소득의 감소	소득의 증대

② 구분

㉠ **유위험이자율평가설** : 환율의 기대변화율이 양 국가의 명목이자율의 차이와 같아야 한다는 이론이다. 국가 간의 자본이동이 자유로운 경우에는 국내투자의 기대수익률과 해외투자의 기대수익률이 동일해야 이자차익거래가 발생할 유인이 없다. 예를 들어, 미국의 명목이자율이 10%이고, 투자종료시점까지 환율의 기대변화율이 5%일 경우, 미국 투자

로 인해 기대할 수 있는 수익률은 15%가 된다.

ⓐ **국내투자의 기대수익률** : 국내의 명목이자율

ⓑ **해외투자의 기대수익률** : 외국의 명목이자율 + 환율의 예상변화율

용어 해설

이자차익거래 : 이자차익거래란 상대적으로 기대수익률이 낮은 국가에서 자금을 차입하여 기대수익률이 높은 국가에 투자하는 거래를 말한다. 이러한 이자차익거래의 발생으로 인해 상대적으로 기대수익률이 낮은 국가의 명목이자율과 화폐가치는 상승하며, 기대수익률이 높은 국가의 명목이자율과 화폐가치는 하락하게 된다.

㉡ **무위험이자율평가설** : 현물환율 대비 선물환율의 할증률이 양 국가의 명목이자율의 차이와 같아야 한다는 이론이다. 현물환율은 현재시점의 환율을 의미하며, 선물환율이란 미래 특정 시점의 양국 통화 간의 교환거래에 적용될 환율을 현재시점에 약정한 환율을 말한다. 선물환을 이용할 경우 대상통화를 미리 약정된 가격에 매입할 수 있기 때문에 무위험한 상태로 매입하거나 매도할 수 있다. 국내투자의 기대수익률이 선물환거래를 이용하는 해외투자의 기대수익률과 동일해야 무위험차익거래가 발생하지 않는다. 상대적으로 기대수익률이 낮은 국가에서 자금을 차입하여 기대수익률이 높은 국가에 투자하고 해당 통화에 대한 선물환을 매도하는 거래가 발생하게 된다. 이러한 이자차익거래의 발생으로 인해 상대적으로 기대수익률이 낮은 국가의 명목이자율과 화폐가치는 상승하게 되고, 기대수익률이 높은 국가의 명목이자율과 화폐가치는 하락하게 된다.

③ **평가**

자본통제와 같은 제도적 제약이 존재하거나 거래비용으로 인해 국가 간 자본이동성이 완전하지 못하면 이자율평가설이 성립하지 않는다.

3 환율 변화가 경제에 미치는 영향

(1) 환율 변화의 영향

구분	환율하락(원화절상)	환율상승(원화절하)
수출	수출상품가격 상승(수출 감소)	수출상품가격 하락(수출 증가)
수입	수입상품가격 하락(수입 증가)	수입상품가격 상승(수입 감소)
국내물가	수입원자재가격 하락(물가안정)	수입원자재가격 상승(물가상승)
외자 도입 기업	원화환산외채 감소 (원금 상환 부담 경감)	원화환산외채 증가 (원금 상환 부담 증가)

기출 유사문제

다음 자료로부터 도출할 수 있는 추론으로 가장 적절한 것은?

> 지난해 6월 1일 우리나라의 이자율은 연 3.25%로 미국의 0.16%, 일본의 0.10%보다 높았다. 당시 달러당 1,182원을 기록했던 환율이 최근 1,075원으로 하락했다.

① 지난 6월 이후 원화 가치는 달러화에 비해 하락했다.
② 지난 6월 이후 국내 금융시장에서는 달러화의 공급이 감소했을 것이다.
③ 지난 6월 이후 환율 변화는 우리나라의 경상수지 흑자를 늘리는 요인이다.
④ 지난 6월 이후 원/엔 환율이 일정하다면 원화 표시 국채보다 일본 엔화 표시 국채에 투자하는 것이 유리했을 것이다.
⑤ 지난 6월 1일 우리나라의 원화 표시 국채에 투자한 사람은 미국의 달러 표시 국채에 투자한 사람보다 더 높은 수익률을 기록했을 것이다.

해설 ⑤ 지난 6월 1일 우리나라의 이자율이 미국보다 높을 뿐만 아니라 이후 원화 가치가 달러화에 비해 상승했으므로 우리나라의 원화 표시 국채에 투자했을 때의 수익률이 미국의 달러 표시 국채에 투자했을 때보다 높았을 것이다.
① 원/달러 환율이 지난 6월 1일 달러당 1,182원에서 최근 1,075원으로 하락한 것은 달러화의 가치가 하락하고 원화 가치가 상승한 것을 의미한다.
②・③ 우리나라의 이자율이 미국보다 높은 상황은 국내로의 달러화 공급을 증가시키는 요인이 된다. 이러한 환율 변화는 경상수지 흑자를 줄이는 요인이다.
④ 지난 6월 이후 원/엔 환율이 일정하다면 우리나라의 이자율이 일본보다 높았으므로 원화 표시 국채에 투자하는 것이 일본 엔화 표시 국채에 투자하는 것보다 유리했을 것이다.

정답 I ⑤

(2) 오버슈팅

① 의미

오버슈팅이란 실물부문이 금융부문보다 적응 속도가 느려 최초의 충격에 대해 환율이 균형값 이상으로 변하는 현상을 말한다.

② 특징

㉠ 국내통화량이 증가하면 원화의 가치가 떨어지므로 환율이 상승하며, 이때 환율의 상승은 외환시장에서 순식간에 이루어진다. 즉, 국내통화량의 증가라는 최초의 충격이 왔을 때 환율은 새로운 균형값을 초과하여 상승한다.

㉡ 환율의 상승에 따라 수출이 증가하고 수입이 감소하여 경상수지가 개선되면, 외환공급량이 늘어나면서 환율이 하락하기 시작하는데, 이때 경상수지의 개선은 시간을 두고 서서히 이루어진다. 따라서 환율도 시간이 지남에 따라 서서히 균형점을 향해 하락하게 된다.

㉢ 아래 그림에서 a시점에서 국내통화량이 증가하면 환율은 새로운 균형값(e')을 초과하였다가 서서히 균형값으로 복귀하게 된다.

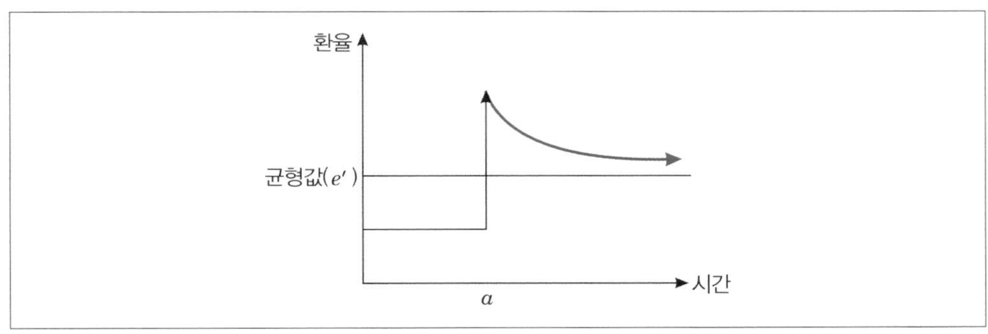

(3) 환율 변화의 득과 실

환율이 상승하면 원자재를 비롯한 수입품 가격이 오르고 이에 따라 국내물가가 상승한다. 이는 생산 둔화와 전체적인 공급감소로 연결돼 경제활동이 위축된다. 환율상승으로 인한 물가상승 압력이 그대로 국내가격에 다 반영된다면 그나마 다행이다. 문제는 수입품 가격은 오르는데 국내가격은 그대로인 경우다. 기업은 채산성이 맞지 않아 아예 생산을 중단하게 되고, 생필품 등 상품의 품귀현상이 생기며 사재기가 만연하는 등 경제는 엉망이 된다. 현재 이미 일부 석유화학 제품 생산이 중단되고 레미콘 공급 역시 가격 문제로 어려움을 겪는 것이 좋은 예다. 환율상승이 경제에 플러스가 되는 요인도 있다. 환율상승으로 수출이 크게 늘어나면 생산활동이 증대되고 일자리가 창출돼 내수부문의 위축을 상쇄할 수도 있다. 이는 우리의 수출품이 국제시장에서 가격탄력도가 클 경우에나 가능하다. 그런데 우리 수출상품의 주종인 반도체, 선박, 전자제품, 자동차에서는 우리의 가격 결정력이 높아졌기 때문에 가격탄력도는 크지 않다. 또 최근과 같이 세계경제 성장이 둔화된 상태에서는 수출 증대 효과는 별로 크지 않다.

(4) 기축통화와 SDR

① 기축통화의 정의

국제통화는 국가 간 교역 및 자본거래 시 지급결제나 투자 등에 사용되는 통화를 말하는데, 기축통화란 이들 국제통화 가운데 공적 당국에 의해 외환보유액 준비통화, 외환시장 개입통화, 환율기준통화 등으로 광범위하게 사용되는 통화를 말한다.

② 기축통화의 역사적 배경

2차 세계대전과 대공황을 거쳐 미국은 점차 세계경제의 중심에 서게 된다. 특히 1944년 미국 뉴햄프셔 주의 브레튼우즈에서 IMF와 IBRD의 창설이 확정되고, 미 달러화가 기축통화로 사용됨에 따라 미국이 세계경제의 헤게모니를 잡게 되었다. 이후 브레턴우즈체제의 붕괴와 지속된 쌍둥이 적자로 어려움을 겪기도 했지만, 기축통화로서 달러의 지위와 세계경제의 지형 변화에 큰 의문을 제기할 정도까지는 아니었다. 적어도 2007년 미국에서 서브프라임모기지 사태가 발생하고 이후 전 세계가 글로벌 금융 위기에 휩싸이기 전까지는 그랬다.

2007년 이후 계속된 세계 금융 위기의 중심에 서 있던 미국의 위치는 불안정해진 반면 유럽과 중국, 브릭스를 중심으로 한 신흥 성장국들이 목소리를 높이면서 기축통화인 미 달러화의 위상이 흔들리고 있다. 기축통화에 대한 도전은 세계경제의 헤게모니 싸움으로 비쳐지기도 한다.

달러가 현재 세계 외환보유액의 약 62%를 차지하는 것에서 기축통화의 의미를 알 수 있을 것이다. 더 쉽게 말해서 기축통화는 국제 상거래나 국제 금융거래에서 통용되는 통화를 말한다. 그렇다고 하나의 유일한 통화만을 기축통화라고 하지는 않으며, 거래수단으로써 유로가 달러만큼 활성화된다면 2개의 통화가 동시에 기축통화가 될 수도 있다. 그러나 현재까지는 달러가 국제거래에서 압도적인 비중을 차지하고 있기 때문에 달러만이 기축통화라고 인정하는 분위기일 뿐이다.

③ 기축통화가 되기 위해 갖추어야 할 조건

어떤 한 기관이 '원화를 기축통화로 하자'고 정한다고 기축통화가 되는 것이 아니라, 다음과 같은 5가지 정도의 조건을 갖추면 자연스럽게 기축통화가 된다. 기축통화의 요건에는 세계시장을 선도하는 GDP 경제 규모, 안정적인 통화가치, 네트워크 외부효과, 발전된 금융시장, 그리고 경제적 요인은 아니지만 군사력 등의 정치적 요인이 복합적으로 작용한다.

㉠ 국제거래의 거래수단이 되면, 세계경제의 생산에서 차지하는 비중이 상당히 클 것이고, 이는 곧 세계경제에서 차지하는 GDP 비중이 크다는 의미이다. 미국의 GDP는 1980년 이후 세계 GDP의 약 1/4에 해당하는 22~24%를 차지하고 있다.

㉡ 안정적인 통화가치도 기축통화의 요건에서 빼놓을 수 없는데, 이는 환율 및 인플레이션과 관련이 깊다. 환율은 대외적 통화가치를 결정하는 것이며, 인플레이션은 대내적 통화가치를 결정한다. 거래수단이나 가치 저장 수단인 화폐의 가치가 불안정하다면 거래에서 신뢰를 잃어버려 화폐로서 가치가 크게 훼손된다. 이것은 기축통화뿐만 아니라 통화가 가져야 하는 일반적인 요건이기도 하다.

㉢ 기축통화는 네트워크 외부성이 있어야 한다. 여기서 말하는 네트워크 외부성은 한 소비자가 수요하는 상품의 양이 해당 상품을 구입하는 다른 소비자의 수에 영향을 받는 것을 말한다. 소비자의 수가 많을수록 소비를 늘리는 경우도 이에 해당하는데 상품평이 많이 올라온 제품을 구입하려고 한다거나, 사람들이 많이 모인 인터넷 카페일수록 더 많은 사람이 가입하는 경우를 예로 들 수 있다. 이를 기축통화에 적용해보면 다른 나라에서 많이 사용하는 통화를 그대로 따라 가려는 성향이 네트워크 외부성이고, 이는 많이 사용되는 통화가 교환에 편리하기 때문으로 볼 수 있다.

㉣ 금융시장의 발전도 기축통화가 되기 위한 중요한 요건이다. 금융시장이 발달되어 있어야 실물 거래를 뒷받침할 수 있으며, 상대적으로 금융시장의 규모가 크고 유동성이 커서 다른 나라가 기축통화를 보유하는 데 불편함이 없어야 하기 때문이다.

㉤ 경제적 요인은 아니지만 군사력과 같은 정치적 영향력도 기축통화가 되는 중요한 요인이 될 수 있다.

기축통화가 되기 위한 요건이 위와 같기 때문에, 달러가 기축통화로서 도전을 받고 있다는 것은 위에서 나열한 요건에 어떤 큰 변화가 발생한 것으로 해석할 수 있다.

④ 기축통화로서의 달러의 위상 변화

2007년 글로벌 금융위기 이후에 미국의 경제가 주춤한 사이 신흥 성장국, 특히 중국의 성장이 미국의 지위를 위협하고 있다. 미국은 2000년 세계 GDP의 23.5%를 차지했었지만, 2008년에는 20.6%로 비중이 줄었다. 반면 2000년 세계 GDP의 7.2%를 차지하던 중국은 2008년 11.4%의 비중을 차지하면서 그 위력을 과시했다. 이는 세계 3위에 해당하는 GDP 규모이다. 2009년 3월 말 기준으로 외환보유액과 경상수지 흑자, 미국 국채 보유액은 세계 1위이며, 수출입 규모는 세계 2위에 해당한다.

중국의 세계경제 영향력

구분	규모(조 달러)	세계 비중(%)	세계 순위
GDP(PPP 기준, 2008년)	7.8	11.2	3위
외환보유액(2009년 3월 말)	1.9	46.3[1)]	1위
경상수지 흑자(2008년)	4.4	23.96[2)]	1위
수출입(2007년)	2.6	7.9	2위
미국 국채 보유액(2009년 3월 말)	0.8	23.5	1위

주 : 1) 2008년 말 기준, 2) 경상수지 흑자국가 기준

〈자료: 중국인민은행, IMF, WTO, 미 재무부, CIA 등〉

이런 사실이 미국 기축통화에 가장 큰 위협을 가하는 것이 중국의 위안화가 될 수도 있다는 생각을 가지게 한다. 한편 유로도 미국의 기축통화 지위에 강력한 도전장을 던질 수 있는 위치에 있다.

유로지역 · 미국 · 일본의 인구 및 GDP 규모

구분	유로지역(15개국)	미국	일본
인구(억 명, 2007년)	3.2	3.0	1.3
GDP 규모(달러, 2008년)	13.6	14.3	4.9

〈자료: EU, 통계청, IMF〉

이와 같이 세계경제에서 미국이 차지하는 비중이 줄어들면서 결제통화로서 달러화의 네트워크 외부성이 감소하는 것도 기축통화 지위를 위협하는 요인이 되는 것이다. 그러나 다수의 전문가들에 따르면 유로나 위안화가 달러의 기축통화 지위를 당장 대체하기는 쉽지 않을 것이라고 한다.

또한 미국 정부는 1980년대 이후 쌍둥이 적자를 지속적으로 경험했다. 클린턴 정부 시절에 재정수지가 개선되기도 했지만, 최근의 글로벌 금융 위기의 여파로 정부의 순채무는 GDP의 48%를 가지고 있으며, 단일국가로는 세계 최대의 순대외부채를 가지고 있다. 미국의 재

정 및 경상수지 적자는 중장기적으로 계속될 것으로 보는 전문가가 많다. 또한 달러화가 유로화 등 다른 국제통화에 비해 환율 변동성이 높게 나타났는데 이 점도 달러의 신인도 저하 요인으로 작용하고 있다. 동시에 미 연준의 장기간 지속된 초저금리정책과 달러화 약세로 인플레이션 압력이 높다는 것도 기축통화의 지위를 흔들리게 하는 요인이 되고 있다.

⑤ 새로운 기축통화의 대안 SDR

SDR(special drawing right)은 국제통화기금(IMF)의 특별인출권을 말하는데, 금이나 달러의 뒤를 잇는 제3의 통화로 간주되고 있으며, 1969년 국제통화기금(IMF) 워싱턴회의에서 도입이 결정된 가상의 국제준비통화이다. IMF는 기축통화인 달러를 국제사회에 충분히 공급하려면 미국이 경상수지 적자를 감수해야 하고, 만약 달러 공급을 중단하면 세계경제가 위축될 수밖에 없는 모순을 해결하기 위해 달러와 같은 특정 국가의 통화가 아닌 새 통화를 만들 필요가 있었다. IMF 가맹국은 금이나 달러로 환산해서 일정액의 SDR을 출연하고, 국제수지 악화 등으로 경제가 어려워지면 SDR을 배분받아 사용하게 되었다. 이로 인해 국제수지가 악화되었을 때 국제통화기금으로부터 무담보로 외화를 인출할 수 있는 권리, 즉 국제유동성을 인출할 수 있는 권리를 보유하게 되었다.

SDR은 IMF 가맹국에게 그 출자액의 비율에 따라 무상으로 배분되어 1국이 국제수지의 적자 상태에 빠졌을 경우 등에 그것을 외국의 통화당국이나 중앙은행에 인도함으로써 필요한 외화를 입수, 그 외화를 국제결제 및 기타에 이용하는 형식의 대체통화로서, 유형(有形)의 통화는 아니다. 국제수지 흑자국에게는 어느 일정한도까지는 이 SDR의 인수가 의무화되어 있다. 따라서 SDR은 1국의 외화준비를 구성하는 1요소로 되는데, 그 자체는 실제의 국제결제에 사용되는 결제통화가 아니며, 또 각국의 통화당국이 외국환시장에 개입할 때 사용하는 개입통화도 아니다.

SDR의 가치는 당초 금에 의해 표시되어 1달러와 같은 0.888671g의 순금과 등가(等價)로 정해졌으나 달러의 평가절하로 1973년 2월 1SDR=1.2635달러가 되었다. 그러나 그 후 주요 선진국 통화의 변동환율제로의 이행으로 1974년 7월 이후 잠정적 조치로서 그 가치기준을 표준 바스켓 방식(currency basket system), 즉 세계무역에서 비중이 큰 16개국의 통화시세를 가중평균하는 방법에 의해 매일 계산·표시하게 되었고, 1980년 9월 IMF총회에서는 표준 바스켓의 통화를 16개국에서 5개국(미국·영국·프랑스·독일·일본) 통화로 축소하여 SDR 표시의 간소화가 이루어졌다.

REVIEW

1. 환율이란 자국화폐와 외국화폐의 교환비율이다.
2. 명목환율이 상승한다는 것은 자국화폐의 가치가 외국화폐에 비해 상대적으로 하락한다는 것을 의미한다.
3. 실질환율이 상승한다는 것은 자국상품의 가격이 외국상품에 비해 상대적으로 하락하여 수출경쟁력이 상승한다는 것을 의미한다
4. 고정환율제도란 중앙은행이나 정부가 환율을 일정 수준에 고정시키는 제도다.
5. 변동환율제도하에서는 외환의 가치인 환율도 재화시장과 마찬가지로 시장의 수급에 의해 결정된다.
6. 구매력평가설(PPP : Purchasing Power Parity)은 환율이 양국 간 통화의 실질구매력에 의해서 결정된다는 이론이다
7. 이자율평가설은 국가 간의 자본이 자유롭게 이동할 수 있다는 사실을 전제로 하여 환율이 양국가 간의 명목이자율의 차이에 의해 결정된다는 이론이다
8. 오버슈팅이란 실물부문이 금융부문보다 적응 속도가 느려 최초의 충격에 대해 환율이 균형값 이상으로 변하는 현상을 말한다.

PART 03
국제경제

CHAPTER 01

출제예상문제

01 외환시장에서 자국화폐의 가치 상승이 예상되는 경우에 대한 설명으로 가장 옳은 것은?

① 외환수요곡선과 외환공급곡선이 모두 이동하지 않는다.
② 외환수요곡선이 왼쪽으로 이동하고 외환공급곡선은 오른쪽으로 이동한다.
③ 외환수요곡선과 외환공급곡선이 모두 오른쪽으로 이동한다.
④ 외환수요곡선과 외환공급곡선이 모두 왼쪽으로 이동한다.
⑤ 외환수요곡선은 오른쪽으로 이동하고, 외환공급곡선은 이동하지 않는다.

해설 자국화폐의 가치 상승은 환율하락을 뜻하며, 환율하락은 외환수요의 감소나 외환공급의 증가로 발생한다.

02 A국은 변동환율제도를 채택하고 있고 자본시장이 완전히 개방되어 있다. 다음의 상황들이 발생할 경우 그 결과로 나타나는 환율의 변화 방향이 다른 것은?

① 국내 물가의 하락
② 해외경기의 침체
③ 내국인의 해외여행의 위축
④ 해외에서 대규모 차관 도입
⑤ 무역수지 흑자의 증가

해설 국내 물가가 하락하면 수출이 증가하여 외환의 공급이 증가한다. 무역수지가 흑자거나 해외차관 도입으로도 외환의 공급이 증가하므로 환율이 하락한다. 게다가 해외여행의 위축으로 외환의 수요가 감소하여 환율은 하락한다. 하지만 해외경기가 침체이면 수출의 감소로 외환의 공급이 감소하여 환율이 상승한다.

03 다음 중 원화가치를 하락시키는 요인을 모두 고르면?

㉠ 국내기업의 해외부동산 취득 확대
㉡ 국내 자동차 산업의 자동차 수출 증가
㉢ 국내 주식시장으로 해외자본의 급격한 유입
㉣ 원유가격 상승으로 원유 수입 금액의 급격한 증가

① ㉠, ㉣
② ㉡, ㉢
③ ㉡, ㉣
④ ㉢, ㉣
⑤ ㉠, ㉡, ㉢

정답 01 ② 02 ② 03 ①

해설 원화가치의 하락은 환율상승을 뜻한다. 국내기업이 해외부동산을 취득하려고 자본유출이 증가하거나 수입액이 증가하면 외환의 수요가 증가해서 환율이 상승한다. 거꾸로 국내기업의 수출이 증가하거나 해외자본이 유입되면 외환의 공급이 증가해서 환율이 하락한다.

04 원화와 엔화가 달러화에 비해 모두 강세를 보이고 있다. 그런데 원화의 강세가 엔화에 비해 상대적으로 더 강하다고 할 때 나타나는 현상에 대한 설명 중 옳지 않은 것은?

① 일본에 여행하는 우리나라 관광객의 부담이 줄어들었다.
② 미국이 한국과 일본에서 수입하는 제품의 가격이 올라갔다.
③ 일본산 부품을 사용하는 우리나라 기업의 생산비용은 증가하였다.
④ 미국에 수출하는 우리나라 제품의 가격경쟁력은 일본에 비해 떨어졌다.
⑤ 엔화표시 채무를 가지고 있는 우리나라 기업의 원리금 상환부담은 감소하였다.

해설 원화와 엔화가 모두 달러화에 비해 강세이면 '원/달러', '엔/달러'환율이 낮다. 게다가 원화가 엔화에 비해 더 강세이면 '원/엔'환율도 낮다. '원/엔'환율이 낮으면 일본에 여행하는 우리나라 관광객의 부담이 감소하며, 일본산 부품의 수입가격이 낮아져서 우리나라 기업의 생산비용이 절감된다. 그리고 우리나라 기업의 엔화표시 채무의 상환부담이 감소한다. 한편 미국에서는 한국과 일본 제품의 수입가격이 비싸지며, 우리나라 제품은 일본 제품에 비해 가격경쟁력이 더 작다.

05 다음 중 미국 달러화에 대하여 유로화가치가 하락하는 경우는?

① EU 중앙은행이 고금리정책을 실시한다.
② 미국의 경기회복으로 EU로부터의 수입이 증가한다.
③ 미국의 물가상승률이 EU의 물가상승률보다 높다.
④ 미국의 EU에 대한 해외직접투자가 증가한다.
⑤ EU의 미국에 대한 증권투자가 증가한다.

해설 EU의 중앙은행이 고금리정책을 실시하여 미국에서 EU로 해외직접투자가 증가하거나 미국의 경기회복으로 미국의 물가상승률이 EU보다 높으면 EU로부터 미국의 수입이 증가한다. 그래서 유로화에 대한 수요증가로 유로화의 가치가 상승한다. 반면에 EU에서 미국에 증권투자가 증가하면 달러화의 수요가 증가해서 달러화의 가치는 상승하고 상대적으로 유로화의 가치는 하락한다.

정답 04 ③ 05 ⑤

06 일물일가의 법칙에 대한 설명으로 옳은 것은?

① 일물일가의 법칙은 독점시장 구조에서만 성립한다.
② 관세 등 무역장벽이 있어야 일물일가의 법칙이 성립할 수 있다.
③ 일물일가의 법칙이 성립할 때, 미국에서 50달러에 판매되는 가방이 국내에서 6만원에 판매된다면 달러의 원화 환율은 1,100원이다.
④ 일물일가의 법칙은 비교역재의 경우에만 성립한다.
⑤ 일물일가의 법칙은 동일한 물품이 동일한 시기에 다른 장소에서 다른 가격으로 팔릴 수 없다는 것을 의미한다.

해설 일물일가의 법칙은 하나의 재화에 하나의 가격으로 완전경쟁시장에서만 성립한다. 왜냐하면 독점시장에서는 가격차별이 존재하기 때문이다. 그러나 현실적으로 무역장벽으로 인해 국가 간에 재화의 가격이 다르거나, 비교역재의 존재로 교역이 불가능하여 일물일가의 법칙의 성립에 한계가 있다. 만약에 일물일가의 법칙이 성립한다면 미국에서 50달러의 가방이 국내에서 6만원이면 환율은 1,200원이 되어야 한다.

07 2개의 국가 간 상품가격(또는 물가)과 환율의 관계를 설명하는 구매력평가설이 가장 유효한 경우는?

① 일물일가의 법칙이 성립하지 않는 경우
② FTA 등으로 인해 관세가 인하된 경우
③ 유가상승으로 운송비 등이 높아진 경우
④ 비교역재가 많은 경우
⑤ 물가지수 산출에 포함되는 재화가 서로 상이한 경우

해설 구매력평가설은 일물일가의 법칙에 근거한다. 그러나 현실에서 비교역재나 거래비용 또는 무역장벽의 존재 등으로 인해 환율 결정의 설명력에 한계가 있다. FTA 등으로 관세가 인하되면 무역장벽이 낮아져 구매력평가설의 설명력이 높아진다.

08 구매력평가설에 대한 설명으로 옳지 않은 것은?

① 일물일가법칙에 근거한 환율이론이다.
② 차익거래가 균형환율을 결정한다고 본다.
③ 국제자본의 이동이 환율결정에서 가장 중요하다는 관점이다.
④ 거래비용과 비교역재가 없다면 성립할 가능성이 크다.
⑤ 빅맥지수는 구매력평가설을 활용한 한 예이다.

해설 구매력평가설은 경상거래에 중점을 둔 환율결정이론이고, 이자율평가설은 자본거래에 중점을 둔 환율결정이론이다. 그래서 국제자본의 이동에 따른 환율결정은 이자율평가설에 해당한다.

정답 06 ⑤ 07 ② 08 ③

09 절대적 구매력평가설에 대한 설명으로 옳지 않은 것은?

① 장기적 환율결정이론이다.
② 구매력평가설이 성립하면 실질환율이 1이다.
③ 명목환율은 두 나라 화폐 사이의 구매력 차이를 반영한다.
④ 일물일가의 법칙에 근거하여 도출된다.
⑤ 구매력평가설이 성립하면 순수출은 순자본유출과 크기가 같다.

해설 구매력평가설은 화폐가치가 어디서든지 동일해야 한다는 일물일가의 법칙에 근거한다. 그래서 구매력평가설에서 실질환율은 1이고, 명목환율은 양국의 화폐가치, 즉 구매력이 일치하도록 결정되는 장기적 환율결정이론이다. 한편 구매력평가설은 자본수지를 고려하지 않고 순수출과 순자본유출의 크기가 같은 것은 국제수지균형조건이다.

10 변동환율제도에서 명목환율의 변화에 따른 반응을 올바르게 주장한 것은?

① 환율이 하락하면 해외에서 국내 제품에 대한 수요량이 증가한다.
② 환율이 하락하면 국내에서 외국 제품에 대한 수요량이 감소한다.
③ 다른 상황이 불변이고 환율이 상승하면 교역조건은 개선된다.
④ 다른 상황이 불변이고 환율상승이 예상되면 자본의 해외순유출이 작아진다.
⑤ 국내통화량이 증가하면 환율은 상승한다.

해설 환율이 하락하면 수출이 감소하고 수입이 증가한다. 그리고 실질환율과 교역조건은 반비례하므로 명목환율이 상승하면 실질환율이 높아져 교역조건은 악화된다. 또한 환율상승이 예상되면 국내통화가치의 하락이 예상되어 해외로 순자본유출이 증가한다. 한편 국내통화량의 증가로 이자율이 하락하면 해외로 자본유출이 발생하여 외환의 수요가 증가해서 환율이 상승한다.

11 한 국가가 평가절하(즉, 통화가치의 하락)를 한 후 무역수지가 곧바로 개선되는 것이 아니라 단기에 악화되었다가 서서히 개선되는 현상을 무엇이라 하는가?

① 유동성 함정
② J커브효과
③ 마샬-러너 조건
④ 오버슈팅
⑤ 레온티에프

해설 J커브효과는 환율인상이 시차를 두고 반응하여 단기적으로 경상수지를 악화시키나 점차적으로 개선되는 현상이다.

정답 09 ⑤ 10 ⑤ 11 ②

12 자유변동환율제도(free floating exchange rate system)에 관한 설명으로 옳지 않은 것은?

① 고정환율제도에 비해서 상대적으로 통화정책의 자주성을 확보할 수 있다.
② 환율의 신속한 시장수급 조절기능은 대외 균형을 유지하는 데 도움이 된다.
③ 환율변동에 따른 교역당사자의 환위험 부담이 있다.
④ 각국의 정책당국들이 경쟁적으로 평가절상정책을 실시한다.
⑤ 각국의 이자율 수준이 환율 결정에 영향을 미친다.

해설 변동환율제도는 환율이 정부의 개입없이 외환시장에서 결정되도록 하는 환율제도로서, 환율변동에 따른 환위험이 존재하지만 경상수지나 자본수지의 불균형이 발생할 때에 외환시장에서 환율이 조정되어 자동적으로 해결된다. 반면 고정환율제도는 정부가 환율을 일정 수준으로 유지하려 하기에 외환의 초과수요에서는 외환을 매각하여 통화량이 감소하고, 외환의 초과공급에서는 외환을 매입하여 통화량이 증가한다. 그래서 고정환율제도는 통화정책의 독립성이 없다. 그리고 각국은 고정환율제도에서 자국통화의 평가절하로 국제시장에서 가격경쟁력을 가지려 한다.

13 다음 중 변동환율제도의 장점을 모두 고른 것은?

가. 중앙은행은 환율을 일정하게 유지하기 위하여 외환시장에 개입하지 않아도 되므로, 통화정책을 독립적으로 사용하여 거시경제의 안정을 도모할 수 있다.
나. 통화정책을 적극적으로 실행하지 않더라도 시장에서 환율이 신속하게 조정되어 대내외 균형이 유지될 수 있다.
다. 환율변동에 따른 환위험을 최소화할 수 있다.

① 가, 나 ② 나, 다
③ 가, 다 ④ 가, 나, 다
⑤ 다

해설 변동환율제도는 환율 변화에 따른 환위험이 있다. 그러나 외환시장에서 환율의 자율적인 조정으로 순수출이 변하여 대내외 균형이 자동적으로 이뤄지므로 정부가 통화정책을 독립적으로 사용할 수 있다.

정답 12 ④ 13 ①

14 고정환율제도와 이 제도에서 나타날 수 있는 현상에 대한 설명으로 옳은 것을 모두 고르면?

㉠ 국제수지 흑자가 발생할 경우 국내 통화공급이 감소한다.
㉡ 국제수지 적자가 발생할 경우 중앙은행이 외환을 매각해야 한다.
㉢ 고정환율제도는 해외에서 발생한 충격을 완화시켜 주는 역할을 한다.
㉣ 국내 정책 목표를 달성하기 위한 통화정책이 제약을 받는다.

※ 국제수지 = 경상수지 + 자본수지

① ㉠, ㉢
② ㉠, ㉣
③ ㉡, ㉢
④ ㉡, ㉣
⑤ ㉠, ㉡, ㉣

해설 고정환율제도에서 국제수지 흑자가 발생하면 외환의 초과공급이 나타나고, 정부가 고정환율을 유지하려고 외환을 매입하면 통화량이 증가한다. 반대로 국제수지 적자가 발생하면 외환의 초과수요가 나타나고, 정부가 고정환율을 유지하려고 외환을 매각하면 통화량이 감소한다. 그래서 고정환율제도에서는 통화정책이 외환시장에 영향을 받아 독립성을 갖기 어렵다. 한편 해외경기가 불황이면 고정환율제도에서 국제수지 적자로 외환의 초과수요가 발생하여 정부가 통화량을 감소시키므로 국내경기도 더욱 침체된다.

정답 14 ④

15 **다음 그림과 같이 환율이 변화할 때 나타날 수 있는 반응으로 적절한 것을 〈보기〉에서 모두 고르면?**

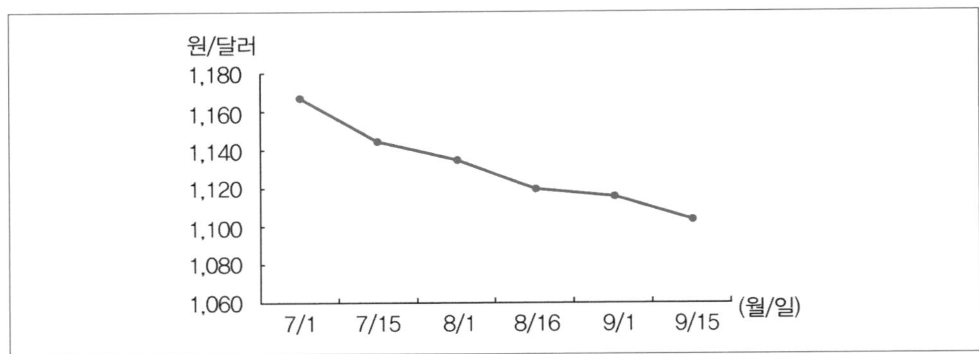

보기

혜원 : 우리 국민들의 해외여행이 늘어나고 있을 거야.
태진 : 물가 안정에는 도움이 되고 있을 거라고 생각해.
제민 : 아빠 회사의 수출이 잘 안 돼서 연말 보너스가 줄 것 같아.
경태 : 우리 국민들이 수입품 소비를 줄이고 있을 거라고 생각해.

① 혜원, 태진
② 제민, 경태
③ 혜원, 태진, 제민
④ 혜원, 제민, 경태
⑤ 혜원, 태진, 제민, 경태

해설 환율이 하락하면 원화 표시 외국재화의 가격이 낮아지므로, 수입품의 소비가 늘어난다.

정답 15 ③

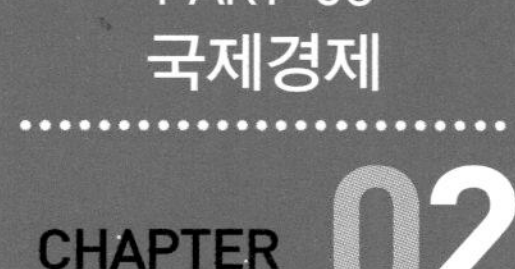

국제수지표

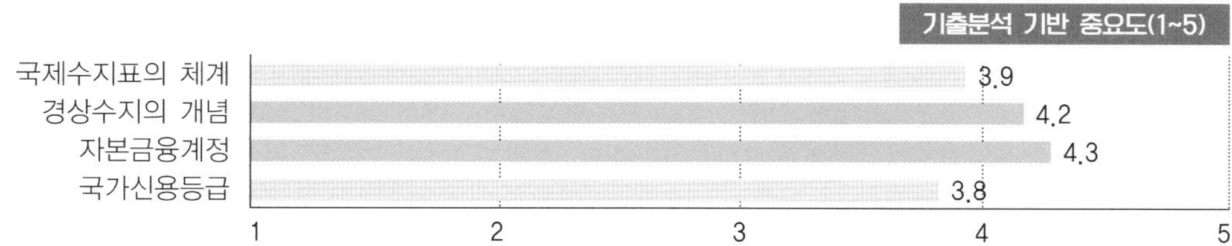

학습목표

❶ 국제수지는 경제적으로 어떠한 의미를 갖고 있으며, 국제수지를 통해서 우리가 확인할 수 있는 내용은 무엇인지 학습해야 한다.
❷ 국제수지의 구성 항목과 기입 방식이 최근에 변경된 바 있다. 따라서 변경된 이후의 국제수지 항목들과 구성 내용을 숙지하고 있는지 점검할 필요가 있다.
❸ 경상계정과 자본계정에서 다루는 거래 내용이 어떻게 다른지 구분하고, 실제 현실 경제에서 수행된 거래 내용을 해당 계정에 기입할 수 있어야 한다.
❹ 경상계정이 흑자 내지 적자라는 것이 시사하는 의미가 무엇인지 정확히 인식해야 한다.
❺ 자본계정이 흑자 내지 적자라는 것이 시사하는 의미가 무엇인지 정확히 인식해야 한다.
❻ 환율은 국제수지에 영향을 주는 가장 결정적인 경제변수임을 인식하고, 환율이 변화했을 때 국제수지가 어떻게 영향을 받는지 학습해야 한다.
❼ 마샬-러너 이론이 환율과 국제수지의 변화에 대해 어떻게 설명하고 있는지 이해해야 한다.
❽ 환율 변화가 국제수지에 어떠한 시간적 차이를 두고 영향을 미치는지에 대해 설명한 J곡선효과의 원인을 알아야 한다.
❾ 글로벌 금융 위기 이후 각 국가의 재정건정성이 위협받으면서 다양한 신용 위기를 경험하고 있다. 이러한 신용 위험을 설명하는 용어에는 어떠한 것들이 있는지 명확히 구분할 수 있어야 한다.
❿ 국가신용등급을 평가하는 방법과 각 등급이 가지는 의미가 무엇인지 구분해야 한다.
⓫ 국가신용등급에 영향을 미치는 요인은 무엇인지 확인해야 한다.

1 국제수지의 개념

1 국제수지의 필요성

대부분의 가정에선 수입과 지출이 매번 일치하지 않기 때문에 이를 관리하기 위해 가계부를 작성한다. 나라와 나라 사이의 거래에서도 수취와 지급의 내역이 항상 일치하지는 않는다. 적자가 발생하거나 흑자가 발생하기도 하는데, 이러한 대외거래의 결과 발생하는 적자와 흑자의 정도를 측정하기 위해 사용되는 경제 개념이 국제수지다. 외국과의 거래에서 지급한 금액보다 수취한 금액이 더욱 클 경우 국제수지 흑자라 하고, 그와 반대인 경우를 국제수지 적자라 한다. 일정기간 동안 한 나라의 거주자와 다른 나라의 거주자 사이에 발생한 모든 경제 거래를 분류하여 기록한 표를 국제수지표라 한다.

2 국제수지의 특성

(1) 이익 중심 평가

'한 나라의 거주자와 다른 나라에 있는 비거주자'는 경제주체들을 그들의 국적에 따라 구분하지 않고, 경제활동에서의 이익의 중심(the center of interest)이 어디에 있느냐를 기준으로 구분한다.

(2) 유량 개념

한 시점에서의 축적된 양을 가리키는 저량(stock) 개념이 아니고 GDP와 같은 유량(flow) 개념이다. 현재 우리나라의 국제수지표는 한국은행이 월별로 작성하여 1년 단위로 종합한다.

(3) 표기되는 거래의 범위

'모든 경제적 거래'란 재화와 서비스의 이동뿐 아니라 자본의 이동을 포함한 일체의 대외거래를 포괄한다.

3 국제수지표의 구성

(1) 국제수지표의 구성 항목

국제수지표는 크게 경상수지와 자본·금융계정으로 나뉜다. 재화와 서비스를 외국과 사고파는 거래는 경상수지, 외국과 자본을 주고받는 거래는 자본·금융계정에 해당한다. 국제수지표에는 경상수지와 자본·금융계정 이외에도 '오차 및 누락'이 있고, 오차 및 누락은 단순히 통계상의 불일치를 메워주는 역할을 한다. 중앙은행이 국제수지 불균형을 바로잡기 위해 사용할 수 있는 대외자산의 증감을 기록하던 준비자산 증감은 자본·금융계정에 편입되었다.

국제수지	경상수지	재화나 서비스 거래
	자본·금융계정	자본을 주고받는 행위, 준비자산
	오차 및 누락	통계상 불일치

(2) 경상계정

국제수지표가 포괄하는 대외거래는 크게 경상거래와 자본거래로 구분된다. 재화와 서비스를 주고받는 거래를 경상거래라 부르며, 경상거래의 결과로 벌어들인 외화와 지급한 외화의 차이는 경상수지라 한다.

경상수지는 다시 상품수지 · 서비스수지 · 본원소득수지 · 이전소득수지로 나뉜다. 상품수지란 재화의 수출액과 수입액의 차액을 말하며, 서비스수지는 서비스거래로 수취한 돈과 지급한 돈의 차액이다. 본원소득수지는 거주자와 비거주자 간에 급료 및 임금 또는 투자의 대가로 받은 배당금이나 이자소득의 차액을 기록한 것이다. 임금이나 이자는 노동과 자본의 서비스 사용에 대한 대가로 생각할 수 있지만, 소득의 발생이라는 관점에서 서비스수지가 아닌 소득수지라는 별개의 항목에 기입한다. 이전소득수지란 '이전'이란 말에서 알 수 있듯이 거주자와 비거주자 간에 아무런 대가 없이 주고받은 거래의 수지를 뜻한다. 이는 아무 대가없이 주고받은 것이기 때문에 경제적 의미의 거래라고 보기 어렵지만 경상수지에 기록한다. 대외송금, 재화의 무상원조, 국제기구출연금 등이 여기에 속한다. 특히, 대외송금이나 국제기구출연금은 자본의 이동으로 생각하기 쉽지만 아무런 대가 없이 오가는 거래로 보아 경상이전수지에 포함시킨다. 우리가 상품과 서비스를 외국에 수출하면 수출분만큼 수요가 증가하므로 생산 확대를 유발하게 되어 일자리가 늘어나고 소득도 증대되는데 반해 상품이나 서비스를 외국에서 수입하면 수입분만큼 수요가 감소하므로 국내기업이 생산을 축소하게 되어 급여 또는 일자리가 감소한다. 따라서 상품 및 서비스수지는 소득 및 고용과 직접 관련이 있다고 볼 수 있기 때문에 매우 중요한 항목이다.

경상수지	상품수지	수출	통화당국이 대외준비자산으로 보유하는 금 이외의 모든 금의 수출입
		수입	
	서비스수지	운송	승무원을 포함한 운송장비의 임대차
		여행	여행자가 해외 체류기간 중 취득한 재화와 서비스(유학, 연수, 일반여행 포함)
		통신	전화 등 통신서비스와 우편 및 배달서비스
		보험	수출입 상품에 대한 보험
		지적재산권 등	무형자산의 사용료를 기록
		사업서비스	상품 및 서비스거래와 관련한 중개수수료, 승무원을 포함하지 않은 수송장비의 임대차
		정부서비스	
		기타	금융서비스, 정보서비스, 오락서비스, 건설서비스 등
	본원소득수지	급료 및 임금	거주자와 외국에 1년 이내 단기로 머물면서 일한 대가와 비거주자에게 지급한 돈의 차이
		투자소득	직접투자소득 : 경영 참여 등 영속적인 이해관계를 목적으로 한 대외 투자(배당과 대부투자에 따른 이자)
			증권투자소득 : 투자자본의 가치증가, 이윤 획득을 목적으로 한 주식 및 채권투자(주식 및 채권투자의 배당과 이자)
			기타투자소득 : 직접투자와 증권투자에 속하지 않는 대출·차입, 무역신용 등에 대한 이자의 수취 및 지급
	이전소득수지		대외송금, 식량 등 무상원조, 국제기구출연금

(3) 자본 · 금융계정

① 자본 · 금융계정은 우리나라가 다른 나라와 주고받는 자본거래를 보여준다. 자본 · 금융계정수지는 자본거래의 결과로 유입된 외화와 유출된 외화의 차이를 기록한 것이며, 이는 다시 자본계정과 금융계정으로 구분된다.

② 자본계정(자본수지)은 과거 계정의 기타자본수지 항목을 의미하는 것으로, 자본이전과 비생산 · 비금융자산으로 구분된다. 자본이전은 해외 이주비나 채무면제 등이 포함되며, 비생산 · 비금융자산은 토지, 지하자원 등 비생산유형자산과 특허권, 저작권, 상표권 등의 비생산무형자산의 취득 및 처분거래(매매)를 기록한 것이다.

③ 금융계정은 직접투자, 증권투자, 파생금융상품, 기타투자, 준비자산으로 나눠진다. 직접투자는 경영참여 등 영속적인 이익을 취득하기 위해 행하는 대외투자로 주식구입이나 자금대여 등의 채무거래를 포함하고, 증권투자는 투자자본의 가치 증가 또는 이윤 획득만을 목적으로 한 대외투자로, 외국과의 주식 · 채권거래가 여기에 해당한다. 이때 주의할 점은 똑같은 주식구입이라고 해도 목적에 따라 서로 다른 항목(직접투자와 증권투자)으로 계산된다는 점이다. 투자대상기업의 의결권을 10% 이상 보유하고 있는 경우에는 직접투자로 분류한다. 파생금융상품은 파생금융상품 거래에서 발생한 손익을 기록하고, 기타투자는 직접투자 · 증권투자 · 파생금융상품 거래를 제외한 모든 금융거래를 포함한다. 즉, 대출 및 차입, 무역신용, 현금 및 예금 등의 금융거래를 기록한다. 재화를 1억 달러 수출을 하고 수출대금을 현금으로 받았다면 수출은 경상수지에, 대금수취는 금융계정의 기타투자에 기록한다. 마지막으로 중앙은행이 국제수지 불균형을 바로 잡기 위해 사용할 수 있는 대외자산의 증감을 기록하던 준비자산도 과거와 달리 금융계정에 포함되었다.

④ 자본수지는 자본거래의 결과로 들어온 외화와 나간 외화의 차이로서 크게 투자수지와 기타자본수지로 나눌 수 있는데 각각의 정의와 세부 항목은 다음과 같다.

자본 · 금융계정	자본수지 (자본계정)	자본이전	해외이주비나 채무면제
		비생산 · 비금융자산	토지, 지하자원 등 비생산유형자산 취득 및 처분
	금융계정	직접투자	• 경영참여 등 영속적인 이익을 위한 대외투자 • 해외부동산 취득(별장, 주택) • 주식구입이나 자금대여
		증권투자	투자자본의 가치 증가 또는 이윤 획득만을 목적으로 한 대외투자
		파생금융상품	파생금융상품 거래에서 발생한 손익
		기타투자	현금거래, 무역신용 등
		준비자산	중앙은행의 대외자산

기출 유사문제

다음 글을 읽고 물음에 답하시오.

2008년 금융 위기 이후 영국의 중앙은행은 2009년 3월~2010년 1월 기간 중 자국의 비은행 금융 기관으로부터 2,000억 파운드 규모의 영국 장기 국채를 사들였다. 당시 영국의 기준 금리는 실질적인 하한치(lower limit)라고 할 수 있는 0.5%였고 목표 인플레이션율은 2%였다. 이와 같이 중앙은행이 민간으로부터 자산을 직접 매입하여 시중의 유동성을 확대하는 정책을 양적 완화(QE ; Quantitative Easing)라고 한다. 사람들은 이러한 정책이 세계경제가 안정될 때까지 지속될 것으로 확신하고 있었다.

밑줄 친 정책 변화의 배경으로 가장 적절한 것은?

① 외채 감소에 따라 국가 부도의 위험이 낮아졌다.
② 금리인하를 통한 경기 부양을 기대하기 어려워졌다.
③ 물가가 지속적으로 높아져 인플레이션에 대한 우려가 커졌다.
④ 경상수지 적자가 누적되어 영국 파운드화 가치의 하락 위험이 커졌다.
⑤ 금융 위기 이후 지속된 흑자 재정 정책으로 추가적인 재정 정책의 여력이 커졌다.

해설 영국의 양적 완화 정책은 기준 금리가 실질적인 하한치에 도달하여 더 이상 금리인하를 통한 경기 부양을 기대하기 어려워진 데 따라 취해졌다. 자료에서 외채 및 국가 부도 위험, 경상수지 적자, 흑자 재정 정책에 대한 내용은 제시되어 있지 않다. 만약 인플레이션에 대한 우려가 커졌거나 파운드화 가치의 하락 위험이 커졌다면 통화량을 늘리는 양적 완화 정책을 시행하기 어려웠을 것이다.

정답 Ⅰ ②

(4) 한국은행의 2010년 1월 확정 · 공표된 새로운 국제수지 편제

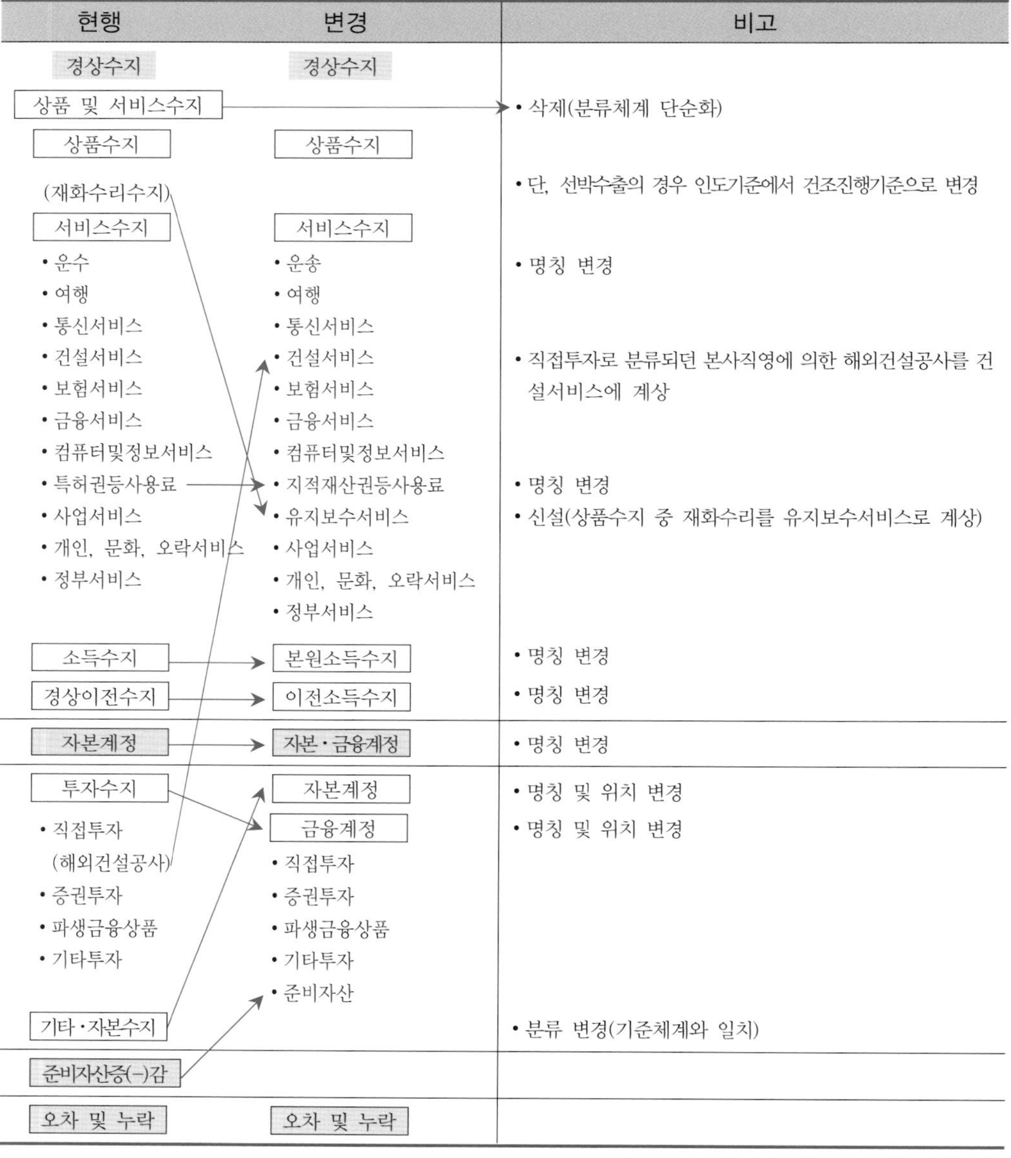

BPM6 1차 이행에 따른 국제수지표 체계 변경

현행	변경	비고
경상수지	경상수지	
상품 및 서비스수지		• 삭제(분류체계 단순화)
상품수지	상품수지	
(재화수리수지)		• 단, 선박수출의 경우 인도기준에서 건조진행기준으로 변경
서비스수지	서비스수지	
• 운수	• 운송	• 명칭 변경
• 여행	• 여행	
• 통신서비스	• 통신서비스	
• 건설서비스	• 건설서비스	• 직접투자로 분류되던 본사직영에 의한 해외건설공사를 건설서비스에 계상
• 보험서비스	• 보험서비스	
• 금융서비스	• 금융서비스	
• 컴퓨터및정보서비스	• 컴퓨터및정보서비스	
• 특허권등사용료	• 지적재산권등사용료	• 명칭 변경
• 사업서비스	• 유지보수서비스	• 신설(상품수지 중 재화수리를 유지보수서비스로 계상)
• 개인, 문화, 오락서비스	• 사업서비스	
• 정부서비스	• 개인, 문화, 오락서비스	
	• 정부서비스	
소득수지	본원소득수지	• 명칭 변경
경상이전수지	이전소득수지	• 명칭 변경
자본계정	자본·금융계정	• 명칭 변경
투자수지	자본계정	• 명칭 및 위치 변경
• 직접투자	금융계정	• 명칭 및 위치 변경
(해외건설공사)	• 직접투자	
• 증권투자	• 증권투자	
• 파생금융상품	• 파생금융상품	
• 기타투자	• 기타투자	
	• 준비자산	
기타·자본수지		• 분류 변경(기준체계와 일치)
준비자산증(−)감		
오차 및 누락	오차 및 누락	

(5) 경상수지 흑자의 의미

경상수지의 흑자는 외화의 국내 유입을 뜻하므로, 크면 클수록 좋은 것이라고 생각할지도 모른다. 재화와 서비스의 수출이 늘어 경상수지가 전체적으로 흑자를 기록했다면 이는 국내생산이 증가했다는 것과 같은 의미를 가진다. 또한 외화를 많이 벌어들이게 되면 외국에 진 빚을 갚을 수 있어 외채가 줄어드는 효과도 있다. 하지만 수출을 통해 외화를 버는 이유는 외국으로부터 좋은 물건들을 수입하기 위해서이기도 하므로 수입감소로 인해 경상수지 흑자 폭이 증대되는 것은 바람직하다고 볼 수 없다. 그리고 경상수지 흑자 폭이 너무 커지게 되면 국제 사회에서 무역마찰이 일어날 가능성도 있으므로 경상수지 흑자는 적정 수준을 유지하는 것이 바람직하다.

4 국제수지표 기록 방식

국제수지표는 복식부기의 원리에 의거하여 기록되는데, 대변에는 외국으로부터 수입을 기록하게 되고, 차변에는 외국에 대한 지급 거래를 기록하게 된다. 어떤 거래가 일어나면 이는 반드시 대변과 차변에 기록이 되어야 하기 때문에 양 변의 합은 항상 일정하다.

(1) 〈사례 1〉 자동차를 10억 달러만큼 수출하고 현금을 수령했을 경우

외국에 자동차라는 재화를 수출하게 되면 이는 수입이 발생한 것이다. 특히 자동차는 재화를 수출한 것이기 때문에 상품수지 항목에 해당하고, 수입이 발생한 것이기 때문에 대변에 기록한다. 더불어 자동차를 수출한 대가로 10억 달러를 현금으로 받게 되었기 때문에 자본수지의 차변에 기록된다.

구분	차변	대변
경상계정 –상품수지		10억 달러
자본계정 –현금 및 예금	10억 달러	

(2) 〈사례 2〉 외국기업의 운송서비스를 현금을 주고 3억 달러 이용했을 경우

외국으로부터 용역을 사용한 것에 해당한다. 용역은 서비스항목이기 때문에 서비스수지의 차변에 기록할 거래내용이다. 더불어 운송서비스를 사용한 대가로 지불한 3억 달러는 자본계정의 대변에 기록한다.

구분	차변	대변
경상계정 –서비스수지	3억 달러	
자본계정 –현금 및 예금		3억 달러

(3) 〈사례 3〉 외국에서 우리나라 기업의 주식을 5억 달러 구입하였을 경우

외국인이 우리나라 기업의 주식을 5억 달러 구입했다는 것은 우리나라 주식 5억 달러 어치를 외국에 수출한 것과 같다. 따라서 자본계정의 포트폴리오 투자 항목의 대변에 5억 달러를 기록하고, 그 대가로 수취한 현금 5억 달러는 자본계정의 현금 및 예금 항목의 차변에 기록한다.

구분	차변	대변
경상계정		
자본계정 -현금 및 예금 -포트폴리오 투자	5억 달러	5억 달러

2 환율로 인한 경제현상

1 환율과 국제수지의 관계

환율의 변화는 원화의 가치변동을 의미하므로 수출과 수입에 영향을 미친다. 환율이 상승하면 원화의 가치가 하락하므로 수출가격이 하락하고 수입가격이 상승하여 수출이 증가하고 수입이 감소한다. 반면, 환율이 하락하면 원화의 가치가 상승하므로 수출가격이 상승하고 수입가격이 하락하여 수출이 감소하고 수입이 증가한다.

〈정리〉
- 환율의 상승 – 수출가격의 하락 – 수출의 증가 – 경상계정(+)
- 환율의 상승 – 수입가격의 상승 – 수입의 감소 – 경상계정(+)
- 환율의 하락 – 수출가격의 상승 – 수출의 감소 – 경상계정(–)
- 환율의 하락 – 수입가격의 하락 – 수입의 증가 – 경상계정(–)

2 마샬-러너 조건

마샬-러너 조건이란 환율이 상승할 때 경상수지가 개선되기 위해서는 수출품에 대한 외국수요의 가격탄력성과 수입품에 대한 국내수요의 가격탄력성의 합이 1보다 커야 한다는 조건을 말한다.

수출품에 대한 외국수요의 가격탄력성 + 수입품에 대한 국내수요의 가격탄력성 > 1

예를 들어, 환율이 1,000원/$일 때 수출품의 국제가격은 $12이고 수입품의 국내가격이 12,000원이라면, 환율이 1,200원/$로 상승할 경우 수출품의 국제가격은 $10가 되고 수입품의 국내가격은 14,400($12 × 1,200원)이 된다. 이와 같이 환율이 상승하면 수출품의 가격은 하락하고 수입품의 가격은 상승하는데 이때 순수출이 증가하기 위해서는 수출물량이 큰 폭으로 증가해야 하며, 수입물량이 큰 폭으로 감소해야 한다는 것이다. 왜냐하면 수출물량과 수입물량이 종전에 비해 큰 차이가 없다면 환율상승으로 인해 순수출이 오히려 감소할 수 있기 때문이다.

3 J곡선효과

(1) 의미

J곡선효과란 환율이 상승한 후 수개월 정도의 단기간 동안에는 경상수지가 오히려 악화되었다가 그후 점차 개선되는 현상을 말한다.

(2) 특징

① 환율이 상승하면 가격 변화는 즉시 일어난다. 즉, 수출품의 국제가격은 즉시 하락하고 수입품의 국내가격은 즉시 상승한다. 그러나 수량 변화, 즉 수출물량과 수입물량이 가격 변화에 따라 변화하는 데에는 상당한 시간이 걸린다. 따라서 단기적으로 마샬-러너 조건이 충족하지 못할 가능성이 매우 높다.

② 이와 같이 환율의 상승이 단기간에는 경상수지를 악화시켰다가 시간이 지나면서 경상수지를 개선시키므로 시간에 따라 경상수지가 움직이는 모양이 J와 같음을 알 수 있다. 때문에 이를 J곡선효과라고 한다.

4 외환보유고(Foreign Exchange Reserves)

IMF는 외환보유액을 "국제수지 불균형의 직접적인 보전 또는 환율에 영향을 미치는 외환시장 개입을 통한 간접적인 국제수지 불균형 규모 조절 등의 목적으로 통화당국(한국은행 및 정부)에 의해 즉시 사용가능하고 통제되는 대외자산"으로 정의하고 있으며 우리나라도 이를 따르고 있다.

외환 부족 등으로 대외거래에 필요한 외환을 확보하지 못하여 국가경제가 위기에 빠진 현상을 외환위기 혹은 통화 위기(currency crisis)라고 한다. 수입이 수출을 초과하여 경상수지 적자가 지속되면 수출대금을 지급할 달러가 부족해진다. 이것은 수입보다 지출이 많은 가계가 그 차액만큼의 돈이 부족한 것과 같은 이치다. 가계가 부족한 돈을 은행에서 빌리듯이 민간의 부족한 달러는 외국으로부터 차입하거나 정부 또는 중앙은행이 빌려줘야 한다. 이때 정부나 중앙은행은 보유한 외환을 이용해 일시적 외환의 부족을 해결한다. 그런데 대외신인도가 떨어지면서 외국으로부터 달러를 차입하는 것도 어렵고 외환보유액마저 충분하지 않다면 부족한 외환을 조달할 방법이 없다. 이런 문제가 다시 대외신인도를 하락시키고 해외로부터 외환 차입이 어려워지는 악순환이 발생한다. 결국 외환시장의 이러한 불안 요소는 해당 국가의 화폐에 대한 불신으로 이어져 국내의 해외 자본도 본국으로 이동하는 현상까지 발생할 수 있다. 이 과정에서 환율은 크게 상승할 것이다.

외환 위기를 경험한 국민들은 이런 대외적 충격에 대비하기 위해 외환보유액 수준에 관심을 갖게 되며, 외환보유액은 정부나 한국은행이 경상수지 흑자 등으로 늘어난 시중의 외환을 매입하면서 늘어난다. 이렇게 축적된 외환보유액은 외환시장의 충격에 대하여 안전판 역할을 수행하는데, 어느 나라의 외환보유액이 넉넉한 경우 이 나라는 외환시장의 안전성을 유지할 수 있기 때문에 국가 신인도가 높아진다.

5 모라토리엄(moratorium), 'IMF 구제금융'과 '디폴트(default)', 소버린 리스크

(1) 모라토리엄

모라토리엄(moratorium)이란, 한 국가가 정치・경제적인 이유로 외국에서 빌려 온 차관에 대해 일시적으로 상환을 연기하는 '지불유예(支拂猶豫)'를 말한다. 채무를 언젠가 반드시 갚겠지만 지금 상황에서는 도저히 갚을 능력이 없으니, 지급을 일정기간 미뤄달라는 선언이다. 쉽게 말하면 나중에 갚겠다는 뜻이다. 보통 국가 간 관계에서 사용되는 용어이지만, 성남시의 예에서도 보듯 최근엔 정부기관 간, 기업 간 관계에서도 자주 쓰이고 있다.

한 국가가 모라토리엄을 선언하면 그 국가는 국제통화기금(IMF)과 구제금융 협상을 벌이고, 이를 토대로, 채권국 모임인 '파리클럽', 채권은행단 모임인 '런던클럽'과 구체적인 채무상환 연장 조건을 협상하게 된다. 이 과정에서 채무국은 채권국과 채무조정 작업을 통해 채무상환 만기를 연장하거나, 구조조정 작업을 통해 국가신뢰도를 높이게 된다.

그러나 채무상환 기한을 유예하더라도 모라토리엄을 선언한 국가는 좋을 것이 없다. 국가신용도가 크게 떨어져 대외거래가 사실상 불가능해지고, 외국인 투자가 모두 빠져나가 환율이 급등하게 된다.

기업은 줄줄이 도산하거나 큰 어려움에 직면하고, 국민들은 실업의 위기에 빠진다. 따라서 모라토리엄을 선언하지 않으려면, 그 전에 채무상환 연기, 단기 채무를 중・장기로 전환, 원금 삭감 등의 조치를 취해 채무 만기를 조정해야 한다. 이를 채무의 '리스케줄링(재조정)'이라 한다.

(2) 모라토리엄의 역사적 배경

모라토리엄의 전형적인 예는 제1차 세계대전 후 독일의 전쟁배상금 지불과 관련된 것으로, 대부분 외국으로부터의 단기차입금으로 배상금을 충당하던 독일은 1930년 나치정부가 등장하며 정치적으로 불안한 정세를 띠자 외국의 단기자본들이 급하게 빠져나가며 환시세 폭락, 독일은행을 비롯한 화폐금융기관 도산 등의 위기 상황에 처했다. 이때 독일은 1933년 모라토리엄을 선언하고 국가 몰락 직전에서 가까스로 회생했다. 1931년 대공황에 대처하기 위해 후버 대통령이 유럽의 대미 전채(對美 戰債)에 대해 1년 간 지불유예를 했던 것도 한 사례다. 최근엔 1980년대 브라질을 비롯한 남미 국가들이, 1982년엔 멕시코가 3개월 간 대외채무에 대해 모라토리엄을 선언한 바 있다.

(3) 모라토리엄의 사례

두바이 정부는 지난 2009년 11월 25일 국영기업 두바이 월드의 부실을 이유로 모라토리엄을 선언했다. 두바이 월드와 그 자회사 '나킬'은 우주에서도 보인다는 야자나무 모양의 거대한 인공섬 '팜 아일랜드' 프로젝트, 그리고 두바이의 상징인 세계 최고층(162층, 828m) 빌딩 '버즈 두바이'(지금은 '버즈 할리파'로 명칭 변경) 건설로 유명한 두바이 최대의 국영기업이다. 매출액은 142억 달러에 불과했던 두바이 월드의 채무 규모는 600억 달러였다. 이 국영기업을 포함해 두바이 정부가 지고 있는 빚은 800억 달러에 이른다. 글로벌 금융 위기 직전까지 금융, 부동산, 운송 부문에 막대한 투자를 쏟아 부은 두바이 정부는 기한까지 채무를 갚기 어려워지자 채권단에게 채무 상환을 유예해달라는 모라토리엄을 선언하고 말았다.

모라토리엄은 국가 단위로만 선언되는 것은 아니다. 경기도 성남시는 2010년 7월 12일, 판교 신도시 사업을 위해 조성한 판교특별회계에서 빼내 일반회계 예산으로 돌려 쓴 5,400억원 중 5,200억원에 대해 모라토리엄을 선언했다. LH(한국토지주택공사)와 국토해양부에 판교신도시 조성 사업비를 정산해야 할 기한이 다가오자 현재 성남시 재정으로는 그것을 단기간 또는 한꺼번에 갚을 능력이 안 된다며 지급유예를 선언했다.

(4) 구제금융과 디폴트

모라토리엄과 비슷한 개념으로 'IMF 구제금융'과 '디폴트(default)'가 있다. 국가가 처한 상황의 심각성을 기준으로 보면, 구제금융이 가장 가볍고 그 다음이 모라토리엄, 그리고 디폴트 순으로 나열할 수 있다. 구제금융은 한 국가가 금융기관 및 기업의 부실로 외환 위기를 맞아 소위 국가 부도 위기에 처할 경우, 국제금융기관인 IMF에 필요한 자금을 요청하고, 그 자금으로 채권자들에게 돈을 갚는 형식이다. 우리나라도 지난 1997년 겪은 외환 위기 때 IMF에 구제금융을 요청해 해결한 경험이 있다. 당시 우리 정부는 총 550억 달러에 이르는 구제금융 합의서에 서명하고, 그 지원금으로 국가 부도 위기를 넘겼다.

한편 디폴트(default)는 공·사채에 대한 이자지불이나 원금상환이 아예 불가능한 경우, 빚을 갚지 못하겠다는 '채무불이행' 상태를 말한다. 지금은 빚 갚을 능력이 없어도 기한만 미뤄주면 언제든 갚겠다는 모라토리엄보다도 더 심각한 상황이라 할 수 있다. 러시아가 1998년 8월에, 아르헨티나가 2001년 12월에 각각 디폴트를 선언한 바 있다. 디폴트를 선언한 나라 역시 대외신인도의 추락과 구조조정, 세금 인상 등의 불이익을 감수해야 한다.

(5) 소버린 리스크의 개념

소버린 리스크는 자금을 빌린 주체가 외국정부이거나 외국의 공적 기관이거나 돈을 빌린 주체에 대해 정부나 공적 기관이 지불을 보증했을 경우 자금을 제공한 사람이 부담하게 되는 위험부담을 말한다. 이러한 경우 자금을 상환하는 의무가 결국은 해당 국가의 정부 내지 공적 기관과 관련되는데 이러한 위험을 소버린 리스크(sovereign risk)라 말한다. 소버린 리스크라는 용어는 1970년대 국가 간 자금거래가 활발하게 전개되면서부터 국제금융시장의 일반적인 용어로 사용되기 시작하였다. 대표적인 소버린 리스크 발생 상황으로는 전쟁, 혁명이나 폭동 등의 정치적 사유에 따라 정권이 교체되고, 새로이 등장한 정권이 구 정권의 채무를 계승하기를 거부할 경우에 발생할 수 있다. 대표적으로 쿠바 혁명에 의해 생겨난 카스트로 정권은 전 정권이 짊어지고 있던 채무지불을 거부한 바 있다.

(6) 컨트리 리스크

컨트리 리스크(country risk)는 소버린 리스크보다 광의의 개념이라 할 수 있다. 소버린 리스크가 공적인 부분이 부담하는 채무상환의무에 관한 것이라면 컨트리 리스크는 민간 부분까지를 포함하는 개념이다.

3 국가경쟁력지수의 개념

국가경쟁력지수란 국가경쟁력을 지수화한 것으로 정기적으로 국가별 순위를 매겨 발표하고 있다. WEF(World Economic Forum), IMD(International Institute for Management Development) 등과 같은 평가기관에서 수행하고 있는데, 각 기관마다 국가경쟁력을 측정하는 기준이 상이하다. WEF는 '높은 생활수준 내지 삶의 질을 유지할 수 있는 국가의 능력'을 국가경쟁력으로 정의하고 일국의 지속가능한 경제성장 가능성에 중점을 두고 있는 반면, IMD는 '영토 내에서 활동 중인 기업들이 국내외 경쟁력을 유지할 수 있는 환경을 제공해 주는 국가의 능력'을 국가경쟁력으로 정의하고 있다. 이러한 국가경쟁력지수는 다국적 기업들이 투자 입지를 선택하는 데 있어 유용하게 활용되고 있으며, 기업의 경쟁력을 뒷받침하는 국가의 능력이라는 측면에서 정부정책, 기업경영 등에도 유용한 참고자료로 사용되고 있다.

1 국가경쟁력지수의 평가 요소

WEF는 2005년까지는 성장경쟁력, 기업경쟁력, 글로벌경쟁력으로 구분하고 성장경쟁력을 세계경쟁력 종합순위로 발표하였으나, 2006년부터 성장경쟁력을 글로벌경쟁력에 편입시켜 글로벌경쟁력지수를 세계경쟁력 종합순위로 발표하고 있다.

글로벌경쟁력지수(GCI ; Global Competitive Index)는 콜럼비아대학 자비에르 살라이 마틴(Xavier Sala-i-Martin) 교수가 다양한 기존 사용자의 피드백과 더불어 2년여에 걸쳐 개발한 것이다. 동 지수는 기관, 인프라, 거시경제, 의료 및 초등교육 및 훈련, 시장효율성, 기술수준, 기업세련도, 혁신의 9가지 부분으로 나뉜다.

기업경쟁력지수(BCI ; Business Competitive Index)는 마이클 포터(Michael Porter)에 의해 개발되었으며, GCI의 보완 자료로 미시적인 수준에서 기업환경의 질을 평가하는 데 활용된다.

IMD는 기업경쟁력을 지속시키는 환경을 창출하고 유지할 수 있는 국가의 능력을 측정한다. 동 지수의 평가는 경제성과, 정부의 효율성, 기업의 효율성, 인프라 등 4개의 요소로 구성되며, 각각의 요소들은 5개의 하부 요소들로 구성된다. 총 20개의 하부 요소들에 대해서는 각각 5%의 동일한 가중치가 부여되며 각 하부 요소들은 다시 세부항목으로 나뉜다.

구분	경제 성과	정부의 효율성	기업의 효율성	인프라
내용	국내경제의 성과	정부 정책이 경쟁력을 유지하는 정도	혁신, 수익성, 책임감을 가지고 사업을 영위할 수 있는 정도	기초기술, 과학, 인적자원이 기업의 요구를 충족시키는 정도
하부요소	국내경제, 무역, 고용, 국제투자, 물가	재정, 재정정책, 제도적·사회적 프레임워크, 기업 법령	생산성, 금융, 노동시장, 경영 관행, 태도와 가치	기초 인프라, 기술 인프라, 과학 인프라, 보건, 환경, 교육
항목 수(323)	83	77	69	94

2 국가신용등급의 개념

국가신용등급이란 특정 국가가 채무를 불이행할 상대적 가능성에 대한 평가를 의미한다. 높은 국가신용등급을 얻는 국가는 국제투자자들의 신뢰도가 높아져 국제자본시장으로부터 투자자본을 유치하기가 용이하다. 오랜 전통으로 권위를 인정받은 신용평가회사가 발표하는 국가신용등급은 투자자들이 특정 국가에 대한 투자를 고려함에 있어 가장 중요한 지표가 되고 있다. 현재 국제적으로 인정받고 있는 신용평가회사로는 Moody's, S&P, Fitch 등이 있다. 그 구체적인 등급표는 다음과 같다.

Moody's	S&P	Fitch	
Aaa	AAA	AAA	투자적격
Aa1	AA+	AA+	
Aa2	AA	AA	
Aa3	AA−	AA−	
A1	A+	A+	
A2	A	A	
A3	A−	A−	
Baa1	BBB+	BBB+	
Baa2	BBB	BBB	
Baa3	BBB−	BBB−	
Ba1	BB+	BB+	투자부적격
Ba2	BB	BB	
Ba3	BB−	BB−	
B1	B+	B+	
B2	B	B	
B3	B−	B−	
Caa1	CCC+	CCC+	
Caa2	CCC	CCC	
Caa3	CCC−	CCC−	
Ca	CC	CC	
C	D	C	
		DDD	
		DD	
		D	

3 국가신용등급의 결정 요인

각 신용평가회사는 특정 국가의 정치적, 경제적, 사회적 요인을 총망라하여 포괄적인 분석을 통해 국가신용등급을 결정한다. 그러나 신용평가회사들은 구체적인 국가신용등급 결정 과정 및 방법론을 공개하지 않는데, 각 국가의 전반적인 상황을 양적 변수로 나타내기가 사실 쉽지 않다. 다만 특정 국가의 등급 변동 시에 그 변동 이유를 설명하는 보고서를 발표하며, 이 보고서상에 자주 언급되는 요인을 토대로 학자들에 의해 평가기준 분석이 이뤄지고 있는 실정이다.

4 국가신용등급의 8대 결정 요인

(1) 1인당 소득(Per Capita Income)

채무국의 잠재적인 과세기준이 높아질수록 채무 상환의 가능성이 높아지며, 정부의 세수는 1인당 소득과 양의 상관관계를 가진다.

(2) GDP성장률(GDP growth rate)

GDP성장률로 대변되는 경제성장률이 높을수록 국가의 채무 상환 가능성은 높아진다.

(3) 인플레이션(Inflation)

높은 인플레이션은 정부 재정의 구조적 문제점을 나타내는 하나의 지표가 되며, 정부의 재정 지출이 증가할 때 인플레이션 압력이 강하고, 높은 인플레이션은 국민들의 불만으로 이어져 정치적 불안정의 요소가 되기도 한다.

(4) 재정수지(Fiscal Balance)

높은 재정수지 적자는 재정 지출과 채무 상환을 위한 세수의 부족을 의미한다.

(5) 경상수지(Current Balance)

높은 경상수지 적자는 경제 전반에 필요한 자본의 해외의존도를 심화시키며, 이는 지속적인 채무의 증가로 이어진다.

(6) 대외채무(External Debt)

대외채무가 높을수록 국가경제의 디폴트 가능성이 높다.

(7) 경제발전(Economic Development)

신용평가 회사들은 경제발전 정도와 국가의 리스크를 음의 상관관계로 평가한다.

(8) 디폴트 경험(Default History)

다른 모든 변수가 동일할 때, 과거 디폴트의 경험은 국가신용도의 높은 리스크를 나타낸다.

REVIEW

1. 일정기간 동안 한 나라의 거주자와 다른 나라의 거주자 사이에 발생한 모든 경제 거래를 분류하여 기록한 표를 국제수지표라 한다.
2. 국제수지표는 크게 경상수지와 자본·금융계정으로 나뉜다. 재화와 서비스를 외국과 사고파는 거래는 경상수지, 외국과 자본을 주고받는 거래는 자본·금융계정에 해당한다.
3. 경상수지는 다시 상품수지·서비스수지·본원소득수지·이전소득수지로 나뉜다.
4. 이전소득수지란 '이전'이란 말에서 알 수 있듯이 거주자와 비거주자 간에 아무런 대가 없이 주고받은 거래의 수지를 뜻한다.
5. 자본·금융계정은 우리나라가 다른 나라와 주고받는 자본거래를 보여준다.
6. 자본계정(자본수지)은 과거 계정의 기타자본수지 항목을 의미하는 것으로, 자본이전과 비생산·비금융자산으로 구분된다.
7. 금융계정은 직접투자, 증권투자, 파생금융상품, 기타투자, 준비자산으로 나눠진다
8. 자본수지는 자본거래의 결과로 들어온 외화와 나간 외화의 차이로서 크게 투자수지와 기타자본수지로 나눌 수 있다.
9. J곡선효과란 환율이 상승한 후 수개월 정도의 단기간 동안에는 경상수지가 오히려 악화되었다가 그 후 점차 개선되는 현상을 말한다.

PART 03
국제경제

CHAPTER 02

출제예상문제

01 국제수지와 환율에 대한 다음 설명 중 옳지 않은 것은?

① 국제수지는 경제적 거래의 형태에 따라 크게 경상수지와 자본수지로 나눌 수 있다.
② 개방경제의 총수요에는 순수출이 포함된다.
③ 명목환율은 서로 다른 나라 화폐 간의 교환비율이다.
④ 실질환율은 우리나라에서 생산된 재화 한 단위가 다른 나라에서 생산된 재화 몇 단위와 교환되는지를 나타내는 척도이다.
⑤ 국민소득계정 항등식에 의하면, 국내저축이 국내투자보다 크면 순수출은 항상 0보다 작다.

해설 개방경제의 국민소득 항등식은 '총저축 = 투자 + 순수출'이다. 그래서 국내저축이 국내투자보다 크면 순수출은 양수이다.

02 다음 보기에서 설명하고 있는 용어는?

> 자금을 빌린 주체가 외국정부이거나 외국의 공적 기관이거나 돈을 빌린 주체에 대해 정부나 공적 기관이 지불을 보증했을 경우 자금을 제공한 사람이 부담하게 되는 위험부담을 말한다.

① 소버린 리스크
② 컨트리 리스크
③ 신용 리스크
④ 유동성 리스크
⑤ 평판 리스크

해설 ③ 신용 리스크는 거래 상대방의 채무불이행에 따른 잠재적인 손실을 의미한다.
④ 유동성 리스크는 자금의 운용과 조달 기간의 불일치 또는 예기치 않은 자금 유출 등으로 지급불능 상태에 직면하거나 자금 과부족 해소를 위한 고금리 조달, 보유자산의 불리한 매각 등으로 발생하는 경제적 손실을 말한다.
⑤ 평판 리스크는 시장에서 신뢰를 상실하여 발생하는 리스크를 말한다.

정답 01 ⑤ 02 ①

[3~4] 다음 글을 읽고 물음에 답하시오.

외환보유액은 급격한 자본 유출, 국가적인 프로젝트 등 유사시에 대비하기 위한 국가의 최종적인 대외지급준비자산이다.
최근 외환보유액이 1,500억 달러를 넘어서자 우리나라 형편에 비해 지나치게 많은 게 아닌가라는 의문이 제기되었다. 외환도 희소자원이므로 외환보유액이 지나치게 많아서도 안 되고 또 지나치게 적어서도 안 된다.

03 외환보유액이 늘어나게 되는 직접적 요인이 아닌 것은?

① 무역수지 흑자
② 해외 근로자의 국내송금 증가
③ 외국인의 국내 주식보유 증가
④ 외국인 직접투자 증가
⑤ 해외여행 및 유학의 증가

해설 해외여행 및 유학의 증가는 외환보유액의 감소요인이다.

04 외환보유액의 적정 수준을 결정하는 요소로서 타당성이 가장 적은 것은?

① 환율제도
② 연간 수입액의 규모
③ 국제투기자금의 규모
④ 국내 저축의 규모
⑤ 외환보유의 기회비용

해설 환율변동이 외환수급의 불균형 조정에 도움이 되므로 고정환율제보다 변동환율제가 외환보유 동기를 그만큼 감소시킨다. 국내 저축규모는 적정 외환보유 수준과 별 관계가 없다.

정답 03 ⑤ 04 ④

05 다음 자료에 대한 옳은 설명을 〈보기〉에서 고른 것은?

환율상승으로 자국 통화가치가 하락하면 수출은 늘어나고 수입은 줄어들어 무역수지가 개선될 것으로 예측된다. 그러나 현실에서 나타나는 무역수지의 변화는 그렇지 않다. 환율상승 초기에는 수출품과 수입품의 가격이 변하더라도 수출입 물량에 큰 변동이 없어 무역수지가 악화되는 반면, 어느 정도 시간이 흐르면 수출입 상품의 가격 변화가 수출입 물량에 영향을 미쳐 무역수지가 개선된다. 이와 같은 현상을 그림으로 나타내면 알파벳 J의 형태가 되어 'J커브효과'라 한다. 보통 환율 조정 후 12~18개월이 지나야 무역수지가 개선되는 효과가 나타난다고 한다.

보기

㉠ 수입품의 가격 변화에 대응하여 국내소비자들이 소비 행태를 바꾸는 데 시간이 걸릴수록 무역수지가 개선되는 시간이 길어진다.
㉡ 수출품의 가격 변화에 대응하여 해외소비자들이 소비 행태를 바꾸는 데 시간이 걸릴수록 무역수지가 개선되는 시간이 짧아진다.
㉢ 수출품의 가격 변화에 대응하여 수출품생산자들이 생산량을 조절하는 데 시간이 걸릴수록 무역수지가 개선되는 시간이 길어진다.
㉣ 대부분의 수출입 물량이 환율상승 이전에 맺은 계약에 의해 고정되어 있다면 환율이 상승한 직후의 무역수지에는 큰 변화가 없다.

① ㉠, ㉡
② ㉠, ㉢
③ ㉡, ㉢
④ ㉡, ㉣
⑤ ㉢, ㉣

해설 환율이 상승하여 수입품가격이 올랐음에도 국내소비자들의 반응이 느려 수입이 일찍 감소하지 않거나, 수출품의 해외가격이 내렸음에도 해외소비자들의 반응이 느려 수출이 증가하지 않으면 단기적으로 무역수지가 악화되고 회복되는 데도 오래 걸린다. 이는 자료에 제시된 대로 수출입 물량이 느리게 변하기 때문이다. 마찬가지로 수출품가격 하락으로 해외수요가 빨리 늘었을 때 수출품 생산자들의 생산량 조절이 느려도 동일한 효과가 나타난다.

정답 05 ②

06 〈보기〉에서 우리나라의 자본계정 흑자에 기여하는 거래와 경상계정 적자를 초래하는 거래를 바르게 고른 것은?

보기
㉠ 외국인의 국내 주식투자
㉡ 한국 전자회사가 아일랜드에 TV 공장 설립
㉢ 국내 외국인 노동자들이 임금을 본국의 가족에게 송금
㉣ 중·고등학교 학생들의 조기 호주 유학
㉤ 한국 가수들의 중국 공연
㉥ 한국 자동차회사가 런던 금융시장에서 채권 발행

	자본계정 흑자	경상계정 적자
①	㉠, ㉣	㉡, ㉤
②	㉠, ㉤	㉡, ㉢
③	㉠, ㉥	㉢, ㉣
④	㉡, ㉣	㉢, ㉤
⑤	㉤, ㉥	㉠, ㉢

해설 국제수지는 자본거래 및 경상거래로 구성된다.
㉠·㉥은 자본계정 흑자, ㉢·㉣은 경상계정 적자, ㉡은 자본계정 적자, ㉤은 경상계정 흑자를 나타낸다.

07 EU, NAFTA 등과 같은 경제블록과 관계된 설명을 〈보기〉에서 모두 고르면?

보기
㉠ 역내 국가 간 자유무역을 통한 회원국들의 후생 증대
㉡ 회원국 간의 자유무역의 혜택을 비회원국으로 확대
㉢ 더 큰 경제 단위로서 국제통상 협상에서 유리한 지위 확보
㉣ 협상을 통한 국내 취약산업의 보호

① ㉠, ㉡
② ㉠, ㉢
③ ㉡, ㉢
④ ㉡, ㉣
⑤ ㉢, ㉣

해설 ㉠, ㉢은 경제블록화가 지향하는 목표이다.
㉡, ㉣은 경제블록화의 목적과 관계가 없다(역외이득 및 보호정책은 경제블록화의 목적이 아님).

정답 06 ③ 07 ②

08 우리나라의 무역수지를 개선시킬 것으로 기대되는 것은?

① 국제 원자재 가격이 급등하고 있다.
② 외국인의 국내 주식투자가 증가하고 있다.
③ 소비 침체로 경제성장률이 둔화되고 있다.
④ 주택자금 대출 수요 증가로 금리가 상승하고 있다.
⑤ 외국물가에 비해 국내물가가 빠르게 상승하고 있다.

해설 ③ 소비 침체로 경제성장률이 둔화되면 수입도 줄어들게 되므로, 무역수지는 개선될 것이다.
①·④·⑤ 국제 원자재 가격 상승, 금리 상승, 국내물가의 상대적인 상승은 무역수지를 악화시키는 요인이다.
② 외국인의 국내 주식투자 증가는 직접적으로 무역수지와 관련이 없지만, 환율을 하락시키는 경우 무역수지를 악화시키는 요인이 된다.

09 우리나라의 국제수지에 관한 설명으로 옳은 것은?

① 유학생에 대한 해외송금액 증가는 자본계정 적자 요인이다.
② 상품수지와 서비스수지는 동시에 적자를 기록할 수 없다.
③ 외국인의 우리나라의 채권보유액 증가는 자본계정 적자 요인이다.
④ 국내기업의 해외 건설수주액 증가는 경상계정 적자 요인이다.
⑤ 외국인에 대한 주식배당금의 해외 송금은 경상계정 적자 요인이다.

해설 해외유학생에 대한 해외송금액의 증가는 경상이전수지의 적자 원인이고, 국내기업의 해외건설수주액의 증가는 서비스수지의 흑자 원인이며, 외국인의 주식배당금으로 해외송금액은 소득수지의 적자 원인이다. 한편 외국인의 국내채권보유액의 증가는 자본수지의 흑자 원인이다.

정답 08 ③ 09 ⑤

10 **다음의 내용은 국가신용등급에 대해 두 사람이 나눈 대화이다. 틀린 설명을 하고 있는 사람은?**

용균 : 국가신용등급은 한 나라가 채무를 이행할 능력뿐 아니라 실제 이행할 의사 또한 얼마나 있는지를 고려해 측정한 등급을 표시하고 있어.

지환 : 특히 각 국가가 국가신용등급을 신경쓰는 이유는 투자부적격 판정을 받으면 국제금융시장에서 채권 발행이 어렵거나 발행하더라도 이자를 더 많이 부담해야 하기 때문이야.

성훈 : 특정 국가의 국가신용등급이 나빠졌다 하더라도 해당 국가를 토대로 활동하는 기업들의 상황은 별개일 수 있기 때문에 국가신용등급이 직접적으로 기업의 신용등급에 영향을 미치지는 않아.

훈민 : 국가신용등급을 측정하는 과정에서 고려되는 항목은 단순히 경제적인 부분만 있는 것이 아니라 정치적, 사회적 부분까지 고려하여 측정하고 있어.

대용 : 신용평가기관마다 국가신용등급을 표시하는 방식이 달라. S&P는 AAA, AA+, AA의 방식으로 표기하고 있지만, Moody's의 경우에는 Aaa, Aa1, Aa2 방식으로 발표하고 있어.

① 용균 ② 지환
③ 성훈 ④ 훈민
⑤ 대용

해설 개별기업이나 금융기관의 신용 평가도 해당 국가의 신용 등급을 토대로 이뤄지기 때문에 국가신용등급이 좋지 못하면 우량기업도 결국엔 좋은 신용 평가를 받을 수 없다.

정답 10 ③

PART 03
국제경제

CHAPTER 03

무역이론 및 글로벌 경제

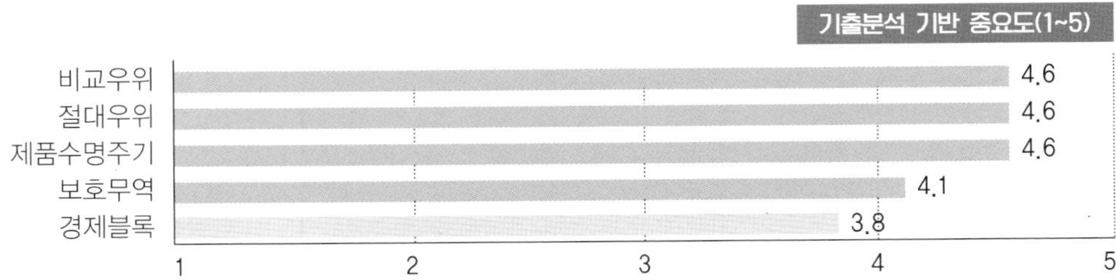

학습목표

❶ 절대우위와 비교우위의 원인은 무엇이며, 절대우위와 비교우위의 항목을 바탕으로 교역할 경우 이전에 비해 얼마만큼의 효용이 증가하는지 산출할 수 있어야 한다.

❷ 비교우위 이론이 가지는 한계점을 설명하기 위해 근현대에 와서 새로이 등장한 무역이론에는 어떠한 것들이 있으며, 해당 무역이론이 가지는 특성이 무엇인지 구분할 수 있어야 한다.

❸ 무역에 있어서 과거에 비해 기술력이 차지하는 비중이 높아짐에 따라 기술격차에 근거하여 무역이 발생하는 원인을 설명하려는 이론은 무엇이며, 기술격차로 인해 전개되는 무역상황에 대해 설명할 수 있어야 한다.

❹ 제품수명주기에 근거하여 무역의 발생을 설명하려는 이론은 무엇인지 확인한다.

❺ 보호무역주의와 자유무역주의가 가지는 의미가 어떻게 상이한지 설명하고, 각각의 무역이론이 주장되던 시대적 특수성에 대해 확인할 수 있어야 한다.

❻ 보호무역을 추구하기 위한 정책적 수단으로는 어떠한 것들이 있으며, 해당 정책적 수단이 가지는 차별성이 무엇인지 구분할 수 있어야 한다.

❼ 무역장벽으로 인해서 국가경제의 효용이 어떻게 변화하는지 산출할 수 있어야 한다.

❽ 최근 국제경제의 흐름이라 할 수 있는 신자유주의와 지역블록화는 각각 어떠한 의미와 기능을 갖고 있는지 이해해야 한다.

❾ FTA의 의미와 FTA가 이전의 무역 형태와 다른 점이 무엇인지 구분할 수 있어야 한다.

❿ G20, BRICs 등 최근 글로벌 경제 상황을 설명하는 신조어에는 어떠한 것들이 있으며, 이러한 신조어가 내포하고 있는 의미를 명확히 숙지해야 한다.

1 무역이론

1 비교우위와 절대우위

(1) 절대우위론(Adam Smith)

① 의미

생산비가 타국에 비해 절대적으로 적은 상품의 생산에 각각 특화하여 교역하면 양국 모두에게 이익이 발생한다는 것이 애덤 스미스가 주장한 절대우위론이다. 예를 들어 A국 국민이 7명, B국 국민이 9명이며, A국과 B국이 모두 쌀과 밀을 1단위씩 생산하고 있다고 하자. 쌀 1단위 생산에 필요한 노동자는 A국이 5명, B국은 3명이고, 밀 1단위 생산에 필요한 노동자는 A국이 2명, B국은 6명이라고 한다.

재화 / 국가	쌀	밀	총 노동 투입
A	5명	2명	7명
B	3명	6명	9명

절대우위론에 따르면 A국은 밀 생산에 특화하고, B국은 쌀 생산에 특화한다. A국은 밀 생산에 7명을 전부 투입해 3.5(=7/2)단위의 밀을 생산하고, B국은 쌀 생산에 9명을 투입해 3(=9/3)단위의 쌀을 생산한다. 특화 이후 A국과 B국이 쌀과 밀 1단위를 서로 교환하고 각 국가가 보유한 재화의 양을 특화 전과 비교해 보자. A국은 특화 전에 비해 1.5단위 밀을 더 가지고 있게 되었고, B국은 1단위 쌀을 더 가지게 되었다. 양 국가 모두 이득을 얻은 것이다.

상품 / 국가	쌀	밀
특화 전 A국 보유량	1단위	1단위
특화 전 B국 보유량	1단위	1단위
특화 후 A국 보유량	0단위	3.5단위
특화 후 B국 보유량	3단위	0단위
쌀과 밀을 1 : 1로 교환 후 변화		
교역 후 A국 보유량	1단위	2.5단위
교역 후 B국 보유량	2단위	1단위

② 절대우위의 원칙

일반적으로 한 국가가 절대우위를 가지기 위한 방법에는 두 가지가 있다. 첫째, 한 국가가 극히 희소하거나 다른 어떤 곳에도 없는 물품을 보유한 경우로서, 남아프리카공화국의 다이아몬드나 산유국들의 석유는 다른 나라와의 교역에서 절대우위를 가진다. 둘째, 어떤 재화나 용역을 다른 국가에 비해 싸게 생산하는 경우이다. 예를 들어 미국이 쌀을 생산하는 데 있어 투입하는 생산요소의 양이 우리나라보다 적다면 미국은 한국보다 쌀 생산에서 절대우위를 갖는다고 말한다.

(2) 비교우위론(David Ricardo)

① 의미

절대우위론에 따르면 A국이 B국에 비해 쌀과 밀 모두 절대우위가 있다면 무역이 발생할 수 없다. 즉, 한 국가가 모든 분야에서 절대우위에 있는 경우 무역이 발생하는 것을 설명할 수 없는데, 이것은 비교우위론으로 해결이 가능하다.

비교우위론은 애덤 스미스의 절대생산비 이론의 한계를 극복하기 위해서 데이비드 리카도가 그의 저서 『정치경제학과 조세의 원리』에서 주장한 이론이다. 절대우위론의 한계는 양국 중 한 나라가 모든 재화에 절대우위가 있는 경우에는 무역의 발생을 설명할 수 없다는 점이다. 이런 문제는 비교우위론으로 해결할 수 있다. 비교우위론이란 한 나라가 두 상품 모두 절대우위에 있고 상대국은 두 상품 모두 절대열위에 있더라도 생산비가 상대적으로 더 적게 드는(기회비용이 더 적은) 상품에 특화하여 교역하면 상호가 이익을 얻을 수 있다는 이론이다.

리카도의 이론은 비현실적인 노동가치설을 바탕으로 하고 있고, 국가 간 생산요소의 이동이 없어야 한다. 또한 각 국가 간의 운송을 비용 배제했으며, 무역 당사국들의 공급측면만을 강조한다는 한계도 있다. 그러나 각국이 비교우위를 가지는 상품을 특화하여 다른 나라와 교역하게 되면 모든 국가에 경제적 이익이 발생한다는 이론적 근거를 마련했으며, 이는 이후 많은 국가들이 자유무역을 신봉하게 된 계기가 되었다. 비교우위이론은 다른 나라가 시장을 닫으려고 할 때 설득하는 수단으로 활용되기도 한다.

용어 해설

- **절대우위** : 생산비가 타국에 비해 절대적으로 적은 상품의 생산에 각각 특화하여 교역하면 양국 모두에게 이익이 발생한다.
- **비교우위** : 한 나라가 두 상품 모두 절대우위에 있고 상대국은 두 상품 모두 절대열위에 있더라도 생산비가 상대적으로 더 적게 드는(기회비용이 더 적은) 상품에 특화하여 교역하면 상호가 이익을 얻을 수 있다는 이론이다.

② 비교우위와 기회비용

다음 표는 A, B 두 나라에서 핸드폰과 명품의류를 한 단위씩 생산하는 데 소요되는 노동투입량을 나타낸다(단, 양국은 동일한 생산요소인 노동만을 가지고 있으며, 시간당 임금도 동일하다고 가정한다. 따라서 투입노동시간은 곧 생산비와 같다).

국가 \ 상품	핸드폰	명품의류
A	8시간	9시간
B	12시간	10시간

A국은 두 상품 모두 더 적은 비용으로 생산할 수 있기 때문에 두 재화 모두 절대우위를 가지고 있는데, 절대우위론에서는 무역이 발생하지 않는다. 그러나 비교우위론에 따르면 무역이 발생할 수 있는데, 이를 설명하려면 위 〈표〉를 기회비용의 개념으로 나타내는 것이 편리하다.

A국이 핸드폰 한 개를 더 생산하기 위해서는 명품의류 0.88(8/9)개를 포기해야 하고, B국에서는 1.2(12/10)개를 포기해야 한다. 한편, A국이 명품의류 한 개를 더 생산하기 위해서는 핸드폰 1.125(9/8)개를 포기해야 하는 반면, B국은 0.83개(10/12)를 포기해야 한다.

국가 \ 기회비용	핸드폰 1단위	명품의류 1단위
A	명품의류 0.88	핸드폰 1.125
B	명품의류 1.20	핸드폰 0.833

핸드폰 생산에 있어서는 A국의 기회비용이 더 작고, 명품의류 생산에 있어서는 B국의 기회비용이 더 작다. 따라서 A국은 핸드폰 생산에, B국은 명품의류 생산에 비교우위가 있다.

③ 특화와 무역이익

최초에 A국과 B국은 모두 핸드폰과 명품의류 1단위씩 생산하고 있다고 가정하고 비교우위에 의한 특화와 무역의 이익을 설명해보자. 기회비용이 상대적으로 더 작은 경쟁력 있는 상품에만 전념해 생산하는 것을 특화라고 한다. 따라서 A국은 비교우위에 있는 핸드폰 생산에 17시간을 모두 투입하고, B국은 22시간을 모두 명품의류 생산에 투입한다. 이 경우 A국은 핸드폰 2.125(=17/8)단위를 생산할 수 있고, B국은 명품의류 2.2(=22/10)단위를 생산할 수 있다. 이때 A국과 B국이 두 재화를 1:1로 교환하게 되면 교역 전에 비해 A국은 핸드폰 0.125단위를, B국은 명품의류 0.2단위를 추가로 소비할 수 있다. 무역의 이익이 발생한 것이다.

	교역 전		특화 후		교역 후	
국가 \ 상품	핸드폰	명품의류	핸드폰	명품의류	핸드폰	명품의류
A	1단위	1단위	2.125	0	1.125	1
B	1단위	1단위	0	2.2	1	1.2

④ 교역조건

위의 경우 교역조건은 핸드폰 1단위당 명품의류 1단위였다. 그렇다면 A국이 무역에 응할 최소의 기준은 어떻게 될까 생각해 보자. A국은 핸드폰 1단위를 주고, 명품의류를 0.88단위(핸드폰 1단위의 기회비용)보다 많이 받는다면 무역의 이익이 발생한다. A국이 생산할 경우 발생하는 기회비용이 이상의 가치를 보상받았기 때문이다. 반면 B국은 핸드폰 1단위를 받고 명품의류를 1.20보다 적게만 주면 기회비용보다 더 많이 받게 되는 셈이다. 따라서 핸드폰 1단위로 나타낸 교역조건은 명품의류 0.88단위보다 크고, 1.20보다 작다. 한편, 명품의류 1단위 생산으로 나타낸 교역조건은 핸드폰 0.83단위보다 크고, 1.125단위보다 작다(교역조건을 나타낼 때 어떤 상품을 기준으로 하는가를 주의).

2 근현대 무역이론

(1) 헥셔-올린 정리

① 비교우위론의 한계

비교우위론에서는 노동생산성 차이로 인해 상대가격 차이가 발생하는 것으로 설명하고 있으나, 국가별로 노동생산성 차이가 발생하는 이유를 설명하지 못하는 한계가 있다.

② 가정

㉠ 2국-2재화-2생산요소가 존재하고, 양국의 생산함수는 동일하며, 이때 생산함수는 규모에 대한 수익불변이고, 수확체감의 법칙이 작용한다.

㉡ 두 나라의 부존자원비율 및 요소집약도는 상이하며, 국가 간 생산요소이동은 불가능하지만 재화 교역에 있어서는 수송비와 무역장벽이 존재하지 않는다.

㉢ 생산물시장과 생산요소시장은 모두 완전경쟁시장이며, 양국의 수요 상태는 동일한 것으로 가정한다.

③ 내용

헥셔와 올린은 각국의 생산기술(생산함수)이 동일하더라도 국가 간 요소부존의 차이가 발생하면 재화의 상대가격 차이가 발생하고, 각국은 상대가격이 낮은 재화에 비교우위를 갖게 됨을 설명한다. 이를 정리하면, 각국은 자국에 상대적으로 풍부한 부존요소를 집약적으로 사용하여 생산한 상품에 비교우위가 있다. 즉, 자본풍부국은 자본집약적인 상품에, 노동풍부국은 노동집약적인 상품에 비교우위가 있다.

④ 파생정리

㉠ 요소가격 균등화 정리 : 생산요소가 국가 간 이동이 없더라도 국제무역에 의하여 생산요소의 상대가격은 물론 절대가격까지도 국제 간에 균등화된다.

㉡ 스톨퍼-사무엘슨 정리 : 국가 간 무역 과정에서 특정 재화의 가격이 상승하면 그 재화의 생산에 집약적으로 사용되는 요소의 보수는 증가하고 다른 요소의 보수는 감소한다.

㉢ 립진스키 정리 : 특정 요소의 부존량이 증가하면 그 요소를 집약적으로 사용하는 재화의 생산은 증가하고 다른 재화의 생산은 감소한다.

(2) 기술 관련 무역이론

① 기술격차설

㉠ 기술격차설은 국가 간의 기술격차로 인해 무역이 발생한다고 보는 모형으로, 새로운 상

품을 개발하고 생산하는 기술혁신국가는 해당 상품에서 다른 나라들보다 기술우위를 가지며 이들을 수출한다는 것이다.

㉡ 기술혁신국가의 기술 우위는 일정한 시차를 두고 다른 나라들이 모방할 때까지만 유지되며, 일단 다른 나라들이 모방하여 생산하게 되면 기술 우위가 사라지게 된다. 그러나 기술혁신국가가 다시 새로운 상품을 개발하면 기술 우위는 한 상품에서 다른 상품으로 이동하면서 지속적으로 나타난다.

㉢ 이 모형은 새로운 기술이 개발되고 모방되면서 무역이 이루어지는 과정을 동태적으로 분석한 모형으로서 의의를 갖지만, 기술혁신국가의 기술우위가 다른 나라들의 모방 이후에 사라지는 이유에 대한 설명 등이 없다는 점에서 한계를 갖는다.

② **제품수명주기이론**(PLC ; Product Life Cycle)

㉠ **제품수명주기의 개념** : 제품수명주기는 신제품이 시장에 도입된 후 성장품목이 되었다가 사양품목이 되어 시장에서 도태되기까지의 시간적 과정을 말한다. 수요-기술 수명주기에서 유도된 개념이다. 전형적인 제품수명주기곡선은 S자형을 이루며, 매출의 정의와 측정 기준 및 각 단계별 기간을 어떻게 규정하느냐에 따라 모양이 달라진다.

㉡ **제품수명주기**

ⓐ **신제품 단계** : 어떤 제품의 개발단계에서는 고도기술을 가진 고급노동력에 의해서 소규모로 실험적으로 생산되며, 일단 개발이 성공하면 높은 소득의 소비자들을 대상으로 하는 소규모 생산이 이루어진다. 이 단계에서는 제품을 개발하는 선진국만이 제품을 생산・수출한다.

ⓑ **성숙 단계** : 대량생산이 이루어지는 단계로서 신제품 개발국뿐만 아니라 여타 선진국도 생산을 시작한다. 이 단계에서는 해당 제품이 점차 대량생산됨에 따라서 노동비용이 제품개발 선진국보다 상대적으로 더 저렴한 여타 선진국들이 경쟁력을 갖게 됨에 따라 신제품 개발국의 비교우위는 점차 사라지고 모방제품을 생산하는 여타 선진국들의 수출이 증가한다.

ⓒ **표준화 단계** : 이 단계에서는 생산기술이 완전히 표준화되어 미숙련노동자들에 의한 대량생산이 가능한 단계다. 제품생산은 노동집약적으로 되어 임금이 저렴한 개발도상국이 비교우위를 갖게 되어 오히려 후진국에서 선진국으로 수출이 이루어진다.

㉢ **제품수명주기의 한계**

ⓐ 제품수명주기이론은 제품이 가진 수명주기를 독립적인 것으로 전제하여 접근하고 있으나, 실제로 제품의 수명주기는 줄어들거나 늘어날 수 있다.

ⓑ 실제로 S자 형태의 제품수명주기곡선 이외에도 다양한 형태의 곡선이 가능하다.

ⓒ 특정 제품이 어느 단계에 와 있는지 규명하기 어려운 경우가 많다.

ⓓ 급변하는 소비자의 선호, 치열한 경쟁, 신기술의 개발 등으로 인하여 제품수명주기가 짧아지는 경향이 있다.

(3) 불완전경쟁과 국제무역

① 독점적 경쟁과 국제무역

㉠ 국제무역으로 시장규모가 확대되면 기업들은 규모의 경제에 따른 이득을 얻기 위해 일부의 차별화된 재화생산에 특화하게 된다. 이때 각국의 교역은 기업들 간의 치열한 경쟁을 가져오게 되어 세계시장 전체적으로 보면 무역 이전보다 다양한 재화와 공급이 이루어질 수 있다.

㉡ 독점적 경쟁의 경우 산업 내 무역이 이루어지면 재화가격은 하락하고 소비자들은 다양한 재화소비가 가능해지므로 각국의 후생수준이 증대된다.

② 규모의 경제와 국제무역

규모의 경제가 있는 경우에는 무역 이전에 양국의 국내가격비가 동일하더라도 각국이 한 재화생산에 완전 특화하여 무역을 하면 두 나라 모두 무역의 이익을 얻을 수 있다.

(4) 대표수요 이론

① 의의

국제무역에서 수요측면을 강조하여, 각국은 국내수요가 상대적으로 많은 재화생산에 비교우위를 갖고 이를 수출한다고 보는 이론이다. 즉, 수요가 많은 재화를 보다 저렴하게 생산할 수 있다고 봄으로써 다른 무역이론이 경시하는 수요측면을 고려한 것이다.

② 내용

공산품의 경우 국내수요가 있어야 생산이 시작되며, 국내수요가 커져 시장규모의 확대에 따라 생산량을 늘리는 과정에서 규모의 경제의 작용으로 생산단가가 하락하여 비교우위를 갖게 된다는 것이다. 1인당 소득수준이 비슷할수록 수요 패턴도 유사해지고, 각각이 필요로 하는 제품을 상대국이 생산할 가능성이 커지므로 교역규모도 커지게 된다.

2 무역정책

1 자유무역주의

자유무역주의란 무역에 대한 국가의 간섭을 배제하고 자유로운 대외거래를 해야 한다는 주장으로서, 자유무역주의자들은 각국이 비교우위의 원리에 따라 완전한 자유무역을 하게 되면 세계경제 전체의 생산량을 극대화시킬 수 있고, 모든 나라의 후생이 커질 것이라고 한다. 반면 보호무역정책을 실시하게 되면 자원이 비효율적으로 배분되기 때문에 보호조치를 취한 국가뿐만 아니라 전 세계의 생산 및 후생이 감소할 것이라고 주장한다. 이 밖에도 자유무역을 하면 규모의 경제효과, 생산유발효과, 고용 및 소득유발효과, 국내 부족 원자재 확보, 국내산업의 경쟁력 제고, 국민생활의 질적 향상 등이 가능해진다고 주장한다.

2 보호무역주의

(1) 보호무역주의의 취지

보호무역주의는 자유무역이론에 대한 비판에서 출발한다. 자유무역이론은 생산요소의 완전이동성, 외부효과 무시 등의 비현실적인 가정을 하기 때문에 시장실패를 도외시한다는 비판을 받기도 한다. 또 자본이 풍부하고 기술이 발달된 선진국은 공업부문에 특화해 지속적으로 고도의 공업화를 달성할 수 있는 반면, 개발도상국이나 후진국은 농업부문에 특화할 수밖에 없어서 공업화의 기회를 박탈당할 수도 있다. 또한 농산품의 상대가격 하락은 교역조건을 악화시키고, 자유무역은 선진국에게만 유리하게 작용하여 세계의 빈부격차를 점점 더 확대시킬 수 있다는 비판을 받기도 한다.

(2) 보호무역론의 근거

① 실업의 방지

자유로운 무역이 국내의 실업을 증가시키는 원인이 된다고 주장하는 경우가 있으나, 실제 국제무역은 한 국가의 자원을 비효율적인 분야로부터 보다 효율적인 분야로 재배분해 주는 역할만을 할 뿐이다. 따라서, 결국 비교우위가 없는 산업에서 비교우위가 있는 산업으로 고용이 재편되는 과정에서 오히려 더 많은 일자리가 창출될 가능성이 크다.

② 국가 안보에 따른 우려

국가 안보에 대한 정당한 우려가 있는 경우에는 주요 산업이나 식량 등에 대한 보호가 필요하다는 주장이 설득력을 얻는다. 하지만 이러한 주장을 하는 사람들이 대부분 해당 산업의 종사자들이며 이러한 정책이 가지는 기회비용을 고려하여 신중하게 접근해야 한다.

③ 유치산업보호론

미성숙한 산업의 경우에는 일정기간 외국의 경쟁 압력으로부터 보호할 필요가 있다는 주장이다. 이러한 주장은 보호받는 기간 동안 해당 산업은 학습효과와 규모의 경제를 통해 경쟁력을 갖출 수 있어서 결국엔 모두에게 이로운 결과를 만들 수 있다는 것이다. 그러나 이러한 주장의 타당성을 인정한다고 하더라도 ㉠ 어떤 산업이 유망 유치산업인지 선별하기가 어렵다는 문제, ㉡ 유치산업 선정 시에 로비나 정치적인 압력이 작용할 수 있다는 문제, ㉢ 유치산업으로 선정된 산업은 계속 보호의 틀 속에 안주하려는 경향이 있다는 문제 등이 발생할 수 있다.

(3) 보호무역을 위한 정책 수단

① 관세장벽

㉠ 개념 : 관세는 수입품에 일정 비율의 세금을 부과하는 것으로, 무역규제의 여러 방식 중 가장 흔하게 사용되는 방법으로서, 수입품의 국제가격보다 국내가격을 비싸게 유지함으로써 국내산업을 보호하는 것을 주된 목적으로 하는 경우가 많다.

㉡ 경제 분석

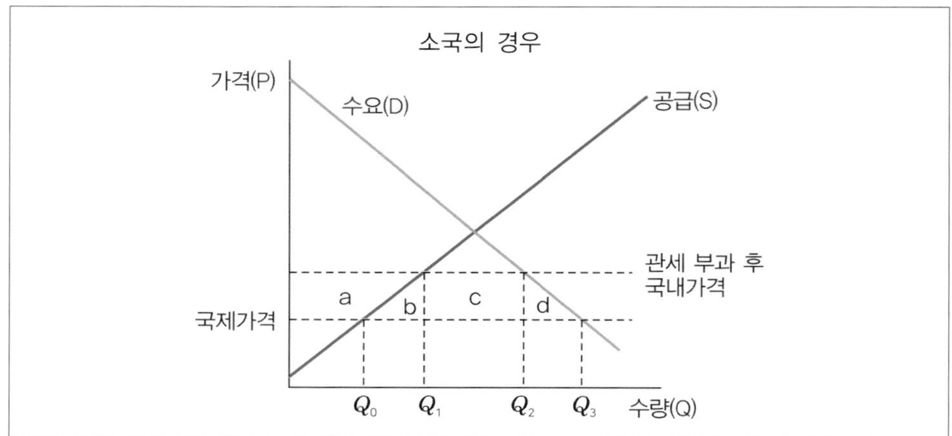

관세가 부과되는 경우 국내산출량 수준이 $Q_0\,Q_1$ 만큼 증가하게 되며(산출량 증대효과), $Q_3\,Q_2$ 만큼 소비가 억제되는 효과(소비억제효과)가 발생한다. 정부는 c만큼의 재정수입이 증대되는 효과가 발생한다. 한편, 관세 부과로 인해 $Q_0\,Q_1$ 만큼의 재화와 $Q_3\,Q_2$ 만큼의 재화 분량에 대해서는 수입이 줄어들게 된다.

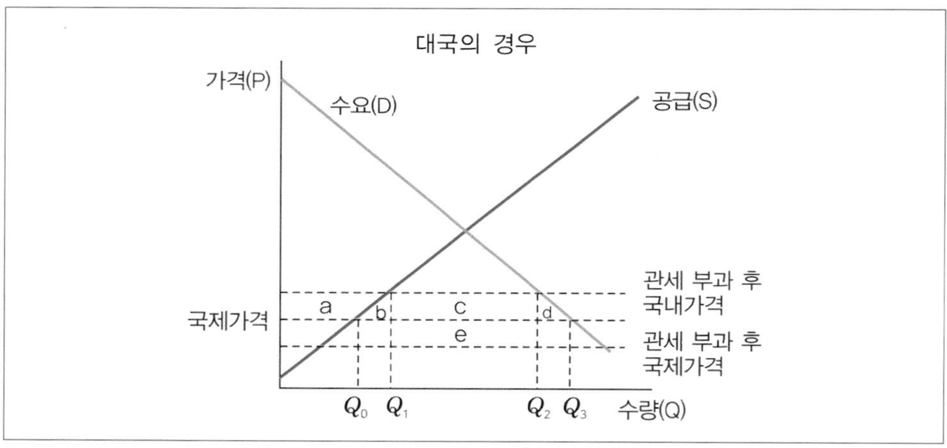

대국이 관세를 부과하면 수입량이 크게 줄어들기 때문에 국제시장에서 초과공급이 발생하여 국제가격이 하락하게 된다. 따라서, 대국이 관세를 부과하면 수입재의 국제가격이 하락하므로 교역조건이 개선된다.

관세가 부과되는 경우 국내산출량 수준이 $Q_0\,Q_1$ 만큼 증가하게 되며(산출량 증대효과), $Q_3\,Q_2$ 만큼 소비가 억제되는 효과(소비억제효과)가 발생한다. 정부는 c만큼의 재정수입이 증대되는 효과가 발생한다. 한편, 관세 부과로 인해 $Q_0\,Q_1$ 만큼의 재화와 $Q_3\,Q_2$ 만큼의 재화 분량에 대해서는 수입이 줄어들게 된다.

㉢ **평가** : 소국의 경우 관세 부과는 소비와 생산에서 왜곡을 유발하여 자국 후생을 감소시킨다. 그러나 대국의 경우 관세 부과는 소비와 생산의 왜곡을 유발하지만 교역조건의 개선을 통해 얻는 이익 때문에 오히려 자국 후생이 증가할 수 있다. 하지만 이러한 경우에도 자국의 후생 증가는 외국의 후생 감소를 대가로 하는 것이다.

ⓐ **소국의 총잉여 변동분** : $-(a+b+c+d)+a+c=\mathbf{-(b+d)}$

ⓑ **대국의 총잉여 변동분** : $-(a+b+c+d)+a+c+e=\mathbf{e-(b+d)}$

② 관세의 종류

종류	내용
반덤핑관세	외국기업이 고의로 싼 가격에 수출하고 있다는 의심, 즉 덤핑을 하고 있다는 의심이 가는 경우 부과되는 관세
상계관세	다른 나라 정부가 자기네 기업들에게 지급하는 보조금의 효과를 상쇄하려는 목적으로 부과되는 관세
보복관세	상대국의 자국상품에 대한 관세 부과에 대항하기 위해 부과하는 관세
긴급관세	국내산업의 보호를 위하여 긴급한 조치가 필요하거나, 긴급히 특정 상품의 수입을 억제하기 위하여 특정 수입품에 대해 부과하는 고율의 관세
재정관세	국가의 관세수입을 증대시키기 위하여 부과하는 관세
보호관세	국내산업을 보호하기 위하여 부과하는 관세

(4) 수입할당제

① 개념

수입할당제란 어떤 상품에 대해 수입할 수 있는 최대한의 양을 정해 놓고 그 이하로 수입하는 것만을 허락하는 제도로서, 수입량을 직접 줄이는 효과를 목표로 한다.

② 평가

동일한 양을 수입하는 관세를 부과하든 수량할당을 부과하는 교역량이나 가격과 사회후생에는 아무런 차이가 없다. 다만, 관세의 경우 일정부분이 관세수입으로 정부에 귀속되지만, 수입할당제하에서는 그 크기만큼을 수입업자가 초과이득으로 취하게 된다.

(5) 수출자율규제

① 개념

수입하는 나라의 정부가 수출하는 나라의 정부 또는 기업에게 압력을 가해 자율적으로 수출물량을 줄이도록 유도하는 정책으로서 국제기관의 간섭을 피할 수 있기 때문에 선진국에서 종종 이용한다.

② 효과

수출자율규제는 표면적인 차이점에도 불구하고 그 효과는 수입할당과 거의 동일하다. 다만 수입할당의 경우 수입업자가 얻는 초과이득이 수출자율규제에서는 외국의 수출업자에게 귀속된다.

(6) 비관세 무역장벽 또는 회색지역조치

넓은 의미에서의 비관세 무역장벽에는 수입할당제나 수출자율규제정책이 모두 포함되지만, 좁은 의미에서의 비관세 무역장벽에는 비공식적이고 은밀한 방법으로 무역을 규제하는 조치들이 주로 포함된다. 예를 들어, 각국의 환경관련 규정이나 보건관련 규정들이 현실적으로 수입을 까다롭게 만드는 역할을 할 수 있는데, 이러한 규정들이 비관세 무역장벽 또는 회색지역조치의 대표적인 예다.

3 신자유주의(Neoliberalism)

제1차 세계대전 이후 극심한 보호무역주의에 대한 반성은 패전국 독일에서 나타났다. 1920년대 독일 서남부 프라이부르크 대학의 발터 오이켄(Walter Eucken)을 중심으로 빼앗긴 시장기능을 다시 찾자는 새로운 경제사조가 등장하였는데, 이를 고전적 자유주의와 구분하여 신자유주의(neoliberalism)라 부른다. 이들은 정부가 보호주의 시대와 같이 지나치게 시장에 개입하여 자유로운 기업활동을 제한하는 등 시장기능을 위축시키면 국민경제 발전을 저해하는 요인이 되지만, 시장이 곧 자연적 질서는 아니기 때문에 시장기능 보장을 위해 정부가 강력한 정책을 펴야 한다고 주장하였다. 신자유주의는 시장질서 유지를 위한 강력한 정부개입의 필요성을 역설함으로써 기존의 자유주의와 다른 면을 보인다(김승욱, 『시장경제발전사』). 신자유주의의 사상적 배경을 제공한 학자로는 미제스(Ludwig von Mises), 하이에크(Friedrich Hayek), 프리드만(Milton Friedman) 등을 들 수 있다. 신자유주의는 1970년대 이후 케인즈적 간섭주의의 실패를 지적하면서 본격적으로 대두되었다.

4 신보호무역주의

과거의 보호주의가 후진국이 선진국에 대하여 취하는 보호무역정책이었다면, 신보호주의는 1970년대 중반 이후 선진국들이 비관세 수단을 이용해 개발도상국에 취한 무역제한정책을 말한다. 선진국 간의 무역불균형에 따른 무역마찰 심화, 개발도상국의 발전에 따른 선진국의 경쟁력 약화, 석유파동 이후의 세계경제 침체, 선진국의 실업률 증가 등을 배경으로, 무역제한조치가 본격화되었던 것이다. 신흥공업국 수출품에 대한 수입규제와 선진국의 사양산업을 보호하기 위한 비관세장벽이 강화되었다.

5 지역주의

(1) 개념

지리적으로 인접해 있으며 경제적으로 상호 의존도가 높은 국가들이 공통의 이해 증진을 위해 경제블록을 형성하는 것을 지역주의라고 한다. 지역주의란 경제블록화, 지역경제협력 등의 다양한 의미를 가지는데, 좁은 의미로는 '특정 지역 내의 경제권'을 의미한다.

지역주의의 궁극적인 목적은 회원국 간의 관세 인하 등 무역 제한을 철폐하여 자유무역을 활성화하고, 국가의 이익을 증대하며, 국민의 복지를 증진시키는 데 있다. 구체적으로 보면 첫째, 경제통합을 통해 무역창출, 투자유인 등의 실질적인 이익을 기대할 수 있고, 두 번째 정치적 측면에서 지역 안보 문제, 즉 국가 간의 유대감이 형성되어 평화를 실현할 수 있다.

서유럽에서 1980년대 이후 GATT를 중심으로 범세계적인 자유무역주의를 추진하였으나 회원국 간의 이해 대립이 발생하여 실패한 후, 경제적 이해를 같이하는 인접 국가들 간의 자유무역 실현 움직임이 확대되어 나타난 것이 지역경제 블록화다. 1990년대는 지역주의 경향이 더욱 심화되고 경제통합의 규모가 큰 것이 특징이었다면, 최근의 동향은 아시아・중남미・아프리카 국가들의 지역주의 움직임이 활발해지고 있다는 특징이 있다.

(2) 지역주의의 영향

지역별로 경제 블록화를 만들게 되면 무역 자유화를 이룰 수 있고, 또 약소국들이 세계경제 질서의 구축과정에서 자신들의 의견을 반영할 수 있으며 지역국가 간 무역과 교류가 확대되고 국제경제에 미치는 영향력이 커진다는 긍정적인 측면이 있다. 반면에 회원국들에게만 혜택을 주는 차별적 행동으로 인해 비회원국이 국제거래에서 불리한 입장에 처하게 되어 무역마찰을 가져오는 부정적 측면이 있다.

(3) 지역적 자유무역의 종류

지역적 차원에서 자유무역을 추진하려는 움직임에는 이에 참여하는 나라들 상호 간의 무역을 어느 정도로 자유롭게 만들 것이며, 참여하고 있지 않은 나라와의 무역에 대해 어느 선까지 공동보조를 취할 것인지에 따라 유형이 나누어진다.

유형	공동보조의 범위			
자유무역지대	관세・비관세 장벽철폐			
관세동맹	관세・비관세 장벽철폐	역외공동관세 부과		
공동시장	관세・비관세 장벽철폐	역외공동관세 부과	생산요소의 자유로운 이동	
경제동맹	관세・비관세 장벽철폐	역외공동관세 부과	생산요소의 자유로운 이동	경제정책의 조정

(4) 지역주의의 기본적인 한계

지역주의의 한계는 이러한 움직임이 세계적인 차원에서의 자유무역에 반드시 도움이 된다는 보장이 없다는 점이다. 이는 이들이 자기들끼리 주고받는 자유무역의 혜택을 다른 나라들에게 제공하지 않기 때문이다.

(5) 관세동맹의 경제적 효과

① 무역창출효과

관세동맹 이전에는 무역이 이루어지지 않았으나 관세동맹으로 인하여 무역 기회가 생겨나는 효과를 의미하며, 무역창출효과가 발생하면 재화의 공급원이 비효율적인 국가에서 효율적인 국가로 이동하므로 자원배분의 효율성이 높아진다.

② 무역전환효과

관세동맹 이전에는 저비용의 국가에서 수입하던 것을 관세동맹 이후에는 고비용의 역내국가로 수입선이 전환되는 효과이다. 무역전환효과가 발생하면 재화의 공급원이 효율적인 국가에서 비효율적인 국가로 전환되므로 자원배분이 보다 비효율적이 된다.

6 경제블록화

세계 각국은 자연적 조건, 자원 및 인구분포 등의 지리적 조건, 경제발전단계, 기술발달 정도 등이 다르기 때문에, 상호 협력을 통해 경제적 이익을 얻거나 이해관계가 일치하는 국가들끼리 지역별 협력기구를 만들어 공동보조를 취하고 있는 지역주의화 현상을 경제블록화라고 한다.

금융 위기와 기후변화협약의 영향으로 제조업체들이 공급망을 가까운 곳으로 돌리는 추세여서 세계경제의 블록화가 가속화되고 있다. 이렇게 세계경제의 블록화가 가속화되는 추세에서 남동유럽의 12개국이 남동유럽 지역협력협의회(RCC ; Regional Cooperation Council)를 출범시켰으며, BRICs(브라질・러시아・인도・중국) 4개국 또한 '세계경제의 신(新)파워 블록'의 탄생을 의미하는 정상회담을 갖기도 했다. 현재 경제블록화의 대표적인 예로 EU(유럽연합), NAFTA(북미자유무역협정), APEC(아・태경제협력체), ASEAN(동남아시아국가연합)을 들 수 있다.

7 무역라운드

새로운 무역라운드	개념	주요 내용	영향
그린라운드	환경과 무역을 연계하여 새로운 국제무역질서를 수립하려는 협상라운드	환경오염을 유발하는 재화에 대한 수출입규제 등	환경기술수준이 낮은 후진국에게 불리한 영향
블루라운드	근로자들의 노동환경과 국제무역을 연계시키려는 협상라운드	근로조건이 열악한 국가에서 생산되는 재화의 수입규제 등	근로조건이 열악한 후진국들에게 불리
경쟁라운드	각국의 경쟁조건과 국제무역을 연계시키려는 협상라운드	외국기업에 대하여 폐쇄적인 시장구조를 가진 국가에서 생산되는 재화의 수입에 대한 규제 등	폐쇄적인 시장구조를 가진 국가들에게 불리
기술라운드	각국의 기술정책과 국제무역을 연계시키려는 협상라운드	기술 개발을 위한 정부의 직접적인 보조금 지급 금지 등	기술 개발을 위하여 많은 보조금을 지급하고 있는 후진국들에게 불리

용어 해설

뉴라운드(New Round) : 21세기 무역질서를 논의하기 위한 새로운 다자간 협상을 뉴라운드라고 말한다. 지난 1947년 '관세와 무역에 관한 일반협정'(GATT)이 출범한 이래 WTO체제까지 진행됐던 협상은 일관되게 각국 간의 상품과 서비스의 흐름을 제약하는 교역장벽을 해소하는 데 중점을 두었다. 그러나 뉴라운드는 종래 각국의 고유 문제로 간주되어 오던 정책·관행·기준까지도 국제적으로 통일시켜 '공정한 경쟁기반'을 마련하는 데 그 초점을 두고 있다.

8 자유무역협정(FTA ; Free Trade Agreement)의 이해

(1) FTA의 개념

자유무역협정(FTA)이란 가맹국 간에 상품의 자유무역을 위해 관세 및 비관세장벽을 완화 내지 철폐하는 특혜무역협정으로 가장 느슨한 경제통합 형태이다(경제통합은 가맹국 간의 밀착 정도에 따라 4단계로 구분한다). 그동안 유럽연합(EU)이나 북미자유무역협정(NAFTA) 등과 같이 대개 인접국가나 일정한 지역을 중심으로 이루어졌기 때문에 흔히 지역무역협정(RTA ; Regional Trade Agreement)으로 부르기도 한다. 그러나 최근에는 원거리 FTA 체결도 늘어나고 있다. 2010년 8월 현재 FTA를 비롯해 전세계에 발효 중인 지역무역협정은 총 285개이다.

자유무역협정은 크게 두 가지 형태가 있는데, 하나는 FTA의 모든 회원국이 자국의 고유한 관세 및 수출입제도를 완전히 철폐하고 역내의 단일관세 및 수출입제도를 공동으로 유지해 가는 방식으로 EU가 좋은 사례다. 다른 하나는 NAFTA에서 볼 수 있는 것과 같이 FTA의 각 회원국이 역내의 단일관세 및 수출입제도를 공동으로 유지하지 않고 자국의 고유 관세 및 수출입제도를 계속 유지하면서 무역장벽을 완화하거나 철폐해 가는 방식이다.

한편, FTA는 자유무역지대(Free Trade Area)를 지칭하기도 하는데, 이는 당사국 간 무역에 영향을 미치는 관세 및 거의 모든 비관세장벽(non-tariff barriers)을 철폐한 둘 이상의 국가를 말한다.

(2) FTA와 WTO 체제의 차이

FTA와 WTO 체제의 가장 큰 차이점은 WTO가 모든 회원국에게 최혜국대우를 보장해 주는 다자주의를 원칙으로 하는 반면, FTA는 양자주의 및 지역주의적인 특혜무역체제로 회원국에게만 무관세나 낮은 관세를 적용한다는 것이다. 하지만 FTA에서도 비회원국에게는 WTO에서 유지하는 관세를 그대로 적용한다. 또 FTA 회원국 간에는 상품의 수출입을 자유롭게 할 수 있도록 허용하지만, 비회원국의 상품에 대해서는 WTO에서 허용하는 수출입의 제한 조치를 그대로 유지하는 것이 가능하다.

(3) FTA 체결의 경제적 효과

FTA의 체결에 따른 경제적 효과로 크게 무역창출효과와 무역전환효과 등을 들 수 있다. 먼저, 무역창출효과란 FTA 체결에 따라 관세가 낮아져 국가 간 상품과 서비스의 교역 및 투자 등이 이전보다 더 확대되는 것을 말하는데, WTO에서 FTA를 허용하는 논리적 근거는 이를 기반으로 한다. 무역전환효과란 FTA 체결이 오히려 FTA 회원국과 비회원국 간에 교역과 투자 등을 감소시키고, FTA 회원국 간에만 교역과 투자가 확대되는 것을 말한다.

(4) FTA와 CEPA

FTA와 비슷한 개념으로 CEPA가 있는데, CEPA란 우리나라와 인도가 체결한 경제 협정으로서 포괄적 경제동반자 협정(Comprehensive Economic Partnership Agreement)의 약자이다. CEPA의 의미는 상품·서비스·무역·투자·경제협력 등 전반적인 경제관계 교류를 포함하며 FTA보다 넓은 의미의 포괄적인 FTA를 의미한다. CEPA에 대하여 조금 더 자세히 들여다보면 과학기술협력, 관세협력, 기업 및 전문인력의 이동 및 기업 간의 협력, 이중과세 방지법 등의 내용이 있으며 CEPA의 조기 타결로 인해 인도에 진출한 한국 기업이 경쟁국인 중국이나 일본보다도 더 먼저 거대 인도 시장을 선점한다는 점에 큰 의미가 있다.

기출 유사문제

두 나라 간의 자유무역협정(FTA)이 체결되어 농산물 수입관세가 철폐되었다. 이 자유무역협정으로부터 이득을 보기 어려운 계층을 모두 묶은 것은?

㉠ 농산물 수입국의 농가
㉡ 농산물 수입국의 소비자
㉢ 농산물 수입국의 정부
㉣ 농산물 수출국의 농가
㉤ 농산물 수출국의 소비자

① ㉠, ㉢
② ㉡, ㉣
③ ㉡, ㉣, ㉤
④ ㉠, ㉢, ㉤
⑤ ㉣, ㉤

해설 수입관세가 철폐되면 수입국의 생산자는 국내가격이 하락하여 생산자잉여가 감소하고, 소비자는 소비자잉여가 증가하며, 수입국의 정부는 관세수입이 없어진다. 반면에 수출국의 생산자는 수출가격이 상승해서 생산자잉여가 증가하나, 소비자는 수출가격의 상승으로 국내가격도 상승해서 소비자잉여가 감소한다.

정답 | ④

3 글로벌 경제의 흐름

1 주요 20개국(G20 ; Group of 20)

(1) G20 설립

G20은 주요 7개국(G7 ; Group of Seven)을 이루는 독일, 미국, 영국, 이태리, 일본, 프랑스 및 캐나다를 위시하여, 신흥국, 주요 경제국 12개 국가(남아프리카 공화국, 대한민국, 러시아, 멕시코, 브라질, 사우디아라비아, 아르헨티나, 오스트레일리아, 인도, 인도네시아, 중화인민공화국, 터키)와 유럽이사회 회장(President of the European Council)으로 대표되는 유럽연합(EU ; European Union)을 포함하는 20개국의 모임을 칭한다.

지속적으로 세계화와 시장 개방이 진행되면서 새로이 발생하는 정치·경제문제에 대응함에 있어 기존의 G7체제가 그 한계를 보이기 시작함에 G7를 대체할 세계적 합의기구의 필요가 대두되었다. 이에 G7을 대체하기 위하여 G7 주도로 G22, G33 등 다양한 국가 구성의 기구를 시험하던 중에 1999년 12월 독일에서 G20 재무장관 및 중앙은행총재회의 개최를 시작으로 G20의 모양새를 잡아가게 된다.

1999년부터 재무장관 및 중앙은행총재회의로 진행되던 G20회의는 2008년의 세계 금융 위기라는 전대미문의 사건을 촉매로 전 세계가 위기 타개를 위한 국제적 정책 공조를 논하기 위하여 2008년 11월 15일 미국 워싱턴 D.C.에서 첫 정상회의가 열렸다. G20 정상회의는 재무장관 및 중앙은행총재 회의에 더하여 첫 정상회의 이후 매년 두 번씩 개최되었으나 2011년 6차 프랑스 칸 정상회의 이후부터는 연례로 회의를 개최함에 합의하였다.

G20은 별도의 사무국 없이 의장국이 1년간의 임기 동안 사무국 역할을 한다. G20의 의장국은 회원국 간 순환 방식으로 각 지역별 대표국으로 선정된다. 의장국은 수임년도 전후 1년씩 트로이카 의장국단의 일원으로 의장국의 자문단 역할을 한다(2020년 의장국은 사우디 아라비아이며, 국제금융체제와 관련해서는 프랑스와 더불어 한국이 공동의장국을 맡게 되었다).

(2) G20의 현황

G20은 새로이 재편된 세계적 정세를 보다 현실적으로 반영한 국제협의기구다. 기존의 G7은 미국과 유럽에 편중된 구성이었지만, G20은 각 대륙의 국가가 회원국으로 참가함으로써 보다 다양한 시각과 의견의 교류를 가능하게 한다. G20은 2010년 현재 세계 GDP(구매력평가 조정)의 83%, 세계무역(EU 간 무역 포함)의 80%, 세계 인구의 2/3, 세계경제성장에 84%(명목GDP)를 기여하고 있다.

(3) G20 회원국

정상회의 시에는 20개 회원국뿐 아니라 국제통화기금(IMF ; International Monetary Fund), 세계은행(World Bank), 국제통화금융위원회(International Monetary and Financial Committee), 개발위원회(Development Committee)의 기관들은 그 기관장들이 참석한다.

2 BRICs, N-11(Next Eleven)

(1) BRICs

① BRICs의 유래

BRIC 국가(흔히 BRICs로 표기)란, 2001년 골드만삭스 자산 운용의 짐 오닐(Jim O'Neill) 현회장의 'Building Better Global Economic BRICs'라는 보고서에서 처음 사용된 표현으로 신흥 개발 경제 브라질(Brazil), 러시아(Russia), 인도(India), 중국(China)의 앞 글자를 딴 것이다. 이는 세계경제의 중심이 서서히 G7과 같은 선진국에서 신흥개발국으로 이동되고 있음을 시사하는 표현으로 널리 쓰이고 있다.

골드만삭스의 2005년 보고서에 의하면 멕시코와 한국의 경제만이 이들 네 나라와 견줄만 하지만, 이미 OECD에도 가입된 보다 발전된 경제라는 판단에 멕시코와 한국은 BRICs에서 배제되었다.

골드만삭스는 BRIC 국가들의 놀라운 경제성장 속도를 감안할 때, 2050년에는 현재의 가장 부유한 국가들의 경제규모를 압도할 것이라고 전망한 바 있다. 현재, BRIC 국가들은 세계 면적의 25%을 차지, 세계 인구의 40% 이상을 구성하며 이들의 GDP[구매력평가(PPP) 조정]의 총합은 18.5조 달러에 이른다. 골드만삭스는 이들 네 국가가 EU 혹은 ASEAN과 같은 공식적인 연합이나 기구를 형성할 것이라고 전망했던 것은 아니다.

골드만삭스의 BRIC 국가들에 대한 보고서에 대해 지나치게 단순화된 가정들을 전제하며 현실의 보다 복잡한 정세를 온전히 반영하지는 못했다는 비판도 있다. 또한, 이들 네 개 국가에 더하여 멕시코와 한국을 포함시켜 'BRIMCK(Brazil, Russia, India, Mexico, China, Korea)'라는 표현이 사용되기도 한다.

골드만삭스의 2007년 보고서 'BRICs and Beyond' 전망에 의하면 2050년 1인당 GDP(2006년 미국 달러 기준) 소득 1위는 미국으로 91,683달러, 2위는 한국 90,294달러이다. 아울러 러시아는 4위 78,435달러, 멕시코는 9위 63,149달러, 브라질은 11위 49,759달러, 중국은 12위 49,650달러 그리고 인도는 17위 20,836달러에 이를 것으로 전망했다.

② BRICs 내실화

BRICS는 단지 네 국가를 이르는 표현인 'BRICs'와는 달리 주도적 신흥경제국들인 브라질, 러시아, 인도, 중국, 남아프리카 공화국이 이루고 있는 국제정치기구이다. 2006년 뉴욕에서 BRIC 국가들의 외무장관들의 모임을 가짐으로 공식적인 기구 설립 논의를 시작했다. 이후 네 차례에 걸쳐 고위급 회의가 이어졌다. 2009년 6월 16일에는 러시아의 예카테린부르크에서 브라질, 러시아, 인도 그리고 중국의 정상들이 모두 참석한 첫 정상회의를 개최했다. 첫 정상회의는 세계경제의 위기 탈출 전략과 네 개국의 향후 긴밀한 협조에 관한 논의가 이루어졌다. 또한 BRIC 국가들을 위시한 신흥경제국들이 향후 세계무대에서의 보다 효과적인 의견을 개진할 수 있도록 하기 위한 협력 방안에 대한 논의도 이루어졌다.

남아프리카 공화국은 2010년에 가입 가능성을 타진했고, 2010년 12월 24일 공식 회원국으로 가입했다. 이후 'BRIC'은 남아프리카 공화국(South Africa)의 'S'를 포함하여 'BRICS'으로 명칭을 바꾸었다. 남아프리카 공화국의 제이콥 주마(Jacob Zuma) 대통령은 2011년 4월 중국 하이난의 산야에서 열린 정상회의 때부터 공식 회원국 수장 자격으로 참가하였다.

(2) N-11

'Next Eleven (혹은 N-11)'은 BRICs에 이어 골드만삭스에서 2005년 보고서에서 21세기 세계 경제 주무대의 주요 경제국으로 발전할 가능성이 높은 11개국으로 평가한 나이지리아, 멕시코, 방글라데시, 베트남, 이란, 이집트, 인도네시아, 터키, 파키스탄, 필리핀 그리고 한국을 묶어 부른 표현이다.

골드만삭스는 거시 경제 안정성, 정치적 성숙도, 무역과 투자의 개방성 그리고 교육의 질을 그 평가의 기준으로 삼았다. N-11 보고서는 2003년의 BRIC 보고서의 후속으로 발표된 것이다.

(3) MIKT

MIKT(Mexico, Indonesia, Korea and Turkey)는 BRIC 국가에 이어 골드만삭스의 짐 오닐 회장이 멕시코, 인도네시아, 한국 그리고 터키 등 꾸준한 고경제성장을 보이는 국가들을 묶어 부르는 표현이다.

REVIEW

1. 생산비가 타국에 비해 절대적으로 적은 상품의 생산에 각각 특화하여 교역하면 양국 모두에게 이익이 발생한다는 것이 절대우위이다.
2. 비교우위론이란 한 나라가 두 상품 모두 절대우위에 있고 상대국은 두 상품 모두 절대열위에 있더라도 생산비가 상대적으로 더 적게 드는(기회비용이 더 적은) 상품에 특화하여 교역하면 상호가 이익을 얻을 수 있다는 이론이다.
3. 기술격차설은 국가 간의 기술격차로 인해 무역이 발생한다고 보는 모형으로, 새로운 상품을 개발하고 생산하는 기술혁신국가는 해당 상품에서 다른 나라들보다 기술우위를 가지며 이들을 수출한다는 것이다.
4. 제품수명주기는 신제품이 시장에 도입된 후 성장품목이 되었다가 사양품목이 되어 시장에서 도태되기까지의 시간적 과정을 말한다.
5. 관세는 수입품에 일정 비율의 세금을 부과하는 것으로, 무역규제의 여러 방식 중 가장 흔하게 사용되는 방법으로서, 수입품의 국제가격보다 국내가격을 비싸게 유지함으로써 국내산업을 보호하는 것을 주된 목적으로 하는 경우가 많다.
6. 수입할당제란 어떤 상품에 대해 수입할 수 있는 최대한의 양을 정해 놓고 그 이하로 수입하는 것만을 허락하는 제도로서, 수입량을 직접 줄이는 효과를 목표로 한다.
7. 지리적으로 인접해 있으며 경제적으로 상호 의존도가 높은 국가들이 공통의 이해 증진을 위해 경제블록을 형성하는 것을 지역주의라고 한다.

PART 03
국제경제

CHAPTER 03

출제예상문제

01 다음은 국제무역에 관한 설명이다. 다음 설명 중 옳은 것은?

① 레온티에프는 요소가격 균등화의 정리로서 비교우위의 원인을 설명하였다.
② 헥셔-올린 정리에서 각국은 그 나라에 상대적으로 더 풍부하게 존재하는 생산요소를 집약적으로 사용하는 재화에 대해 비교우위를 가지는 것으로 설명된다.
③ 애덤 스미스의 국제무역이론은 비교우위의 원인을 설명하려는 이론이고, 헥셔-올린 정리는 국제무역의 원인을 설명하려는 이론이다.
④ 린더의 대표적 수요이론에 의하면 공산품 간의 무역량은 무역거래국의 수요패턴이 다를수록 많아진다.
⑤ 생산기술의 불규칙한 혁신으로 인한 기술격차가 무역의 원인이라는 것이 시토브스키의 제품사이클 이론이다.

해설 레온티에프의 역설에 의하면 헥셔-올린 정리의 이론을 검증한 결과 이론적 합의와는 반대되는 결론이 도출되었지만, 레온티에프는 생산요소의 이질성으로 자신의 실증결과가 헥셔-올린 정리를 반박하는 역설이 아니라고 주장하였다.
대표적 수요이론은 산업 내 무역을 설명하는 이론으로서, 무역거래국의 수요 패턴이 비슷해지면 국내의 대표적 수요로 인해 유사한 수요 패턴을 가진 무역거래국으로 수출이 이루어진다는 이론인 반면, 기술격차가 무역의 원인이라는 것은 기술격차설의 내용이다.

02 산업 간 무역과 산업 내 무역에 대한 설명으로 옳지 않은 것은?

① 비교우위가 없으면 산업 간 무역과 산업 내 무역 모두 발생하지 않는다.
② 비교우위와 무관하게 산업 내 무역이 발생한다.
③ 산업 간 무역은 비교우위에 의해 결정된다.
④ 산업 내 무역은 무역의 이익을 초래할 수 있다.
⑤ 산업 간 무역은 무역의 이익을 초래할 수 있다.

해설 산업 내 무역이 발생하는 원인은 각국의 상품차별화와 규모의 경제이므로 비교우위 발생 여부와 관계없이 산업 내 무역이 발생할 수 있다.

정답 01 ② 02 ①

03 **그래프는 갑국과 을국의 생산가능곡선을 나타낸 것이다. 이에 대한 설명으로 옳지 않은 것은? (단, 생산요소는 노동 하나뿐이고 양국에서 투입 가능한 노동의 양은 동일하다고 가정한다)**

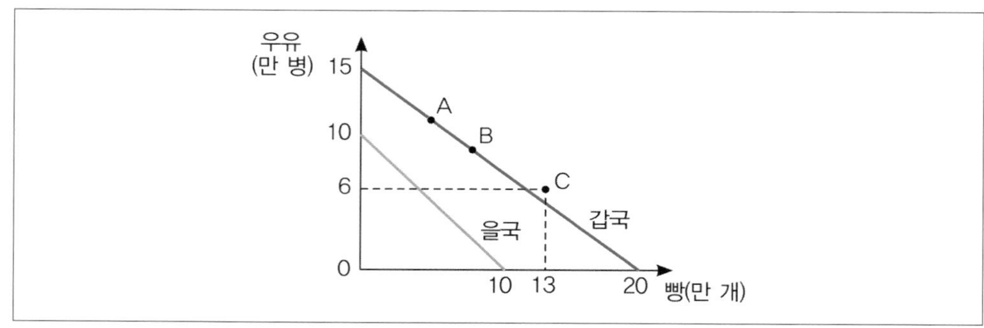

① 갑국은 을국에 비해 두 재화 모두 생산비가 저렴하다.
② 갑국이 을국보다 우유 한 병에 대한 기회비용은 크다.
③ 교역 후 갑국이 C점을 소비하기 위해서는 교역 조건이 빵 1개에 우유 6/7병이어야 한다.
④ 갑국은 양국 간의 교역조건이 빵 5개에 우유 4병일 경우에는 무역에 응하지 않을 것이다.
⑤ 갑국이 생산조합을 A점에서 B점으로 이동하는 경우, 빵 1개 추가 생산에 따른 기회비용은 일정하다.

해설 갑국의 우유 한 병에 대한 기회비용은 빵 4/3개이기 때문에 을국의 우유 한 병에 대한 기회비용인 빵 1개보다 크다. 따라서 을국은 우유에 대해서 비교우위를 갖는다. 교역이 이루어지기 위해서는 교역조건이 양국의 기회비용 사이에 위치해야 하는데, 빵 5개에 우유 4병의 교역조건은 '3/4 < 4/5 < 1'이기 때문에 교역이 발생할 수 있다.

04 **한국과 미국은 노동만을 유일한 생산요소로 하는 직선 형태의 생산가능곡선을 가진다고 하자. LED TV와 자동차를 생산하기 위해 한국은 각각 10명과 20명의 노동력이 필요한 반면, 미국은 각각 12명과 21명이 필요하다고 한다. 다음 설명 중 적절한 것을 모두 고른 것은?**

㉠ 한국은 LED TV 생산에 절대우위가 있다.
㉡ 미국은 자동차 생산에 있어 비교우위가 있다.
㉢ 한국은 LED TV를 수출하고 자동차를 수입할 것이다.

① ㉠, ㉡
② ㉠, ㉢
③ ㉠, ㉡, ㉢
④ ㉡, ㉢
⑤ ㉢

정답 03 ④ 04 ③

해설 한국은 LED TV를 생산하는데 미국보다 2명 적은 노동력이 필요하기 때문에 절대우위에 있다. 한편, 한국은 LED TV 1대를 생산하는 데 발생하는 자동차 1/2대의 기회비용이 발생하는 데 비해, 미국은 LED TV 1대를 생산하는 데 자동차 12/21대의 기회비용이 발생하기 때문에 한국은 LED TV에 비교우위를 갖는다.

05 다음 자료에서 그림은 갑과 을의 A, B 두 재화에 대한 생산가능곡선을 나타낸 것이다. 이에 대한 옳은 설명을 〈보기〉에서 고른 것은?

갑은 을에게 비교우위가 있는 재화에 특화하여 생산한 후 일정한 비율로 두 재화를 교환할 것을 제안하였다. 이에 을은 교환을 통해 한 재화라도 현재보다 소비가 줄어들지 않을 경우에만 갑의 제안을 수락하겠다고 하였다.

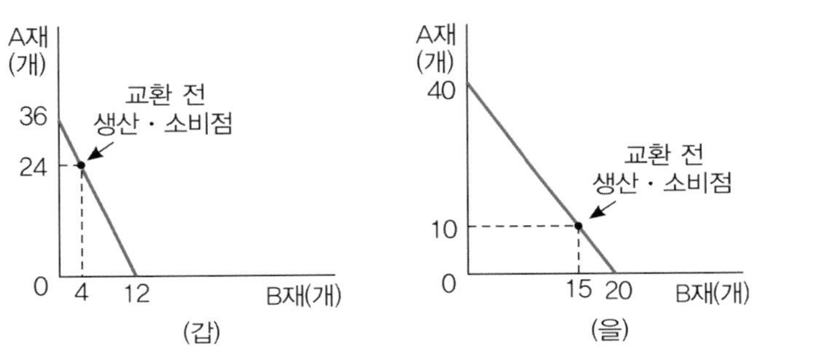

보기

㉠ 갑의 경우 B재를 1개 생산하는 데 따른 기회비용은 A재 3개이다.
㉡ A재와 B재의 교환비율이 1 : 1이라면 을은 갑의 제안을 수락할 것이다.
㉢ 교환을 통해 갑이 최대로 소비할 수 있는 A재와 B재의 수량은 각각 26개와 5개이다.
㉣ 두 사람이 비교우위가 있는 재화에 특화한 후 최대로 생산할 수 있는 A재와 B재의 수량은 각각 40개와 12개이다.

① ㉠, ㉡
② ㉠, ㉢
③ ㉡, ㉢
④ ㉡, ㉣
⑤ ㉢, ㉣

해설 갑의 경우 B재 1개를 생산하는 데 따른 기회비용은 A재 3개이며, 을의 경우 B재 1개를 생산하는 데 따른 기회비용은 A재 2개이다. 따라서 갑은 A재에, 을은 B재에 비교우위가 있다.
한편, 교환이 이루어지기 위해서는 갑과 을의 재화의 상대가격 비율 사이에서 교환비율이 결정되어야 한다. 문제에서의 상대가격 비율은 $(\frac{36}{12})^{갑} > (\frac{40}{20})^{을}$이기 때문에 1:1의 교환비율에서는 교환이 성립될 수 없다.

정답 05 ②

06 두 나라 사이에 교역이 이루어지는 기본 원리와 관련하여 옳은 설명을 모두 고르면?

㉠ 각국은 기회비용이 작은 재화를 생산한다.
㉡ 한 나라가 모든 재화에 절대적인 우위가 있는 경우 교역은 이루어지지 않는다.
㉢ 교역이 이루어지는 경우 한 나라가 이득을 보면 다른 나라는 손해를 본다.
㉣ 기회비용의 크기는 비교우위를 결정한다.

① ㉠, ㉡
② ㉠, ㉣
③ ㉡, ㉢
④ ㉡, ㉣
⑤ ㉢, ㉣

해설 무역이 이루어지는 이유는 각국이 서로 다른 재화에 비교우위가 있기 때문이다. 그리고 기회비용이 낮은 국가에서 비교우위를 가지므로 기회비용의 크기로 비교우위를 결정한다. 한편 한 국가가 모든 재화에 절대우위가 있어도 비교열위에 있을 수 있으므로 교역은 이루어지며, 비교우위에 따른 교역은 무역 쌍방국에 모두 이득을 준다.

07 2국가(A, B), 2재화(X, Y) 모형에 있어서 A국은 B국보다 X재의 Y재에 대한 기회비용이 낮다고 하자. 두 나라의 무역에 대한 설명으로 올바른 것은?

① A국은 Y재에 특화를 하여 B국에 수출을 하고, B국은 X재에 특화를 하여 A국에 수출을 하면, 두 국가는 이득을 얻는다.
② A국은 X재에 특화를 하여 B국에 수출을 하고, B국은 Y재에 특화를 하여 A국에 수출하면, 두 국가는 이득을 얻는다.
③ 두 국가는 두 재화를 모두 생산하여 각 재화를 반씩 서로 수출과 수입을 하면, 두 국가 모두 이득을 얻는다.
④ 두 나라가 두 재화에 대하여 어떤 양상의 무역을 하더라도, 무역 전에 비해서 두 나라의 후생이 증진될 수 없다.
⑤ 두 나라가 어떤 재화든 생산을 해서 무역을 하기만 하면, 무역 전에 비해서 두 나라의 후생이 증진된다.

해설 A국은 B국보다 X재의 Y재에 대한 기회비용이 낮으므로, A국은 X재에 비교우위가 있고, B국은 Y재에 비교우위가 있다. 그래서 A국은 X재를 특화하여 수출하고, B국은 Y재를 특화하여 수출함으로써 양국 모두 이득을 얻는다.

정답 06 ② 07 ②

08 다음 중 비교우위론에 관한 설명으로 옳지 않은 것은?

① 대기업의 CEO가 화단에 직접 물을 주지 않고 정원사를 고용하는 것은 비교우위론의 예측과 부합한다.
② 한 국가에서 모든 산업이 비교열위에 있는 경우도 종종 관찰된다.
③ 절대열위에 있는 산업이라도 비교우위를 가질 수 있다.
④ 국가 간의 무역뿐만 아니라 개인 간의 교역을 설명하는 데에도 응용된다.
⑤ 비교우위는 국가의 지원이나 민간의 투자에 의해 그 양상이 변할 수 있다.

해설 어느 국가에 절대우위 또는 절대열위는 모든 재화에 대해 있을 수 있다. 그러나 비교우위 또는 비교열위는 모든 재화에 대해 있을 수 없다. 그래서 절대열위에 있는 산업이 비교우위를 가질 수도 있다. 한편, 비교우위에 따른 교역은 개인이나 국가에 관계없이 모든 재화의 교환에 적용된다. 그래서 CEO가 화단에 물주기에 대한 기회비용이 정원사보다 크므로 정원사는 물주기에 비교우위가 있으나 CEO는 비교열위가 있어 CEO가 정원사를 고용한다. 그리고 비교우위는 산업 간 생산량의 상대가격에 의존하므로 민간투자와 정부지원에 의해 생산량이 변하면 비교우위도 달라진다.

09 글로벌 금융 위기로 국제투자자금이 상대적으로 안정적인 국가로 집중되면 그 국가에 나타날 수 있는 경제 현상을 순서대로 바르게 나열한 것은?

	이자율	경상수지
①	상승	개선
②	상승	악화
③	하락	개선
④	하락	악화
⑤	하락	불변

해설 국제투자자금이 국내에 유입되면 외환시장에서는 외환의 공급증가로 환율이 하락(자국 통화가치 상승)하고 국내자금시장에서는 통화량 증가로 이자율은 하락하게 된다. 한편 환율하락은 수출상품의 외화표시 가격 상승을 초래하여 결국 경상수지는 악화된다.

정답 08 ② 09 ④

10 **아름과 보름은 이불 1장과 목도리 1벌을 만드는데 각각 다음과 같은 시간이 걸린다고 하자.**

구분	아름	보름
이불	3시간	6시간
목도리	2시간	3시간

아름과 보름이 동의할 수 있는 거래는 목도리 1벌당 몇 장의 이불이겠는가?

① 1/2 미만
② 2/3 이상
③ 2 이상
④ 3/2과 2 사이
⑤ 1/2과 2/3 사이

해설 '이불로 표시한 목도리의 기회비용 = 목도리의 생산투입시간/이불의 생산투입시간'이므로, 아름의 목도리의 기회비용 = 2/3이고, 보름의 목도리의 기회비용 = 3/6 = 1/2이다. 그래서 아름과 보름 간 목도리 1벌당 이불의 교환비율은 1/2과 2/3 사이이다.

11 **유일한 생산요소인 노동을 90단위 가지고 있는 국가를 상정해 보자. 이 국가는 치즈와 포도주를 생산할 수 있는데, 1kg의 치즈와 1리터의 포도주를 생산하기 위해 각각 2, 3단위의 노동량이 필요하다. 다음의 설명 중 가장 옳지 않은 것은?**

① 치즈의 최대 생산가능량은 45kg이다.
② 치즈로 표시한 포도주의 기회비용은 3/2이다.
③ 세계시장에서 치즈로 표시한 포도주의 상대가격은 2/3라면, 이 국가는 포도주의 생산에 완전특화한다.
④ 생산가능곡선은 우하향하는 직선의 형태로 나타난다.
⑤ 노동의 부존량이 변화하더라도 이 국가가 비교우위를 갖는 재화는 바뀌지 않는다.

해설 치즈의 최대생산량 = 노동부존량/치즈 1단위의 노동투입량 = 90/2 = 45이고, 포도주의 최대생산량 = 노동부존량/포도주 1단위의 노동투입량 = 90/3 = 30이다. 치즈로 표시한 포도주의 기회비용(생산가능곡선의 기울기) = 치즈의 최대생산량/포도주의 최대생산량 = 45/30 = 3/2이다. 세계시장에서 포도주의 기회비용이 2/3이면 이 국가는 세계시장에서 포도주를 수입하고 치즈를 수출한다. 한편 비교우위는 재화 간 상대가격이므로 노동부존량과 무관하다.

정답 10 ⑤ 11 ③

12 **甲과 乙만으로 구성된 A국에서 두 사람이 각각 하루 10시간 일하며, X재와 Y재만을 생산한다. 甲은 시간당 X재 2단위 또는 Y재 1단위를 생산할 수 있으며, 乙은 시간당 X재 1단위 또는 Y재 2단위를 생산할 수 있다. 다음 설명 중 옳지 않은 것은?**

① A국의 X재 하루 최대생산량은 30이다.
② A국의 Y재 하루 최대생산량은 30이다.
③ A국의 생산가능곡선은 기울기가 −1인 직선형태를 지닌다.
④ 두 사람 모두 하루에 5시간씩 X재와 Y재를 생산하는 것은 비효율적이다.
⑤ 甲은 X재 생산에, 乙은 Y재 생산에 비교우위가 있다.

해설 갑과 을로 구성된 A국에서 모두가 X재만 생산하면 하루에 갑의 X재 생산량은 20단위, 을의 X재 생산량은 10단위로 최대생산량은 30단위고, Y재도 마찬가지로 최대생산량은 30단위다. Y재로 표시한 X재의 기회비용이 갑은 0.5이고 을은 2이므로, 갑은 X재 생산에, 을은 Y재 생산에 비교우위가 있다. 그래서 갑은 X재 생산에 특화하면 하루에 20개를 생산하고, 을은 Y재 생산에 특화하면 하루에 20개를 생산한다. 그런데 갑과 을이 하루에 5시간씩을 X재와 Y재 생산에 투입하면 국가 전체의 X재와 Y재 생산량은 각각 15개로 비효율적이다. 한편, 갑과 을의 Y재로 표시한 X재의 기회비용이 다르므로 국가 전체의 생산가능곡선의 기울기는 굴절되어 직선이 아니다.

13 **산업 내 무역에 대한 설명 중 옳지 않은 것은?**

① 동종 산업에서 차별화된 제품에 대한 무역이 이루어진다.
② 산업 내 무역의 중요한 원인은 규모의 경제이다.
③ 부존자원의 차이 때문에 발생하는 국제무역을 잘 설명해 준다.
④ 어떤 나라가 구체적으로 어떤 제품에 특화할 것인가에 대한 예측이 어렵다.
⑤ 반도체 산업에서 한국이 메모리 부문에, 미국이 비메모리 부분에 특화하는 것이 하나의 예다.

해설 부존자원의 차이에 따른 산업 간 무역뿐만 아니라 산업 내 무역도 활발하다. 산업 내 무역은 동종 산업 내의 차별화된 재화의 교역으로 시장의 확대에 따른 규모의 경제효과를 발생시킨다. 그래서 반도체라는 동종산업에서 메모리와 비메모리로 재화를 차별하여 무역이 발생한다. 한편, 동종산업 내에서의 무역이므로 어떤 재화를 특화할지 여부를 미리 알기 어렵다.

정답 12 ③ 13 ③

14 다음 자료에 대한 옳은 설명을 〈보기〉에서 고른 것은?

스페인은 노동자가 1시간을 투입하면 다섯 대의 자전거를 생산할 수 있는 반면, 컴퓨터 한 대를 생산하는 데에는 20시간이 필요하다. 한편, 포르투갈은 노동자가 1시간을 투입하면 세 대의 자전거를 생산할 수 있는 반면, 컴퓨터 한 대를 생산하는 데에는 50시간이 필요하다.

보기

㉠ 스페인은 자전거 생산에 비교우위가 있다.
㉡ 스페인은 자전거 생산에 절대우위가 있다.
㉢ 포르투갈은 자전거 생산에 비교우위가 있다.
㉣ 포르투갈은 자전거 생산에 절대우위가 있다.
㉤ 스페인은 자전거를, 포르투갈은 컴퓨터를 특화하여 생산한 후에 거래하면 양국 모두에 이득이 된다.

① ㉠, ㉡
② ㉠, ㉣
③ ㉠, ㉤
④ ㉡, ㉢
⑤ ㉡, ㉤

해설 스페인은 포르투갈에 비해 시간당 더 많은 자전거를 생산할 수 있고, 컴퓨터 1대를 생산하는 데에도 더 적은 시간이 필요하다. 따라서 스페인은 자전거와 컴퓨터 생산 모두에 절대우위가 있다. 한편, 컴퓨터 한 대의 생산을 포기하면 스페인은 자전거 100대를 생산할 수 있는 반면, 포르투갈은 150대를 생산할 수 있다. 이는 포르투갈이 자전거 생산에 비교우위가 있고, 스페인은 컴퓨터 생산에 비교우위가 있음을 의미한다.

15 국제무역에 관한 설명 중 옳지 않은 것은?

① 궁핍화 성장론에 의하면 한 나라가 수출산업위주의 경제성장을 하면 오히려 사회후생을 감소시킬 수 있다.
② 레온티에프 역설에 의하면 생산요소의 부존량과 집약도에 비교우위에 있는 상품이 수출되지 않고 오히려 수입된다.
③ 규모의 경제가 발생하면 비교우위에 있는 상품으로 완전특화하는 경우에 무역으로부터 얻는 이익을 극대화할 수 있다.
④ 비교우위가 존재하는 경우 자유무역은 교역국가 모두의 사회후생을 증가시키는 효과가 있다.
⑤ 산업 내 무역은 비교우위가 있는 상품을 수출하는 방향으로 발생한다.

해설 산업 내 무역은 요소부존도의 차이에 의한 비교우위가 아닌 규모의 경제효과에 근거한다.

정답 14 ④ 15 ⑤

16 국제무역과 관련된 다음 설명 중 적절하지 않은 것은? (단, 국내 수요곡선은 우하향하고, 국내 공급곡선은 우상향하는 것으로 가정한다)

① 관세를 부과하면 생산자의 후생은 감소하고 소비자의 후생은 증가한다.
② 비교우위론에 따르면 각 국가는 생산의 기회비용이 상대적으로 낮은 재화에 특화하는 것이 유리하다.
③ 헥셔-올린 정리에 따르면 각국은 상대적으로 풍부한 생산요소를 많이 사용하는 재화에 비교우위가 있다.
④ 수입쿼터를 부과하면 수입 한 단위당 국내가격과 국제가격의 차이에 해당하는 액수가 수입업자에게 돌아간다.
⑤ 유치산업보호론에 따르면 저개발국의 기업들은 해외의 기업들과 경쟁할 수 있을 때까지 보호받아야 한다.

해설 유치산업보호론은 저개발국에서 성장 잠재력이 큰 산업을 당분간 수입으로부터 보호하여 경쟁력을 키우려는 전략이다. 왜냐하면 아직 어린 유치산업을 처음부터 자유무역으로 해외의 기업들과 경쟁을 시키면 유치산업은 도태되어 발전할 수 없어 저개발국의 공업화가 어렵기 때문이다. 한편, 관세를 부과하면 국내에서 수입품의 가격상승으로 소비자의 구매량이 감소하여 소비자잉여는 감소하나 생산량이 증가해서 생산자잉여는 증가한다.

17 다음은 관세에 관한 설명이다. 옳은 것은?

① 관세로 인한 사회적 이득은 사회적 비용보다 크다.
② 생산자들이 관세의 보호로부터 얻는 혜택이 소비자의 손해보다 크다.
③ 수입관세로 인한 조세수입이 수입할당의 경우보다 작다.
④ 수입관세의 부과로 해당 국내 수입대체산업이 보호된다.
⑤ 관세율을 증가시키면 관세수입이 증가한다.

해설 수입대체산업을 보호하려고 관세를 부과하면 재화의 국내가격이 상승해서 소비자잉여의 감소분이 생산자잉여의 증가분보다 크므로 사회적 후생이 감소한다. 관세율이 매우 높아 수입가격이 무역 이전의 국내시장가격보다 높으면 수입이 없으므로 관세수입은 없어진다. 한편 수입할당에서는 관세를 부과하지 않아 정부의 조세수입은 없다.

정답 16 ① 17 ④

18 지역경제통합의 여러 형태에 대한 다음 설명 중 가장 적절한 것은?

① 관세동맹으로 인한 무역창출효과는 무역전환효과보다 크다.
② 공동시장보다 관세동맹이 보다 강력한 지역경제통합 형태이다.
③ 현재 유럽연합은 공동시장의 단계에 있으며 유로라는 단일 화폐를 사용하고 있음에도 불구하고 경제통합의 단계에 접어들지는 않았다.
④ 자유무역협정은 지리적 접근성을 이유로 형성되기도 하나 지리적으로 멀리 떨어져 있는 나라들 사이에서 체결되기도 한다.
⑤ 무역특혜협정에서는 생산요소의 자유로운 이동이 이루어진다.

해설 지역경제통합의 형태는 관세장벽만을 없애는 무역특혜협정보다 비관세장벽까지 없애는 관세동맹이 더 강하고, 관세동맹보다 생산요소 간 자유로운 이동을 보장하는 공동시장이 더 강하다. 그리고 공동시장보다는 단일국가에 가까운 경제통합이 더 강하다. 현재 유럽연합은 단일대통령을 선출하고 있어 경제통합의 단계에 있다. 한편 우리나라와 미국은 지리적으로 멀리 떨어져 있으나 한미FTA를 체결하고 있다.

19 다음 설명 중 가장 적절하지 않은 것은?

① 교역조건은 국가 간 교역 시 수출입품의 선적, 운송, 보험 등의 조건을 말한다.
② 중상주의사상은 보호무역을 지지하는 입장을 취한다.
③ 학습효과는 비교우위를 갖게 되는 요인이 된다.
④ 자유무역지대, 공동시장, 관세동맹 중 결속력이 가장 강한 조직은 공동시장이다.
⑤ 선진국과 후진국 사이에 발생하는 정치적, 경제적 마찰을 남북문제라고 한다.

해설 교역조건은 수입품의 단위수로 표시한 수출품의 상대가격이다. 한편 대부분의 선진국은 북반구에 위치하고 대부분의 후진국은 남반구에 위치하므로, 선진국과 후진국 간의 마찰을 남북문제라 부른다.

정답 18 ④ 19 ①

매경 TEST

PART 04

경 영

PART 04
경영

CHAPTER 01

경영전략

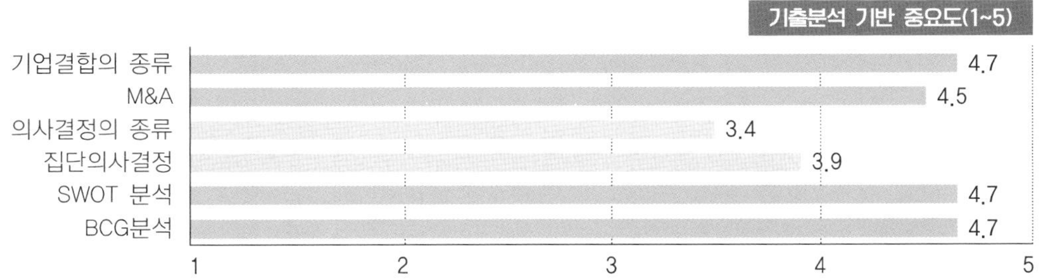

학습목표

❶ 경영전략의 세부 분석 이론들의 내용들을 구분해서 이해한다.
❷ M&A의 의미와 방어전략을 구분한다.
❸ 핵심역량의 개념과 핵심역량을 활용할 수 있는 방법론을 이해한다.
❹ 기업결합의 방향성과 세부 특징을 구분한다.
❺ 기업 내부 의사결정 방법론의 세부 개념들을 구분한다.
❻ BCG 매트릭스의 세부 내용을 이해한다.

1 경영전략

1 경영전략의 세부 구분

(1) 사업부전략과 기업전략

전략의 종류는 조직 내 위치에 따라 사업부전략과 기업전략으로 나누어 생각해 볼 수 있다. 이는 기업의 성과를 높이기 위해 고려되어야 할 요소다.

① 기업전략

기업전략은 어떤 사업 분야에 들어가서 경쟁할 것인지를 결정하는 것이다. 즉, 기업이 경쟁할 시장을 결정하거나 산업의 범위를 결정하게 된다. 기업전략에 의해 특정 기업은 성장·확장할 것인가, 안정을 추구하며 현재의 기업을 정리·정돈할 것인가, 또는 축소·탈퇴할 것인가를 결정하게 된다. 그러므로 다각화, 수직적 통합, 기업인수합병, 해외 진출과 같은 결정이나, 기업 전체의 조직구조 형태를 결정하는 데 관심이 있다.

기업전략은 여러 사업 영역을 포괄하는 경우가 많으므로 기업전략 성과의 측정 기준은 기업의 생존·성장이나 기업 전체의 이윤 등이 될 것이다.

② 사업부전략

사업부전략은 각 사업 분야에서 어떻게 경쟁을 할 것인가를 결정하는 것이다. 각 사업부가 각 시장에서 경쟁하고자 하는 구체적 방법을 다루게 되므로 경쟁전략(competitive strategy)이라고도 한다.

구분	내용
기업전략 "어느 사업 분야에 참여할까?"	• 기업 전체적으로 참여할 사업 영역을 결정하는 전략(corporate strategy) • 그 기업이 경쟁하는 시장과 산업의 범위 결정 – 다각화, 수직적 통합, 기업인수합병, 해외사업 진출과 같은 신규사업 또는 시장의 진출과 같은 결정 – 각 사업 분야에 경영지원을 배분하고 기존 사업 부문에서의 탈퇴와 같은 결정
사업부전략 "이 사업에서 어떻게 경쟁할까?"	• 개별 사업부 내에서의 경쟁전략을 다루는 전략(business strategy) • 각각의 시장에서 경쟁하는 구체적인 방법을 다룸 • 기업이 경쟁에서 이기려면 경쟁 대상 기업보다 경쟁우위에 설 수 있는 전략이 필요하며, 그 경쟁우위를 확보하고 유지하는 전략이 사업부 수준의 경쟁전략
기능별 전략	• 각각의 사업부 수준에서 보다 하위 수준의 전략은 개별 사업부 내에 있는 기능별 조직, 즉 인사, R&D, 재무관리, 생산, 마케팅에서의 기능별 전략 • 기업 수준의 전략과 사업부 수준의 경쟁전략이 수립된 이후, 각각의 영업활동, 제품기획, 자금조달 등 기능별 분야에서 세부적인 수행 방법 결정 • 기능별 전략은 경영전략 분야에서 다루지 않고 각각의 생산, 재무, 마케팅 등의 기능별 학문 분야에서 연구

2 기업환경 분석

(1) 기업 외부환경

① **경제적 환경** : 기업활동에 직접적인 영향을 미치는 경제 시스템을 말한다.

예 시장, 경제체제, 경제성장, 산업구조, 경제정책 등

② **사회·문화적 환경** : 사회나 집단을 구성하고 있는 개인의 행동에 영향을 미치는 문화나 가치관, 생활양식, 전통 내지 관습과 같은 사회적 제도나 태도를 말한다.

③ **법률·정치적 환경** : 기업의 활동에 영향을 미치는 각종 법규나 규제 등을 말한다.

④ **기술적 환경** : 기업에 영향을 미치는 일국의 기술 수준을 말한다 .

> **참고**
>
> 기술재평가(technology assessment)
> 기술을 도입, 확대, 개선할 때 생길 수 있는 사회의 영향 중 특히 의도하지 않았고 간접적이며 자연적으로 나타날 영향에 중점을 두어 이를 체계적으로 연구, 평가하는 것을 말한다. 따라서 신기술의 1차적 효과보다는 2차적 또는 3차적 영향을 다루는 것으로 기술재평가를 해야 하는 까닭은 기술은 일면 그 효익도 크나 반면 부작용도 크기 때문이다.

⑤ **자연적 환경** : 기업을 둘러싸고 있는 대기, 자원, 일기, 기후 등과 같은 자연환경 조건, 즉 실체적 환경 내지 생태적 환경을 말한다.

(2) 기업 내부환경

① 기업 내부에 있는 요인이지만 마치 외부환경처럼 임의로 통제할 수 없는 환경을 말한다.
② 기업의 구성원(경영자, 관리자, 종업원, 주주) 내지 이의 집합체로서 기업활동의 담당자이기는 하지만 생산활동 시스템으로서의 기업 그 자체와는 별도의 존재이다(구별되는 이유는 그들이 일차적으로 저마다의 경제적 욕구를 충족시키기 위해 기업에 참가하기 때문).
③ 국제 기업환경
앞의 여러 환경요인을 포함하는 국내 기업환경과는 달리 기업이 국경을 넘어 수출입, 투자와 같은 국제 기업활동을 전개할 때 당면하는 환경을 말한다.

(3) 내부역량 분석의 필요성

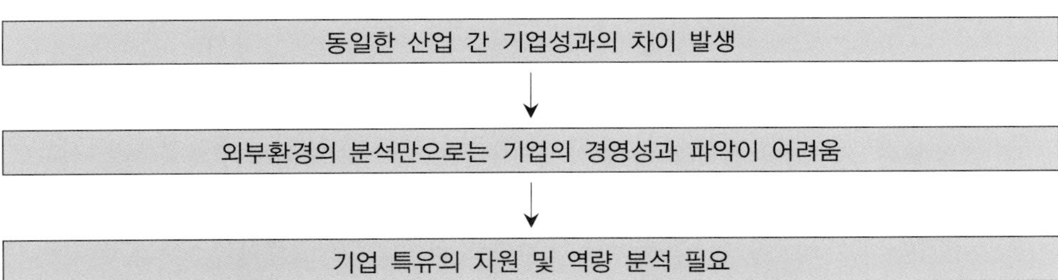

의료 및 건강 사업의 기업들 중 어떤 기업은 산업 평균 수익률보다 훨씬 더 높은 수익률을 달성하는 반면에, 또 다른 유형의 기업들은 산업의 경쟁에서 패해 망해갈 수도 있다.
이러한 외부환경의 분석만으로는 기업의 경영성과가 어떻게 분석되는지를 100% 다 이해할 수 없다.
여기서 잘 나가는 기업과 그렇지 못한 기업이 중요한 차이를 내는 것은 기업이 오랜 시간에 걸쳐 축적해왔던 기업 특유의 자원 및 역량, 또는 앞으로 그 기업이 어떠한 자원 및 역량을 개발하고 확보할 수 있을 것인가 하는 기업의 내부역량 측면이다.

(4) 기업의 내부자원

- 유형의 자산 : 생산설비, 현금
- 무형의 자산 : 명성, 기술, 조직문화, 경영시스템
- 인적 자본

3 기업결합

(1) 기업결합의 방향

① 수평적 결합 – 시장통제력 강화 목적

수평적 결합이란 동일한 생산단계에 종사하는 기업을 집단화하는 것으로 수평적 결합의 목적은 시장통제, 제품과 판로시장의 다양화 및 전문화 등에 있다.

② 수직적 결합 – 경영합리화 목적

수직적 결합이란 서로 다른 생산단계에 있는 기업을 집단화하는 것으로 수직적 결합을 하게 되면 통제력이 향상되고 생산비용이나 시장비용이 줄어들며, 품질통제를 할 수 있고 가격과 공급수량의 불안정 등을 피할 수 있는 장점이 있다. 그러나 기업의 유연성이 감소하고 통합으로 인한 각종 부작용이 발생할 수 있는 단점이 있다.

기출 유사문제

수직적 통합의 유형 중 전방통합에 대한 사례로 적절한 것은?

① 건설회사가 시멘트 공장을 흡수하는 경우
② 자동차회사가 부품제조기업을 인수할 경우
③ 원유 탐사 개발기업이 석유 정제 및 수송기업을 흡수하는 경우
④ 기업의 성장유형 중 기존제품을 신시장으로 진입시키는 시장개발인 경우
⑤ 트럭 및 상용차 제조회사가 승용차 제조전문 회사를 인수합병하는 경우

해설 원재료의 획득에서 최종 제품의 생산, 판매에 이르는 전체적인 공급과정에서 기업이 일정 부분을 통제하는 전략으로 다각화의 한 방법이다. 동종업계에 다른 기업과 통합하는 수평적 통합과 대비된다. 수직적 통합은 전방통합과 후방통합 두 가지로 구분할 수 있는데, 원료를 공급하는 기업이 생산기술을 통합하거나, 제품을 생산하는 기업이 유통채널을 가진 기업을 통합하는 것을 전방통합(前方統合)이라 하며, 이는 기업의 시장지배력을 강화시키기 위한 전략으로 사용된다. 반면 유통기업이 생산기업을 통합하거나, 생산기업이 원재료 공급기업을 통합하는 것을 후방통합(後方統合)이라 하며, 이는 기업이 공급자에 대한 영향력을 강화하기 위한 전략으로 사용된다.

정답 I ③

③ 다각적 결합 – 외형 확장, 위험 분산 목적

다각적 결합이란 자산의 생산과 관련이 없는 기업을 결합하는 것으로 다각적 결합을 하게

되면 여러 시장에 진출하게 되므로 한 시장의 경기가 나빠져도 다른 시장에서 만회할 수 있어 위험이 감소할 수 있으나 기업통합으로 인한 문제점 등이 발생할 수 있다.

(2) 기업결합의 형태

기업결합의 형태는 당사자들의 구체적인 목적에 따라 몇 가지로 구분되는데, 크게 다음 2가지 형태로 나눌 수 있다.

① 전통적 기업결합

대부분 동종 또는 유사업종의 기업들이 상호경쟁을 제한하거나 배제하기 위해 협약을 맺는 방식이 있다. 이처럼 수평적·횡단적 결합으로 이루어지는 기업집중 형태는 다시 그 결합 강도에 따라 '기업연합'과 '기업합동'으로 세분된다. 기업연합이란 각 기업이 독립성을 유지하는 상태에서 결합을 맺는 것으로 카르텔과 같은 형태를 의미하며, 기업합동이란 동등한 관계에서 협약을 맺는 것은 마찬가지이지만 참가하는 기업들이 보다 강도 있는 결합으로 완전히 합병되는 트러스트와 같은 형태를 가리킨다.

㉠ **카르텔**(기업연합) : 한 상품 또는 상품군의 생산이나 판매를 일정한 형태로 제한하거나 독점할 목적으로 조직된 회사나 개인의 연합체를 말한다. 가장 일반적인 목적은 가격·생산량·시장점유율을 조정하기 위한 것이다. 참여 기업은 목적 달성을 위한 공동정책을 시행하지만 각각 독자적인 사업체의 성격을 지니며 독립된 재정을 유지한다는 점에서 참여기업의 독립성이 거의 상실되는 트러스트와 구분한다.

㉡ **트러스트**(기업합동) : 기업합동이라고도 하며 법률상뿐만 아니라 경영상 내지 실질적으로 완전히 결합된 기업결합 형태로, 일반적으로 거액의 자본을 고정설비에 투하하고 있는 기업의 경우에 이러한 형태가 많다. 트러스트는 독점의 가장 강력한 형태로서 기업결합 목적이 이윤 추구이건 또는 합리적인 능률화건 가장 쉽게 그 목적을 잘 달성할 수 있다.

ⓐ **횡단적 트러스트** : 단순 트러스트라고도 하며 동일기업만으로 결합된 것을 말한다.

ⓑ **종단적 트러스트** : 고도 트러스트라고도 하며 상이한 업종이나 각 생산단계를 다각적으로 결합한 경우를 말한다.

㉢ **콘체른** : 동종 또는 이종의 각 기업이 법률적으로 독립성을 유지하나 실질적으로는 주식의 소유 또는 금융적 결합에 의하여 통일된 경영 방침하에 마치 하나의 기업같이 수직적으로 결합하는 기업집단을 말하는 것으로, 기업들은 각각의 독립성을 유지하면서 주식 소유나 자금 대부의 방법을 통해 수직적·종단적으로 기업을 합병하는 콘체른 형태의 기업결합 방식이 있다. 이는 매우 결합력이 강해 각 기업들이 사실상 일체화되는 고도의 기업집중 형태인데, 그 결합 주체의 성격에 따라 산업형·판매형·금융형의 3가지로 세분할 수 있다.

ⓐ 산업형 콘체른이란 생산기술 합리화를 통해 생산비용 절감이나 원료의 안정적 확보를 꾀하는 경우를 가리킨다.

ⓑ 판매형 콘체른이란 판매활동의 합리화를 위해 영업비용의 절감이나 거래망 확보 등

을 모색하는 경우를 일컫는다.

ⓒ 금융형 콘체른은 주로 금융업자가 출자나 대부의 방식을 통해 몇 개 기업을 결합해서 지배하는 경우를 말한다.

콘체른은 트러스트나 카르텔과 달리 반드시 동종 또는 관련 기업만으로 한정되지 않으며, 전혀 연관성을 갖지 않는 기업 간에도 형성될 수 있다. 따라서 수직적・수평적 결합이 모두 가능하고, 기업결합 가운데 가장 복잡한 형태를 나타낸다.

기출 유사문제

동종 또는 유사기업의 경쟁을 제한하고 시장의 독점적 지배를 위해 경제적, 법률적으로 서로 독립성을 유지하며 기업 상호 협정에 의해 결합하는 기업집중의 형태는 어느 것인가?

① 트러스트(trust)
② 콘체른(concern)
③ 지주회사(holding company)
④ 합작법인(joint venture)
⑤ 카르텔(cartel)

해설 카르텔은 한 상품 또는 상품군의 생산이나 판매를 일정한 형태를 제한하거나 독점할 목적으로 조직된 회사나 개인의 연합체를 의미한다. 카르텔은 과점기업들이 상호 간의 치열한 가격경쟁을 피하기 위해 가격과 수량을 협의하여 결정하는 일종의 담합이다. 시장지배를 위해서 결합하는 기업집중의 형태이지만 법률적으로는 서로 독립성을 유지한다. 카르텔보다 강력한 기업집중의 형태로서 시장독점을 위하여 각 기업체가 개개의 독립성을 상실하고 합동하는 것은 트러스트라고 한다.

정답 Ⅰ ⑤

② **지주회사**(Holding Company)

지주회사는 지배회사, 모회사라고도 하며 산하에 있는 종속회사, 즉 자회사의 주식을 전부 또는 지배가능 한도까지 매수하고 이를 자사의 주식으로 대위시켜 기업활동에 의하지 않고 지배하는 회사이다. 쉽게 말해 자회사를 관리하는 회사다. 현행 공정거래법에서는 "주식의 소유를 통하여 국내회사의 사업 내용을 지배하는 것을 주된 사업으로 하는 회사로서, 자산총액이 1,000억원 이상이면서 소유하고 있는 자회사의 주식가액의 합계액이 당해 회사 자산총액의 50% 이상인 회사"를 지주회사로 규정하고 있다.

㉠ **지주회사의 유형** : 지주회사에는 '순수지주회사'와 '사업지주회사'의 두 가지 유형이 있다.

ⓐ **순수지주회사** : 타 기업(자회사)의 주식을 보유함으로써 그 기업을 지배, 관리하는 것을 유일한 업무로 하는 지주회사이며, 경영권만 확보할 뿐 독립적인 사업을 할 수 없다.

ⓑ **사업지주회사** : 직접 어떤 사업을 하면서 타 기업(자회사)의 주식을 보유함으로써 지배, 관리하는 지주회사로 혼합지주회사라고도 한다. 사업지주회사는 독자적으로 영업을 할 수 있다.

기출 유사문제

다음을 읽고 수직계열화의 장점으로 가장 거리가 먼 것은?

> 최근 국내 한 자동차 기업이 세계판매량 기준 5위에 오르면서 큰 주목을 받았다.
> 미국자동차 전문지 '카앤드라이버'는 이 기업의 자동차를 '올해 최고의 차 톱 10'에도 선정했다.
> 이 기업은 지난해 일관제철소 고로사업을 시작해 쇳물에서 자동차에 이르는 수직계열화를 완성했다. 완성차 소재, 부품, 금융, 물류 등이 자동차 판매에 다양한 시너지를 내는 상황인 것이다.
> 이는 이 기업의 최근 경쟁력 향상의 중요한 요소로 평가받고 있다.

① 원재료 공급에 있어서 확실성 확보
② 아웃소싱에 비해 관리비용 절감 가능
③ 경영정보 공유와 마케팅 루트 공동 활용
④ 불확실성으로 유발되는 거래비용 감소
⑤ 공정 간 마진을 자체 흡수하여 원가 경쟁력 확보

해설 수직계열화를 이룬 회사나 기업군에서 실적이 좋아지고 주가가 장기적으로 크게 오른 경우들을 쉽게 볼 수 있다. '수직계열화(Vertical Integration)'는 A → B → C → 등으로 이어지면서 수직적 구조를 이루는 사업을 전부하는 것이다. 이는 '다각화(Diversification)'가 현재 하고 있는 것에 연관되는 사업이나 새로운 분야로 사업의 영역을 확장하는 것과는 다르다.
수직계열화의 대표적인 경우로는 ㉠ 제품의 제조과정에 필요로 하는 원료를 생산하여 최종 제품의 판매에 이르기까지 일련의 과정을 직접 전부하는 경우, ㉡ 기초 원료에서 출발하여 중간 원료를 생산하고 중간 원료에서 최종 제품까지 생산하는 과정을 모두 하는 경우, ㉢ 원자재나 부품을 공급받아 생산하고 유통경로를 통해 소비자에게 공급하는 경우 등을 들 수 있다.
기초 원료나 중간재만을 생산하여 최종 제품을 생산하는 다른 기업으로 넘기는 경우에 비하여, 후방산업에서 소비자를 상대로 하는 최종제품의 생산이나 유통까지 하는 경우에는 소비자 요구의 변화를 직접 파악하여 제품의 설계와 제조에 빠르게 반영할 수 있기 때문에 스피드 경영이 이루어질 수 있다.
또한 전방산업의 다른 업체에서 원료나 원자재를 받아올 때에 시장 수급의 구조상 가격협상력을 갖기 힘들면 원료나 원자재의 가격 변화에 기업 이익이 크게 좌우되면서 영업 실적의 변동성이 커지는데 수직계열화를 통해서 그런 위험을 줄일 수 있다. 원료의 독점으로 경쟁자를 배제하여 원가 경쟁력이 높고 다른 기업에 비하여 원가상 우위가 확보된다.
수직계열화를 이루면 원료부터 제품까지의 기술적 일관성에 의해 기술 경쟁력을 키우기 유리하고, 자체적으로 쌓은 노하우와 기술을 보호하면서 경쟁사에서 모방하는 것을 방지하기 수월하다. 자금조달과 생산계획을 조정하기 용이한 편이며, 공급원과 유통망을 동시에 가지고 있어서 시장 지배력을 키우는 데도 유리하다. 하지만 수직계열화는 중복된 조직이 존재하기 때문에 아웃소싱에 비해 관리비가 중복되는 단점이 있다.

정답 I ②

ⓛ **국내 지주회사 관련법** : 지주회사는 분사화를 통한 사업의 분리 매각이 쉬워 구조조정을 촉진하는 기능이 있으나, 경제력 집중 수단으로 악용될 우려가 있어 우리나라에서는 1986년 이후 지주회사(순수지주회사) 설립을 원칙적으로 금지해왔다.

1999년 외환위기 이후 기업의 구조조정을 촉진하기 위하여 「독점규제 및 공정거래에 관한 법률」을 개정하여 순수지주회사의 설립을 제한적으로 허용했으며, 2000년 금융지주회사만을 대상으로 한 「금융지주회사법」이 국회를 통과했다.

현행 「독점규제 및 공정거래에 관한 법률」에 의하면 지주회사는 ⓐ 자산총액 1,000억원 이상 ⓑ 자산총액 중 자회사 주식가액 합계의 비율이 50% 이상 되어야 한다.

위 기준을 충족한 지주회사는 공정거래위원회에 신고해야 하며, 지주회사는 순자산 25% 이상 출자를 금지하는 공정거래법상의 출자총액제한제도의 제한을 받지 않는다. 그러나 지주회사는 경제력 집중의 폐해를 방지하기 위하여 몇 가지 행위제한 의무가 주어진다.

즉, 지주회사는 부채비율을 100% 미만으로 유지하고, 자회사 지분을 50%(상장사 30%) 이상 소유하여야 하며, 지주회사의 자회사는 다른 국내회사(손자회사) 주식의 지배목적 소유가 금지되고 있다.

2 기업인수합병(M&A)

1 M&A(Mergers and Acquisitions)

(1) M&A의 의의

기업의 성장은 다음과 같이 내부적 성장과 외부적 성장으로 대별할 수 있다.

① 내부적 성장

기업이 창출한 이익을 유보하는 것뿐만 아니라 외부로부터 자본을 조달하여 기업의 규모를 확대시키는 성장이다.

② 외부적 성장

한 기업이 다른 기업과 연합하거나 결합하는 성장이다. 여기서 기업합병(M&A)은 외부적 성장의 대표적인 형태이다.

(2) M&A의 유형

① 거래 형태상의 분류

㉠ 합병

ⓐ **흡수합병** : 흡수합병이란 두 개 이상의 회사가 어느 쪽 하나의 회사를 존속회사로 하고 나머지 피합병회사를 해산시켜 그 자산, 부채 및 사업을 포괄적으로 존속회사가

승계하는 합병을 말한다.

ⓑ **신설합병** : 신설합병이란 두 개 이상의 회사가 기존회사를 해산시켜 새로운 회사를 설립하고 그 신설회사가 해산회사의 자산, 부채 및 사업을 인수하는 합병을 말한다.

㉡ **영업양수** : 영업양수(영업양도자의 입장에서는 '영업양도')란 영업활동을 행하기 위해 필요한 기능과 재산을 모두 양도받는 것이다. 이 경우에는 고정자산, 제반 권리를 포함한 영업용 재산, 경영조직, 영업상의 노하우가 포함된다. 영업양수시 매수회사는 그대로 법인으로 존속되어 주주의 주식소유권에도 영향을 미치지 않는다. 또한 매수회사는 매각회사의 사업 일부를 취득할 수 있으며 매각회사의 채무를 원칙적으로 승계하지 않는 등의 특징이 있다.

㉢ 주식취득

ⓐ **대주주로부터의 주식양수** : 인수 대상회사의 대주주와 교섭하여 대주주의 주식을 양수하는 방법이다.

ⓑ **시장에서의 주식매수** : 인수 대상회사가 공개된 회사인 경우 증권시장에서 유통되고 있는 주식을 취득하는 방법이다.

ⓒ **주식공개매수**(TOB ; Take Over Bid) : 인수 대상회사의 주주에 대하여 일정 기간 내에 일정 가격으로 일정 주식수를 매수할 것을 공개적으로 발표하여 장외시장에서 주식을 매수하는 방법이다.

ⓓ **제3자 배정증자** : 신주발행 형태를 취하고 있으며 특정주주와 제3자에게 주식을 발행하는 방법이다.

② 결합 방식에 의한 분류

㉠ **수평적 인수합병** : 시장점유율을 제고시키거나 또는 규모의 경제에 따른 이익을 얻을 목적으로 동업종에 있는 타사를 인수합병하는 것이다.

㉡ **수직적 인수합병** : 원료의 조달, 생산, 판매 등 일관조업체제를 확립하여 경영의 안정과 효율을 기하기 위해 동일 분야에 있으나 생산활동 단계가 다른 기업 간의 인수합병을 말한다.

㉢ **다각화를 위한 인수합병** : 수평적 또는 수직적 인수합병과는 달리 사업의 다각화를 목적으로 서로 다른 분야에 속하는 기업 간의 결합을 말한다. 다각화를 위한 인수합병에도 원료, 기술, 시장 등의 관점에서 어느 정도 공통된 업종에 진출하는 경우도 있고 전혀 다른 업종에 진출하는 경우도 있다.

③ 피인수회사의 대응에 의한 분류

㉠ **우호적 M&A** : 피인수회사의 경영진의 이해를 얻고 인수합병을 하는 것을 말한다.

㉡ **적대적 M&A** : 피인수회사의 경영자가 인수합병에 동의하지 않는 것으로 이때는 피인수회사의 경영진이 인수합병에 대하여 가능한 방어 수단을 강구하는 것이 보통이다.

용어 해설

다각화 : 제품과 시장이 새로운 분야로 진출·성장하는 방식. 기업이 전문화하고 있는 동일 제품 시장 분야에서 신제품을 추가해 가고 있을 경우를 다각화라고 한다.

④ 합병대가 지급에 의한 분류

㉠ **현금인수** : 기업인수합병의 대가로 현금을 지불하는 방법이다. 상대적으로 절차가 간단하여 매수가격 인상에 기동성을 갖출 수 있고 주주 측면에서 인수합병에 따른 손익을 쉽게 계산할 수 있다.

㉡ **주식교환에 의한 인수** : 피인수회사의 주식에 대하여 인수회사의 주식과 일정 비율로 교환하여 인수하는 방법이다. 기업인수에 나서기 이전에 주식발행에 대한 결의가 있어야 하며 현금인수보다 절차가 복잡하다. 이는 자산의 신주를 발행하여 피인수회사의 주주에게 제3자 배정의 증자를 하는 방법으로 인수회사의 입장에서 보면 피인수회사의 주주가 현물출자를 하는 것과 같은 효과가 발생한다.

㉢ **차입매수(LBO)** : LBO(Leveraged Buy-Out)란 피인수기업의 자산이나 현금흐름을 담보로 부채를 조달하여 기업을 인수하는 방식을 말한다. 이는 대개 등급이 낮은 투기등급의 채권(junk bond)의 발행을 통해 이루어지므로 피인수기업의 인수 이후 재무구조가 악화되는 단점이 있다.

한편, 경영자가 LBO에 의해 자사의 주식을 매수하는 행위를 MBO(management Buy-Out)라 하는데, MBO의 목적은 외부의 비우호적 매수 공세에 대응하기 위한 것과 부채조달을 통해 조세 감면 효과를 노리는 것이다. 일반적으로 MBO가 이루어지면 상장기업의 경우 상장 폐지의 절차에 들어가는 경우가 많다.

용어 해설

투기등급의 채권(정크본드) : 정크(junk)란 '쓰레기'를 뜻하는 말로 직역하면 '쓰레기 같은 채권'이다. 일반적으로 기업의 신용등급이 아주 낮아 회사채 발행이 불가능한 기업이 발행하는 회사채로 '고수익채권' 또는 '열등채'라고도 부른다. 신용도가 낮은 회사가 발행한 채권으로 원리금 상환에 대한 불이행 위험이 큰 만큼 이자가 높기 때문에 중요한 투자 대상이 된다.

(3) M&A의 효과

① 긍정적 효과

㉠ **인재의 확보** : 신규투자의 경우 인재의 육성에 시간, 비용 면에서 매우 큰 부담이 될 수 있으나, 인수합병을 통하면 피인수기업으로부터 우수한 인재를 그대로 확보할 수 있으므로 인재확보에 따른 비용을 절약할 수 있다.

㉡ **시장진입 리스크의 감소** : 기존의 판매망이 있는 기업을 인수합병하면 신규투자의 경우보다 시장진입 리스크를 줄일 수 있다.

ⓒ 시장진입 시 마찰 회피 : 성장성이 낮은 분야에서 신규투자에 의해 시장에 진입하려 한다면 기존업체와의 마찰을 일으킬 가능성이 높지만 기존기업을 인수합병하는 형태로 진입한다면 어느 정도 마찰을 피할 수 있다.

ⓓ 시장점유율 확대 : 기존상품의 시장점유율 확대를 위해서는 노후설비를 대체하거나 설비의 증설이 필요하다. 그러나 경쟁업체를 인수합병하는 경우에는 시장 전체의 공급능력을 확대시키지 않고서도 시장점유율을 확대할 수 있다.

ⓔ 원재료 수급의 안정 : 기업의 인수합병을 통해 원재료 공급의 안정화를 기할 수 있을 뿐 아니라 판매유통망의 정비도 달성할 수 있다.

ⓕ 사업다각화의 실현 : 사업이 사양화되었거나 성숙단계로 접어들어 더 이상의 성장을 기대할 수 없는 경우 본업과 무관한 신사업분야에 진출하여 경영을 다각화하게 되는데, 적절한 인력이나 기술여건이 확보되어 있지 않은 경우에는 다각화에 위험이 따른다. 이때 기존기업을 인수합병하는 전략을 이용하면 인력, 기술의 확보 등의 효과를 누릴 수 있고 또한 상대적으로 위험을 낮출 수 있다.

ⓖ 상승효과(synergy effect) : 2개 이상의 기업이 하나로 통합됨으로써 제조, 영업 및 연구개발 분야에서 상승효과를 얻을 수 있다.

② 부정적 효과

ⓐ 막대한 인수자금의 필요 : 기존회사를 인수하려면 새로 영업권을 인정해 주어야 하기 때문에 상당한 금액의 프리미엄이 필요할 뿐 아니라 경쟁자가 나타나면 인수가격이 높아진다.

ⓑ 동반부실화의 문제점 : 피인수회사가 안고 있는 부실문제가 해결되어야 하는데 피인수회사의 부실문제가 심각한 경우 그것을 해결하는 데 소요되는 노력과 경비가 새로 시작하는 것보다 커질 수 있으며 최악의 경우 동반부실 문제도 나타날 수 있다.

ⓒ 이질적 경영문화 : 합병된 회사들 간의 경영문화가 이질적인 경우 이를 하나로 묶는 데 상당한 시간과 노력이 소요될 수 있다.

ⓓ 합병가격 산정의 어려움 : 인수합병 대상 기업의 가격을 산정하는 경우 여러 변수를 고려해야 하고 산정 방법 또한 다양해서 정확성을 기하기 힘들며 인수가격을 잘못 산정할 경우 큰 손실이 발생할 가능성이 크다.

ⓔ 절차의 복잡성 : 피인수기업의 이사회, 주주총회의 승인, 채권자 보호절차, 관계 당국에의 서류제출 등의 복잡한 절차가 남아 있다.

2 M&A 동기

(1) 경영전략적 동기

① 기업성장과 지속성 유지

② 세계화를 통한 경영전략

③ 연구개발의 효용성 제고(첨단기술의 도입)

(2) 영업적 동기

① 신규 시장진입에 따른 시간단축
② 신규 시장진입 시 마찰회피
③ 규모의 경제효과
④ 시장지배력의 증대

(3) 재무적 동기

① 위험분산의 효과
② 자금조달능력의 확대
③ 조세절감

3 적대적 M&A 대상 기업

적대적 M&A는 인수기업이 피인수기업(인수 대상 기업) 경영진의 동의 없이 공개매수, 주식매집, 위임장 경쟁 등을 통하여 경영권을 인수하는 것을 말하며, M&A가 활성화되면 부실기업이 정리되고 우량기업 중심으로 기업의 구도가 재편되게 된다. 경영전략상 매력이 있는 기업이나 주가가 저평가되어 매수의 채산성이 좋은 기업 그리고 주식을 용이하게 매집할 수 있는 기업이 그 대상이 된다. 일반적으로 다음과 같은 요건을 갖고 있는 기업이 적대적 M&A의 대상이 된다.

(1) 자산을 많이 보유하고 있으나 저평가된 기업(토빈의 q 비율이 낮은 기업)

경영이 부실해 자본 수익성이 낮은 모든 상장기업이 M&A의 대상이 될 수 있으며 또한 그 특질은 기업의 규모가 아니라 투자수익률의 문제다. 현실적으로 보았을 때 M&A의 대상 기업은 특정 기업이 자신의 본질가치를 주가에 반영하지 못하는 기업, 즉 주가가 저평가된 기업이 될 것이다. 이와 같은 저평가된 기업을 인수했을 때 높은 투자수익률을 올릴 수 있으므로 적대적 인수합병을 시도하게 된다.

(2) 주가수익률이 낮은 기업(PER가 낮은 기업)

두 개의 기업이 동일한 업종에 속하면서 재무구조가 비슷하고 기업의 위험성과 수익성이 유사하다면 기업의 가치도 비슷해야 하기 때문에 주가수익률(PER ; Price Earnings Ratio)이 비슷하게 나타나야 하지만 현실적으로 유사한 기업이라도 PER의 수치가 각양각색으로 나타난다. 일반적으로 업종별로 대체적인 평균 PER의 수준이 정해지며 그 보다 낮은 기업은 상대적으로 투자가치가 높으므로 M&A의 대상이 된다.

(3) 현금흐름이 풍부하면서 저평가된 기업

현금흐름이 풍부하면서 저평가된 기업은 주요 M&A의 대상이 된다. 차입매수 시에 인수 기업은 인수한 후에 차입금의 이자와 원금을 상환하는데, 주로 대상 기업에서 창출되는 현금흐름이나 불필요한 자산을 매각해 그 자금을 상환한다. 그리고 차입금 원금을 전액상환하고 나면 그야말로 인수자의 투자가치만 남게 되므로 이를 통해 자본 차익을 얻게 된다. 이처럼 자산가치가 우량한 기업과 함께 현금흐름에 비해서 저평가되어 있는 기업은 매력적인 적대적 M&A의 대상이 된다.

(4) 내부유보율이 높은 기업

내부유보율이 높은 기업은 내부 원천자금도 풍부하고 부채비율이 매우 낮은 경우가 대부분이다. 그런데 내부유보율이 높은 기업이 풍부한 내부자금으로 현재의 자기자본 비용만큼 수익성을 내지 못하면 시장에서 주가가 저평가되기 때문에 이 또한 좋은 차입매수 대상이 된다.

(5) 지분 분산이 우량한 기업

특정 주주가 매우 높은 지분을 보유하고 있지 않은 기업은 투자의 경제성에 문제가 없다면 좋은 M&A 대상이 된다.

(6) 주주 간 갈등 가능 기업

대주주 간 내분 가능성이 있는, 즉 기업 지분경쟁 가능성이 있는 기업은 기업인수의 대상이 될 수 있다.

(7) 성장 업종에 속하는 기업

최근 M&A 대상으로 가장 각광받고 있는 업종은 첨단기술 관련 업종으로서 기업이 더욱 성장 발전하기 위해서는 필수적으로 진출해야 하는 업종으로 간주되고 있다. 이들 업종은 제품 수명주기가 짧아서 계속적인 신제품을 개발해야 하는 부담이 있으나 신규 진출로는 힘들고 또한 시장 독점력이 높아서 초기의 시장 선점이 중요하기 때문에 해당 시장이 포화되기 전에 신속히 진출하려 하므로 M&A의 가능성이 높다.

(8) 진입장벽이 있는 업종의 기업

정부의 보호 아래 진입제한이 있는 업종에 진출하려는 것은 국내 M&A의 대표적인 동기로 들 수 있다.

(9) 가치 있는 무형자산을 보유한 기업

오랜 기업 운영으로 상표가치(브랜드 파워), 유통망에 대한 가치 등의 무형자산이 축적되어 있는 기업은 충분한 가치가 있는 기업이다.

(10) 잠재주권을 많이 발행한 기업

지배주주가 보유하고 있지 않은 다양한 종류의 잠재증권을 발행한 기업은 자본 희석화의 가능성이 높기 때문에 적대적 M&A의 공격 대상이 된다.

(11) 양호한 자회사를 많이 보유한 기업(지주회사)

국내 상장기업의 소유 구조는 주식의 교차 소유로 수직적인 모자회사 관계를 형성하고 있는데 이런 형태에서 모회사를 인수한 후 자회사를 매각해 자본 차익을 실현시킬 수 있다.

4 M&A 방어전략

(1) 경영관리차원의 전략

① 경영성과의 개선

방어전략의 기본은 건전하고 성공적인 경영을 통하여 회사의 가치를 극대화시키는 데 있다. 최선의 경영노력과 경영전략목표의 설정, 합리적 경영방침으로 회사의 비전을 제시하고, 인력 및 기술개발 등으로 경쟁력을 강화하여 회사의 실적을 향상시키는 데 노력함으로써 경영진 교체 등의 명분을 주지 않는 전략이다.

② 주식감시체제의 강화와 내부전임자 배치(shark watcher)

기업이 평소 주식시장에서 자사 주식이 거래되는 양태를 감시함으로써 사전에 적대적인 공개매수 가능성을 확인하는 것으로서 자사 주식을 보유한 주주의 지분변동사항이나 비정상적인 매매행위 발생 등을 감시하고 확인함으로써 실제로 공개매수가 들어올 경우에 대비해 사전에 정보를 확보해 두는 전략이다.

③ 투자 통보 및 우호적 주주관계 유지(IR)

기업의 주가가 내재가치에 비해 현저히 저평가되는 경우는 적대적 인수합병의 대상이 될 수 있으므로 기업의 사업 내용이나 성장 전망에 대해 외부 투자가에게 적극적으로 알리고 관심을 유발할 필요가 있다.

④ 회계 관리기법의 변경

일반적으로 인정된 회계원칙에 따라 기업은 보수주의 회계원칙을 채택하는 것이 일반적이나 이러한 회계처리방법을 바꾸어 기업의 가치를 재무제표상에 제대로 표시해 주가를 상승시키는 것이다.

(2) 정관 변경을 통한 전략(주주총회의 승인 사항)

① 황금낙하산(golden parachute), 납낙하산(lead parachute), 양철낙하산(tin parachute)

대개 기업이 인수되면 대상 기업의 경영진 및 중간관리자 또는 일반 직원들도 임기 전에 퇴직해야 하는 경우가 발생하는데, 고용계약상 다액의 금전적, 비금전적 보상을 규정하여 매수제의 측의 매수비용을 증가시키는 방법이다.

② 의결정족수 특약(super majority provision)

회사의 주요 사항을 결정할 때는 주주총회에서 특별 결의를 요구하는데, 우리나라에서의 특별 결의는 주주총회 출석주주의 3분의 2와 발행주식 총수의 3분의 1 이상의 찬성을 필요로 한다. 그런데 적대적 M&A로 인한 이사진의 교체 등 지배권 변동에 관한 사항의 경우 특별 결의보다 더 높은 정족수의 찬성을 얻도록 하는 내용을 정관에 규정하면 회사의 경영권의 장악이 어렵게 된다.

③ **공정가격 보장**(fair price charter amendment)

M&A가 발생할 경우 인수자가 매입하는 모든 대상 기업의 주식에 대해 공정가격이 지불될 경우에는 의결정족수 특약을 면제해 준다는 조항을 삽입하여 매수자금 부담을 가중시킨다.

④ **이사 임기 교차제**(staggered boards)

이사진의 임기 만료가 서로 교차되게 함으로써 적대적 인수자가 많은 주식을 매입하더라도 일시에 기업지배권을 획득하지 못하게 하는 방법이다.

⑤ **주식소각의 규정**

적대적 공개매수에 의하여 특정인 및 그와 특수 관계에 있는 자가 일정 비율 이상의 주식을 보유하게 되는 경우 일정 수의 주식을 공개매수 가격 이상으로 소각할 수 있도록 미리 정관에 규정하여 두는 방법이다.

(3) 지분확보(우호 지분 포함)를 통한 전략

기업의 경영권 안정을 위해서는 51% 이상의 안정 의결권의 확보가 가장 안정적이나 대주주의 자금력의 한계로 51%의 의결정족수 확보가 어려울 경우 우리사주 조합, 은행, 투신 등 우호적 기관투자자 지분을 늘리도록 하여 인정지분을 유지하도록 하며, 자사주매입을 통한 지분 확대나 전환사채, 신주인수권부사채 등을 발행, 보유하여 주식전환을 통한 지분 확대가 가능하도록 한다.

① 상환주식의 발행
② 우호적인 제3자의 활용
③ 우리사주조합의 활용(ESOP)
④ 전환사채 또는 신주인수권부사채의 발행
⑤ 자사주의 취득

기출 유사문제

A사는 경쟁사인 B사의 지분을 늘리며 적대적 인수·합병을 시도하고 있다. B사는 이를 대비해 회사정관에 적대적 M&A에 의해서 경영진이 물러날 경우 ㉠ 거액의 퇴직금을 지급하는 조항을 명시하고 있다. 또한 B사와 ㉡ 우호적인 관계를 유지하고 있는 C사에 지분 일부를 매각하기로 결정했다. B사가 취하고 있는 M&A 방어전략을 ㉠, ㉡ 순서대로 올바르게 나열한 것은?

	㉠	㉡		㉠	㉡
①	포이즌 필	그린 메일	②	포이즌 필	백기사
③	포이즌 필	황금낙하산	④	황금낙하산	그린메일
⑤	황금낙하산	백기사			

해설 기업의 적대적 M&A에 대한 대표적인 방어수단은 다음과 같다.

㉠ 포이즌 필 : 적대적 M&A 시도가 있을 때 공격기업을 제외한 기존 주주들에게 저가로 신주를 매입할 수 있는 옵션부여 조항

㉡ 황금낙하산 : 인수 시 피인수기업 경영진에게 막대한 퇴직금을 지급하도록 하여 인수기업의 부담을 가중시키는 조항

㉢ 백기사 : 공격대상 기업의 기존 경영진에 우호적 역할을 수행하는 대주주를 일컬음

㉣ 자사주 취득 : 자사주 취득을 통하여 유통주식수를 감소시킴으로써 공격자의 주식확보를 방해하는 전략

그린메일의 경우는 경영권을 담보로 보유주식을 시가보다 비싸게 되파는 행위로 기업사냥꾼들이 상장기업의 주식을 대량 매입한 뒤 경영진을 위협, 적대적인 인수·합병(M&A)을 포기하는 대가로 자신들이 확보한 주식을 시가보다 훨씬 높은 값에 되사도록 강요하는 행위를 말한다.

정답 I ⑤

5 M&A의 단점

① 정확한 가치 산정의 어려움
② 비우호적 M&A의 경우 인재의 유출 우려
③ 차입금에 의한 M&A의 경우 재무구조 악화 우려
④ 인수자가 비도덕적일 경우 도덕적 해이 문제
⑤ 인수자의 경영능력 검증 부족에 따른 경영상 어려움
⑥ 초기 인수자금의 과다투자
⑦ 이질적인 기업문화의 극복 어려움
⑧ 기업과 기존 경영진에 대한 신뢰성 검토 어려움
⑨ 절차의 복잡성
⑩ 인수한 자산 또는 주식가치의 절하 가능성
⑪ 임직원의 불안심리로 인한 경영활동 위축 가능성

3 경영 의사결정

의사결정이란 일정한 목표를 설정하고 그 목표를 달성하기 위하여 몇 가지 대체안을 선정하여 이들 중 가장 좋은 대안을 선택하는 행동과정을 말한다.

1 의사결정 과정

의사결정 과정은 문제를 인식하고 문제에 대한 대안을 개발하고 대안을 평가하여 선택하는 의사결정 단계와 선택된 대안을 실행하고 실행한 대안을 평가하는 사후관리 단계로 구분할 수 있다.
제1단계 : 문제 인식
제2단계 : 문제 해결을 위한 대안 탐색 및 개발
제3단계 : 대안의 평가 및 선택
제4단계 : 선택된 대안의 실행
제5단계 : 피드백
여기서 1단계~3단계를 의사결정 단계라 하고, 4단계와 5단계는 사후관리 단계로 구분한다.

2 의사결정의 유형

의사결정의 유형은 학자에 따라 그 견해가 다양하나 일반적으로 사이먼(H. A. Simon)이 주장한 정형적 의사결정과 비정형적 의사결정, 앤소프(H. I. Ansoff)가 주장한 전략적 의사결정, 관리적 의사결정, 업무적 의사결정, 구텐베르크(E. Gutenberg)가 주장한 확실성하의 의사결정, 위험하의 의사결정, 불확실성하의 의사결정 등으로 구분할 수 있다.

(1) 정형적 의사결정과 비정형적 의사결정

① 정형적 의사결정
정형적 의사결정이란 사건이 반복하여 발생하므로 의사결정을 함에 있어 절차, 규정, 방침을 사전에 만들어 놓은 표준화된 의사결정 기법이다. 일반적으로 단순하고 일상적인 과업으로 과거로부터 지침을 얻을 수 있는 명백하고 확실한 상황에 적용된다.

② 비정형적 의사결정
비정형적 의사결정이란 비일상적이고 비반복적인 업무 상황에서 이루어지는 비구조적인 의사결정 기법이다. 일반적으로 일회적이며 동태적이고 불확실한 상황에서 충분한 자료가 없는 가운데 수행하여야 하는 의사결정 과정이라 할 수 있다.

정형적 의사결정과 비정형적 의사결정 간 특징의 비교

	정형적 의사결정	비정형적 의사결정
특징	• 일상적, 반복적, 단기적 의사결정 • 대부분 하위관리자들에게 나타남 • 조직의 내적 문제에 초점 • 분명히 알려지고 해결가능한 문제	• 불규칙, 특수적, 장기적 의사결정 • 상위계층의 의사결정 • 의사결정 방법 및 절차의 불명확성 • 정보자료의 불확실성

(2) 전략적 의사결정, 관리적 의사결정, 업무적 의사결정

① 전략적 의사결정

전략적 의사결정이란 최고경영층이 기업의 외부환경 변화에 대해 기업 전체의 방향을 결정하는 의사결정이라 할 수 있다. 이러한 의사결정의 예로는 신제품 개발, 해외시장 진출, 다각화 여부 등을 들 수 있다.

② 관리적 의사결정

관리적 의사결정이란 중간관리층이 수행하는 의사결정으로 자원을 활용함에 있어서 성과가 극대화될 수 있는 방향으로 의사결정을 내리는 것으로 조직편성, 유통경로, 입지결정 등에 대한 결정이다.

③ 업무적 의사결정

업무적 의사결정이란 하위관리층이 내리는 구조적 의사결정 과정으로 전략적 의사결정과 관리적 의사결정의 내용을 더욱 구체화하여 자원의 효율성을 최대화하려는 것으로 가격 결정, 생산일정 결정, 재고수준의 결정 등이다.

(3) 확실성하의 의사결정, 위험하의 의사결정, 불확실성하의 의사결정

① 확실성하의 의사결정

확실성하의 의사결정이란 의사결정에 필요한 모든 정보를 알고 있고 그 발생 결과를 확실하게 예측할 수 있는 상태의 의사결정을 의미한다. 모든 정보 및 그 결과에 대한 예측을 확실하게 할 수 있으므로 최적의 선택이 가능한 의사결정으로 주로 하위관리층에서 이루어지는 정형적인 의사결정과 유사하다.

② 위험하의 의사결정

위험하의 의사결정은 의사결정에 대한 정보가 불완전하게 있는 상태로 경영자는 문제 해결의 가능한 대안을 파악할 수 있고 그 대안을 선택하였을 경우 발생할 수 있는 상황에 대한 정보를 객관적인 확률로 알 수 있는 경우의 의사결정이다.

③ 불확실성하의 의사결정

불확실성하의 의사결정은 그 결과가 상황에 따라 변하게 되며 상황이 발생할 확률을 객관적으로 알 수 없을 경우의 의사결정으로, 사이먼이 주장한 비정형적 의사결정과 유사한 상황이라고 할 수 있다. 따라서 불확실성하의 의사결정을 수행할 때는 주로 확률을 가정하고 의사결정을 하는 기법들이 사용될 수 있다.

(4) 개인 의사결정, 집단 의사결정

① 개인 의사결정

개인 의사결정은 한 사람이 자신이 가지고 있는 정보를 활용하여 독자적으로 해결 대안을 선택하는 것으로 짧은 시간에 신속한 의사결정을 할 수 있는 장점이 있으나, 충분한 정보를 확보할 수 없다는 단점이 있다.

② 집단 의사결정

집단 의사결정은 구성원들을 의사결정에 참여시켜 상호 협의하에 의사결정을 하는 것으로 이는 개인적 의사결정보다 장점이 많을 것이라고 일반적으로 생각할 수 있으나, 개인적 의사결정보다 더 좋지 않은 결과를 가져온다는 연구 결과가 발표되기도 하였다.

3 집단 의사결정

(1) 집단 의사결정의 의의

집단 의사결정이란 여러 사람이 참여해 협의의 과정을 거쳐 의사결정을 하는 것을 말한다. 일반적으로 집단 의사결정은 문제 해결에 필요한 정보가 풍부해지기 때문에 더 높은 질의 의사결정을 초래하는 경향이 있다. 의사결정에 이르기까지 시간이 많이 소요되기는 하나 집단 의사결정은 합리성・창의성・결정 사항의 수용도 측면에서 효과적이다. 그러나 능력이 뛰어난 개인의 의사결정은 보통 능력 집단의 집단 의사결정보다 나은 결과를 가져올 수도 있다. 집단 의사결정의 부작용 가운데 하나는 집단사고(group-think)다. 집단사고란 응집력이 높은 세력집단(in-group)에 구성원들이 깊게 관여하게 될 경우 다른 대안들을 실질적으로 검토하기보다는 만장일치를 추구하는 사고방식을 갖게 되는 현상을 말한다.

(2) 집단 의사결정의 장・단점

① 집단 의사결정의 장점

㉠ 다양한 구성원들을 통하여 많은 정보와 지식을 수집할 수 있다.
㉡ 구성원들 간의 상호작용을 통한 시너지효과를 얻을 수 있다.
㉢ 의사소통의 원활화가 가능하고 의사결정 과정을 통하여 구성원들의 교육 기능이 수행될 수 있다.
㉣ 구성원들의 참여에 따른 만족감이 형성되고 이들의 지지를 얻을 수 있어 조직 응집력이 높아질 수 있다.

② 집단 의사결정의 단점

㉠ 개인 의사결정에 비하여 시간과 비용이 많이 발생한다.
㉡ 의사결정 과정에서 구성원들 간의 의견 불일치로 집단 양극화가 발생할 수 있다.
㉢ 최적 의사결정 과정이 선택되지 않고 구성원 간 타협에 의하여 차선안이 결정될 수 있다.

ⓔ 집단사고가 발생할 수 있다.

(3) 집단사고와 그 유형

① 집단사고의 의의

집단사고란 응집력이 높은 소규모 의사결정 집단에서 대안의 분석 및 이의 제기를 억제하고 합의를 쉽게 이루려고 하는 심리적 경향을 말한다. 즉, 집단구성원들이 대안에 대한 충분한 분석 및 토론 없이 쉽게 합의하고 그 대안이 최선이라고 믿으며 합리화하려고 하는 현상을 말한다. 집단사고는 의사결정 과정에 나타나는 '집단착각 현상'이다. 집단사고에 빠지게 되면 조직구성원들은 새로운 정보나 변화에 민감하게 반응하지 못해 상황적응 능력이 떨어지게 된다.

② 집단사고의 유형

㉠ **도덕적 환상** : 개인의 의사결정에 대해서 도덕적인가 그렇지 않은가를 생각해보지만 집단이 제시하는 의견은 당연히 도덕적이라 간주하는 경향이 있다.

㉡ **만장일치 환상** : 자기 의견이 다수 의견과 다를 때 다수에 포함되어 가는 것이 편하여 자기의 의견을 개진하지 않고 집단에 동조하려는 경향이 있다.

③ 과도한 모험 선택

개인 의사결정 시에는 결과에 대한 책임을 혼자 지게 되므로 위험스러운 대체안들은 선택하지 않았으나 집단 의사결정 시에는 책임이 분산되므로 위험스러운 대안을 과감하게 선택하는 경향이 있다.

④ 집단 양극화

의견 차이가 없던 사람들 간에 토론 후 의견의 극한 대립을 보여 완전히 갈라서는 경우가 있다.

⑤ 정당화 요구

집단 내에서 자신이 제안한 의견은 설사 잘못되었다고 하더라도 그것을 인정하지 않고 자신의 의견이 옳다고 계속 주장하는 경향이 있다.

(4) 집단 의사결정 방법

① 브레인스토밍

브레인스토밍이란 영감법이라고도 불리는 것으로, 적절한 수의 사람들이 모여서 집단의 리더가 제기한 문제에 대하여 자발적으로 아이디어를 제시하고 유용한 아이디어를 가능한 한 많이 얻어냄으로써 문제의 해결책을 찾으려는 방법이다. 브레인스토밍은 구성원들이 창의성을 발휘하는 데 장애가 되는 요인을 제거하기 위해서 다음의 네 가지 원칙을 준수하는 것이 좋다.

첫째, 다른 사람의 아이디어에 대한 비판을 금한다.

둘째, 아이디어를 자유롭게 제시하도록 보장한다.

셋째, 가능한 많은 양의 아이디어의 제시에 중점을 둔다.

넷째, 제시된 아이디어 간의 결합을 통합 아이디어의 개선을 권장해야 한다.

이러한 브레인스토밍은 문제를 정의하고 새로운 창의적인 대안을 탐색하는 데 효과적으로 사용할 수 있다. 또한 브레인스토밍은 동기 부여, 독선적 사고의 배제, 적극적이고 진취적인 태도 함양 등의 부수적 효과를 얻을 수 있다. 그러나 이 방법은 문제와는 전혀 연관성이 없는 아이디어나 현실성이 결여된 아이디어들이 나열될 수 있다. 그러므로 이 방법은 대안을 발견하는 데 유효하나, 대안을 평가・선택하는 단계에서는 다른 기법들과 병용하는 것이 바람직하다.

② 명목집단법

명목집단법은 구성원들 상호 간의 대화나 토론 없이 각자 서면으로 아이디어를 제출하고 토론 후 표결로 의사결정을 하는 기법으로, 의사결정에 참여한 모든 구성원들은 상호 간의 대화 없이 각자 독립적으로 자신의 의견을 제시할 수 있기 때문에 의사결정을 방해하는 타인의 영향력을 줄일 수 있다. 이 방법은 새로운 사실의 발견과 아이디어를 얻고자 할 때, 정보의 종합이 필요할 때, 최종 결정을 내릴 경우에 효과적이다.

③ 델파이법

델파이법은 구성원이 모인 자리에서 토론을 거쳐 결정을 하는 것이 아니라, 설문지를 통해서 각자의 전문적인 의견을 제시하고 다른 사람들이 제시한 의견을 반영하여 설문지를 수정한 후 이를 이용하여 다시 의견을 제시하는 일련의 절차를 반복하면서 최종 결정을 내리는 방법이다. 명목집단법과는 달리 의사결정의 참석자들이 서로 얼굴을 볼 수 없도록 떨어져 있는 상태에서 시행되고, 참여자들은 사안에 대한 전문가들로 구성된다. 이 방법은 다음과 같은 절차를 따른다.

첫째, 익명의 다수 전문가들에게 서면으로 문제의 해답을 요구한다.

둘째, 전문가는 서면을 작성하여 무기명으로 주최 측에 전달해 준다.

셋째, 주최 측에서는 그 설문 결과를 취합하여 그 결과를 다시 전문가에게 전달해 준다.

넷째, 전문가들은 취합한 결과를 보고 자신들의 의견을 다시 주최 측에게 전달해 준다.

다섯째, 주최 측은 다시 그 설문 결과를 취합하여 전문가에게 전달해 준다.

여섯째, 이런 과정을 의견 통일을 보일 때까지 수행하여 결론을 도출한다.

④ 변증법적 토의

대안에 대해 찬성하는 그룹과 반대하는 그룹을 구분하여 대안에 대한 논쟁을 한 후 의사결정을 하는 방법으로 논쟁하는 과정에서 대안의 장점과 단점을 모두 볼 수 있어 구성원들이 대안을 좀 더 객관적으로 평가할 수 있다는 장점이 있다.

⑤ 지명반론법

변증법적 토의법과 같은 방법이나 집단이 아닌 2~3명 정도가 반론자의 역할을 하는 방법이다.

기출 유사문제

다음에 제시된 내용이 설명하고 있는 집단 의사결정 기법은?

1. 구성원들에게 문제가 제시되고 구성원들 간의 대화는 차단된다.
2. 각 구성원들은 될 수 있는 한 본인의 해결안과 의견을 많이 제출한다.
3. 구성원들은 차례로 본인의 의견을 다른 구성원들에게 설명하고 진행자는 그 내용을 정리한다.
4. 각각의 설명이 끝나면 비밀투표를 실시하여 우선순위의 해결안을 선택한다.

① 델파이기법(delphi)
② 팀빌딩기법(team building)
③ 스토리텔링법(storytelling)
④ 브레인스토밍(brain storming)
⑤ 명목집단기법(nominal grouping)

해설 명목집단기법은 구조가 상당히 잘 잡혀있고 참여에 대한 촉진이 잘 되어있는 팀 회의에서 아이디어를 창출하고 우선순위를 부여하며 아이디어에 대한 팀의 합의를 도출하도록 하는 데 주로 사용된다. 즉, 집단으로부터 아이디어를 얻고 그 아이디어들이 그룹 내에서 어느 정도나 지지를 받는지를 확인하기 위한 방법이다. 명목집단기법은 주로 그룹이 어떤 토의에 대한 결론에 도달하려 할 때, 또는 한 개인이 그룹을 지배하고 있어서 다른 사람들도 동참시키려 할 때, 브레인스토밍 회의가 끝난 다음에 아이디어를 취합할 때, 가장 중요한 아이디어나, 항목이나, 문제를 찾고 팀이 문제 해결을 위한 노력을 하는 과정에서 다음 단계로 나아갈 수 있도록 이것들에 대한 합의에 도달하려 할 때, 생성된 아이디어나 항목의 목록에 우선순위를 부여할 경우에 팀이 동등하게 참여하고 의견 대립이 생기지 않도록 하려 할 때 주로 사용된다.

정답 I ⑤

4 경영전략 분석툴

1 경영전략의 개요

(1) 경영전략의 의의

경영전략이란 기업이 나아가야 할 목표를 설정하고 이것을 위해 기업 내부, 외부환경을 분석하여 기업의 차원을 가장 효율적으로 활용할 수 있는 행동 방향을 설정하는 것을 말한다.

(2) 기업의 목표 설정

기업이 미래에 도달하고자 하는 모습을 설정하는 단계로 기업의 목표를 명확히 함으로써 경영자의 주요 의사결정을 용이하게 하고, 기업 및 기업 구성원의 활동에 명확한 방향을 제시할 수 있게 해준다.

2 환경 분석(SWOT 분석)

(1) 외부환경 분석-마이클 포터의 산업구조분석 기법

마이클 포터는 기업의 수익률에 결정적인 영향을 주는 요소를 다섯 가지로 요약하였고, 이러한 다섯 가지 요소를 체계적으로 분석함으로써 해당 기업에 적합한 경영전략을 짤 수 있다고 하였다.

① 기존 기업과의 경쟁(jockeying for position)

산업 내에 존재하는 기존 기업들과의 경쟁은 수익률을 결정하는 중요한 변수다. 경쟁이 심화될수록 그로 인해 수익률은 감소할 것이기 때문이다. 또한 경쟁이 어떠한 분야에서 이루어지는지도 매우 중요하다. 가령, 제품의 차별화 수준이 매우 낮은 일상 소모재의 경우 가장 강력한 경쟁력은 낮은 가격인데 이를 위해 기존 기업들이 덤핑경쟁을 하게 되면 시장점유율을 높이더라도 수익률은 낮을 수밖에 없다. 따라서 '기존 기업과의 경쟁'은 경쟁의 강도(intensity of rivalry)와 경쟁 분야(Dimensions of rivalry)로 나누어 볼 수 있다.

㉠ 경쟁의 강도 : 기존 기업 간의 경쟁이 치열하면 할수록 기업의 수익률은 감소한다.

ⓐ 산업의 집중도 : 산업 내에 경쟁하는 기업의 수가 많지 않고, 소수의 기업이 지배적인 점유율을 기록한다면 산업의 집중도가 높은 것이다. 이러한 경우에는 기존 기업 간의 경쟁이 치열하지 않다. 하지만 반대의 경우(경쟁기업 수가 많고 지배적인 점유율을 갖고 있는 기업이 없는 경우) 기업 간의 경쟁은 매우 치열해 수익률은 낮아진다.

ⓑ 산업의 성장 속도 : 성장 속도가 빠른 산업은 다른 기업의 고객을 뺏기 위한 경쟁을 할 필요가 없지만 성장 속도가 느린 산업 내에서는 다른 기업의 고객을 빼앗아야 이익을 낼 수 있기 때문에 경쟁이 심화된다.

ⓒ 퇴거장벽 : 퇴거장벽이 높으면 높을수록 기존 기업 간의 경쟁이 치열해진다. 산업 내에서 퇴거장벽이 너무 커서 적자기업들이 산업 내에 남아 계속 경쟁을 할 경우, 공급은 수요를 넘어서게 되고 결국에는 제품가격이 떨어지는 등 기존의 튼튼했던 기업들까지도 피해를 입게 된다.

ⓓ 기업의 동질성 및 이질성 : 기업 간의 가치관이라든가 비전 등이 서로 다르면 다를수록 경쟁의 강도는 심해지게 마련이다. 이는 글로벌화로 인해 다국적 기업이 한국 사회로 진입하고 이로 인해 다양한 분야에서 경쟁이 심화되는 현상의 원인이기도 하다.

㉡ 경쟁 분야 : 경쟁의 강도만큼 어떠한 분야에서 기업들이 경쟁을 하고 있는가도 매우 중요하다.

예를 들어, 품질이나 마케팅 등과 같은 분야에서 경쟁을 하게 된다면, 이는 오히려 제품의 차별화를 촉진하여 고객의 만족도를 높여주고 제품의 가격을 올려주는 효과를 가지고 있지만 가격과 같은 분야에서 경쟁을 할 경우, 덤핑경쟁이 나타나 산업 내 전반적인 수익률 악화를 초래할 수도 있다.

ⓐ **제품의 차별화** : 제품의 차별화 수준이 높으면 높을수록, 가격 이외에 다른 경쟁력을 갖고 있기 때문에 가격인하 경쟁에 빠져들 유인이 적다. 반대로, 제품의 차별화 수준이 낮으면 낮은 가격이야말로 가장 강력한 경쟁력이 되기 때문에 가격덤핑 경쟁에 빠져들게 된다.

ⓑ **비용구조** : 제품의 비용구조가 고정비용이 큰 비율을 차지하고 한계비용이 낮다면, 무리한 가격경쟁이 일어날 수 있다. 이러한 산업구조에서는 평균비용보다 낮으며 한계비용에 가깝게 가격을 책정할 수 있다.

ⓒ **초과설비** : 규모의 경제를 이루어야 경쟁력을 갖는 산업들이 있다. 위에서 설명한 반도체나 자동차산업이 대표적인 예이다. 이러한 산업의 경우 과다한 생산설비가 공급의 균형을 무너뜨리고 이는 시장의 주기적인 불황기와 가격인하 경쟁의 원인이 된다.

ⓓ **제품의 처분가능성** : 신제품의 출현으로 기존 제품의 처분이 다가오면 다가올수록 제품의 가치가 떨어지기 때문에 가격덤핑이 비일비재 해진다.

② **잠재적 진입자의 위협**(threat of entry)

새로운 산업분야로 다각화 해오는 기업들은 그들의 자원을 통해서 시장에 큰 영향을 미칠 것이기 때문에 잠재적 진입자들의 위협 역시 기존 기업들 간의 경쟁만큼이나 중요한 요소이다. '잠재적 진입자의 위협'은 진입장벽과 밀접한 관련이 있다.

㉠ **진입비용** : 처음 새로운 사업에 진입할 때, 그냥 몸만 갖고 들어오는 게 아니고 생산설비와 우수한 인재 등 확보해야 할게 많으면 많을수록 진입비용은 상승한다. 따라서 특정 산업의 진입비용이 크면 클수록 어지간한 자본력을 가진 기업들이 아니고서는 진출할 수 없기 때문에 이는 진입장벽이 된다.

㉡ **규모의 경제** : 진입할 때 뿐 아니라 진입 이후에 기존 기업들과의 경쟁에서 우위를 차지하기 위해 규모의 경제를 이룩해야 하는 산업들이 있다. 이러한 산업들은 지속적으로 생산설비에 투자를 해야 하고 R&D에도 많은 투자를 해야 하기 때문에 충분한 자본력 없이는 진출하기 힘들다.

기출 유사문제

다음 중 기업에 있어서 규모의 경제 발생 근원에 대한 설명 중 가장 잘못된 것은?

① 공장 컨베이어 벨트를 통한 노동의 경제성
② R&D 투자, 설비투자 등 기술의 경제성
③ 판매를 위한 기업의 명성효과
④ 생산 증가에 따른 원재료 투입의 효과
⑤ 대기업의 교섭력, 대출 등 금전적 경제성

해설 규모의 경제는 각종 생산요소의 투입량을 증가시킴으로써 이익이 증가되는 현상을 말한다. 대량생산에 의하여 1단위당 비용을 줄이고 이익을 늘리는 방법이 일반적인 사례인데, 이는 생산 증가에 따라 기투입된 고정비의 분산효과로 이해할 수 있다. 최근에는 설비의 증강으로써 기술의 발전과 시간의 단축으로 생산비를 낮추는 데 주로 주안점을 두고 있다. 규모의 경제가 발생하는 근원은 다양하다. 가장 기본적으로 공장의 컨베이어 벨트 등을 통한 노동의 경제성을 들 수 있다. 기업의 명성과 브랜드를 이용하여 적은 비용으로 효율적인 판매도 가능하다. 또 기업의 규모가 클수록 구매력 등이 커짐으로써 교섭력과 자본비용에서 유리한 고지를 점할 수 있다. 그러나 원재료 투입은 생산량에 따라 증가하므로 생산량이 늘수록 재료비도 동시에 같은 규모로 증가한다. 규모의 경제는 원재료와 같은 변동비가 아니라 설비투자와 같은 고정비가 생산량이 증가함에 따라 절감되는 효과이다.

정답 I ④

ⓒ 초기진입자의 비용 우위

모든 산업의 경우, 규모에 상관없이 초기진입자는 나중에 시장에 진입하려는 기업들보다 비용 면에서 우위에 있다. 초기진입자들이 가진 비용우위가 크면 클수록 진입장벽이 높기 때문에 잠재적 진입자로부터의 위협은 낮아질 것이다.

기출 유사문제

다음 중 선발진입자(first mover)가 누릴 수 있는 이점으로 가장 거리가 먼 것은?

① 산업의 리더로서 명성을 쌓을 수 있다.
② 산업의 기술표준을 세울 기회를 잡을 수 있다.
③ 학습효과를 이용하여 원가우위를 빨리 달성할 수 있다.
④ 새로운 시장이 안정될 때까지 위험부담을 줄일 수 있다.
⑤ 제품을 긍정적으로 평가하는 구매집단으로부터 높은 수익을 올릴 수 있다.

해설 새로운 시장이 안정될 때까지 위험부담을 줄일 수 있는 것은 후발진입자의 이점이다.

정답 I ④

㉣ **제품의 차별화** : 특정 산업에서 제품의 차별화 정도가 높으면 높을수록 그 제품에 대한 소비자의 신뢰는 매우 높다. 이러한 경우, 새로운 제품이 기존 제품과 소비자 간의 신뢰를 비집고 파고 들어가기에는 무척 많은 노력과 비용이 들어간다. 따라서 제품의 차별화가 잘되어 있으면 진입장벽은 매우 높은 것을 의미한다.

㉤ **전환비용** : 소비자가 기존의 제품에서 새로운 제품으로 전환하는 데 드는 비용(전환비용)이 높으면 높을수록 진입장벽은 높아 잠재적 진입자의 위협은 낮아진다.

㉥ **유통망 확보** : 소매업자에게는 인지도가 높은 기존의 제품보다 새로운 제품을 가판대에 올려놓을 유인이 작다. 그 이유는 가판대는 한정되어 있고 새로운 제품이 팔릴지도 모르기 때문이다. 또한, 새로운 제품을 올려놓았다가 기존 기업의 제품공급 중단과도 같은 횡포를 당할 수도 있기 때문에 기존 제품을 새로운 제품보다 선호한다. 이처럼 유통망 확보가 어려워지면 진입장벽이 높아진다.

㉦ **정부의 정책 및 규제** : 정부의 정책 및 규제는 가장 확실한 진입장벽이다.

㉧ **기존 기업의 보복** : 보복 정도가 심하지 않을 것으로 예상된다면 진입장벽이 낮은 것이지만 기존 기업의 강력한 보복 형태가 예상된다면 진입장벽이 높은 것이다.

③ **대체재의 위협**(substitute products)

대체재로부터의 위협 역시 수익률에 영향을 미친다. '대체재의 위협'의 핵심은 과연 소비자가 기존 제품을 떠나서 대체재로 옮겨갈 것인가이다. 이를 결정짓는 주요한 변수로는 전환비용과 대체재의 가격대비 유용성이다.

㉠ **전환비용** : 기존 제품에서 대체재로 이동할 때 비용이 크게 발생하지 않는다면 대체재의 위협은 더욱 커진다.

㉡ **가격대비 유용성**(price/performance trade off offered by substitute products) : 가격도 저렴한데 제품의 품질까지 좋다면 대체재를 사용하지 못할 이유가 없다.

④ **구매자와 공급자의 교섭력**

이들의 교섭력이 강하면 강할수록 이들은 자신들에게 유리한 가격을 요구할 것이고 그렇게 되면 기업의 수익률은 떨어진다.

(2) 내부환경 분석

① **마이클 포터의 가치사슬**(value chain)

기업활동에서 부가가치가 생성되는 과정을 의미한다. 1985년 미국 하버드대학교의 마이클 포터(M. Porter)가 모델로 정립한 이후 광범위하게 활용되고 있는 이론들로, 부가가치 창출에 직접 또는 간접적으로 관련된 일련의 활동·기능·프로세스의 연계를 의미한다. 주활동(primary activities)과 지원활동(support activities)으로 나눠볼 수 있다.

㉠ **주활동**(본원적 활동) : 고객가치 창출을 위한 핵심적인 프로세스로 제품 및 서비스의 물리적 가치 창출과 관련되는 활동들이며, 직접적으로 고객에게 전달되는 부가가치 창출에 기여하는 활동들이다.

ⓐ 물류투입활동

ⓑ 운영활동

ⓒ 물류산출활동

ⓓ 마케팅 및 판매활동

ⓔ 애프터서비스 활동

㉡ **지원활동**(보조활동) : 본원적 활동이 성공적으로 수행될 수 있도록 지원해주는 프로세스로 직접적인 부가가치를 창출하지는 않지만 이를 창출할 수 있도록 지원해주는 활동을 의미한다.

ⓐ **기업의 하부구조** : 기획, 재무, 회계, 일반관리 등

ⓑ 기술개발활동

ⓒ 인적자원 관리활동

㉢ **경쟁우위의 창출** : 가치사슬과 연계되어 있는 여러 가지 가치활동들은 상호 밀접하게 연관되어 있어 특정한 가치활동이 수행될 때 다른 가치활동과 비용 및 성과 면에서 서로 연계된다.

따라서 경쟁우위는 각각의 가치활동에서 획득되기도 하지만 가치활동 간의 연계(가치사슬)로부터 획득되기도 한다. 그래서 기업들은 개별 가치활동과 가치활동 간의 연계에 의하여 창출되는 시너지효과를 파악하여 기업의 사업활동들에 높은 부가가치를 제공하면서 동시에 활동들 간에 공유 정도가 높은 것은 무엇인지를 파악함으로써 기업의 핵심역량을 평가할 수 있다.

② 핵심역량

핵심역량이란 단순히 그 기업이 잘하는 활동을 의미하는 것이 아니라 경쟁기업에 비하여 훨씬 우월한 능력, 즉 경쟁우위를 가져다주는 기업의 능력으로서, 보다 우수한 수준으로 고객에게 만족을 제공할 수 있는 기업의 힘을 말한다. 그러므로 기업 내에 산재해있는 여러 가지 요소 중 기업의 경쟁적 우위를 확보할 수 있는 핵심 요소를 명확히 설정하고 이를 의식적으로 통합·관리할 수 있는 방법을 찾아내는 것이 중요하다.

예를 들어 소니의 소형화 기술, 캐논의 정밀기계기술, 광학기술, 혼다의 엔진관련 기술, 월마트의 강력한 물류시스템, 코카콜라의 자사 브랜드 이미지 통합을 통한 지속적인 마케팅 능력의 확대 등이 각 기업의 핵심역량이다. 따라서 기업은 이러한 핵심역량을 발견하고, 이것을 전사적 차원에서 이용할 뿐만 아니라 기존의 핵심역량에 새로운 기술·제품·서비스 등을 연계시켜 성장 분야로 다각화하는 핵심역량 경영을 통하여 독특한 기업문화와 경쟁전략을 찾아내 키워나가야 한다.

③ SWOT 분석

어떤 기업의 내부환경을 분석하여 강점과 약점을 발견하고, 외부환경을 분석하여 기회와 위협을 찾아내어 이를 토대로 강점은 살리고 약점은 죽이며, 기회는 활용하고 위협은 억제하는 마케팅전략을 수립하는 것을 말한다.

이때 사용되는 4요소를 강점 · 약점 · 기회 · 위협(SWOT)이라고 하는데, 강점은 경쟁기업과 비교하여 소비자로부터 강점으로 인식되는 것은 무엇인지, 약점은 경쟁기업과 비교하여 소비자로부터 약점으로 인식되는 것은 무엇인지, 기회는 외부환경에서 유리한 기회요인은 무엇인지, 위협은 외부환경에서 불리한 위협요인은 무엇인지를 찾아낸다. 기업 내부의 강점과 약점을, 기업 외부의 기회와 위협을 대응시켜 기업의 목표를 달성하려는 SWOT 분석에 의한 마케팅전략의 특성은 다음과 같다.

구분	강점(Strength)	약점(Weakness)
기회 (Opportunity)	① SO전략(강점-기회전략) 시장의 기회를 활용하기 위해 강점을 사용하는 전략을 선택	③ WO전략(약점-기회전략) 약점을 극복함으로써 시장의 기회를 활용하는 전략을 선택
위협 (Threat)	② ST전략(강점-위협전략) 시장의 위협을 회피하기 위해 강점을 사용하는 전략을 선택	④ WT전략(약점-위협전략) 시장의 위협을 회피하고 약점을 최소화하는 전략을 선택

(3) 기업전략

기업전략은 기업의 전략적 영역을 명확히 하고 전략적으로 나아갈 방향을 제시하는 전략으로 가장 상위 단계의 전략에 해당된다.

① BCG(Boston Consulting Group) 매트릭스

BCG 매트릭스는 현금흐름의 관점에서 사업부의 균형 포트폴리오를 구성할 수 있게 해주는데, 이는 상대적 시장점유율과 시장성장률을 기초로 만들어진다. 즉, 이 두 가지 지표를 이용하여 제품 포트폴리오를 분석하는 것이다.

㉠ 제품 포트폴리오 구성의 2가지 기준

ⓐ 상대적 시장점유율 : 상대적 시장점유율은 산업 내에서 경쟁관계에 있는 회사 제품의 시장점유율과 해당 기업이 판매하는 제품의 시장점유율 간의 비율을 말한다. 이는 자사의 제품이 경쟁사에 비해 어느 정도의 위치를 차지하는지를 평가할 수 있다. 일반적으로 상대적 시장점유율이 1보다 큰 경우에 시장선도자의 위치에 있고, 1보다 작은 경우 시장지배력이 떨어지는 것으로 볼 수 있다. 시장점유율이 높으면 시장의 선도주자로서의 경쟁력이 높기 때문에 기업의 수익성은 상대적으로 좋아진다.

ⓑ 시장성장률 : 시장성장률은 사업부 포트폴리오를 구성하는데 고려하여야 할 외부환경이다. 만약 사업부의 시장성장률이 경제 전체의 경제성장률에 비해 높다면 좋은 사업 기회를 가지는 것으로 볼 수 있지만 만약 제품의 시장성장률이 경계성장률보다 낮다면 사업 자체가 쇠퇴한 것이 아닌가 하는 의심을 가져볼 만하다.

따라서 계속적인 성장을 유지하기 위해서는 신제품 개발 능력, 신시장 개척능력, 경영다각화, 원료의 안정적 공급 등이 뒷받침되어야 한다. 또한 안정적인 수익을 확보할 수 있는 특허권, 영업권 등의 독점권 보유 여부와 그 상품에 대한 소비자 선호 등

도 기업의 미래 수익성에 영향을 미치는 요소다.

ⓒ **원의 위치 및 크기** : 원의 위치는 각 사업 단위의 시장성장률과 상대적 시장점유율의 값을 나타내며 원의 크기는 해당 사업 단위의 매출액을 의미한다.

ⓛ **BCG 매트릭스** : BCG 매트릭스는 앞서 살펴본 바와 같이 시장점유율과 시장성장률을 기준으로 사업부를 분류하여 분석하는 것인데 그 내용은 다음과 같다.

ⓐ **물음표**(question mark) : 물음표는 성장률은 높지만 시장점유율은 낮은 사업부다. 따라서 경쟁적 위치는 약하지만 확장의 기회는 높다고 평가된다. 물음표에 있는 사업부는 장차 별이 될 잠재력이 있다. 하지만 이 제품의 경우, 별이 되기 위해서는 많은 자금이 소요되는 사업이다.

ⓑ **별**(star) : 별은 시장점유율도 높고 성장률도 높은 사업으로 경쟁적인 강점과 확장의 기회를 동시에 가지는 것을 의미한다. 따라서 별의 사업은 그 강점을 부각시키기 위해서 집중적인 투자가 요구되므로 벌어들이는 수익도 매우 크지만 그만큼 재투자가 이루어져야 하는 것이다. 만약, 별이 성장률이 저하되면 자금젖소로 변하게 된다.

ⓒ **자금젖소**(cash cow) : 상대적으로 높은 시장점유율과 낮은 성장률을 가진 사업이다. 경쟁사의 사업에 비해 시장지배적인 사업이긴 하지만 확장의 기회가 적고 시장기회가 줄어듦에 따라 위험이 따르게 된다. 그러나 자금젖소의 사업은 높은 시장점유율에 의해 큰 이익을 창출하므로 여기서 나오는 이익으로 별이나 물음표의 사업을 지원할 수 있는 중요한 자금의 원천이 된다.

ⓓ **짖는 개**(barking dog) : 짖는 개는 낮은 시장점유율과 낮은 성장률을 가지는 사업으로 경쟁적 위치도 약하고 사업의 매력도 거의 없는 것으로 평가된다. 이것은 시장성장률이 낮기 때문에 대규모의 자금수요는 없으나 수익이 저조하여 현금흐름이 좋지 못하다. 이 경우 기업은 회사의 사업을 철수시키기 위해 디마케팅(demarketing)을 하는 것이 좋다.

이렇게 BCG 매트릭스를 통해서 자사의 사업이 어느 위치에 있는가를 확인하고 나면 다음과 같은 전략을 구사할 수 있다.

자금젖소에 해당하는 사업은 현금유입이 많은 사업이다. 그러므로 여기서 발생한 현금을 물음표에 해당하는 사업에 투자함으로써 물음표를 장기적으로 별로 전환될 수 있도록 한다. 물음표에 해당하는 사업은 시장점유율이 낮기 때문에 경쟁력이 떨어지고 시장에서의 성공가능성이 불확실한 사업이다. 따라서 물음표 제품 중 부적당한 것은 자금의 효율적인 사용을 위해서 시장에서 철수하는 것도 한 방법이다. 짖는 개의 위치에 있는 사업은 시장에서 철수한다. 결국 기업에 성장과 이익을 극대화시킬 수 있기 위해서는 사업의 균형 포트폴리오를 구성하여야 하는데, 먼저 별에 해당하는 사업과 물음표에 해당하는 사업이 충분히 있도록 해야 하고 만약 그렇지 못하다면 그런 사업을 가진 기업과 합병도 고려해 볼 수 있는 것이다.

REVIEW

1. 기업전략은 어떤 사업분야에 들어가서 경쟁할 것인지를 결정하는 것이다. 즉 기업이 경쟁할 시장을 결정하거나 산업의 범위를 결정하게 된다
2. 사업부전략은 각 사업분야에서 어떻게 경쟁을 할 것인지를 결정하는 것이다.
3. 수평적 결합이란 동일한 생산단계에 종사하는 기업을 집단화하는 것으로 수평적 결합의 목적은 시장통제, 제품의 다양화와 전문화, 판로 시장의 다양화 및 전문화 등이 있다.
4. 수직적 결합이란 서로 다른 생산단계에 있는 기업을 집단화하는 것이다.
5. 콘체른 동종 또는 이종의 각 기업이 법률적으로 독립성을 유지하나 실질적으로는 주식의 소유 또는 금융적 결합에 의하여 통일된 경영 방침하에 마치 하나의 기업같이 수직적으로 결합하는 기업집단을 말한다.
6. 적대적 M&A는 인수기업이 피인수기업 (인수대상기업) 경영진의 동의 없이 공개매수, 주식매집, 위임장 경쟁 등을 통하여 경영권을 인수하는 것을 말하며 M&A가 활성화되면 부실기업이 정리되고 우량기업 중심으로 기업의 구도가 재편되게 된다.
7. 명목집단법은 구성원들 상호 간의 대화나 토론 없이 각자 서면으로 아이디어를 제출하고 토론 후 표결로 의사결정을 하는 기법이다.
8. 델파이법은 구성원이 모인 자리에서 토론을 거쳐 결정을 하는 것이 아니라, 설문지를 통해서 각자의 전문적인 의견을 제시하고 다른 사람들이 제시한 의견을 반영하여 설문지를 수정한 후 이를 이용하여 다시 의견을 제시하는 일련의 절차를 반복하면서 최종 결정을 내리는 방법이다.
9. 핵심역량이란 단순히 그 기업이 잘하는 활동을 의미하는 것이 아니라 경쟁기업에 비하여 훨씬 우월한 능력, 즉 경쟁우위를 가져다주는 기업의 능력으로서, 보다 우수한 수준으로 고객에게 만족을 제공할 수 있는 기업의 힘을 말한다.
10. SWOT 분석은 어떤 기업의 내부환경을 분석하여 강점과 약점을 발견하고, 외부환경을 분석하여 기회와 위협을 찾아내어 이를 토대로 강점은 살리고 약점은 죽이고, 기회는 활용하고 위협은 억제하는 마케팅전략을 수립하는 것을 말한다.
11. BCG매트릭스는 현금흐름의 관점에서 사업부의 균형포트폴리오를 구성할 수 있게 해주는데 이는 상대적 시장점유율과 시장성장률을 기초로 만들어진다.

PART 04
경영

CHAPTER 01

출제예상문제

01 **두 개의 투자안 중 최대한 하나만 선택할 수 있는 상호배타적 투자안과 관련된 의사결정에 대한 설명으로 옳은 것은?**

① 차입금에 대한 이자지급 비용은 현금흐름 분석 시 포함한다.
② 투자기간이 서로 상이할 경우 각 기간을 표준화시키던 NPV법 결과에 오류가 발생한다.
③ 관리자가 투자안 기간 중 포기나 확장을 통해 현금흐름에 영향을 미칠 수 있다면 이 부분도 고려해야 한다.
④ 투자기간 최종연도 고정자산의 시장가치가 장부가치보다 작다면 순현금흐름도 시장가치보다 작아진다.
⑤ 투자안의 자금조달비용이 두 투자안의 순현재가치를 동일하게 하는 할인율보다 높다면 IRR과 NPV법에 채택되는 투자안은 상이하다.

해설 1. 현금흐름은 세후기준으로 추정한다.
2. 현금흐름은 증분기준으로 추정한다.
3. 금융비용은 현금 유출이 아니다.
4. 인플레이션은 현금흐름과 할인율에 일관성 있게 반영한다.
5. 자본적 지출과 당해 연도 추가운전자본은 현금 유출을 동반하므로 이를 공제한다.

02 **다음 포터의 산업구조 분석기법에서 언급하고 있는 역학관계에 관한 설명 중 잘못된 것은?**

① 기업을 둘러싸고 있는 외부환경을 경쟁자, 대체재, 잠재적 진입자, 공급자, 구매자로 보고 있다.
② 경쟁자가 많아지면 기업에게 위협요인이 된다.
③ 대체재가 많아지면 기업에게 위협요인이 된다.
④ 잠재적 진입장벽이 낮아지면 기업에게 위협요인이 된다.
⑤ 공급자의 교섭력이 높아지는 것은 기회요인이지만 구매자의 교섭력이 높아지면 위협요인이다.

해설 공급자와 구매자의 교섭력 모두 상대방의 교섭력이 높아지면 위협요인이 된다.

정답 01 ③ 02 ⑤

03 **핵심역량에 관련된 다음 설명 중 가장 부적절한 것은?**

① 핵심역량이란 여러 경쟁자원 중 경쟁기업에 비하여 훨씬 우월한 경쟁우위를 가져다주는 기업의 능력이다.
② 핵심역량은 다양한 시장으로 진출할 수 있는 기회를 제공한다.
③ 핵심역량은 고객이 느끼는 편익을 증진시킬 수 있어야 한다.
④ 핵심역량은 타 기업과 공동으로 개발할 수 없다.
⑤ 핵심역량은 다른 기업이 쉽게 모방할 수 없어야 한다.

해설 핵심역량은 전략적 제휴 등을 통해서 타 기업과 공동 개발도 가능하다.

04 **전 세계 시장을 무대로 활동하고 있는 기업은 글로벌화와 현지화라는 서로 상반된 압력에 직면하게 된다. 이 중 글로벌화를 촉진시키는 요인으로 가장 거리가 먼 것은?**

① WTO 등 무역장벽이 낮아짐
② 환율변동에 대한 위험 회피
③ 세계 소비자수요의 동질화
④ 연구와 생산에 규모의 경제 추구
⑤ 인터넷 등을 통한 정보통신 혁명

해설 다국적 기업이 글로벌화에 압력을 느끼는 이유는 산업과 경쟁이 글로벌화 하는 추세에 따른 것이다. 산업과 경쟁의 글로벌화 요인으로서 연구개발과 생산에 있어서 규모의 경제가 점차 중요해지고 있으며, 전 세계적으로 소비자의 수요가 점차 동질화 되어가는 추세에 있고, 또한 GATT와 WTO 체제하에서 무역장벽이 무너지고 있기 때문이다. 그러나 다국적 기업이 현지화해야 하는 첫 번째 필요성은 환율 변동으로 인해 국제경쟁력이 약해지는 것을 피하기 위해서이다.

05 **다음 중 전략적 제휴에 대한 설명으로 가장 거리가 먼 것은?**

① 제휴하는 기업 간에 성과와 위험을 서로 공유한다.
② 제휴관계에 있는 기업 간에는 대체로 수평적인 관계가 형성된다.
③ 일반적으로 기업들은 장기적 관점의 전략적 목적을 위해 제휴를 활용한다.
④ 본인들의 강점을 공유하기 때문에 직접적인 경쟁관계의 기업과 제휴는 불가능하다.
⑤ 제휴의 형태는 라이선스 제휴와 같은 비지분 제휴와 상호 지분인수와 같은 지분투자 형태가 있다.

정답 03 ④ 04 ②

해설 1. 전략적 제휴의 의의 : 전략적 제휴는 경쟁관계에 있는 기업이 일부 사업 또는 기능별 활동부문에서 경쟁기업과 일시적 협조 관계를 갖는 것을 의미한다.
2. 전략적 제휴의 목적 : 자원과 위험의 공유, 신제품 개발과 시장진입속도 단축, 산업 표준의 선택, 기업의 유연성 확보
3. 전략적 제휴의 장점 : 취약한 경영요소의 조기 보완, 최소 위험으로 신규시장 진입, 업무의 유연성 제고
4. 전략적 제휴의 단점
• 선도기업 : 핵심역량 공유로 독점이익 상실, 경쟁업체에 정보 누출
• 추종기업 : 규모 확대 효과 감소, 내부역량 증대 효과 불확실

06 다음은 원가우위전략과 관련된 여건에 대한 설명이다. 다음 중 가장 거리가 먼 것은?

① 가격에 민감한 시장이다.
② 대량유통의 필요성이 높다.
③ 다품종 소량생산을 추구한다.
④ 표준화된 제품인 경우가 많다.
⑤ 시장의 성숙도가 높은 경향이 있다.

해설 원가우위전략은 경쟁자의 더 저렴한 가격으로 시장에서 경쟁하는 전략을 말한다. 원가우위를 위해서는 우선 제품의 수를 줄이고(소품종) 대량생산하는 체제를 갖춰야 한다. 또 대량유통을 통해 물류비용을 최소화할 수도 있다.

07 다음 중 GE 매트릭스의 '산업의 매력도'를 구성하는 변수들 중 가장 거리가 먼 것은?

① 경쟁 정도
② 수익률
③ 제품수요의 크기
④ 시장성장률
⑤ 생산능력

해설 GE 매트릭스의 산업의 매력도는 경쟁 정도, 수익률, 제품수요의 크기, 시장성장률 등이다. 생산능력은 사업부의 강점요인을 측정하는 변수다.

정답 05 ③ 06 ⑤ 07 ⑤

08 **A 기업이 음료사업을 시작하려고 한다. 시장에 신규 진입할 때는 시장의 경쟁요인을 분석해야 한다. 경쟁이 심할수록 해당 산업에서 가격을 올리거나 이윤을 실현할 가능성이 낮아지기 때문이다. 마이클 포터의 산업구조분석틀인 5-포스(force) 모델을 토대로 시장진입을 검토한다면 다음 중 어떤 요소들을 고려해야 하는가?**

① 잠재적 진입자, 공급자, 대체재
② 잠재적 진입자, 수요자, 보완재
③ 산업 내 경쟁자, 대체재, 보완재
④ 산업 내 경쟁자, 정부, 대체재
⑤ 잠재적 진입자, 정부, 보완재

해설 마이클 포터 교수의 산업구조분석(5 force)은 산업 분석에 유용하게 사용되는 분석틀이다. 산업에 존재하는 5가지 요소가 해당 산업의 수익률을 결정하는데, 5가지 요소들은 '산업 내 경쟁자', '잠재적 진입자', '대체재', '공급자의 교섭력', '수요자의 교섭력'이다.

09 **포터의 산업구조분석에 대한 설명으로 옳지 않은 것은?**

① 자본집약도가 높은 사업일수록 가격경쟁은 더 치열하다.
② 매몰비용(sunk cost)이 없는 기업들의 진입 및 탈퇴가 용이하며, 가격이 경쟁적인 수준으로 낮아진다.
③ 수직적 통합을 할 수 없는 경우 구매자의 교섭력은 훨씬 강화된다.
④ 포터의 도형은 사업 전체의 수익률이 왜 높고 낮은지를 효과적으로 설명하는 유용한 도구이다.
⑤ 포터의 모형은 경쟁과 산업구조가 동태적으로 변한다는 사실을 충분히 고려하지 못한 문제가 있다.

해설 구매자의 교섭력을 결정하는 데는 다음이 중요하다. 첫째, 구매자들이 얼마나 가격에 민감한가의 정도이고 둘째, 공급자에 대한 구매자들의 상대적인 교섭 능력이다. 수직적 통합을 할 수 있는 경우 구매자의 교섭력은 훨씬 강화된다.

정답 08 ① 09 ③

[10~11] 다음을 읽고 물음에 답하시오.

마이클 포터 교수의 5가지 경쟁요인(5-forces) 모형은 기존 경쟁기업 간의 경쟁, 소비자의 협상력, 공급자의 협상력, 대체재의 위협, 신규진입자들의 위협으로 구성되어 있다. 이 모형은 기업이 놓여진 외부환경 분석에 초점을 두고 이를 5개의 경쟁요인을 연구해 기속한 산업의 성격과 경쟁 상황 등을 분석하는 데 유용하게 사용된다.

10 '기존 경쟁기업 간 경쟁'을 격화시키는 상황과 가장 거리가 먼 것은?

① 제품의 디자인과 품질 정도가 동일하다.
② 핵심 부품을 특정 업체가 독점 공급한다.
③ 한번 진입하면 다시 나오기가 쉽지 않다.
④ 투입된 고정비용이 높고, 재고비용도 높다.
⑤ 경쟁기업 수가 많고 서로 규모가 동등하다.

해설 산업 내에서 경쟁하는 기업들의 제품이 디자인이나 품질 면에서 동질적일수록 소비자들은 특정 회사의 제품을 선호할 이유가 없어진다. 또한 퇴출장벽이 높은 경우 한계기업이 덤핑을 할 가능성이 있으며 투입된 고정비용이 높고 재고비용이 높은 경우도 경쟁을 심화시킨다. 그러나 핵심 부품을 특정 업체가 독점 공급하는 경우 기존 기업 간의 경쟁이 아니라 공급자의 협상력과 관련이 있는 요소이다.

11 마이클 포터의 '5 forces model'의 특징에 대한 설명으로 잘못된 것은?

① 기업을 둘러싼 환경변화에 대해 동태적 분석이 가능하다.
② 개별 요소 하나라도 영향력이 커지면 산업 내 수익률이 감소한다.
③ 내부자원보다는 외부환경이 기업의 성과를 결정한다는 시각이다.
④ 전략을 변경할 때 많은 성과를 올릴 분야를 예상할 수 있다.
⑤ 각각의 경쟁요인을 활용해 자사에 유리하게 적용할 수 있는 방법을 찾게 된다.

해설 마이클 포터의 5-forces의 문제점
(1) 구체적인 경쟁전략을 묘사하지 못함 : 같은 산업이라도 각각의 세그먼트별로 환경이 상이한데 이를 반영하지 못함
(2) 정적·정태적 분석의 집중 : 산업은 동태적으로 변하는데 포터의 모형은 산업구조를 정태적인 것으로 보고 그들 간의 경쟁 요인으로 산업수익률이 결정된다고 서술

정답 10 ② 11 ①

12 카르텔은 2개 이상의 동종 또는 유사한 독립 기업들이 법률적 · 경제적 독립성을 유지하면서 수평적으로 결합하는 것을 말한다. 다음 중 카르텔의 사례가 아닌 것은?

① 원료나 반제품의 구입이 어려울 경우 상호 협정을 통해 용이한 구매를 추구
② 생산공정 효율화와 안정된 판로 확보를 위해 관련 동종 기업들 간 지분 결합
③ 공급과잉에 따르는 모든 문제를 합리적으로 해결하기 위해 생산에 관한 협정 체결
④ 동종 · 유사 기업들이 경쟁을 제한하기 위해 가격, 수량, 지역, 조건 등을 협정하여 판매
⑤ 개별 기업의 거래를 인정하지 않고 일정한 공동 시설에서 생산물의 공동 판매 및 구매

해설 기업연합이라고 한다. 카르텔은 가맹 기업 간의 협정, 즉 카르텔 협정에 의해 성립되며, 가맹 기업은 이 협정에 의하여 일부 활동을 제약받지만 법률적 독립성은 잃지 않는다. 일반적으로 카르텔은 가맹 기업의 자유의사에 의하여 결성되나, 국가에 의하여 강제적으로 결성되는 경우도 있다. 협정 내용이 어떤 부분에 관한 것인가에 따라 구매 카르텔 · 생산 카르텔 · 판매 카르텔로 구분되며, 구체적으로는 판매가격 · 생산수량 · 판매지역 분할 · 조업단축 · 설비 투자 제한 · 과잉설비 폐기 · 재고 동결 등에 관하여 협정을 맺게 된다. 그러나 기업들 간에 지분 결합이 있는 경우 경제적 독립성이 훼손되므로 이는 카르텔보다 트러스트의 형태가 된다.

13 산업 구조에 있어서 주요 위협 중 하나는 신규진입자의 위협이다. 산업 내 기존 기업들은 신규진입자를 막기 위해 진입장벽을 높이려 하는데 다음 중 진입장벽으로 볼 수 없는 것은?

① 산업 내 기업의 규모와 경제
② 산업 내 기업들이 가진 독점적 기술
③ 산업 내 운영권에 대한 정부의 규제
④ 산업 내 소비자들의 대체품 소비 성향
⑤ 산업 내 기업에 대한 높은 고객 충성도

해설 진입장벽을 구성하는 요소
① 규모의 경제 ② 제품의 차별화 ③ 막대한 자본소요량 ④ 기존 기업에 의한 유통경로 장악 ⑤ 기존 기업의 절대적 비용우위 ⑥ 정부의 규제와 제도적 진입장벽 등이고, 산업 내 소비자들의 대체품 소비 성향은 진입장벽이 아니라 대체재의 위협이다.

정답 12 ② 13 ④

14 **보스턴컨설팅그룹(BCG)의 창업자 브루스 핸더슨의 "누적생산량이 증가하면 단위당 비용은 꾸준히 감소한다."란 말은 기업의 경험곡선과 관련이 있다. 기업이 경험곡선을 효과적인 전략으로 활용하기 위한 조건으로 가장 거리가 먼 것은?**

① 제품의 표준화 정도가 높다.
② 수요에 대한 제품 가격탄력성이 낮다.
③ 빠르게 성장하는 제품시장이 존재한다.
④ 시장에서 규모・기술・경험 요소가 중요하다.
⑤ 노동 또는 자본집약적인 산업에서 잘 나타난다.

해설 경험곡선은 비용감소효과 추구와 관련된 것으로 제품에 대한 가격탄력성이 높은 경우에 더욱 효과적이다.

15 **보스턴컨설팅그룹(BCG)이 개발하고 현재 많은 기업에서 사용하고 있는 BCG 매트릭스는 두 가지 기준을 축으로 사업부를 평가하고, 이를 바탕으로 자원을 효과적으로 분배할 수 있도록 하여 기업의 전략 수립에 기본적인 분석 도구로 활용되고 있다. X와 Y축의 기준에 따라 사업부를 개(dog), 현금젖소(cash cow), 물음표(question mark), 스타(star)로 나눌 수 있는데 이를 나누는 기준으로 정확하게 짝지어진 것은?**

	X		Y
①	시장성장률	:	제품시장 크기
②	수익률	:	제품시장 크기
③	수익률	:	시장성장률
④	상대적 시장점유율	:	시장성장률
⑤	상대적 시장점유율	:	산업 내 경쟁 정도

해설 BCG 매트릭스는 전략사업단위의 분류를 위해 도표를 이용한다. 이때 각 도표의 4분면은 전략사업단위를 의미하며 분석 대상이 되는 기업의 사업 또는 제품을 성장률과 상대적 시장점유율에 따라 배치한다. 상대적 시장점유율은 시장의 가장 큰 경쟁자에 대한 상대적 시장점유율을 의미하며 시장점유율의 확대는 더 많은 수익을 올릴 수 있음을 의미한다. 반면에 성장률은 해당 사업에서의 시장 연간 성장률을 뜻하고, 더 많은 투자비용의 투입을 통해 높일 수 있다. BCG 매트릭스의 각 사업단위는 다음과 같은 의미를 가지고 있다.

1. Star(성장사업) : 고성장・고점유율 사업으로 현금의 유입이 크기는 하나 경쟁자들의 방어를 위해 많은 현금유출이 수반된다.
2. Cash Cow(수익주종사업) : 저성장・고점유율 사업으로 현금유입이 큰 반면 낮은 성장률로 현금유출이 적어 순현금 유입이 크게 증가된다.
3. Question Mark(개발사업) : 고성장・저점유율 사업으로 성장가능성이 있으며 사업 초기에는 대부분 이 영역에 속한다. 고성장에 따르는 투자로 자금유출이 크며, 상황에 따라 성장 또는 사양산업으로 분류될 수 있는 영역이다.
4. Dogs(사양산업) : 저성장・저점유율 사업으로 투자비용이 크고 적음에 관계없이 수익성이 낮거나 때에 따라 손실을 유발할 수 있다.

정답 14 ② 15 ④

16 다음에 제시된 조건 중 기업의 원가우위전략이 성공하기 위한 요인으로 가장 옳지 않은 것은?

① 높은 시장점유율
② 높은 노동생산성
③ 효율적 유통시스템
④ 제품생산 과정의 혁신
⑤ 독과점 구조의 원자재시장

해설 원가우위전략을 추구하는 기업은 낮은 원가를 바탕으로 고객들에게 낮은 가격의 제품이나 서비스를 제공할 수 있어야 성공할 수 있다. 원자재나 부품, 완제품을 제공하는 공급회사가 독과점업체라면 원가를 낮은 수준으로 통제하기 어렵게 된다.

17 해외직접투자에 대한 다음 설명 중 가장 적절하지 않은 것은?

① 독점적 우위론에 따르면 현지국이 불완전 상태일 때 해외직접투자가 일어난다.
② 과점적 경쟁이론으로 밴드왜건효과를 설명할 수 있다.
③ 제품수명주기이론에 따르면 제품이 성숙기일 때 해외직접투자가 일어난다.
④ 내부화이론에 따르면 기업은 거래비용을 줄이기 위해 해외직접투자를 한다.
⑤ Dunning의 절충이론은 과점적 경쟁이론과 제품수명주기 이론을 절충한 이론이다.

해설 Dunning의 절충이론은 독점적 우위요소와 내부화우위 및 입지 특유의 우위요소를 절충한 이론이다. 그리고 밴드왜건효과는 한 기업이 해외에 직접투자할 경우 경쟁기업도 같은 국가에 자회사를 설치하는 방어적 투자를 하게 되는데, 이런 과점적 경쟁의 결과 같은 산업의 기업들이 특정국에 집중적으로 몰리는 현상을 말한다.

18 글로벌 경영환경 및 무역이론에 관한 다음 설명 중 옳지 않은 것은?

① 신무역이론은 정부의 전략적 무역정책을 중시한다.
② 포터의 경쟁우위이론에 의하면 경쟁력 있는 사업 결정에 가장 중요한 요소는 부존요소이다.
③ GATT는 보호무역장벽을 철폐하려는 다자간 협정이다.
④ WTO의 위축된 영향력을 회복하기 위하여 GATT가 체결되었다.
⑤ 관세동맹이란 회원 국가의 무역장벽을 없앰과 동시에 비회원국에 대해서는 공통의 관세를 적용하는 것을 말한다.

해설 GATT의 위축된 영향력 회복을 위해 WTO가 창설되었다.

정답 16 ⑤ 17 ⑤ 18 ④

19 기업의 해외진출과 관련된 설명 중 잘못된 것은?

① 사업의 경쟁력이 높고 국가매력도가 낮을 경우 라이선싱 전략을 택한다.
② 세계중심주의는 초국적 기업형태를 지향한다.
③ 기업활동 범위가 넓고 범세계적 활동 조정으로 낮은 통제 방식을 택하는 경우 국가별 전략이 적합하다.
④ 생산계약이나 턴키공사는 계약에 의한 진출 방식에 해당된다.
⑤ 해외직접투자 방식 중 신설투자는 조업재개 시까지 시간이 단축되는 장점이 있다.

해설 신설투자는 현지에 필요한 인력만 유연하게 선택할 수 있는 장점이 있지만, 조업재개 시까지 시간이 많이 드는 문제가 있다.

20 자본예산에서 순현가법과 내부수익률법의 평가 결과가 다른 경우, 순현가법을 따르는 것이 바람직하다고 한다. 다음 중 순현가법의 우위를 설명하는 이유로 옳지 않은 것은?

① 순현재가치법에서는 할인율로 재투자한다고 가정하고 있으나, 내부수익률법에서는 내부수익률로 재투자한다고 가정한다.
② 내부수익률법에 의할 경우 내부수익률이 존재하지 않거나 또는 내부수익률이 복수로 존재하는 경우가 일어날 수 있다.
③ 할인율이 매기 변동되는 경우, 내부수익률법에 이를 반영하는 것이 곤란하지만, 순현가법에서는 비교적 용이하게 이를 반영할 수 있다.
④ 여러 개의 투자안을 결합하는 분석을 실시하는 경우, 순현가법은 개별투자안의 순현가를 독립적으로 구하여 합산하면 되지만, 내부수익률법에서는 개별투자안의 내부수익률을 독립적으로 구하여 합산하는 방법을 사용할 수 없다.
⑤ 투자규모가 다른 투자안을 비교하는 경우, 순현가는 각 투자안의 투자규모에 대비한 상대적 성과에 대한 정보를 제공하지만 내부수익률은 절대적 성과에 대한 정보만 제공한다.

해설 NPV는 투자안의 절대적인 성과만을 반영하지만, IRR과 PI는 투자안의 상대적인 성과를 반영한다.

21 재무관리의 주요 기능 중 가장 거리가 먼 것은?

① 배당정책
② 자본 조달
③ 투자 결정
④ 재무자료 분석
⑤ 재무제표 작성

해설 재무제표의 작성은 회계의 기본 기능이다.

정답 19 ⑤ 20 ⑤ 21 ⑤

22 다음은 순현재가치(NPV)에 대한 설명이다. 가장 잘못된 설명은 어느 것인가?

① 투자자본의 회수기간이 길더라도 순현가가 양(+)이면 투자안을 채택한다.
② 현기업의 파산위험이 현저할 경우에는 순현가가 양(+)인 투자안을 기각할 수 있다.
③ 현기업의 파산위험이 현저할 경우에는 순현가가 음(−)인 투자안을 채택할 수 있다.
④ 순현가가 양(+)이더라도 상황이 유리하게 될 때까지 투자 집행을 기다린다.
⑤ 순현가가 음(−)이더라도 기업 확장을 위하여 투자안을 채택하여야 한다.

해설 기업 확장이 목표라면 NPV > 0인 투자안만 선택하여야 한다.
②, ③ 파산위험이 현저한 경우라면 의사결정의 우선순위는 수익성보다 안정성이다. 따라서 회수기간법으로 의사결정을 하여야 하며 이러한 의사결정은 NPV와 상반된 결정이 될 수 있다.

23 투자안에 대한 경제성 평가 방법 중 회수기간법을 실무적으로 많이 사용하는 이유와 가장 거리가 먼 것은?

① 방법이 매우 간단하고 이해가 쉽다.
② 미래현금흐름의 불확실성에 대한 투자위험 정보를 제공할 수 있다.
③ 기업의 유동성을 간접적으로 나타내준다.
④ 시설 및 제품의 진부화 위험을 덜어줄 수 있다.
⑤ 시간가치를 고려한 회수기간을 선정할 수 있다.

해설 회수기간법은 시간가치를 고려하지 않은 방법이다.

24 다음은 순현재가치(NPV)에 대한 설명이다. 가장 잘못된 설명은 어느 것인가?

① 투자비용과 현금흐름을 예측하고, 적당한 할인율을 사용하여 구한다.
② 기업이 해당 프로젝트에서 얻고자 하는 수익률이다.
③ 투자관련 의사결정을 내릴 때, 일반적으로 사용되는 방법이다.
④ 여러 개의 프로젝트 중 하나를 선택한다면, 가장 큰 NPV를 선택한다.
⑤ 한 개의 프로젝트일 경우, NPV가 0보다 크면 프로젝트를 채택해야 한다.

해설 NPV는 Net Present Value의 약자로 순현재가치를 의미한다. NPV는 투자안 각 연도에 발생하는 투자비용과 현금흐름을 적절한 할인율(보통 시장이자율)로 할인하여 현재가치를 구한다. 복수의 투자안에서 하나를 선택하는 경우에는 각각 구해진 NPV 중 가장 큰 NPV를 선택한다. 만약 한 개의 투자안일 경우, NPV가 0보다 크다면 채택하고 0보다 작은 경우에는 기각한다. 0보다 작은 경우에는 투자비용이 수익보다 더 크다는 것을 의미한다. NPV는 비율(%)이 아닌 값(가치)을 구하는 것이고, 수익률과 같이 비율을 구하고자 할 때는 IRR를 사용한다.

정답 22 ⑤ 23 ⑤ 24 ②

25 **M&A의 전략적 목적을 당사자 기업들이 속한 업종 간 관계에 따라 분류하면 수직계열화·수평적 통합·관련형 다각화·비관련 다각화 등으로 나눌 수 있다. 특정 산업에 속한 회사와 M&A의 전략적 목적이 짝지어진 것 중 타당하지 않은 것은?**

① 은행 + 은행 : 수평적 통합
② 항공사 + 여행사 : 수직계열화
③ 유리회사 + LCD 회사 : 수직계열화
④ 통신회사 + 조선회사 : 비관련형 다각화
⑤ 반도체회사 + 컴퓨터회사 : 비관련형 다각화

해설
- 수평적 통합 : 동일 업종의 기업이 동등한 조건하에서 합병·제휴하는 일
- 수직계열화 : 기업이 생산하는 제품의 생산부터 판매까지 공급사슬을 전반적으로 각 분야의 계열사로 구성한 것
- 비관련형 다각화 : 기존의 사업 분야와는 아무런 관련이 없는 사업으로 다각화하는 전략

26 **다음의 설명에서 LBO(Leveraged Buy-Out)에 대한 설명으로 가장 올바른 설명은?**

① 둘 이상의 기업들이 출자하여 다른 기업을 인수하는 방식
② 특수목적회사를 설립하여 대상 기업을 인수하는 방식
③ 대상 기업의 기존 경영진이 돈을 빌려서 대상 기업을 인수하는 방식
④ 인수대상 기업의 주식을 미리 상당량 매입한 뒤 기업인수 의사를 전달하는 방식
⑤ 인수하려는 기업의 장래 현금흐름을 담보로 제공하고 매수자가 돈을 빌리는 방식

해설 기업을 인수·합병(M&A)할 때 인수할 기업의 자산이나 향후 현금흐름을 담보로 은행 등 금융기관에서 돈을 빌려 기업을 인수하는 M&A 기법의 하나이다.

27 **대형유통회사인 신세계는 최근 백화점(신세계) 부문과 할인점(이마트) 부문을 나눠 2개의 별도 회사를 설립했다. 이와 같은 기업분할을 추진하는 목적으로 가장 적절하지 않은 것은?**

① 각 사업 영역에서 성공하는 데 필요한 전문성을 강화할 수 있다.
② 부분적으로 연관성이 있는 사업 간 범위의 경제를 추구하는 데 유리하다.
③ 기업규모 비대화에 따른 비효율을 방지하고 의사결정 속도를 높일 수 있다.
④ 회사별 사업 구조가 단순해져 투자자들이 인식하는 투명성을 증대시킬 수 있다.
⑤ 회사별 자율 책임경영 체제를 확립하여 성과에 대한 평가와 보상을 명확히 할 수 있다.

정답 25 ⑤ 26 ⑤ 27 ②

해설 범위의 경제의 사전적 의미는 한 기업이 2종 이상의 제품을 함께 생산할 경우, 각 제품을 다른 기업이 각각 생산할 때보다 평균 비용이 적게 드는 현상을 말한다. 범위의 경제는 기획조정실과 같은 단일 조직의 컨트롤타워를 통해 그룹사가 서로 다른 업종을 경영함으로써 위험을 분산하고 수익성을 극대화하는 인수합병의 이론이 되기도 한다. 따라서 기업분할은 범위의 경제를 제한한다. 기업분할의 이유는 다음과 같다.

1. 비핵심사업을 분할함으로써 주력사업은 시장에서 제대로 된 평가를 받을 수 있다.
2. 위험도가 높은 사업의 경우 모회사와 분리하여 리스크를 분산시킬 수 있다.
3. 매각이 쉽지 않은 사업을 분산시켜 주식의 가치를 높일 수 있다.
4. 기업 구조조정이 비교적 쉬워진다는 장점이 있다.
5. 투자자들을 유인하기가 쉽다.
6. 모회사가 지주회사로의 전환이 용이해진다.

28 기업의 전략적 선택인 아웃소싱의 기술적 역효과를 의미하는 것은?

① 해외 생산기지의 노동력을 활용해 부품을 조달하지만 예상 밖의 비용상승에 대처하기 힘든 상황

② 기술 변화를 감지해서 부품을 외부에서 조달하거나 직접 개발하는 전략을 채택하는 데 비용 부담이 증가하는 현상

③ 아웃소싱을 하는 부품에 대한 지식을 확보하고 있었지만 파트너 기업들과의 이해상충으로 부품조달 공조시스템이 원활하지 못함.

④ 제품이나 부품을 자체적으로 만들 수 있는 기술적 능력을 잃어 갑작스런 기술 변화에 의해 새로운 제품을 만들어 내기 어려운 상태에 처하는 것

⑤ 외부 협력업체에서 조달하는 부품 의존도가 높은 기업이 연구개발 투자에 매진, 새로운 기술로 자체 생산하는 부품을 늘림으로써 부품업체와의 관계가 악화되는 현상

해설 아웃소싱이란 기업이나 기관이 비용절감, 서비스 수준 향상 등의 이유로 기업에서 제공하는 일부 서비스를 외부에 위탁하는 것을 말한다.
아웃소싱을 하는 이유는,

1. 기업이 업무나 기능을 자체적으로 제공, 유지하기에는 수익성이 부족
2. 조직 내부 갈등을 해결하기 위해 제3자에게 문제를 위임
3. 내부적인 전문성은 없지만 당장 그 기능이 필요하여 그 부분을 외부에서 조달하기 위함이다.
4. 아웃소싱을 하는 가장 큰 이유는 조직의 유연성과 민첩성을 제고하는 가장 효과적인 수단 중 하나이기 때문이다.

그러나 아웃소싱의 역효과도 있는데 이중 기술적 역효과란 비용 절감을 위해 선택한 아웃소싱 때문에 기업이 기술(제품)을 자체적으로 만들 수 있는 능력을 잃어버리는 것을 말한다.

정답 28 ④

29 성공적인 비즈니스 모델이 가져야 할 조건 가운데 다음 사례는 어떤 것을 지칭하는가?

> 인도 타타그룹의 라탄 나발 회장은 어느 비 오는 날 일가족 4명이 스쿠터를 타고 가다가 사고를 당해 길바닥에 쓰러져 있는 장면을 목격했다. 타타 회장은 저렴하고 안전한 교통수단을 제공하기로 결심했다. 그리고 중산층 이하 잠재고객을 타깃으로 한 자동차 '나노'를 개발했다.
> 라디오, 파워핸들, 에어컨이 없이 기본 기능만을 제공하는 '나노'는 가격이 2,500달러에 불과한 초저가 자동차다. 타타 회장은 부품, 조립, 유통단계의 혁신을 통해 낮은 원가를 달성했다.

① 기술 경쟁력
② 모방의 불가능성
③ 수인획득 메커니즘
④ 명확한 고객가치 창출
⑤ 가치 네트워크의 선순환

해설 성공적인 비즈니스 모델의 조건

1. 명확한 고객가치 제안
   - 고객의 문제를 해결하고 요구조건을 충족시키는 솔루션을 의미하며, 기존 시장 내에서 요구조건이 충족되지 못하는 고객군을 발굴한다(미국 엔터프라이즈 렌터카).
   - 가격, 품질 등의 이유로 제품 및 서비스를 사용하지 않고 있는 잠재고객 발굴도 중요하다(인도 타타그룹).
   - IT발달과 함께 편의성, 낮은 가격 등이 핵심 고객가치로 주목받고 있다(미국 그루폰).
2. 효과적인 메커니즘의 설계 : 다양한 방식의 수익 메커니즘 활용 필요
   - 제품 대여, 관리서비스의 제공으로 지속적인 수익흐름 창출(힐티)
   - 주력 제품 가격은 낮게 잡아 매출규모를 늘리고 소모품 가격은 높게 책정해 수익획득(질레트)
   - 주력 제품 가격은 높게 책정해 수익확보, 부가제품 및 서비스 가격은 낮게 유지해 사용가치 제고(애플)
   - 기본 서비스를 무상 제공하여 사용자 확보 후 정품과 업그레이드 버전에 과금(어도비)
   - 묶음으로 제공하던 기능이나 서비스를 분할하여 제공(넷제트)
3. 선순환구조 모색 : 고객가치 창출에 필요한 활동들이 상승작용을 일으키도록 비즈니스 모델 설계(라이언에어)
   - 불필요한 서비스 제거, 단일 기종 운행 등으로 원가 절감
   - 낮은 요금으로 인한 탑승객 수 증가가 다시 원가 감소와 더 낮은 요금으로 연계
4. 모방 불가능성 : 자사가 보유한 장점을 극대화하여 타 기업이 알고도 따라할 수 없는 방어벽 설치
   - 기존 기업이 구축한 강점을 약점으로 변화시키는 전략을 선택적으로 하는 것이 효과적(사우스웨스트 항공)
   - 독자적인 역량에 기반해 비즈니스 모델 구축(아마존 킨들)
   - 지속적인 진화를 통해 상대보다 한 발씩 앞서나가기 쉽도록 초기부터 설계에 반영

정답 29 ④

30 아래 그림은 기업 내부역량과 외부환경을 분석하는 SWOT 분석을 나타낸다. 이를 참고해 기업이 처한 상황이나 전략에 대해 올바르게 설명한 것을 보기에서 모두 고르면?

	기회(O)	위협(T)
강점(S)	SO전략 ㉠	ST전략 ㉡
약점(W)	WO전략 ㉢	WT전략 ㉣

㉠ 사업을 축소하거나 전략 방향을 재조정하는 등의 방어적 전략을 추구
㉡ 불리한 상황에 대처하기 위해 내부 능력을 활용한 관련 다각화 등의 안정적인 성장 전략이 필요한 경우
㉢ 기업 능력이 취약해 기회를 활용하는 데 제약이 있는 경우로 합작투자 등의 전략이 필요
㉣ 능력은 있지만 환경상 위협이 많아 기업이 불리한 상황에 처할 가능성이 높은 경우로 인수 전략을 활용

① ㉠, ㉡
② ㉠, ㉢
③ ㉡, ㉢
④ ㉡, ㉣
⑤ ㉢, ㉣

해설

구분	기회 (Opportunity)	위협 (Threat)
강점(S)	㉠ SO전략(강점-기회전략) 시장이 기회를 활용하기 위해 강점을 사용하는 전략을 선택	㉡ ST전략(강점-위협전략) 시장의 위협을 회피하기 위해 강점을 사용하는 전략을 선택
약점(W)	㉢ WO전략(약점-기회전략) 약점을 극복함으로써 시장의 기회를 활용하는 전략을 선택	㉣ WT전략(약점-위협전략) 시장의 위협을 회피하고 약점을 최소화하는 전략을 선택

정답 30 ③

PART 04
경영

CHAPTER 02

마케팅

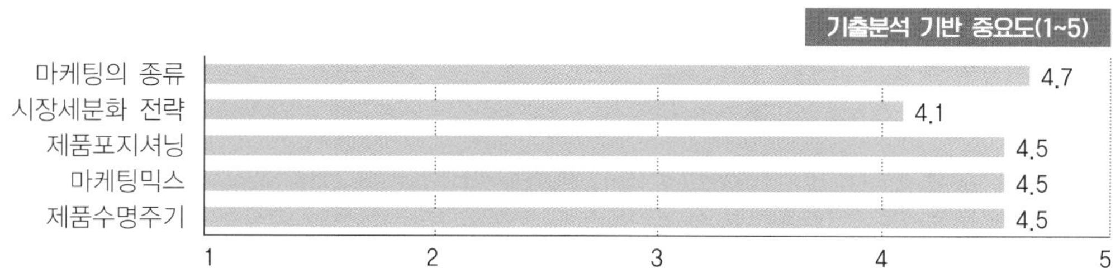

학습목표

❶ 마케팅전략을 수립하는 기본적인 프로세스를 이해한다.
❷ 마케팅전략을 수립하기 위해 시장세분화 작업을 수행할 수 있어야 한다.
❸ 세부적인 마케팅전략의 개념과 내용을 구분한다.
❹ 브랜드전략에 대한 기초 개념을 이해한다.
❺ 마케팅믹스의 네 가지 요소를 이해한다.
❻ 소비자행동을 이해하는 기초 이론들을 구분한다.

1 마케팅의 개요

1 마케팅의 의의

마케팅이란 소비자의 필요와 욕구를 충족시키기 위해 시장에서 교환이 일어날 수 있도록 상품, 서비스 및 아이디어의 설계, 가격결정, 촉진, 유통 등을 계획하고 실행하는 과정이다.

2 마케팅의 기능

(1) 미시적 마케팅

미시적 마케팅이란 개별 기업이 기업의 목표를 달성하기 위한 수단으로 수행하는 개별 기업의 마케팅 활동을 말한다.

① 선행적 마케팅

선행적 마케팅이란 생산이 이루어지기 전의 마케팅 활동을 의미하는 것으로 마케팅 조사, 마케팅 계획 활동 등이 있다.

② 후행적 마케팅

후행적 마케팅이란 생산이 이루어진 이후의 마케팅 활동을 말하는 것으로 대표적인 활동에는 가격, 경로, 판촉 등이 있다.

(2) 거시적 마케팅

거시적 마케팅이란 사회적 입장에서 유통기구와 기능을 분석하는 마케팅 활동을 의미하는 것으로 시장의 경쟁구조를 설명하는 과정에서 나타난 개념이다.

3 마케팅 관리의 개요

(1) 마케팅 관리의 의의

기업의 마케팅 활동을 종합적, 체계적, 합리적으로 실시하기 위해 계획, 조직, 실시 및 통제의 각 단계를 관리하는 것이다. 마케팅 관리의 주요 대상은 제품계획, 가격설정, 광고, 판매촉진, 판매경로의 설정, 물적 유통 등이다. 마케팅 관리는 전체로서의 마케팅 활동을 계획하고, 이를 실시하기 위한 조직을 설정하며, 그에 의하여 실시되는 활동을 관리, 통제하는 것이다.

(2) 수요 상황에 따른 마케팅 관리의 과제

마케팅 관리는 기업이 그의 목표를 달성하는 데 기여할 수 있는 방법으로 수요의 수준, 시기 및 성격을 규제하는 과업을 수행하여야 한다. 이러한 의미에서 마케팅 관리는 수요의 관리(demand management)라고 할 수 있다.

기본적인 마케팅 과업

구분	수요상황	마케팅 과업	마케팅전략
1	부정적 수요	수요를 전환시킨다.	전환적 마케팅
2	무수요	수요를 창조한다.	자극적 마케팅
3	잠재적 수요	수요를 개발한다.	개발적 마케팅
4	감퇴적 수요	수요를 부활시킨다.	재마케팅(Re-marketing)
5	불규칙적 수요	수요와 공급의 시기를 일치시킨다.	동시화 마케팅
6	완전수요	수요를 유지한다.	유지적 마케팅
7	초과수요	수요를 감소시킨다.	디마케팅(De-marketing)
8	불건전한 수요	수요를 파괴시킨다.	대항적 마케팅

① 부정적 수요 – 전환적 마케팅

대부분의 잠재고객들이 제품을 싫어하며 오히려 그 제품을 회피하기 위하여 기꺼이 돈을 지불하려는 상태다. 부정적 수요의 상태에서 마케터는 실제 수요를 (−)로부터 (+)로 전환시켜 바람직한 수요의 크기와 일치시켜야 하는데, 이러한 마케팅 과업을 전환적 마케팅이라고 한다.

② 무수요 – 자극적 마케팅

잠재고객들이 무관심하여 제품에 대해 어떠한 부정적 또는 긍정적 느낌도 갖고 있지 않은 상태다. 이러한 수요의 상태에서 마케터는 제품에 대한 관심을 자극하여 실제 수요를 (0)에서 (+)로 증대시키는 과업을 수행해야 하는데 이를 자극적 마케팅이라고 한다.

③ 잠재적 수요 – 개발적 마케팅

사람들이 제품에 대한 필요성을 공유하고 있으나 실제로는 그러한 제품이 가용하지 않은 상태를 잠재적 수요라고 한다. 이때 마케터는 잠재고객들이 공통적으로 '원하는 바'를 충족시키기 위한 신제품 개발의 과업을 수행해야 하는데, 이를 개발적 마케팅이라고 한다.

④ 감퇴적 수요 – 리마케팅(Re-marketing)

제품에 대한 실제 수요가 이전보다 낮아지고 있는 상태인데, 그 원인은 잠재고객의 기호 변화, 경쟁, 마케팅 환경 요인의 변화 등이다. 이때 마케터는 실제 수요를 부활시키기 위하여 표적시장을 변경하거나 제품특성, 가격수준, 유통경로, 촉진활동 등을 적절히 변경하는 리마케팅 과업을 수행해야 한다.

⑤ 불규칙적 수요 – 동시화 마케팅

실제 수요의 시간적 패턴이 바람직한 수요의 시간적 패턴과 다른 상태를 말한다. 이때 마케터는 공급의 수준을 실제 수요의 크기에 맞도록 조정하거나, 실제 수요의 크기를 공급의 수준에 맞도록 조정하거나 공급의 수준과 실제 수요의 크기를 조정함으로써 양자의 시간적 패턴을 일치시킬 수 있는데 이러한 과업을 동시화 마케팅이라고 부른다.

⑥ 완전수요 – 유지적 마케팅

실제 수요와 바람직한 수요의 평균적 크기뿐 아니라 시간적 패턴까지도 일치하는 수요의 상태를 완전수요라고 부른다. 마케터는 현재 수행하고 있는 마케팅 활동의 효율성과 그러한 요인들의 변화 추세에 대하여 끊임없이 관심을 갖고 대처함으로써 완전수요의 상태를 유지하는 일과 관련된 유지적 마케팅을 수행해야 한다.

⑦ 초과수요 – 디마케팅(De-marketing)

실제 수요의 크기가 마케터가 공급할 수 있거나 공급하려는 바람직한 수요의 크기를 초과하는 상태이다. 초과수요의 상태에서 마케터는 제품을 획득하려는 잠재고객들의 경쟁을 방관하기보다는 고객들의 만족 수준을 보장하고 장기적인 고객관계를 유지・개선하기 위한 디마케팅(de-marketing)의 과업을 수행해야 한다.

⑧ 불건전 수요 – 카운터 마케팅(Counter-marketing)

제품에 대한 수요 자체가 장기적인 소비자 및 사회복지의 관점에서 불건전하거나 마케터에게 유익하지 않은 경우다. 이때 마케터는 실제수요의 크기나 시간적 패턴을 조정하는 것이 아니라 약간의 수요라도 그것의 존재를 없애버리려는 카운터 마케팅(counter-marketing)의 과업을 수행해야 한다.

기출 유사문제

디마케팅이란 고객의 구매를 의도적으로 줄임으로써 적절한 수요를 창출하는 마케팅을 의미한다. 다음 중 디마케팅 유형과 관련된 사례로 가장 거리가 먼 것은?

① 맥주회사가 고급 브랜드를 일정한 업소에만 선택적으로 공급
② 도심의 혼잡한 교통체증을 줄이기 위해 혼잡통행료 징수
③ 은행에서 VIP라운지를 확충하고 대신 거래 실적이 적은 휴면계좌 정리
④ 백화점에서 10대 청소년들의 출입시간에 대해 엄격하게 통금시간을 설정
⑤ 의류회사가 소비자 선호의 차이를 반영하기 보다는 한 스타일로 전체 시장을 공략

해설 디마케팅(de-marketing)이 벌어지는 상황은 초과수요 상태로 실제 수요의 크기가 마케터가 공급할 수 있거나 공급하려는 바람직한 수요의 크기를 초과하는 상태다. 초과수요의 상태에서 마케터는 제품을 획득하려는 잠재고객들의 경쟁을 방관하기보다는 고객들의 만족 수준을 보장하고 장기적인 고객관계를 유지·개선하기 위한 디마케팅의 과업을 수행해야 한다.

정답 Ⅰ ⑤

4 마케팅 관리 철학의 변천과정

(1) 마케팅 관리 철학·이념(Marketing Management Philosophy)

한 사회의 경제가 발전함에 따라 시장의 수요 및 공급 관계나 경쟁 양상 등의 모습도 달라질 것이므로, 이에 대응한 교환이 바람직하게 일어나도록 하기 위해 마케터가 취해야 하는 정책적 입장도 변할 것이다. 이와 같이 당시의 사회경제적 환경에 대한 마케팅 담당자의 시장에 대한 정책적 관점이나 입장을 마케팅 관리 이념 또는 관리 철학이라고 한다. 이러한 관리 철학은 마케팅 활동에 직접·간접으로 영향을 미치는 시대적 환경 변화와 함께 끊임없이 진화, 발전되어 오고 있다.

(2) 마케팅 관리 이념의 변천

① **생산 개념**(Production Concept)**의 시대**(~1910년대)

제품이 없어서 못 파는 시기로 생산의 효율과 가격이 중요하지 마케팅은 별 볼일이 없었던 시기이고 조직상으로도 아예 없거나 생산부의 일부분으로 존재하는 시기다.

② **제품 개념**(Product Concept)**의 시대**(1910년대~1930년대)

제품의 품질이 제일이었던 시대로 제품의 품질만 좋으면 마케팅이란 활동은 무시되었고, 이때는 질 좋은 제품은 생산해서 쌓아 놓기만 하면 가격도 전혀 중요하지 않은 시기였다. 즉, 생산관련 기술과 제품 제조관련 기술이 대접을 받는 시대이기에 마케팅이 전면에 나서지 못하는 때다.

③ **판매 개념**(Selling Concept)**의 시대**(1930년대~1950년대)

제품의 대량생산이 가능하고 품질도 이제 생산자마다 거의 비슷해서 마케팅을 하지 않으면 제품이 잘 팔리지 않는 시대로 선전, 광고 및 판촉의 중요성이 부각된 시기다.

④ **마케팅 개념**(Marketing Concept)**의 시대**(1950년대~1970년대)

제품도 종류가 풍부하고 품질도 거의 비슷비슷하며 광고와 판촉을 아무리 많이 한다고 해도 이제는 제품이 제대로 판매되지 않는다. 고객에 대한 정보의 중요성과 경쟁의 심화 및 이익의 감소가 나타나는 시기로 소비자의 의식 수준과 소득 수준의 향상, 대량생산 제품에 대한 구매 저항의 심화, 소비자 욕구 수준의 증대와 소비자보호 운동의 대두, 배분 채널의 보강과 소비자들의 불만 요소 증대 등 시장 환경의 급속한 변화로 인해, 즉 시장 패러다임의 변화로 인해 생산자의 힘의 약화와 소위 말해 소비자 파워가 점차 증대되는 시기를 말한다. 아무리 제품이 좋고 가격이 적절하다고 해도 나의 욕구를 제대로 알고 충족시켜주기 전에는 제품 구입은 없다는 시장의 분위기를 따라서 고객의 욕구와 시장의 요구를 파악하기 위한 각종 마케팅 조사에 많은 노력을 기울이게 되는 시기인 것이다.

㉠ **전사적 마케팅**(Total Marketing) : 고객의 욕구를 충족시키기 위하여 기업의 모든 기능과 모든 종업원이 마케팅적 사고를 하게 되는 것을 의미한다.

㉡ **내부 마케팅**(Internal Marketing) : 외부 마케팅 이전에 고객 지향적 마케팅을 수행하기 위하여 종업원들을 먼저 교육·훈련시키고 동기 부여를 시키는 활동을 의미한다.

㉢ **관계 마케팅**(Relationship Marketing) : 신규고객을 확보하는 것보다 기존 고객을 유지하는 것이 기업에 더 유리하다는 전제하에 기업이 고객과 접촉하는 모든 과정을 통해 고객이 충분한 대가를 받고 있다고 느끼게 해주어 자신의 고객으로 남아 있도록 하는 마케팅 활동을 의미한다.

⑤ **사회지향적 마케팅 개념**(Societal Marketing Concept)**의 시대**(1970년대~현재까지)

마케팅 개념과 사회의 장기적인 이익, 즉 사회적 복지 증진과 환경 및 생태계의 개념까지 아우르는 마케팅 관리 개념이다. 이 마케팅 관리의 중심 과제는 목표 시장의 욕구를 확인하고 경쟁기업보다 효과적이고 효율적으로 소비자의 욕구를 충족시킴과 동시에 장기적으로 소비자와 사회의 복지를 보존 및 증진시킬 수 있도록 조직을 적응시켜 목표 시장에 봉사하는 것이며, 또한 물질 중심주의에서 인간 중심 지향적으로 변경되는 시기다.

㉠ **그린 마케팅**(Green Marketing) : 기업의 마케팅 활동이 환경 보호, 자원의 보존 등을 고려하여 수행됨으로써 사회 전체의 복지 향상과 삶의 질적 향상에 기여할 수 있어야 한다는 개념이다.

㉡ **계몽 마케팅**(Enlightened Marketing) : 기업의 사회적 책임을 인지하고 더 나아가 사회적 가치 창조에 앞장서야 한다는 개념으로 기업의 사회적 역할과 책임을 강조하는 개념이다.

⑥ **고속 정보망 지향 마케팅 개념**(Electronic-oriented marketing or information super highway-oriented marketing concept)**의 시대**(2000년 이후 현재까지)

현재 및 향후 펼쳐질 미래의 마케팅 개념으로 마케팅 개념과 사회지향적 마케팅 개념이 고속 정보망으로 대표되는 정보통신 기술과의 접목으로 펼쳐지는 마케팅 관리 개념이다. 다양한 소프트웨어나 서비스 산업의 사회적 전산화가 보편화되는 정보화 사회가 도래됨에 따른 고도의 각종 정보 기술과 최첨단 정보통신 기기를 활용한 마케팅 개념으로 예를 들면, 점포의 자동화・무인 점포화, 정밀 POS 시스템의 구축, 데이터베이스 마케팅의 확산, CRM 및 일대일 마케팅의 급속화, 쌍방향 마케팅(Interactive Marketing), SCM, 비디오, 케이블・홈쇼핑, 텔레마케팅, PC 마케팅 등의 네트워크 마케팅 등이 포함될 수 있다.

(3) 기타 마케팅 관련 용어

① **터보 마케팅**(Turbo Marketing)

제품개발, 유통, 생산, 금융, 마케팅 등의 각종 활동과 흐름을 컴퓨터 커뮤니케이션과 오토메이션에 의한 'just in time'으로 전개시켜 필요한 시간을 크게 단축하는 마케팅 구성을 말한다. 따라서 터보 마케팅 성립을 위해서 컴퓨터, 커뮤니케이션, 오토메이션 3가지가 요구되며 이미 이탈리아 베네통, 일본 카오 등에 도입되고 있다.

② **감성 마케팅**(Emotional Marketing)

고객의 기분과 정서에 영향을 미치는 감성적 동인을 통해 브랜드와 고객 간의 유대 관계를 강화하는 것으로 마케팅 커뮤니케이션에 있어서 감성의 활용은 브랜드 이미지를 차별화하고 브랜드 충성도(brand loyalty)를 강화할 수 있는 핵심적인 방법이다.

③ **애프터 마케팅**(After Marketing)

신규고객을 확보한 후에 이 신규고객을 재구매 고객으로 이끄는 일련의 영업 및 마케팅 활동을 의미한다. 즉, 한번 고객은 영원한 고객이라는 마인드를 가지고 새로운 고객을 개발하기 보다는 고객이 상품이나 서비스를 이용한 후부터 관심을 기울여 이들의 만족도를 높이고 이용률을 높이는 데 초점을 두는 것이다.

④ **공생 마케팅**(Symbiotic Marketing)

공생 마케팅이란 두 개 이상의 기업이 시설의 공동 이용, 공동적인 마케팅 활동 등 마케팅 관리를 공동으로 수행하여 효율성을 확보하려고 하는 마케팅 활동을 의미한다.

2 시장세분화와 목표시장 선정

1 시장세분화(Segmentation)

(1) 시장세분화의 의의

시장을 세분화하려면 기업이 모든 마케팅 노력을 집중시켜 가장 효과적으로 시장을 공략할 수 있도록 시장을 의미 있는 집단으로 구분해야 한다. 시장에는 세분하지 않는 비세분화 시장도 있고 세분화된 시장의 수가 고객의 수와 같은 완전세분화 시장도 있다. 하지만 대부분 성별, 연령, 고객의 성향 등의 변수에 의해 몇 가지 시장으로 세분화되는 것이 보통이다. 즉, 소비자들이 제품을 어떤 목적을 가지고 어떤 용도로 어떻게 사용하는지에 대해서 기준을 정해 시장을 나누어야 기업의 목적에 맞게 효과적인 마케팅전략을 세울 수 있는 것이다.

(2) 시장세분화를 위한 변수

시장세분화의 변수로는 인구통계적 변수, 지리적 변수, 심리분석적 변수, 행동분석적 변수 등이 있는데, 이런 변수로 시장을 세분화한 다음 경쟁우위를 가질 수 있는 표적시장을 설정하게 된다.

① 인구통계적 변수

인구통계적 변수에는 소비자들의 성별, 연령, 소득, 직업, 교육 수준 등이 있다. 이 변수는 가장 흔히 사용되는데 소비자의 욕구나 구매행동에 밀접한 관련이 있기 때문이다.
그러나 소비자의 욕구가 점점 복잡하고 다양해지면서 인구통계적 변수에 대한 의존도는 점점 감소하고 있다.

② 지리적 변수

지리적 변수에 의한 시장세분화는 소비자들의 거주 지역, 도시의 규모, 날씨 등으로 시장을 구분한다. 소비자들이 거주하는 지역의 특성이 각각 다르기 때문에 서울특별시, 부산광역시, 광주광역시 등에 따라 구분하기도 하고 서울특별시의 경우에도 강북과 강남으로 구분하기도 한다. 이러한 지리적 변수는 특정 지역의 마케팅전략을 세우는 데 많이 쓰인다.

③ 심리적 변수

심리적 변수에 의한 시장세분화는 소비자들의 개성, 취미, 라이프스타일 등에 따라 시장을 구분한다. 이런 심리분석적 변수들은 소비자들의 사고와 생활방식이 다양해지면서 특히 강조된다. 개성이란 다른 사람들과 다른 자기만의 독특한 심리적 특성을 말하는데, 개성을 중시하는 사람들의 사고와 자기만의 독특한 색깔을 나타내려는 욕구가 강해지면서 자신의 개성에 맞는 제품을 선호하려는 경향이 강해진다. 개성은 소비자의 이미지이기 때문에 소비자들은 제품의 특별한 기능적 편익보다는 기업이나 브랜드의 이미지를 더 중요시하게 된다.
라이프스타일은 사람들의 살아가는 방식을 말한다. 이러한 라이프스타일은 개성 변수와 함께 자신을 나타내는 수단이 되기 때문에 중요시 되는데, 주로 소비자들의 행동, 관심, 의견 등에 따라 구분된다.

④ 행동적 변수

행동분석적 변수에 의한 시장세분화는 제품이나 서비스의 편익, 사용량, 사용경험, 상표충성도 등에 대한 소비자의 태도나 반응에 따라 시장을 구분하는 것이다. 편익(benefit)이란 소비자들이 제품을 사용하면서 얻고자 하는 가치를 말한다. 이 밖에도 제품 사용량에 따라 대량소비자, 소량소비자 등으로 세분화하기도 하고, 자사 상표에 대한 호의적인 태도와 반복구매 정도를 나타내는 브랜드 충성도(brand loyalty)에 따라 자사브랜드 선호 집단, 경쟁브랜드 선호 집단 등으로 세분화하기도 한다.

시장세분화 변수와 세분화의 예

변수		세분화의 예	해당되는 상품의 예
지리적 변수	지방 기후 인구 밀도	내륙, 해안, 섬 등 한난, 계절 등 도시지구, 교외지구, 지방 등	지역 한정 상품 계절 한정 상품 로드 사이드 점포
인구 동태 변수	연령 성별 가족 구성 소득 직업	소년, 청년, 중년, 고령자 등 남, 녀 기혼, 미혼 등 300만원 이상 등 블루컬러, 화이트컬러 등	학습지 여성용 담배 주부용 잡지 고급차 건강음료
심리적 변수	라이프스타일 퍼스낼리티	스포츠 선호, 옥외 레저 지향형 등 신품 선호, 보수적 등	RV자동차
행동 변수	원하는 편의 사용률	경제성, 기능성, 명성 등 비사용자, 골수사용자 등	기능성 음료
제품의 사용 패턴	어플리케이션 최종사용자	본체, 도장, 촉매 등 계산, 보관, 발표 등 건재, 용기 등	화학물질 표계산 소프트웨어 플라스틱
가공 수준		원료, 최종제품 등	종이, 펄프 등

(3) 다수세분화 변수의 결합

시장을 세분화할 때 하나의 변수를 기준으로 할 수도 있고 몇 개의 변수를 결합하여 세분화할 수도 있다. 변수의 수가 적으면 소비자의 욕구를 파악하고 충족시키기에 다소 부족하고 변수가 많아지면 세분 시장에 대한 정보를 더 많이 얻어 시장의 욕구를 충족시킬 수 있다는 장점이 있으나, 그만큼 세분 시장도 많아지고 시장규모도 작아질 수 있다는 단점이 있다.

기출 유사문제

동일한 시장이지만 소비자의 욕구나 행동이 상이할 경우 전체시장을 다양한 기준으로 나누어 대응하는 것을 시장세분화라 한다. 기업이 전체시장을 목표로 하는 것보다 시장을 세분화함으로써 누릴 수 있는 이점으로 가장 옳지 않은 것은?

① 규모의 경제를 극대화할 수 있다.
② 기업의 마케팅 비용이 더 적게 든다.
③ 마케팅 믹스를 더 효과적으로 조합할 수 있다.
④ 시장의 가장 동질적인 욕구를 파악하여 이를 충족할 수 있다.
⑤ 시장을 최적으로 나누기 위한 근거를 선정하기가 더 용이하다.

해설 시장세분화의 이점
㉠ 기업은 쉽게 시장기회를 파악하고 비교하여 유리한 마케팅전략을 전개할 수 있다.
㉡ 판매업자는 특히 시장 부분의 반응적 특성이라는 뚜렷한 아이디어에 기초한 프로그램과 이에 소요되는 예산을 수립할 수 있다.
㉢ 판매업자는 제품 및 마케팅 활동을 목표시장의 요구에 적합하도록 조정할 수 없다.
㉣ 시장세분화의 반응도에 근거하여 마케팅 자원을 보다 효율적으로 배분할 수 있다.
㉤ 소비자의 다양한 요구를 충족시켜 매출액을 증대할 수 있다.
그러나 시장을 세분화하면 규모의 경제를 극대화할 수 없는 단점이 있다.

정답 I ①

2 표적시장 선정(Targeting)

(1) 표적 마케팅의 개념

소비자의 인구통계적 속성과 라이프스타일에 관한 정보를 활용, 소비자 욕구를 최대한 충족시키는 마케팅전략이다. 이를 위해 소비자들을 가장 작은 단위로 나눈 다음 계층별로 소비자 특성에 관한 데이터를 수집해 마케팅 계획을 세운다.

(2) 표적 마케팅의 방법론

표적 마케팅전략의 첫 번째 단계인 시장세분화는 마케팅의 핵심 과제인 "우리의 고객은 누구인가?" 라는 질문에 대한 답을 제시하는 과정이다. 시장은 서로 다른 욕구를 갖는 소비자로 구성되어 있으며, 이들의 욕구는 지역, 나이, 라이프스타일, 구매 동기 등 여러 가지 시장 변수에 따라 몇 개의 그룹으로 구분된다. 일반적으로 시장변수는 지리적 특성, 인구통계적 특성, 심리적 특성, 행동적 특성의 4가지 범주로 구분되며 4개의 범주는 다시 다수의 세분 변수로 나눠진다. 이러한 시장세분화는 기업들이 마케팅 활동을 행하는 데 있어 다음과 같은 기능을 수행하게 해 준다.

- 수익성이 보장되는 거대한 세분 시장을 확인하게 해준다.
- 마케팅 노력에 의해 효율적으로 접근될 수 있는 세분 시장을 확인하게 해준다.

• 세분화된 시장에 적합한 효율적인 마케팅 믹스 개발을 가능하게 해준다.
시장세분화가 이러한 기능을 수행하기 위해서는 세분 시장 내의 동질성, 접근 가능성, 측정 가능성, 실질성, 차별적 반응 등 5가지 전제조건이 선행되어야 한다.

용어 해설

라이프스타일 : 개인이나 가족의 가치관 때문에 나타나는 다양한 생활양식·행동양식·사고양식 등 생활의 모든 측면의 문화적·심리적 차이를 전체적인 형태로 나타내는 말이다. 원래 사회학과 문화인류학에서 명확한 정의 없이 사용하던 말이었으나, 최근에는 마케팅과 소비자의 행동 연구 분야에서 관심을 가지게 되었다. 그 이유는 시장의 세분화에 있어서 인구통계학적 분류 외에 소비자의 심리적 측면을 고려할 필요가 있기 때문이며, 나아가서는 제품의 새로운 의미 부여, 신제품 개발 등에서도 소비자의 잠재적 욕구를 파악할 필요가 있기 때문이다. 즉, 소비자 행동을 결정하는 주체가 소비자로서 합리적인 경제 원칙에 의거하여 행동할 뿐만 아니라, 주체성을 가지고 자신의 생활을 설계하는 생활자로서의 의식을 갖는다는 것을 전제로 성립한 것이다.

① 동질성
세분된 시장은 소비자 욕구가 동질적이어야 하고, 비슷한 성향을 가지고 있어야 한다.

② 접근 가능성
시장은 동일한 특성을 가진 소비자들로 구성되어야 하며 이들에게 접근할 방법이 무엇인지 알 수 있어야 한다. 즉, 매체를 통하여 소비자들에게 상품을 알릴 수 있어야 한다는 것이다.

③ 측정 가능성
세분 시장은 규모와 구매력 측정이 가능해야 한다.

④ 실질성
세분된 시장 내에서 독자적인 별개의 마케팅 활동을 실행할 수 있을 정도로 수익성과 가치가 보장되어야 한다.

⑤ 차별적 반응
하나의 마케팅 믹스 전략에 각각의 세분 시장이 서로 다르게 반응해야 하고, 관심 대상이 되는 각각의 고객 세분시장은 세밀하게 그 내용이 파악되어야 한다.

기출 유사문제

다음 중 특정 개인이나 지역의 취향 또는 선호를 반영하는 마케팅전략이 가장 효과적인 시장은?

① 경쟁이 없고 선호가 다양한 시장
② 경쟁이 없고 선호가 동질적인 시장
③ 경쟁이 심하고 선호가 분산된 시장
④ 경쟁이 심하고 선호가 밀집된 시장
⑤ 경쟁이 심하고 선호가 동질적인 시장

해설 미시적 마케팅은 개인이나 지역의 기호를 만족시키기 위해 마케팅 프로그램을 맞추는 것으로 경쟁이 치열하고 선호도가 분산된 시장에서 효과적이다.

정답 Ⅰ ③

3 제품 포지셔닝(Positioning)

(1) 제품 포지셔닝의 의의

제품 포지셔닝이란 기업이 원하는 바대로 자사의 제품을 소비자들에게 인식시켜 시장에서 자사의 제품이 독특한 위치를 차지할 수 있도록 자리잡는 것을 말한다. 제품 포지셔닝을 통해서 기업은 자사제품을 경쟁제품과 차별화된 지위를 얻도록 하여 표적시장에서 고객의 욕구를 충족시킬 수 있다는 인식을 소비자들에게 심어주게 된다.

제품 포지셔닝의 전략을 세우기 위해서는 기업이 시장에서 차지하는 위치, 시장선도 기업, 시장도전 기업, 시장추종 기업, 시장틈새 기업과 경쟁기업 및 제품의 포지셔닝, 소비자들의 니즈와 브랜드에 대한 소비자의 지각, 자사의 마케팅 자원, 자사의 이미지 등 전반적인 사항을 고려해야 한다.

제품을 포지셔닝하려면 다른 경쟁제품과의 차별점을 표적시장의 소비자에게 확고하게 인식시킬 수 있는 마케팅 믹스가 필요하다. 포지셔닝은 기존 제품이나 서비스에 대한 고객의 시각과 소비자들의 인식을 명확하게 파악하여 자사의 제품이나 서비스가 가장 차별화될 수 있는 위치를 찾는 것이 중요하다. 자사제품의 이미지를 얼마나 정확하고 강력하게 고객에게 심어주고 소비자가 이를 인지해주느냐에 포지셔닝의 성공 여부가 달려 있다.

(2) 제품 포지셔닝의 방법

제품 포지셔닝 전략은 제품의 기능이나 편익 같은 제품 속성, 사용자, 경쟁사 제품 등과 같은 여러 가지 요소에 의해 설정할 수 있는데, 이를 크게 소비자의 니즈를 기준으로 자사제품의 포지션을 개발하는 소비자 포지셔닝 전략과 경쟁자와의 경쟁 환경을 기준으로 자사제품의 포지션을 개발하는 경쟁적 포지셔닝 전략으로 나눌 수 있다.

① 소비자 포지셔닝 전략

소비자의 니즈와 자사제품 편익(benefit)의 연관성을 어느 범위에서 전달하느냐에 따라 구체적으로 포지셔닝하기도 하고 일반적으로 포지셔닝하기도 한다. 제품의 편익을 구체적으로 포지셔닝하면 포지셔닝의 효과는 크지만 고객의 범위가 작아질 우려가 있고 일반적으로 포지셔닝하면 범위가 크긴 하지만 막연하고 애매하기 때문에 커뮤니케이션에 문제가 생길 수 있다. 결국 제품의 편익과 소비자의 욕구를 연관시킬 수 있는 포지셔닝 전략을 세우는 것이 중요하다.

② 경쟁적 포지셔닝 전략

경쟁제품의 포지션을 바탕으로 포지셔닝하는 전략을 말한다. 이 전략은 이미 소비자의 마음에 포지션되어 있는 경쟁제품의 포지션을 이용하는 것으로 소비자들은 경쟁제품의 포지션에 자사제품의 포지션을 연관지어 인식하게 된다. 이 전략은 주로 경쟁제품과의 차별화를 목적으로 비교광고를 통해서 많이 수행되는데 보다 수월하게 포지셔닝을 할 수 있는 장점이 있다.

(3) 포지셔닝의 유형

① 속성에 의한 포지셔닝

자사제품이 경쟁기업의 제품과 다른 기능적, 감각적 편익이나 속성 같은 차별점을 소비자에게 인식시키는 방법이다. 이 전략은 가장 흔히 사용되는 방법으로 기존 자사제품의 약점에 대한 개선을 인식시키거나 자사제품의 강점을 다시 한 번 부각시키기도 하고, 경쟁제품에는 없는 속성이나 약점을 부각시켜 포지셔닝한다.

② 사용자에 의한 포지셔닝

자사제품이 특정 사용자 계층에 적합하다고 소비자에게 인식시키는 방법이다.

③ 사용 상황에 의한 포지셔닝

제품이 사용될 수 있는 상황을 제시하여 소비자들에게 인식시키는 방법이다.

④ 경쟁제품에 의한 포지셔닝

자사제품과 경쟁제품을 비교해서 자사제품의 우위를 소비자들에게 인식시키는 방법이다. 우리나라는 법적으로 비교광고가 금지되어 있기 때문에 직접적으로 표현해서는 안되지만 충족되지 않는 소비자의 욕구를 간접적으로 파고드는 전략을 사용할 수 있다.

경쟁제품에 의한 포지셔닝은 주로 시장선도 기업을 대상으로 많이 이루어지는데, 소비자들에게 인식되어 있는 시장선도 기업의 이미지를 자사의 포지션과 연관시킴으로써 그 효과를 증대시키는 이점이 있다. 즉, 경쟁자의 포지션을 바탕으로 소비자의 니즈와 경쟁자와의 차별화를 연결시키는 유용한 전략이다.

⑤ 리포지셔닝(repositioning)

기업이 의도한 대로 제품 포지셔닝이 되었어도 시간이 흘러 고객의 니즈와 경쟁 환경의 변화에 따라 처음의 포지셔닝이 효과를 거두지 못할 때가 있다. 이럴 경우에는 시장 환경에 맞게 기존 제품을 새로운 표적 세분 시장에서 다시 포지셔닝해야 하는데, 이것을 리포지셔닝(repositioning)이라고 한다. 리포지셔닝은 소비자들이 가지고 있던 인식이 깊이 뿌리박혀 있기 때문에 다소 어렵기는 하지만 기존의 제품으로 시장을 확대할 수 있다는 장점이 있다.

용어 해설

비교광고(comparison advertising) : 자기 회사의 상품을 경쟁사의 상품 또는 자기 회사의 구형 상품과 비교하여, 광고상품의 특징을 강조하려는 광고로 경쟁사나 경쟁상품을 명시하는 것과 명시하지 않는 것이 있다. 비교광고는 소비자의 선택권을 인정한다는 의미에서 긍정적인 평가를 받고 있으나 자기 회사에 불리한 점은 피하고 유리한 점만을 과장하여, 경쟁사를 중상, 비방하는 경우가 많다는 문제가 있다. 신제품의 판매 촉진을 위한 도전광고에 해당된다.

(4) 포지셔닝 전략의 절차

① 1단계 : 소비자 분석

해당 제품군에서 소비자들이 얻고자 하는 것이 무엇인지, 그리고 기존 제품들에 대해서는 어떤 불만을 가지고 있는지 등 소비자 요구와 기존 제품에 대한 불만족 원인을 파악하는 과정이다.

② 2단계 : 경쟁자 확인
도입하고자 하는 제품의 경쟁 상대를 파악하는 과정으로서 이때 주의할 것은 표적 시장을 어떻게 설정하느냐에 따라 경쟁자가 달라질 수 있다는 점이다.

③ 3단계 : 경쟁제품의 포지션 분석
경쟁제품이 소비자들에게 어떻게 인식되고 평가받는지 파악하는 작업이다. 이때 포지셔닝 맵을 작성해보면 경쟁제품의 속성과 소비자의 지각상태를 파악하는 데 매우 유용하다.

④ 4단계 : 자사제품의 포지션 개발
경쟁제품에 비하여 소비자의 욕구를 더 잘 충족시킬 수 있는 적합한 자사제품의 포지션을 결정한다.

⑤ 5단계 : 포지셔닝의 확인 및 리포지셔닝
포지셔닝 전략이 실행된 후에는 자사제품이 목표한 위치에 포지셔닝되었는지 확인하여야 한다. 매출성과로도 마케팅전략의 효과를 알 수 있겠으나 전문적인 조사를 통해 보다 구체적으로 소비자와 시장에 관한 분석을 해 보아야 한다. 또한 초기에 성공적인 포지셔닝이 되었다 하더라도 시간이 흐름에 따라 경쟁 환경과 소비자 욕구가 변화하였을 경우에는 목표 포지션을 재설정하여 그곳으로 이동시키는 리포지셔닝을 하여야 한다.

기출 유사문제

다음의 상황들과 관련 있는 마케팅전략은?

(가) "내가 C 자동차를 고른 이유는 견고하고 안전할 것 같다는 생각이 들어서요."
(나) "음 … 고등어 통조림 하면 D 통조림 아닙니까? 맛있고 신선할 것 같고 …"
(다) "의자는 가구가 아닙니다. 과학입니다." E사 광고
(라) "이 세제는 왠지 더 잘 지워질 것 같아요."

① 세그먼테이션(segmentation)
② 포지셔닝(positioning)
③ 타기팅(targeting)
④ 유통(placement)
⑤ 고객만족(customer satisfaction)

해설 포지셔닝이란 어떤 제품이 소비자의 마음에 인식되고 있는 모습으로 마케팅전략상에서는 상품의 특성 및 경쟁 상품과의 관계, 자사의 기업 이미지 등 각종 요소를 평가・분석하여 그 상품을 시장에 있어서 특정한 위치에 설정하는 일을 말한다. 포지셔닝은 오늘날의 마케팅 및 광고전략 수립의 기본 전제로서 고려해야 하는 사항인데, 왜냐하면 경쟁이 가속화되어 광고 등의 정보가 과잉상태에 이르러 상품・기업의 이미지 또는 그 자체 간 잠재소비자에게 인식되기가 힘들기 때문이다.

정답 ❙ ②

3 마케팅 믹스

1 제품 관리

(1) 제품의 정의

① 의의

제품이란 소비자가 욕구를 충족시키기 위해 구매하는 유형적, 무형적 수단들을 의미하는 것으로 단지 외형적으로 나타난 물건 이상의 의미를 포함하고 있다.

② 코틀러의 제품 정의

㉠ 핵심제품 : 핵심제품이란 제품이 주는 혜택 그 자체를 의미한다. 가령 소비자가 난로를 구매하면서 원하는 핵심 편익은 따듯하게 해주는 힘인 것이다.

㉡ 유형제품 : 유형제품은 소비자가 원하는 핵심 편익을 실현하기 위한 물리적 요소의 집합으로 실체제품이라고도 한다. 다시 말하면 유형제품에 의해 구체화되는 것이다.

㉢ 확장제품 : 확장제품이란 유형제품 이외의 부가적인 서비스 제공물들, 예를 들면 제품의 설치, 배달, 보증, AS 등을 의미한다.

(2) 제품의 종류

① 소비재

보통 편의품, 선매품, 전문품으로 분류된다. 이는 소비자의 구매 행동을 기준으로 분류한 것이다.

㉠ 편의품(Convenience Goods) : 구매하는 데 최소한의 노력을 들이고자 하는 제품으로, 이때에는 접근하기 쉬운 점포의 위치가 판매의 중점적 요소가 된다. 편의품들은 보통 값이 싸고 별 고민 없이 선택하는 저관여 제품이므로 일일이 비교해서 가기보다는 가까운 곳에서 손쉽게 구매하고자 하는 경향이 있기 때문이다. 따라서 넓은 유통망이야말로 판매의 관건이 된다.

㉡ 선매품(Shopping Goods) : 편의품에 비해 좀 더 중요한 품목인 경우가 많고 소비자가 여러 매장을 돌아보며 여러 상품들을 비교한 뒤 선택하는 제품군이다. 외투나 가구 등은 보다 많은 비교를 통해 꼭 알맞은 것을 사고자 하는 상품이므로 판매 시점의 촉진, 사전 광고, 가격할인 등이 제품선택의 중요 요건이 된다.

㉢ 전문품(Speciality Goods) : 그것이 가진 전문성이나 희소가치 때문에 대체품이 존재하지 않는 것들이 대부분이다.
고급 음향 기기나 미술품, 유명 디자이너의 옷들은 가격에 대해서도 무관한 경우가 많고 그 유통경로도 한정되어 있으므로 앞서 말한 제품들과는 촉진, 유통, 생산 모든 면에서 그 마케팅 기법이 달라진다.

② 산업재

그 용도에 따라 설비, 도구, 부품 및 가공 자재, 원자재, 소모품 등으로 나눌 수 있다.

㉠ **설비**(Installation) : 고정자산으로서 생산활동에 기반이 되는 공장, 생산 설비 등을 말하는데, 그 가격이 비싸고 내구성이 높아 구매 결정 여부가 기업의 사활에 영향을 미치게 되므로 이를 담당하는 판매원의 높은 전문성이 요구된다. 따라서 생산자에서 구매자로 직접 판매되는 경우가 많고, 사후 서비스의 제공도 협상 요소가 된다.

㉡ **도구**(Equipments) : 공구, 계산기 같은 제품으로 값이 싸서 촉진과 판매원의 능력이 중요해진다. 밀가루나 타이어 등은 각각 빵이나 자동차로 가공되었을 때 그 효용이 커진다. 이런 가공 자재나 부품은 정기적인 공급이 관건이므로 품질과 납기를 보장하는 공급원의 선택이 필수적이다.

㉢ **원자재**(Raw Materials) : 가격보다는 수송 거리와 품질의 유지가 중요해진다.

㉣ **소모품**(Supplies) : 생산 활동을 유지, 수선, 운영하는 데 필요한 물품으로 빠른 시간안에 많은 양이 소모되므로 판매를 위해 소비재와 같은 마케팅 기법이 활용되기도 한다.

기출 유사문제

일반적으로 산업재는 소비재와 다른 특징이 있다. 다음 중 산업재 구매가 소비재 구매와 다른 점을 가장 올바르게 설명한 것은?

① 구매단위가 소비재보다 더 크다.
② 중개상이 소비재보다 더 많이 존재한다.
③ 일반적으로 소비재보다 가격에 덜 민감하다.
④ 구매의사결정에 소비재보다 적은 수가 관여한다.
⑤ 소비재보다 구매의사결정에 심리적 영향이 더 크다.

해설 산업재 시장의 특징

1. 단위거래 규모가 일반적으로 크거나 막대하다.
2. 구매필요성을 인식하는 시기부터 최종적으로 구매가 이루어지기까지의 리드 타임이 길다.
3. 구매과정에 참여하는 이해관계자들이 많고 다양하다.
4. 제품의 활용기간이 길고 제품을 구매할 때 각종 부대서비스를 구매하는 경우가 많다.
5. 제품의 복잡성이 많은 경우, 그 성능을 평가하기 어렵다.
6. 수요는 소비재나 산업재에 대한 1차적 수요가 발생한 후에 파생적 수요로 발생하는 것이 일반적이며, 특정 산업재의 구매가 또 다른 산업재나 서비스의 구매를 파생시키는 경우가 많다.

정답 Ⅰ ①

(3) 신제품 개발

① 신제품 개발의 의의

신제품 개발이란 기업이 과거에 생산해 본 일이 없는 새로운 제품을 생산하는 것이다.

우리가 식별할 수 있는 신제품의 범주로는,

첫째, 혁신적이며 특이한 제품

둘째, 중요한 특성이 차별화된 대체품 등을 들 수 있다.

따라서 어떤 제품이 신제품인가 아닌가 하는 것은 구매자들이 어떻게 지각하는지에 달려 있다. 즉, 목표시장의 구매자들이 제품의 성능이나 외형 등의 대체적인 다른 경쟁제품과 큰 차이가 있다고 지각한다면 그 제품은 신제품이라고 할 수 있다.

② 신제품 개발의 목적

㉠ 사업의 범위를 확장하기 위하여

㉡ 경쟁에 대처하기 위하여

㉢ 산업에서의 선도적 지위를 확보하고 유지하기 위하여

㉣ 소비자에게 보다 좋은 제품을 제공하기 위하여

㉤ 기존 제품의 진부화를 상쇄하기 위하여

㉥ 특정 설비나 기술에서 얻은 숙련을 활용하기 위하여

㉦ 부산물을 보다 유리하게 처분하기 위하여

③ 신제품 개발의 절차

㉠ 신제품 아이디어의 도출

㉡ 아이디어의 심사

㉢ 사업성 분석

㉣ 제품 개발

㉤ 시험 마케팅

㉥ 시장 생산

㉦ 사후 검토

④ 신제품 개발의 실패 요인과 대책

㉠ 신제품 개발의 실패 요인

ⓐ 신제품의 판매가능성이나 소비자의 구매동기 등에 관하여 부정확한 분석을 한 경우

ⓑ 신제품이 경쟁제품보다 그다지 뛰어나지 못하거나, 그 성능이 일정 수준에 이르지 못한 경우

ⓒ 신제품에 대한 마케팅 활동이 효율적으로 수행되지 못한 경우

ⓓ 신제품을 개발한 시기가 경쟁기업보다 불리한 경우

ⓔ 비용이 예상보다 과다하게 소요된 경우

ⓕ 기술상·생산상의 문제점으로 수요를 충족시킬 수 있을 만큼의 대량생산을 하지 못한 경우

㉡ 대책 : 앞서 기술한 실패 요인을 제거하고 신제품 개발을 성공으로 이끌기 위해서는 신제품 개발을 보다 체계화하여 각 단계별로 합리적인 의사결정을 해야 한다.

ⓐ 면밀한 계획에 따른 신제품 개발 관리
ⓑ 신제품 개발 계획을 강화하기 위한 조직의 편성
ⓒ 신제품의 판매가능성, 수요, 수요자의 구매동기 등을 파악하기 위한 합리적인 시장조사와 분석
ⓓ 기술 및 생산성의 연구개발 노력의 강화

기출 유사문제

제품개발 과정에서 소비자를 직접 또는 간접적인 방식으로 참여시켜 소비자의 니즈(Needs)를 파악할 수 있어서 기업에서 마케팅 방법으로 많이 활용하고 있는 것과 관련된 용어는?

① 미스터리쇼퍼(Mystery Shopper)
② 백기사(White Knight)
③ 드림슈머(Dreamsumer)
④ 블랙컨슈머(Black Consumer)
⑤ 프로슈머(Prosumer)

해설 제품 개발을 할 때 소비자가 직접 또는 간접적으로 참여하는 방식을 프로슈머라고 한다. 앨빈 토플러가 『제3의 물결』에서 처음 쓴 용어로, 생산자와 소비자의 합성어다.

정답 Ⅰ ⑤

(4) 브랜드전략

① 브랜드전략의 의의

상표를 광고·선전함으로써 경쟁사와 자사의 제품을 차별화하여 경쟁상 유리한 입장에 서려는 마케팅전략을 말한다. 이 전략의 최대 목적은 차별화(differentiation)에 의한 브랜드 이미지 형성이다. 기능이나 품질에 거의 차이가 없는 제품에 마치 차이가 있는 듯한 인상을 주어, 그 결과 특정 브랜드 상품을 선호하는 것이다.

② 브랜드전략의 유형

㉠ 개별 브랜드전략 : 제조업체나 유통업체가 생산된 제품에 각각 별도의 상표명을 부착시키는 전략이다. 상표전략(brand name strategy)의 한 가지로, 모든 제품에 동일한 상표를 부착하는 공동상표전략(family brand strategy)과 상대되는 개념이다. 같은 제품군 내에서 두 개 이상의 개별상표명을 사용하는 복수상표전략(multi-brand strategy)도 이에 속한다고 볼 수 있다.

한 상표가 시장에서 실패하더라도 다른 상표에 영향을 주지 않으며, 세분화된 시장을 겨냥하여 시장점유율을 높일 수 있다는 장점이 있으나, 각 상표마다 광고와 판매촉진을 별도로 해야 하므로 마케팅 비용이 많이 소요된다는 단점을 지닌다. 이에 비하여 공동상표전략은 신제품을 내놓을 때 기존 상표를 사용하므로 광고 및 판촉비용이 저렴하다.

㉡ **패밀리 브랜드전략** : 통일브랜드라고도 한다. 제품과 기업의 이미지를 통일하여 제공하는 상표정책의 하나로서, 기업의 신뢰도를 이용하여 소비자에게 한 가지 브랜드만을 부각시켜 그 기업에서 생산하는 모든 제품을 인식시키기 위한 방법이다.
모든 제품에 기업명을 그대로 사용하거나 기업명 대신 별도의 브랜드를 만들어 사용하는데, 제품 계열별로 통일된 브랜드나 기업명을 앞에 붙이고 그 아래 품목별 개별브랜드를 추가하는 경우도 있다. 또 개별브랜드의 브랜드 확장으로 만들어지기도 한다. 새로운 제품을 지속적으로 개발해야 하는 식품업체나 가전업체에서 브랜드전략으로 많이 사용한다.
장점으로, 같은 브랜드를 사용하는 제품 중 한 가지 제품이 성공한 경우 다른 제품에도 긍정적인 효과를 주어 신제품의 시장진입을 쉽게 하고, 적은 비용으로 최대의 마케팅 효과를 얻을 수 있다.
그러나 한 제품에 결함이 생긴 경우 다른 제품에 부정적 영향을 미칠 수 있고, 브랜드 이미지가 소비자에게 강하게 인식된 경우에는 후속 신제품의 이미지를 차별화하는 데 어려움이 따른다. 그러므로 특성이 다른 유형의 제품에는 적용하지 않는 것이 좋다.

㉢ **혼합 브랜드전략** : 한 기업의 제품을 몇 개의 제품군으로 분류한 뒤 각 군별로 상표명을 붙이는 것으로 절충상표전략이라고도 한다. 이때는 공동상표명이 개별상표명의 후원 역할을 하며, 개별상표명이 주력 브랜드가 된다. 개별상표명은 공동상표명에 비해 눈에 띄며, 소비자들의 제품구매 결정과 사용 경험에 주도적인 역할을 한다.

(5) 제품 수명주기 전략

① 제품 수명주기의 정의
제품 수명주기란 하나의 제품이 시장에 출시된 후 성장과 성숙과정을 거쳐 결국 쇠퇴하여 시장에서 사라지는 과정을 말한다.

② 제품 라이프사이클의 제 단계

㉠ **도입기**(Introduction) : 기업이 개발한 신제품을 처음으로 출시하는 단계로 개척기라고도 한다. 이 단계에서는 생산은 시험적으로 이루어지는 소량생산이며, 경로는 제한적이고, 경쟁자는 거의 없다.
낮은 판매율을 보이는 단계로서, 수익성이 없으며, 제품 수용력 확장이 늦다.
제품의 하자 등 기술적 문제들이 발생하기도 하고, 소비자에게 충분한 물량을 공급하지 못한다. 또한 제한적 판매망으로 인해, 판매 채널 확보와 프로모션을 위한 지출이 높은 단계이고, 경쟁은 적으며 주 소비자층은 고소득층이거나 혁신자들이 대부분이다.
따라서 기업은 그 제품에 대한 기본적 수요를 자극시켜야 하므로, 광고는 신제품의 존재, 이점 및 사용방법 등을 소비자에게 알려 주는 것이어야 한다.

㉡ **성장기**(Growth) : 성장기는 점차적으로 판매율이 성장하는 단계이며, 새로운 경쟁자들이 시장에 진입하거나, 새로운 제품들을 출시하기 시작한다. 판매 채널이 증가되지만,

프로모션 지출액은 도입기에 비해 약간 높아지며 수익이 점차로 증가한다.
이 단계에서는 급속한 시장성장률을 계속 유지하기 위하여 다음과 같은 전략을 수행하여야 한다.

ⓐ 제품의 품질을 향상시키고 새로운 제품 생산과 모형을 추가한다.
ⓑ 새로운 시장부문에 진출한다.
ⓒ 새로운 마케팅 경로에 진출한다.
ⓓ 광고 문안의 내용을 제품을 인식시키는 것으로부터 경쟁제품에 비하여 자사제품이 갖는 품질, 성능 등의 장점을 소비자에게 알려주는 것으로 바꾼다.
ⓔ 보다 많은 고객을 유인하기 위하여 가격을 인하한다.

ⓒ **성숙기**(Maturity) : 판매율은 오히려 감소하기 시작한다. 가장 오래 지속되는 기간이며, 대부분의 제품들이 성숙기에 있으므로 일반적으로 마케터들은 성숙기 제품들 위주로 전략을 수립하게 된다. 과잉생산, 치열한 경쟁, 가격경쟁 심화 등으로 회사들은 합병을 고려하거나 제품의 업그레이드 버전을 출시하기도 한다. 약한 경쟁자들이 시장에서 도태되기 시작하므로, 이 단계에서 체계적이고 효율적인 마케팅전략을 제시하지 못하면 쇠퇴기가 빨리 올 수 있다. 성숙기에 기업은 다음과 같은 전략을 수행해야 한다.

ⓐ **시장 수정** : 시장 수정은 기존 제품의 소비를 증가시키기 위하여 노력하는 전략이다.
이를 위해 경영자는
첫째, 새로운 사용자와 시장부문을 탐색하고
둘째, 현재의 고객들이 보다 많이 사용하도록 자극을 줄 수 있는 방법을 모색하고
셋째, 보다 크거나 또는 성장속도가 빠른 시장부문에 어필하기 위하여 상표의 시장지위를 재조정하게 된다.

ⓑ **제품 수정** : 제품 수정은 새로운 사용자를 유인하거나 또는 기존 사용자의 사용량을 증가시키기 위하여 제품의 품질, 특징, 스타일 등의 제품 특성을 의도적으로 수정하는 전략이다.

ⓒ **마케팅 믹스 수정** : 마케팅 믹스 구성요소 중의 하나 또는 그 이상을 변경시킴으로써 판매를 자극하고자 하는 전략이다. 이를 위해
첫째, 새로운 고객이나 경쟁사의 고객을 유인하기 위하여 가격을 인하한다든가
둘째, 보다 효과적인 광고활동을 수행한다든가
셋째, 선물, 경품권의 발매 등과 같은 판매촉진활동을 강화한다든가
넷째, 할인점과 같은 대량판매점을 이용하는 경우와 같이 판매경로를 바꾸는 방법 등을 수행하게 된다.

ⓔ **쇠퇴기**(Decline) : 제품을 생산하는 회사들의 수가 점차적으로 감소하는 단계로서 프로모션을 줄이거나 제한하며, 제품 라인을 축소하는 경향을 보인다. 주 고객층은 'loyalty customers'가 중심이며, 기업은 그 브랜드를 다른 회사에 매각하거나, 시장에서 회수하거나, 투자 없이 판매를 강행한다.

이 단계에서 기업은 정기적으로 제품검토위원회를 개최하여 쇠퇴기에 있는 제품을 적시에 판별해 내고, 만일 시장 수정, 제품 수정 및 마케팅 믹스 수정으로 재생의 여지가 엿보이지 않을 때는 때를 맞추어 즉시 폐기시키는 것이 현명할 것이다.

기출 유사문제

제품수명주기 분석이 중요한 이유는 어느 제품이 어느 위치에 있느냐에 따라 시장 경쟁의 개념이 변화하고, 그러한 변화를 예측해 전략을 미리 수립할 수 있기 때문이다. 일반적으로 제품주기상 도입기에서 성숙기로 갈수록 나타나는 상황으로 거리가 먼 것은?

① 기업들은 직접개발에 치중하는 경향을 보인다.
② 기업들은 광고보다는 판매촉진을 더 선호하는 경향이 있다.
③ 혁신의 주된 관점이 제품혁신에서 제품공정 혁신으로 변화한다.
④ 시장경쟁의 개념이 제품성능이나 품질에서 비용절감으로 변화한다.
⑤ 제품설비는 일반적인 목적의 설비에서 전문화되고 특화된 설비가 상대적으로 더 필요하다.

해설 성장기에는 제품의 Cost를 절감해야 한다. 따라서 Cost를 줄이기 위해서는 직접개발보다는 아웃소싱(outsourcing)을 많이 활용한다. 직접개발은 오히려 도입기나 쇠퇴기에 새로운 제품을 만들기 위해 기업들이 주로 추구하는 전략이다.

정답 Ⅰ ①

(6) 제품 믹스

제품 믹스란 한 기업이 생산, 공급하는 모든 제품의 배합을 말하는 것으로 제품 계열(product line)과 제품 품목(product item)의 집합을 말한다.

① **제품 계열**

기능 · 고객 · 유통경로 · 가격범위 등이 유사한 제품 품목의 집단(예 TV 계열 · 세탁기 계열)을 말한다.

② **제품 품목**

규격 · 가격 · 외양 및 기타 속성이 다른 하나하나의 제품 단위로 제품 계열 내의 단위를 말한다.

또한 제품 믹스는 보통 폭(width) · 깊이(depth) · 길이(length) · 일관성(consistency) 등 4차원에서 평가되는데,

㉠ **제품 믹스의 폭 · 깊이 · 길이 · 일관성** : 제품 믹스의 폭은 서로 다른 제품 계열의 수이며, 제품 믹스의 깊이는 각 제품 계열 내의 제품 품목의 수를 말한다. 이에 비해 제품 믹스의 길이란 각 제품 계열이 포괄하는 품목의 평균수를 말한다. 제품 믹스의 일관성이란 다양한 제품 계열들이 최종용도 · 생산시설 · 유통경로 · 기타 측면에서 얼마나 밀접하게 관

련되어 있는가 하는 정도를 말한다.

㉡ **제품 믹스의 확대** : 제품 믹스를 확대하는 것은 제품 믹스의 폭이나 깊이 또는 이들을 함께 늘리는 것으로 제품의 다양화라고 하는데, 기업의 성장과 수익을 지속적으로 유지하는 데 필요한 중요한 정책이다. 제품 믹스를 축소하는 것은 제품 믹스의 폭과 깊이를 축소시키는 것으로 제품 계열수와 각 제품 계열 내의 제품 항목수를 동시에 감소시키는 정책이다.

㉢ **최적의 제품 믹스** : 최적의 제품 믹스(optimal product mix)란 제품의 추가 · 폐기 · 수정을 통해 마케팅 목표를 가장 효율적으로 달성하는 상태로 정적인 최적화(static product-mix optimization)와 동적인 최적화(dynamic product-mix optimization)로 구분할 수 있다. 정적인 최적화란 n가지의 가능한 품목들 가운데 일정한 위험 수준과 기타 제약 조건 아래서 매출액 성장성 · 매출액 안정성 · 수익성을 최선으로 하는 m가지의 품목을 선정하는 문제이며, 동적인 최적화란 시간의 경과에도 불구하고 최적의 제품 믹스 상태를 유지할 수 있도록 현재의 제품 믹스에 대해 새로운 품목의 추가, 기존 품목의 폐기, 기존 품목을 수정하는 문제이다.

(7) 제품의 다양화와 단순화

① 제품 다양화

㉠ **의의** : 제품 다양화란 기업이 생산, 판매하는 제품 계열을 추가 · 확대하는 것을 의미한다. 여기서 제품 계열이란 유사한 용도나 특성을 가지고 있는 제품군, 즉 소비자들의 유사한 욕구를 충족시킬 수 있거나 또는 동일한 판매경로를 통해서 판매할 수 있는 것과 같이 서로 밀접한 관계를 가지고 있는 제품군을 말한다.

㉡ **목적**

ⓐ 판매의 계절적 · 주기적 슬럼프를 제거하기 위하여
ⓑ 수요의 전체적 감소의 위험을 제거하기 위하여
ⓒ 회사의 연구 성과를 활용하기 위하여
ⓓ 부산물을 유리하게 이용하기 위하여
ⓔ 새로운 거래처를 확보하기 위하여
ⓕ 현재의 판매점에 신선미 있는 자극을 주고 판매를 촉진시키기 위하여
ⓖ 새로운 고객을 획득하고 현재의 고객의 욕구를 보다 더 충족시키기 위하여
ⓗ 회사명이나 상표명을 재인식시키기 위하여

② 제품 단순화

㉠ **의의** : 제품 단순화란 이미 출시된 신제품 또는 개량된 기존 제품을 종래의 제품 계열로부터 제거 또는 축소하는 것을 의미한다. 즉, 여러 가지 제품, 품질, 크기, 스타일, 디자인, 색채 등의 종류를 정리 · 축소하여 수익성이 낮은 제품을 폐기하는 것을 말한다.

㉡ 목적

ⓐ 보다 경제적인 생산을 가능하게 하고 그 결과 생산원가를 절감하기 위하여

ⓑ 포장, 관리, 출하, 수송의 단순화·신속화로 간접비를 절감하기 위하여

ⓒ 단순화의 결과 남은 여력을 잔존 제품의 품질 향상과 서비스 향상을 위하여

ⓓ 판매촉진의 노력을 소수의 종목에 집중시킴으로써 효율적인 촉진 활동을 전개하기 위하여

ⓔ 소수의 품목을 중심으로 재고관리를 보다 합리적으로 수행하기 위하여

2 가격 관리

(1) 가격의 의의 및 성격

① 가격의 의의

가격이란 기업이 제조하여 판매하는 제품이나 서비스를 구매하는 대가로 구매자가 기업에게 지불하는 화폐 금액을 의미한다.

② 가격의 성격

가격은 한편으로는 기업의 제품원가를 보상하고 이윤이 생기도록 해주는 방향에서 또 다른 한편으로는 구매자의 지불능력 및 구매의욕에 대응하는 방향에서 결정되어야 한다는 이중 구조적 성격을 띠고 있다.

③ 가격 결정의 목표

㉠ 가격 및 이윤의 안정

㉡ 목표투하자본수익률의 달성

㉢ 목표시장 점유율의 달성

㉣ 경쟁에 대한 대응 및 경쟁 예방

㉤ 시장 침투

㉥ 제품 계열의 판매촉진

④ 가격 결정의 절차

㉠ 해당 기업의 제품에 대한 수요 예측

㉡ 경쟁기업의 대응 예측

㉢ 목표시장 점유율의 설정

㉣ 목표 달성을 위한 가격정책의 설정

㉤ 제품, 경로, 촉진 등에 관한 회사정책의 종합적 고찰

㉥ 가격의 구체적인 결정

(2) 가격 목표별 전략

① 고가전략

고가전략이란 제품의 판매가격을 상대적으로 고가로 형성하는 전략으로 높은 품질을 가진

제품을 개발하는 것을 목표로 하는 기업이 주로 사용하는 전략이다.

고가전략을 사용하기 좋은 시장 여건으로는 수요의 가격탄력성이 낮거나 진입장벽이 높아 다른 경쟁기업들이 진입하기 어려운 상황이거나 소비자들이 가격과 품질을 함께 연상하는 고가의 귀중품 등에 사용하기 적합하다.

② 저가전략

저가전략이란 제품의 판매가격을 상대적으로 저가로 형성하는 전략으로 단기간 내에 시장 점유율을 확대시키려고 하거나 기업의 무리한 투자 등으로 생존이 위협받고 있는 기업들이 주로 사용하는 전략이다. 저가전략을 사용하기 적합한 시장 여건은 수요의 가격탄력성이 높고 진입장벽이 낮아 규모의 경제를 빨리 갖추어야 할 경우 등이 있다.

③ 대등가격전략

대등가격전략이란 경쟁사의 제품가격과 같거나 거의 유사한 수준으로 정하는 것을 의미하는 것으로 기업이 경쟁기업에 비하여 확고한 원가 우위나 차별화를 추구하지 못하였을 경우에 주로 사용하게 되면 마케팅 믹스 중 가격이 차지하는 비중은 줄어들고 유통, 판촉, 제품 등이 차지하는 비중이 증가한다고 할 수 있다.

(3) 가격정책

① 단일가격정책과 탄력가격정책

㉠ 단일가격정책 : 동일한 조건으로 구매하는 모든 고객에게 동일한 가격으로 판매하는 정책

㉡ 탄력가격정책 : 고객에 따라 상이한 가격으로 판매하는 것으로 버스의 미성년자 할인, 극장의 조조할인, 기차요금의 주말 할증 등이 예이다.

② 상층흡수가격정책과 침투가격정책

㉠ 상층흡수가격정책 : 처음에는 고가격을 책정하였다가 시간이 지남에 따라 가격을 인하하는 전략으로 초기에는 많은 이익을 창출하기 위해 가격민감도가 가장 낮은 혁신층을 대상으로 고가전략을 책정한 후 이들의 구매가 감소하면 가격을 조금 낮추어 중산층을 대상으로 판매한 후 이들의 구매가 감소하면 가격을 더 낮추어 서민층을 대상으로 판매하려는 정책이다.

㉡ 침투가격정책 : 신제품의 출시 초기에 판매량을 늘리기 위해 상대적으로 제품의 가격을 낮게 설정하는 전략을 말한다. 재빨리 시장에 깊숙이 침투하기 위해, 최초의 가격을 고가로 정하기보다는 낮게 설정하여 많은 수의 고객을 빨리 확보하고, 시장점유율을 확대하려는 가격정책이다.

(4) 가격 포지셔닝

가격 책정의 경우 가정 먼저 고려되는 요소는 제품이 제공하는 편익의 수준이다. 편익은 제품의 품질, 상표의 인지도, 구매의 편리성 등 종합적인 관점에서 파악된다. 하지만 가격이 반드시 편익에 상응하여야만 하는 것은 아니다. 일반적으로 가격이 제품의 편익에 상응하여야 하지

만 기업이 현재에 처한 상황이나 기업의 전략, 그리고 시장의 특성에 따라 편익과 가격이 상이한 관계를 나타낼 수 있다.

① 편익에 비해 가격이 높은 경우

편익은 낮으나 가격이 높은 경우는 기업이 시장의 특성(독점, 신제품, 고급 브랜드 제품) 등을 이용해 이윤을 확보하려 할 때 주로 사용된다.

② 편익에 비해 가격이 낮은 경우

편익이 높거나 동일함에도 불구하고 낮은 가격을 택하는 경우가 있다. 이는 치열한 경쟁 속에서 살아남기 위한 생존 차원의 선택일 수도 있고 기업이 가진 원가 우위의 경쟁력을 이용한 장기 전략의 일환일 수도 있다.

(5) 가격 결정 방법

① 원가기초 가격 결정

원가에 일정액의 이윤을 붙여 가격을 책정하는 비교적 단순한 방법이다. 제품의 수요가 한정되어 있어 탄력성이 낮거나 경쟁자가 없어 두 가지 요소를 고려할 필요가 없는 경우 사용된다.

② 수요기초 가격 결정

흔히들 원가나 경쟁자에 대한 정보가 부족한 경우 자기 회사 제품의 가격에 대한 수요의 민감도를 우선적으로 고려하여 가격을 책정하는 것을 의미한다.

③ 경쟁기초 가격 결정

경쟁사의 가격 책정에 맞추어 자기 회사의 가격을 책정하는 것으로 수요나 원가 요인보다는 경쟁자 가격 책정을 더욱 중요 요인으로 고려한다. 항공업체, 정유업체, 이동통신업체에서 지나치게 경쟁사를 의식한 가격 책정의 경우가 대표적인 예라고 할 수 있는데, 이들 업종의 경우에는 업계 전반의 가격 수준에 따르는가의 여부가 판매에 직접적인 영향을 미치므로 불이익을 감수하고라도 경쟁가격을 따라가는 경향이 있다.

④ 관습가격

소비자들이 오랫동안 거의 매일 같이 접하는 제품들의 가격은 고정적이라고 생각되어지기 때문에 담배, 라면, 신문 등 관습적으로 인식되는 가격은 조금만 인상되어도 소비자의 큰 불만을 야기시킨다. 따라서 제조사는 용량, 포장을 바꾸거나 상표명을 달리하여 가격을 인상하는 변칙적 방법을 쓰게 된다.

(6) 심리적 가격 결정 방법

① 명성가격 결정

소비자가 가격에 의해서 품질을 평가하는 경향이 특히 강하여 비교적 고급 품질이 선호되는 상품에 설정되는 가격이다. 상품의 명성에 상응하는 정도로 가격을 설정해야 하기 때문에, 품질보다 다소 높은 가격을 설정하는 것이 보통이다. 가격을 너무 높게 또는 너무 낮게 설정해도 판매량이 증가되지 않는다.

② 가격 단계화

가격 단계화란 제품 가격에 큰 차이가 있을 때만 소비자가 인식한다고 가정하고 몇 가지의 가격만을 설정하는 방법이다.

③ 단수가격결정법

상품의 판매가격에 구태여 단수를 붙이는 것으로 매가에 대한 고객의 수용도를 높이고자 하는 것이다. 예로 10,000원의 매가 대신에 9,989원으로 한다면 그 차이는 겨우 11원이지만 절대가격보다 싸다는 감을 소비자가 갖기 쉬우므로 일종의 심리적 가치 설정(psychological pricing)이며 단수에는 짝수보다도 홀수를 쓰는 경우가 많다.

④ 촉진가격결정

유통업체에서 고객을 유치할 목적으로 잘 알려진 몇 가지 제품의 가격을 원가에 가깝거나 원가 이하로 설정하여 고객을 점포로 유인하기 위한 가격정책이다.

⑤ 준거가격

소비자들이 특정 제품을 구매할 때 기준이 되는 가격으로 자주 구매되는 상표의 가격이나 유사 제품의 평균가격 등이 준거가격이 될 수 있다.

⑥ 최저수용가격

가격이 낮아지면 매출액이 마냥 증가하는 것이 아니라 어느 수준 이하의 가격이 되면 소비자는 제품의 품질을 의심하게 된다. 즉, 최저수용가격이란 소비자들이 제품의 품질에 의심 없이 구매할 수 있는 가장 낮은 가격을 의미한다.

⑦ 유보가격

유보가격이란 구매자가 어떤 상품에 대해 지불할 용의가 있는 최고 가격을 의미한다.

⑧ 이중요율가격

핸드폰 요금처럼 기본요금과 사용요금 등 두 가지로 이루어진 가격요율체계를 의미한다.

(7) 지역별 가격 결정 방법

① 우표식 가격 결정

균일수송가격이라고도 하는 것으로 우리나라와 같이 국토가 넓지 않은 경우에 고객의 거주 지역에 관계없이 동일한 운송비를 부과하는 정책으로 수송비가 가격에서 차지하는 비중이 크지 않을 경우에 사용할 수 있다.

② 지대가격

지대가격이란 몇 개의 구역으로 구분한 후 특정 구역 내의 소비자들은 동일한 가격으로 가격을 지급하고 원거리의 지역일수록 높은 가격을 지불하게 하는 전략으로 수송비가 가격에서 차지하는 비중이 있을 경우 지역 간 수송비의 차이를 어느 정도 반영하려는 전략이다.

(8) 기타 가격 결정 방법

① Captive Product Pricing(인질상품가격 정책)

어떤 주된 제품과 그와 연관된 부수적으로 사용하여야 하는 제품이 있을 때, 주제품은 저렴하게 판매하고 부수적인 제품은 고가로 판매하는 전략이다. 예를 들어 면도기는 가격을 저렴하게 책정하는 대신 자주 구입해야 하는 면도날은 고가로 판매하는 것이 있다.

② 묶음 가격

기본적인 제품과 선택사양 등을 묶어서 하나의 가격으로 제시하는 것이다. 예를 들어 버거킹이 판촉 기간 동안 와퍼 버거를 구매하는 모든 고객에게 와퍼 버거를 추가로 하나 더 제공하는 것 등이다.

③ 손실유도가격

특정 제품의 가격을 낮게 책정함으로써 그 품목 자체의 수익성은 하락하지만 이로 인하여 타 품목 매출액 증대로 기업 전체의 이익증대 효과를 가져 올 목적으로 가격을 설정하는 것이다.

④ 오픈가격정책

메이커가 자기 회사의 제품에 희망소매가격(표준소매가격)을 정하지 않고 소매업자가 시장동향을 살펴 독자적으로 붙이는 가격을 말한다.

⑤ 가격선도제(우산가격)

거대 메이커가 결정한 가격에 다른 메이커가 따라가는 가격 형성 방식을 말하는데, 소수의 대기업이 높은 시장점유율을 차지하는 과점 상태의 업종에서 볼 수 있는 형태이다.

3 유통 관리

(1) 유통의 개념

유통은 제품이나 서비스가 생산자로부터 소비자에게 전달되는 하나의 흐름이며, 유통경로는 이 흐름 속에서 개입되는 상호의존적인 이해관계 조직을 의미한다. 유통은 고객과의 최후 접점에서 제품의 개념을 전달하고 구매 장애요인, 특히 시간과 공간상의 구매 장애요인을 제거하는 역할을 한다. 유통에 있어서 공간상 구매 장애요인의 제거와 관련하여 고객과의 접촉이 이루어지는 상권과 매장의 중요성은 매우 크다. 유통경로는 한번 결정되면 다른 유통경로로 전환이 쉽지 않고 장기간의 시간과 많은 자원이 소요되기 때문에 마케팅 4P 믹스 중에서 가장 비탄력적인 요소이다.

따라서 신규사업을 검토하거나 신상품을 출시하는 경우 어떤 유통경로를 택할 것인가를 결정하는 문제는 신중히 다루어져야 하며 특별히 제품의 특성, 자사의 유통능력 등을 고려하되 궁극적으로는 고객의 관점에서 장소의 편의성, 상품구색, 제품 품질의 유지, 정보제공 등의 유통서비스 달성이 가능한 가장 이상적인 유통점포 및 경로를 택해야 한다.

(2) 유통경로의 기능

① 총 거래수 최소화

제조업체가 유통업체를 이용하게 되면 총 거래수가 최소화되어 거래의 경제성을 달성할 수 있다.

② 시간효용 및 장소효용의 창조

제조업체는 유통상을 고용함으로 인하여 소비자들이 원하는 시간에 원하는 장소에서 제품을 구매할 수 있게 하여 소비자들의 효용을 높여 줄 수 있다. 즉, 유통은 소비자와 생산자 간의 시간과 공간적 제약을 극복해주는 역할을 하게 된다.

③ 마케팅 기능 수행

유통업체는 제조업자를 대신하여 거래 기능, 물적 유통 기능, 거래촉진 기능 등의 마케팅 기능을 수행하여 줄 수 있다.

④ 집중저장의 원리

유통기관은 많은 생산자들의 제품을 적절히 분류하여 적절한 구색을 갖춤으로써 소비자들의 다양한 욕구를 충족시켜 줄 수 있다.

(3) 유통경로의 전략과 선택

유통경로 전략은 유통 커버리지의 정도에 따라 자사 제품을 누구나 취급할 수 있도록 하는 개방적 유통경로 전략, 자사 제품만을 취급하는 도매상 또는 소매상을 갖는 전속적 유통경로 전략 그리고 그 중간 형태인 선택적 유통경로 전략으로 구분할 수 있다. 이러한 유통경로 전략의 선택은 시장규모, 해당 제품의 특징, 소비자 구입 편리성 및 서비스 부여, 유통경로의 효율적 관리 및 통제 수준 등을 종합적으로 고려하여 결정해야 한다.

① 개방적 유통경로 전략

자사 제품을 누구나 취급할 수 있도록 개방하는 전략으로서, 소매점의 수가 많기 때문에 소비자들에게 구입 편의성을 제공하여 매출 증대를 도모할 수 있으나 유통비용이 증가되고, 통제가 어렵다는 단점이 있다. 주로 식음료, 일용 잡화 등이 이러한 유통경로를 사용한다.

② 전속적 유통경로 전략

자사 제품만을 취급하는 도매상 또는 소매상을 갖는 전략으로서, 이들 도소매상에 대하여 제조업체의 통제가 가능하므로 긴밀한 협조체제를 형성할 수 있고 제품 이미지 제고 및 유지가 가능하다는 장점이 있다. 또한 개방적 유통경로에 비하여 상대적으로 유통비용이 적게 든다. 고급의류, 가구, 자동차 등 비교적 고가의 제품에 적합한 유통경로이다.

③ 선택적 유통경로 전략

개방적 유통경로와 전속적 유통경로의 중간 형태로 일정 지역에서 일정 수준 이상의 자격요건을 갖는 소매점을 선별하여 자사품을 취급하도록 하는 유통경로이다. 전속적 유통경로와 다른 점은 이들 소매상이 다른 회사의 제품도 취급할 수 있다는 점이다. 개방적 유통경로에 비해 소매상 수가 적어 유통비용 절감 효과가 있고 전속적 유통경로에 비해서는 제품 노출을 확대시킬 수 있다는 장점이 있다. 소형 가전제품, 내의류 같은 의류 등 전속적 유통경로와 유사한 제품군이지만 가격이 중저가인 제품이 주로 이 유형의 유통전략을 사용한다.

기출 유사문제

온라인 환경을 제외한 오프라인 환경에서 공급자(기업)가 소비자와 직접유통경로를 구축할 때, 고려해야 하는 사항으로 가장 거리가 먼 것은?

① 기업의 규모가 클수록
② 제품의 부패가능성이 높을수록
③ 경쟁업체가 차별화를 시도할수록
④ 소비자의 지리적 분산 정도가 클수록
⑤ 제품의 표준화 정도가 높지 않을수록

해설 오프라인 환경에서 기업은 그 규모가 클수록, 제품의 부패가능성이 클수록, 경쟁업체와 차별화가 필요할수록, 제품이 표준화되지 않을수록, 마지막으로 소비자의 지리적 분산 정도가 작을수록 간접유통(중간상이 존재하는)보다는 직접유통을 더 고려해야 된다.

정답 | ④

(4) 유통경로 갈등

제조업체의 유통경로가 결정되면 제조업체와 유통업자는 서로 협력관계를 유지한다. 그러나 시장에 경쟁자가 속속 참여하고 시장 포화 상태를 겪으면서 상호 간의 이해 및 목적의 차이에 의해 갈등이 생길 수 있다. 예컨대 유통업체는 보다 싼 가격에 제품을 공급받기를 원하고 해당 상권에서 더욱 독점적으로 영업을 할 수 있기를 원하는 반면 제조업체는 적정가격 수준을 유지해야 하고 유통망 확충을 위해 일정 수준까지는 유통업체를 늘리고 싶어한다.

① 수평적 경로 갈등

소매상과 소매상, 도매상과 도매상 등 같은 단계에의 유통경로에서 발생하는 갈등을 의미한다. 백화점의 고가 판촉물 제공과 무이자 할부 판매 경쟁을 예로 들어 보면 최고급 차량을 경품으로 내거는 한편 핸드폰, 진공청소기 같은 고가 판촉물을 제공하고, 10개월 무이자 할부 판매를 시행한 백화점에 대해 다른 백화점들은 어쩔 수 없이 따라가면서도 제살 깎아 먹기식 과열 경쟁에 불만을 표시하고 자제를 요청한다. 이처럼 수평적 갈등은 주로 서비스 경쟁, 판촉 경쟁, 가격 경쟁 때문에 발생한다.

② 수직적 경로 갈등

제조업체와 소매상 또는 도매업자와 소매상 등 다른 단계에서의 유통경로에서 발생하는 갈등을 말한다. 대표적인 예는 할인점이 들어온 이후에 시작된 기존 유통망과 제조업체와의 갈등이다. 백화점이나 대형 슈퍼마켓 같은 유통상들은 자신들도 할인점과 똑같은 가격으로 납품받기를 요구하고 나서는 한편 할인점 주변의 자사 전속 대리점들은 매출 하락과 이익 감소를 호소하며 더 나은 영업 조건을 제조업체에 요구하고 나선다.

③ 경로 갈등의 원인

㉠ **목표 불일치** : 목표 불일치에 의한 갈등은 경로 구성원 간의 이해관계에서의 대립 내지는 경로 구성원이 추구하는 자원의 희소성에서 야기된다. 예를 들어 유통업체는 이익극대화를 희망하지만 제조업체는 매출액이나 시장점유율을 극대화하기를 희망하는 것 등에서 갈등이 발생할 수 있다.

㉡ **지각 불일치** : 경로 구성원들 간 또는 제조업체와 경로 구성원들 사이에는 동일한 현상에 대하여 상이한 해석을 함으로써 갈등이 발생할 수 있다. 가령 재고부족 현상을 해석함에 있어서 제조업체는 유통회사의 안전재고가 적어서 발생한다고 해석할 수 있지만 유통업체는 제조업체의 조달기간이 너무 길어서 재고부족 현상이 나타난다고 해석할 수 있다. 이러한 지각 불일치 현상도 경로 갈등을 야기시키는 요인이 될 수 있다.

㉢ **영역 불일치** : 이는 상권 범위 또는 각 경로 구성원이 수행하여야 할 역할에 대한 견해 차이에 의하여 발생한다. 가령 프랜차이즈 경로의 경우 상권 중복에 대한 갈등이 가장 심한 경로형태 중 하나이다.

(5) 신유통업태의 출현

신유통업태라 하면 신세계의 이마트 같은 할인점, 프라이스 클럽 같은 멤버십 홀세일 클럽, 일본식의 대중양판점, 24시간 영업을 하는 편의점, 통신판매, 방문판매, 홈쇼핑, 온라인 쇼핑 같은 무점포 판매를 들 수 있다. 가격 파괴형 신업태 등장과 영향을 살펴보면 다음과 같다.

① 저가격 지향 및 경제성 추구

② 소비자들이 스스로 상품을 선택하는 셀프 서비스

③ 'One Stop Shopping'을 추구하는 현대 소비자의 취향에 맞게 다품종, 다량 진열의 대형 매장화

④ 점포수 증가 및 체인화를 통한 규모의 경제 추구 등의 특징을 갖고 있다.

4 촉진 관리

(1) 촉진 관리의 의의

① 촉진관리의 의미

촉진은 우리가 가장 쉽게 접할 수 있는 마케팅 기법으로, 광고, 홍보물 등이 모두 이 범주에 속한다. 즉, 제품의 이미지를 통합하고 이를 소비자에게 알리는 모든 활동을 말하는 것이다. 촉진 관리에서 가장 중요한 것은 촉진의 목표를 설정하는 것으로, 그 목표에 따라 방법이 달라져야 좋은 결과를 낼 수 있다. 또한 제품마다 그 수명주기(PLC)상 위치가 다르고 몰입 정도나 복잡한 정도가 다르므로 적용되는 목표와 방법이 다른 것이다.

촉진은 푸시(PUSH), 풀(PULL)전략으로 나눌 수 있는데, 풀전략은 소비자를 점포로 유인하는 전략을 말하고, 푸시전략은 유통업자가 재고를 확보하고 소비자에게 판매하도록 권장하는 전략을 말한다.

Push전략과 Pull전략

전략 유형	전략 내용
Push전략	• 도・소매상들이 자사의 제품을 소비자에게 적극적으로 판매하도록 유도하는 방법 • 인적 판매, 중간상 판촉이 중요
Pull전략	• 최종 소비자가 자사의 제품을 적극적으로 찾게 하여 중간상들이 자발적으로 자신의 제품을 취급하게 만드는 전략 • 광고, 소비자 판촉이 중요

② 촉진 관리의 중요성

촉진 관리는 마케팅 관리에 있어서 특히 중요한 역할을 담당하고 있다. 그 이유는 현대의 시장이 소비자 행동의 비합리성・시장 정보의 불완전성 등의 불투명한 시장 상황만이 깔려 있는 불완전경쟁시장하에 놓여 있으므로, 촉진활동이 수반되지 않고서는 최종적인 마케팅 목표인 판매가 이루어지지 못하기 때문이다. 또한 기술혁신에 의한 대량생산과 수요부족에 따른 생산과잉, 경쟁의 치열, 경로기관인 도소매상의 발달은 촉진 관리의 중요성을 더욱 증대시키고 있다.

(2) 촉진 수단

① 인적 판매(Personal Selling)

인적 판매는 다른 촉진 기법과 비교하여 보다 자세한 정보를 전달할 수 있다는 장점을 갖고 있어서 특정 제품의 판매에 도움을 준다.

흔히 세일즈맨으로 불리는 판매원들에 의한 인적 판매는 소비자의 처지에 맞게 기업과 제품의 이미지를 전달할 수 있고, 소비자의 의견을 받아들일 수 있는 양방향 의사소통이 가능하므로 제품의 성격이 복잡하고 구입할 때 많은 요소를 고려하게 되는 고관여 제품의 판매 시 유용하다.

② PR(Public Relations)과 홍보(Publicity)

PR과 홍보는 광범위한 대중에게 정보전달 시 효과적이며, 직접적 판매 수단이 아니므로 제품이나 기업에 대한 호감을 창출하는 데 유리하고, 나쁜 이미지를 전환하거나 기업의 행동을 설명하는 데도 효과적이다. 기업의 협찬으로 이루어지는 후원 행사나 자선 행사는 후광효과(halo effect)를 통해 소비자에게 좋은 인상을 남겨 주는 것이다. PR 효과도 여론 조사를 통해 측정이 가능하므로 비용 – 효과 측정을 면밀히 하여 집행해야 한다.

PR의 한 형태로서의 홍보는 대중매체를 통해 제품을 알리는 것으로, 비용을 기업이 아닌 대중 매체가 부담한다는 점에서 대중에게 좀 더 신뢰감을 갖게 한다는 장점이 있다. 그러나 그 내용을 기업 측에서 통제하기 어렵다는 단점도 있으므로 지속적인 관리가 필요하다. 홍보는 주로 뉴스기사의 형태로 나타나는데, 기자회견, 보도자료, 유명인사 인터뷰 등이 이에 속한다.

③ **판촉활동**(Sales Promotion)

판매 촉진은 자사 제품을 사용하지 않던 소비자의 구매를 유도하거나 구매량을 늘리게 하고 재구매를 설득하며, 상표 이미지를 높이는 등 직접적인 판매량 증가를 위해 흔히 사용되는데, 소비자를 대상으로 한 수단과 유통채널, 즉 중간상을 대상으로 한 수단으로 나뉜다.

㉠ **소비자 대상 판촉활동** : 소비자를 대상으로 한 판매 촉진은 주로 가격할인 형태로 나타나는데, 여기에는 쿠폰, 환불, 샘플, 프리미엄, 이벤트, 경품 등이 있다.

ⓐ **쿠폰**(Coupon) : 직접적으로 가격을 할인해 주는 방법으로 주로 소비자가 지금까지 쓰던 상표를 전환하게 하거나, 가격을 낮추는 효과를 줌으로써 자사 제품을 처음으로 사용하게 하는 데 주목적이 있다. 요즘은 시대 상황과 맞물려 쿠폰북 외에도 신문에까지 쿠폰의 등장영역이 넓어지고 있다.

ⓑ **환불**(Refunds) : 주로 소비자의 구매 주기를 단축시켜 구매 빈도를 높이는 데 주로 쓰인다. 전에 유행했던 자동차 할부 판매 제도는 일정 기간 후 남은 할부금 대신 중고차를 받아줌으로써 일종의 환불 제도로 활용되고 있다. 이로 인해 소비자는 5년 정도 쓸 차를 2~3년 후 많은 부담 없이 새 차로 바꿀 수 있고 제조업자는 포화 상태에 이른 자동차 내수시장에서 새로운 활로를 모색할 수 있을 것이다.

ⓒ **샘플**(Sample) : 신제품의 시장 런칭에 가장 많이 쓰이는 판촉 방법이다. 구매자가 신제품의 정품을 구입할 때 가질 수 있는 불안감을 없애고, 시험 사용의 기회를 줌으로써 상표이미지를 높이고 구전 효과까지 얻으려 하는 예는 우리 주위에서 흔하게 볼 수 있다. 샴푸나 세제 외에도 시리얼, 화장품, 1회용 렌즈 등 그 사용 범주가 늘어나고 있다.

ⓓ **프리미엄**(Premiums) : 가격이 원가 이하로 매겨진 염가 품목이나 무료 품목을 제공하는 것으로, 일시적 가격할인 효과를 준다. 커피에 머그컵을 묶어 판매하거나 두루마리 휴지 묶음에 키친타월을 끼워 주는 것, 한 개 가격에 두 개를 판매하는 것, 항공사의 마일리지 서비스도 프리미엄에 속한다고 할 수 있다.

ⓔ **이벤트**(Event), **경품**(Sweepstakes)

그 자체가 이벤트적 성격을 띰으로써 화제가 된다. 백화점의 경품 대잔치는 세일 기간 사이에 고객을 유치하는 방법으로 널리 이용되는데, 노세일 브랜드들도 가격할인 대신 자주 이용한다. 이들은 법적 제한이 많은 수단이지만 요즘은 상품 금액의 상한제가 폐지됨에 따라 경기침체와 맞물려 고급차가 제공되는 등 경쟁적으로 그 규모가 점점 커져가고 있다.

㉡ **중간상 대상 판촉활동** : 중간상을 대상으로 하는 판매촉진 방법에는 POP, 인센티브, 산업전시회, 점포 내 시연 등이 있다.

ⓐ **POP**(Point of purchase advertizing) : 구매 시점 전시물을 뜻하는 것으로 소매점 내에 설치된 모든 광고물을 말한다. 셀프토커(Shelf Talker : 진열대 끝에 설치된 소형 광고판)나 독립 전시물, 진열대 붙박이 전시물, 엔드캡(End Cap)이라 불리는 통

로 끝에 설치된 전시물 등은 아무 생각 없이 매장에 들린 소비자에게 제품 구입을 권유하는 판매 사원 역할을 하며, 특히 저관여 상품의 판매 신장에 도움을 주고 매장의 분위기를 새롭게 해주기도 한다. 때문에 제조업자는 경쟁자보다 좋은 자리를 잡기 위해 소매업자에게 높은 마진을 제공하거나 저마진 상품의 회전율을 높여주는 등 유리한 조건을 제시하기도 한다.

ⓑ **인센티브**(Incentives) : 일종의 판매 지원금으로 소매업자 제품을 대량 구입할 때 할인해 준다거나 사은품, 상금의 형태로 지원된다. 이런 인센티브는 소매업자나 딜러가 자사 제품에 충성심을 갖고 소비자에게 구매를 권하게 하며, 주유소처럼 점포 개설에 많은 자금이 필요한 경우 점포 개설비를 지원함으로써 자사 제품의 판매망을 확충하는 역할을 하기도 한다.

ⓒ **산업 전시회**(Trade show) : KOEX 등에서 연중 개최되는 산업 전시회는 소비자보다는 도매업자, 딜러, 소매업자들을 대상으로 하는 판매촉진 행사이다. 제조업자는 산업 전시회를 통해 자사의 제품을 취급해 줄 유통채널을 구할 수 있고, 특히 신제품이나 신설회사의 경우 좀 더 효과적인 시장 접근 방법이 될 수 있다.

ⓓ **점포 내 실연**(In-store Demonstration) : 제조업자가 매장에 전문가를 파견시켜 제품을 실연해 보임으로써 소비자의 관심을 유발하고 제품을 보다 멋지고 실용적으로 보이게 하는 방법이다.

이처럼 많은 판촉의 방법들은 각기 제품의 특성과 수명주기상의 위치, 제조업자의 능력, 소비자와 유통업자의 반응, 타 업체와의 경쟁 정도에 따라 믹스하여 사용되는데 항상 그 효과를 측정하여 피드백하는 것이 중요하다.

기출 유사문제

상품수요를 늘려가기 위한 모든 활동을 판매촉진이라고 한다. 다음 중 판매촉진에 관한 설명으로 가장 거리가 먼 것은?

① 판매촉진은 광고와 인적 판매 등과 함께 실행될 때 더 큰 효과를 기대할 수 있다.
② 판매촉진은 제품이나 서비스의 판매를 촉진하기 위해 단기적인 동기부여수단을 사용하는 방법이다.
③ 광고가 구매이유에 대한 정보를 제공하는 것에 비해 판매촉진은 구매시점에서의 즉각적인 소비자 반응을 촉진하는 경향이 크다.
④ 판매촉진의 목표는 경쟁사의 고객들로 하여금 자사의 제품을 구매하도록 유도하거나, 경쟁사의 제품을 구매하지 못하게 하는 것 등이 있다.
⑤ 무료샘플, 할인쿠폰, 경품 등의 방법을 사용하는 중간상에 대한 판매촉진과 무료제품 및 판촉비 제공, 협동광고 제공 등의 방법을 사용하는 소비자촉진이 있다.

해설 판매촉진은 최종 고객이나 도매상, 소매상 또는 기관고객에게 추가적인 가치나 유인을 제공하는 커뮤니케이션 활동을 말한다. 판매촉진은 제품에 대한 흥미, 시험구매 또는 구매를 조장하기 위해 사용되는데 판매촉진의 수단으로는 쿠폰, 무료견본, 경품, 구매시점 전시, 추첨행사, 판매경연대회, 리베이트, 박람회 등이 있다.
이때 소비자 촉진은 제품 또는 서비스의 최종 고객을 대상으로 하는 판매촉진이고 중간상 판매촉진은 소매상 또는 도매상, 기타 사업고객을 대상으로 하는 판매촉진이다.

정답 Ⅰ ⑤

(3) 광고의 유형

① **네거티브 광고**(Negative Advertizing)

네거티브 광고는 죽음, 성, 혐오동물, 범죄, 화재 등 부정적이거나 터부시된 소재를 활용하는 광고 기법으로, 소재의 금기를 허물며 강한 시각적 충격을 던지는 광고다. 정신대 모델을 등장시켜 상처입은 굴욕의 역사를 떠올리는 광고, 온몸에 붕대를 감은 미라를 등장시켜 억압의 상징물로 표현한 속옷 광고 등은 모두 네거티브 광고라고 할 수 있다.

② **서브리미널 광고**(Subliminal Perception Advertising)

잠재의식에 호소하는 광고로 TV・라디오 또는 극장의 스크린 등에 인지불가능한 속도 또는 음량으로 메시지를 내보내서 구매행동에 충분한 자극을 주려는 광고다.

③ **인포머셜**(Informercial)

정보(information)와 광고(commercial)의 합성어로, 상품이나 점포에 관한 상세한 정보를 제공해 시청자(소비자)의 이해를 돕는 광고 기법을 말한다. 인포머셜은 1분 이상 30분 이하의 TV광고로, 상품의 기능과 품질을 상세히 설명한 후 구매 전화번호를 알려 주는 형식이다. 인포머셜은 일반 광고보다 장기적으로 방송되며 유동성도 적어 실연이나 시범, 설명이 필요한 광고에 효과적이다. 우리나라에서는 홈쇼핑 채널에서 인포머셜 광고를 실시하고 있다.

④ **티저 광고**(Teaser Advertising)

티저 광고는 회사명이나 상품명 등의 구체적인 홍보 내용을 밝히지 않고 구매의욕을 유발하는 광고기법으로, 마치 소비자들을 약 올리듯 광고의 가장 중요한 내용을 감춰 소비자들의 궁금증을 유발시키는 광고다. 보통 티저 광고는 제품을 출시하거나 신제품을 공개하기 전에 제품의 일부분만 보여주거나 불완전한 정보를 제공해 소비자들의 호기심과 기대감을 유발시키고, 이후에 후속광고나 관련이벤트 등을 통해서 광고의 원래 목적을 밝힌다. 티저(Teaser)란 본래 '남자를 애타게 하는 여자', '괴롭히는 사람'이라는 뜻이다.

⑤ **리버스 광고**(Reverse Advertising)

리버스 광고란 소비자가 그의 요구를 데이터베이스에 입력하면 공급자가 그것을 보고 찾아내는 역광고 형태로 인터넷 등 쌍방향 통신이 가능한 경우에 사용할 수 있는 광고 형태다.

4 소비자 행동 연구

1 소비자 행동의 개요

소비자 행동 연구는 소비자가 자신의 욕구 충족을 위해 제품이나 서비스를 언제, 어디서, 어떻게 구매하고, 평가하며, 처분하는지, 또 기업의 마케팅 활동에 어떻게 반응을 보이는지를 연구하며 효율적 마케팅 활동에 필요한 정보나 자료를 수집하고, 마케팅전략에 활용하는 것을 말한다. 소비 행동에 있어서 구매자, 사용자, 구매결정자가 각각 다른 경우가 있고, 1인이 3가지 역할을 다 수행하는 경우가 있다.

2 소비자 행동에 영향을 미치는 요소

(1) 문화적 요소

① 제도, 민속, 법률, 풍속 등

② 어떤 사회에서 공유되어 내려오는 학습된 신념, 가치, 태도, 습관 등

③ 시대의 흐름에 따라 변화

(2) 사회적 요소

① 준거집단(Reference Model)

개인이 자신의 판단, 선호, 신념, 행동을 결정하는 데 있어서 기준으로 사용하는 집단으로, 예를 들어 회원집단(소속집단 · 정당), 자동집단(연령층 · 성 · 결혼 여부), 예상집단(취미 · 동호회) 등이 있다.

② 사회 계층

㉠ 가치관, 라이프스타일, 행동, 관심, 의견이 유사한 집단

㉡ 연령에 따라 : 노년층, 젊은층, 학생층

㉢ 부의 정도, 교육 수준에 따라 : 상류층, 중류층, 하류층

③ 가족

가장 중요한 소비 단위로 구성원 개인행동에 밀접한 영향이 있다. 사용자와 구매자가 다른 경우가 많으며, 자녀들은 의견 선도자로서 역할 비중이 크다.

(3) 개인적 요소

① 연령

연령에 따라 기호가 다르고 구입 상품이 다르다.

② 라이프스타일

㉠ 사회 일부 또는 전체 계층의 행동, 관심, 의견에 따라 구분한다.

㉡ 식민세대, 전쟁세대, 베이비붐세대, 풍요1세대, 풍요2세대 등이 있다.

③ 개성과 자아 개념

개인의 구매행동에 영향을 미치며 개인이 유행 선도자라고 생각하면 보수적인 스타일의 옷은 선택하지 않는다.

(4) 심리적 요소

① 동기

구매 시의 구매 이유다. 구매 이유는 욕구에 기인하기 때문에 기업은 광고로 그 욕구를 자극함으로써 구매동기를 유발할 수 있다.

② 지각

구매행동에 영향을 미치는 요소 중에서 가장 중요한 개념으로 소비자가 갖는 개인적 관심이나 인식을 말한다. 똑같은 제품도 어떻게 소비자에게 지각되었느냐에 따라 서로 다른 제품으로 받아들여지기도 하며, 또한 한번 지각된 소비자의 태도는 쉽게 바뀌지 않기 때문에 경쟁사는 새로운 지각(Perception)으로 도전하게 된다.

③ 학습

학습은 이전의 경험의 결과로 구매행동의 변화를 가져오게 되며, 소비자의 지각에도 영향을 주게 된다. 지각과 마찬가지로 한번 학습된 소비자의 태도는 쉽게 바뀌지 않는 특징이 있다.

④ 신념과 태도

신념과 태도는 마음가짐으로 구매행동에 가장 큰 영향을 미치므로 매출이나 시장점유율의 선행지표가 된다. 어떤 제품의 향후 구입 의향률이 높게 나타나면 시장점유율의 증가를 예상할 수 있다.

3 소비자 구매 의사결정

(1) 문제의 인식

① 구매의 필요성 인식

② 구매동기 요인 발생

(2) 정보의 탐색

① 의사결정을 용이하게 하기 위한 정보의 탐색

② 내부 탐색 · 외부 탐색

③ 적극적 탐색 · 소극적 탐색

(3) 대안의 평가

① 정보를 평가기준에 의해 비교

② 평가기준은 제품성능, 사용만족감 등 상황에 따라 다를 수 있음

(4) 대안의 선택(구매)

구매 의사결정, 구체적인 상표나 서비스를 선택

(5) 구매 후 행동

① 귀인이론
구매 후 행동의 원인을 찾음, 만족·불만족 요인 분석에 활용

② 구매 후 부조화 발생
인지적 부조화의 한 가지 유형, 소비자가 구매 이후 가지는 심리적 불편함

4 관여도(Involvement or Committment)

(1) 의의

관심의 강도, 흥미의 정도, 개인의 중요도의 정도를 말하는 것으로 소비자의 관여 수준은 소비자 특성, 제품 특성 등에 따라 다르고, 특히 똑같은 제품이 같은 사람에게 있어서도 상황에 따라 고관여가 되기도 하고, 저관여가 되기도 한다.

(2) 관여도의 영향 요인

① 개인적인 요인
특정 제품에 대한 관여도는 개인별로 상이하다.

② 제품적 요인
소비자가 제품의 구매, 사용에 의하여 초래될 수 있는 위험을 지각하고 있을 때 그 제품에 대한 관여도가 높아진다.

③ 상황적 요인
제품에 대한 관여도는 상황에 따라 달라진다. 또한 제품을 자신이 사용하기 위하여 구매하는 경우와 다른 사람에게 선물로 주기 위해 구매하는 경우 관여도가 달라지게 된다. 이와 같이 상황에 따라 달라지는 관여도를 상황적 관여도라고 한다.

(3) 고관여 제품의 구매 결정 과정

고관여 제품의 구매의사결정 과정은 문제를 인지한 후 상당한 시간과 노력을 투입하여 정보를 탐색하여 신중하게 대안을 평가하고, 대안별로 태도를 형성한 후 구매를 하고 구매 결과에 따른 평가를 하게 된다.
고관여 제품은 구매 전에 이미 상당한 시간과 노력을 투입하여 대안별 태도를 형성하였으므로 구매 후 불만족 상황이 나타나게 되면 인지부조화 현상이 매우 심각하게 나타나고 소비자는 이 부조화 현상을 제거하기 위하여 노력하게 된다.

(4) 저관여 제품의 구매 결정 과정

저관여 제품의 구매의사결정 과정은 문제를 인지한 후 적극적인 외적 정보탐색이 없이 구매행동으로 이어지고 구매 후 평가를 한 후 제품에 대한 태도가 형성된다.

(5) 관여도에 따른 구매행동 유형

각 제품 간 특성의 차이가 클 때 고관여 제품과 저관여 제품의 구매행동 유형은 다음과 같이 차이가 발생하게 된다.

구분	고관여 제품	저관여 제품
제품 특성 차이가 클 때	복잡한 구매행동	다양성 추구 구매행동
제품 특성 차이가 작을 때	부조화 감소 구매행동	습관적 구매행동

※ 다양성 추구 구매행동 : 저관여 제품의 제품 간 차이가 뚜렷하게 되면 소비자들은 다양성 추구 구매를 하게 되고 잦은 상표 전환을 하게 된다.

5 시장침투 마케팅

(1) 니치 마케팅(Niche Marketing)

'니치'란 틈새를 의미하는 말로서 '남이 모르는 좋은 낚시터'라는 은유적인 뜻을 가지고 있다. 대중시장 붕괴 후의 세분화한 시장 또는 소비상황을 설명하는 말이기도 하다.

특히, 요즘 한국 식품업계의 유가공 제품 분야에서 우유, 식용유, 조미료를 비롯하여 세제에 이르기까지 그 기능과 용도를 달리하는 세분화한 다양한 제품들을 생산하여 특정 소비계층을 상대로 활발한 판촉활동을 벌이고 있다.

(2) 종족 마케팅(Ethnic group Marketing)

종족 마케팅은 새로운 종족을 발견하는 데 있다. 자신의 상품에 맞는 종족(소비자)을 발견함으로써 종족의 힘을 키우는 것이다. 종족이라고 표현하였지만 실제로 말하고자 하는 것은 새로운 판매경로를 개척하는 하나의 방법이다.

(3) 뉴럭셔리 마케팅(New luxury Marketing)

뉴럭셔리란 중가제품을 주로 구입하던 중산층 고객이 제품이나 만족을 얻기 위해 소비하는 명품을 가리킨다. 이는 소비의 새로운 코드인 트레이딩업(trading up)으로 전 세계적으로 확산되고 있으며 대중적인 명품 소비 현상인 매스티지(masstige)도 트레이딩업 중의 하나다.

6 비용절약 마케팅

(1) 홀리스틱 마케팅(Holistic Marketing)

홀리스틱 마케팅(Holistic Marketing)은 사업 영역의 전반적인 또는 전체적인 마케팅을 하나의 통합체로 보는 견해와 이에 대한 프로그램과 단계별 활동을 계획하고 실행하는 전체적인 시스템을 말한다. 가장 핵심적 개념은 "Everything Matters(모든 것들이 문제가 된다, 또는 모든 요소들이 각기 의미를 지니다 정도로 이해)" 라고 볼 수 있다. 즉, 다양한 기업 활동들이 마케팅을 구성하고 또 결과에 대해 의미를 가진다는 개념으로 과거의 광고 등을 통해 알리고 다양한 판매촉진 기법들을 통해 시장점유율 등을 높이는 것 이상의 목적을 가진 마케팅의 새로운 개념이다.

(2) 래디컬 마케팅(Radical Marketing)

래디컬 마케팅은 일반적인 시장조사에 의존하지 않고 고객들이 있는 현장에 뛰어들어 연대감을 구축함으로써 장기적인 효과를 노리는 전략이다.

(3) 복고 마케팅(Retro Marketing)

복고 마케팅은 과거에 선보인 제품이나 서비스를 다시 유행시키는 것을 말한다. 이는 과거에 선보였던 상품을 그대로 살려내어 판매하는 경우도 있지만, 대부분의 경우 현대적 감각에 맞춰 상품의 특성과 패키지를 개선해서 출시한다.

(4) 게릴라 마케팅(Guerilla Marketing)

게릴라는 전투에서 소규모 병력이 일정한 진지 없이 지형지물이나 뛰어난 전술을 이용하여 대규모의 적군을 기습한 뒤 신속하게 빠져나와 반격을 피하는 유격전 또는 그러한 전법을 말한다. 이를 마케팅 기법으로 응용한 것이 게릴라 마케팅이다.

(5) 앰부시 마케팅(Ambush Marketing)

앰부시 마케팅은 게릴라의 매복 공격을 활용한 것으로, 예컨대 어떤 이벤트와 관련하여 공식적으로는 권리가 없지만 교묘하게 규제를 피하여 마치 공식 스폰서인 것처럼 포장함으로써 성과를 올리는 기법이다.

7 일상을 파고드는 마케팅

(1) 기상 마케팅(Weather Marketing)

기상 변화에 대한 정보를 활용해 사업 계획을 조정하는 마케팅전략을 말한다. 기상 마케팅은 정보 기술을 활용한 서비스 마케팅으로 미리 예측된 기상 변화 정보를 제공받아 이를 사업 계획에 반영하는 것이다. 기상 정보 서비스 업체들은 국가 기상청으로부터 위성사진 기상 데이터 등 자료를 건네받고 가공 · 분석한 후 필요 업체들에게 제공한다. 각 업체들은 기상 정보를 이용해 손실에 미리 대비하거나 재고량·판매량 조절 등 여러 가지 경영 계획을 결정한다. 활용 업체도 맥주, 음료, 빙과 등 식료품업체에서부터 의류, 냉·난방기, 항공, 해운업체 등에 이르기까지 그 폭이 점차 확대되고 있다. 국내에서는 1997년 7월 일기예보 업자 제도가 시행된 이후 기상 정보 서비스업체들이 등장, 다양한 기상 정보를 제공하고 있다.

(2) 데이 마케팅(Day Marketing)

기념일을 이용하여 수요를 창출하는 마케팅 기법으로, 1990년대부터 유행하기 시작했으며, 기념일에 뜻을 담은 선물이나 행사로 수요를 창출한다. 데이 마케팅을 수행하는 기업은 기념일에 자사의 상품을 홍보하고, 판매하는 특수를 창출하여 기업 이익을 획득한다.

예로는 밸런타인데이(valentine day)에는 초콜릿을 선물하고, 화이트데이(white day)에는 사탕을 선물하는 것 등을 들 수 있다.

(3) 뉴메릭 마케팅(Numeric Marketing)

브랜드나 상품의 특성을 나타내는 숫자와 연관된 이벤트를 통해 사람들에게 인지도를 높이는 마케팅전략이다. 숫자는 이미지 전달이 빠르고, 제품의 특징을 함축적으로 전달할 수 있는 장점이 있다. 또 소비자들에게 호기심을 자극할 수 있어서 마케팅 효과도 크다. 1318, 2030, 386, 7080, 빼빼로데이, 2080치약 등은 모두 뉴메릭 마케팅에 속한다.

(4) 스포츠 마케팅(Sports Marketing)

경기 시작 전부터 끝날 때까지 관련된 모든 업무를 대행하는 사업으로 여러 가지 프로모션 활동을 통해 팀 선수의 부가가치를 높이고 상품화를 도모한다. 주된 업무 내용은 라이선싱 사업, 공식 프로그램 연감·사진집 등의 출판 업무, 팀 선수의 매니지먼트 업무, 그리고 이벤트 매니지먼트 업무다. 한편, 스포츠 매니지먼트는 스포츠의 질적 향상을 목적으로 주로 팀 경영이나 선수를 관리하는 업무라는 측면에서 굿 마케팅과는 다르다.

또한 스폰서십은 경기 또는 팀, 선수에 대해 지원을 하는 것으로 기업이 스포츠라는 상품을 이용해서 자사 또는 자사 상품을 PR하는 대가로 지불하는 것이다. 따라서 스폰서십은 단지 스포츠를 이용한 마케팅일 뿐이며 스포츠라는 상품의 부가가치를 증대시켜 이를 상품화하는 스포츠 마케팅과는 다르다.

8 트렌드 따라잡는 마케팅

(1) 모바일 마케팅(Mobile Marketing)

모바일 마케팅은 모바일을 플랫폼으로 하는 마케팅의 형태로 모바일 배너광고, 브랜드 어플리케이션 등을 포함한 활동이다. 모바일 마케팅의 가장 큰 장점은 언제 어디서든 접속이 가능하다는 점이다.

(2) 블로그 마케팅(Blog Marketing)

관심사가 같은 블로거들이 모이는 곳에 상품 등을 판매하기 위해 홍보하는 타킷 마케팅으로 효과적이다. 소비자와의 쌍방향 커뮤니케이션이 가능하다는 점과 마케팅 공간에서 곧바로 구매가 가능하다는 점도 매력적이다. 특히 비용대비 효과가 높다는 점에서도 경제적인 마케팅 채널로 떠오르고 있다. 전문가들은 블로거들이 증가 추세에 있는 가운데 소비자들의 구매 행태가 온라인으로 이동하고 있어 블로그를 통한 마케팅이 더욱 늘어날 것으로 내다보고 있다.

(3) 바이러스 마케팅(Virus Marketing)

컴퓨터로 자료를 전송하거나 내려받을 때 바이러스가 컴퓨터에 침투하듯이 홍보 내용이나 문구를 슬쩍 끼워 넣어 자동적으로 따라 나오게 하는 마케팅 기법이다. 전자우편 등으로 인터넷 사이트 광고를 주변 사람에게 재전송할 경우 경품이나 현금을 주는 것도 바이러스 마케팅의 일종이다. 미국의 무료 전자우편인 핫메일이 처음으로 시도해 큰 성공을 거둔 이후 2000년 말부터 인터넷 광고 기법으로 널리 퍼졌다. 핫메일은 무료 전자우편 서비스를 시작하면서 빠른 시간 안에 여러 사람에게 핫메일을 알리기 위해, 전자우편을 주고받을 때는 반드시 편지 말미에 '무료 전자우편 서비스 핫메일'이라는 홍보문구를 붙이도록 하여 전자우편을 읽거나 자료를 내려 받아 읽으려면 어쩔 수 없이 광고 문구를 읽게 하였다. 이러한 바이러스 마케팅은 웹 애니메이션 기술을 바탕으로 이루어져 실시간 재생이 가능함에 따라 텔레비전 등 영상광고보다 훨씬 저렴한 비용으로 제작할 수 있고 대상별 광고가 가능해 빠른 속도로 확산되고 있다.

REVIEW

1. 마케팅이란 소비자의 필요와 욕구를 충족시키기 위해 시장에서 교환이 일어날 수 있도록 상품, 서비스 및 아이디어의 설계, 가격결정, 촉진, 유통 등을 계획하고 실행하는 과정이다.
2. 선행적 마케팅이란 생산이 이루어지기 전의 마케팅 활동을 의미하는 것으로 이에는 마케팅 조사, 마케팅 계획 활동 등이 있다.
3. 후행적 마케팅이란 생산이 이루어진 이후의 마케팅 활동을 말하는 것으로 이의 대표적인 활동에는 가격, 경로, 판촉 등이 있다.
4. 제품 포지셔닝이란 기업이 원하는 바대로 자사의 제품을 소비자들에게 인식시켜 시장에서 자사의 제품이 독특한 위치를 차지할 수 있도록 자리잡는 것을 말한다.
5. 리포지셔닝(repositioning)은 기업이 의도한 대로 제품 포지셔닝이 되었어도 시간이 흘러 고객의 니즈와 경쟁 환경의 변화에 따라 처음의 포지셔닝이 효과를 거두지 못할 때 철저한 분석을 통해 새로운 포지션을 개발하는 전략을 수행하는 것을 말한다.

PART 04
경영

CHAPTER 02

출제예상문제

01 다음 중 현대적 마케팅 개념과 가장 거리가 먼 것은?

① 마케팅의 관건은 소비자를 만족시키는 것이다.
② 통합적 마케팅을 지향한다.
③ 판매와 촉진이 핵심적인 마케팅 수단이다.
④ 고객 만족을 통해 이익을 추구한다.
⑤ 사회책임 마케팅을 추구한다.

해설 판매와 촉진은 고압적 마케팅에서 강조되는 수단이다. 전통적 마케팅은 기업이 생산된 제품을 판매하는 강압적, 고압적 마케팅이 중심이고 피드백이 전혀 없지만, 현대적 마케팅은 소비자 만족을 추구하고 소비자의 욕구 충족 및 복지 증진에 기여하는 저압적 마케팅이다.

02 다음 중 특정 상품의 수요를 감소시켜 시장점유율을 낮추려는 전략으로 볼 수 있는 것은?

① 제품 포지셔닝 전략
② 사회적 반응 전략
③ 의존 전략
④ 디마케팅 전략
⑤ 경쟁기업과의 화해 전략

해설 디마케팅은 수요 수준이 공급자의 공급 능력을 초과했을 때 마케팅 활동을 통해 수요를 일시적 또는 영구적으로 억제하는 활동이다.

03 다음 마케팅의 본질과 환경에 대한 설명 중 옳지 않은 것은?

① 터보 마케팅이란 시간의 중요성을 인식하고 이를 경쟁자보다 효율적으로 관리함으로써 경쟁적 이점을 확보하려는 전략을 의미한다.
② 애프터 마케팅이란 고객이 제품을 구매한 후 고객에게 좋은 제품을 구매한 것임을 확인시켜주는 전략이다.
③ 바이오 마케팅이란 두 개 이상의 기업이 마케팅 관리를 공동으로 수행하여 시너지 효과를 누리는 것을 의미한다.
④ 감성 마케팅이란 고객이 특정 제품을 대할 때의 심리적 상태를 중시하고 그 때의 기분과 욕구에 호소하는 방법으로 다품종 소량생산 방식을 주로 사용한다.

정답 01 ③ 02 ④ 03 ③

⑤ 그린 마케팅이란 소비자와 사회환경 개선에 기업이 책임감을 가지고 마케팅 활동을 관리해 나가는 과정을 의미하는 것으로 사회와 소비자의 요구에 부응하는 마케팅전략을 전개하는 관점에서 사회지향 마케팅의 일종이라고 할 수 있다.

해설 두 개 이상의 기업이 마케팅 관리를 공동으로 수행하여 시너지 효과를 누리는 것은 공생적 마케팅, 즉 심바이오틱 마케팅이라 한다.

04 다음은 제품수명주기와 관련된 설명이다.

제품에는 인간과 비슷하게 일정한 수명이 있고 이러한 수명은 새로운 제품이 등장할 때마다 반복적인 형태로 나타나고 일반적으로 도입기 : 성장기 : [가] : 쇠퇴기의 4단계를 거치게 된다.
도입기는 혁신자와 조기수용자(early adopter)가 구입하는 단계이고, 성장기는 조기다수자(early majority)가 구입하는 단계이다. 도입단계와 성장단계 사이에는 [나]이 존재하는 경우가 있는데, 수많은 기술과 제품이 이 단계를 넘어가지 못하고 도태되기도 한다. 이 지점을 넘어가면 다수의 수요층으로 확장될 수 있다.

설명 중 빈칸 [가]와 [나]에 적합한 개념으로 짝지어진 것은 어느 것인지 고르시오.

① (가) 성숙기 (나) 확산거점
② (가) 포화기 (나) 기술적 갭
③ (가) 성숙기 (나) 기술적 갭
④ (가) 포화기 (나) 캐즘(chasm)
⑤ (가) 성숙기 (나) 캐즘(chasm)

해설 제품은 인간의 생애와 비슷하게 일정한 수명이 있다. 일반적으로 제품은 새로 시장에 도입되는 도입기, 수요가 증가하기 시작하는 성장기, 경쟁이 치열해지고 수요가 포화 상태에 이르는 성숙기, 그리고 마지막으로 쇠퇴기의 순환을 갖는다. 그러나 도입기와 성장기 사이에는 커다란 틈이 존재하는데 도입되는 많은 제품들이 이 틈을 넘지 못하고 중도에 많이 도태되기도 한다. 이 틈을 캐즘(chasm)이라고 한다.

05 다음 중 수요 상황에 적합한 마케팅전략을 올바르게 연결한 것은?

① 불건전한 수요 : 개발적 마케팅
② 불규칙적 수요 : 동시화 마케팅
③ 완전수요 : 리마케팅
④ 잠재적 수요 : 자극적 마케팅
⑤ 초과적 수요 : 카운터 마케팅

정답 04 ⑤ 05 ②

해설 불건전한 수요 : 카운터 마케팅, 완전수요 : 유지적 마케팅, 잠재적 수요 : 개발적 마케팅, 초과적 수요 : 디마케팅

06 마케팅에서 비슷한 성향을 지닌 소비자들과 다른 성향을 가진 소비자들을 분리해 하나의 그룹으로 묶는 과정은?

① promotion ② targeting
③ positioning ④ demarketing
⑤ segmentation

해설 시장세분화(segmentation)은 한 기업이 시장을 일정한 기준에 따라 몇 개의 동질적 소비자 집단으로 나누는 것을 말한다. 이를 통해 전체 시장이 아닌 세분 시장에서는 수요를 파악하고 신속하게 대처할 수 있다.

07 버스운전사가 회수권을 내는 학생에게 학생증 제시를 요구하였다. 이는 시장세분화 기준으로 보아 어디에 속하는가?

① 지리적 세분화 ② 생활 스타일 세분화
③ 인구동태별 세분화 ④ 소비자개성 세분화
⑤ 상표개성 세분화

해설 회수권은 일반인과 학생을 구분하여 학생에게만 파는 제품이므로 인구동태별로 세분화한 것이다.

08 시장세분화는 마케팅전략의 중요한 과정 중 하나이다. 다음 중 시장세분화가 필요한 이유로 거리가 먼 것은?

① 자사 제품 간 불필요한 경쟁 방지
② 충족되지 않은 소비자 욕구 파악
③ 마케팅에서 규모의 경제 달성
④ 새로운 고객이나 시장 기회를 파악
⑤ 차별적 효익을 주는 제품을 제공

해설 규모의 경제란 생산량이 일정 규모에 달할 때 기업의 비용이 감소하는 현상을 말한다. 흔히 대량생산 과정에서 나타난다. 마케팅에서 규모의 경제를 달성하기 위해서는 시장을 세분화하기 보다는 전체 시장을 대상으로 하는 비차별화 전략이 적절하다.

정답 06 ⑤ 07 ③ 08 ③

09 **표적시장 선정 및 포지셔닝에 관한 다음의 설명 중 옳지 않은 것은?**

① 틈새시장 공략 마케팅 기업들은 자사가 틈새시장 소비자들의 요구를 매우 잘 이해하고 있기 때문에 고객들이 자사제품에 대하여 고가격을 기꺼이 지불할 것이라고 가정한다.
② 현지화 마케팅의 단점은 규모의 경제 효과를 감소시켜 제주 및 마케팅 비용을 증가시킨다는 점이다.
③ 소비자들은 독특한 욕구를 가지고 있기 때문에 각각의 소비자는 잠재적으로 별개의 시장이다.
④ 표적 마케팅 과정의 주요 첫 단계는 시장세분화이다.
⑤ 오늘날 시장환경의 변화에 발맞추어 대다수의 기업은 매스 마케팅전략으로 이행하고 있다.

해설 오늘날 시장환경의 변화에 발맞추어 대다수의 기업은 일대일 마케팅전략으로 이행하고 있다.

10 **마케팅전략 수립에서 마케팅 믹스(Marketing Mix)는 4P로 이루어져 있다. 다음 중 4P에 포함되지 않는 것은?**

① 계획(Plan)
② 가격(Price)
③ 장소(Place)
④ 제품(Product)
⑤ 촉진(Promotion)

해설 마케팅 믹스는 제품(Product), 가격(Price), 유통(Place), 촉진(Promotion) 등이 있다.

11 **산업재는 소비재와 달리 독특한 특징을 가지고 있다. 산업재와 산업재 구매자 행동의 특성에 가장 맞지 않는 것은?**

① 보통 산업재 시장에서 구매결정은 조직의 구매센터에서 이루어진다.
② 산업재에 대한 구매수요는 최종소비재의 수요에 기인하는 파생수요의 특성이 있다.
③ 산업재 구매자와 판매자는 서로 각자가 생산한 제품을 판매하고 구매해주는 상호구매가 많다.
④ 대부분의 산업재 구매자는 문제를 총체적으로 해결해 줄 대안을 가진 판매자를 찾기 때문에 시스템적 구매와 판매의 특성이 있다.
⑤ 산업재 구매자는 구매해야 할 제품의 규모가 크고, 기술적으로 복잡한 경우가 많아 광범위한 유통망을 통해 간접구매를 하는 것이 일반적이다.

해설 산업재는 소비재에 비하여 수요층이 한정되어 있으므로 광범위한 유통망보다는 전속적 유통망이 더 적합하다.

정답 09 ⑤ 10 ① 11 ⑤

12 제품수명주기에 관한 서술 중 가장 적절하지 않은 것은?

① 제품수명주기는 크게 도입기, 성장기, 성숙기, 쇠퇴기로 구분할 수 있다.
② 고객의 다수가 혁신자인 제품수명주기는 쇠퇴기이다.
③ 도입기보다 성장기에 경쟁 수준이 높다.
④ 성숙기에 판매극대점에 도달한다.
⑤ 동일한 제품이더라도 한 국가와 한 국가의 제품수명주기는 다를 수 있다.

해설 고객의 다수가 혁신자인 제품수명주기는 도입기이다.

13 최근 백화점과 마트에 가면 자체 브랜드 상품을 자주 볼 수 있다. 다음은 유통업체가 자기 상표(PB)를 가지려는 이유를 설명한 내용들이다. 가장 거리가 먼 것은?

① 고객 충성도를 높여 단골 고객 확보에 유리하다.
② 품질 대비 가격측면에서 합리적 상품을 선호하는 고객의 확보가 쉽다.
③ 백화점, 마트뿐 아니라 오픈마켓에서도 PB상품이 늘어나는 추세다.
④ 일반적으로 럭셔리 상품을 선호하는 고객 그룹에 대한 고객관리를 더욱 강화하는 수단이다.
⑤ NB(National Brand) 생산업체와 협상에서 대체재의 존재를 통해 유리한 입장으로 협상에 나설 수 있다.

해설 PB상품은 백화점·슈퍼마켓 등 대형소매상이 자기 매장의 특성과 고객의 성향에 맞추어 독자적으로 개발한 브랜드 상품으로 패션상품에서부터 식품·음료·잡화에 이르기까지 다양하다. 해당 점포에서만 판매된다는 점에서 전국 어디에서나 살 수 있는 제조업체 브랜드(NB ; National Brand)와 구별된다. 이는 기존의 생산업체와 유통경로로는 값이 싸고 질이 좋은 상품을 원하는 소비자들의 취향을 따라가기 어렵기 때문에 유통업체인 대형소매상이 기획·개발·생산 및 판매 과정의 전부 또는 일부를 자주적으로 수행하여 만들어 낸 상품으로 더 많은 고객을 끌기 위한 상품개발경쟁이 치열하다.

14 상대적 저가전략이 적합하지 않은 상황은?

① 소비자 등의 본원적인 수요를 자극하고자 할 때
② 규모의 경제를 통한 이득이 미미할 때
③ 시장의 형태가 완전경쟁에 근접할 때
④ 원가우위를 확보하고 있어 경쟁기업이 자사 가격만큼 낮추기 힘들 때
⑤ 시장수요의 가격탄력성이 높을 때

해설 규모의 경제를 통한 이득이 미미하다고 하면 고가전략으로 나가는 것이 유리하다.

정답 12 ② 13 ④ 14 ②

15 **다음은 제품의 특성과 이에 적합한 판매가격 결정 방식을 연결시킨 것이다. 적절히 짝지어 지지 않은 것은?**

① 경쟁이 심한 제품 : 현행가격채택정책
② 지역에 따라 수요탄력성이 다른 제품 : 차별가격정책
③ 가구, 의류 등의 선매품 : 가격층화정책
④ 수요의 탄력성이 높은 제품 : 상층흡수가격정책
⑤ 단위당 생산비가 저렴한 제품 : 침투가격정책

해설 수요의 탄력성이 높으면 침투가격정책이 유리하다.

16 **점차 전문화되고 있는 산업구조하에서 기업 간에는 경쟁과 협력이 동시에 요구되고 있다. 이러한 상황에서 여러 기업들이 마케팅 자원을 공동으로 활용하거나 마케팅 프로그램을 공동으로 수행하는 경우, 이 전략을 무엇이라 하는가?**

① 메가 마케팅
② 집중적 마케팅
③ 공생적 마케팅
④ 디마케팅
⑤ 사회마케팅

해설 공생적 마케팅이란 두 개 이상의 기업들이 새로운 마케팅 기회를 개발하기 위하여 재원이나 프로그램을 결합하고자 하는 것으로 단기적 또는 영구적으로 함께 일할 수도 있고 새로운 기업을 설립하기도 한다.

17 **소비자의 욕구를 확인하고 이에 알맞은 제품을 개발하며, 적극적인 광고전략 등에 의해 소비자가 스스로 자사제품을 선택 구매하도록 하는 것과 관련되는 마케팅전략은?**

① 푸시전략
② 풀전략
③ 머천다이징
④ 선형마케팅
⑤ 고압적 마케팅

해설 푸시전략은 제조업자가 광고보다는 인적 판매를 통해 제품을 시장에 밀어붙이는 방식을 말한다.

정답 15 ④ 16 ③ 17 ②

18 작은 고객군들과의 거래를 끊고, 우량고객에게 차별화된 서비스를 제공해 비용을 절감하며 수익을 극대화하는 '선택과 집중' 전략의 예로 제품의 수요가 공급보다 많아 수요를 감소시키기 위해서도 사용되는 마케팅 방법은?

① 디마케팅(Demarketing)
② 개별 마케팅(Development Marketing)
③ 동시화 마케팅(Synchro Marketing)
④ 자극 마케팅(Stimulational Marketing)
⑤ 전환 마케팅(Conversional Marketing)

해설 디마케팅은 초과수요가 있는 상황에서 수요를 감소시키기 위한 방법이다.

19 시장세분화 및 타기팅(targeting) 전략에 대한 설명 중 가장 거리가 먼 것은?

① 세분화 변수로 편익과 같은 행위적 변수보다 인구통계적 변수를 쓰는 것이 낫다.
② 각 세분 집단의 고객은 해당 마케팅 활동에 서로 다르게 반응하는 것이 바람직하다.
③ 간 세분 집단은 표적시장으로 선택할 수 있을 정도의 크기와 수익성을 갖고 있어야 한다.
④ 각 세분 집단을 평가할 때는 각 세분 집단의 매력도뿐 아니라 해당 기업의 목표와 자원을 고려해야 한다.
⑤ 세분 시장별로 차별화된 마케팅 프로그램을 수행하기 위해서는 자원이 필요하기 때문에 세분 집단의 수를 너무 많이 설정하는 것은 바람직하지 않다.

해설 ②, ③, ⑤ 항목은 효과적인 세분화를 위한 조건을 설명한 것으로 모두 올바르다. 마찬가지로 ④는 타기팅의 가장 중요한 원칙이라 할 수 있다. 반면 ①의 세분화 변수에 대한 설명은 올바르지 않다. 대표적인 시장세분화 변수에는 지리적 변수, 인구통계적 변수, 사이코그래픽 변수, 행위적 변수 등이 있다.

20 광고모델의 효과에 대한 다음 설명 중 가장 옳지 않은 것은?

① 광고모델이 신뢰성을 갖고 있다고 생각하면 소비자들은 내면화 과정을 거쳐 메시지를 수용할 수 있다.
② 신뢰성이 낮은 모델이 전달하는 메시지에는 시간이 지난 다음에 그 효과가 나타나는 수면효과가 발생하기도 한다.
③ 광고모델의 매력은 동일시과정을 거쳐 소비자를 설득시킬 수 있다.
④ 저관여 상품의 경우 유명한 모델이 아닌 소비자와 유사한 일반모델을 사용한 증언형 광고는 효과가 없다.
⑤ 일반적으로 광고모델의 매력은 유사성, 친근감, 호감을 포함하는 개념으로 본다.

정답 18 ① 19 ① 20 ④

해설 저관여도 상품에 대해 소비자는 자신과 관련성이 높은 정보에 주의를 기울이고, 그렇지 않은 정보에는 주의를 기울이지 않는 지각적 경계 현상이 나타나므로 표적 소비자와 유사한 모델을 사용할 때 보다 깊게 정보처리를 하게 되어 효과가 높다.

21 소비자 행동에 대한 설명으로 바르지 못한 것은?

① 고관여 제품이 제품 간 차이가 클 경우 소비자는 복잡한 구매행동을 하게 된다.
② 고관여 제품이 제품 간 차이가 작다고 하면 소비자는 부조화 감소 구매행동을 하게 된다.
③ 저관여 제품이 제품 간 차이가 클 경우 소비자는 다양한 제품을 구매하는 행동을 하게 된다.
④ 저관여 제품이 제품 간 차이가 작을 경우 소비자는 습관적인 구매행동을 하게 된다.
⑤ 고관여 제품이 구매 후 불만족을 느낄 경우 인지부조화 현상이 저관여 제품 구매 후 느끼는 인지부조화 현상보다 작다.

해설 일반적으로 저관여 제품보다 고관여 제품의 인지부조화 현상이 더 크게 발생한다.

22 다음 중 '전략적 포지션'에 대한 설명으로 가장 거리가 먼 것은?

① 특화된 활동들의 결합이 세분화된 특정 고객층의 욕구를 잘 충족시킬 때 발생한다.
② 전략적 포지션은 틈새시장의 발굴을 목표로 이해할 수 있다.
③ 특정 고객층의 욕구를 충족시킬 수 있을 때 발생한다.
④ 결국은 경쟁자의 활동들과 다른 활동을 선택하는 것이다.
⑤ 기업이 일련의 독특한 활동을 통해 특정 제품이나 서비스를 가장 잘 생산할 때 경제적인 의미를 지닌다.

해설 전략적 포지션은 다양성에 기반한 포지셔닝, 욕구에 기반한 포지셔닝, 접근에 기반한 포지셔닝이다. 포지셔닝을 틈새의 발굴에 대한 문제로만 국한시켜서 이해해서는 안 된다.

23 제품의 가격은 다양한 기준에 의해 결정된다. 가격 결정과 관련한 아래 내용 중 준거가격(reference price)에 대한 설명으로 올바른 것은?

① 소비자가 제품 구입 시 지불할 용의가 있는 최고한도의 가격
② 기업이 수익률을 설정한 뒤 그 목표를 달성할 수 있는 정도의 가격
③ 기업이 제품을 만들 때 들어간 원가에 마진을 더한 기계적인 가격
④ 소비자가 제품 구입 시 자신이 심리적으로 적정하다고 생각하는 가격
⑤ 소비자들이 제품 구입 시 품질을 의심하지 않고 구매할 수 있는 가장 낮은 가격

정답 21 ⑤ 22 ② 23 ④

해설 준거가격은 다음과 같이 정의된다. 즉, 소비자가 제품의 실제 가격을 평가하기 위하여 이용하는 표준가격을 통칭하는 가격을 말하며, 공정가격, 가장 빈번하게 지불된 가격, 최근에 지불한 가격, 예정가격 등이 있다.

[24~25] 아래는 소비자가 느끼는 브랜드 차이와 제품에 대한 관여도의 관계를 나타낸 그림이다. 여기서 관여도란 개인이 주어진 상황에서 특정 제품에 대한 중요성을 지각하는 정도를 의미한다. 다음 물음에 답하시오.

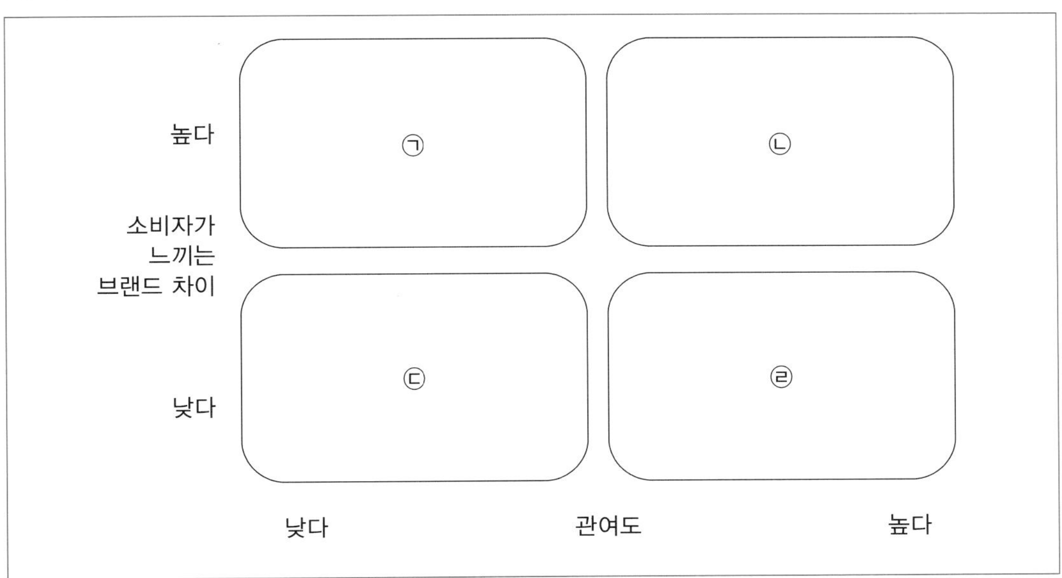

24 일반적으로 ㉠~㉣의 각 상황에 대한 소비자의 반응으로 올바르게 짝지어진 것을 보기에서 모두 고르면?

보기

㉠ 제품 선택에 갈등을 많이 느끼고 쉽게 후회할 수 있는 가능성 존재(예 가전제품)
㉡ 제품정보 수집활동이 많고, 구매했던 사람에게 그 경험을 확인(예 자동차)
㉢ 주위에서 흔히 발견되거나 친숙한 제품 위주로 구매(예 과자, 음료수)
㉣ 제품에 불만족하는 것은 아니나 쉽게 싫증이 나고 변화를 추구(예 샴푸, 세제류)

① ㉠, ㉡
② ㉠, ㉢
③ ㉡, ㉢
④ ㉡, ㉣
⑤ ㉢, ㉣

해설 브랜드 차이와 관여도

정답 24 ③

구분	고관여	저관여
브랜드 간에 차이가 클 때	복잡한 의사결정	다양성 추구
브랜드 간에 차이가 작을 때	부조화 감소	관성적 구매

고관여 제품이 제품 간의 차이가 크다고 하면 소비자들은 많은 정보 수집을 하여 제품 간 차이를 비교한 후 제품에 대한 신념을 형성하고 마지막에 대안을 선택하는 과정을 거치게 된다. 반면 관여도가 높으나 제품 간의 차이가 미미할 경우 소비자들은 부조화를 감소시키는 구매활동을 보인다. 저관여 상품의 경우 제품 간 차이가 미미하면 습관적 구매활동을 보이며, 제품 간의 차이가 큰 경우에는 다양성을 추구하는 구매행동을 보인다.

25 ⓒ 상황의 제품과 관련된 마케팅전략의 시사점으로 올바른 것은?

① 높은 가격대를 유지하는 것이 중요하다.
② 습관적인 구매를 위해 지속적·반복적 광고를 한다.
③ 유통채널은 가급적 소수로 유지하는 것이 중요하다.
④ TV보다는 주로 신문을 통해 광고를 하는 것이 중요하다.
⑤ 구매한 사람들이 만족하도록 사후관리를 철저하게 한다.

해설 저관여 제품 간 차이가 미미하게 되면(예 과일 주스 구매) 습관적인 구매활동을 보이게 된다. 따라서 마케팅 관리자는 상표의 친숙도를 높이기 위하여 짧은 광고 문구를 자주 사용하는 것이 효과적이며, 시험구매를 유도하기 위하여 가격할인이나 판매촉진을 하는 것이 효과적이다.

26 고객과의 직접 대화를 통해서 자사의 제품이나 서비스를 구매하도록 설득하는 활동을 인적 판매라 한다. 인적 판매의 장점에 대한 다음 설명 중 가장 거리가 먼 것은?

① 고객의 구매욕구 자극에 효과적이다.
② 고객의 상황을 관찰하고 대처가 가능하다.
③ 고객에게 제품과 서비스에 대한 많은 정보를 전달할 수 있다.
④ 즉각적으로 고객의 반응을 파악할 수 있고 피드백도 가능하다.
⑤ 촉진수단 중 비용이 적게 들어 상대적으로 넓은 시장에 대응이 가능하다.

해설 1. 인적 판매의 장점
소비자들에게 단순히 상품을 판매하는 데 그치지 않고 고객의 욕구를 파악하고 상품의 장단점을 파악하면서 고객의 반응을 직접 확인하여 그에 따라 메시지를 조정할 수 있어 그 운용상 탄력성이 있다. 또한 다른 촉진 도구에 비하여 보다 효과적으로 표적시장의 핵심 고객을 겨냥할 수 있다.
2. 인적 판매의 단점
인적 판매는 높은 비용이 단점이다. 전통적으로 촉진믹스 요소들 중에서 가장 비용이 큰 촉진수단으로 인식되고 있다.

정답 25 ② 26 ⑤

27 **다음 사례에 해당하는 마케팅 개념은?**

> 하나의 제품이나 서비스 제공과정에서 다른 제품과 서비스의 판매를 적극적으로 촉진시키는 방식을 말한다. 예를 들면, 인터넷 쇼핑몰에서 TV를 산 동화 씨는 최근 이 쇼핑몰에서 냉장고와 소파까지도 구매했다. 할인 혜택을 주겠다면서 계속 날아온 메일과 기존의 거래 경험으로 쌓인 신뢰가 바탕이 됐기 때문이다.

① 업셀링(up-selling)
② 크로스셀링(cross-selling)
③ 마케팅 믹스
④ 인바운드 텔레마케팅
⑤ 아웃바운드 텔레마케팅

해설
- 크로스셀링이란 우리 업체에서 판매하는 상품을 구매한 고객에게 그 상품과 관련된 여러 상품을 연관시켜서 판매하는 방법으로 주로 이메일 등을 통해서 상품광고와 이벤트 등의 정보가 제공된다.
- 업셀링이란 같은 제품의 등급을 높여 판매해 수익성을 높이는 판매방식이다.

28 **기업의 광고매체 선택은 여러 가지 요소들에 의존하여 행해져야 한다. 다음에 열거한 이들 요소 가운데 가급적 고려 대상에서 제외되어도 상관없다고 생각되는 것은?**

① 광고매체별 비용의 상대적 증가
② 광고매체의 효과성 평가
③ 제품 자체의 특성
④ 광고대상자들의 매체에 대한 관습
⑤ 광고매체의 수

해설 광고매체의 수는 매체 선택 시 고려 대상에서 제외되어도 된다.

29 **기업의 중요한 마케팅 수단인 광고에 관한 다음의 서술 중 가장 적절하지 않은 것은?**

① 소비자의 광고제품에 대한 관여도가 낮을수록 해당 광고에 대한 인지적 반응의 양이 많아진다.
② 광고모델이 매력적일 경우 모델 자체는 주의를 끌 수 있으나 메시지에 대한 주의가 흐트러질 가능성이 있다.
③ 광고의 판매효과를 측정하기 힘든 이유로 광고의 이월효과를 들 수 있다.
④ 광고목표 설정 시 표적시장 및 비교기준을 명확하게 규정해야 한다.
⑤ 소비자가 광고를 접할 때 발생하는 유머 및 온정의 감정은 소비자의 광고상표에 대한 태도에 영향을 준다.

정답 27 ② 28 ⑤ 29 ①

해설 광고제품에 대한 관여도가 낮을 경우 해당 광고에 대한 인지적 반응의 양은 적어진다.

30 필립 코틀러가 말한 다음 내용은 어떤 개념에 대해 정의를 내린 것인가?

> 이것은 소비자나 유통업자가 특정 제품을 더 빨리 혹은 더 많이 구입하도록 자극할 수 있는 단기적 수단의 집합

① 광고
② 판매촉진
③ 로열티 프로그램
④ PR(Public Relations)
⑤ 통합적 마케팅 커뮤니케이션

해설 판매촉진에 대해 미국 마케팅학회는 "판매촉진은 고객의 구매를 자극하고 유통의 효율성을 향상시키기 위한 제반 마케팅 활동이다." 라고 정의했고, 블랫버그(R. Blattberg) & 네슬린(S. Neslin)은 "소비자의 행동에 직접적인 영향을 미치려는 목적으로 행해지는 마케팅 이벤트" 라고 정의했다.

정답 30 ②

PART 04
경영

CHAPTER 03

회계의 기초

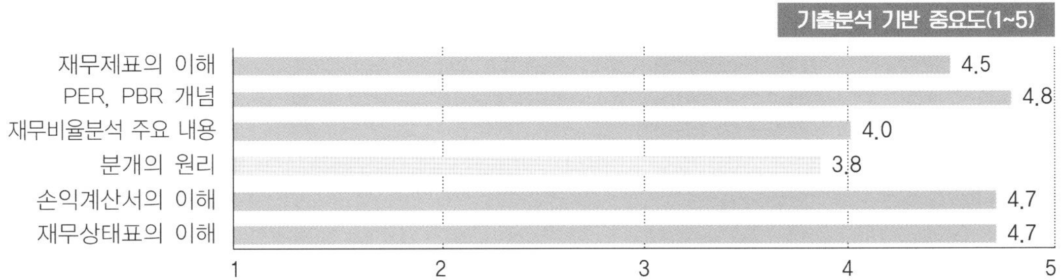

학습목표

❶ 재무제표의 세부 구성요소가 무엇인지 이해한다.
❷ 손익계산서의 각 계정 내용이 경영 환경에 어떠한 부분을 투영하고 있는지 구분한다.
❸ 회계적 거래와 경제적 거래의 차이를 구분한다.
❹ 전반적인 회계처리의 순환 과정을 이해한다.
❺ 각 계정과목의 세부 내용을 이해한다.
❻ 주요 재무비율분석의 내용을 숙지한다.
❼ PER, PBR이 각각 무엇을 의미하며, 어떠한 차이가 있는지를 숙지한다.

용어 해설

- **회계정보** : 기업경영활동 과정에서 수행되는 의사결정에 기본 바탕이 된다.
- **분개** : 복식부기의 일정한 법칙에 따라 기업에서 발생하는 거래를 차변과 대변으로 나누어 기입하는 일을 말한다.
- **결산** : 일정한 회계기간 동안 발생한 수입과 지출 내역을 정리하여 계산하는 일을 의미한다.
- **재무상태표** : 일정시점의 기업의 자산, 부채, 자본에 대한 재무 상태를 보여준다. 재무상태표에서는 기업의 재무구조와 자본구조에 대한 정보와 기업의 유동성과 안정성에 대한 정보를 제공한다.
- **손익계산서** : 일정기간 동안 기업의 경영활동 결과인 손익 현황을 나타낸다.
- **현금흐름표** : 일정기간 어떠한 원인으로 현금이 증감하였는지에 대한 기업의 현금흐름을 나타낸다.
- **자산** : 자산은 1년 또는 정상적인 영업주기를 기준으로 현금화의 정도에 따라 유동자산과 비유동자산으로 분류하고, 유동자산은 다시 당좌자산과 재고자산으로, 비유동자산은 다시 투자자산, 유형자산, 무형자산, 기타 비유동자산으로 구분한다.
- **부채** : 부채는 앞으로 갚아야 할 채무이다. 다른 사람에게 빌린 돈, 물품을 외상으로 구입하고 갚아야 할 돈 등이 해당된다.
- **PER** : 주가를 주당순이익으로 나눈 비율로서 주가가 주당순이익의 몇 배인가를 나타낸다.
- **PBR** : 주가를 주당순자산으로 나눈 비율로서 주가가 주당순자산의 몇 배인가를 나타낸다.

1 회계의 기본 개념

1 회계정보의 의미

회계정보란 기업경영활동 과정에서 수행되는 의사결정에 기본 바탕이 된다. 기업 내부뿐만 아니라 외부 이해관계인들까지도 기업에 대한 의사결정을 내릴 때에는 회계정보를 활용한다. 기업의 경영자와 근로자, 주주, 채권자, 소비자뿐만 아니라 금융기관과 정부기관까지 이르는 모든 경제주체들이 기업이 제공하는 회계정보에 기초하여 의사결정을 내리고 있다고 볼 수 있다. 따라서 회계정보를 인식할 줄 몰라서 원활한 의사소통이 이루어지지 않는다면 기업경영이 원활하게 수행될 수 없을 것이다.

회계는 기업이 일정기간 동안 경영활동을 통해 창출한 경영성과인 손익을 산출하는 수단임과 동시에, 일정시점 기업의 재산 상태를 나타내주는 수단이다. 또한 회계는 현금흐름의 측정수단이며, 경영의사결정을 위한 회계정보를 제공해준다.

잠깐! 거래 vs. 회계적 거래

모든 거래가 회계적 처리를 요하는 거래는 아니다. 회계처리를 요하는 회계적 거래는 기업의 자산, 부채, 자본의 증감을 가져오거나 수익, 비용의 발생을 가져오는 거래이다. 물품을 구입하는 행위, 부동산을 매각하는 행위, 용역을 제공하는 행위, 물품을 교환하는 행위는 기업의 자산, 부채, 자본의 증감을 가져오거나 수익, 비용의 발생을 가져오는 거래 등은 기업활동 과정에서 발생하는 일상적인 거래임과 동시에 회계적 처리를 요하는 회계적 거래에 해당한다. 그러나 물품을 구매하거나 판매하기로 계약만을 체결한 경우, 기업의 자산, 부채, 자본의 증감이나 수익, 비용의 발생을 가져오는 거래가 아니므로 일상적 거래에는 해당되지만 회계적 거래에는 해당되지 않는다. 비정상적으로 발생한 물품의 도난이나 손괴 등으로 인한 손실은 일상적 거래에는 해당되지 않지만 기업의 재산의 증감을 가져오므로 회계적 거래에는 해당된다.

2 회계로 바라본 기업경영활동

(1) 자금 조달

① 자기자본
주주들이 기업에 투자한 자금으로 주주는 기업에 자본을 투자한 대가로 주가상승을 통한 매매차익과 배당을 통한 이익을 얻을 수 있다.

② 타인자본
은행, 협력업체 등이 투자한 자금으로 은행은 원리금으로 이익을 얻을 수 있으며, 협력업체는 대금과 마진으로 이익을 얻을 수 있다.

(2) 자금 운용

기업이 R&D, 생산, 판매와 같은 기업활동에 조달한 자금을 투자하는 것을 자금의 운용이라 한다.

기업경영활동

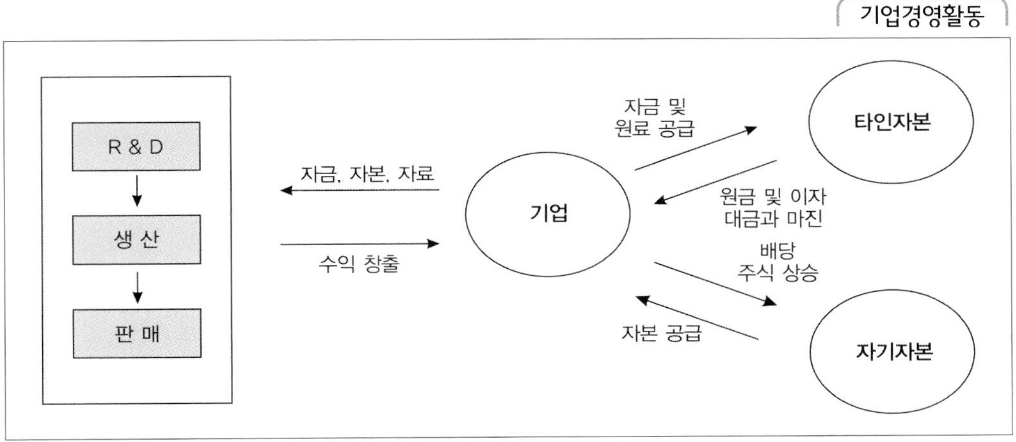

3 회계의 종류

(1) 재무회계

재무회계 자료는 주로 외부 이해관계자들의 의사결정을 돕기 위해 제공되는 재무회계정보로서의 회계를 의미한다. 따라서 재무회계는 누구나 쉽게 회계정보를 판독하고 이용할 수 있도록 작성되어야 한다. 이를 위해 재무회계는 일반적으로 인정된 회계원칙과 법규에 의하여 정해진 회계기준에 근거한 계정과목을 이용하여 결산하고, 그것을 바탕으로 만들어진 재무제표 형태로 외부에 회계정보를 제공한다. 주요 이용자에는 투자자, 정부, 금융기관, 거래처, 경영자, 종업원 등이 있다.

(2) 관리회계

관리회계란 주로 기업의 내부 이해관계자인 경영자, 관리자, 종업원이 합리적이고 효율적으로 경영관리를 수행할 수 있도록 돕기 위해 제공되는 재무정보로서의 회계를 의미한다.

관리회계는 내부 이해관계인들이 경영계획, 자금조달, 예산편성, 투자결정, 경영의사결정 등을 수행하는 데 활용된다. 따라서 관리회계는 경영의사결정을 돕기 위한 목적으로 작성되는 것이기 때문에 정해진 규칙이나 형식이 있는 것은 아니고 회사의 특성이나 필요에 따라 작성하는 방식이 상이할 수 있다.

(3) 세무회계

주로 정부에 세금을 납부할 때 제공되는 재무정보로서의 회계를 의미한다. 세무회계는 특히 세금 납부를 위해 작성되기 때문에 재무회계의 손익과는 차이가 난다. 재무회계는 기업회계 기준에 맞추어 작성되지만 세무회계는 소득세법과 법인세법에 따라 적정하게 계산하여 공평하고 합법적으로 세금을 납부하기 위해 작성된다.

잠깐! 재무제표의 기본 가정

- **기업실체의 가정** – 기업을 소유주와는 독립적으로 존재하는 회계단위로 간주하고 이 회계단위의 관점에서 그 경제활동에 대한 재무정보를 측정, 보고하는 것을 말한다.
- **계속기업의 가정** – 기업실체는 그 목적과 의무를 이행하기에 충분할 정도로 장기간 존속한다고 보는 가정이다.
- **기간별 보고의 가정** – 기업실체란 존속기간을 일정한 기간 단위로 분할하여 각 기간별로 재무제표를 작성하는 것을 말한다.

잠깐! 회계정보의 질적 특성

- **목적적합성** : 회계정보가 정보이용자의 의사결정에 유용해야 한다. 목적적합성이란 정보이용자가 기업실체의 과거, 현재 또는 미래 사건의 결과에 대한 예측에 도움을 주어야 한다. 또는 정보이용자들의 당초 기대치와 실제 사건의 결과와의 확인을 할 수 있어야 한다. 따라서 회계정보가 목적적합성을 갖기 위해서는 정보이용자가 기업의 미래의 재무상태를 확인하는 데 도움을 줄 수 있어야 하고(예측가치), 당초 기대치와 실제 경영 성과의 결과 간의 차이를 확인할 수 있어야 하며(피드백 가치), 이러한 회계정보가 적시에 제공되어야 한다(적시성).
- **신뢰성** : 회계정보는 신뢰할 수 있는 정보여야 한다. 회계정보가 이러한 신뢰성을 갖기 위해서는 표현이 충실해야 하며(표현의 충실성), 회계적 사건을 처리하여 가공한 정보에 대해 검증 가능해야 하고(검증가능성), 회계정보가 편의 없이 중립적으로 작성되어야 한다(중립성).

4 회계의 순환 과정

회계는 경영활동과정에서 발생하는 일련의 사건들 중에서 회계적인 거래로 인식 가능한 것들을 기록 정리하는 과정을 거치게 된다. 회계는 일정한 회계기간을 주기로 거래를 기록하여 재무제표를 작성하게 되는데, 이러한 회계처리절차는 일회적으로 끝나는 것이 아니라 기업이 존재하는 한 반복적으로 수행된다. 이를 회계순환과정이라 한다.

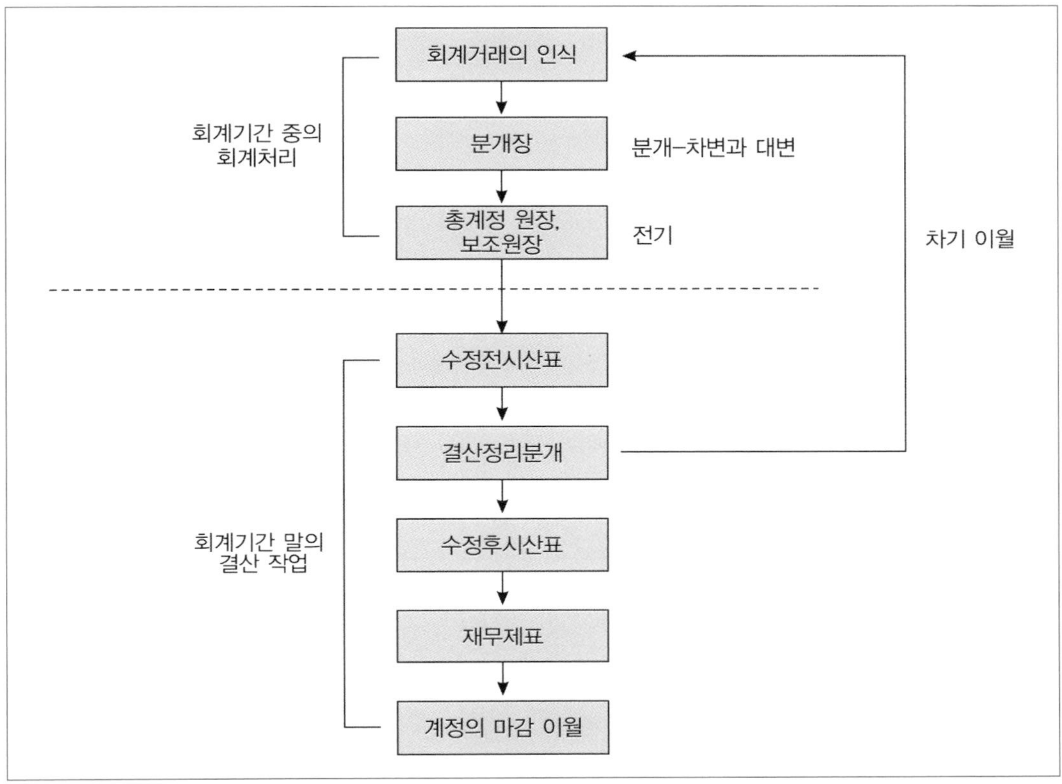

(1) 회계기간 중의 회계처리

기업의 경영활동과정에서 발생하는 거래 중에서 자산, 부채, 자본의 증감을 가져오거나, 수익, 비용의 발생이나 소멸을 가져오는 모든 행위 또는 사건들은 회계처리의 대상이 된다. 이러한 회계적 처리가 필요한 거래가 발생하게 되면, 우선 분개장이나 전표에 분개를 한다.

분개된 모든 결과는 다시 총계정 원장(계정별 원장)에 계정과목별로 정리하게 되는데, 이를 전기라고 한다.

회계적 처리가 필요한 사건을 각 계정과목별로 정리하는 이유는 과목별로 증가액, 감소액, 잔액을 쉽게 파악할 수 있기 때문이다. 예를 들어, 경영활동과정에서 현금의 지출 내역만을 따로 확인하고 싶을 경우 현금계정을 살펴보면 해당 회계기간 중에 현금이 얼마나 증가하고 감소했는지를 바로 파악할 수 있는 장점이 있기 때문이다.

총계정 원장에서는 자산, 부채, 자본 계정에 대한 기초이월액과 그 회계기간 중 증가 혹은 감소한 금액이 정리되어 있으며, 수익과 비용 계정은 그 회계기간에 발생한 거래 내역이 정리되어 있다. 회계기간 중에는 경영관리를 위하여 매입장, 매출장, 매입처원장, 매출처원장 등 보조원장도 기록한다.

용어 해설

- **분개** : 복식부기의 일정한 법칙에 따라 기업에서 발생하는 거래를 차변과 대변으로 나누어 기입하는 일을 말한다. 하나의 거래행위를 양쪽에 중복해서 기재할 수 있는 이유는 거래가 갖고 있는 이중성 때문이다. 고객에게 서비스를 공급하는 것은 현금이나 매출채권의 수령이라는 변화도 가져온다. 따라서 거래로 인해 발생하는 자산, 부채, 자본의 증감 및 수익, 비용의 발생과 자산, 부채, 자본의 증감과 수익과 비용의 발생을 차변과 대변에 나누어 기입할 수 있다.
- **계정과목** : 회계처리 시 단위가 되는 각 계정의 명칭들을 의미한다. 예를 들어, 매출채권, 미수금, 현금 등이 그 예이다.
- **보조원장** : 총계정 원장에 수록될 각 계정 과목의 내용을 상세히 기록하는 원장을 말한다. 보조원장에는 매출처원장, 매입처원장, 상품재고장, 유형자산대장, 적송품원장 등이 있다.
- **결산** : 일정한 회계기간 동안 발생한 수입과 지출 내역을 정리하여 계산하는 일을 의미한다. 이 과정에서 재무제표와 부속명세서를 작성하게 된다. 재무제표에는 재무상태표, 손익계산서(포괄손익계산서), 이익잉여금 처분계산서(한국채택기업회계기준에서는 재무제표에서 제외), 현금흐름표, 자본변동표, 주석이 있으며 부속명세서에는 제조원가명세서, 잉여금명세서가 있다.

(2) 회계기간 말의 회계 처리

회계기간의 말에는 각 계정 원장의 내용을 취합하여 결산을 해야 한다. 이를 위해 총계정 원장의 각 계정별 차변과 대변의 합계와 잔액을 자산, 부채, 자본, 수익, 비용의 순서로 시산표에 집계해야 한다. 결산할 때 시산표에 집계된 내용 이외에 추가로 수정, 조정이 필요한 사항에 대해서는 결산정리분개(수정 분개)를 통해 수정한다. 결산을 거쳐 재무제표를 완성하기 위해서는 수정후시산표 작성 → 재무상태표, 포괄 손익계산서 작성 등을 작성한다. 이를 바탕으로 최종적으로 현금흐름표, 자본변동표 등 재무제표를 작성한다.

재무제표에 대한 주석도 재무제표이므로 재무제표는 재무상태표, 포괄 손익계산서, 현금흐름표, 자본변동표, 주석으로 구성되어 있다고 볼 수 있다.

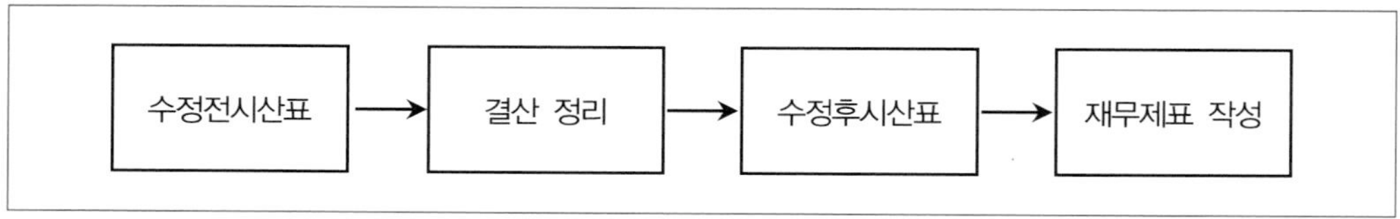

2 거래의 8요소

1 분개의 기본 원칙

자금의 사용 내역은 차변에 기록하고, 자금의 조달 내역은 대변에 기록한다. 이때 사용 내역과 조달 내역을 각각 4개 요소로 분류할 수 있는데, 이 둘을 합쳐 거래의 8요소라고 한다.
거래의 기본요소 중 자산, 비용은 차변에, 부채, 자본, 수익은 대변에 기록한다. 이를 정리하여 보면 차변에는 자산의 증가, 부채의 감소, 자본의 감소, 비용의 발생이 기록되며, 대변에는 자산의 감소, 부채의 증가, 자본의 증가, 수익의 발생이 기록된다.

거래의 8요소 기록 방법

- 자산의 증가는 차변에, 자산의 감소는 대변에 기록한다.
- 부채의 증가는 대변에, 부채의 감소는 차변에 기록한다.
- 자본의 증가는 대변에, 자본의 감소는 차변에 기록한다.
- 수익의 발생은 대변에, 수익의 감소는 차변에 기록한다.
- 비용의 발생은 차변에, 비용의 감소는 대변에 기록한다.

2 분개의 사례

이하에 소개되는 사례들은 이해를 돕기 위해 전부 부가가치세에 대한 고려 없이 표현하였음을 밝혀둔다.

상황	A사로부터 컴퓨터를 20,000,000원에 구입하고 대금은 외상으로 한다.
분개 처리 방식	차변) 비품 20,000,000 대변) 미지급금 20,000,000
이유	컴퓨터의 계정과목은 비품(또는 집기 비품)이고 컴퓨터 구입은 자산의 증가이므로, 차변에 비품 20,000,000원을 기록한다. 공급자에게 지급할 것에 대한 계정과목은 미지급금(기업의 일상적 상거래 이외에 발생하는 외상 구입 대금을 처리하는 계정)이 되며, 외상 구입은 부채의 증가이므로 대변에 미지급금 20,000,000원을 기록한다.

상황	1년 이내에 변제하기로 하고 은행에서 100,000,000원을 차입하여 보통예금에 넣어두었다.
분개 처리 방식	차변) 보통예금 100,000,000 대변) 단기차입금 100,000,000
이유	보통예금의 예입은 자산의 증가이므로 차변에 보통예금 100,000,000원을 기록한다. 1년 이내 또는 정상적인 영업주기 내에 지급기일이 도래하는 차입금을 처리하는 계정과목은 단기차입금이며, 차입은 부채의 증가이므로 대변에 단기차입금 100,000,000원을 기록한다.

상황	B사로부터 원자재인 철판을 15,000,000원에 매입하고 대금은 외상으로 한다.
분개 처리 방식	차변) 원재료 15,000,000 대변) 외상매입금 15,000,000
이유	원자재 구입을 처리하는 계정과목은 원재료이고 원재료 구입은 자산의 증가이므로 차변에 원재료 15,000,000원을 기록한다. 원자재를 외상으로 구입하였으므로 계정과목은 외상매입금(기업의 일상적 상거래에서 발생하는 외상 구입 대금을 처리하는 계정)이 되며, 외상구입은 부채의 증가이므로 대변에 외상매입금 15,000,000원을 기록한다.

상황	C사에 갑제품을 60,000,000원에 판매하고 대금은 외상으로 한다.
분개 처리 방식	차변) 외상매출금 60,000,000 대변) 제품매출 60,000,000
이유	제품의 매출은 기업의 대표적인 수익 발생 계정이다. 따라서 대변에 제품매출 60,000,000원을 기록한다. 공급받는 자로부터 받을 돈을 처리하는 계정과목은 외상매출금(기업의 일상적 상거래에서 발생하는 외상매출대금을 처리하는 계정)이 되며, 외상매출은 자산의 증가이므로 차변에 외상매출금 60,000,000원을 기록한다.

상황	직원 회식을 하고 회식비 150,000원을 신용카드로 결제했다.
분개 처리 방식	차변) 복리후생비 150,000 대변) 미지급금 150,000
이유	직원의 회식비를 처리하는 계정과목은 복리후생비이며, 직원회식비는 비용의 발생이므로 차변에 복리후생비 150,000원을 기록한다. 신용카드 결제대금은 차후에 공급자에게 지급해야 할 금액이다. 이 공급자에게 지급할 돈을 처리하는 계정과목은 미지급금이며, 미지급금의 증가는 부채의 증가이므로 대변에 미지급금 150,000원을 기록한다.

상황	택시비 10,000원을 현금으로 지급하다.
분개 처리 방식	차변) 여비교통비 10,000 대변) 현금 10,000
이유	택시비를 처리하는 계정과목은 여비교통비(또는 시내교통비)이며 여비교통비는 비용의 발생이므로 차변에 여비교통비 10,000원을 기록한다. 현금의 지급은 자산의 감소이므로 대변에 현금 10,000원을 기록한다.

용어 해설

- **미수금** : 일반 상거래에서 제품이나 상품을 판매하고 발생한 미수채권은 앞에서 보았던 것처럼 매출채권으로 처리가 된다. 반면 사업목적인 일반 상거래 이외의 거래에서 발생한 미수채권은 미수금으로 처리가 된다. 예를 들어 매도가능증권이나 유형자산을 매각하면서 대금을 외상으로 하는 경우에는 미수금으로 처리하게 된다.
- **매출채권** : 상거래에서 제품이나 상품을 매출하고 대금을 현금으로 받는 경우가 있으나 실질적으로 소매 거래를 제외하고는 외상으로 거래하는 경우가 더 많다. 이러한 경우 판매한 제품이나 상품에 대한 외상대금은 외상매출금으로 회계처리된다. 그리고 제품이나 상품대금을 약속어음으로 받게 되면 받을어음으로 회계처리된다. 재무제표상에는 외상매출금과 받을어음을 합하여 매출채권으로 분류하여 나타낸다.

- **가지급금** : 지출은 이미 이루어졌으나 계정과목이나 거래내용, 금액이 확정되지 않은 경우에 임시로 처리하는 계정이다. 예를 들어 출장비, 임직원의 대여금, 업무무관 경비 등이 이미 지출되었으나 계정과목, 거래내용, 금액이 확정되지 않은 경우에 일시적으로 처리하는 계정이다. 가지급금은 계정과목과 거래내용, 금액이 확정되면 그때 해당되는 계정과목으로 처리한다.
- **미지급금** : 기업의 일반적 상거래 이외의 목적으로 발생한 미지급채무를 처리하는 계정으로 외상으로 사무용품을 구입하거나 신용카드 사용으로 발생하는 미지급채무를 처리한다.
- **예수금** : 일반적인 상거래 이외의 목적으로 발생된 일시적 예수액을 처리하는 계정이다. 예를 들면 기업에서 근로소득세나 건강보험, 국민연금, 고용보험 등 종업원이 납부해야 할 것을 대납하기 위해 종업원 급여에서 차감하여 급여지급일에서 납부일까지 일시적으로 보관하고 있는 경우 등이 여기에 해당된다.

잠깐! 재고자산 평가 방법

재고자산은 판매를 목적으로 보유하는 자산과 이러한 판매를 목적으로 보유하는 자산을 생산하는데 필요한 자산을 말한다. 재고자산은 기업의 영업 과정에서 판매를 목적으로 보유하는 상품 및 제품과 생산 과정에 있는 재공, 반제품, 그리고 생산에 투입될 원재료 등의 자산을 말한다. 재고자산의 취득원가는 매입 시마다 매입단가가 다른 경우가 많다. 따라서 재고자산의 단가를 어느 금액으로 할 것인가를 정하는 절차가 필요하다. 즉, 재고자산의 평가는 기말재고자산의 단가를 어느 원가로 정할 것인가를 결정하는 것이다. 재고자산의 평가 방법에는 선입선출법, 후입선출법, 총평균법, 이동평균법이 있다.

- **선입선출법** : 먼저 입고된 재고가 먼저 출고되는 것으로 평가하는 방법이며, 기말재고는 나중에 입고된 단가로 평가된다.
- **후입선출법** : 나중에 입고된 재고가 먼저 출고되는 것으로 평가하는 방법이며, 기말재고는 기초재고와 먼저 입고된 구입단가로 평가된다.
- **총평균법**(가중평균법) : 기초재고액과 당기매입액을 기초재고 수량과 당기매입 수량의 합계로 나눈 가중평균단가로 평가한다.
- **이동평균법** : 입고 시마다 직전재고액과 입고금액을 총평균하여 이동출고단가로 평가하는 방법이다.

3 재무제표의 이해

1 재무제표의 구성

결산 절차에서 재무제표를 작성해야 하는데, 재무제표에는 재무상태표, 손익계산서(포괄손익계산서), 현금흐름표, 자본변동표, 주석이 있다.

- 재무상태표는 일정시점의 기업의 자산, 부채, 자본에 대한 재무상태를 보여 준다. 재무상태표에서는 기업의 재무구조와 자본구조에 대한 정보와 기업의 유동성과 안정성에 대한 정보를 제공한다.

• 손익계산서는 일정기간 동안 기업의 경영활동 결과인 손익 현황을 나타낸다.
• 현금흐름표는 일정기간 어떠한 원인으로 현금이 증감하였는지에 대한 기업의 현금흐름을 나타낸다.
• 자본변동표는 기업 자본의 크기와 자본의 변동에 관한 정보를 제공한다.

여기에서는 재무제표 중 대차대조표와 손익계산서의 작성 방법에 대해서만 다룬다.

(1) 재무상태표

재무상태표는 일정한 시점의 기업의 재산 상태를 나타내는 표이다. 일반적으로는 재산이라고 하면 금전적 가치를 가지는 물건 및 권리라고 할 수 있다. 이러한 재산을 회계에서는 자산이라고 하는데, 이러한 자산에는 본인이 투자하여 마련한 자산도 있고 돈을 빌리거나 외상으로 구입하여 마련한 자산도 있다.

회계에서는 본인이 소유하는 순수한 재산이 자본이 되고 남에게 갚아야 할 채무가 부채가 된다. 결과적으로 회계에서는 자산에서 부채를 차감한 나머지가 본인이 소유하는 재산인 순재산이 되는 것이며, 이를 자본이라 한다.

재무상태표는 일정시점(결산일)을 기준으로 회사가 어느 정도의 자산을 보유하고 있으며, 이러한 자산을 보유하기 위해 부채는 어느 정도 조달하였고, 자본은 어느 정도 투자하였는지를 나타내는 표이다.

① 자산

자산은 1년 또는 정상적인 영업주기를 기준으로 현금화의 정도에 따라 유동자산과 비유동자산으로 분류하고, 유동자산은 다시 당좌자산과 재고자산으로, 비유동자산은 다시 투자자산, 유형자산, 무형자산, 기타 비유동자산으로 구분한다.

② 부채

부채는 앞으로 갚아야 할 채무이다. 다른 사람에게 빌린 돈, 물품을 외상으로 구입하고 갚아야 할 돈 등이 해당된다. 즉, 회사에서는 영업활동을 위하여 다른 사람에게서 돈을 빌리는 경우가 있다. 여기서 빌린 돈이 부채가 된다. 부채는 1년이나 정상적인 영업주기 기준으로 상환기일의 도래 정도에 따라 유동부채와 비유동부채로 나눈다.

③ 자본

자본은 기업의 순재산이다. 자본에는 기업의 소유주가 투자하여 회사에 납입한 자본금과 영업활동 결과 이익을 낸 이익잉여금, 그리고 자본의 운용 등에서 발생한 자본잉여금, 자본조정, 기타 포괄손익누계액이 여기에 해당한다.

• 자본금은 소유주, 주주가 투자한 돈이나 현물이다.
• 자본잉여금은 자본거래에 의해 발생한 잉여금으로 주식발행 초과금, 합병차익 등이 여기에 해당된다.
• 이익잉여금은 영업활동에 의해 발생한 이익으로 배당하지 않고 사내에 유보한 잉여금을 말한다.
• 자본조정은 자본 거래에 해당하나 최종 납입된 자본으로 볼 수 없거나 자본에 대한 가감

항목으로 자본금이나 자본잉여금으로 분류할 수 없는 항목 등을 말한다.

• 기타 포괄손익누계액은 대차대조표일 현재의 매도가능증권평가손익, 해외사업환산손익, 현금흐름위험회피 파생상품손익 등의 잔액이다.

(2) 손익계산서

손익계산서는 일정기간 동안의 기업의 경영성과가 어떠했는지 알 수 있게 해준다. 즉, 기업이 경영활동을 통해 당해 회계연도에 이익이 어떻게 발생하였고 어느 정도의 규모인지 알 수 있게 해준다. 수익과 수익을 얻기 위하여 발생된 비용을 체계적으로 대응시켜 경영활동의 결과인 수익과 비용의 상태를 나타내고 경영성과인 당기순이익을 나타내 준다. 손익계산서는 매출총이익, 영업이익, 법인세 차감 전 순이익, 당기순이익을 구분하여 이익을 표시한다.

• 매출총이익은 매출액에서 매출원가를 뺀 금액을 말한다.
• 영업이익은 매출총이익에서 판매비와 관리비를 차감한 금액이다.
• 법인세 차감 전 순이익은 영업이익에 영업의 외적인 활동에 의해 얻어지는 수익인 영업외 수익을 가산하고 영업의 외적인 원인으로 발생한 영업외 비용을 차감한 이익을 말한다.
• 당기순이익은 발생된 이익에 대하여 부과된 법인세나 주민세를 공제한 금액으로 기업의 총수익에서 총비용을 차감한 이익으로 기업의 순이익을 의미한다.

잠깐! 재무상태표와 손익계산서의 작성

수정후시산표에서 재무상태표와 손익계산서가 작성된다. 수정후시산표에서 자산, 부채, 자본은 재무상태표에, 수익, 비용은 손익계산서에 이체된다. 여기서 재무상태표는 앞의 결산의 본 절차에서 설명한 차기이월 시산표와 같고 손익계산서는 본 절차에서 설명한 손익계정과 같다.
손익계산서를 먼저 작성하여 당기순이익을 산출하고, 당기순이익을 재무상태표의 자본에 대체(실제로 기업회계 실무에서는 처분 전 이익잉여금에 대체)하면 재무상태표의 대차가 일치하게 된다.

(3) 현금흐름표

기업의 현금흐름을 나타내는 표로서 현금의 변동 내용을 나타내고 있다. 현금흐름표는 당해 회계기간에 어떤 원인으로 현금이 유출이 되고 유입이 되었는지에 대한 현금의 유입과 유출 원인에 대한 정보를 제공한다. 현금흐름표는 영업활동으로 인한 현금흐름, 투자활동으로 인한 현금흐름, 재무활동으로 인한 현금흐름으로 구분하여 표시한다.

(4) 자본변동표

기업 자본의 크기와 자본의 변동에 관한 정보를 제공하는 재무보고서이다.
자본변동표에서는 자본을 구성하는 자본금, 자본잉여금, 자본조정, 기타 포괄손익누계액, 이익잉여금의 변동에 관한 정보를 제공한다. 또 자본변동표를 통하여 손익계산을 거치지 않고 바로 재무상태표의 자본에 가감되는 항목에 대한 정보를 알 수 있다.

2 재무제표 간의 상관관계

각 재무제표는 독립적으로 작성되는 것이 아니고 재무제표 간에는 아래와 같이 서로 상관관계를 가지고 있다.

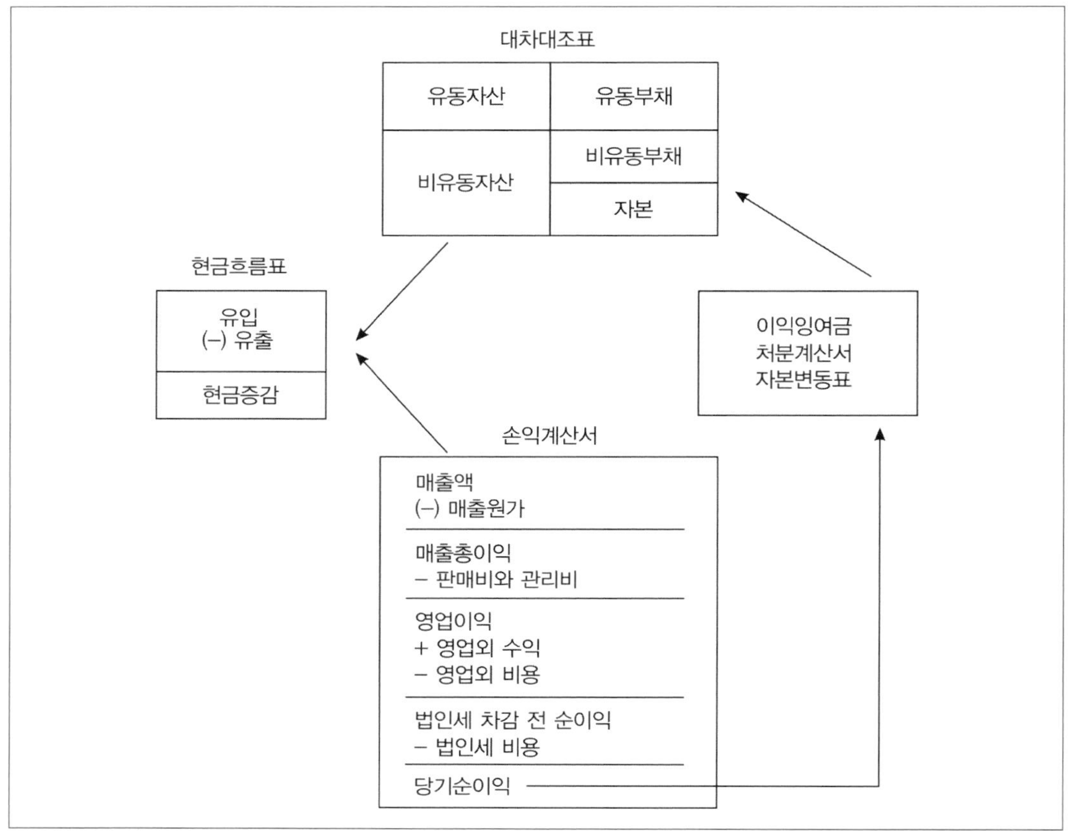

4 재무제표의 작성

앞서 살펴봤듯이, 재무제표는 재무상태표, 손익계산서(포괄손익계산서), 이익잉여금 처분계산서(한국채택국제회계기준에서는 재무제표에서 제외), 현금흐름표, 자본변동표, 주석으로 구성된다.

1 재무상태표의 작성

(1) 재무상태표의 의미

재무상태표는 기업의 일정시점에 있어서의 재무상태를 나타낸다. 재무상태표에서는 기업의 재무구조와 자본구조에 대한 정보와 기업의 유동성과 안정성에 대한 정보를 제공한다.

재무상태표	
자산	부채
Ⅰ. 유동자산	Ⅰ. 유동부채
(1) 당좌자산	Ⅱ. 비유동부채
(2) 재고자산	자본
Ⅱ. 비유동자산	Ⅰ. 자본금
(1) 투자자산	Ⅱ. 자본잉여금
(2) 유형자산	Ⅲ. 자본조정
(3) 무형자산	Ⅳ. 기타 포괄손익누계액
(4) 기타 비유동자산	Ⅴ. 이익잉여금
자산 총계	부채와 자본 총계

① 대차평균의 원리

거래의 이중성에 의하여 모든 회계거래는 차변과 대변에 같은 금액을 동시에 기록하게 되어 있다. 따라서 아무리 많은 거래를 기입하더라도 계정 전체를 놓고 보게 되면 차변금액의 합계와 대변금액의 합계는 반드시 일치하게 되어 있는데 이것을 대차평균의 원리라고 한다. 대차평균의 원리로 인해 합계잔액시산표 등 전 계정과목의 차변합계액과 대변합계액이 일치하는지를 확인하여 기록・계산이 정확히 되었는지를 검증할 수 있다. 그 합계액이 틀리다면 그 계산이나 기록이 어디선가 오류가 있었다는 것을 의미하므로 그 오류를 찾아 정정할 수 있다.

② 재무상태표 등식

자산 = 부채 + 자본
(왼쪽) (오른쪽)

재무상태표는 일정 시점의 기업의 재산 상태를 나타내는 것이므로 재무상태표에 나타나 있는 자산, 부채, 자본은 그 시점에 남아 있는 잔액을 의미한다. 자산은 재무상태표의 차변에 기록되므로 자산의 잔액이 차변에 나타나며 자산이 증가할 때는 차변에 기록하고, 감소할 때는 대변에 기록한다.

부채와 자본은 자산과는 반대로 재무상태표의 대변에 기록되어 있으므로 부채와 자본의 잔액이 대변에 나타날 수 있도록 부채와 자본이 증가할 때는 대변에 기록하고, 감소할 때는 차변에 기록한다.

(2) 재무상태표의 작성 기준

① 구분 표시

재무상태표 항목은 자산, 부채, 자본으로 구분하고 자산은 유동자산, 비유동자산으로, 부채는 유동부채, 비유동부채로, 자본은 자본금, 자본잉여금, 자본조정, 기타 포괄손익누계액, 이익잉여금으로 구분하여 표시한다.

② 총액 표시

자산, 부채, 자본은 총액으로 기재함을 원칙으로 하기 때문에 자산항목과 부채, 자본항목을 상계하여 전부나 일부를 생략해서는 안 된다.

③ 1년 기준/정상적인 영업주기 기준

자산과 부채는 1년을 기준 또는 정상적인 영업주기를 기준으로 하여 분류한다.

④ 유동성 배열법

<table>
<tr><td rowspan="2">자산</td><td>부채</td></tr>
<tr><td>자본</td></tr>
</table>

대차대조표에 자산과 부채 관련 항목들을 배열하는 기준은 현금화가 용이한 순서대로 유동성 배열법에 의하여 기록한다.

⑤ 잉여금의 구분

자본거래에서 발생한 자본잉여금과 손익거래에서 발생한 이익잉여금은 구별하여 표시해야 한다.

⑥ 미결산 항목의 표시

가지급금, 가수금 등의 미결산 항목은 그 내용을 나타내는 적절한 과목으로 표시한다.

2 손익계산서의 작성

(1) 손익계산서의 의미

손익계산서는 일정기간 동안의 기업의 경영성과가 어떠했는지 알 수 있게 해준다. 즉, 기업이 경영활동을 통해 당해 회계연도에 어느 정도의 이익을 냈는지에 대한 정보를 제공한다. 손익계산서에서는 수익성, 성장성에 관한 정보를 제공해 준다.

손익계산서
Ⅰ. 매출액
Ⅱ. 매출원가
Ⅲ. 매출총이익
Ⅳ. 판매비와 관리비
Ⅴ. 영업이익
Ⅵ. 영업외손익
Ⅶ. 법인세비용 차감 전 순이익
Ⅷ. 법인세비용
Ⅸ. 법인세비용 차감 후 순이익

① 수익비용대응의 원칙

손익계산서는 특정 기간 동안 달성한 수익은 그것을 달성하기 위한 그 기간 동안 사용한 비용을 대응시켜 손익을 계산해야 한다는 것이다. 따라서 비용은 비용이 지출되는 실현 시점이 아니라 발생주의에 의거하여 수익과 대응되는 기간의 발생 비용으로 재분배하여 회계

처리해야 한다. 예를 들어, 공장건물이나 기계장치 등 제조를 위한 비유동자산은 그 비유동자산의 취득 시점부터 내용연수기간의 만료나 매각 등으로 소멸되는 시점까지 수익 창출의 기간에 대응하여 감가상각하여 기간별로 비용을 계상한다. 매출채권의 경우도 받지 못하게 된 시점의 비용으로 계상하는 것이 아니라 수익(매출)이 발생된 기간에 향후 대손의 위험을 고려하여 대손상각을 한다. 비용 중에서 일정기간에 대한 보험료를 납부한 경우 미도래 기간의 보험료에 대하여는 선급보험료로 처리한다. 이는 비용은 실현되었지만 아직 수익에 대응하여 발생된 비용이 아니기 때문이다. 반대로 당기에 지급해야 할 비용을 지급하지 않은 경우에는 비용이 실현되지 않았지만 미지급비용으로 계상함으로써 수익과 비용을 대응시켜야 한다.

② 손익계산서 작성기준

손익계산서는 아래와 같은 일정한 기준에 의하여 작성되어야 한다.

㉠ **발생주의** : 모든 수익과 비용은 발생한 기간에 배분되도록 회계처리가 되어야 한다.

㉡ **실현주의** : 수익은 실현시기를 기준으로 계상하고 미실현 수익은 당기에 계상하여서는 안 된다. 예를 들어 선수금은 입금은 되더라도 당기의 매출이 아니므로 당기수익으로 계상하여서는 안 된다.

㉢ **수익비용대응 표시** : 수익과 비용은 명확하게 분류하고 비용항목은 수익항목과 대응이 되게 표시하여야 한다.

㉣ **총액 표시** : 수익과 비용은 총액에 의하여 표시함을 원칙으로 하고 수익항목과 비용항목을 직접 상계함으로써 그 전부 또는 일부를 손익계산서에서 제외해서는 안 된다.

㉤ **구분 표시** : 손익계산서는 매출총이익, 영업이익, 법인세 차감 전 순이익, 당기순이익으로 구분하여 표시해야 한다.

(2) 손익계산서의 내용

① **매출총이익** : 매출액에서 매출원가를 뺀 금액을 말한다.

매출총이익 = 매출액 − 매출원가

상품매출원가는 상품의 경우는 상품매출과 대응되는 상품매입액(구입제비용 포함)이다. 제품매출원가는 상품매출과 대응되는 제품을 생산하는 데 소요된 재료비, 인건비, 제조경비 등의 합계액이다. 매출총이익은 주로 생산활동에서 얼마만큼 이익을 창출하였는지를 알 수 있게 하여 준다.

② **영업이익** : 영업이익은 매출총이익에서 판매비와 관리비를 차감한 금액이다.

영업이익 = 매출총이익 − 판매비와 관리비

판매비는 상품이나 제품의 판매를 위하여 회사가 부담하는 비용으로 영업 등 판매를 담당

하는 부서에서 사용한 인건비, 복리후생비, 그 이외의 판매를 목적으로 사용한 모든 비용을 말한다. 관리비는 일반관리업무를 하는 총무, 인사, 경리, 기획 등 지원부문에서 사용한 인건비, 복리후생비, 그 이외의 관리, 지원을 위하여 사용한 모든 비용을 말한다. 영업이익은 영업에서 어느 정도의 성과를 보였는지를 나타내준다.

③ 법인세 차감 전 순이익

영업이익에 영업의 외적인 활동에 의해 얻어지는 수익인 영업외 수익을 가산하고 영업의 외적인 원인으로 발생한 영업외 비용을 차감한 이익을 말한다.

법인세 차감 전 순이익 = 영업이익 + 영업외 수익 − 영업외 비용

④ 당기순이익

당기순이익은 발생된 이익에 대하여 부과된 법인세나 주민세를 공제한 금액으로 기업의 총수익에서 총비용을 차감한 이익으로 기업의 순이익을 의미한다.

당기순이익 = 법인세비용 차감 전 순이익 − 법인세비용

3 이익잉여금 처분계산서의 작성

이익잉여금 처분계산서는 기업이 경영활동 과정에서 창출할 이익잉여금의 처분 사항에 대한 정보를 제공해 준다. 이익잉여금 처분계산서에서는 이익잉여금의 처분 내역과 이월잉여금의 총 변동사항에 대한 정보를 알 수 있다.

이익잉여금 처분계산서

Ⅰ. 미처분 이익잉여금
  (1) 전기 이월 미처분 이익잉여금
  (2) 회계정책변경 누적효과
  (3) 중간배당액
  (4) 당기순이익

Ⅱ. 임의적립금 등의 이입액

Ⅲ. 이익잉여금 처분액
  (1) 이익준비금
  (2) 배당금
  (3) 사업확장적립금
  ....

Ⅳ. 차기 이월 미처분 이익잉여금

4 현금흐름표의 작성

기업의 현금흐름을 나타내는 표로서 현금의 변동 내용을 나타내고 있다. 현금흐름표는 당해 회계기간에 어떤 원인으로 현금이 유출이 되고 유입이 되었는지에 대한 현금의 유입과 유출 원인에 대한 정보를 제공한다.

현금흐름표

Ⅰ. 영업활동으로 인한 현금흐름
- 매출액 등 수익활동으로 인한 유입액
- 매입액 등 비용지출활동으로 인한 유출액

Ⅱ. 투자활동으로 인한 현금흐름
- 자산처분 등 투자활동으로 인한 유입액
- 자산취득 등 투자활동으로 인한 유출액

Ⅲ. 재무활동으로 인한 현금흐름
- 자금조달 등 재무활동으로 인한 현금유입액
- 자금상환 등 재무활동으로 인한 현금유출액

Ⅳ. 현금의 증가(감소) (Ⅰ + Ⅱ + Ⅲ)

Ⅴ. 기초의 현금

Ⅵ. 기말의 현금 (Ⅳ + Ⅴ)

(1) 영업활동으로 인한 현금흐름

① 현금 유입

정상적인 영업활동에서 발생한 수입으로 인한 현금 유입으로서 상품, 제품의 판매로 인한 수입과 이자수익 등의 유입액이 여기에 해당된다.

② 현금 유출

정상적인 영업활동을 위하여 지출된 현금 유출로서 상품, 원재료 등의 매입으로 인한 지급과 인건비, 제반비용, 이자비용, 법인세비용의 지급이 여기에 해당된다.

(2) 투자활동으로 인한 현금흐름

① 현금 유입

설비 등 유형자산의 매각(감소)과 유가증권, 투자자산 등 주된 영업과 관련 없이 자산 등의 매각(감소)으로 인하여 발생한 현금 유입액이다.

② 현금 유출

설비 등 유형자산의 취득(증가)과 유가증권, 투자자산 등 주된 영업과 관련 없이 자산 등의 취득으로 인하여 발생된 현금 유출액이다.

(3) 재무활동으로 인한 현금흐름

① 현금 유입
회사채, 장단기 차입금 등 차입금 조달과 유상증자 등으로 인한 현금 유입액이다.

② 현금 유출
단기차입금 상환, 배당금 지급 등으로 인한 현금 유출액이다.

5 자본변동표의 작성

(1) 자본변동표

기업 자본의 크기와 자본의 변동에 관한 정보를 제공하는 재무보고서이다. 자본변동표에서는 자본을 구성하는 자본금, 자본잉여금, 자본조정, 기타 포괄손익누계액, 이익잉여금의 변동에 관한 정보를 제공한다. 또한 자본변동표를 통하여 손익계산을 거치지 않고 바로 재무상태표의 자본에 가감되는 항목에 대한 정보를 알 수 있다.

(2) 자본변동표의 구성

자본변동표에는 자본금, 자본잉여금, 자본조정, 기타 포괄손익누계액, 이익잉여금의 각 항목별로 기초잔액, 변동사항, 기말잔액을 표시한다.

① 자본금의 변동
유상증(감)자, 무상증(감)자와 주식배당 등에 의하여 변동 사항이 발생한다. 보통주 자본금과 우선주 자본금을 구분하여 표시하여야 한다.

② 자본잉여금의 변동
유상증(감)자, 무상증(감)자와 결손금 처리에 의해서 발생하며 주식발행초과금과 기타 자본잉여금으로 구분하여 표시한다.

③ 자본조정의 변동
자기주식, 주식할인발행차금, 주식매수선택권, 출자전환채무, 청약기일이 경과한 신주청약증거금 중 신주납입금으로 충당될 금액, 감자차손, 자기주식처분손실, 기타로 구분하여 표시한다.

④ 기타 포괄손익누계액의 변동
매도가능증권평가손익, 해외사업환산손익, 현금흐름위험회피 파생상품평가손익, 기타로 구분하여 표시한다.

⑤ 이익잉여금의 변동
회계정책으로 인한 누적효과, 중대한 전기오류수정손익, 연차배당과 기타 전기 말 미처분 이익잉여금의 처분, 중간배당, 당기순손익, 기타로 구분하여 표시한다.

기출 유사문제

다음 중 자본에 대한 설명으로 올바르게 연결된 것은?

㉠ 자본은 소유주지분이다.
㉡ 자본은 총자산에서 총부채를 차감한 것이다.
㉢ 기업의 자산에 대한 청구권은 소유주가 채권자보다 우선한다.
㉣ 자본은 잔여지분이다.
㉤ 자본에는 기업의 소유주가 투자하여 회사에 납입한 자본금과 영업활동 결과 이익을 낸 이익잉여금으로 구성된다.

① ㉠, ㉡
② ㉠, ㉡, ㉣
③ ㉠, ㉡, ㉢
④ ㉠, ㉡, ㉢, ㉣
⑤ ㉠, ㉡, ㉢, ㉣, ㉤

해설 기업의 자산에 대한 청구권은 채권자가 소유주보다 우선한다. 자본에는 기업의 소유주가 투자하여 회사에 납입한 자본금과 영업활동 결과 이익을 낸 이익잉여금, 그리고 자본의 운용 등에서 발생한 자본잉여금, 자본조정, 기타 포괄손익누계액이 여기에 해당한다.

정답 Ⅰ ②

5 재무분석

1 재무분석

(1) 재무분석의 정의

재무분석이란 기업의 재무제표를 비롯한 회계자료를 기초로 기업의 과거와 현재의 경영성과 및 재무상태를 판단하고 그 원인을 규명하는 것이다.

좁은 의미의 재무분석은 주로 기업의 재무제표를 중심으로 한 유동성, 안전성, 수익성, 활동성, 생산성, 성장성 등에 의한 재무분석을 말하며, 넓은 의미의 재무분석은 좁은 의미의 재무분석을 포함한 기업의 재무활동 전반에 관한 것을 말한다. 예를 들어 자본조달 결정, 투자결정 등에 따른 위험과 수익성 분석을 포함한 재무분석 등이 넓은 의미에서 재무분석에 포함된다.

(2) 재무분석의 한계

재무분석은 유용한 회계정보 분석 방법임에도 아래와 같은 한계가 있다.

기업의 이해관계자들은 기업을 평가할 때 기업의 미래가치에 더 관심을 갖는데, 재무분석의 분석 대상은 주로 기업의 과거 자료다.

각 기업 간에 회계 처리 방법이 다를 수 있기 때문에 경영성과 및 재무상태의 분석 결과가 회계 처리 방법에 따라 달라질 수 있다.

비율분석의 비교기준이 되는 표준비율 설정이 곤란하다. 표준비율은 산업평균비율, 과거평균 비율, 일반적 경험비율, 목표비율이 있는데 선택된 비율이 가장 적합한 비교기준 비율인지를 판단하기가 어렵다.

재무분석의 기초자료인 재무제표는 계절적 변동, 물가변동 등 기업 가치의 변화를 그때그때 적절히 나타내지 못한다.

자금 흐름에 대한 정보를 적절히 반영하지 못한다. 매출이 신장되는 경우라도 매출채권의 과다, 불량채권의 보유로 흑자도산이 되는 경우도 있다.

의도적인 분식결산에 대한 고려도 필요하다. 분식결산은 기업에서 암적인 존재이다.

(3) 재무분석의 활용

위에서 언급한 재무분석의 한계는 재무자료가 갖고 있는 문제이지 재무분석 자체의 문제점이라고 보기 어렵다. 재무분석은 위에서 언급한 한계에도 불구하고 가장 기본적이고 유용한 분석 기법으로 자리를 잡고 있다. 한계점에 초점을 맞추어 얘기하기보다는 한계점을 극복할 수 있도록 좀 더 과학적이고 전문적으로 접근하는 것이 더 중요한 과제라고 생각한다.

재무분석이 갖는 장점은 다음과 같다.

재무제표는 기업의 이해관계인이 용이하게 얻을 수 있는 객관적인 자료이다.

장부가치기준의 회계자료를 절대금액으로 분석하지 않고 비율로 전환하여 분석함으로써 위에서 언급한 한계성을 완화할 수 있다.

2 재무비율분석

재무비율분석이란 재무제표에 나타난 수치를 근거로 하여 수익성, 안전성, 활동성, 성장성 등을 분석하는 방법을 말한다. 재무제표를 이용하여 경영성과를 측정하는 가장 기본적인 방법이 재무비율분석이다.

(1) 수익성 분석

기업이 보유하고 있는 자산으로 얼마의 수익을 얻고 있는지를 보는 방법이다. 즉, 보유자산의 효율적 운영을 평가하는 분석 방법이다.

① 총자본이익률(ROA)

기업에 투하된 총자본에 비해 어느 정도의 수익을 올렸는가 하는 지표로서 수익성을 보는 대표적 비율이다. 이 비율은 높을수록 수익성이 양호하다. 총자본이익률은 매출액이익률과 총자본회전율의 곱으로 분해할 수 있다.

$$총자본이익률 = \frac{순이익}{총자본} \times 100(\%) = \frac{순이익}{매출액} \times \frac{매출액}{총자본}$$

② 자기자본이익률(ROE)

자기자본이익률은 위의 식에서 총자본 대신에 자기자본을 대체하면 된다. 이는 총자본에서 부채를 제외한 순수한 주주의 지분에 대한 이익을 나타낸다.

③ 매출액순이익률

기업의 매출액과 당기순이익과의 비율을 나타내는 비율로서 기업의 전반적인 경영활동을 평가하는 지표이다. 매출액순이익률과 함께 보아야 할 비율로서 매출액영업이익률이 있다. 매출액이익은 영업활동과 직접 관계가 없는 이익이므로 영업활동과 직접 관계가 있는 영업이익을 중심으로 보는 비율이다.

$$매출액순이익률 = \frac{당기순이익}{매출액} \times 100(\%)$$

(2) 안전성 분석

안전성비율은 부채상환 능력과 경기변동 대처 능력을 평가하는 비율이다.

① 유동비율

유동부채에 대한 유동자산의 비율로서, 이 비율이 높으면 기업의 지급 능력은 양호하다고 보며, 200%가 표준비율이다. 그리고 단기적인 지급 능력을 평가하는 비율로서 당좌비율이 있다. 이 비율은 유동자산 대신에 당좌자산을 넣어 계산한 비율이며 산성시험비율이라고도 하며, 100%를 상회하면 유동성이 양호하다고 할 수 있다. 그리고 가장 단기적인 유동성을 측정하는 현금포지션비율이 있다.

- $유동비율 = \frac{유동자산}{유동부채} \times 100(\%)$
- $당좌비율 = \frac{당좌자산(유동자산 - 재고자산)}{유동부채} \times 100(\%)$
- $현금포지션비율 = \frac{현금 + 시장성유가증권}{유동부채} \times 100(\%)$

② 부채비율

자기자본에 대한 타인자본의 비율을 나타낸 지표로서, 자본 구성의 건전성 여부를 판단하는 지표이다. 일반적으로 100% 이하를 표준비율로 본다. 자기자본비율은 총자본에 대한 자기자본의 비율로서 주주들의 관심을 위한 비율이다.

- 부채비율 = $\frac{\text{타인자본(부채)}}{\text{자기자본(자본)}} \times 100(\%)$
- 자기자본비율 = $\frac{\text{자기자본}}{\text{총자본}} \times 100(\%)$
- 이자보상비율 = $\frac{\text{EBIT}}{\text{이자비용}} \times 100(\%)$

※ EBIT : 이자 및 납세 전 이익

기출 유사문제

다음 중 기업의 단기부채에 대한 지급 능력을 나타내는 지표로 주로 사용되는 재무비율은?

① 고정비율
② 활동성비율
③ 자본회전율
④ 유동비율
⑤ 부채비율

해설 유동비율은 회사의 지불 능력을 판단하기 위해서 사용하는 분석지표로 유동부채의 몇 배의 유동자산을 가지고 있는지를 나타내며, 이 비율이 높을수록 지불 능력이 커진다. 주로 단기부채에 대한 지급 능력을 분석하는 지표로 사용된다. 부채비율은 회사의 부채총액을 자기자본액으로 나눈 백분율로, 기업자본 구성의 안전도, 특히 타인자본 의존도를 표시하는 지표다.

정답 I ④

③ 고정비율

자기자본을 고정자산에 어느 정도 투입되었는지를 알아보는 비율로서, 고정자산을 자기자본 범위 내에서 조달 여부를 보는 비율로 고정장기적합률이라고도 한다.

$$\text{고정비율} = \frac{\text{고정자산}}{\text{자기자본}} \times 100(\%)$$

(3) 활동성 분석

활동성비율은 기업자산의 활용 정도를 보는 비율로서, 손익계산서상의 매출액을 대차대조표상의 각 자산항목(총자산, 고정자산, 재고자산 등)으로 나누어 보는 비율로 회전율이라 한다. 이 비율이 높을수록 기업의 영업활동이 왕성하며 자산 운용의 효율성이 높다.

- 총자산회전율 $= \dfrac{\text{매출액}}{\text{총자산}} \times 100(\%)$
- 고정자산회전율 $= \dfrac{\text{매출액}}{\text{평균고정자산}} \times 100(\%)$

(4) 성장성 분석

성장성 분석이란 기업의 성장 정도를 비교해 보는 방법으로서, 자사의 작년과 금년을 비교하는 방법과 자사를 동업 타사 또는 업계 평균과 비교하는 방법이 있다. 매출액증가율, 총자산증가율, 영업이익증가율 등이 있다.

- 매출액증가율 $= \dfrac{\text{당기매출액} - \text{전기매출액}}{\text{전기매출액}} \times 100(\%)$
- 총자산증가율 $= \dfrac{\text{기말총자산} - \text{기초총자산}}{\text{기초총자산}} \times 100(\%)$

(5) 시장가치비율

① 주가수익비율(PER ; Price Earning Ratio)

PER은 주가를 주당순이익으로 나눈 비율로서 주가가 주당순이익의 몇 배인가를 나타낸다. 이 비율이 높으면 주가가 너무 높든가 주당순이익이 너무 낮은 것으로 생각할 수 있다. 이 비율이 너무 높으면 시장에서 과대평가되어 있거나 기업을 너무 좋게 평가하고 있다고 볼 수 있다. 반면, 주당순이익이 너무 낮다면 수익성이 좋지 못한 것으로 판단할 수 있다.

$$PER = \frac{\text{주가}}{\text{주당순이익}}(\text{배})$$

② 주가순자산비율(PBR ; Price Book Value Ratio)

PBR은 주가를 주당순자산으로 나눈 비율로서 주가가 주당순자산의 몇 배인가를 나타낸다. 이 비율이 높으면 주가가 너무 높거나 주당순자산이 너무 낮은 것으로 생각할 수 있다. 이 비율이 높으면 시장에서 기업을 너무 과대평가하고 있다고 볼 수 있다. 반면, 다른 조건은 동일한데 이 비율이 낮으면 시장에서 과소평가되어 있다고 볼 수 있다.

$$PBR = \frac{\text{주가}}{\text{주당순자산}}(\text{배})$$

③ 주가현금흐름비율(PCR ; Price Cashflow Ratio)

주가를 1주당 현금흐름으로 나눈 것으로 PCR이 낮으면 주가가 저평가된 것으로 볼 수 있다. 단, PER이 높은 경우에도 PCR이 낮으면 해당 주가가 낮은 것이고, PER이 낮은 경우에 PCR이 높다면 현재의 주가는 높다고 할 수 있다. 현금흐름이란 당기순이익에 현금 지출을 수반하지 않는 감가상각비, 외환 및 유가증권평가차손 등을 더하고 현금 유입을 수반하지 않는 외환 및 유가증권평가차익을 차감한 것이다.

$$PCR = \frac{\text{주가}}{\text{주당현금흐름}}(\text{배})$$

④ 주가매출액비율(PSR ; Price per Sales Ratio)

주가매출액비율은 주가를 주당매출액으로 나눈 비율이다. PER은 벤처기업과 같이 수익이 나지 않는 신생기업 등에서는 이익이 (0)이기 때문에 사용할 수 없다. 그러나 매출액은 기업의 영업 성과를 객관적으로 나타내므로 (−)가 나오는 경우가 절대 없기 때문에 PER의 보완비율로 사용된다.

$$PSR = \frac{\text{주가}}{\text{주당매출액}}(\text{배})$$

⑤ 토빈의 q

토빈의 q는 기업의 부채 및 자기자본의 시장가치를 보유자산의 대체비용으로 나눈 비율이다. 대체비용이란 보유자산에 대한 장부가치가 아니라 재조달비용을 의미한다. 따라서 토빈의 q가 1보다 크면 자산의 시장가치가 대체비용보다 크다는 의미이므로 기업가치가 증가하고 있다는 의미이다. 만일 토빈의 q가 1보다 낮다면 기업은 투자의욕을 가지지 못하고 대체비용보다 저평가되어 M&A의 대상이 된다.

⑥ 경제적 부가가치(EVA ; Economic Value Added)

EVA는 기업이 영업활동을 통해 창출한 순가치의 증가분으로 세후순이익에서 주주에 대한 자본비용을 차감한 이익을 발한다. 따라서 자기자본에 대한 비용 이상의 이익을 창출하여야 EVA가 (+)가 되며 기업을 경영할 가치가 있다. EVA를 이용한 적정주가의 모형은 주가는 주당순자산에 미래 EVA 흐름의 현재가치를 합친 금액으로 한다.

- EVA = 세후영업이익 − 총자본비용
  = (영업이익 − 법인세비용) − (타인자본비용 + 자기자본비용)
- 적정주가 + 주당순자산 + 미래 EVA 흐름의 현재가치

⑦ EV/EBITDA

EV/EBITDA는 해당업체의 내재가치(수익가치)와 기업가치를 비교하는 투자지표이다. EV는 기업가치(Enterprise Value)로서 보통 기업의 시가총액(주가 × 발행주식 수)과 순부채(총차입금 − 현금예금)로 나타난다. 이를 EBITDA(earnings before tax, depreciation, and amortization), 즉 지급이자, 세금, 감가상각비(유·무형고정자산의 감가상각비를 모두 포함)를 지출 전 이익으로 나눈 것을 말한다. 이 비율은 PER, PCR과는 달리 기업이 자기자본과 타인자본을 이용하여 영업활동을 통하여 창출할 수 있는 이익의 개념으로 어느 기업의 이 비율이 8배라면 기업의 시장가치는 1년간 벌어들인 EBITDA의 8배에 해당하는 기업임을 의미한다. 또는 그 회사를 시장가치(EV)로 매수했을 때 그 회사가 벌어들인 이익(EBITDA)을 8년간 합하면 투자 원금을 회수할 수 있다는 의미다.

CHAPTER 03 출제예상문제

01 **기업이나 국가의 회계기준에서 경제적 거래가 발생하는 시점에 거래를 기록하는 방식을 무엇이라 하는가?**

① 현금주의
② 실현주의
③ 총액주의
④ 발생주의
⑤ 권리의무 확정주의

해설 발생주의란 회계기준에 있어서 경제적 거래가 발생하는 시점에 거래를 기록하는 것을 말한다. 이는 현금수지를 기준으로 하는 현금주의와 반대되는 개념이다.

02 **기업의 수익성을 측정하는 지표 중 경제적 부가가치(EVA ; Economic Value-Added)라는 개념이 있다. 이것은 투자된 자본을 빼고 실제로 얼마나 이익을 냈는가를 보여주는 경영지표이다. 다음 중 이를 올바르게 측정하는 방법은?**

① (투자자본수익률 − 자기자본비용) × 자기자본
② (투자자본수익률 − 가중평균자본비용) × 투자자본
③ (투자자본수익률 − 자기자본비용) × 자기자본
④ (자기자본수익률 − 가중평균자본비용) × 타인자본
⑤ (자기자본수익률 − 가중평균자본비용) × 자기자본

해설 EVA는 '(투자자본수익률 − 가중평균자본비용) × 투자자본' 또는 '세후순영업이익 − (가중평균자본비용 × 투자자본)'으로 구해진다.

03 **다음은 당기에 배당금의 선언이나 지급이 없었던 A주식회사의 회계 자료이다. 이를 바탕으로 당기순이익은 얼마인가?**

- 기초 자산 ₩800
- 기초 자본 ₩500
- 기중 유상증자 ₩300
- 기말 자산 ₩900
- 기말 자본 ₩800

① ₩0
② ₩100
③ ₩200
④ ₩300
⑤ ₩500

정답 01 ④ 02 ② 03 ①

해설 배당금 지급이 없으므로 당기순이익 전체가 이익잉여금으로 자본에 추가된다. 따라서 당기순이익은 '기말 자본 – 기초 자본 – 유상증자'이다. 800 – 500 – 300 = 0

04 IFRS(국제회계기준) 도입 문제를 놓고 기업들이 분주한 모습이다. 기업들과 금융감독당국 그리고 정부 간 마찰도 간혹 눈에 띈다. IFRS에 대한 다음의 설명 중 틀린 것은?

① IFRS는 그동안 미국식 회계기준이 통용되던 세계 회계시장에 큰 변화를 몰고 올 것으로 보인다.

② IFRS가 도입되면 기업의 본질은 변한게 없더라도 세금이 늘거나 줄 수 있어 국내 세법을 손질하는 경우가 생길 수 있다.

③ 무형자산 가치를 인정하고 있어 삼성전자나 현대차처럼 브랜드 가치가 높은 기업의 주가에는 긍정적이다.

④ IFRS는 자산을 평가할 때 시장가치가 아닌 장부가치를 기준으로 평가한다.

⑤ 우리나라는 2011년부터 유가증권시장 및 코스닥의 전 상장사와 리스업체 등 일부를 제외한 금융회사들이 의무적으로 도입하기로 했다.

해설 IFRS는 회계장부상에 표시되는 자산들을 취득할 시점의 가격으로 작성하는 것이 아니라 실거래가격으로 작성하도록 하여, 회계장부가 기업의 재산 상태를 실질적으로 보여줄 수 있도록 조치하고 있다. 이러한 과정에서 기업들은 과거에 취득한 재산을 오늘날의 실거래가격으로 변경하게 되어, 자산재평가를 통한 장부상의 이익이 발생하게 된다. 따라서 이러한 이익은 세금을 유발시키는 문제가 있다.

05 A주식회사는 2009년 12월 31일 기말재고 실사 때에 상품 5천만원어치를 이중계산하여 결과적으로 재무제표상에 기말재고가 5천만원 과대계상되는 결과가 발생하였다. 이 경우 재무제표에 미치는 영향에 대하여 다음 중 옳게 설명한 것은?

① 손익계산서상의 당기순이익이 과대계상되고, 대차대조표상의 재고자산이 과대계상된다.

② 손익계산서상의 당기순이익이 과소계상되고, 대차대조표상의 재고자산이 과소계상된다.

③ 손익계산서상의 당기순이익이 과대계상되고, 대차대조표상의 재고자산이 과소계상된다.

④ 손익계산서상의 당기순이익이 과소계상되고, 대차대조표상의 재고자산이 과대계상된다.

⑤ 손익계산서상의 당기순이익이 과대계상되고, 대차대조표상의 재고자산은 변화가 없다.

정답 04 ④ 05 ①

해설 위의 사례의 경우 재고자산이 과대계상되어 있다는 것을 의미한다. 이것은 매출원가가 그만큼 누락되어 있다는 것임으로 장부상 비용이 적게 발생한 것으로 처리되어 있다는 사실을 의미한다. 따라서 이익은 그만큼 늘어나게 된다. 재무상태표에서도 재고자산이 과대계상되어 이는 자산이 그만큼 크게 반영되어 있는 상태를 유발한다.

06 국제회계기준(IFRS)이 적용되면 정률법에 의한 감가상각 방법을 적용할 여지가 줄어들어 기계장치에 대한 감가상각 방법을 정률법에서 정액법으로 변경하는 기업이 늘어날 것으로 보인다. 감가상각 방법을 정률법에서 정액법으로 변경하는 데 따른 영향에 대한 설명으로 틀린 것은?

① 변경 후 부채비율이 감소한다.
② 변경 후 제조원가가 감소한다.
③ 변경 후 법인세비용이 감소한다.
④ 변경 후 당기순이익이 증가한다.
⑤ 변경 후 감가상각대상 유형자산의 장부가액이 증가한다.

해설 정률법에서 정액법으로 변경하게 되면, 비용으로 회계처리되는 부분의 순이익이 상대적으로 크게 계상된다. 따라서 이익이 늘어났기 때문에 세금 부담도 함께 증가한다.

07 어떤 비용들은(예 : 감가상각비) 현금 지출의 원인 행위가 있을 때 먼저 자산으로 기입하였다가 그 후에 비용화한다. 이에 대한 설명 중 가장 옳은 것은?

① 세금을 절약하기 위하여
② 경영자가 현금흐름을 파악하기 위하여
③ 보수적 회계원칙을 적용하기 위하여
④ 거래행위를 완전히 기록하기 위하여
⑤ 수익이 인식되는 시점에 관련 비용을 제대로 대응시키기 위하여

해설 회계의 기본 원칙 중 수익비용의 대응 원칙이 있다. 즉, 수익을 얻는 과정에서도 발생하는 비용은 해당 기간에 비용으로 처리해야 한다는 것이다. 하지만 기계나 설비 부분은 단기간 사용하는 것이 아니라 장기간 사용 후 폐기 처리되는 것이므로 이에 대한 비용을 사용기간 중에 처리하기 위해 도입된 회계적 개념이 감가상각비다.

정답 06 ③ 07 ⑤

08 다음 중 회계의 기본적 기능에 대해서 가장 적합하게 설명하고 있는 것은 무엇인가?

① 기업경영활동 과정에서 발생하는 일련의 변화들을 측정하여 이를 기업 관련 이해관계자들에게 제공하여 그들의 합리적인 의사결정을 도와주는 데 기본적 기능이 있다.
② 회계의 기본적 기능은 기업 내부를 통제하는 데 기본적인 기능이 있다.
③ 기업 관계자들이 수탁 책임을 잘 이행하고 있는지 외부 이해관계자들이 감시하기 위함이다.
④ 재무제표를 분석하는 데 목적이 있다.
⑤ 기업의 경영활동 과정에서 발생하는 재산의 증감 변화를 표시하기 위함이다.

해설 현대의 회계 작성의 목적은 회계정보 이용자들이 합리적인 의사결정을 수행하는 데 도움을 줄 수 있는 경제적 정보를 식별, 측정, 전달하는 기능을 한다.

09 다음 중 복식부기의 특징을 모두 고른 것은?

㉠ 거래의 이중성	㉡ 자기검증기능
㉢ 대차평균의 원리	㉣ 차변과 대변

① ㉠ 거래의 이중성, ㉡ 자기검증기능, ㉢ 대차평균의 원리, ㉣ 차변과 대변
② ㉡ 자기검증기능, ㉢ 대차평균의 원리, ㉣ 차변과 대변
③ ㉢ 대차평균의 원리, ㉣ 차변과 대변
④ ㉠ 거래의 이중성, ㉡ 자기검증기능, ㉢ 대차평균의 원리
⑤ ㉡ 자기검증기능, ㉣ 차변과 대변

해설 거래의 이중성에 의하여 모든 회계거래는 차변과 대변에 같은 금액을 동시에 기록하게 되어 있다. 따라서 아무리 많은 거래를 기입하더라도 계정 전체를 놓고 보게 되면 차변금액의 합계와 대변금액의 합계는 반드시 일치하게 되어 있는데 이것을 대차평균의 원리라고 한다. 거래가 갖고 있는 대차평균의 원리를 이용할 경우 회계처리 과정에서 발생한 오류를 쉽게 확인할 수 있어 자기검증이 가능하다.

정답 08 ① 09 ①

10 **다음 중 재무제표가 갖고 있는 유용성에 대한 설명을 모두 고른 것은?**

> ㉠ 정보이용자의 합리적인 의사결정을 돕는다.
> ㉡ 사회 전체적으로 자원배분이 효율적으로 이루어질 수 있도록 돕는다.
> ㉢ 경영자의 관리적 의사결정에 기초자료로 활용된다.
> ㉣ 공정한 재무정보는 이해관계자의 이해 조정을 위한 기초 자료로 활용된다.

① ㉠, ㉡, ㉢
② ㉡, ㉢, ㉣
③ ㉢, ㉣
④ ㉠, ㉢, ㉣
⑤ ㉠, ㉡, ㉣

해설 재무회계는 회계정보 이용자가 기업실체와 관련하여 합리적인 의사결정을 할 수 있도록 재무상의 자료를 일반적으로 인정된 원칙하에 처리하여 제공한다. 이는 사회 전체적인 자원배분의 효율성을 높일 뿐만 아니라 이해관계자의 이해 조정을 위한 기초 자료로 활용된다.

11 **다음 중 재무제표의 기본 가정에 대한 설명으로 부적절한 것은?**

① 회계실체의 가정에 따라 회계실체와 관련된 거래만이 회계처리대상이 된다.
② 자산을 감가상각처리할 수 있는 이유는 계속기업의 가정 때문이다.
③ 기업이 한번 선택한 회계처리방법은 변경할 수 없다.
④ 회계보고의 기간별 보고 가정으로 인해 수익과 비용의 인식 시기를 결정하는 것은 회계처리에 있어 중요한 문제이다.
⑤ 계속기업의 가정을 인정해서 작성된 재무제표는 역사적 원가로 작성한다.

해설 회계처리 방식은 합리적인 이유가 있을 경우에는 처리 방식을 바꿀 수도 있다.

12 **기업이 지속적으로 영업활동을 하고 있으며, 조만간에 청산되지 않을 것이라는 가정하에 건물이나 비품 등을 구입할 경우 소요되는 원가를 일단 자산으로 계상하고 그 자산이 실제로 영업활동에 사용되는 회계연도에 걸쳐 비용으로 계상하는 것이 일반적이다. 이와 같이 회계처리를 할 수 있는 근거가 되는 회계 개념은 다음 중 어느 것인가?**

① 계속기업의 가정
② 중요성
③ 기업실체의 가정
④ 계속성 또는 일관성
⑤ 기간별 보고

해설 계속기업의 가정이란 기업실체는 그 목적과 의무를 이행하기에 충분할 정도로 장기간 존속한다고 가정하는 것을 말한다. 즉, 기업실체는 그 경영활동을 청산하거나 중대하게 축소시킬 의도가 없다는 가정하에 회계처리를 한다.

정답 10 ⑤ 11 ③ 12 ①

13 다음 설명 중에서 옳은 것은?

① 두 개의 상이한 기업에 관한 정보가 비슷하게 작성되고 공시된다면 이 정보는 일관성 있게 작성되었다고 본다.
② 취득원가에 기준하여 작성된 재무정보는 다른 평가 방법으로 처리했을 경우보다 신뢰성이 높다는 장점이 있다.
③ 중간보고서는 목적적합성에는 부합하지만, 신뢰성은 낮다는 단점이 있다.
④ 회계기말에 발생과 이연에 관한 수정 분개를 하는 주요 근거는 계속기업의 가정과 중요성의 개념과 관련되어 있다.
⑤ 회계기준에서 계속성의 원칙 준수를 요구하는 이유는 재무제표를 적기에 제공하기 위함이다.

해설 목적적합성이란 회계정보가 정보이용자들의 의사결정에 유용해야 한다는 특성을 나타낸다. 이를 위해서는 회계정보가 정보이용자에게 적시에 제공되어야 한다. 따라서 중간보고서의 작성은 적시성을 높인다는 측면에서 목적적합성에 부합하지만, 아직 사건이 실질적으로 마무리 되지 않은 시점에서 작성되었기 때문에 신뢰성은 떨어진다고 할 수 있다.

14 다음 중 회계상 거래에 속하지 않는 것은?

① 화재로 재고들이 소실되었다.
② 건물을 임차하기로 계약하였다.
③ 회사의 사정이 어려워 당월 지급해야 할 월급을 지급하지 못했다.
④ 차입금에 대한 이자를 수표로 지급한다.
⑤ 주주에게 배당금을 지급한다.

해설 물품을 구매하거나 판매하기로 계약만을 체결한 경우, 기업의 자산, 부채, 자본의 증감이나 수익, 비용의 발생을 가져오는 거래가 아니므로 일상적 거래에는 해당되지만, 회계적 거래에는 해당되지 않는다.

정답 13 ③ 14 ②

15 다음의 회계거래 중 손익거래로 볼 수 있는 것을 모두 고르시오.

㉠ 고객에게 현금을 받고 상품을 판매한다.
㉡ 종업원에게 급료를 지급한다.
㉢ 1년분 차량 이용료를 선불로 지급한 고객에게 차량을 먼저 전달한다.
㉣ 시중은행으로부터 새로이 들여올 설비투자를 위한 자금을 융자받는다.

① ㉠, ㉡
② ㉠, ㉡, ㉢
③ ㉡, ㉢, ㉣
④ ㉠, ㉡, ㉢, ㉣
⑤ ㉢, ㉣

해설 설비투자를 위해 단순히 자금을 융자한 것은 손익에 아무런 영향을 미치지 못한다.

16 분개할 때 고려해야 할 사항이 아닌 것은?

① 어느 계정에 기입할 것인가?
② 언제 원장에 전기할 것인가?
③ 계정과목별로 금액은 얼마로 할 것인가?
④ 차변 혹은 대변 어느 쪽에 기입할 것인가?
⑤ 분개하는 시점은 언제로 해야 하는가?

해설 분개한 내용을 원장에 전기하는 것은 정기적으로 수시로 옮겨 적는다.

17 새로이 사업을 시작하는 차성훈 씨는 700만원을 주고 차량을 구입하고, 200만원을 현금으로 지급하였으며, 나머지 잔금은 1년 만기의 어음을 발행해 주었다. 이 거래에 대한 올바른 회계처리 방법은?

① 자산이 700만원, 부채가 500만원 증가하였다.
② 자산은 500만원, 자본은 그 금액만큼 감소한다.
③ 총자산에는 변동이 없다. 그러나 부채가 500만원 증가하고, 그 금액만큼 자본이 감소한다.
④ 자산과 부채가 각각 500만원씩 증가하였고, 자본에는 변동이 없다.
⑤ 자본이 200만원 감소하였고, 부채가 500만원 증가하였다.

해설 자동차라는 자산이 700만원 증가하지만, 현금 지급으로 인해 현금 자산이 200만원 감소하게 되므로, 자산의 순증가액은 500만원이다. 또한 자동차를 구입하기 위해 어음을 500만원 발행하였으므로, 부채가 500만원 증가하였다.

정답 15 ② 16 ② 17 ④

18 다음 중 전기에 대한 올바른 설명을 모두 고른 것은?

㉠ 분개장으로부터 원장으로 차변과 대변 금액을 옮겨 적는 것을 말한다.
㉡ 원장의 차변과 대변 잔액의 일치 여부를 검증하는 것을 말한다.
㉢ 개별 원장계정의 잔액을 결정하는 것을 말한다.
㉣ 분개한 내용을 전기하는 데는 특정한 일시나 기간이 정해진 것이 아니라 수시로 전기한다.
㉤ 원시기입장에 대한 거래의 기입을 말한다.

① ㉠, ㉡, ㉢
② ㉠, ㉣
③ ㉠, ㉡, ㉢, ㉣
④ ㉢, ㉣
⑤ ㉡, ㉢, ㉤

해설 전기란 분개한 내용을 원장에 옮겨 적는 것을 말한다. 옮겨 적는 데는 특정한 시기가 정해진 것은 아니다.

19 (주)석홍실업은 총자산과 총부채를 각각 600만원씩 증가시키는 거래를 하였다. 다음 중 이러한 유형에 해당하는 거래는?

① 현금 400만원과 약속어음 600만원을 발행하여 기계를 구입한 거래
② 현금 200만원과 약속어음 400만원을 발행하여 차량을 구입한 거래
③ 원가 600만원의 토지를 현금을 주고 매각한 거래
④ 원가 400만원의 토지를 약속어음 400만원을 발행하여 구입한 거래
⑤ 현금 400만원과 약속어음 200만원을 주고 600만원짜리 차량을 구입한 거래

해설 현금 400만원과 약속어음 600만원을 가지고 1,000만원짜리 기계를 구입할 경우 총자산은 기계 1,000만원 증가와 현금 400만원 감소로 인해 총자산 600만원 증가와 약속어음 발행으로 총부채 600만원 감소로 정의된다.

20 과거의 거래 또는 사건의 결과로서 특정의 실체가 소유 또는 통제하고 있는 장래의 경제적 효익은?

① 자산
② 부채
③ 자본
④ 수익
⑤ 매출채권

정답 18 ② 19 ① 20 ①

해설 ① 자산 : 과거의 거래 또는 사건의 결과로서 특정의 실체가 소유 또는 통제하고 있는 장래의 경제적 효익을 말한다.
② 부채 : 특정 실체의 과거 거래의 결과로 장래에 다른 실체나 개인에게 자산이나 용역을 제공하여야 할 의무를 말한다.
③ 자본 : 총자산에 대한 소유주의 청구권으로 소유주지분이라고도 한다.
④ 수익 : 일정기간 동안 기업의 계속적인 영업활동의 결과로서 발생된 현금이나 기타 자산의 유입을 말한다.
⑤ 매출채권 : 상거래에서 제품이나 상품을 매출하고 대금을 현금으로 받는 경우가 있으나 실질적으로 소매거래를 제외하고는 외상으로 거래하는 경우가 더 많다. 이러한 경우 판매한 제품이나 상품에 대한 외상대금은 외상매출금으로 회계처리된다.

21 **다음 중 유동자산으로 분류할 수 없는 것은?**

① 현금 및 현금성자산
② 감채기금
③ 매출채권
④ 상품
⑤ 선급비용

해설 유동자산은 크게 당좌자산, 재고자산으로 분류된다. 당좌자산에는 현금 및 현금성자산, 단기투자자산, 매출채권, 미수금, 미수수익, 선급금, 선급비용이 있고, 재고자산에는 상품, 제품, 재공품, 원재료 등이 있다.

22 **다음은 비용에 관한 설명이다. 올바른 내용만을 고른 것은?**

㉠ 비용은 실제의 현금유출이나 예상되는 현금유출을 표시한다.
㉡ 비용과 지출은 동일한 개념이다.
㉢ 비용은 반드시 당장 현금유출을 수반하지는 않는다.
㉣ 비용은 소모된 자산이나 원가의 소멸로 정의되기도 한다.

① ㉡, ㉢
② ㉡, ㉢, ㉣
③ ㉠, ㉡, ㉢
④ ㉠, ㉢, ㉣
⑤ ㉠, ㉡, ㉣

해설 비용과 지출은 일치하는 개념이 아니다. 지출은 현금의 실제적 유출을 의미하지만, 비용은 반드시 당장의 현금유출을 수반하지 않을 수도 있다. 비용은 소모된 자산이나 사용된 용역에 따라 매출원가, 판매비와 관리비, 영업외 비용, 특별손실, 법인세비용으로 구분된다.

정답 21 ② 22 ④

23 윤영건설이 타 회사의 사채를 90,000,000원의 현금으로 인수할 경우 거래 요소의 결합관계로 적합한 것은?

① 자산의 증가 – 자산의 감소
② 자산의 증가 – 부채의 증가
③ 자산의 증가 – 자본의 증가
④ 자산의 증가 – 수익의 발생
⑤ 자산의 증가 – 비용의 감소

해설 다른 회사의 사채를 현금으로 인수할 경우 투자자산이 증가하고, 현금자산은 감소한다. 따라서 차변에 자산의 증가와 대변에 자산의 감소가 결합하게 된다.

24 다음 사건 중 회계상의 거래로 볼 수 없는 것은?

① 화재로 건물이 5억원 정도 소실되었다.
② 자본금 중 1억원을 현금으로 인출하였다.
③ 상품 20만원을 주문받았다.
④ 상품 300만원이 감모된다.
⑤ 현금 5천만원을 도난당했다.

해설 매매계약의 체결, 상품의 주문 등을 받는 행위는 통상 거래 행위라고 여겨지지만, 재무제표상에 변화를 가져오지는 않으므로 회계상의 거래로 보기는 힘들다.

25 은행차입금 500만원을 현금으로 상환하는 경우에 대한 회계처리는?

① 자산의 감소 – 부채의 감소
② 부채의 감소 – 자산의 감소
③ 자본의 감소 – 부채의 감소
④ 부채의 감소 – 자본의 감소
⑤ 부채의 감소 – 자본의 증가

해설 이 거래는 은행차입금이라는 부채가 감소하는 동시에 현금이라는 자산이 감소하는 거래의 결합관계이다.

정답 23 ① 24 ③ 25 ②

26 다음 중 손익거래에 해당하는 것은?

① 출자자가 출자금 중 5만원을 현금으로 회수한다.
② 약속어음 5만원을 발행하여 외상매입금을 지급한다.
③ 종업원의 급료 6만원을 현금으로 지급한다.
④ 사채 8만원을 현금으로 상환한다.
⑤ 현금 9만원을 대여한다.

해설 종업원의 급료 지급은 비용의 발생이므로 손익거래에 해당한다.

27 다음 중 대차대조표 등식에 대한 설명으로 틀린 것은?

① '자산 = 부채 + 자본'이라는 등식이 성립한다.
② 등식의 좌변, 즉 차변은 자원구조를 나타낸다.
③ 등식의 우변, 즉 대변에는 재무구조를 나타낸다.
④ 항상 대변과 차변이 일치할 필요는 없다.
⑤ 차변에는 자산의 증가, 자본의 감소, 비용의 발생 등을 표시한다.

해설 대차대조표 등식에서는 항상 대변과 차변이 일치하여야 한다.

28 진호상점의 기초자본액은 1,000,000원이고, 기말의 자산총액은 2,500,000원이며, 부채총액은 1,300,000원이다. 비용 총액이 750,000원이라 하면 수익 총액은 얼마인가?

① 550,000원
② 950,000원
③ 850,000원
④ 750,000원
⑤ 650,000원

해설 자산은 부채와 자본과 수익의 합계에서 비용을 차감한 금액과 동일하다.
이 경우에는 2,500,000 = 1,300,000 + 1,000,000 + X − 750,000
따라서 X = 950,000이다.

29 다음 중 결산의 순서로 맞는 것은 어느 것인가?

① 시산표 작성 → 원장의 마감 → 재고조사표 작성 → 결산 정리 → 재무제표 작성
② 원장의 마감 → 시산표의 작성 → 재고조사표 작성 → 결산 정리 → 재무제표 작성
③ 원장의 마감 → 결산 정리 → 시산표 작성 → 재고조사표 정리 → 재무제표 작성
④ 시산표 작성 → 재고조사표 정리 → 결산 정리 → 원장의 마감 → 재무제표 작성
⑤ 재고조사표 정리 → 원장의 마감 → 시산표의 작성 → 원장의 마감 → 재무제표 작성

정답 26 ③ 27 ④ 28 ② 29 ④

해설 결산의 순서는 '시산표 작성 → 재고조사표 작성 → 정리 분개 → 수정후시산표 → 원장 마감 → 이월시산표 → 재무제표 작성' 순으로 이루어진다.

30 기말에 지급하지 못한 당기 급여에 대한 정리를 하지 않았을 경우의 계정에 대한 영향은?

① 자산의 과대 평가와 비용의 과소 평가
② 자산의 과소 평가와 수익의 과소 평가
③ 부채의 과대 평가와 수익의 과소 평가
④ 비용의 과소 평가와 부채의 과소 평가
⑤ 자산의 과소 평가와 부채의 과소 평가

해설 미지급급여는 미지급비용에 해당한다. 미지급비용은 대차대조표일에 비용이 발생했으나, 현금을 지급하지 않아 기록되지 않은 비용이다. 미지급비용은 미수수익과 같은 원인에 의하여 발생한다. 미지급비용에 대한 정리는 재무상태표에 존재하는 부채를 기록하고 당해 회계기간에 적용할 수 있는 비용을 인식하기 위해 필요하다.

31 대영기업으로부터 받은 약속어음 100,000원을 은행에 할인받고 할인료 5,000원을 공제한 후 실수금을 당좌예금하였을 때의 분개는?

①	(차)	이자비용	5,000	(대)	받을어음	100,000
		당좌예금	95,000			
②	(차)	이자비용	5,000	(대)	지급어음	100,000
		당좌예금	95,000			
③	(차)	이자비용	5,000	(대)	할인어음	100,000
		당좌예금	95,000		어음배서의무대충	100,000
		어음배서의무	100,000			
④	(차)	할인어음	100,000	(대)	이자비용	5,000
					당좌예금	95,000
⑤	(차)	이자비용	5,000	(대)	할인어음	100,000
		당좌예금	95,000			

해설 어음을 받았을 때는 받을어음 계정을 사용한다. ①의 경우 우발채무를 표시하지 않는 방법으로 사용하는 것이 바람직하다.

정답 30 ④ 31 ①

32 수호회사에 상품을 주문하였으나 품귀 현상으로 상품을 구입하기가 쉽지 않았다. 그리하여 계약금으로 100,000원의 수표를 발행하여 지급하였을 때 처리하는 계정은?

① 선급금
② 선수금
③ 미수금
④ 미지급금
⑤ 매출채권

해설 ① 선급금 – 상품, 원재료의 매입을 위해 미리 선급한 금액
② 선수금 – 일반적 상거래에서 발생한 선수액
③ 미수금 – 일반적 상거래 이외의 거래로 인해 발생한 미수채권
④ 미지급금 – 일반적 상거래 이외의 거래에서 발생한 미지급채무
⑤ 매출채권 – 상거래에서 제품이나 상품을 매출하고 대금을 현금으로 받는 경우가 있으나 실질적으로 소매거래를 제외하고는 외상으로 거래하는 경우가 더 많다. 이러한 경우 판매한 제품이나 상품에 대한 외상대금은 외상매출금으로 회계처리된다.

33 토빈의 q에 관한 설명 중 잘못된 것은?

① 자산의 시장가치를 대체비용으로 나눈 값이다.
② 토빈의 q가 1보다 크면 기업은 설비투자의 동기를 가진다.
③ 시장가치란 부채 및 자기자본을 매각할 경우 시장에서 매각가치를 말한다.
④ 대체비용이란 기업이 보유한 자산을 재조달할 경우의 가치를 말한다.
⑤ 토빈의 q가 1보다 낮을 경우 M&A의 대상으로 적합한 기업일 수 있다.

해설 시장가치란 기업의 부채 및 자기자본의 시장가치를 말하며, 대체비용은 기업이 보유하고 있는 모든 자산의 실제로 대체하는 데 드는 비용을 말한다. 토빈의 q가 1보다 크면 자본설비가 그 대체비용보다 더 큰 가치를 지니고 있다는 의미이다. 따라서 기업은 설비투자의 동기를 가진다.

34 다음 재무비율 중 안전성비율이 아닌 것은?

① 자기자본비율
② 자기자본회전율
③ 고정비율
④ 유동비율
⑤ 이자보상비율

해설 자기자본회전율은 기업의 활동성비율이다.

정답 32 ① 33 ③ 34 ②

35 다음 재무비율에 관한 설명 중 틀린 것은?

① 유동비율은 기업의 단기채무 지급능력을 나타낸다.
② 유동비율이 높아질수록 기업자산의 수익성이 높아진다.
③ 당좌비율은 재고자산 없이 단기채무 지급 능력을 나타낸다.
④ 당좌비율이 유동비율보다 엄격한 기준이다.
⑤ 고정비율은 자기자본을 고정자산에 어느 정도 투입되었는지를 알아보는 비율이다.

해설 유동비율은 안전성비율로서 기업자산의 수익성과는 관계가 없다.

36 다음 기사문에 나와 있는 내용을 바탕으로 해당 내용과 관련하여 기업들의 상황을 파악하는데 관련 없는 사항은 무엇인가?

건설사에 대한 금융권의 신용위험평가 발표를 앞두고 중견·중소건설사들이 유동성 확보와 재무구조 개선에 잰걸음을 하고 있다.
기업개선작업(워크아웃)을 진행 중이거나 최근 재무상태가 악화된 중견·중소건설사들이 보유 부동산 등 각종 자산을 매각하고 있고 채권단 등에 자금수혈을 요청하는 사례가 잇따르고 있다. 일부 기업은 대주나 오너가 직접 자신의 지분을 매각하는 사례까지 등장하고 있다. 비교적 재무구조가 양호하고 유동성에 큰 문제가 없는 일부 중견건설사들도 택지 매입을 미루거나 신규 사업을 축소하는 등 긴축 경영을 펼치고 있다.
18일 건설업계에 따르면 주택시장 장기침체 등 시장 여건이 악화되면서 중견·중소건설사들의 유동성 확보와 재무구조 개선 움직임이 가속화되고 있다. 공동경영을 진행 중인 남광토건은 오너 경영자가 보유지분을 모두 내놓고 최근 위기 극복에 노력하고 있다. 한 건설사회장은 보유지분 18%를 대주주에 매각키로 하고 최근 유동성 위기 극복에 총력을 기울이고 있다. 관계자는 "이번 지분 매각으로 대한전선의 단독경영으로 들어가면 유동성이 크게 개선될 것"이라고 기대했다.

① 유동비율
② 당좌비율
③ 현금포지션비율
④ 부채비율
⑤ 총자산회전율

해설 총자산회전율은 기업의 활동성을 분석하는 데 사용되는 지표이지 기업의 유동성 여부를 확인하기 위한 지표가 아니다.

정답 35 ② 36 ⑤

37 다음 제시문에 나와 있는 내용을 현재 조선 관련 업종의 재무지표들의 내용으로 짐작하기 어려운 것은?

한 증권은 14일 올해 조선업종이 저평가돼 있으나 신조선가 상승과 영업실적 급증세가 예상된다며 저점 매수 전략이 필요하다고 조언했다. 모 증권사의 연구원은 "최근 해운지수가 하락하고 있고 미국의 서브프라임 사태 확산으로 향후 선박금융이 위축될 것이라는 우려 때문에 세계 조선산업에 대한 불안 심리가 높아지고 있다."고 밝혔다.
송 연구원은 그러나 "현재 수급 상황을 살펴본다면 이러한 우려는 시기상조"라며 "올해에는 신조선가 상승과 영업실적 급증세가 예상된다."고 분석했다.
전 세계 연간 신조선 발주량은 2009년에 2,751척, 2010년 3,489척으로 점차 늘어났으며, 2011년에는 총 4,082척으로 역대 최대 물량을 기록했다.
특히 탱커는 올해 들어 발주량이 급감했으며, 최근 유류의 해양오염 문제가 부각되면서 탱커의 이중선체구조 의무화와 노후선박 해체 문제가 이슈화되고 있다.
결국 이러한 선박규제 강화 논의가 나타나면서 탱커는 2012년에 다른 선종에 비해 가장 두드러진 발주가 전개될 전망이다. 또한 2012년 하반기부터는 LNG선도 크게 이슈화될 것으로 예상된다. 또 다른 증권사의 김 모 연구원은 "현재 조선업의 주가는 저평가돼 있는 상황이어서 조선업종에 대한 저점 매수 전략이 유효하다."고 말했다.

① 현재 조선업을 둘러싸고 있는 경영환경이 좋지 않은 관계로 ROA와 ROE의 값이 과거에 비해 떨어졌을 가능성이 높다.
② 현재까지 발주량은 급감하고 있는 상태이므로 특정 기업에 따라서는 유동비율과 부채비율이 높아지는 기업이 있을 수 있다.
③ 조선업체의 주가가 저평가되어 있다는 증권사 연구원의 주장은 조선업체의 PER이나 PBR이 적정 수준보다 낮아졌다는 의미와 유사하다.
④ 조선업종은 노후선박 해체 문제 등의 선박 규제가 강화될 경우 신규 발주 물량이 늘어나게 되어, 각종 성장성 분석 관련 지표들이 개선될 것이다.
⑤ 현재 조선업종의 PCR은 과거에 비해서 낮아졌을 가능성이 높다.

해설 유동비율이 높을수록 기업은 많은 유동성을 확보하는 것으로 평가되어 부채상환능력이나 경기변동에 대한 대처능력이 높은 것으로 평가받는다. 따라서 발주량이 급감하여 영업환경이 안좋아진 경우에는 유동비율이 낮아져야 한다.

정답 37 ②

PART 04
경영

CHAPTER 04

재무관리

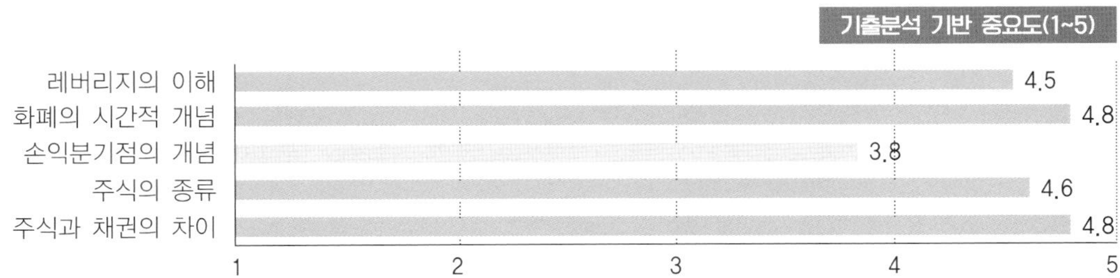

학습목표

❶ 화폐의 시간적 가치에 대한 개념을 이해한다.
❷ 감가상각이 회계적으로 어떤 의미를 갖고 있는지 이해한다.
❸ 손익분기점을 산출하는 근거와 방법론을 이해한다.
❹ 레버리지의 의미와 각각의 레버리지의 종류가 무엇을 의미하는지 구분한다.
❺ 주식의 가치를 추정하는 방법론을 이해하고 주식의 종류를 구분한다.

용어 해설

- **감가상각** : 취득한 자산의 원가를 자산의 사용기간에 걸쳐 비용으로 배분하는 과정을 말한다.
- **손익분기점**(BEP ; Break Even Point) : 이익도 없고 손실도 없게 되는 매출 수준을 말한다.
- **레버리지 분석** : 고정비가 매출액이 변동함에 따라 순이익에 어떠한 영향을 미치는지를 분석하는 것을 말한다.
- **영업레버리지** : 총비용 중에서 고정비가 차지하는 비중을 의미한다.
- **재무레버리지** : 총비용 중에서 고정재무비용(이자)이 차지하는 비중을 의미한다.
- **배당평가모형** : 주식의 가치를 그 주식을 보유하고 있는 주주에게 기대되는 미래의 배당금의 현재가치에 의해 평가하는 방법이다.
- **액면금액** : 채권 액면에 표시되어 있는 금액으로, 채권을 보유하고 있는 투자자는 만기에 이 액면금액을 수령한다.
- **표면금리** : 채권보유자에게 지급할 이자금액을 결정하는 금리로, 액면이자율, 약정이자율, 쿠폰이자율이라도 불린다.
- **만기** : 채권이 발행되고 난 후 원금이 상환되는 시점을 만기라 한다.
- **잔존기간** : 이미 발행된 채권을 만기 이전에 중도매매할 때에 매매일로부터 만기까지 남은 기간을 잔존기간이라고 한다.

- **보통주** : 주총의 의결권 및 잔여재산분배청구권 등에 기준이 되는 일반적인 주식이다.
- **우선주** : 이익배당이나 잔여재산분배청구권 등에서 보통주보다 우선하나 의결권이 제한되어 있는 주식으로, 기존 주주의 경영권을 침해하지 않고 자금조달을 하기 위해 발행된다.

1 재무관리

1 재무관리의 주요 내용 및 목표

재무관리란 자금을 가장 효율적인 방식으로 조달하는 방법을 분석하는 작업과 조달한 자금을 운용할 때 어떤 곳에 투자하는 것이 가장 높은 수익성을 보이는지 그리고 투자 과정에서 발생하는 위험을 어떻게 하면 효과적으로 관리할 수 있는지에 대한 방법을 분석하는 것이라 할 수 있다.

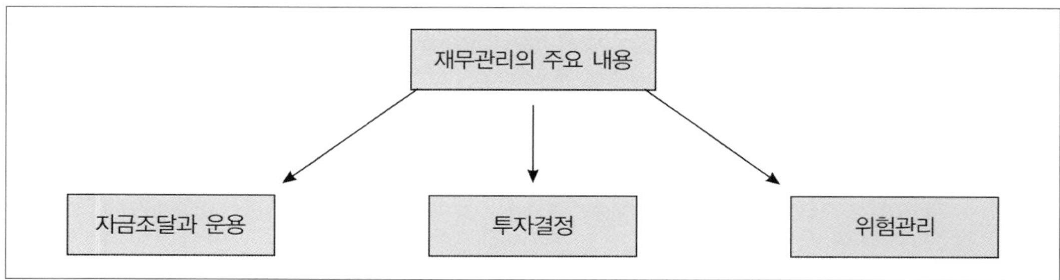

재무관리는 자금의 조달과 운용, 투자의사결정과 위험관리를 통해서 기업가치의 극대화를 추구하고 있다. 재무관리는 자금의 조달과 자금의 운용이라는 두 가지 기능을 통해서 기업가치 극대화를 달성하고자 한다.

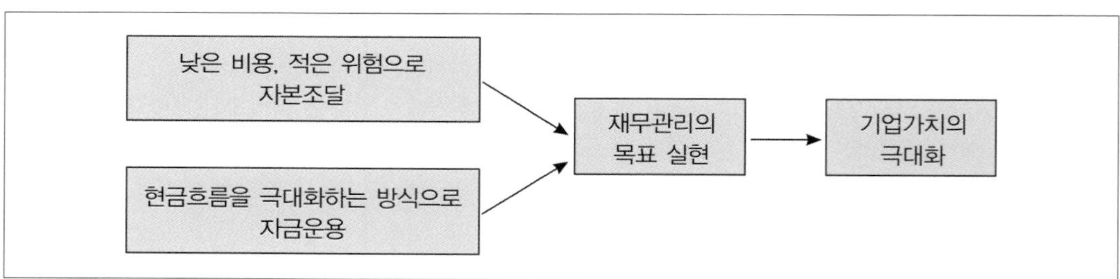

2 재무관리의 특징

재무관리는 경영학의 다른 분야와 달리 기업의 경영활동을 자금의 흐름으로 바라보는 특징이 있다. 즉, 기업활동을 자금을 투입하여 생산활동을 수행하고 이를 통해 자금의 창출에 해당하는 수익을 창출하는 과정이라고 바라보는 것이다.

3 재무관리의 구성 내용

재무관리는 크게 기업재무, 투자론, 금융기관론으로 나눌 수 있다.

(1) **기업재무**(corporate finance)

기업경영활동에 필요한 자금을 어떻게 조달해서 어떻게 운용할 것인지에 대한 계획을 세우고, 이를 집행하며 통제하는 활동을 말한다.

(2) **투자론**(investment theory)

주로 증권시장이나 채권시장에서 발생하는 투자 관련 문제를 다루는 내용이다.

(3) **금융기관론**(financial institution theory)

금융기관의 역할과 기능 규제 등에 대한 내용을 다룬다.

2 화폐의 시간적 가치

1 시간 선호 현상

동일한 금액이라고 하더라도 어느 시점에서 평가하는지에 따라서 그 가치는 달라지는데, 이를 화폐의 시간적 가치라 한다. 오늘 당장 가지고 있는 1억원과 10년 뒤에 가지게 될 1억원의 가치는 전혀 다르다. 사람들은 동일한 금액이라면 지금 현재의 금액을 미래의 금액보다 선호하는 경향이 있는데, 이를 시간 선호라 한다. 이와 같은 시간 선호 현상이 발생하는 이유는 다음과 같다.

(1) 물가상승에 따른 구매력 손실

물가가 오르면 같은 금액이라 하더라도 구매력이 줄어들게 된다. 따라서 동일한 금액이라 하더라도 미래의 현금흐름은 물가로 인해서 현재의 현금흐름보다 구매력이 작아지게 된다. 따라서 구매력이 유지되는 현재의 현금흐름을 더 선호하게 된다.

(2) 미래현금흐름의 불확실성

특정 계약으로 인해서 지금 당장 돈을 지급받게 되는 것은 미래에 지급받는 것보다 선호된다. 미래에 지급받기로 계약할 경우, 변제가 이루어지기 전에 그 사이 채무자가 변제 능력을 상실하여 돈을 지급하지 못할 수도 있기 때문이다.

(3) 미래의 재투자기회

현재 1억원을 가지고 있을 경우, 10년 뒤에 1억원을 가지고 있는 것과는 달리 좋은 투자기회가 생기면 투자를 해서 재산을 늘릴 수 있다는 장점이 있다.

이처럼 미래의 현금흐름보다 현재의 현금흐름이 선호되는 상황에서 기업의 자금과 관련된 의사결정과정에서 현재의 돈이 미래의 돈과 어떻게 교환하는 것이 올바른 것인지 판단하는 것은 재무관리의 중요한 문제 중 하나이다.

2 화폐의 시간적 가치 이용

(1) 실물투자의 결정

토지, 장비, 건물 등의 실물에 투자할지 여부를 판단하기 위해서 화폐의 시간적 가치 개념을 이용한다.

〈예시 1〉 건설회사를 경영하는 이윤영 회장은 기숙사를 세워 이를 대학에 매각하려 한다. 기숙사를 건축하는 데 7억원의 비용이 소요되었지만, 1년 후에 이를 대학에 7억 9,200만원에 매각할 수 있다고 가정하자. 이때 시장이자율이 연 10%라 가정할 경우 이윤영 회장은 이 투자안을 수락하는 것이 합리적인가?

• 해설 : 건물을 건축해서 얻을 수 있는 금액인 7억 9,200만원의 현재가치는 다음과 같다.

$$\frac{7억\ 9{,}200만원}{1+0.1} = 7억\ 2{,}000만원$$

따라서 기숙사 건설로 인한 투자의 현재가치는 7억 2,000만원이지만, 이를 7억원에 수행할 수 있다. 따라서 이윤영 회장은 2,000만원의 이익을 얻게 된다. 이처럼 실물투자는 투자로 인해 지출되는 비용보다 투자로 인해 얻게 되는 이익이 더 클 경우에만 가치가 있다.

(2) 증권가격의 결정

주식의 가격을 구할 때 화폐의 시간적 가치가 이용된다. 주식시장이 균형 상태라 가정한다면, 주식 보유로 받게 되는 배당금의 현재가치를 합하면 해당 주식의 가격을 구할 수 있다.

〈예시 2〉 대영그룹은 주주들에게 매년 영구적으로 7만원씩 지급한다고 가정하자(단, 시장이자율은 10%이다). 이때 대영그룹의 적정 주가는 얼마인가?

• 해설 : $\frac{7만원}{0.1} = 70만원$

잠깐! 영구적인 배당금이 예상되는 주식 가격

일정한 기한의 제한 없이 영구적으로 일정 금액의 배당이 예상되는 주식의 가격을 구하는 방법은 각 연도별로 받게 될 배당금의 현재가치를 전부 합한 금액과 같다.

$$\frac{C}{1+R} + \frac{C}{(1+R)^2} + \frac{C}{(1+R)^3} + \frac{C}{(1+R)^4} + \cdots + \frac{C}{(1+R)^\infty} = \frac{C}{R} = 주식가격$$

단, C : 배당금, R : 이자율

(3) 기업가치의 평가

기업의 가치는 기업이 소유한 자산의 현재가치로 평가할 수 있다. 자산이란 부채와 자본으로 구성되어 있으므로, 결국 기업의 가치란 자본의 가치와 부채의 가치를 합한 것이라 할 수 있다.

〈예시 3〉 성훈건설은 경영활동을 통해 매년 4억원의 영업이익을 거두고 있다. 이 중에서 매년 부채에 대한 이자로 1억원을 지불하고 있으며, 나머지 3억원은 순이익에 해당한다. 성훈건설의 기업가치는 얼마인가? (단, 지급이자할인율은 10%, 순이익에 대한 할인율은 20%라 가정하자)

• 해설 : 부채에 대한 가치 $= \frac{1}{0.1} = 10억원$, 자기자본의 가치 $= \frac{3}{0.2} = 15억원$

따라서 성훈건설의 기업가치는 부채에 대한 가치와 자기자본에 대한 가치의 합인 25억원이다.

3 재무 관련 의사결정

1 자본예산

(1) 자본예산의 개념

자본예산(capital budgeting)은 1년 이상의 장기간에 걸친 투자에 대한 효과를 분석하기 위한 의사결정 문제를 다룬다. 1년 이상의 장기간에 걸친 투자는 주로 설비투자 등 실물 자산투자에서 주로 발생하기 때문에 자본예산은 실물투자와 관련된 의사결정 문제를 주로 다룬다.

① 자본예산의 중요성

자본예산은 대규모 투자금액이 요구되는 장기적인 기업경영활동과 관련된 내용을 주로 다룬다. 따라서 잘못된 자본예산 분석은 미래의 기업경영환경에 부정적인 영향을 미칠 가능성이 높으며, 심지어 기업의 생존 자체까지 위협받게 만들 수도 있다. 특히 오늘날의 기업환경은 급속한 기술진보로 인해서 빈번한 자본예산 수립을 요구하고 있다.

② 자본예산의 절차

투자기회 탐색		현금흐름 추정		투자안 경제성 분석		투자안 사후관리
기업이 보유하고 있는 자본, 기술, 경영전략을 고려하여 적절한 투자안을 탐색	⇨	탐색된 투자기회에 대한 현금흐름을 추정하는 작업으로 미래현금흐름의 발생시점, 크기, 불확실성 등을 추정한다.	⇨	추정된 현금흐름을 다양한 자본예산 평가 방법을 동원해 분석하여 투자안이 경제성이 있는지 여부를 확인한다.	⇨	선택된 투자안이 예정대로 진행되는지 확인하고 변화된 경영환경을 반영하여 투자안을 수정하기도 한다.

(2) 현금흐름의 측정 원칙

투자안으로 발생할 현금흐름을 측정하기 위해서는 다음과 같은 사항을 고려해야 한다.

① 감가상각비는 현금유출이 아니라는 점이다.

자산이란 시간이 흐름에 따라 초기의 가치를 점차적으로 상실하게 된다. 예를 들어, 자동차 또는 건물을 막 구입하였을 때의 가치와 몇 년 사용한 후의 가치가 서로 다르다는 것을 떠올리면 쉽게 이해할 수 있을 것이다. 감가상각이란 바로 자산의 가치가 시간이 흐름에 따라 감소하는 사실을 회계장부에 반영하는 것이다. 따라서 감가상각은 취득한 자산의 원가를 자산의 사용기간에 걸쳐 비용으로 배분하는 과정을 말한다. 그러므로 감가상각비는 회계적인 처리일 뿐이지 실제로 현금이 유출된 것은 아니다. 현금유출은 투자 시점에 벌써 전액이 이루어졌기 때문이다. 따라서 감가상각비를 다시 현금유출로 측정하는 것은 이중계산이 된다.

② 자본예산에서 고려해야 할 현금흐름은 주주에게 지급할 배당금과 채권자에게 지급해야 할 이자의 합계이다.
기업경영활동 과정에서 부채로 인해 지급하게 되는 이자는 현금 유출로 보지 않는다. 그것은 재무관리의 목적이 기업가치 극대화를 목표로 하고 있기 때문이다. 기업의 가치는 자기자본의 가치와 타인자본의 가치의 합이라고 할 수 있다. 따라서 기업가치는 자기자본으로 인한 현금흐름인 배당금과 타인자본으로 인한 현금흐름인 이자의 합계로 계산되며, 부채로 인한 이자 지급은 현금유출로 보지 않는다.

③ 현금흐름은 납세 후 기준으로 측정한다.
세금은 실질적인 현금 유출을 가져오는 요인이므로 납세로 인한 현금 유출을 고려한 상태에서 현금흐름을 측정해야 한다. 이때 주의해야 할 것은 납세금액을 부채로 인한 이자비용 지급이 없는 상태에서 산출해야 한다는 점이다. 이자비용은 세법상 비용으로 처리되기 때문에 이에 대해서는 세금을 납부하지 않는다. 따라서 동일한 투자라도 자기자본을 통한 투자에 비해서 타인자본(부채)을 통한 투자 시 세금을 더 적게 납부하게 되는 효과가 발생한다. 따라서 이자비용 지급이 없는 상태, 즉 부채를 전혀 사용하지 않은 상태로 현금흐름을 추정하여 투자안을 평가한다.

④ 증분 기준으로 현금흐름을 평가한다.
투자활동 과정에서는 현금의 유출도 발생하지만 유입이 발생하기도 한다. 투자안에 대한 현금흐름을 고려할 때는 현금흐름의 증분을 기준으로 측정한다.
이러한 네 가지 사항들을 종합하면 현금흐름은 다음과 같이 계산할 수 있다.

현금흐름 = 현금 유입 − 현금 유출
= 이자비용이 없는 기업의 현금흐름
= 이자비용이 없는 기업의 순이익 + 감가상각비
= 영업이익 − 영업이익 × 세율 + 감가상각비

잠깐! 현금흐름과 손익계산서상의 이익의 차이점

기업이 투자안을 수행하고 그 과정에서 이자와 배당금을 지급할 때 사용하는 것은 실제 현금이지, 회계장부상의 이익이 아니다. 회계장부상에는 이익으로 표시되어 분명히 흑자기업이지만, 실제로 현금이 유입되지 않아 파산하는 흑자도산기업을 떠올려보면 쉽게 이해할 수 있을 것이다. 따라서 투자안을 평가할 때 고려하는 현금흐름은 손익계산서상의 이익과는 전혀 다른 것이다.

2 투자안의 경제성 분석

(1) 시간가치를 고려하지 않는 방법

① 회수기간법

투자안을 수행하기 위해서 지출된 투자비용을 회수하는 데 걸리는 시간을 말한다. 투자안의 회수기간이 짧다는 것은 현금이 빨리 회수된다는 것이기 때문에 그만큼 더 안전한 투자라 할 수 있다. 회수기간법을 통한 투자안의 경제적 평가는 기업 내부에서 미리 기준으로 정해 놓은 회수기간보다 짧으면 투자가치가 있다고 판단한다. 반대로 기준이 되는 회수기간보다 길면 투자가치가 없는 것이다.

〈예시 4〉 제약회사를 운영하고 있는 박진호 회장은 신약 개발을 위한 장비를 800만원에 구입하였다. 박진호 회장은 신약 개발로 인한 투자금을 4년 이내에 회수하려고 한다. 신약 개발을 위한 장비로 인해서 매년 다음과 같은 현금유입이 예상된다고 가정할 때, 이 투자안에 대한 경제성 평가를 회수기간법을 통해 구하여라(단 신약 개발을 위한 비용은 장비구입을 제외하고는 전혀 추가비용이 소요되지 않는다).

기간	1년	2년	3년	4년	5년
순현금유입액	350만원	250만원	200만원	150만원	150만원

• 해설 : 위의 예시에서 투자비용인 800만원을 모두 회수하는 데는 3년이 소요된다. 따라서 해당 투자안은 받아들여진다.

회수기간법의 장점	회수기간법의 단점
• 투자안을 평가하는 방법이 단순하여 이해가 쉽다. • 투자금의 회수기간이 짧은 투자안은 기업의 유동성을 높여 위험이 적다.	• 기업 내부에서 정한 회수기간에 대한 기준이 자의적이며 임의적이다. • 회수기간 이후에 전개된 현금흐름의 양상은 평가대상에서 제외된다. • 화폐의 시간가치를 고려하지 않는다.

② 평균이익률법

평균이익률은 투자안을 연평균순이익을 연평균투자액으로 나누어서 산출된 값이다.

$$\text{평균이익률} = \frac{\text{연평균순이익}}{\text{연평균투자액}}$$

연평균순이익이란 투자기간 동안 발생한 순이익을 평균한 값이며, 연평균투자액은 연초투자액과 연말투자액을 평균하여 구한 값이다. 평균이익률을 구하기 위해서는 회계자료를 이용하기 때문에 평균이익률은 회계적 이익률이라고도 한다. 연평균이익률법은 기업이 내부적으로 미리 정해 놓은 이익률을 넘지 않을 경우에는 기각되고, 넘을 경우에만 채택된다.

〈예시 5〉 지문출판사는 새로운 인쇄기를 3,000만원을 주고 구입하였다. 이 설비를 구입하고 난 후 5년 동안 다음과 같은 순이익이 예상된다. 인쇄기의 내용연수가 3년이고, 잔존가치가 없다고 할 때 이 투자안의 평균이익률을 구하여라.

기간	1년	2년	3년	4년	5년
순현금유입액	90만원	110만원	70만원	90만원	140만원

• 해설 : 먼저 인쇄기로 인한 연평균투자액을 구해보면, 내용연수가 3년이므로 매년 1,000만원씩 감가상각한다. 따라서 1년 후에 장부상 투자액은 2,000만원이 되기 때문에 (3,000만원 + 2,000만원)/2 = 2,500만원이다. 이와 같은 방법으로 2년 후와 3년 후를 평가할 경우 각각 1,500만원과 500만원이 된다. 따라서 연평균투자액은 다음과 같다.

$$\frac{2,500 + 1,500 + 500}{3} = 1,500\text{만원}$$

연평균순이익은 다음과 같다.

$$\frac{90 + 110 + 70 + 90 + 140}{5} = 100\text{만원}$$

따라서 연평균이익률은 $0.067 = \frac{100}{1,500}$이 된다. 따라서 6.7% 정도다.

연평균이익률법의 장점	연평균이익률법의 단점
회계상의 자료를 그대로 이용할 수 있다는 장점을 갖고 있다.	화폐의 시간가치를 고려하지 않는다.

(2) 시간적 가치를 고려하는 방법

① 순현재가치법

투자안으로 발생하는 현금흐름을 적정 할인율로 할인하여 산출한 현재가치에서 투자비용을 차감한 순현재가치를 기준으로 투자안을 평가하는 방법이다.

$$\frac{C_1}{1+R} + \frac{C_2}{(1+R)^2} + \frac{C_3}{(1+R)^3} + \frac{C_4}{(1+R)^4} + \cdots + \frac{C_N}{(1+R)^N} - C_0 = \text{순현재가치}$$

단, C_t : t시점 현금흐름, C_0 : 투자비용, R : 할인율

〈예시 6〉 중소건설회사를 운영하는 김지환 사장은 대학가 근처에 원룸 건물을 신축하려 한다. 원룸 건물을 신축하는 데 4천500만원의 비용이 소요될 예정인 반면, 원룸 임대를 통해 3년 동안 매년 2천만원의 순현금유입이 예상된다고 한다. 순현재가치법을 통해 투자안의 경제성을 평가하자(단, 할인율은 연 10%로 적용한다).

• 해설 : 이 투자안으로 발생할 현금흐름의 현재가치를 구하면 다음과 같다.

$$\frac{2천만원}{(1+0.1)}+\frac{2천만원}{(1+0.1)^2}+\frac{2천만원}{(1+0.1)^3} \fallingdotseq 4천\ 970만원$$

따라서 이 투자안을 실행했을 경우 발생할 순현재가치는 4천970만원 − 4천500만원 = 470만원으로 예상된다.

② 내부수익률법

내부수익률법을 이용한 투자의사결정은 내부수익률과 할인율의 비교를 통해서 이루어진다. 내부수익률이란, 투자안을 수행할 경우 발생할 미래현금흐름의 현재가치와 투자비용을 같게 만드는 할인율을 의미한다. 순현재가치를 0으로 만드는 할인율이 내부수익률이다. 기업은 내부수익률이 이자율보다 크면 투자하고, 내부수익률이 이자율보다 작으면 투자하지 않는다.

〈예시 7〉 중소건설회사를 운영하는 김지환 사장은 대학가 근처에 원룸 건물을 신축하려 한다. 원룸 건물을 신축하는 데 4천500만원의 비용이 소요될 예정인 반면, 원룸 임대를 통해 3년 동안 매년 2천만원의 순현금유입이 예상된다고 한다. 이를 내부수익률법을 통해 투자안의 경제성을 평가하자(단, 이자율은 연 10%로 적용한다).

• 해설 : $$\frac{2천만원}{(1+X)}+\frac{2천만원}{(1+X)^2}+\frac{2천만원}{(1+X)^3}=4천\ 500만원$$

위의 식을 만족시키는 X의 값은 15.9%이다. 따라서 이자율 10%보다 수익률이 높은 투자안이므로, 김지환 사장은 원룸 건축을 선택하는 것이 합리적이다.

잠깐! 순현재가치법과 내부수익률법에 의한 투자안의 경제성 평가 결과가 다른 경우

투자안에 대하여 순현재가치법과 내부수익률법에 의한 평가결과가 상이하게 나타날 수 있다. 투자안에 대한 평가가 상이하게 나타나게 만드는 요인은 투자 규모나 투자안의 수명주기가 현격히 차이가 나거나, 현금흐름의 양상이 차이가 날 때 등이다. 이처럼 투자안에 대한 평가 결과가 상이한 경우, 순현재가치법의 결과에 따르는 것이 보다 합리적이다. 그것은 내부수익률법에 의한 평가결과가 보다 낙관적인 가정 속에 도출된 결과이며, 경우에 따라서는 복수의 결과가 나오거나 결과가 도출되지 않는 경우가 있기 때문이다. 또한 순현재가치법은 여러 투자안에 동시에 투자할 경우 각 투자안의 순현재가치를 합하는 과정만으로 충분히 여러 투자를 동시에 투자할 경우의 결과를 도출할 수 있다. 하지만 내부수익률법은 투자안이 바뀔 때마다 다시 계산해야 하는 번거로움이 있다.

4 이익 관련 의사결정

이익관리란 매출과 이익의 관계를 분석해서 이 관계를 이용하여 각종 경영 관련 의사결정에 활용하는 것을 말한다. 구체적인 분석기법으로는 손익분기점을 분석하는 방법이 있다.

- 주문제작 요청의 수락 요청
- 자체적으로 제작할지 외주를 주어야 할지 여부 결정
- 생산라인 추가 및 폐지 결정

1 손익분기점 분석 방법

손익분기점(BEP ; Break Even Point)이란 이익도 없고 손실도 없게 되는 매출 수준을 말한다. 따라서 손익분기점 이상의 판매량을 보이면 영업이익이 발생하고, 반대의 경우 영업손실이 발생한다. 이때 손익분기점은 매출 금액으로 표현할 수도 있고, 매출 수량으로도 표현할 수 있다.

(1) 손익분기점 분석

손익분기점 분석을 위해 사용되는 내용은 조업 수준에 따라 발생하는 원가와 이를 통해 창출하는 이익에 대한 관계가 중요하다. 이를 원가-조업도-이익의 관계를 통한 분석이란 의미로 CVP(cost-volume-profit) 분석이라도 한다.

① 원가

원가는 고정비와 변동비로 구분할 수 있다. 먼저 변동비는 조업 수준에 따라 비례하여 발생하는 원가이고, 고정비는 조업 수준과 관계없이 고정적으로 발생하는 비용을 말한다. 따라서 변동비는 제품을 한 단위 추가 생산할 때마다 추가적으로 발생한다.

$$\text{총원가} = \text{제품 생산수량} \times \text{단위당 변동비} + \text{고정비}$$

② 손익분기점 수량

원가계산법을 바탕으로 손익분기점 수준의 조업도를 구하는 것은 다음과 같다.

$$\text{손익분기점 수량} \times \text{판매단가} = \text{손익분기점 수량} \times \text{단위당 변동비} + \text{고정비}$$

이를 손익분기점 수량으로 정리하면,

$$\text{손익분기점 수량} = \frac{\text{고정비}}{\text{판매단가} - \text{단위당 변동비}} = \frac{\text{고정비}}{\text{단위당 공헌이익}}$$

판매단가에서 단위당 변동비를 차감한 것을 공헌이익(contribution margin)이라고 하는데 이는 제품 생산을 위해 발생한 고정비를 보상하는 데 공헌하는 이익이라는 뜻이다.

〈예시 8〉 지윤 기업이 판매하고 있는 제품의 판매단가는 9만원이다. 이 제품의 단위당 변동비는 5만원이고, 고정비가 3,500만원이라고 할 때, 손익분기점 수량은 얼마인가?

• 해설 : 위의 사례에는 공헌이익은 9만원 − 5만원 = 4만원이다. 따라서 손익분기점은 다음과 같다.

$$\text{손익분기점} = \frac{3{,}500\text{만원}}{4\text{만원}} = 875\text{개}$$

기출 유사문제

어느 회사가 신제품 비누가격을 개당 2,000원으로 책정했다. 신제품의 고정비용이 100만원이고, 가변비용은 개당 1,500원이라고 할 때 이 제품의 손익분기점은 몇 개인가?

① 2,000개
② 3,000개
③ 4,000개
④ 5,000개
⑤ 6,000개

해설 TR = 2,000Q, TC = 1,000,000 + 1,500Q이므로
2,000Q = 1,000,000 + 1,500Q에서 500Q = 1,000,000
Q = 2,000개이다.

정답 Ⅰ ①

(2) 목표이익

특정 수준의 이익을 달성하기 위한 매출액 내지 판매량을 파악하기 위한 방법은 다음과 같다.

$$\text{손익분기점 수량} = \frac{\text{고정비} + \text{목표이익}}{\text{판매단가} - \text{단위당 변동비}}$$

〈예시 9〉 지윤 기업이 판매하고 있는 제품의 판매단가는 9만원이다. 이 제품의 단위당 변동비는 5만원이고, 고정비가 3,500만원이라고 할 때, 총 1,000만원의 이익을 달성하기 위한 판매량은 얼마인가?

• 해설 : $\text{손익분기점} = \frac{3{,}500\text{만원} + 1{,}000\text{만원}}{4\text{만원}} = 1{,}125\text{개}$

(3) 현재의 매출량에 대한 분석

현재 매출 수준이 손익분기점을 어느 정도 초과했거나, 손익분기점에서 어느 정도 모자라는지를 파악할 필요가 있다. 이를 파악하는 방법은 다음과 같다.

$$\text{손익분기점비율} = \frac{\text{손익분기점}}{\text{현재 매출 수준}} \times 100$$

2 레버리지 분석

레버리지 분석이란 고정비가 매출액이 변동함에 따라 순이익에 어떠한 영향을 미치는지를 분석하는 것을 말한다. 영업레버리지와 재무레버리지로 구분하여 분석한다.

(1) 영업레버리지 분석

① 영업레버리지

총비용 중에서 고정비가 차지하는 비중. 영업레버리지 비중이 높은 기업일수록 매출액 증가에 따라 영업이익이 큰 폭으로 상승하고, 반대로 매출액이 감소하면 영업이익의 폭이 큰 폭으로 줄어든다.

② 영업레버리지도의 측정

영업비 중에서 고정비의 비중이 높을수록 기업의 수익력은 개선될 수 있지만, 영업위험이 증가되므로 적절한 위험 수준에서 수익률을 높일 수 있는 비용 구조를 결정하여야 한다. 일반적으로 고정영업비가 클수록, 매출액이 작을수록, 판매단가가 낮을수록, 단위당 변동비가 클수록 영업레버리지는 크게 나타난다.

$$\text{영업레버리지도(DOL)} = \frac{\text{영업이익의 변화율}}{\text{매출액의 변화율}} = \frac{\text{매출액} - \text{변동비}}{\text{매출액} - \text{변동비} - \text{고정비}}$$

(2) 재무레버리지 분석

① 재무레버리지

총비용 중에서 고정재무비용(이자)이 차지하는 비중으로, 재무레버리지 비중이 높은 기업일수록 영업이익 증가에 따라 순이익이 큰 폭으로 상승하고, 반대로 영업이익이 감소하면 순이익은 큰 폭으로 떨어진다.

② 재무레버리지도의 측정

재무레버리지는 영업이익이 클수록, 고정재무비용이 작을수록 그 크기가 작게 나타난다. 주주들은 재무레버리지도가 높은 기업에 대하여 위험을 크게 느끼고 높은 기대수익률을 요구하게 된다.

$$\text{재무레버리지도(DFL)} = \frac{\text{주당순이익변화율}}{\text{영업이익변화율}} = \frac{\text{영업이익}(EBIT)}{\text{영업이익}(EBIT) - \text{이자}(I)}$$

(3) 결합레버리지 분석

결합레버리지란 매출액 변동에 따른 주당순이익의 변동 정도, 즉 영업레버리지와 재무레버리지를 결합한 것으로, 총비용 중에서 고정비와 고정재무비용이 차지하는 비중으로 측정이 가능하다.

$$\text{결합레버리지(DCL)} = DOL \times DFL = \frac{\text{주당순이익변화율}}{\text{매출액변화율}} = \frac{\text{매출액} - \text{변동비}}{\text{매출액} - \text{변동비} - \text{고정비} - \text{이자비용}}$$

5 증권 관련 의사결정

1 증권의 적정 가격

모든 자산의 가격이 해당 자산을 구입함으로써 발생하는 수익의 현금흐름을 적절한 할인율로 할인하여 산출한다. 증권의 가격 역시 마찬가지다. 증권의 가격도 증권을 갖고 있음으로 해서 앞으로 취득하게 될 현금흐름을 적정한 할인율로 현재가치화하여 계산할 수 있다.

(1) 주식의 배당평가모형

배당평가모형이란 주식의 가치를 그 주식을 보유하고 있는 주주에게 기대되는 미래의 배당금의 현재가치에 의해 평가하는 방법이다. 따라서 이 모형에 의한 적정 주가를 측정하기 위해서는 주당이익흐름과 배당금을 측정하여 현재가치를 구하면 된다.
배당수익과 처분가격 그리고 요구수익률이 적절히 평가되었다면 보통주의 내재가치는 다음과 같이 표현이 가능하다. 만일 주식을 n년간 보유하고 n년 후에 매각하였다고 가정하면 이 모형에 의한 주식의 내재가치는 다음과 같다.

$$P_0 = \frac{d_1}{(1+k)^1} + \frac{d_2}{(1+k)^2} + \dots + \frac{d_n}{(1+k)^n} + \frac{p_n}{(1+k)^n}$$

(단, d_t : t기의 배당수입, k : 주주 요구수익률, p_n : n년 후의 처분가격)

여기서 n년 후의 처분가격(p_n)은 (n + 1)년 이후에 발생하는 배당 수입의 현재가치와 같다.

$$P_0 = \frac{d_1}{(1+k)} + \frac{d_2}{(1+k)^2} + \cdots + \frac{d_n}{(1+k)^n} + \frac{d_{n+1}}{(1+k)^{n+1}} + \cdots + \frac{d_\infty}{(1+k)^\infty} = \sum_{t=1}^{\infty} \frac{d_t}{(1+k)^t}$$

따라서 현재의 주식가격을 결정하는 현금흐름은 '주식을 어느 시점에 처분할 것인가'와는 전혀 상관없으며, 해당 주식을 보유함으로써 앞으로 얻게 될 배당금에 의해서 결정된다는 사실을 알 수 있다.

〈예시 10〉 김수호는 정호실업 주식을 보유함으로써 올해 말 1주당 2,000원, 내년 말에는 3,000원의 배당금을 지급받을 예정이다. 또한 김수호는 배당을 받은 후 내년에 이 주식을 21,000원에 처분할 계획이다. 이러한 경우 정호실업의 적정 주가는 얼마인가? (단, 할인율은 12%이다)

• 해설 : 이 주식의 적정 가격은 다음과 같다.

$$\frac{2,000}{(1+0.12)} + \frac{3,000}{(1+0.12)^2} + \frac{21,000}{(1+0.12)^2} = 20,918\text{원}$$

(2) 배당이 일정한 경우

만약 배당금이 일정할 경우에는 다음과 같이 계산될 수 있다. 특히 배당금이 일정한 경우에 주식가격을 평가하는 모형을 무[제로]성장모형(zero-growth model)이라고 한다.

$$P_0 = \frac{d}{(1+k)} + \frac{d}{(1+k)^2} + \cdots + \frac{d}{(1+k)^n} = \frac{d}{k} = \frac{EPS}{R}$$

(단, EPS : 주당순이익)

(3) 배당금이 일정하게 증가하는 경우

기업의 이익과 배당이 매년 일정 비율(g%) 증가한다고 가정할 경우의 주식의 이론적 가치를 나타낸 것으로, 모형 도출을 위하여 필요한 가정은 다음과 같다.

① 성장에 필요한 자본은 자기자본인 내부자금만으로 조달한다.
② 이익과 배당은 일정한 성장률 g%의 비율로 계속 성장한다.
③ 주주의 요구수익률(k)은 일정하며, 요구수익률(k)은 성장률(g)보다 크다.

$$P_0 = \frac{d}{(1+k)} + \frac{d(1+g)}{(1+k)^2} + \frac{d(1+g)^2}{(1+k)^3} \cdots + \frac{d(1+g)^\infty}{(1+k)^\infty} = \frac{d}{k-g}$$

〈예시 11〉 태훈기업은 올해 배당금으로 6,000원을 지급할 예정이다. 그런데 태훈기업은 앞으로 이익이 증가할 것이기 때문에 매년 배당금을 전년 대비 4%씩 증가시켜서 배당할 예

정이다. 이러한 경우 적정 주가는 얼마인가? (단, 적정 할인율은 12%라고 가정하자)

• 해설 : 태훈기업의 주가는 다음과 같다.

$$\frac{6,000}{0.12-0.04} = 75,000\text{원}$$

2 주식의 이익평가모형

(1) 이익평가모형의 의의

보통주의 이론가격은 미래 주당이익을 요구수익률로 할인한 값이다. 왜냐하면 보통주의 소유자가 행사하는 청구권은 보통주의 이익이며, 이 이익이 배당이 되든지 내부에 유보되든지 어떻게 배분되든지 결국 주주의 몫이기 때문이다. 여기에서 유의할 점은 요구수익률 k_e가 배당평가모형에서 사용한 요구수익률 k와는 다르다. 왜냐하면 미래 배당흐름과 이익흐름의 변동성은 서로 다르므로 적용되는 요구수익률도 달라야 하기 때문이다.

(2) 모형의 도출

$$P_0 = \frac{e_1}{(1+k_e)} + \frac{e_2}{(1+k_e)} + \dots + \frac{e_n}{(1+k_e)} + \dots = \sum_{t=1}^{\infty}\frac{e_t}{(1+k_e)^t}$$

(단, e_t : t기의 배당수입, k : 주주 요구수익률)

여기에서 매기의 주당이익이 일정하다면 배당평가모형의 무[제로]성장모형과 같이 간단하게 나타낼 수 있다.

$$P_0 = \frac{e}{(1+k_e)}\left(1 + \frac{1}{(1+k_e)} + \frac{1}{(1+k_e)^2} + \dots\right) = \frac{e}{k_e}$$

(3) 배당모형과 이익모형은 동일

모딜리아니와 밀러에 의하면 양 모형은 동일하다고 했다. 순이익은 주주에 대한 배당과 내부유보에 의한 재투자로 나누어지며, 이 중 내부유보는 재투자되어 미래의 배당을 증가시키는 것으로 나타나기 때문이다.

3 주가수익비율(PER) 평가모형

(1) PER에 의한 주가 평가

① 주가수익비율(PER ; Price-Earning Ratio)

PER이란 현재의 주가를 주당순이익으로 나눈 값으로, 기업의 이익 한 단위에 대하여 투자자가 지불하고 있는 대가를 나타낸 것으로 투자승수라고도 한다. PER은 기업 수익력의 성장성, 위험, 회계처리방법 등 질적인 측면이 총체적으로 반영된 지표이다. 예를 들어 어느 기업의 주당순이익이 2,000원이고 현재 주가가 30,000원이라면 PER은 15배(30,000/2,000)가 된다. 이는 이익 1원을 벌기 위하여 투자자가 15배의 대가를 지불하고 있는 셈이다.

② PER을 이용한 주가 추정

$$P = PER \times EPS$$

이 경우 정상적 PER은 동일 위험의 유사기업 PER, 동업종 평균 PER, 과거평균 PER 또는 배당평가모형에 의한 PER을 구하는 방법이 있다. 이 중 배당평가모형에 의한 PER은 다음과 같다.

$P_0 = \dfrac{d_0(1+g)}{(k-g)}$의 양변을 주당이익(E)로 나누어 정상적인 PER을 구한다.

$$P/E = \frac{d_0(1+g)}{k-g} \div E = \frac{d_0(1+g)}{k-g} \div \frac{d_1}{1-f} = \frac{1-f}{k-g}$$

(단, $1-f$: 배당성향, f : 사내유보율)

(2) PER 결정 요인

위 식에서 PER의 결정요인을 잘 나타내고 있다. 즉, PER은 배당성향(1−f)과 성장률(g)이 클수록 높아지며, 요구수익률(k)이 증가할수록 낮아진다.

① 배당성향

배당성향이 높을수록 미래성장에 중요한 영향을 미치기 때문에 성장률과 종합적으로 검토하여야 한다.

② 성장률

다른 조건이 일정하다면 성장률이 높을수록 PER은 높아지게 된다.

③ 요구수익률

요구수익률은 증권의 위험과 경제상황에 따라 달라진다. 강세시장에는 낮은 요구수익률이 요구되지만, 약세시장에는 보다 높은 요구수익률이 요구될 것이다. 그리고 위험이 커짐에 따라 PER은 낮아지지만 동일증권에 대해서도 강세시장에서는 높은 PER이 적용된다.

(3) PER의 해석

① PER이 높다는 말은 성장기회의 현가(PVGO ; Present Value of Growth Opportunity)인 주가가 높거나, 순이익이 비교적 안정적이어서 기대수익률이 낮다는 의미이다.

② 주당이익 규모가 같은 동일업종에 속한 두 주식 간에 PER이 다른 경우 저PER주식이 상대적으로 저평가된 주식이다.

③ 향후 이 업종에 호재가 발생하면 저PER주식의 상승률이 상대적으로 높을 것이다.

(4) PER 이용의 한계점

① 계산상 문제점

㉠ PER 계산 시에 어느 시점의 주가를 이용하느냐가 중요하다.

㉡ 주당순이익은 다음 기의 추정치를 이용하는 것이 더욱 합리적이다.

㉢ 주당순이익은 특별손익을 제외한 경상이익을 이용하는 것이 일반적이다.

㉣ 산업평균 PER을 구할 경우 (-)의 PER을 포함시킬 것인가가 중요하다.

② 사용상의 문제점

PER에 사용되는 이익에 대한 객관성과 신뢰성의 문제가 있으며, 특별손익을 제외한 정상이익이어야 한다. 또한 국내 기업 간에는 회계처리방법, 국가 간에는 세금 및 금리차이 등도 고려하여야 한다.

(5) PER을 이용한 주가 예측

A사의 현재주가는 20,000원, 주당이익은 2,500원이며 매년 10%의 성장을 계속하고, 50%의 배당성향을 유지할 것으로 전망된다. 투자자의 요구수익률이 15%이고 내년도 주당이익은 2,750원으로 예상된다. 한편 동종산업 평균 PER은 10배이고 과거 5년 평균 PER은 8배였다. 이 회사의 1년 후 추정주가는?

① 현재 $PER = 20,000/2,500 = 8$(배)

② 산업평균을 이용할 경우 추정주가(P) = $PER \times EPS = 10 \times 2,750 = 27,500$(원)

③ 과거평균을 이용한 주가(P) = $8 \times 2,750 = 22,000$(원)

④ 배당평균모형을 이용할 경우

* $P/E = PER/EPS = (1-f)(1+g)/(k-g) = 0.5(1.1)/(0.15-0.10) = 11$

* $P = 11 \times 2,750 = 30,250$(원)

4 주가순자산배율(PBR) 평가모형

PER은 미래의 현금흐름을 전제로 하기 때문에 객관성과 정확성이 결여된다. 보통주의 가치를 평가하는 또 다른 방법은 기업의 자산가치를 기준으로 평가하는 방법이다.

(1) 주가순자산배율(PBR ; Price-Book value Ratio)

PBR이란 주가를 주당순자산으로 나눈 값으로 보통주의 주당 가치를 시장가격과 장부가격으로 대비한 지표다. 즉, 주식의 시장가치와 장부가치의 괴리도를 나타낸 자료라고 할 수 있다. 여기에서 주당순자산이란 기업의 순자산을 발행주식수로 나눈 값이다.

- $PBR = \frac{\text{주가}}{\text{주당순자산}} = \frac{\text{주당 시장가격}}{\text{주당 장부가격}}$
- $BPS = \frac{\text{순자산(총자산 − 부채)}}{\text{발행주식 수}}$

(2) 주식과 시장가격과 장부가격 불일치 원인

① 시간상의 차이

분자인 주가는 현재의 시장가치로 미래지향적이며, 분모인 주당순자산은 역사적 원가에 준하는 과거지향적 가치다.

② 집합성의 차이

분자인 주가는 기업의 가치를 총체적으로 반영한 가치이지만, 분모인 주당순자산은 개별자산의 단순집합에 불과하다.

③ 자산·부채의 인식기준의 차이

주가는 시장에서 수급에 의해 자유롭게 가격이 형성되지만, 자산이나 부채의 장부가격은 일정한 회계관습에 의해 제약을 받는다.

(3) PBR을 이용한 주가 추정

이론적 적정 주가는 정상적인 PBR에 주당순이익을 곱한 금액이다. 그리고 정상적 PBR은 유사기업 PBR, 동업종 평균 PBR, 과거평균 PBR 등을 이용한다.

$$P^* = PBR^* \times BPS$$

* $PBR = ROE \times PER$ = (순이익/자기자본) × (P/E)

= (순이익/매출액) × (매출액/총자본) × (총자본/자기자본) × (P/E)

(마진) (활동성) (부채레버리지) × (P/E)

→ PBR은 ROE의 결정요소인 기업의 마진, 활동성, 부채레버리지 그리고 PER이 반영된 지표이다. 고ROE·저PBR의 주식은 저평가, 저ROE·고PBR 주식은 고평가된 주식이라 할 수 있다.

5 채권가격의 결정

(1) 채권가격 계산을 위한 기본 개념

채권은 정부가 지자체, 일반 기업 등이 투자자로부터 자금을 조달하기 위해서 발행하는 차용증서를 말한다. 채권에서는 원금과 이자를 지급하는 시기가 미리 정해져 있다는 특징이 있다.

용어 해설

- **액면금액** : 채권 액면에 표시되어 있는 금액으로, 채권을 보유하고 있는 투자자는 만기에 이 액면 금액을 수령한다.
- **표면금리** : 채권보유자에게 지급할 이자금액을 결정하는 금리로, 액면이자율, 약정이자율, 쿠폰이자율이라도 불린다.
- **만기** : 채권이 발행되고 난 후 원금이 상환되는 시점을 만기라 한다.
- **잔존기간** : 이미 발행된 채권을 만기 이전에 중도매매할 때에 매매일로부터 만기까지 남은 기간을 잔존기간이라고 한다.

〈예시 12〉 액면금액이 100만원, 만기 5년이고, 표면금리는 8%인 채권을 발행한 후 2년 경과한 시점에서 취득하였다. 이자는 연말에 수령하는 조건이라고 할 때 이 채권을 취득한 이후의 현금흐름을 나타내라.

• 해설 : 위의 사례에서 제시된 채권의 잔존기간은 3년이다. 매년 수령할 수 있는 이자지급액은 다음과 같다.

이자수령액 = 액면금액 × 표면금리 = 100만원 × 0.08 = 8만원

따라서 해당 채권을 취득할 경우에는 다음과 같은 현금흐름을 얻을 수 있다.

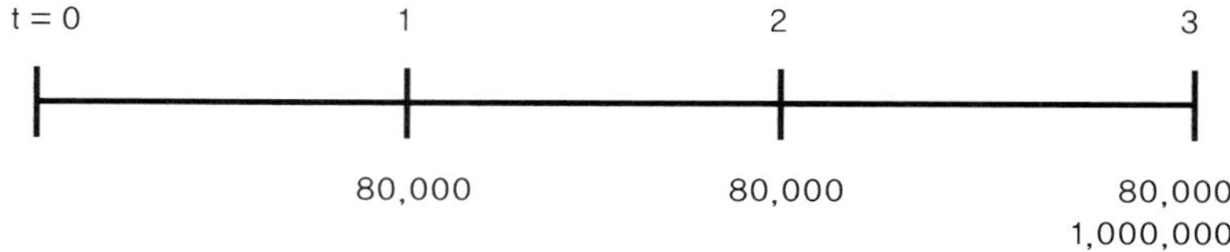

(2) 채권평가모형

① 이자부 채권

이자부 채권이란 가장 일반적인 형태의 채권으로서 일정기간 동안 이자를 지급하다가 만기에 원금을 상환해 주는 채권을 말한다. 이러한 특성을 가진 채권은 이표채라고도 불린다. 이러한 형태의 채권을 보유할 경우 이자와 원금이라는 두 가지 현금흐름이 발생하게 되는데, 이를 적정 할인율로 현재가치화하면 다음과 같다.

$$B_0 = \frac{C}{(1+k)} + \frac{C}{(1+k)^2} + \cdots + \frac{C}{(1+k)^n} + \frac{F}{(1+k)^n}$$

(단, C : 이자, F : 액면금액, n : 잔존기간)

② 할인채

할인채의 경우 만기까지 아무런 이자도 지급하지 않다가 만기에 가서 단 1회에 액면금액만 상환하는 형태의 채권이다. 우리나라의 경우에는 재정증권, 통화안정증권, 산업금융채권 등이 이러한 형태를 취하는 경우가 많다.

$$B_0 = \frac{F}{(1+k)^n}$$

(단, F : 액면금액, n : 잔존기간)

③ 영구채

영구채의 경우에는 만기가 없는 채권을 말한다. 영구채는 원금상환 없이 무한 기간 동안 이자만을 지급하는 현금흐름을 보이고 있다. 따라서 계산 방법은 다음과 같다.

$$B_0 = \frac{d}{(1+k)} + \frac{d}{(1+k)^2} + \dots + \frac{d}{(1+k)^n} + \frac{d}{(1+k)^{n+1}} + \dots + \frac{d}{(1+k)^{\infty}} = \frac{d}{k}$$

〈예시 13〉 시장이자율이 10%라는 가정하에 다음과 같은 형태의 채권들의 적정 가격을 산출하여라(단 이자는 연 1회 지급한다고 가정하자).

(1) 잔존기간 3년에, 액면금액 100만원이며, 표면금리는 8%인 채권의 가격은 얼마인가?

(2) 만기까지 3년 남은 액면금액 100만원인 할인채의 가격은 얼마인가?

(3) 액면금액이 100만원이고, 표면금리는 8%인 영구채권의 가격은 얼마인가?

• 해설 : (1) $B_0 = \frac{80,000}{(1+0.1)} + \frac{80,000}{(1+0.1)^2} + \frac{80,000}{(1+0.1)^3} + \frac{1,000,000}{(1+0.1)^3} = 950,263$원

(2) $B_0 = \frac{1,000,000}{(1+0.1)^3} = 751,315$원

(3) $B_0 = \frac{80,000}{0.1} = 800,000$원

Hot Issue 증권 vs. 채권의 구분

1. 주식(株式)

주식이란 투자자가 기업에 출자한 지분을 의미하지만 일반적으로 주주권을 나타내는 유가증권으로서의 주권을 말한다. 기업이 주식을 발행하는 것은 투자자로부터 기업경영에 필요한 대규모 자금을 조달하기 위한 것이지만, 투자자의 입장에서는 주식을 매수하므로 주주가 되어 지분에 비례하여 그 기업경영에 대한 의사결정에 참여할 권리를 가지게 된다.

① **보통주** : 주총의 의결권 및 잔여재산분배청구권 등에 기준이 되는 일반적인 주식이다.

② **우선주** : 이익배당이나 잔여재산분배청구권 등에서 보통주보다 우선하나 의결권이 제한되어 있는 주식으로, 기존 주주의 경영권을 침해하지 않고 자금 조달을 하기 위해 발행된다.

③ **전환우선주** : 일반 우선주는 보통주보다 1% 수준의 배당률이 높으나 의결권이 없다. 신형우선주는 배당률이 미리 정관에 기재되어 있으므로 채권과 비슷하며, 일정기간 경과하면 보통주식으로 전환이 가능하므로 주총의결권이 부여된다.

④ **후배주** : 배당금의 지급에 후순위인 주식으로 보통주가 일정률의 배당을 받은 후에 잔여분이 있는 경우에 배당을 받게 되는 주식을 말한다(발기인. 대주주).

2. 채권(債券)

채권이란 경제주체가 각자 고유의 업무 수행을 하기 위하여 자금이 필요할 경우 자금의 수요자가 자금의 공급자에게 발행하는 증서이다. 경제주체인 국가, 지방자치단체, 특별법인 그리고

기업 등이 발행자가 된다. 채권에는 얼마의 금액(액면금액)을 어느 기간(만기일)까지 빌려 쓰고 그 기간 내에 원금과 함께 얼마만큼의 이자(발행금리)를 지급하겠다는 내용, 즉 발행조건이 기재된다. 그러나 채권도 원금상환기일 이전에 주식과 마찬가지로 유통시장에서 투자자 간 매매를 통하여 원금을 회수할 수 있다.

① **국공채** : 국채(재정증권, 국민주택채권, 국고채 등), 지방채(도시철도채, 상수도공채 등)
② **특수채** : 전신전화채권, 전력채권, 도시개발채권 등
③ **금융채** : 통화안정채권(통안채), 산업금융채권(산금채), 중소기업채 등
④ **회사채** : 보증채, 무보증채 등
⑤ **주식관련 채권** : CB, BW, EB 등

※ 주식과 채권의 차이

구분	주식	채권
자금 조달방법	자기자본	타인자본
소유자의 법적 지위	주주	채권자
소유 시 과실	결산 시 배당금	원금과 이자
존속기간	영구증권	기한부 증권
손익의 안정성	불확정소득	확정소득
투자위험	높음	낮음
발행주체	상법상 주식회사	정부, 공공법인, 기업
경영참가권	있음	없음

(3) 채권가격과 채권 관련 변수와의 관계

① 시장이자율과 채권가격

채권가격은 시장이자율과 역의 관계를 갖고 있다. 시장이자율이 높으면, 채권가격이 낮아지고, 시장이자율이 낮으면 채권가격이 높아진다.

- 시장이자율 < 액면이자율 → 채권가격 > 액면금액 : 할증거래
- 시장이자율 = 액면이자율 → 채권가격 = 액면금액 : 액면거래
- 시장이자율 > 액면이자율 → 채권가격 < 액면금액 : 할인거래

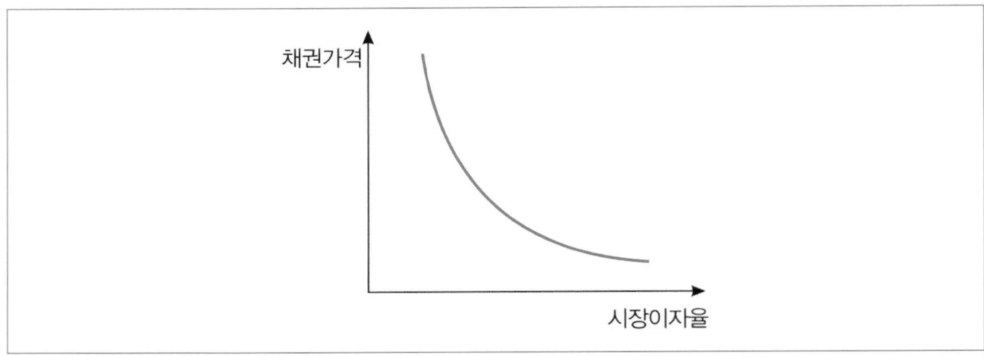

② 만기와 채권가격

채권가격은 시장이자율에 의해 영향을 받는데, 시장이자율이 동일한 크기로 변동할 때에 만기가 긴 채권의 가격은 만기가 짧은 채권의 가격보다 더 민감하게 변동하게 됨을 알 수 있다. 이는 다른 조건이 동일한 경우에 만기가 길수록 위험에 대한 보상으로 더 높은 이자율이 요구되는 것이 일반적이라는 점을 시사한다.

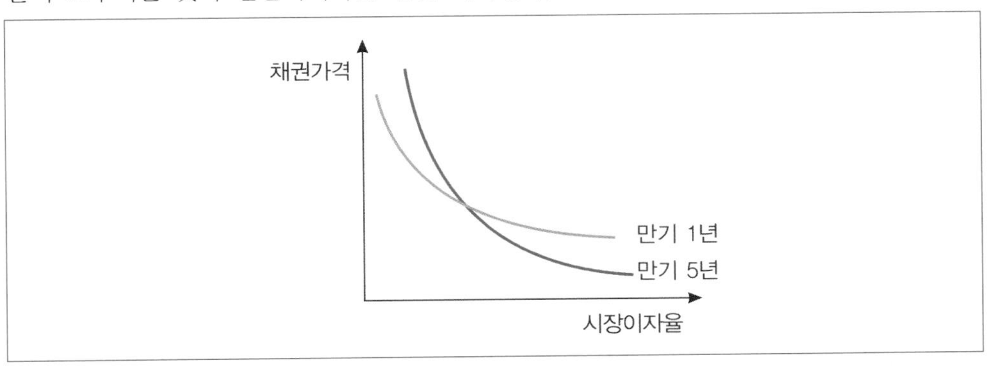

(4) 채권수익률

채권의 가격을 산출할 때 이용하는 시장이자율을 채권수익률이라고 부른다. 또한 시장이자율이란 채권을 구입해서 만기까지 보유할 경우에 얻게 되는 수익률을 의미하는 것이기 때문에 만기수익률이라고도 한다.

① 채권수익률의 계산 방식

채권수익률을 알게 되면, 채권 매입 시 얻게 되는 현금흐름을 할인하여 채권의 현재가치가 얼마인지 계산할 수 있다.

$$B_0 = \frac{C}{(1+R)} + \frac{C}{(1+R)^2} + \cdots + \frac{C}{(1+R)^n} + \frac{F}{(1+R)^n}$$

(단, C : 이자, F : 액면금액, n : 잔존기간)

위의 식에서 할인율은 R을 제외하고 액면이자(C)와 만기(n)에 상환되는 원금(F) 및 만기(n)는 채권을 발행할 때 계약에 의해 확정되는 요인들이다.

〈예시 14〉 액면금액이 10,000원이고 표면금리가 연 10%, 이자는 연 1회 지급하고, 만기가 3년 남은 채권이 있다. 현재 채권시장에서 이 채권의 가격이 8,858원에 거래되고 있다고 하면 채권수익률은 얼마인가?

• 해설 : $\frac{1,000}{(1+R)} + \frac{1,000}{(1+R)^2} + \frac{11,000}{(1+R)^3} = 8,858$ 원, 이를 계산하면 R = 15%가 된다.

② 채권수익률의 결정 요인

㉠ 자본의 한계생산성(MPC ; Marginal Productivity of Capital) : 자본의 한계생산성은 추가로 1단위 자본을 실물자산에 투자할 경우 얻게 되는 수익률을 의미한다. 만약 시장이

균형상태라면 이는 실질이자율과 동일할 것이다. 따라서 경기가 호황일 때에는 자본의 생산성이 높고 이에 따라서 실질이자율도 높게 형성된다. 이는 투자수익률이 높다면 투자자들은 이자율을 부담하더라도 자금을 쓰려고 할 것이기 때문이다.

㉡ **물가상승률** : 물가수익률은 채권수익률에 영향을 미친다. 물가상승률과 실질이자율 그리고 명목이자율 사이에는 다음과 같은 관계식이 성립하는데, 이를 피셔의 공식(Fisher's Formula)이라 한다.

$$1+R=(1+r)(1+inf)$$

(단, R : 명목이자율, r : 실질이자율, inf : 물가상승률)

㉢ **만기까지의 잔존기간** : 만기가 긴 채권의 경우에는 상대적으로 만기가 짧은 채권보다 시장이자율의 변화에 대해서 더 큰 폭으로 채권가격이 변동하게 된다. 따라서 다른 조건이 동일하다면 만기가 긴 채권의 가격변동위험이 더 크므로 이러한 위험에 대한 보상으로 더 높은 수익률을 요구하게 된다. 이러한 만기와 채권수익률의 관계를 이자율의 기간구조라 한다.

㉣ **채무불이행위험** : 결정하는 마지막 요인은 채무불이행위험이다. 채무불이행위험이란 채권의 발행주체가 원리금을 제때에 상환하지 못할 가능성을 의미한다. 회사채의 경우에는 국가가 발행하는 국채의 경우보다 더 낮은 가격으로 거래된다. 그것은 개인 기업이 국가에 비해서 파산하여 채무를 상환하지 못할 가능성이 더 높아서 이에 대한 보상이 있어야 하기 때문이다.

PART 04
경영

CHAPTER 04

출제예상문제

01 1,000억원이 투자되는 A, B 두 가지 사업이 있다. A사업은 투자 1년 후 600억원, 2년 후 0원, 3년 후 550억원의 수익이 발생하고, B사업은 투자 3년 후 1,200억원의 수익이 한꺼번에 들어온다. 할인율이 연 1%, 5%, 7%일 때 미래에 들어올 A, B 사업 순편익의 현재가치가 아래 표와 같다고 하자. 다음 중 옳은 설명으로 짝지은 것은?

할인율	A사업 순편익의 현재가치	B사업 순편익의 현재가치
연 1%	128억원	165억원
연 5%	46억원	37억원
연 7%	10억원	−21억원

㉠ B사업의 순편익 총액은 1,200억원으로 A사업의 1,150억원보다 많아 B사업이 유리하네.
㉡ 그렇지 않아. 시중 이자율을 따져 봐야지. 이자율이 높으면 A사업이 유리해.
㉢ 음, 현재가치를 0으로 만들어 주는 내부수익률은 A사업이 B보다 높군.
㉣ 위험분산을 위해 A, B 두 사업에 골고루 분산해 투자하는 것이 최선이야.

① ㉠, ㉡
② ㉠, ㉢
③ ㉡, ㉢
④ ㉡, ㉣
⑤ ㉢, ㉣

해설 A의 내부수익률이 B보다 높다. 현재가치법은 미래의 현금흐름을 동일한 기준으로 평가하기 위해 각 현금흐름에 할인율을 적용해 현재가치로 바꾼다. 따라서 이자율이 상승하면 할인율도 높여야 한다. 반면 내부수익률은 현재가치로 바꾼 수익과 비용을 동일하게 만들어주는 할인율이다. B사업은 A사업보다 더 먼 미래에 수익이 발생하기 때문에 할인율 상승으로 인한 현재가치 하락폭이 더 크다.

정답 01 ③

02 **다음은 화폐의 시간가치(Time Value of Money)를 나타내는 기본 공식이다. 이 공식과 관련된 아래의 설명 중 옳은 것을 모두 고른 것은?**

$$FV = PV \times (1+i)^n$$

FV(미래가치, Future Value), PV(현재가치, Present Value), i(이자율), n(기간 또는 복리 횟수)

㉠ 연복리 이자율 6% 조건으로 약 8,900만원을 투자하면 2년 뒤 1억원이 된다.
㉡ 위 ㉠의 사례에 반기복리 이자율 3%를 적용하면 2년 뒤 역시 1억원을 얻을 수 있다.
㉢ 위 공식을 활용하면 현재 자신이 가진 돈으로 미래 특정 시점에 목표한 금액을 갖기 위해 어느 정도 수익률의 상품에 투자해야 하는지를 판단할 수 있다.
㉣ 연복리 이자율이 5%일 경우 위 공식에 따르면 오늘 당장 받을 100만원이 10년 뒤에 받을 수 있는 200만원보다 유리하다.
㉤ 투자기간이 길수록, 복리횟수가 많을수록 동일한 미래가치를 위한 현재가치의 크기가 작다.

① ㉠, ㉡, ㉤
② ㉠, ㉢, ㉣
③ ㉠, ㉢, ㉤
④ ㉡, ㉢, ㉣
⑤ ㉡, ㉣, ㉤

해설 ㉠ 8,900만원 × $(1.06)^2$ = 1억원
㉡ 8,900만원 × $(1.03)^4$ = 1억17만원
㉣ 100만원 × $(1.05)^{10}$ = 약 163만원이다.

03 **내부수익률에 대한 설명으로 가장 바르지 않은 것은?**

① 내부수익률은 투자로부터 기대되는 현금 유입의 현가와 현금 유출의 현가를 같게 하는 할인율을 의미한다.
② 내부수익률은 투자자의 순현가가 0이 되는 할인율이다.
③ 혼합현금흐름인 경우에는 내부수익률이 존재하지 않거나 복수의 내부수익률이 존재할 수 있다.
④ 내부수익률은 자본비용과 비교하여 의사결정을 한다.
⑤ 채권만기수익률은 곧 가중평균자본비용이다.

해설 채권수익률은 채권의 현재 시장가격과 채권을 만기까지 보유했을 때 얻게 될 이자 및 원금의 현재가치를 같게 해주는 할인율이므로 채권투자의 내부수익률(IRR)이다.

정답 02 ③ 03 ⑤

04 **다음에 제시된 상황 중에서 재무관리자로 하여금 양(+)의 NPV 값을 갖는 투자 계획을 연기시키게끔 하는 상황은? (단, 이 투자 계획을 지금 채택한다면 그 NPV값은 일정한 값을 갖는다)**

① 무위험이자율의 하락
② 상기 투자안에 대한 예산 투자금액의 감소
③ 상기 투자안에서 창출된 최초의 현금유입이 기대치에 못 미쳤을 때
④ 미래 투자안 가치의 불확실성의 증가
⑤ 해당사항 없음

해설 불확실성이 증가하면 투자안의 할인율이 증가하여 NPV가 '–'로 될 수 있다.

05 **투자안의 경제성 평가와 관련된 다음 설명 중 맞지 않는 것은?**

① 순현가법과 내부수익률법은 화폐의 시간가치를 고려한 투자안 평가 기법으로서, 투자안의 현금흐름을 기회자본비용으로 할인하여 계산한다.
② 내부수익률법과 수익성지수법은 투자규모의 차이를 무시하는 평가 기법이다.
③ 증분 IRR이 자본비용보다 크다면 자본비용은 피셔의 수익률보다 작아진다.
④ 현금흐름의 발생시점이 상이한 상호 배타적 투자안이라도 피셔의 수익률이 없을 수 있다.
⑤ 상호 배타적 투자안이라도 하더라도 항상 상반된 평가 결과를 가져오는 것은 아니다.

해설 내부수익률법과 순현가법의 결과가 상반되는 경우는 투자규모, 투자수명, 현금흐름의 양상이 다른 경우에 발생한다. 상반되는 이유는 순현가법에서는 재투자수익률을 자본비용으로 가정하고, 내부수익률법에서는 그 투자안 IRR(내부수익률)을 재투자수익률로 가정하기 때문이다.

06 **다음 투자안 평가 방법 중에서 투자안으로부터 예상되는 현금흐름을 이용하지 않는 방법은?**

① 회계적 이익률법
② 내부수익률법
③ 수익성지수법
④ 순현재가치법
⑤ 회수기간법

해설 ① 회계적 이익률법(ARR ; Accounting Rate of Return)은 투자안의 연평균순이익을 연평균투자액(또는 총투자액)으로 나눈 값이므로 현금흐름을 이용하지 아니한다.

정답 04 ④ 05 ① 06 ①

07 영업레버리지분석에 관한 설명으로 잘못된 것은?

① 단위당 변동비가 작을수록 영업레버리지는 크게 나타난다.
② 판매단가가 낮을수록 영업레버리지는 크게 나타난다.
③ 매출량이 작을수록 영업레버리지는 크게 나타난다.
④ 고정영업비가 클수록 영업레버리지는 크게 나타난다.
⑤ 재무레버리지는 총비용 중에서 고정재무비용이 차지하는 비중을 의미한다.

해설 단위당 변동비가 작을수록 영업레버리지는 작게 나타난다. 재무레버리지는 총비용 중에서 고정재무비용(이자)이 차지하는 비중을 의미한다. 재무레버리지는 영업이익이 클수록, 고정재무비용이 작을수록 그 크기가 작게 나타난다.

08 미래에 이자율 하락이 예상되며 경기가 불황이 예상될 때 높은 수익률을 얻기 위해 적절한 채권투자 전략은?

① 순수할인채보다 높은 액면이자율의 채권에 투자한다.
② 만기가 긴 채권보다는 만기가 짧은 채권에 투자한다.
③ 이자 지급 횟수가 적은 채권보다 많은 채권에 투자한다.
④ 목표듀레이션을 설정하고 보유 비중을 조정하는 듀레이션 전략을 사용한다.
⑤ 위험이 채권가격에 미치는 영향보다 이자율이 채권가격에 미치는 영향이 큰 채권에 투자한다.

해설 ⑤ 이자율이 하락하면 채권가격이 상승할 것이다. 듀레이션이 클수록 채권 변동이 크므로 높은 수익을 얻으려면 듀레이션이 긴 채권에 투자한다. 듀레이션이 커지면 이자율이 채권가격에 미치는 영향이 크다. ①, ②, ③에서 높은 액면이자율채권, 만기가 짧은 채권, 이자 지급 횟수가 많은 채권은 듀레이션이 짧아지므로 매각하고, 그 반대되는 채권을 매입(투자)하여야 한다.

09 자본예산에 대한 설명 중 옳지 않은 것은?

① 자본예산은 현금흐름보다는 순이익에 초점을 맞춘다.
② 투자의 총괄적인 계획이다.
③ 기업의 가치에 직접적인 영향을 미친다.
④ 수행 과정이 복잡하며, 시간이 오래 걸린다.
⑤ 자본예산은 주로 장기간에 걸친 투자에 관한 의사결정을 다룬다.

해설 자본예산은 투자안에 대한 현금흐름의 측정과 투자안의 경제성 분석을 통해 최적의 투자 결정을 내리는 데에 초점을 맞춘다.

정답 07 ① 08 ⑤ 09 ①

10 자본시장의 이자율이 상승할 경우 이인경 씨의 소비행태 변화는?

① 현재의 소비는 증가하고, 미래의 소비액은 감소한다.
② 현재의 소비는 감소하고, 미래의 소비액은 증가한다.
③ 현재와 미래의 소비 모두 감소한다.
④ 현재와 미래의 소비 모두 증가한다.
⑤ 소비에 따른 효용함수를 모르기 때문에 소비액에 대하여 말할 수 없다.

해설 시장이자율은 현재의 소비 선택에 따른 기회비용이라 할 수 있다. 따라서 시장이자율의 상승은 현재 소비의 기회비용을 크게 한다. 상대적으로 이자율 상승 시 현재가치는 감소하고 미래가치는 증가한다. 그러나 이인경 씨의 정확한 효용함수를 알 수 없으므로 현재 및 미래의 소비 변화를 알 수 없다. 다만, 저축자로서 이인경 씨의 효용은 증대된다.

11 투자안의 경제성 분석기법 중 화폐의 시간가치를 고려하고 있는 것을 모두 고르시오.

㉠ 순현가법
㉡ 회계적 이익률법
㉢ 회수기간법
㉣ 내부수익률법
㉤ 수익성지수법
㉥ 할인현금회수기간법
㉦ 연간균등가치법

① ㉠, ㉣, ㉤, ㉥, ㉦
② ㉠, ㉡
③ ㉠, ㉡, ㉢, ㉣
④ ㉠, ㉤, ㉦
⑤ ㉠, ㉡, ㉢, ㉣, ㉤, ㉥

해설 투자안의 경제성 분석기법 중 화폐의 시간가치를 고려하는 방법은 순현가법과 내부수익률법이다. 회계적 이익률법과 회수기간법을 화폐의 시간가치가 고려되도록 조정한 것이 할인현금회수기간법이고, 수익성지수법과 연간균등가치법은 순현가법의 변형이다.

12 내부수익률법에 관한 설명으로 가장 바르지 못한 것은?

① 내부수익률은 투자로부터 기대되는 현금유입의 현가와 현금유출의 현가를 같게 하는 할인율이다.
② 내부수익률은 평균투자수익률 개념으로 현금흐름의 시간성을 고려하였다.
③ 내부수익률은 순현가가 ‘0’이 되는 할인율이다.
④ 내부수익률을 자본비용과 비교하여 의사결정을 한다.
⑤ 채권의 만기수익률은 곧 가중평균자본비용이라고 할 수 있다.

정답 10 ⑤ 11 ① 12 ⑤

해설 내부수익률이란, 투자안을 수행할 경우 발생할 미래현금흐름의 현재가치와 투자비용을 같게 만드는 할인율을 의미한다. 순현재가치를 0으로 만드는 할인율이 내부수익률이다. 기업은 내부수익률이 이자율보다 크면 투자하고, 내부수익률이 이자율보다 작으면 투자하지 않는다.

13 순현가법에 관한 설명으로 가장 부적절한 것은?

① 순현가는 현금 유입의 현가에서 현금 유출의 현가를 차감한 것이다.
② 투자안의 순현가가 0보다 크다면 투자안은 채택 가능하다.
③ 순현가 계산을 위한 할인율은 내부수익률을 이용한다.
④ 순현가는 화폐의 시간가치를 고려한다.
⑤ 순현가법과 내부수익률법은 모두 현금흐름을 할인한다.

해설 순현가법에서 현재가치는 자본비용이 되는 시장수익률을 이용한다.

14 순현가법과 내부수익률법에 관한 설명으로 바르지 못한 것은?

① 두 방법 모두 현금흐름 할인모형이다.
② 동일한 폭의 자본비용이 감소할 경우에는 증가할 경우보다 순현가의 변동이 크다.
③ 단일투자안일 경우 항상 동일한 결론을 갖는다.
④ 순현가법이 내부수익률법보다 우수한 방법이다.
⑤ 복수의 베타적인 투자안일 경우 항상 상반된 결과를 갖는다.

해설 상호 배타적인 투자안인 경우에도 투자규모나 수명이 현저히 다른 경우에만 상반된 결과가 나올 수 있다.

15 현금흐름을 분석할 때 고려할 사항으로 적절하지 않은 것은?

① 잠식비용은 현금흐름 추정 시 고려해야 한다.
② 증분개념을 이용하여 현금흐름을 추정하여야 한다.
③ 이자비용은 현금흐름 추정 시 고려해야 한다.
④ 기회비용은 현금흐름 추정 시 고려해야 한다.
⑤ 감가상각비는 현금흐름 추정 시 고려할 필요가 없다.

해설 현금흐름을 분석할 때에는 순수하게 자기자본만을 사용한 것을 기준으로 분석하기 때문에 이자비용의 지급은 고려 대상이 아니다.

정답 13 ③ 14 ⑤ 15 ③

16 내부수익률법과 순현가법의 가장 기본적인 차이점은?

① 화폐의 시간가치를 고려하느냐의 문제
② 현금흐름을 중심으로 하느냐의 문제
③ 재투자수익률을 무엇으로 하느냐의 문제
④ 회계적 이익을 고려하느냐의 문제
⑤ 회수기간을 고려하느냐의 문제

해설 순현가법에서는 자본비용으로 재투자됨을 가정하고, 내부수익률법에서는 내부수익률로 재투자됨을 가정한다.

17 다음 빈칸에 들어갈 적절한 단어를 고르시오.

자본시장도 다른 시장의 거래 메커니즘과 같이 물건과 결제수단의 상호 교환이 발생한다. 그러나 다른 시장거래와 다르게 자본시장이란 물건인 자본의 단위와 결제수단인 화폐의 단위가 동일하기 때문에, 결국 물건과 결제수단 간의 (　　)을(를) 구하면 단위가 지워지게 된다. 수의 세계에서 단위가 주어지지 않은 숫자는 들판의 이름 없는 들풀 같아서 존재는 하되, 의미가 없어 비교도 분석도 할 수 없게 된다.
예를 들어, 100만원을 차입하고 120만원을 상환한 경우 1.2라는 숫자가 절대액인지 비율인지, 그리고 시장의 (　　)(으)로 알았다 해도 가산법칙이 성립하는 것인지 그렇지 않은 것인지 알 수가 없다. 따라서 이러한 (　　)에 %라는 단위를 붙이기 위하여 수익률, 이자율 등의 현금흐름의 순변화율을 원래의 현금흐름으로 나누어서 구한다.

① 수익률
② 교환비율
③ 현금흐름
④ 현재가치
⑤ 한계수익률

해설 교환비율의 특성을 설명하는 내용이다.

정답 16 ③ 17 ②

18 다음 빈칸에 들어갈 적절한 단어를 고르시오.

> 실물투자의 한계수익률이 시장수익률과 일치할 때까지 실물투자를 함으로써 (　　　)를 이룰 수 있고, 이를 통해 경제주체의 부를 극대화할 수 있다. 그런데 한계수익률과 시장수익률은 각 경제주체의 시간 선호와 상관없이 시장에서 결정되므로 (　　　)는 각 개인의 소비에 대한 시간 선호와 상관없이 이루어진다. 따라서 경영자가 실물자산 투자의사결정 시 주주들의 각기 다른 시간 선호를 고려할 필요가 없으며, (　　　) 목표만 달성시킬 수 있다면 경영자는 주주의 이익을 최대화한 것이 된다.

① 이익극대화　　② 효용극대화
③ 순현가극대화　　④ 비용극소화
⑤ 위험극소화

해설 순현가극대화에 대한 설명이다.

19 다음 빈칸에 공통적으로 들어갈 말로 적절한 것은?

> (　　　)을(를) 재무의사결정의 기준으로 하여야 하는 이유는 미래 (　　　)이(가) 기업가치를 결정하기 때문이다. 기업은 미래에 보다 많은 (　　　)을(를) 얻기 위해 현재의 현금유출을 통한 투자를 한다. 또한 기업이 재투자를 하거나 부채상환 혹은 배당지급 시 필요한 것은 현금이지 이익이 아니다. 회계상의 이익은 현금의 형태로 전환되지 않는다면 실제적인 의미가 없다. 예를 들어, 유가증권 평가이익이 기업가치에 실제적인 효과가 있을 것인가? 따라서 (　　　)이(가) 모든 기업의 의사결정의 중심 기준이 되는 것이다.

① 순현가　　② 자본비용
③ 투자수익률　　④ 위험관리
⑤ 현금흐름

해설 투자수익률에 대한 설명이다.

정답 18 ③ 19 ③

매경 TEST

부 록

파이널 실전모의고사

국가공인

매경 TEST

비·즈·니·스·사·고·력·인·증·시·험

수험번호 : ____________________

성　　명 : ____________________

매경 TEST 파이널 실전모의고사

지식

01 다음 중 시장실패의 조건이 아닌 것은?

① 생산과정에서 외부성이 존재하는 경우
② 공급되는 재화가 공공재인 경우
③ 시장에서 정보가 불완전한 경우
④ 재화가 동질적인 경우
⑤ 자연독점이 발생하는 경우

02 국민소득계정에서 투자로 간주될 수 없는 항목은?

① 자동차회사의 공장 증설
② 제철소의 원자재 재고 증가
③ 컴퓨터회사의 직원 주택 건설
④ 통신회사 직원들의 주식 매입
⑤ 중국음식점의 중국산 식기 수입

03 건전지의 시장수요량과 공급량은 가격에 대해 다음과 같은 관계를 갖는다고 하자.

가격	0	1	2	3	4	5
수요량	20	18	16	14	12	10
공급량	2	4	6	9	12	15

건전지 시장이 완전경쟁시장이라면, 개별 기업의 한계수입은 얼마인가?

① 1
② 2
③ 3
④ 4
⑤ 5

04 **완전경쟁시장에 관한 다음 설명 중 옳은 것은?**

① 단기에 가격이 평균비용보다 낮아지면 조업을 중단한다.
② 장기균형에서는 정상이윤이 사라진다.
③ 단기에 가격이 평균가변비용보다 높으면 초과이윤이 발생한다.
④ 산업 전체의 장기공급곡선은 우상향한다.
⑤ 장기균형에서는 가격, 평균비용과 한계비용이 일치한다.

05 **경기변동에 대한 설명으로 적절하지 않은 것은?**

① 경기변동을 판단하는 지표로 경기종합지수가 있다.
② 정책실패는 경기변동에 영향을 주지 않는다.
③ 세계화로 인하여 국가 간 경기변동의 패턴이 유사해지고 있다.
④ 미래의 경제상황에 대한 소비자나 기업의 예상은 경기변동에 영향을 줄 수 있다.
⑤ 과소소비나 과잉투자도 경기변동의 원인이 될 수 있다.

06 **독점적 경쟁의 특징으로 맞는 것은?**

가. 기업들은 제품차별화로 독점력을 얻는다.
나. 과소생산의 비효율성이 발생한다.
다. 유휴생산능력이 존재한다.
라. 상품의 질, AS 등의 비가격경쟁을 한다.
마. 이윤극대화보다는 판매극대화 전략을 세운다.

① 가, 나, 다
② 가, 라, 마
③ 가, 나, 다, 마
④ 가, 나, 다, 라
⑤ 나, 다, 라, 마

07 **그림의 곡선 BC는 주어진 양의 생산요소와 생산기술을 사용하여 최대한 생산할 수 있는 빵과 과자의 조합을 나타낸다. 이에 대한 설명으로 옳지 않은 것은?**

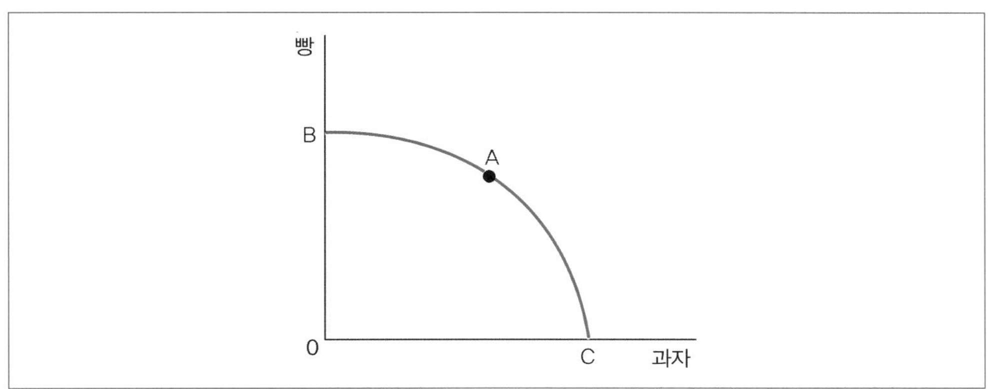

① 점 A는 효율적인 빵과 과자 생산량의 조합 중 하나이다.
② 점 A에서 빵의 생산을 늘리려면 과자의 생산은 반드시 줄여야 한다.
③ 빵과 과자를 모두 점 A보다 적게 생산할 수 있다.
④ 기술 진보가 일어나면 빵과 과자를 모두 점 A보다 많이 생산할 수 있다.
⑤ 과자를 더 많이 생산할수록 포기해야 하는 빵의 생산량은 줄어든다.

08 **다음 자료에서 밑줄 친 행위의 기회비용으로 옳은 것은?**

율도국의 물가 상승률은 연 3%이고 은행은 매년 4%의 이자를 지급한다. 율도국에 살고 있는 선혜는 현금을 그냥 보유하거나 은행에 예금할 수 있다. 이 상황에서 선혜는 <u>100만원을 예금하지 않고 현금으로 1년 동안 보유</u>하였다.

① 0원
② 1만원
③ 3만원
④ 4만원
⑤ 7만원

09 **다음 중 시장실패로 볼 수 없는 것은?**

① 독점의 횡포
② 기업 간 경쟁의 심화
③ 양의 외부효과
④ 음의 외부효과
⑤ 공공재에서 발생하는 무임승차문제

10 **다음의 글에 나타난 실업에 대한 설명으로 타당하지 않은 것은?**

근로자들이 마음에 드는 일자리를 얻기 위해 옮겨 다니는 과정에서 발생하는 실업

① 마찰적 실업이라고 불린다.
② 완전고용상태에서도 나타난다.
③ 일반적으로 실업보험 급여는 이러한 실업을 늘린다.
④ 정부의 실직자 재훈련 및 직장 알선 노력 등으로 낮아질 수 있다.
⑤ 경기가 나쁠수록 증가한다.

11 **외부성에 관한 다음 설명 중 옳은 것은?**

① 어떤 재화의 생산에 의해 외부불경제가 발생한다면 사적 최적산출량은 사회적 최적산출량에 비해 과소하게 된다.
② 외부경제의 경우에는 정부개입의 근거가 없으나 외부불경제가 있을 경우에는 정부가 개입할 필요가 있다.
③ 외부불경제가 문제가 되는 것은 사적 비용과 사회적 비용 간에 차이가 발생하기 때문이다.
④ 외부불경제의 경우는 시장실패를 야기하지만 외부경제의 경우는 그렇지 않다.
⑤ 외부성은 항상 당사자 간에 대칭적으로 발생한다.

12 **〈보기〉의 정부정책 중에서 장기적으로 실업률을 낮추는 데 도움이 되는 것은?**

보기
㉠ 실업보험 혜택을 늘린다.
㉡ 최저임금 수준을 높인다.
㉢ 정부가 직업훈련 프로그램을 운영한다.
㉣ 장래 유망직종에 대한 정보를 제공한다.

① ㉠, ㉡
② ㉠, ㉢
③ ㉡, ㉢
④ ㉡, ㉣
⑤ ㉢, ㉣

13 **만일 미국에서 한국으로 대규모 이민과 같이 어떤 경제의 전체 노동자 수가 갑자기 증가하는 일이 발생하면 단기적으로 이 경제의 GDP에 발생할 변화로서 가장 타당한 것은?**

① 경제 전체의 실질GDP와 1인당 실질GDP가 모두 증가할 것이다.
② 경제 전체의 실질GDP는 증가하고 1인당 실질GDP는 감소할 것이다.
③ 경제 전체의 실질GDP는 감소하고 1인당 실질GDP는 증가할 것이다.
④ 경제 전체의 실질GDP는 증가하고 명목GDP는 감소할 것이다.
⑤ 경제 전체의 명목GDP는 증가하고 실질GDP는 감소할 것이다.

14 **물가상승을 유발하는 요인이 아닌 것은?**

① 통화량의 증가
② 국내 물류비용의 상승
③ 미래의 물가상승 예상
④ 환율하락
⑤ 생산성 이상의 임금 상승

15 **중앙은행이 하는 업무가 아닌 것은?**

① 정부의 은행 ② 최종대부자
③ 외환관리 ④ 화폐 발행
⑤ 신용창조

16 **다음 자료에서 밑줄 친 판단에 부합하는 1년 후 환율 수준으로 옳은 것은?**

> 치과 의사인 노명의는 은행에서 운영 자금 100만원을 1년간 빌리기로 했다. 원화로 대출받으면 1년 동안의 대출 금리가 21%인 반면, 동일한 금액을 엔화로 대출받으면 대출 금리는 10%이지만 대출금은 반드시 엔화로 상환해야 한다. 한편, 치과병원을 1년 동안 운영할 경우에 기대되는 수익은 150만원이며, 현재 원화와 엔화 사이의 환율은 100엔당 1,000원이다. 노명의는 두 대출 조건이 동일하다고 생각한다.

① 1,000원/100엔 ② 1,050원/100엔
③ 1,100원/100엔 ④ 1,150원/100엔
⑤ 1,200원/100엔

17 **지원이는 청바지를 구입하려는 계획을 세웠다. 그런데 청바지 가격이 하락하여, 이 소비자는 구매량을 변경하기로 하였다. 다음 설명 중 옳지 않은 것은?**

① 청바지가 정상재이면 대체효과와 소득효과에 의해 청바지를 더 산다.
② 청바지가 정상재이면 대체효과와 소득효과에 의해 청바지를 덜 산다.
③ 청바지가 열등재이면 대체효과의 절대값이 소득효과의 절대값보다 커야 청바지를 더 산다.
④ 청바지가 열등재이면 대체효과의 절대값이 소득효과의 절대값보다 작아야 청바지를 덜 산다.
⑤ 청바지가 기펜재이면 대체효과의 절대값이 소득효과의 절대값보다 작아서 청바지를 덜 산다.

18 **갑국장은 다음과 같은 〈상황〉에서 10억원의 예산을 경제학적 원리에 따라 지출하여 순편익(총편익−총비용)을 극대화하고자 한다. 〈보기〉에서 옳은 것을 모두 고르면?**

- 신규 프로젝트인 A 프로젝트의 총비용은 10억원이며 총편익은 25억원이다.
- B 프로젝트에는 이미 20억원이 투자되었으며, 프로젝트를 완성하기 위해서는 추가적으로 10억원의 예산이 필요하다. 더 이상 예산을 투자하지 않으면 10억원의 금액을 회수할 수 있다. 프로젝트가 완성되면 30억원의 총편익이 발생한다.
- 모든 비용과 편익은 현재가치로 환산한 액수이며, 다른 상황은 전혀 고려하지 않는다.

보기

가. 10억원을 A 프로젝트에 투자할 때의 기회비용은 15억원이다.
나. 추가로 10억원을 B 프로젝트에 투자할 때의 기회비용은 25억원이다.
다. B 프로젝트의 매몰비용은 10억원이다.
라. 갑국장은 B 프로젝트에 예산 10억원을 투자한다.

① 가, 나
② 가, 다
③ 나, 다
④ 나, 라
⑤ 다, 라

[19~20] 다음을 읽고 물음에 답하시오.

서울에서는 원화(₩)와 미국 달러화($)가, 도쿄에서는 원화와 일본 엔화(¥)가, 뉴욕에서는 미국 달러화와 일본 엔화가 거래되고 있다. 현재 서울에서는 $1가 ₩1,200에, 도쿄에서는 ¥1이 ₩11에, 뉴욕에서는 $1가 ¥120에 거래되고 있다. 모든 시장에서 통화 거래에 수반되는 비용은 없다.

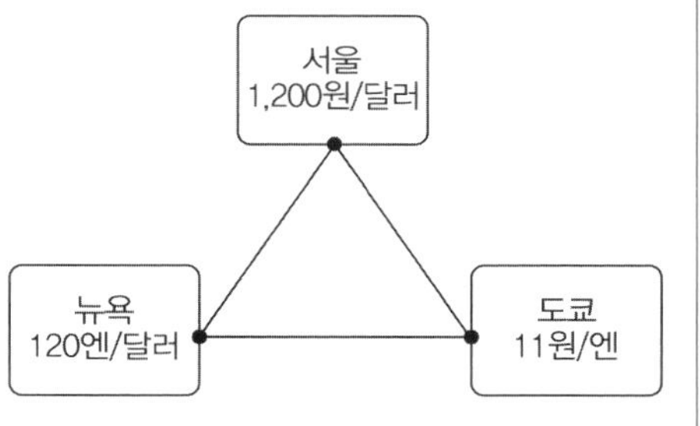

19 다음 자료의 밑줄 친 (가)~(라)에 들어갈 내용을 옳게 짝지은 것은?

외환 딜러인 김선달은 현재의 환율 구조 하에서 ㉠ 통화들 간의 매매로 돈을 벌 수 있는 기회가 있는지를 알아보기로 했다. 그래서 그는 서울과 뉴욕 외환시장의 교차매매를 이용하여 도출되는 원/엔 환율과 도쿄 외환시장에서 거래되는 원/엔 환율을 비교해 보았다. 서울의 원/달러 환율과 뉴욕의 엔/달러 환율로 도출되는 원/엔 환율은 (가)원/엔으로 도쿄 외환시장에서 거래되는 원/엔 환율보다 (나). 따라서 서울과 뉴욕 외환시장을 이용하여 엔화를 (다)하고 도쿄 외환시장에서는 엔화를 (라)하면 차익을 얻을 수 있다.

	(가)	(나)	(다)	(라)
①	10	낮다	매입	매각
②	10	낮다	매각	매입
③	11	같다	매입	매각
④	12	높다	매입	매각
⑤	12	높다	매각	매입

20 이제 많은 외환 딜러들이 ㉠이 있음을 알고 시장에 진입하게 되었다. 이 경우 서울, 도쿄, 뉴욕 외환시장에서 발생할 수 있는 현상으로 가장 적절한 것은?

① 서울 외환시장에서 원화 공급 증가
② 서울 외환시장에서 달러화 수요 감소
③ 뉴욕 외환시장에서 달러화 공급 감소
④ 뉴욕 외환시장에서 엔화 수요 감소
⑤ 도쿄 외환시장에서 원화 수요 감소

21 소득분배에 관한 다음 설명 중 옳은 것을 모두 묶어 놓은 것은?

A. 로렌츠곡선이 대각선에 가까울수록 소득분배가 평등하다.
B. 지니계수가 0에 가까울수록 소득분배가 평등하다.
C. 지니계수와 로렌츠곡선은 서로 독립된 별개의 소득분배 지수이다.

① A
② B
③ A, B
④ B, C
⑤ A, B, C

22 다음 신문 기사를 읽고 타당하게 추론한 사람을 〈보기〉에서 모두 고르면?

물가는 지난해 12월 소비자물가가 전년동기대비 3.6%나 올라 3년 2개월 만에 가장 높은 상승률을 기록하는 등 10월 이후 크게 오르고 있고, 새해 들어서도 가파른 상승세를 지속해 서민생활에 주름을 드리우고 있다. 또한 12월 중 곡물 등 원자재 가격의 상승으로 수입물가 상승률도 15.6%에 달해 1998년 10월 이후 9년여 만에 최고 수준을 나타냈다.

(OO일보, 2008.1)

보기

소희 : 수입물가 상승은 경상수지 적자 요인이 되었을 거야.
혜교 : 지난해 초 정기예금을 든 사람들이 유리하게 될 거야.
태희 : 부동산을 가지고 있는 사람들이 불리하게 될 거야.
지현 : 고정금리보다 변동금리로 대출받은 사람들이 불리하게 될 거야.

① 소희, 혜교
② 소희, 지현
③ 혜교, 태희
④ 혜교, 지현
⑤ 태희, 지현

23 거시변수들에 대한 다음 설명 중 가장 옳지 않은 것은?

① 파업에 참가한 근로자는 취업자로 분류된다.
② 이미 발행된 국채에 대한 이자 지급은 GDP에 포함되지 않는다.
③ 수출재의 국제가격이 수입재에 비하여 상승하였을 경우, GNI증가율이 GNP증가율보다 높게 나타난다.
④ 전년에 비해 공무원 수는 변화가 없고 급여가 5% 감소하였다면 명목GDP는 감소하지만 실질GDP에는 변화가 없다.
⑤ GDP 디플레이터는 기준연도의 고정된 재화와 서비스 품목 구성에 대한 가격 변화를 측정하는 지수이다.

24 **다음 자료에 대한 설명으로 옳지 않은 것은?**

> 글로벌 금융 위기 이전에 금리가 2% 수준이던 국가는 미국과 스위스뿐이었지만 그 이후에는 신흥국들의 금리도 미국과 비슷한 수준으로 떨어졌다.
> 일각에서는 선진국과 신흥국의 금리 하락의 원인에는 차이가 있다고 지적한다. 선진국에서는 최근 경기가 더디게 회복되면서 디플레이션에 대한 우려가 높아지고 있기 때문이지만, 신흥국에서는 인플레이션에 대한 우려가 높아지고 있는데도 환율 변화에 따른 수익을 노려 돈이 몰리기 때문이라는 것이다.

① 선진국에서의 물가 변화는 채무자보다 채권자에게 유리하다.
② 선진국에서의 물가 변화는 국채에 대한 수요를 증가시키는 요인이다.
③ 신흥국에서의 물가 변화는 임금 소득에 의존하는 사람보다는 실물 자산을 보유한 사람에게 유리하다.
④ 신흥국에 투자하는 사람들은 신흥국의 통화가 절하될 것으로 예상하고 있다.
⑤ 환율 변화에 대한 예상은 신흥국 채권에 대한 수요를 증가시키는 요인이다.

25 **중앙은행의 본원통화 공급과 관련된 설명 중 옳은 것은?**

① 재정적자가 증가하면 본원통화는 감소한다.
② 중앙은행의 예금은행에 대한 대출이 증가하면 본원통화는 증가한다.
③ 수출이 증가하면 본원통화는 감소한다.
④ 외채상환액이 증가하면 본원통화는 증가한다.
⑤ 중앙은행의 유가증권 매입액이 증가하면 본원통화는 감소한다.

26 **기업의 투자의욕은 침체되었으나 기술 진보가 일어난 경우, 한 국가의 균형 물가 수준과 국민소득은 어떻게 변하는가?**

① 균형 물가는 상승하고, 국민소득은 증가한다.
② 균형 물가는 하락하고, 국민소득은 감소한다.
③ 균형 물가는 하락하나, 국민소득의 증감은 예측하기 어렵다.
④ 균형 물가는 상승하나, 국민소득의 증감은 예측하기 어렵다.
⑤ 국민소득은 감소하나, 균형 물가의 등락은 예측하기 어렵다.

27 한국은행이 물가상승을 우려하여 콜금리 목표치를 인상하는 경우 환율 및 수입에 미칠 영향은?

① 환율하락과 수입 증가
② 환율상승과 수입 증가
③ 환율하락과 수입 감소
④ 환율상승과 수입 감소
⑤ 환율과 수입에 변화 없음

28 물가지수, 인플레이션과 관련된 다음 주장 중 옳지 않은 것은?

① 기대되는 인플레이션율이 높을수록 명목이자율은 높게 형성된다.
② GDP 디플레이터를 계산할 때 최종재가 아닌 중간재의 가격변화는 포함되지 않는다.
③ 예상보다 높은 인플레이션이 발생하였을 경우 실질이자율은 예상보다 낮게 나타난다.
④ 소비자물가지수 산정에 편입되어 있는 수입재의 가격상승은 소비자물가지수에 직접적으로 영향을 미친다.
⑤ 명목이자율이 인플레이션에 연동되었다면 인플레이션율이 낮을수록 실질이자율이 낮아진다.

29 정부는 재원조달 수단으로 조세부과와 국채발행을 활용하고 있다. 조세와 비교한 국채의 경제적 효과를 서술한 것으로 타당하지 않은 것은?

① 국채는 민간부문의 저항을 덜 유발한다.
② 국채는 민간소비를 더 많이 위축시킨다.
③ 국채는 유사시 대규모 긴급 자금동원 능력이 크다.
④ 국채는 재원조달 부담을 미래세대로 전가시킬 가능성이 있다.
⑤ 국채는 원리금 상환의무가 있으므로 재정부담을 가중시킨다.

30 필립스곡선에 대한 설명으로 옳은 것은?

① 자연실업률이 증가하면 필립스곡선은 왼쪽으로 이동한다.
② 필립스곡선은 실업률과 물가상승률 간의 상충관계를 보여준다.
③ 기대물가상승률이 상승하면 필립스곡선은 왼쪽으로 이동한다.
④ 단기필립스곡선이 장기필립스곡선보다 가파르다.
⑤ 자연실업률 가설에 의하면 장기필립스곡선은 수평선이 된다.

사고력

31 **다음 자료에 대한 설명으로 옳지 않은 것은?**

> 현재 A국은 해외에서 수입하는 TV에 20%의 관세를 부과하고 있다. A국은 B국과 C국에서 TV를 수입할 수 있는데, 수입 가격은 관세 부과 이전 기준으로 각각 180만원과 190만원이다. A국에서는 (주)개발전자만이 TV를 생산하고 대당 200만원에 판매하고 있다. 해외와 국내에서 생산되는 TV는 품질, 색상, 성능 등에 차이가 없다.

① 수입 관세를 철폐하면 C국 TV의 수입이 증가한다.
② 수입 관세를 철폐하면 A국 소비자는 항상 이득을 얻는다.
③ 수입 관세의 철폐는 (주)개발전자의 이윤을 감소시키는 요인이다.
④ 수입 관세를 철폐하더라도 A국의 관세 수입은 영향을 받지 않는다.
⑤ 현 관세율 수준에서는 (주)개발전자가 시장을 독점하게 된다.

32 **최근 미국의 경기회복과 중국의 고도성장이 단기적으로 우리나라의 수출과 물가에 미치는 영향은?**

① 수출 증가, 물가상승
② 수출 감소, 물가상승
③ 수출 감소, 물가 불변
④ 수출 증가, 물가하락
⑤ 수출 감소, 물가하락

33 **외환보유액의 적정 수준을 결정하는 요소로서 타당성이 가장 적은 것은?**

① 환율제도
② 연간 수입액의 규모
③ 국제투기자금의 규모
④ 국내 저축의 규모
⑤ 외환보유의 기회비용

34 **최근 전세계적인 농산물 가격상승, 즉 애그플레이션이 일어나고 있다. 이러한 현상의 원인에 대한 가설로 보기 어려운 것은?**

① 일부 국가들의 농산물 사재기
② 개량된 신품종 곡물의 대량생산
③ 이상 기온으로 인한 농산물 흉작
④ 중국, 인도의 경제성장에 따른 농산물 수요의 증가
⑤ 원유가격 상승으로 인한 바이오연료(옥수수 등)에 대한 수요 증가

35 **최근 금융시장 불안으로 기업들의 투자심리가 악화되었다고 하자. 폐쇄경제의 총수요-총공급모형을 이용하여 이러한 투자심리의 악화가 단기적으로 거시경제에 미치는 영향을 분석한 것 중 가장 옳지 않은 것은? (단, 다른 여건에는 변화가 없고, 총수요곡선은 우하향하며, 단기 총공급곡선은 우상향한다)**

① 물가수준이 하락한다.
② 생산비용이 상승하여 단기총공급곡선이 왼쪽으로 이동한다.
③ 실업률이 상승한다.
④ 총수요관리정책이 효과적일 수 있다.
⑤ 국민소득이 감소한다.

36 **다음 자료에서 밑줄 친 ㉠과 ㉡의 근거를 〈보기〉에서 찾아 순서대로 바르게 나열한 것은?**

경기 침체가 지속되면서 정부는 소득세의 대폭 감면을 통해 경기 회복을 꾀하고 있다. 하지만 정부가 세금 감면에 따른 적자를 보전하기 위해 국채를 발행하게 되면 이러한 재정정책의 결과로 ㉠소비가 증가한다는 주장과 ㉡그렇지 않다는 주장이 팽팽하게 맞서고 있다.

보기

ㄱ. 감세는 정부지출을 줄여 민간 소비지출을 자극한다.
ㄴ. 감세는 가처분소득을 증가시켜 소비지출을 증가시킨다.
ㄷ. 감세는 금리를 하락시켜 소비지출과 차입을 자극한다.
ㄹ. 소비자들은 미래에 세금이 증가될 것이라고 생각한다.
ㅁ. 소비자들은 미래 세대의 후생을 고려하지 않는다.
ㅂ. 소비자들은 정부가 '작은 정부'를 지향할 것으로 기대한다.

	㉠	㉡		㉠	㉡
①	ㄱ	ㄹ	②	ㄱ	ㅁ
③	ㄴ	ㄹ	④	ㄴ	ㅁ
⑤	ㄷ	ㅂ			

37 어떤 나라의 채권시장에서는 중앙정부가 발행한 국채와 지방정부가 발행한 지방채만 거래되고 있으며, 채권 보유에 따른 수익에 대해 세금이 부과된다. 새로 들어선 정부는 국채 보유에 따른 수익에 이전과 같은 세금을 부과하는 반면, 지방채 보유에 따른 수익에는 세금을 면제할 계획이다. 이때 두 채권의 이자율은 어떻게 변화할 것인가?

① 국채 이자율과 지방채 이자율 모두 상승할 것이다.
② 국채 이자율은 하락하고 지방채 이자율은 상승할 것이다.
③ 국채 이자율은 상승하고 지방채 이자율은 하락할 것이다.
④ 국채 이자율은 변화가 없으나 지방채 이자율은 하락할 것이다.
⑤ 국채 이자율은 변화가 없으나 지방채 이자율은 상승할 것이다.

38 쇠고기 수입 자유화의 영향으로 볼 수 없는 것은?

① 돼지고기에 대한 국내 수요의 감소
② 한우 사육 농가의 생산자잉여 감소
③ 국내 쇠고기 소비자의 소비자잉여 증가
④ 달러화에 대한 원화 표시 환율의 하락
⑤ 한우 사육 농가의 소득 감소

39 다음 기사와 관련한 설명으로 적절하지 않은 것은?

Slow or Not to Slow? China's economy steamed ahead last year, at about 9%. As bank lending surged, the government applied the brakes in the second quarter, curbing credit and land sales. In October, Beijing raised interest rates for the first time in nine years.

〈The Wall Street Journal, 2005. 1. 3.〉

① 중국 경제는 그동안 호황기에 있었다.
② 중국 정부는 대출 및 토지 거래를 제한하였다.
③ 중국 정부는 경제의 연착륙을 시도하고 있다.
④ 위안화의 평가 절하 가능성이 높아지고 있다.
⑤ 중국 경제에는 인플레이션 압력이 존재하고 있다.

40 다음의 글과 관련하여 옳지 않은 것은?

> 최근 들어 정보통신기술의 급속한 발달로 인터넷뱅킹을 비롯한 각종 전자자금이체, 온라인 증권거래, 전자화폐 도입, 모바일 결제 등이 보편화되면서 전자방식에 의한 금융거래가 급속도로 확산되고 있다.

① 전자화폐는 가치 저장의 기능을 가진다.
② 중앙은행의 금리 조절 능력을 약화시킬 수 있다.
③ 통화 정책 관련 통계지표의 왜곡을 초래할 수 있다.
④ 통화 정책의 파급 경로가 변화할 수 있다.
⑤ 금융 거래비용이 늘어난다.

41 대개 붐비는 기차역 앞의 식당은 회사 주변 식당가에 비해 맛이 떨어진다는 말이 있다. 이런 현상을 설명하는 것도 최근에는 경제학의 영역으로 들어왔다. 다음 중 역전 식당의 밥맛이 떨어지는 이유를 가장 잘 설명한 것은?

① 네크워크 이론
② 반복게임 이론
③ 베블런 효과
④ 죄수의 딜레마
⑤ 자연독점이론

42 유통업체들이 다음과 같은 가격경쟁을 벌이는 이유에 대한 설명으로 틀린 것은?

> 신세계 이마트의 12개 생필품 가격인하 선언으로 촉발된 대형마트 업계의 가격인하 전쟁이 불붙고 있다. 롯데마트는 14일 "이마트가 신문에 가격을 내리겠다고 광고한 상품에 대해서는 단돈 10원이라도 더 싸게 판매하겠다."로 발표했다. 홈플러스도 가격에서 밀리지 않겠다고 발표했다. 이에 맞서 이마트는 15일 추가 가격인하 품목을 공개하겠다며 재반격에 나선다. '빅3' 대형마트 간 자존심을 건 가격인하 경쟁이 본격화하고 있는 것이다. 지난주 이마트의 가격인하 방침 발표 후 일부 품목의 가격은 일주일 새 40% 넘게 떨어졌다.

① 우리나라 대형마트 시장은 과점상태에 있다.
② 기업들이 납품가격보다 더 낮게 판매가격을 낮추는 경우는 없다.
③ 대형 유통업체의 가격경쟁은 소비자들에게는 이득이 된다.
④ 대형 유통업체의 가격경쟁은 상품을 납품하는 중소 공급업체에 피해를 주기도 한다.
⑤ 과점기업이라도 공정한 가격경쟁을 하면 초과이윤이 없는 상태까지 완전경쟁상태와 유사해진다.

43

어떤 통신회사는 초고속인터넷과 IPTV서비스를 두 명의 고객에게 판매한다. 고객별로 가격차별을 할 수 없으며, 분석의 편의상 초고속인터넷과 IPTV서비스의 공급비용은 0이라고 가정하자. 두 고객의 최대지불용의금액이 다음 표와 같을 때 옳은 것은?

구분	최대지불용의금액	
	초고속인터넷	IPTV
고객 A	200	100
고객 B	300	60

① 초고속인터넷과 IPTV서비스를 결합하여 판매하는 경우 얻을 수 있는 최대이윤은 600이다.
② 초고속인터넷과 IPTV서비스를 결합하여 판매하는 경우 얻을 수 있는 최대이윤은 660이다.
③ 초고속인터넷과 IPTV서비스를 결합하여 판매하는 경우 얻을 수 있는 최대이윤은 800이다.
④ 초고속인터넷만 판매할 때 얻을 수 있는 최대이윤은 300이다.
⑤ IPTV서비스만 판매할 때 얻을 수 있는 최대이윤은 160이다.

44

다음의 경제정책에서 기대하는 효과를 얻기 위해 정책 주체들이 반드시 고려해야 할 개념이 있다. 이 개념을 응용하지 않은 것은?

- 서울시는 예산 적자를 모면하기 위해 지하철 요금을 인상하였다.
- 미국 정부는 1981년 저축을 늘리기 위해 이자소득세율을 대폭 낮추었다.
- 최근 우리나라는 원화의 (대달러화) 가치 상승이 무역수지를 악화시킬 것을 우려하여 외환시장에 개입하였다.

① 패스트푸드점에서 할인 쿠폰을 제공한다.
② 청소년들에게 극장의 입장료를 할인해 준다.
③ 기업의 전화 요금을 비싸게 하고, 가계의 전화 요금을 싸게 책정한다.
④ 공해 배출을 원하는 경제주체에게 공해배출권을 시장에서 판매한다.
⑤ 주류업자는 업소에 제공하는 술보다 일반 할인점에 공급하는 술의 가격을 높게 책정한다.

45 다음 중 생산활동이 될 수 없는 것은?

① 재화를 기부하는 행위
② 서비스를 제공하는 행위
③ 재화를 오랫동안 저장하는 행위
④ 재화를 다른 형태로 가공하는 행위
⑤ 재화를 다른 곳으로 운반하는 행위

46 대통령 선거에 출마한 어느 후보가 자신이 당선되면 내년부터 '투자세액공제 제도'를 실시하겠다고 하였다. 만약 모든 기업들이 이 후보가 당선될 것으로 믿는다면 올해와 내년의 투자가 원래 계획과 비교할 때 어떻게 변화할까? (※ 투자세액공제 제도 : 기업이 납부해야 하는 총 세금에서 투자 금액의 일정 부분만큼을 감면해 주는 제도)

① 올해와 내년의 투자가 모두 증가한다.
② 올해와 내년의 투자가 모두 감소한다.
③ 올해의 투자가 증가하고 내년의 투자가 감소한다.
④ 올해의 투자가 감소하고 내년의 투자가 증가한다.
⑤ 올해와 내년의 투자에 전혀 영향을 미치지 않는다.

47 다음 자료의 밑줄 친 (가)~(다)에 해당하는 변화를 순서대로 바르게 나열한 것은?

> 1970년대에 2.2%에 머물렀던 미국의 GDP 대비 재정수지 적자 비율이 1980년대에는 3.9%로 높아졌다. 이와 같은 재정정책의 결과, 1980년대의 총저축은 (가)하였고 이자율은 (나)하였다. 그러나 총투자는 큰 변화가 없었다. 그 이유는 무역적자가 큰 폭으로 (다)했기 때문이다.

	(가)	(나)	(다)
①	증가	상승	증가
②	증가	하락	감소
③	감소	상승	증가
④	감소	하락	증가
⑤	감소	상승	감소

48 다음의 우리나라 경제성장률 추이를 보고 바르게 추론한 것을 〈보기〉에서 모두 고르면? (단, 전 기간에 걸쳐 우리 경제의 총생산능력 증가율에는 변화가 없었다고 가정한다)

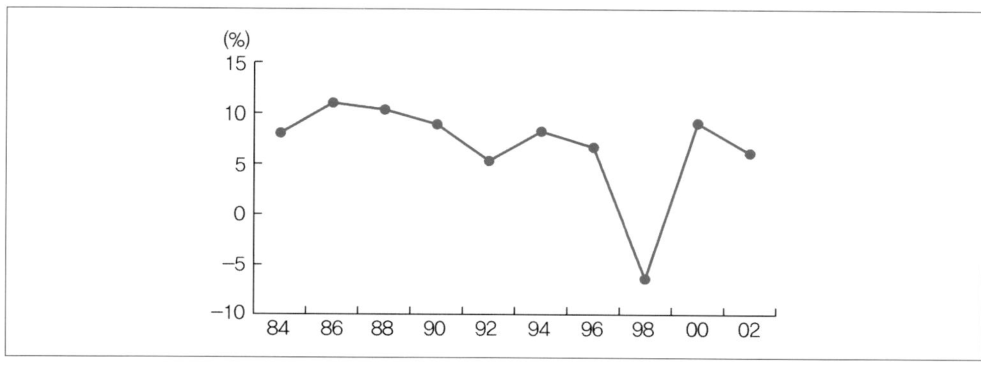

보기

㉠ 1986년, 1988년은 경기가 호황이었을 것이다.
㉡ 1992년에는 1988년, 1990년에 비해 물가상승률이 높았을 것이다.
㉢ 1998년에는 교역 대상국들의 경제성장률에 큰 변화가 없었다면 무역수지가 개선되었을 것이다.
㉣ 2000년에는 총수요가 1998년에 비해 감소하였을 것이다.

① ㉠, ㉡
② ㉠, ㉢
③ ㉡, ㉢
④ ㉡, ㉣
⑤ ㉢, ㉣

49 2007년 우리나라 경제 상황에 대해 옳게 설명한 것을 〈보기〉에서 모두 고르면?

보기

㉠ 실업률은 5%보다 높았다.
㉡ 경상수지는 적자를 기록하였다.
㉢ 1인당 GDP는 세계 10위권이었다.
㉣ GDP 대비 정부지출의 비중은 10%보다 컸다.
㉤ 수출에서 가장 큰 비중을 차지한 나라는 중국이었다.

① ㉠, ㉡
② ㉡, ㉢
③ ㉡, ㉤
④ ㉢, ㉣
⑤ ㉣, ㉤

50 성능 좋은 중고차 100대와 성능 나쁜 중고차 100대를 팔려고 한다. 파는 사람은 좋은 차는 600만원 이상, 나쁜 차는 400만원 이상을 받으려고 하고, 중고차를 사려고 하는 사람 역시 200명인데, 이들은 좋은 차일 경우 650만원 이하, 나쁜 차일 경우 450만원 이하를 내려고 한다. 이때 팔려고 하는 사람은 차의 성능을 알지만, 사려고 하는 사람은 차의 성능을 모른다. 그러나 차의 성능을 제외한 모든 정보는 서로 공유하고 있다. 중고차 시장의 균형가격과 균형거래량에 대한 설명 중 옳은 것은?

① 균형가격은 600만원과 650만원 사이, 균형거래량은 200대이다.
② 균형가격은 600만원과 650만원 사이, 균형거래량은 100대이다.
③ 균형가격은 400만원과 600만원 사이, 균형거래량은 200대이다.
④ 균형가격은 400만원과 450만원 사이, 균형거래량은 200대이다.
⑤ 균형가격은 400만원과 450만원 사이, 균형거래량은 100대이다.

응용복합

51 다음 대화들에 공통적으로 나타난 경제 개념으로 가장 적절한 것은?

〈대화 1〉
철 수 : 영수야, (주)동방전자보다 (주)서방전기의 주가 상승률이 더 높을 것 같으니 네가 가진 (주)동방전자의 주식을 팔고 (주)서방전기의 주식을 사는 게 좋지 않을까?
영 수 : 야, 그렇긴 하지만, 지금 (주)동방전자의 주식을 팔면 손해가 3백만원이 넘어. 조금 더 기다려 볼래.

〈대화 2〉
감 독 : 가르시아 선수는 몸 상태가 너무 안 좋아서 내일 경기에 출전시키기 어렵겠습니다.
구단주 : 무슨 소리야. 내일같이 중요한 경기에서 한 방 보여 달라고 그 많은 돈을 주었는데.

〈대화 3〉
동 수 : 엄마, 나 이거 정말 맛이 없어서 안 먹을래.
엄 마 : 얘야, 이게 얼마나 비싼 재료로 만든 음식인데, 맛이 없더라도 한번 먹어 봐.

① 희소성
② 한계비용
③ 외부효과
④ 매몰비용
⑤ 경제적 이윤

52 다음 자료에서 공원 설립이 가능한 최대 건설비용으로 옳은 것은?

인구 750명 규모의 지방 소도시인 놀러와시에서는 놀이공원을 건설하려고 한다. 놀러와시에서는 여러 가지 건설안에 따른 각각의 비용을 제시하고 건설안이 정해지면 그 비용은 전체 시민이 똑같이 부담해야 한다고 발표하였다. 놀이공원의 건설 여부는 최종적으로 시민들의 투표를 통해 다수결로 결정된다. 현재 공원 건립에 대한 시민들의 지불 의사 금액은 다음과 같다.

주민 수	1인당 지불 의사 금액
200명	0원
300명	4만원
250명	10만원

① 1,200만원
② 2,500만원
③ 3,000만원
④ 3,700만원
⑤ 7,500만원

53 다음에서 (가), (나), (다), (라)에 알맞은 숫자는?

지후는 2접시의 인절미를 먹을 때 반드시 1잔의 수정과를 마신다. 또한 지후는 수정과나 인절미만을 따로 먹지는 않는다. 인절미는 1접시에 500원이고, 수정과는 1잔에 800원이다. 떡집에 간 지후는 지갑에 2,800원이 있다는 것을 알고 (가)접시의 인절미와 (나)잔의 수정과를 사 먹었다. 일주일 후 이 떡집은 인절미 가격을 1접시에 250원으로 내렸다. 그 날 3,100원을 가지고 떡집에 간 지후는 (다)접시의 인절미와 (라)잔의 수정과를 사 먹었다. 지후는 지갑에 있는 돈으로 최대한 사 먹는다고 가정한다.

	(가)	(나)	(다)	(라)
①	4	1	6	2
②	2	1	4	2
③	4	2	4	2
④	2	1	6	3
⑤	2	2	6	3

54 현재 고시를 준비하느라 소득이 없는 '박문수' 씨는 식비를 절약하려고 매일 세 끼를 시리얼로 해결하고 있다. 그는 시리얼을 먹을 때 항상 우유를 부어 먹으며, 시리얼 값이 오르면 식빵으로 끼니를 때운다. 가끔 그는 과거 회사에 다니면서 매일 쌀밥과 고기반찬을 먹었던 시절을 돌이켜 보기도 한다. 박문수 씨의 소비 행태로부터 추론할 수 있는 것을 〈보기〉에서 모두 고르면?

보기
㉠ 박문수 씨에게 시리얼은 열등재이다.
㉡ 박문수 씨에게 시리얼과 우유는 보완재 관계에 있다.
㉢ 박문수 씨에게 시리얼과 식빵은 대체재 관계에 있다.
㉣ 박문수 씨는 고시에 합격하면 세 끼를 시리얼로 해결하지는 않을 것이다.

① ㉠, ㉡　　② ㉠, ㉡, ㉣
③ ㉠, ㉢, ㉣　　④ ㉡, ㉢, ㉣
⑤ ㉠, ㉡, ㉢, ㉣

[55~56] 다음을 읽고 물음에 답하시오.

전교생이 560명인 한국개발고등학교의 전교회장 선거에 동철과 혜린이 입후보하였다. 이번 선거의 최대 관심사는 자율학습 시간의 조정이다. 학생들은 자신이 선호하는 시간과 가장 가까운 시간을 공약하는 후보에게 반드시 투표한다. 예컨대, 동철이 2시간, 혜린이 5시간을 공약한다면 3시간을 선호하는 학생은 동철에게 투표한다. 만약 두 후보가 공약한 시간과 자신이 선호하는 시간의 차이가 같다면 둘 중 한 명을 50%의 확률로 선택한다. 설문조사 결과 학생들의 자율학습 시간 선호 분포는 그림과 같다.

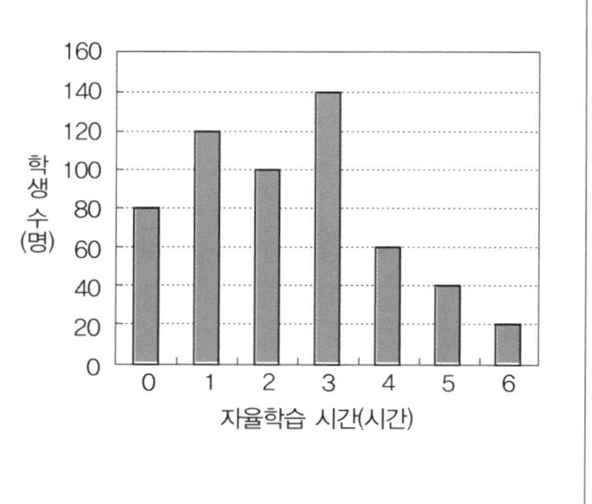

55 위 자료에 대한 옳은 설명을 〈보기〉에서 고른 것은?

보기
㉠ 0~2시간을 선호하는 학생들이 4~6시간을 선호하는 학생들보다 많다.
㉡ 혜린이 2시간을 공약하고 동철이 3시간을 공약한다면 동철이 더 많은 표를 얻을 수 있다.
㉢ 혜린이 5시간을 공약한다면 동철은 4시간을 공약하는 것이 5시간을 공약하는 것보다 많은 표를 얻을 수 있다.
㉣ 동철이 1시간을 공약한다면 혜린은 3시간을 공약하는 것이 2시간을 공약하는 것보다 많은 표를 얻을 수 있다.

① ㉠, ㉡　　② ㉠, ㉢
③ ㉠, ㉣　　④ ㉡, ㉣
⑤ ㉢, ㉣

56 **각 후보가 자신이 당선될 가능성이 가장 높은 자율학습 시간을 공약으로 내세울 때, 동철과 혜린의 공약으로 적절한 것은?**

① 동철은 2시간을 공약하고 혜린은 3시간을 공약한다.
② 동철은 3시간을 공약하고 혜린은 2시간을 공약한다.
③ 동철과 혜린 모두 2시간을 공약한다.
④ 동철과 혜린 모두 3시간을 공약한다.
⑤ 동철과 혜린 모두 4시간을 공약한다.

57 **다음 자료에서 밑줄 친 조치의 근거로 들 수 있는 경제 개념을 〈보기〉에서 고른 것은?**

1927년 이전 미국 정부는 주파수를 이용하여 방송 사업을 하려는 사람들에게 무조건 면허를 부여해야만 했다. 그 결과, 주파수 자원은 한정된 반면 이를 이용하여 자신의 방송 신호를 송신하려는 방송국들은 너무 많아서 방송 신호 간에 간섭이 생겼고, 결국 청취자들이 방송 신호를 제대로 수신하지 못하는 상황이 발생했다. 이에 따라 1927년 미국 의회는 <u>'라디오 법'을 제정하여 라디오 방송 간에 전파 간섭이 발생하지 않도록 했다.</u>

보기

㉠ 공공재　　㉡ 외부효과
㉢ 공유자원　　㉣ 시장지배력

① ㉠, ㉡　　② ㉠, ㉢
③ ㉡, ㉢　　④ ㉡, ㉣
⑤ ㉢, ㉣

58 **기술 진보와 세금 인하가 동시에 발생했을 때 실질GDP와 물가수준에 미치는 영향은?**

① 실질GDP는 증가할 것이나, 물가수준은 상승할지 하락할지 알 수 없다.
② 실질GDP는 감소할 것이나, 물가수준은 상승할지 하락할지 알 수 없다.
③ 실질GDP가 증가할지 감소할지 알 수 없으나, 물가수준은 상승한다.
④ 실질GDP가 증가할지 감소할지 알 수 없으나, 물가수준은 하락한다.
⑤ 실질GDP는 증가하고 물가수준은 상승한다.

59 다음 중 우리나라 경제 상황에 대해 바르게 설명하고 있는 학생들은?

철수 : 우리나라는 2006년에 수출 3,000억 달러 고지를 넘어섰대.
철희 : 아니야, 3,000억 달러가 아니라 2,000억 달러를 약간 넘어섰어.
영수 : 정부는 2007년 경제성장률이 6.5% 정도 될 것이라고 하더라.
영희 : 이상하다. 나는 4.5% 정도라고 들었는데.
민수 : 2006년 우리나라 1인당 GDP는 1만 2,000달러 정도로 미국보다 많이 낮은 수준이지.
민희 : 글쎄, 1만 달러보다는 2만 달러에 더 가깝지 않니?
현수 : 2006년 주식시장은 종합주가지수 1,400대로 마감되었지.
현희 : 나는 1,200대로 기억하는데.

① 철수, 영수, 민수, 현수
② 철수, 영수, 민희, 현희
③ 철수, 영희, 민희, 현수
④ 철희, 영수, 민수, 현희
⑤ 철희, 영희, 민희, 현희

60 〈보기〉의 정부 정책 중에서 장기적으로 실업률을 낮추는 데 도움이 되는 것은?

보기

㉠ 실업보험 혜택을 늘린다.
㉡ 최저임금 수준을 높인다.
㉢ 정부가 직업훈련 프로그램을 운영한다.
㉣ 장래 유망직종에 대한 정보를 제공한다.

① ㉠, ㉡
② ㉠, ㉢
③ ㉡, ㉢
④ ㉡, ㉣
⑤ ㉢, ㉣

61 **그림은 서영국의 연령대별 경제활동참가율, 고용률 및 실업률을 나타낸 것이다. 이에 대한 옳은 설명을 〈보기〉에서 고른 것은?**

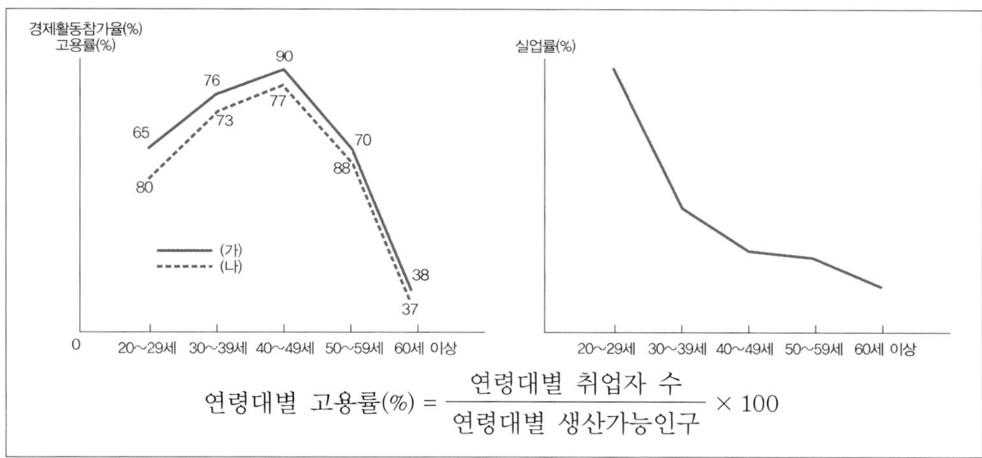

보기

갑 : (가)는 고용률을, (나)는 경제활동참가율을 보여 줘.
을 : 20대의 생산가능인구가 100만 명이라면 실업자 수는 5만 명일 거야.
병 : 그렇다면 20대의 실업률은 5%겠네.
정 : 40대 이후 실업률이 하락하는 이유는 경제활동참가율이 고용률보다 더 급격히 하락하기 때문이야.

① 갑, 을　　② 갑, 병
③ 을, 병　　④ 을, 정
⑤ 병, 정

62 **통화 정책의 전달 경로를 아래와 같이 표현할 때, 통화량 증대를 통해 국민소득을 증가시키고자 하는 정책이 더 효과적으로 되기 위한 조건으로 맞는 것을 〈보기〉에서 고르면?**

통화량 변화 → 이자율 변화 → 투자 변화 → 유효수요 변화 → 국민소득 변화

보기

ㄱ. 한계소비성향이 클수록 정책 효과가 크다.
ㄴ. 유동성함정에 놓여 있을 때 정책 효과가 크다.
ㄷ. 투자함수의 기울기가 완만할수록 정책 효과가 크다.
ㄹ. 경제가 완전고용에 가까울수록 정책 효과가 크다.

① ㄱ, ㄴ　　② ㄱ, ㄷ
③ ㄱ, ㄹ　　④ ㄴ, ㄷ
⑤ ㄷ, ㄹ

63 다음 자료를 읽고 밑줄 친 정책에 해당하는 것을 바르게 짝지은 것은?

△△경제연구소는 향후 거시경제 정책과 관련하여 "위기국면에서 회복국면으로의 전환을 안정적으로 관리하는 데 중점을 둘 필요가 있다."며 "위기관리 정책기조를 점진적으로 정상화시키는 것이 바람직하다."라고 조언했다. 이른바 '출구전략'을 서서히 시행할 때가 되었다는 얘기다. 이를 위해 위기 상황에서 불가피하게 취해졌던 비정상적인 조치들을 철회하고 한시적인 재정지원 사업을 폐지하며 비과세·감면 혜택의 축소를 통해 세입 기반을 확충하는 등의 정책을 펴야 한다고 강조했다.

(OO일보, 2009. 9. 8.)

보기

㉠ 기준금리 인상
㉡ 한국은행 총액대출 한도 확대
㉢ 외화차입에 대한 정부보증 축소
㉣ 지급준비예치금에 대한 이자 지급

① ㉠, ㉡
② ㉠, ㉢
③ ㉡, ㉢
④ ㉡, ㉣
⑤ ㉢, ㉣

64 다음 자료에 대한 설명으로 옳지 않은 것은?

글로벌 금융 위기 이전에 금리가 2% 수준이던 국가는 미국과 스위스뿐이었지만 그 이후에는 신흥국들의 금리도 미국과 비슷한 수준으로 떨어졌다.
일각에서는 선진국과 신흥국의 금리 하락의 원인에는 차이가 있다고 지적한다. 선진국에서는 최근 경기가 더디게 회복되면서 디플레이션에 대한 우려가 높아지고 있기 때문이지만, 신흥국에서는 인플레이션에 대한 우려가 높아지고 있는데도 환율 변화에 따른 수익을 노려 돈이 몰리기 때문이라는 것이다.

① 선진국에서의 물가 변화는 채무자보다 채권자에게 유리하다.
② 선진국에서의 물가 변화는 국채에 대한 수요를 증가시키는 요인이다.
③ 신흥국에서의 물가 변화는 임금 소득에 의존하는 사람보다는 실물 자산을 보유한 사람에게 유리하다.
④ 신흥국에 투자하는 사람들은 신흥국의 통화가 절하될 것으로 예상하고 있다.
⑤ 환율 변화에 대한 예상은 신흥국 채권에 대한 수요를 증가시키는 요인이다.

65 다음 자료에 대한 옳은 설명을 〈보기〉에서 고른 것은?

스페인은 노동자가 1시간을 투입하면 다섯 대의 자전거를 생산할 수 있는 반면, 컴퓨터 한 대를 생산하는 데에는 20시간이 필요하다. 한편, 포르투갈은 노동자가 1시간을 투입하면 세 대의 자전거를 생산할 수 있는 반면, 컴퓨터 한 대를 생산하는 데에는 50시간이 필요하다.

보기

㉠ 스페인은 자전거 생산에 비교우위가 있다.
㉡ 스페인은 자전거 생산에 절대우위가 있다.
㉢ 포르투갈은 자전거 생산에 비교우위가 있다.
㉣ 포르투갈은 자전거 생산에 절대우위가 있다.
㉤ 스페인은 자전거를, 포르투갈은 컴퓨터를 특화하여 생산한 후에 거래하면 양국 모두에 이득이 된다.

① ㉠, ㉡
② ㉠, ㉣
③ ㉠, ㉤
④ ㉡, ㉢
⑤ ㉡, ㉤

66 글로벌 금융 위기로 국제투자자금이 상대적으로 안정적인 국가로 집중되면 그 국가에 나타날 수 있는 경제 현상을 순서대로 바르게 나열한 것은?

	이자율	경상수지
①	상승	개선
②	상승	악화
③	하락	개선
④	하락	악화
⑤	하락	불변

67 국내 기업 소유의 이탈리아 공장에서 생산된 구두가 국내로 수입되어 철수가 샀을 때 나타나는 변화는?

	한국 소비지출	한국 순수출	한국 GDP	이탈리아 GDP
①	불변	불변	불변	증가
②	증가	감소	증가	불변
③	증가	감소	증가	감소
④	증가	감소	불변	증가
⑤	불변	증가	증가	증가

68 A, B, C 세 나라는 서로 수출 · 수입하고 있으며, 모든 나라가 수입품에 대해 10%의 관세를 부과하고 있다. 이제 A국과 B국이 자유무역협정(FTA)을 맺을 때 발생하는 변화로 적절한 것을 〈보기〉에서 모두 고르면?

보기

㉠ A국과 B국 간의 교역규모가 증가한다.
㉡ A국과 B국의 모든 생산자는 관세 철폐로 인해 편익을 누리게 된다.
㉢ A국과 B국의 모든 소비자는 관세 철폐로 인해 편익을 누리게 된다.
㉣ C국은 종전과 같은 수준의 관세를 유지하고 있어 수출과 수입에 변화가 없다.

① ㉠, ㉡
② ㉠, ㉢
③ ㉡, ㉢
④ ㉡, ㉣
⑤ ㉢, ㉣

69 다음 자료에서 밑줄 친 조치가 시행되지 않았을 경우와 비교해서 이 조치가 시행되었을 경우에 나타날 수 있는 효과로 적절한 것은?

1929년의 주가 폭락 이후 미국 경제가 침체하기 시작하자, 미국 의회는 이듬해 7월에 대폭적인 관세 인상 법안을 통과시켰다. 발의자의 이름을 따서 'Smoot-Hawley 법안'이라 불리는 이 조치로 기존의 관세 부과 품목에 대한 세율이 인상되고 10,000건에 달하는 무관세 품목에도 새로운 관세가 부과되었다.

① 수입량이 관세 부과 이전과 동일할 경우 미국 정부의 관세 수입이 감소했을 것이다.
② 미국 내 기업이 내수용으로 판매하는 상품의 가격이 상승했을 것이다.
③ 관세가 부과된 상품의 경우 미국 내 기업의 생산이 감소했을 것이다.
④ 수입 제품의 미국 내 판매 가격이 하락했을 것이다.
⑤ 미국 제품의 해외 수출이 감소했을 것이다.

70 개발도상국들이 생산하는 원자재에 대해 선진국들이 수입 관세를 낮추는 정책의 효과로 적절한 것은?

① 개발도상국과는 무관한 정책이다.
② 선진국의 원자재 생산업체를 돕는다.
③ 선진국의 완제품 제조 및 수출에 피해를 준다.
④ 원자재를 수출하는 개발도상국에 피해를 준다.
⑤ 완제품을 제조하여 수출하는 개발도상국에 피해를 준다.

71 다음 기업 중 불황에 가장 안정적인 경영상태를 보일 것으로 예상되는 곳은?

	A	B	C	D	E
총자산	100억원	100억원	100억원	100억원	100억원
자기자본	60억원	50억원	40억원	30억원	20억원
부채	40억원	50억원	60억원	70억원	80억원
자본총계	100억원	100억원	100억원	100억원	100억원

① A
② B
③ C
④ D
⑤ E

72 (주)신지원은 교재를 판매하고 있다. 판매가격은 1만원이고 고정비는 5,000만원이 소요된다. 교재의 변동비비율이 50%라면 손익분기점에 도달하기 위한 교재판매량은 얼마인가?

① 5,000권
② 7,000권
③ 10,000권
④ 12,000권
⑤ 15,000권

73 다음 국제채권 중에서 그 성격이 다른 것은 어느 것인가?

① 김치본드
② 양키본드
③ 사무라이본드
④ 판다본드
⑤ 불독본드

74 다음 중 채권의 이자율이 상승하는 요인으로 보기 어려운 것은?

① 경기가 호황을 보이고 있다.
② 물가가 상승하고 있다.
③ 중앙은행이 기준금리를 인상했다.
④ 중앙은행이 공개시장에서 매입조작을 하고 있다.
⑤ 원화가 약세를 보이고 있다.

75 **다음은 동화기업의 재무내용이다. 동화기업의 적정주가를 구하고 현재 상태를 평가하면?**

- 매출액 : 1억원
- 매출액 이익률 : 30%
- 부채비율 : 200%
- 자본총계 : 5,000만원
- 발행주식수 : 1,000주
- 동업종의 평균 PER : 15배
- 동화기업의 현재주가 : 500,000원

① 400,000만원 – 저평가
② 400,000만원 – 과대평가
③ 450,000만원 – 과대평가
④ 550,000만원 – 저평가
⑤ 550,000만원 – 과대평가

76 **환율 하락기의 재테크 전략으로 적절치 못한 것은?**

① 해외송금은 늦추고 달러는 빨리 환전해야 한다.
② 유학비용 송금은 늦출수록 부담을 줄일 수 있다.
③ 해외여행 시에는 현금을 사용하는 것이 유리하다.
④ 내수기업 중심의 펀드에 가입하는 것이 수출기업 펀드에 가입하는 것보다 유리하다.
⑤ 환헷징으로 손실을 줄일 수 있다.

77 **주주가 주주총회에 참석하지 않아도 투표한 것으로 간주해 다른 주주들의 투표 비율을 의안 결의에 그대로 적용하는 의결권 대리 행사 제도를 말하는 것은?**

① 주식매수청구권
② 섀도우보팅
③ 황금주제도
④ 의결권대리행사
⑤ 주주총회 특별결의

78 **가계와 기업의 빚이 늘고 자산 가격은 추락하면서 경제 구성원들이 부채 축소에 몰입하는 바람에 발생하는 침체를 의미하는 것은?**

① 부채디플레이션
② 대차대조표 불황
③ 가계부채 위기
④ 스테그플레이션
⑤ 이중위기

79 **M&A를 시도할 경우 매수 대상 회사의 사업부문 중 가장 가치 있는 자산이나 수익성 또는 성장성이 높은 사업을 뜻하는 것은?**

① 핵심역량
② 백기사
③ 가치사슬
④ 황금낙하산
⑤ 크라운 주얼

80 **기업의 재무상태, 신용도, 규모 등에서 우량 종목이 많이 상장된 증권시장을 올바른 순서로 나열한 것은?**

① 코넥스 > 코스닥시장 > 유가증권시장
② 유가증권시장 > 코넥스 > 코스닥시장
③ 코스닥시장 > 코넥스 > 유가증권시장
④ 유가증권시장 > 코스닥시장 > 코넥스
⑤ 코스닥시장 > 유가증권시장 > 코넥스

정답 및 해설

정답

01 ④	02 ④	03 ④	04 ⑤	05 ②
06 ④	07 ⑤	08 ④	09 ②	10 ⑤
11 ③	12 ⑤	13 ②	14 ④	15 ⑤
16 ③	17 ②	18 ③	19 ①	20 ①
21 ③	22 ②	23 ⑤	24 ④	25 ②
26 ③	27 ①	28 ⑤	29 ②	30 ②
31 ①	32 ①	33 ④	34 ②	35 ②
36 ③	37 ③	38 ④	39 ④	40 ⑤
41 ②	42 ②	43 ①	44 ④	45 ①
46 ④	47 ③	48 ②	49 ⑤	50 ⑤
51 ④	52 ③	53 ②	54 ⑤	55 ②
56 ③	57 ③	58 ①	59 ③	60 ⑤
61 ④	62 ②	63 ②	64 ④	65 ④
66 ④	67 ④	68 ②	69 ②	70 ⑤
71 ①	72 ③	73 ①	74 ④	75 ③
76 ③	77 ②	78 ②	79 ⑤	80 ④

지식

01 정답 ④

재화의 동질성은 완전경쟁의 조건이다(나머지는 시장실패의 요인임).

02 정답 ④

국민소득계정에서 투자는 크게 설비 투자, 건설 투자, 재고 변화 등으로 나뉜다. 공장 증설이나 주택 건설은 건설 투자에 해당된다. 우리 경제의 전체 투자 수요를 측정하는 것이 목적이므로 투자에 사용된 재화가 해외에서 생산된 경우도 포함된다. 따라서 식당의 식기 수입도 설비투자로 간주된다. 반면 주식 매입은 '주식 투자'로 불리기도 하지만, 실질적인 재화나 서비스와 상관없는 금융자산 거래이므로 부가가치를 측정하는 국민소득계정의 투자에는 포함되지 않는다.

03 정답 ④

완전경쟁시장에서 시장가격은 시장수요곡선과 시장공급곡선이 교차하는 균형가격이다. 시장가격이 4일 때 시장수요량과 시장공급량이 일치하므로 완전경쟁시장의 시장가격은 4이고, 완전경쟁기업의 한계수입은 시장가격과 일치하므로 한계수입도 4이다.

04 정답 ⑤

어떤 기업이든 단기에 가격이 평균비용보다 크면 초과이윤이 발생하고, 가격이 평균비용보다 낮다고 해도 가격이 평균가변비용보다 크면 조업을 지속한다. 한편 장기에 완전경쟁시장에 속한 모든 기업은 이윤극대화 생산량에서 정상이윤만을 얻는다. 그래서 장기균형에서 가격이 한계비용, 평균비용과 일치하도록 가격은 최소 장기평균비용과 같고, 이윤극대화 생산량도 최소 장기평균비용에서의 생산량이다. 그리고 생산요소의 제한이 없다면 최소 장기평균비용이 일정하여 완전경쟁시장의 장기공급곡선은 수평선이다.

05 정답 ②

정책은 경기변동에 영향을 끼치므로, 정책실패 역시 경기변동의 요인이 될 수 있다.

06 정답 ④

모든 기업은 이윤극대화를 추구하는데, 독점적 경쟁기업은 상품의 질이나 A/S 등으로 제품차별화를 하여 우하향하는 시장수요곡선에 직면한다. 그래서 이윤극대화 생산량에서 시장가격이 한계비용보다 높아 비효율성을 초래한다. 또한 장기에 시장가격과 장기평균비용이 만나는 생산량에서 이윤을 극대화하는데 이 생산량은 단기평균비용이 최소가 되는 생산량보다 적어 유휴생산능력이 존재한다.

07 정답 ⑤

생산가능곡선에서 과자를 더 많이 생산할수록 포기해야 하는 빵의 생산량(기회비용)은 증가한다.

08 정답 ④

선혜가 현금을 그냥 보유하지 않고 은행에 예금했다면 4%의 이자를 받을 수 있으므로, 현금 보유의 기회비용은 4만원이다. 이는 실질 이자율을 고려하는 경우에도 동일하게 생각할 수 있다. 현금 100만원 보유에 따른 기회비용에는 1%의 실질 이자율에 의해 발생하는 1만원의 비용과 3%의 물가상승에 따른 3만원의 손실이 모두 포함된다. 따라서 현금 100만원 보유에 따른 기회비용은 4만원이다.

09 정답 ②

시장에서 기업 간 경쟁이 치열할수록 시장가격이 한계비용과 일치하게 되어 자원배분이 효율적이 된다. 그러므로 경쟁은 시장실패가 아니다.

10 정답 ⑤

경기가 나빠져서 나타나는 실업을 '경기적 실업'이라고 한다.

11 정답 ③

생산의 외부불경제는 기업이 사회적 한계비용을 고려하지 않고 그보다 낮은 사적 한계비용만을 고려하여 사회적 최적생산량보다 과잉생산하여 발생하는 손실이다. 그리고 생산의 외부경제는 높은 사적 한계비용만을 고려하여 과소생산하여 발생하는 손실이다. 그러므로 외부효과가 발생하면 시장실패로 사회에 손실이 발생하여 정부가 개입할 필요가 있다.

12 정답 ⑤

㉠은 구직활동 감소, ㉡은 기업의 비용부담 증가(노동수요 감소)로 실업증가 요인이 된다.

13 정답 ②

노동자의 수는 실질변수로서 노동자의 수가 증가하면 생산과 소비가 모두 증가하여 실질 국내총생산도 증가한다. 그러나 인구 증가에 따라 노동의 한계생산이 체감하면 인구의 증가 속도보다 실질 국내총생산의 증가 속도가 느려서 1인당 실질 국내총생산은 감소할 것으로 예측할 수 있다.

14 정답 ④

환율하락은 수입가격을 낮춰 물가 하락을 유도한다.

15 정답 ⑤

중앙은행은 정부의 수입이나 지출을 관리하는 정부의 은행, 일반은행에게 최종적으로 대출을 해주는 최종대부자(또는 은행의 은행), 화폐 발행을 하는 발권은행, 외환보유고를 관리하는 외환관리자 그리고 통화정책을 수립하는 통화당국의 역할을 한다. 하지만 예금을 받아서 대출하는 신용창조의 역할은 하지 않는다.

16 정답 ③

S를 1년 후의 환율이라 하며, 노명의가 원화와 엔화로 대출할 경우에 대한 이익을 각각 다음과 같이 쓸 수 있다.

원화 : 150만원 − 100만원 × (1 + 0.21)

엔화 : 150만원 − 10만엔 × (1 + 0.10) × S

노명의는 두 대출 조건이 동일하다고 판단하였으므로 두 경우의 이익은 차이가 없어야 한다. 그러므로 1년 후의 환율은 1,100원/100엔임을 알 수 있다.

17 정답 ②

재화의 가격 하락은 항상 소비량을 증가시키는 대체효과와 소득을 증가시켜 소비량을 증가시키는 정상재의 소득효과 또는 소비량을 감소시키는 열등재의 소득효과를 보인다. 청바지의 가격 하락으로 청바지를 더 구매하려면, 청바지가 정상재이거나 대체효과가 소득효과보다 큰 열등재여야 한다. 반면에 청바지의 가격 하락으로 청바지를 덜 구매하려면, 청바지가 기펜재로서 소득효과가 대체효과보다 커야 한다.

18 정답 ③

(1) 지문의 문구 해석

["B 프로젝트에는 이미 20억원이 투자되었으며", "더 이상 예산을 투자하지 않으면 10억원의 금액을 회수할 수 있다." → 매몰비용은 의사결정과 무관하게 발생하는 비용이다. 의사결정과 무관한 비용은 회수할 수 없는 투자금액인 10억원이다.], [갑국장은 다음과 같이 세 가지 중에 하나를 선택할 수 있고, 각 선택안에 대한 순편익은 다음과 같다.]

① A 프로젝트의 순편익 = 총편익 25억원 − 총비용 10억원 + 10억원(B 프로젝트의 회수액) = 25억원

② B 프로젝트의 순편익 = 총편익 30억원 − 총비용 10억원 = 20억원

③ Non 프로젝트의 순편익 = 투자예산 10억원 + 10억원(B 프로젝트의 회수액) = 20억원

(2) 문제 풀이

기회비용은 포기한 대안들 중 최선의 가치이며, 합리적 선택은 기회비용이 최소인 선택이다. 각 선택안마다의 기회비용을 비교해보면 아래와 같으므로 프로젝트 A를 선택하는 것이 합리적이다.

선택안	A	B	Non
기회비용	20억원	25억원	25억원

19 정답 ①

서울과 뉴욕 외환시장의 교차매매를 통해 결정되는 원/엔 환율은 $\frac{1{,}200\text{원/달러}}{120\text{엔/달러}}$ = 10원/엔이 된다.

반면 도쿄 외환시장에서 단순매매로 거래되는 원/엔 환율은 11원/엔이므로 도쿄 시장에서 엔화가 고평가되어 있다. 김선달은 서울과 뉴욕 외환시장의 교차매매를 통해 저평가된 엔화를 매입하고 도쿄 외환시장에서 고평가된 엔화를 매각함으로써 차익을 실현할 수 있다.

20 정답 ①

외환 딜러들은 차익을 실현하기 위해 서울과 뉴욕 외환시장의 교차매매를 통해 저평가된 엔화를 매입한다. 이 과정은 서울 외환시장에서 원화를 매각하고 달러화를 매입하며, 뉴욕 외환시장에서는 달러화를 매각하고 엔화를 매입하는 것이다. 마지막으로 엔화가 고평가된 도쿄 외환시장에서 엔화를 매각하고 원화를 매입함으로써 차익이 실현된다. 따라서 서울 외환시장에서는 달러화 수요 증가, 원화 공급 증가, 뉴욕 외환시장에서는 엔화 수요 증가, 달러화 공급 증가, 그리고 도쿄 외환시장에서는 원화 수요 증가, 엔화 공급 증가가 발생한다.

21 정답 ③

지니계수는 로렌츠곡선의 형태에서 도출되므로 지니계수와 로렌츠곡선은 밀접하다. 로렌츠곡선이 완전균등분배선(대각선)에 가까워질수록 소득분배가 균등하며, Z값이 작아져서 지니계수도 0에 가까워져 소득분배가 균등하다.

22 정답 ②

수입물가의 상승, 특히 수입의 가격탄력성이 낮은 원자재 가격의 상승은 경상수지 적자 요인으로 작용하고, 인플레이션은 금융자산보다 실물자산을 보유한 사람에게 유리하게 작용한다. 고정금리 대출은 계약 당시 대출이자율이 정해지는 반면, 변동금리 대출은 시장이자율의 변동에 따라 대출이자율이 변동된다. 인플레이션에 따른 시장이자율의 상승은 변동금리 대출이자율에 전가되므로 변동금리로 대출한 사람에게 불리하다.

23 정답 ⑤

① 파업한 근로자는 실직상태가 아니므로 취업자로 분류된다.
② 국채의 이자는 생산활동에 따른 요소소득으로 분배되지 않으므로 GDP에 포함되지 않는다.
③ 수출재의 국제가격이 수입재의 국제가격보다 크면 교역조건의 개선으로 실질무역이익이 발생하여 GNI증가율이 GNP증가율보다 높다.
④ 급여감소는 물가에 반영되어 명목GDP를 감소시키나 공무원 수는 불변이므로 실질GDP는 일정하다.
⑤ GDP 디플레이터는 비교연도의 고정된 재화와 서비스의 품목 구성에 대한 기준연도와 비교연도의 가격차이를 반영한 파셰지수이다.

24 정답 ④

선진국에서의 디플레이션은 채무자의 원금 및 이자에 대한 상환 부담을 가중시키다. 또한 디플레이션은 실물자산보다는 국채와 같은 자산에 대한 수요를 증가시킨다. 반면, 신흥국에서의 인플레이션은 화폐의 가치를 낮춰 임금 소득에 의존하는 사람보다는 실물자산을 보유한 사람에게 유리하다. 인플레이션이 발생하더라도 신흥국 통화의 가치가 향후 높아질 것으로 예상된다면 이들 국가의 통화로 표시된 자산의 가치가 그만큼 높아지게 되어 제시문에 나타난 바와 같이 신흥국 채권에 대한 수요가 증가한다.

25 정답 ②

정부가 정부지출의 재원을 중앙은행에서 차입하여 조달하거나, 중앙은행이 시중은행에 대출해주거나, 중앙은행이 수출로 유입된 외환(달러) 또는 유가증권 등의 자산을 매입하면 중앙은행이 돈을 찍어내어 본원통화가 증가한다. 한편 외채를 상환하려고 중앙은행으로부터 외환(달러)를 매입하면 돈이 중앙은행에 흡수되어 본원통화가 감소한다.

26 정답 ③

투자의욕이 침체되면 투자수요의 감소로 총수요가 감소하고, 기술 진보가 발생하면 총공급이 증가한다. 그래서 균형 물가는 하락하나 국민소득의 변화는 알 수 없다.

27 정답 ①

금리인상은 곧 수익률의 인상을 의미한다. 이 경우, 더 높은 수익을 좇아 외국자본이 국내에 유입되므로, 외환시장에서 달러와 같은 외국 돈의 공급이 늘고 한국 돈의 상대적 가치가 증가하므로 환율은 하락한다. 환율하락은 수입의 증가를 초래한다.

28 정답 ⑤

피셔방정식 “명목이자율 = 실질이자율 + 기대인플레이션율”에서 기대인플레이션율은 실질이자율과 무관하고 명목이자율에 비례한다. 그래서 명목이자율이 인플레이션에 연동된다면 인플레이션율이 낮을수록 명목이자율은 하락하지만 실질이자율은 불변이다. 그러나 기대치 않은 인플레이션율이 발생하는 경우 명목이자율은 일정하므로 (사전적)실질이자율이 하락한다. 한편, GDP 디플레이터는 GDP의 변화로 물가지수를 산정하므로 GDP에 포함되지 않는 중간투입물의 가격변화를 반영하지 못하고 소비자물가지수는 수입품의 가격변화를 포함하므로 수입재의 가격상승은 소비자물가지수를 상승시킨다.

29 정답 ②

조세는 가처분소득을 감소시킴으로써 민간소비를 위축시킨다.

30 정답 ②

자연실업률이 증가하면 장단기필립스곡선은 우측이동하고, 기대물가상승율이 상승하면 단기필립스곡선은 우측이동한다. 한편, 자연실업률 가설에서 장기필립스곡선은 수직이고 단기필립스곡선은 우하향하여 장기필립스곡선의 기울기가 더 가파르다.

사고력

31 정답 ①

관세 철폐 이전에는 (주)개발전자의 TV 가격이 수입 TV의 가격보다 낮고 품질, 성능, 색상 등의 차이가 없으므로 (주)개발전자는 국내 시장에서 독점적 지위를 누린다. 그러나 관세가 철폐되면 B국으로부터 수입한 TV 가격이 가장 낮아 B국으로부터 TV가 수입된다. 관세 철폐 이전에는 수입이 없고 관세 철폐 이후에는 관세가 없으므로 관세 수입은 모두 0이다.

32 정답 ①

주요 교역 대상국의 소득 증가는 우리나라의 수출을 증가시키고, 수출 증가는 물가상승으로 이어질 가능성이 크다.

33 정답 ④

환율변동이 외환수급의 불균형 조정에 도움이 되므로 고정환율제보다 변동환율제가 외환보유 동기를 그만큼 감소시킨다. 국내 저축규모는 적정 외환보유 수준과 별 관계가 없다.

34 정답 ②

농산물의 가격상승은 총수요의 증가 또는 총공급의 감소로 발생한다. 일부 국가들의 농산물 사재기, 중국과 인도의 농산물 수요 증가 그리고 바이오연료의 수요 증가는 농산물에 대한 총수요를 증가시키고, 농산물 흉작은 농산물의 총공급을 감소시켜 농산물 가격을 상승시킨다. 반면에 신품종 곡물의 대량생산은 총공급을 증가시켜 농산물 가격을 하락시킨다.

35 정답 ②

금융시장에서 투자심리가 악화되어 투자수요가 감소하면 총수요의 감소로 물가수준이 하락하고, 국민소득이 감소하며 실업률이 상승한다. 총수요의 부족에 따른 문제이므로 정부가 확대적 재정정책과 금융정책으로 총수요를 증가시킴으로 총수요의 부족문제를 해결할 수 있다. 한편 금융시장에서의 투자심리의 악화가 경제 내에 실질변수인 노동량, 자본량 그리고 기술 진보와는 무관하여 단기총공급곡선은 이동하지 않는다.

36 **정답 ③**

소비가 증대된다는 주장은 감세를 통해 소비자의 지출 가능 소득 즉, 가처분소득이 증가하여 소비가 진작되고 이를 통해 총수요가 늘어나 생산이 증대하여 다시 소득이 늘어난다는 전통적인 재정정책 효과를 상정하고 있다. 반면에 소비가 증가하지 않는다는 주장은 소비자가 미래지향적이고 합리적이어서 자신들의 소비를 현재의 소득뿐만 아니라 미래의 소득에도 의존한다고 보아, 현재의 삭감된 세금이 미래에 자신 및 후손들의 조세 부담으로 연결되므로 현재의 소비를 증가시키지 않는다고 본다.

37 **정답 ③**

국채 보유에 대해선 세금이 계속 부과되는 반면 지방채 보유에 대한 세금은 면제되었으므로, 지방채에 대한 수요는 증가하고 대체재인 국채에 대한 수요는 감소하게 된다. 따라서 다른 조건에 변화가 없다면 국채 가격은 하락하고 지방채에 대한 가격은 상승한다. 이자율은 가격과 역의 관계가 있으므로 국채 이자율은 상승하고 지방채 이자율은 하락하게 된다.

38 **정답 ④**

쇠고기의 수입가격이 국내가격보다 저렴하여 쇠고기 수입을 자유화하면 쇠소기의 국내가격이 하락하게 되어 국내 한우농가의 생산량이 감소하여 한우농가의 생산자잉여와 소득이 감소한다. 그리고 대체관계에 있는 돼지고기에 대한 국내수요도 감소한다. 그러나 국내 소비자는 더 싼 가격에 쇠고기를 소비할 수 있어 소비량이 증가하여 소비자잉여가 증가한다. 한편, 쇠고기 수입을 위해 달러(외환)의 수요가 증가해서 환율이 상승한다.

39 **정답 ④**

(경기과열을) 둔화시켜야 하나 말아야 하나? 지난해 중국 경제는 약 9%라는 높은 성장을 이룩했다. 은행 대출이 급증하면서 중국 정부는 2분기에 대출 및 토지 거래를 억제하기 위한 조치를 취했다. 중국 정부는 10월에 9년 만에 처음으로 금리 인상을 단행했다.

40 **정답 ⑤**

인터넷뱅킹, 온라인 증권거래, 전자화폐 등의 전자 금융이 확산됨에 따라 기존 금융거래 모습이나 중앙은행의 통화 정책에 변화가 나타난다. 전자화폐에도 가치가 저장될 수 있으며, 이를 이용하여 거래할 수 있다. 특히 인터넷뱅킹 등으로 은행을 방문하는 횟수가 줄어들어 거래비용이 감소한다. 한편, 기존 화폐 이외의 전자화폐 도입으로 인해 기존 통화지표, 통화정책의 파급경로, 금리조절기능 등의 변화가 발생할 수 있다.

41 **정답 ②**

회사 주변 식당가는 식당의 밥맛이 떨어지면 금새 단골들의 발길이 뚝 끊긴다. 그래서 식당과 손님 간에 반복적인 게임상황에 처한다. 반면에 기차역 식당가에는 기차시간이 급해 밥맛이 없다 해도 즉석으로 식사만 해결할 수 있으면 되는 뜨내기 손님들이 대부분이므로 식당과 손님 간에 일회성 게임상황에 처한다.

42 **정답 ②**

대형마트가 이마트, 롯데마트, 홈플러스 3개로 과점시장의 형태이며, 과점기업들 간에 가격경쟁을 하면 베르뜨랑 모형에 따라 가격과 한계비용이 일치하도록 생산량이 결정되어 완전경쟁과 유사해지고 소비자에게는 유리해진다. 대형마트들은 원가절감을 위해 중소기업에게 납품단가의 인하를 요구하여 중소기업이 피해를 입을 수 있다.

43 정답 ①

초고속인터넷과 IPTV를 결합하여 판매하는 경우 패키지 가격이 300이면 고객 A와 B에게 모두 팔 수 있어 이윤이 600이나, 패키지 가격이 360이면 고객 B에게만 팔 수 있어 이윤이 360이다. 초고속인터넷과 IPTV를 결합하여 판매하는 경우 최대이윤은 600이다. 한편, 초고속인터넷만 판매할 경우 초고속인터넷의 이용료가 200이면 고객 A와 B에게 모두 서비스할 수 있어 이윤이 400이나, 이용료가 300이면 고객 B에게만 서비스할 수 있어 이윤이 300이다. 그러므로 초고속인터넷만 서비스할 경우 최대이윤은 400이고, IPTV만 판매할 경우 IPTV의 이용료가 100이면 고객 A에게만 서비스할 수 있어 이윤이 100이다. 그러나 이용료가 60이면 고객 A와 B에게 모두 서비스할 수 있어 이윤이 120이다. 그러므로 IPTV만 서비스할 경우 최대이윤은 120이다.

44 정답 ④

지하철 요금을 인상하였을 때, 가격탄력성이 적다면 서울시는 적자를 면할 수 있으나 가격탄력성이 크다면 수요가 대폭 감소하여 총수입은 줄고 적자를 면하기 어렵다. 이자소득세율에 대해 얼마나 탄력적인가에 따라 저축도 역시 증감한다. 정부의 외환시장 개입은 환율변동으로 인한 무역 상품의 가격변동을 야기하지만 무역 상품들에 대한 가격탄력성이 어떠한가에 따라 무역수지 또한 변동한다. ④를 제외한 모든 항목들이 탄력성에 따라 변동하며, ④는 공해배출권 정책을 설명할 뿐이다.

45 정답 ①

재화의 가공, 운반, 저장 등의 행위와 서비스의 제공 행위는 부가가치를 만들어내는 한 생산활동으로 간주될 수 있다. 그러나 재화를 기부하는 행위는 부가가치를 만들어낼 수 있는 것이 아니므로 생산활동이 될 수 없다.

46 정답 ④

기업의 투자결정은 일차적으로 투자로부터 얻어지는 기대수익과 투자비용을 비교하여 이루어진다. '투자세액공제'가 내년에 실시된다면, 내년의 투자비용이 올해의 투자비용보다 낮아지게 된다. 따라서 기업은 올해 시행하려던 동일한 투자 계획을 내년으로 연기함으로써 투자비용을 줄일 수 있다.

47 정답 ③

1980년대 레이건 행정부가 시행한 감세정책 때문에 재정수지 적자는 큰 폭으로 증가하였다. 이렇게 재정적자가 늘어나면 정부저축이 감소하고 이자율이 상승한다. 일반적으로 이자율이 상승하면 투자는 감소하는데 1980년대 미국의 경우, 해외부문에서 대량으로 자본이 유입되어 투자가 크게 변화하지 않았다. 1980년대 미국은 재정과 무역수지가 거의 동시에 적자로 전환되었는데, 이러한 적자를 '쌍둥이 적자(twin deficits)'라고 부른다.

48 정답 ②

1986년과 1988년은 다른 기간에 비해 경제성장률이 높았던 시기이다. 전 기간에 걸쳐 경제의 생산능력 증가율에 변화가 없었다고 가정하였으므로, 1986년과 1988년에는 생산 능력에 비해 수요가 상대적으로 크게 증가하였을 것으로 추론할 수 있다. 1992년의 경우 1988년과 1990년에 비해 경제성장률이 낮았던 시기이므로 물가상승률도 낮았을 것이다. 1998년에는 경제성장률이 음의 값을 나타내고 있는데, 이는 교역 대상국들의 경제성장률에 큰 변화가 없어 수출에도 큰 변화가 없었다면 내수가 크게 부진하였음을 의미한다. 따라서 수출에 큰 변화가 없는 상황에서 수입이 부진하였을 것이므로 무역수지는 개선되었을 것이다. 2000년의 경제성장률이 양의 값을 기록하고 있으므로 총수요는 증가하였음을 알 수 있다.

49 정답 ⑤

2007년 실업률은 약 3%를 기록하였으며, 경상수지는 흑자를 기록하였다. GDP 대비 정부지출의 비중은 20% 내외 수준을 기록하고 있으며, GDP 순위는 10위권이나 1인당 GDP 순위는 50위 내외이다. 수출에서 가장 큰 비중을 차지한 나라는 중국이다.

50 정답 ⑤

중고차 구매자는 중고차에 대한 정보가 부족해서 기대값 500만원을 기준으로 중고차 구매 여부를 결정하려 한다. 중고차 판매자는 500만원으로는 좋은 차를 팔지 않고 나쁜 차만 팔 것이므로 중고차 100대가 거래되고 가격은 400만원과 450만원 사이에서 결정된다.

응용복합

51 정답 ④

〈대화 1〉의 영수, 〈대화 2〉의 구단주, 〈대화 3〉의 엄마는 모두 과거의 의사결정에 의해 발생한 손실 또는 비용을 현재의 의사결정과정에서 고려하고 있다. 경제학자들은 이러한 손실 또는 비용은 이미 발생하여 회복 또는 회수를 할 수 없는 비용이라는 뜻에서 '매몰비용(sunk cost)'이라고 부른다.

52 정답 ③

만일 개인이 지불해야 하는 금액이 4만원을 초과하게 되면 250명만 공원 건설을 찬성할 것이므로 과반수를 충족하지 못해 공원 건립이 불가능하다. 반면, 개인이 지불해야 하는 금액이 4만원 이하라면 언제나 과반수의 주민이 찬성하게 되므로 공원 건립이 가능해진다. 따라서 공원 건립이 가능한 최대 건설비용은 3,000만원(=4만원×750명)이다.

53 정답 ②

인절미와 수정과는 완전 보완재로서 2접시의 인절미와 1잔의 수정과는 한 묶음으로 소비된다고 볼 수 있다. 인절미와 수정과의 가격이 각각 500원, 800원일 때 이 묶음의 가격은 1,800원이고, 2,800원의 소득이 있으면 1묶음만을 소비할 수 있어 2접시의 인절미와 1잔의 수정과를 사 먹는다. 인절미 가격이 250원이 되면, 이 묶음의 가격은 1,300원이고, 3,100원의 소득으로 2묶음까지 소비할 수 있어 4접시의 인절미와 2잔의 수정과를 사 먹는다.

54 정답 ⑤

박문수는 과거 소득이 높을 때 쌀밥과 고기를 먹었으므로, 그에게 시리얼은 열등재이다. 그가 시리얼을 먹을 때는 우유를 부어 먹으므로 두 재화는 보완재이며, 시리얼 가격이 오르면 대신 식빵을 먹으므로 두 재화는 대체재이다. 시리얼이 열등재이므로 고시 합격 후 소득이 올라가면 이를 소비하지 않을 것이다.

55 정답 ②

ⓛ 혜린이 2시간을 공약하고 동철이 3시간을 공약한다면, 0~2시간을 선호하는 학생들은 혜린에게, 3~6시간을 선호하는 학생들은 동철에게 투표할 것이다. 따라서 혜린이 더 많은 표를 얻을 것이다.

ⓒ 동철이 5시간을 공약하면 모든 학생이 50%의 확률로 동철에게 투표하므로 학생의 절반이 동철에게 투표한다고 할 수 있다. 동철이 4시간을 공약하면 0~4시간을 선호하는 학생들이 동철에게 투표한다. 따라서 4시간을 공약하면 더 많은 표를 얻을 수 있다.

ⓔ 동철이 1시간을 공약할 때 혜린이 2시간을 공약하면 2~6시간을 선호하는 학생들이 혜린에게 투표한다. 3시간을 공약하면 3~6시간을 선호하는 학생과 2시간을 선호하는 학생의 절반(2시간을 선호하는 학생이 50%의 확률로 동철에게 투표)이 혜린에게 투표한다. 따라서 2시간을 공약하면 더 많은 표를 얻을 수 있다.

56 정답 ③

동철이 0시간 혹은 1시간을 공약하면 혜린은 동철보다 1시간 더 많은 시간을 공약하는 것이 더 많은 표를 얻을 수 있다. 동철이 3, 4, 5, 6시간을 공약하면 혜린은 동철보다 1시간 더 적은 시간을 공약하는 것이 더 많은 표를 얻을 수 있다. 동철이 2시간을 공약하면 같은 2시간을 공약하는 것이 가장 많은 표를 얻을 수 있다. 이는 동철에게도 마찬가지이다. 따라서 동철과 혜린 모두 2시간을 공약하게 될 것이다.

57 정답 ③

자료에서 방송 사업을 운영하기 위한 주파수 이용은 배제가 불가능한 반면 경합적이라는 점에서 주파수는 공유자원에 해당한다. 또한 방송 신호 간에 간섭이 발생하여 방송 신호가 제대로 수신되지 못했다는 사실은 방송국 간에 부정적인 외부효과가 발생하였음을 의미한다.

58 정답 ①

기술 진보는 총공급을 증가시키는 반면 세금 인하는 총수요를 증가시킨다. 즉, 기술 진보는 실질 GDP를 증가시키고 물가를 하락시키는 요인인 반면 세금 인하는 실질GDP를 증가시키고 물가도 상승시키는 요인으로 작용한다.

59 정답 ③

우리나라의 수출은 2006년 3,259.9억 달러였으며, 2007년 경제성장률은 4%대 초반 또는 중반 수준으로 전망되고 있다. 한편, 2006년 1인당 GDP는 18,000달러를 상회할 것으로 추정되고 있으며, 종합주가지수는 2006년에 1,434.46으로 마감했다.

60 정답 ⑤

㉠은 구직활동 감소, ㉡은 기업의 비용부담 증가(노동수요 감소)로 실업증가 요인이 된다.

61 정답 ④

경제활동참가율은 고용률보다 높으며, 경제활동참가율과 고용률의 차이는 생산가능인구 중 실업자의 비중이다. 이는 경제활동인구 중 실업자의 비중인 실업률과는 다르다. 40대 이후 고용률이 감소(취업자가 감소)하고 있음에도 불구하고 실업률 역시 감소하는 것은 경제활동참가율이 더욱 급격히 감소(경제활동인구가 감소)하고 있기 때문이다. 참고로 '실업률=1-고용률/경제활동참가율'의 관계를 가지며, 고용률보다 경제활동참가율이 더욱 빨리 감소하면 실업률이 감소함을 알 수 있다.

62 정답 ②

중앙은행이 시중 통화량을 증가시키면 이자율이 감소하고 기업 혹은 개인에게 대출에 대한 부담을 줄여줌으로써 기업 혹은 개인의 투자가 늘어난다. 이때에 투자함수의 기울기가 완만할수록 그 효과는 더 크다. 투자함수의 기울기가 완만하다는 말은 가파르다는 말에 비해 이자율의 변화에 따른 투자수요량의 변화가 더 크다는 의미를 지닌다. 또한 투자가 늘어나면 국민소득이 증대하고, 소비증대도 국민소득의 증대 효과를 가져온다. 이때에도 한계소비성향이 클수록 국민소득의 증대에 따른 소비증대의 효과가 크다. 한계소비성향은 추가소득 중에서 저축되지 않고 소비되는 금액의 비율을 의미한다. 유동성함정에 놓여 있을 때에는 추가 통화량의 투입이 모두 화폐수요에 흡수되기 때문에 통화정책의 효과는 극히 미미하다. 경제가 완전고용에 가까울 때에도 통화량 증대는 더 이상의 수요를 창출하지 못하고 물가상승만을 초래하기 때문에 국민소득 증가의 효과는 미미하다.

63 정답 ②

글로벌 금융 위기로 국내 금융·외환시장이 동요하고 실물경기가 급속히 위축되자 정부는 다양한 정책수단을 이용하여 이에 적극적으로 대응하였다. 한국은행은 6차례에 걸쳐 기준금리를 3.25%p 인하하는 한편, 중소기업 자금 문제를 완화하기 위해 총액대출 한도를 확대하고 은행들의 재무구조 개선을 도모하기 위해 지급준비예치금에 대해 이자를 지급하였다. 또한 정부도 외화차입에 대한 보증을 확대하여 외화 공급의 경색에 대응하였다. 출구전략은 위기 상황에서 도입한 이러한 정책들을 정상화시키는 것이다.

64 정답 ④

선진국에서의 디플레이션은 채무자의 원금 및 이자에 대한 상환 부담을 가중시킨다. 또한 디플레이션은 실물 자산보다는 국채와 같은 자산에 대한 수요를 증가시킨다. 반면, 신흥국에서의 인플레이션은 화폐의 가치를 낮춰 임금 소득에 의존하는 사람보다는 실물 자산을 보유한 사람에게 유리하다. 인플레이션이 발생하더라도 신흥국 통화의 가치가 향후 높아질 것으로 예상된다면 이들 국가의 통화로 표시된 자산의 가치가 그만큼 높아지게 되어 제시문에서 나타난 바와 같이 신흥국 채권에 대한 수요가 증가한다.

65 정답 ④

스페인은 포르투갈에 비해 시간당 더 많은 자전거를 생산할 수 있고, 컴퓨터 1대를 생산하는 데에도 더 적은 시간이 필요하다. 따라서 스페인은 자전거와 컴퓨터 생산 모두에 절대우위가 있다. 한편, 컴퓨터 한 대의 생산을 포기하면 스페인은 자전거 100대를 생산할 수 있는 반면, 포르투갈은 150대를 생산할 수 있다. 이는 포르투갈이 자전거 생산에 비교우위가 있고, 스페인은 컴퓨터 생산에 비교우위가 있음을 의미한다.

66 정답 ④

국제투자자금이 국내에 유입되면 외환시장에서는 외환의 공급증가로 환율이 하락(자국 통화가치 상승)하고 국내자금시장에서는 통화량 증가로 이자율은 하락하게 된다. 한편, 환율 하락은 수출상품의 외화표시 가격상승을 초래하여 결국 경상수지는 악화된다.

67 정답 ④

철수가 수입된 구두를 샀으므로 한국의 소비지출은 증가하지만, 순수출(=수출-수입)이 감소하게 된다. 이탈리아에서 생산된 구두이므로 이탈리아의 GDP가 증가하는 반면 한국의 GDP는 변화가 없다(소비증가와 수입증가가 서로 상쇄된다).

68 정답 ②

A국과 B국은 관세 철폐로 인해 수입품의 가격이 하락하게 되므로 양국 간 교역량이 증가하고 소비자들의 편익은 증가한다. 그러나 수입품과 경쟁하던 A국과 B국의 공급자들은 가격 하락으로 인해 편익이 감소할 수 있다. 한편, A국과 B국이 C국으로부터 수입하던 재화의 일부분은 A국과 B국 간의 교역으로 대체될 수 있다.

69 정답 ②

'이 조치'는 관세 부과 조치를 의미한다. 관세 부과는 수입 제품의 국내 가격을 상승시킨다. 이러한 관세 부과는 이 조치가 없었을 때에 비해 수입품과 경쟁하는 미국 기업들의 내수용 상품의 국내 가격을 인상시키는 한편, 생산도 증대시키는 요인으로 작용한다. 또한 관세 부과에도 불구하고 수입량의 변동이 크지 않다면 정부의 관세 수입은 증가할 것이다.

70 정답 ⑤

선진국들이 수입 원자재에 대한 관세를 인하하면, 개발도상국의 원자재 수출이 증가해 원자재 가격은 상승한다. 반면 선진국의 원자재 가격은 수입이 늘어나면서 하락한다. 따라서 선진국의 완제품 생산자와 개발도상국의 원자재 생산자에게는 이익이 되지만, 개발도상국의 완제품 생산자와 선진국의 원자재 생산자에게는 피해를 준다.

71 정답 ①

A기업은 상대적으로 부채비율이 낮아 레버리지가 낮다. 레버리지가 낮다는 것은 불황에는 안정적인 경영이 가능하지만 호황을 맞아서는 상대적으로 수익성이 떨어질 수 있다는 단점도 있다.

72 정답 ③

손익분기점 = 고정비/공헌이익, 여기서 공헌이익은 판매가격 – 변동비, 따라서 공헌이익 = 10,000원 – 5,000원 = 5,000원

손익분기점 = 50,000,000/5,000 = 10,000권

73 정답 ①

국제채권 중에서는 표시통화국의 규제를 받는 외국채와 표시통화국의 규제를 받지 않는 유로본드가 있다. 아리랑본드, 양키본드, 사무라이본드, 판다본드, 불독본드 등은 표시통화국 내에서 발행되는 외국채이지만 김치본드는 우리나라 이외의 지역에서 원화로 발행되는 유로채권이다.

74 정답 ④

중앙은행이 공개시장에서 매입조작을 한다는 것은 통안채를 매입하고 시중에 자금을 공급하는 것이다. 따라서 매입조작의 결과는 금리 하락을 불러오는 요인이 된다.

75 정답 ③

당기순이익은 1억원×30% = 3,000만원,

주당순이익 = 3,000만원/1,000주 = 3만원

적정주가 = 30,000원 × 15배 = 450,000원

76 정답 ③

이런 원・달러 환율 하락기에 해외에 나갈 일이 있다면 현금보다 신용카드를 사용하는게 더 유리하다. 보통 해외에서 신용카드로 결제한 뒤 국내 은행이 청구하는 대금을 확정하는 데까지 3~4일이 소요된다. 이 기간에 환율이 더 떨어지면 현찰로 결제할 때보다 이득을 볼 수 있다. 게다가 신용카드 결제는 현찰매도 환율이 아니라 이보다 낮은 전신환(TT) 매도율이 적용돼 추가로 이익을 얻을 수 있어 일석이조의 혜택을 누릴 수 있다.

77 정답 ②

우리나라가 섀도우보팅 제도를 도입한 것은 지난 1991년이다. 정족수가 모자라 주주총회 자체가 성립되지 않기 때문에 참석인원 미달로 주주총회가 무산되는 것을 막기 위해 도입을 결정했다.
하지만 섀도우보팅은 그간 소수 경영진이나 대주주의 경영권 강화 수단으로 악용돼 주주 우선 경영원칙에 위배된다는 비판을 받아왔다. 기업이 소액주주의 주주총회 참석을 독려하기보다 섀도우보팅을 이용해 쉽게 정족수를 확보하려는 사례가 많았기 때문이다. 이에 금융 당국은 상장법인의 주주총회 내실화를 위해 올해부터 섀도우보팅 제도를 폐지키로 결정했다.

78 정답 ②

'대차대조표 불황(Balance Sheet Recession)'이란 가계와 기업의 빚이 늘고 자산 가격은 추락하면서 경제 구성원들이 부채 축소에 몰입하는 바람에 발생하는 침체를 의미한다.
대차대조표를 보면 부채 반대편에는 자산이 있다. 이때 부채가 일정 수준(임계치) 이상으로 증가해 예금·주택 등 자산에 비해 지나치게 커지면 개인과 기업 등은 부채부담을 줄이고자 소비를 축소하게 된다.
이 경우 경제시스템은 '채무부담 증가 → 부채상환 → 내수·투자축소 → 소득축소 → 채무부담'의 악순환 고리에 빠지게 된다.

79 정답 ⑤

크라운 주얼(Crown Jewel)이란 매수 대상 회사의 사업부문 중 가장 가치 있는 자산이나 수익성 또는 성장성이 높은 사업을 뜻한다. 기업 인수·합병(M&A)의 주요 목적은 크라운 주얼의 획득에 있다. 표적이 되는 기업은 스스로 이를 매각해 적대적 M&A에 대항하기도 한다. 크라운 주얼을 처분하면 매수 대상 회사의 가치가 떨어져 M&A 대상으로서의 매력도 크게 떨어지기 때문이다.

80 정답 ④

코넥스(Korea New Exchange)는 중소, 벤처기업 전용 주식시장으로, 소규모 기업의 원활한 자금조달을 위해 만들어졌다. 성장 잠재력은 높지만 코스피(KOSPI)나 코스닥(KOSDAQ)에 상장하기에는 규모가 작은 기업들의 주식이 거래될 수 있도록 상장요건을 제한한 것이 그 특징이다.

Profile

저자 **박 정 호**

- 연세대 경제학과 졸업 · 동대학원 경제학 석사 졸업
- KAIST 경영학 석박사 과정
- 前 카이스트 대학 기금 투자 펀드매니저
- 前 외국기업협회 FORCA 편집위원
- 現 KBS FM 라디오 스마트 경제교실 진행
- 現 한경마이웡즈 고문
- 現 한경아카데미 금융전임교수
- 現 YBM 커리어 캠퍼스 전임교수
- 現 EBS TESAT, 매경TEST 강의 진행
- 연합인포맥스 경제 강의
- 농협, 산업은행, 신협 등 금융회사 다수 강의 진행

매경 TEST 한권으로 끝내기

초 판 인 쇄 2020년 1월 10일
개정판인쇄 2021년 2월 10일
개정판발행 2021년 2월 15일

저 자 박 정 호
발 행 인 최 현 동
발 행 처 신 지 원

주 소 07532 서울특별시 강서구 양천로 551-17, 813호(가양동, 한화비즈메트로 1차)
전 화 (02)2013-8080
팩 스 (02)2013-8090
등 록 제16-1242호

교재구입문의 (02)2013-8080~1

ISBN 978-89-6269-938-8 13320
정 가 25,000원